HISTORY
OF THE WORLD
MAP BY MAP
지도로 보는 세계사

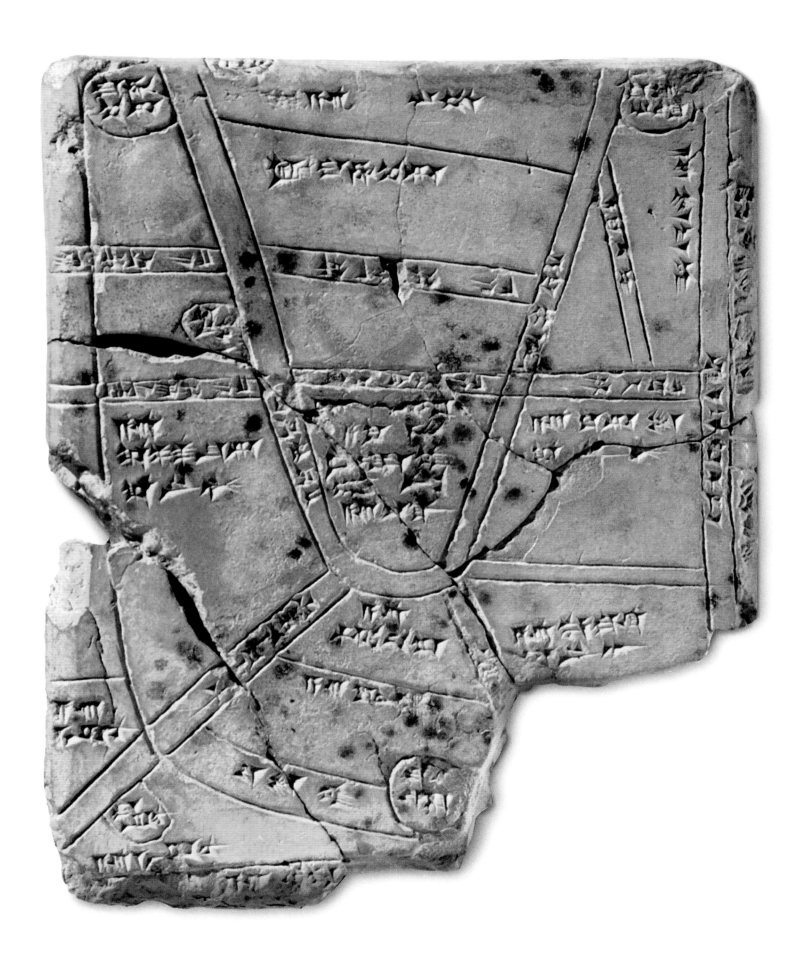

HISTORY

OF THE WORLD
MAP BY MAP

지도로 보는 세계사

DK 세계사 편집위원회

이경희 · 안종희 옮김 | 소진형 감수

선사 시대   700만 년 전-기원전 3000년

고대 세계   기원전 3000년-서기 500년

차례

Penguin
Random
House

Original Title: History of the World Map by Map 2nd edition
Copyright © 2018, 2023 Dorling Kindersley Limited
Foreword copyright © 2018, 2023 Peter Snow
A Penguin Random House Company

Korean translation copyright © 2024 by Korea National Open University Press
Korean translation rights arranged with Dorling Kindersley Limited

이 책의 한국어판 저작권은 Dorling Kindersley Limited와 독점계약한
(사)한국방송통신대학교출판문화원에 있습니다. 저작권법에 의하여
한국 내에서 보호를 받는 저작물이므로 무단 전재와 복제를 금합니다.

www.dk.com

DK 지도로 보는 세계사

초판 1쇄 펴낸날 ｜ 2024년 7월 10일

지은이 ｜ DK 세계사 편집위원회
추천 서문 ｜ 피터 스노
옮긴이 ｜ 이경희·안종희
한국어판 감수 ｜ 소진형
펴낸이 ｜ 고성환
출판위원장 ｜ 박지호
편 집 ｜ 신경진
펴낸곳 ｜ (사)한국방송통신대학교출판문화원

출판등록 1982년 6월 7일 제1-491호
주소 03088 서울시 종로구 이화장길 54
전화 1644-1232
팩스 02-742-0956
press.knou.ac.kr

ISBN 978-89-20-04913-2   04900
ISBN 978-89-20-04915-6   04900 (세트)

책값은 뒤표지에 있습니다.
잘못 만들어진 책은 바꿔드립니다.

92

중세 시대 서기 500-1450년

150

근세 시대 1450-1700년

참여 필자
선사 시대: 데이비드 서머, 데렉 하비
고대 세계: 피터 크리스프, 제레미 하우드, 필 윌킨슨
중세 시대, 근세 시대: 필립 파커
혁명과 산업: 조엘 레비
진보와 제국: 케이 셀텔
근대 세계: 사이먼 애덤스, R. G. 그랜트, 샐리 리건

자문
선사 시대: Prof. 레베카 웩-시케스
고대 세계: Prof. 네빌 몰리, Prof. 캐런 래드너
중세 시대: Dr. 로저 콜린스
근세 시대, 혁명과 산업: Dr. 글린 레드퍼드
진보와 제국, 근대 세계: Dr. 리처드 오브리
중국, 한국, 일본: 제니퍼 본드(Researcher)
인도: Prof. 데이비드 아놀드
콜럼버스 이전 아메리카: Dr. 엘리자베스 바퀘다노

추천 서문

피터 스노

저명한 작가이자 언론인이며 방송인이다. 전쟁사에 관한 여러 책을 저술했을 뿐 아니라 뉴스, 다큐멘터리, 역사 프로그램 등 다양한 TV 방송에 출연했다. 또한 역사 속 중요한 사건들의 지리적 배경을 연구하는 일을 사명으로 여겨 왔다.

192

혁명과 산업 1770-1850년

234

진보와 제국 1850-1914년

옮긴이

이경희

고려대학교 대학원에서 영어번역학을 전공하고, 바른번역 소속 전문 번역가로 활동하고 있다.
옮긴 책으로는 《소크라테스 카페》, 《인생이 막막할 땐 스토아철학》, 《발견자들 1, 2, 3》, 《상실을
이겨내는 기술》, 《왜 그들이 이기는가》, 《철학의 책》 등이 있다.

안종희

서울대학교 지리학과와 환경대학원, 장로회신학대학원을 졸업하고, 바른번역 소속 전문 번역가로
활동하고 있다. 옮긴 책으로는 《도시는 왜 불평등한가》, 《스탠퍼드 인문학 공부》, 《내 인생을
완성하는 것들》, 《성장 이후의 삶》, 《아주 짧은 소련사》 등이 있다.

한국어판 감수

소진형

이화여자대학교 정치외교학과 석사, 서울대학교 정치학과 박사 학위를 받고 현재 서울대학교
인문학연구원 선임연구원으로 활동하고 있다. 주요 연구 및 관심사는 17-19세기 유럽과
동아시아 사이의 번역, 지식의 유통, 수용이다. 공저로 *Remapping the World in East Asia:
Toward a Global History of the "Ricci Maps"*가 있다.

276

근대 세계   1914년부터 현재까지

이 책은 지속 가능한 미래를 위해 Forest Stewardship Council®
인증을 받은 종이로 제작했습니다. 자세한 내용은 다음을 참고하세요.
www.dk.com/our-green-pledge

추천 서문

이 책은 시선을 사로잡는 지도와 사진과 도표를 통해 지구상에서 일어난 역사적 사건과 인류 이야기를 매우 자세하고 꼼꼼하게 알려 준다. 오늘날의 디지털 시대에서 지도는 그 어느 때보다 더욱 중요하다. 우리의 지식이 두 우편번호 사이의 거리로 전락해 버린 세상에서 사람들은 지도의 필요성을 망각하고 있다. 내게는 길을 나서는 여정이 그 의미를 깊이 생각해 볼 때 지도를 가로지르는 항해와 같다. 그런데 이 멋진 책은 완전히 새로운 방식의 시간 여행이라는 차원을 선사한다. 책의 지도들은 흥미롭고 이해하기 쉽게 세상의 이야기를 보여 준다. 그 이야기는 어디에도 볼 수 없는 매우 인상적인 방식으로 표현되어 있다. 책장을 넘길 때마다 펼쳐진 다채롭고 생생한 컬러 이미지가 눈길을 사로잡는다. 지도는 큼직

하고 색상이 생동감을 더해 주며 중요한 역사가 있는 장소에는 캡션이 딸려 있다. 쉽고 명확하게 이해할 수 있는 그래픽은 제국, 문화, 전쟁의 흥망성쇠와 태초부터 세상을 이뤄 온 자연과 인간의 여러 사건을 나타낸다.

지도가 없다면 역사를 명확히 이해하기 어려울 것이다. 한 나라의 역사는 그 나라의 지리에 큰 영향을 받는다. 역사는 인구, 산업, 주변국과의 관계, 해외 침략자들의 점령 등의 요인과 마찬가지로, 산과 계곡, 강, 기후, 해양의 접근성, 원자재, 수확물 등 지리적 요인에 의해서도 형성된다. 이 책은 역사 지도 그 이상의 가치가 있다. 역사 속 지리에 관한 설명뿐 아니라 의미 있는 사실이 담긴 사진도 여러 장 수록되어 있다. 예컨대, 제1차 세계대전의 역사를 보면 268-269쪽에 전쟁

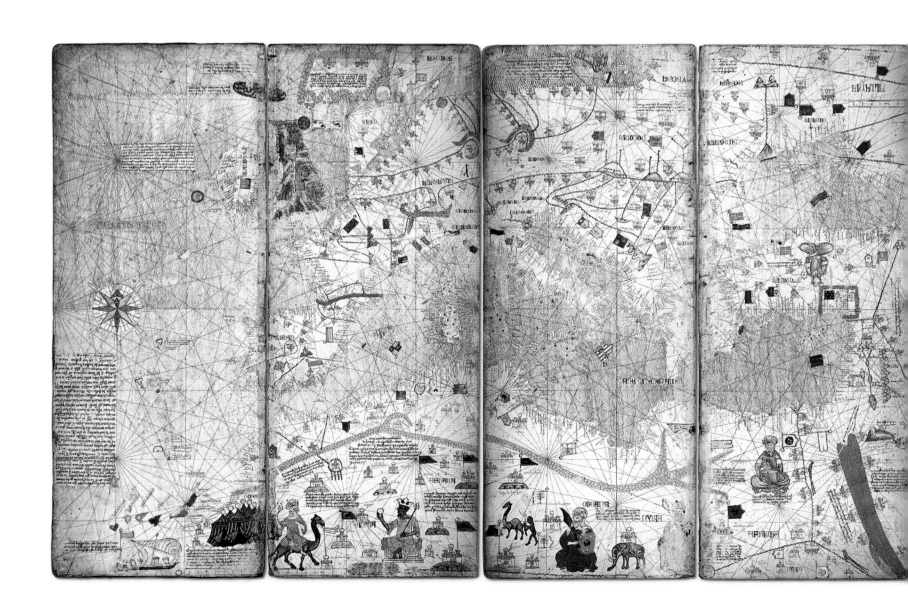

▽ 세계의 기록화

1375년에 제작된 《카탈루냐 사진첩》에서 유럽과 북아프리카와 아시아가
그려져 있는 부분이다. 세월이 흘러, 지도제작자에서 역사가의 손으로 넘어간
지도는 세계의 지리와 정치가 어떻게, 왜 변화했는지에 대한 지식을 우리에게
계속 제공해 준다.

배경을 설명하는 지도를 비롯한 다양한 지도와 그 시대의 실상을 그대로 보여
주는 참호 사진을 포함한 전투 이야기들이 훌륭하게 요약되어 있다.

　나는 방송 언론인이자 역사가로서 평생을 사건이나 역사를 알리기 위해 지도
를 사용해 왔다. 유럽연합과 공산주의 붕괴에 관한 역사는 지난 반세기의 사건을
열거할 때 내가 늘 다뤄 왔던 이야기이다. 근래의 역사에 해당하는 그 부분은
320-321쪽과 336-337쪽에 실린 지도처럼 설명해야만 이해가 된다. 나는 BBC
와 ITN에서 언론인으로 일했을 때 그래픽 디자이너들과 함께 지도를 제작하는
데 많은 시간을 보낸 적이 있었다. 그 당시 중동이나 베트남의 전쟁에 관한 이야
기를 분명히 설명하기 위해서였다. 그런 이야기가 이제는 이 책의 328-329쪽과

332-333쪽에 훨씬 더 자세히 실려 있다. 그리고 어떤 역사가라도 208-211쪽과
같은 지도가 있어야 프랑스의 나폴레옹 황제의 이야기 같은 위대한 제국의 흥망
사를 제대로 다룰 수 있을 것이다.

　지도로 풀어낸 훌륭한 이 이야기는, 세계 역사를 지도와 사진과 도표로 담아
낸 여러 방식과 깊이 배울 수 있는 지식 덕분에 그 무엇에도 뒤지지 않는 최고의
역사책이다.

피터 스노

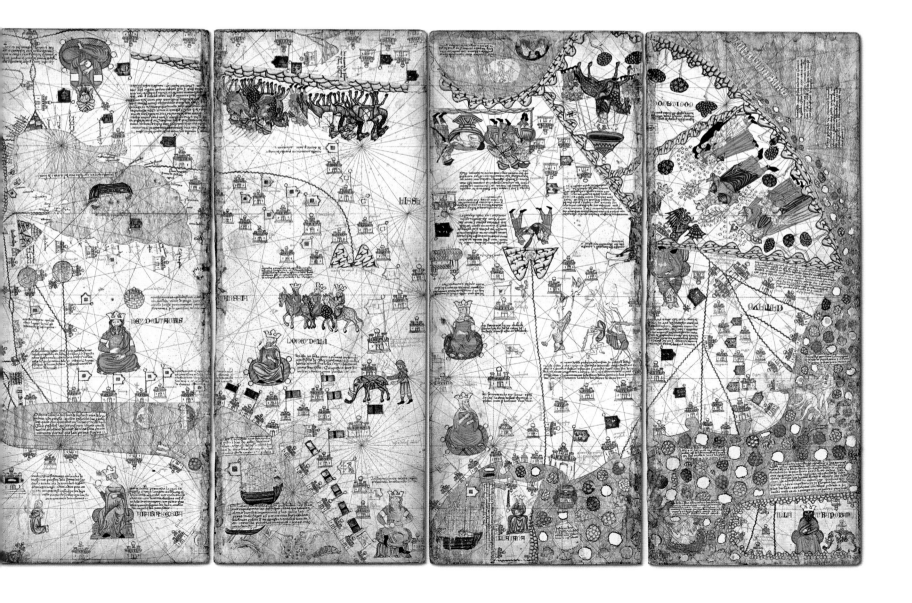

선사 시대

인류의 이야기는 기원전 3000년경부터 문자로 기록되었으나
우리는 화석과 고고학적 발굴자료를 통해
수백만 년에 이르는 선조들의 흔적을 만날 수 있다.

유인원에서 농경인이 되기까지

인류의 역사는 원숭이, 유인원, 영장류를 포함하는 동물계의 한 부분에 기원을 두고 있다.
유인원에 가까운 인류 조상들이 현생 인류인 호모 사피엔스가 되기까지는
무수한 세대를 거친 수백만 년의 진화가 필요했다.

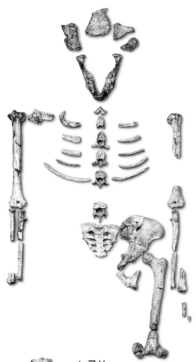

△ 루시
유인원과 닮은 루시의 유골 화석이다. 루시는 300만 년 전에 동아프리카에서 살았던 오스트랄로피테쿠스 속에 해당한다. 완전한 모양의 화석에서 루시가 직립보행을 했다는 사실을 알 수 있다.

과학적 증거에 따르면, 인간은 모두 유인원과 연관성이 있다. 구체적으로 말하면 침팬지는 인간과 가장 가까운 동물로, 유전적 해석 지표인 DNA 분석을 통해 약 650만 년 전에 공통 조상에서 인간과 분리되었음을 알 수 있다. 사실상 인간은 직립 보행하는 털 없는 유인원이다.

원숭이, 유인원, 인간 등의 영장류는 뇌가 크고 물체를 움켜쥘 수 있는 손가락과 발가락이 있고 눈은 앞을 향하며 갈고리발톱 대신에 평평한 손톱과 발톱이 달려 있다. 아주 먼 과거에 살았던 동물의 유골 화석은 유인원이 어떻게 현생 인류가 되었는지에 대한 흥미로운 증거를 제시한다. 유골은 암석으로 바꾸는 광물화 작용으로 화석이 되는데, 이 과정은 보통 적어도 1만 년이 걸린다. 화석으로 된 유골은 보통 일부만 남아 있지만 해부학 전문 지식으로 과학자들은 멸종된 종을 재구성하기 위해 화석 기록을 종합할 수 있다. 또한 과학자들은 화석으로 연대를 추정할 수 있어서 진화과정의 변화를 나타내는 타임라인을 만들 수 있다. 2100만-1600만 년 전에 존재했던 아프리카의 프로콘술이라는 영장류 화석은 원숭이의 고유한 특징을 갖추고 있다. 그런데 유인원의 전형적인 특징인 '꼬리가 없다'는 사실로 보아 프로콘술은 유인원에 속하는 가장 오래된 영장류로 알려졌을 것이다.

현대의 고등 유인원(고릴라, 오랑우탄, 침팬지), 인간, 그리고 선사시대의 영장류는 호미니드(사람과의 동물)라고 불리는 생물학적 과(科)에 속한다. 호미니드는 꼬리가 없을 뿐 아니라 영장류 조상보다 뇌가 더 크다. 오늘날의 침팬지처럼, 선사시대의 호미니드는 대부분 식량을 구하기 위해 분명히 도구를 사용했다. 또한 고등 유인원은 원숭이보다 몸

△ 부싯돌과 돌조각
거의 200만 년 동안 인간의 기술은 돌조각 도구와 손도끼로 대표되었다. 이런 도구는 날카로운 절단면이 생기도록 부싯돌이나 다른 쓸 만한 암석을 돌로 쳐서 만든 것이다.

> **"우리는 아프리카가 현생 인류의 진화 중심지라는 사실을 확인할 수 있다."**
>
> 크리스 스트링거, 영국의 인류학자

집이 더 커졌고 대부분은 땅 위에서 더 많이 생활했다. 어떤 무리는 두 발로 걸을 수 있도록 진화했고(이족보행) 또 움켜쥘 수 있는 손도 여러 일에 자유롭게 사용했다. 호미닌이라고 불리는 이 무리는 인류와 인류의 직계 조상을 포함하고 적어도 600만-700만 년 전의 사헬란트로푸스 차덴시스와 오로린 투게넨시스까지 거슬러 올라간다. 차드와 케냐에서 화석으로 발견된 이 초기 호미닌이 이족보행을 했다는 일부 증거가 나온 것으로 알려져 있다.

최초의 인류

모든 호미닌이 인류의 직계 조상인 것은 아니었지만 '루시'로 알려진 인류 화석과 같이 적어도 오스트랄로피테쿠스속(屬)의 한 종이 존재했을 수도 있다. 루시가 두 발로 걸었다는 흔적이 있지만, 화석 기록에서 완전히 이족보행을 한 최초의 호미닌은 호모속(사람속)에서 확인할 수 있다. 이때부터는 더 이상 물건을 움켜쥐는 발가락이 아니라 나란히 자리 잡으며 짧아진 발가락과 아치형으로 굽은 발바닥을 하고 있었고 넓은 골반 위로 중심을 이루는 S자형 척추를 갖추고 있었다. 이런 신체 조건은 공터 같은 땅 위를 빨리 달리는 데 도움이 되었다. 240만

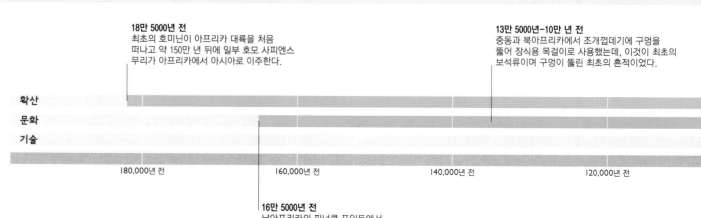

현생 인류의 출현

거의 30만 년 전에 현생 인류 호모 사피엔스가 출현하기 전부터 호미닌은 지구상에 지배 세력이 될 특성을 발전시켰다. 약 100만 년 전부터 불을 다룰 줄 알았는데, 요리에 사용하거나 이후에는 물건을 만드는 데 이용했다. 그러나 호모 사피엔스가 출현하고 더욱 복잡한 문화가 생겨났다. 고고학적 증거에 따르면, 이 현생 인류는 20만 년 전에 근원지 아프리카에서 다른 지역으로 널리 흩어졌다.

18만 5000년 전
최초의 호미닌이 아프리카 대륙을 처음 떠나고 약 150만 년 뒤에 일부 호모 사피엔스 무리가 아프리카에서 아시아로 이주한다.

13만 5000년~10만 년 전
중동과 북아프리카에서 조개껍데기에 구멍을 뚫어 장식용 목걸이로 사용했는데, 이것이 최초의 보석류이며 구멍이 뚫린 최초의 흔적이었다.

확산
문화
기술

| 180,000년 전 | 160,000년 전 | 140,000년 전 | 120,000년 전 |

16만 5000년 전
남아프리카의 피너클 포인트에서 도구 손잡이의 일부나 그림으로 안료가 처음 사용된다.

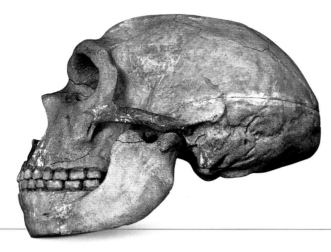

◁ 가까운 친척
현생 인류 호모 사피엔스에 가장 가까운
멸종한 인류 종인 네안데르탈인은 더욱 돌출된
눈썹에 두개골도 더 컸다. 호모 사피엔스와
네안데르탈인은 함께 존재한 지역에서 이종 교배가
이루어졌을 정도로 충분히 가까운 종이었다.

년 전부터 살았던 호모 하빌리스라는 이 초기의 호모속은 아프리카에서 계속 살았을 테지만, 이후 다른 호모속은 유라시아 곳곳으로 흩어졌다.

호모 사피엔스의 출현

유일한 인류 종, 호모 사피엔스는 약 25만 년 전에 아프리카에서 출현한 이후 세상을 지배하게 되었다. 놀랍게도 호모 하빌리스에서 호모 사피엔스로 넘어가는 사이에 인간의 뇌 용적은 두 배로 늘었다. 지능이 더 커졌기 때문에 인간은 주변의 환경과 자원을 능숙하게 다룰 수 있었고, 이는 궁극적으로 복잡한 문화와 기술의 출현으로 이어졌다.

호모 사피엔스는 같은 시대에 다른 인류 종과 공존했다. 빙하기 유라시아에서 키가 작고 다부진 체격의 네안데르탈인(호모 네안데르탈렌시스)이 다양한 환경 조건에서 잘 살아남아 그들만의 문화를 만들어 냈다. 그러나 세계의 기후는 생존에 적합하지 않게 되었고 호모 사피엔스만이 살아남았다. 이들은 더 멀리 퍼져나갔는데, 6만 5000년 전에 호주까지 이르렀고, 1만 8500년 전에는 남아메리카까지 이르렀을 것이다. 분명히 호모 사피엔스는 경쟁자들이 할 수 없었던 방식으로 성공한 사회적 구조를 갖추고 있었다. 이 최초의 현생 인류는 유능한 수렵채집인으로, 더 많은 식량을 구하고 더 멀리 이동하는 데 도움이 되

는 새 기술을 발명했다. 다시 말해 이들은 북극에서 열대 지역에 이르기까지 여러 곳에서 번성했다. 그러다가 지난 2만 년 사이에 세계 곳곳에서 일부 현생 인류가 정착 생활을 하기 위해 유목 생활 방식을 버리기 시작했다. 이들은 기술을 바꾸어 땅을 경작하고 더 큰 사회를 지원하여 궁극적으로 문명의 씨앗을 뿌리는 계기를 마련했다.

△ 초기 예술가
프랑스 남부의 라스코 동굴에 그려진
빙하기 동물 벽화는 약 1만 7000년이
지난 그림이다. 이와 유사한 그림들은
선사시대의 인간이 적어도 6만 5000년
전에 어느 정도 창의적인 표현을 생각해
냈다는 사실을 보여 준다.

9만 2000년 전
이스라엘의 카프제 동굴에서 최초로 시신의 매장 풍습이 이뤄졌다고 알려져 있다.

7만~6만 년 전
아프리카에서 세석기(돌날을 포함한 작은 석기)의 사용으로 창이나 활과 같은 투사용 무기의 기술이 발달했음을 알 수 있다.

4만 년 전
이 시기로 확실히 추정되는 가장 오래된 그림에는 인도네시아 동굴 벽화의 손자국이 포함된다.

2만 5000년 전
시베리아의 호모 사피엔스는 남북아메리카 곳곳에 흩어지기 전에 빙하기의 러시아와 알래스카 사이의 대륙붕에 정착한다.

5000년 전
새로운 개척민들 (오스트로네시아인)의 물결이 아시아에서 뉴기니를 거쳐 태평양 섬들까지 밀려든다.

80,000년 전	60,000년 전	40,000년 전	20,000년 전	0

6만 5000년 전
호모 사피엔스가 배로 바다를 건너 하나의 대륙이었던 호주와 뉴기니에 정착한다.

4만 4000년 전
호모 사피엔스가 아시아에서 유럽으로 이주하여 유럽 네안데르탈인과 섞이고 결국 그들을 대신하게 된다.

3만 년 전
유럽과 러시아에서 바느질용 바늘이 사용된다.

2만 8000년 전
동유럽에서 이 시기에 매장된 2인용 아이 무덤은 매우 인상적이며 스텝 지대에 사는 복잡한 수렵채집인 문화를 보여 준다.

1만 5000년 전
프랑스의 라스코 동굴에서 사다리가 처음 사용된다.

최초의 인류

인류의 이야기는 700만 년 전이나 600만 년 전에
아프리카에서 시작되었다.
이 광대한 대륙의 화석 기록을 통해
우리는 초기 인류의 복잡한 계보를 도출해 낼 수 있다.
그런 인류의 계보 가운데 현생 인류인
호모 사피엔스가 최후까지 살아남는다.

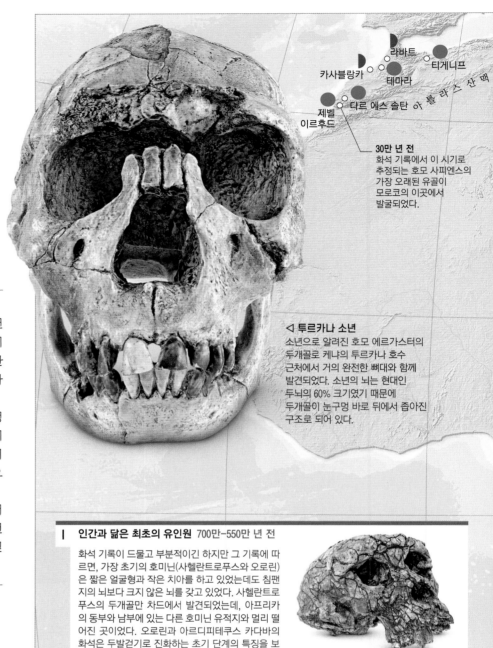

아프리카에서는 20여 종의 '호미닌'이 존재했다는 화석 증거가 있다. 이들은 1천만 년 전에서 700만 년 전 사이에 침팬지의 조상과 갈라진 인류의 조상 종족이다. 각각의 호미닌은 생물 분류상의 '속'으로 정해졌으나 분류군과 종 사이의 관계는 여전히 논쟁이 되고 있다. 특정한 호미닌만이 현생 인류의 조상이었으나 파란트로푸스 같은 호미닌은 진화하지 못하고 멸종한 대표적인 종일 수도 있다.

인류의 진화는 유인원에서 시작해 불가피하게 선형적으로 발전해 가는 과정이 아니었다. 인류의 조상 중 일부는 다양한 조합으로 적응을 발전시켰는데, 이것이 궁극적으로 현생 인류의 모습을 나타냈을 것이다. 특히 더 커진 뇌는 석기 기술 개발 같은 복잡한 사고와 행동을 가능하게 했고, 이족보행은 이동의 주요 방식이 되었을 것이다.

약 30만 년 전까지 거슬러 올라가는 가장 초기의 인류 화석들은 모로코에서 발견되었지만 다른 초기의 인류 화석들은 아프리카 곳곳에서 발견되었다. 이런 사실 때문에 과학자들은 현생 인류의 진화가 대륙 규모로 일어났을 것이라고 믿었다.

> *"나는 아프리카가 인간을 호모 사피엔스로 창조해 낸 도가니, 인류의 요람이었다고 생각한다."*
>
> 도널드 조핸슨, 고인류학자, 2006년

30만 년 전
화석 기록에서 이 시기로 추정되는 호모 사피엔스의 가장 오래된 유골이 모로코의 이곳에서 발굴되었다.

◁ **투르카나 소년**
소년으로 알려진 호모 에르가스터의 두개골로 케냐의 투르카나 호수 근처에서 거의 완전한 뼈대와 함께 발견되었다. 소년의 뇌는 현대인 두뇌의 60% 크기였기 때문에 두개골이 눈구멍 바로 뒤에서 좁아진 구조로 되어 있다.

인간과 닮은 최초의 유인원 700만–550만 년 전

화석 기록이 드물고 부분적이긴 하지만 그 기록에 따르면, 가장 초기의 호미닌(사헬란트로푸스와 오로린)은 짧은 얼굴형과 작은 치아를 하고 있었는데도 침팬지의 뇌보다 크지 않은 뇌를 갖고 있었다. 사헬란트로푸스의 두개골만 차드에서 발견되었는데, 아프리카의 동부와 남부에 있는 다른 호미닌 유적지와 멀리 떨어진 곳이었다. 오로린과 아르디피테쿠스 카다바의 화석은 두발걷기로 진화하는 초기 단계의 특징을 보이는 것으로 추정된다.

사헬란트로푸스의 두개골

▲ 사헬란트로푸스   ▼ 오로린   ■ 아르디피테쿠스

초기 호미닌의 이주

아시아와 유럽의 고고학적 근거에 따르면, 약 200만 년 전에 호미닌이 처음으로 아프리카를 떠나기 시작했다. 호모 사피엔스가 진화하여 아프리카 대륙에서 다른 곳으로 흩어지기 오래전이었다. 한때 전문가들은 이 호미닌의 이주가 호모 에르가스터의 출현과 일치한다고 추정했지만, 더 오래된 종이 이주의 개척자였을 수도 있다. 동남아시아의 가장 초기로 알려진 호미닌 화석은 자바섬에서 발견된 호모 에렉투스이다. 호모 에르가스터의 아시아 변종인 호모 에렉투스는 180만 년 전에 출현한 것으로 추정된다. 중국의 니헤완 분지에서 발견된 석기는 160만 년 전까지 거슬러 올라간다. 스페인의 시에라 데 아타푸에르카의 두 유적지는 호미닌이 120만 년 전에 서유럽에 도달했음을 알려 준다.

기호 보기
→ 예상 이주 경로   ○ 화석이 발견된 장소

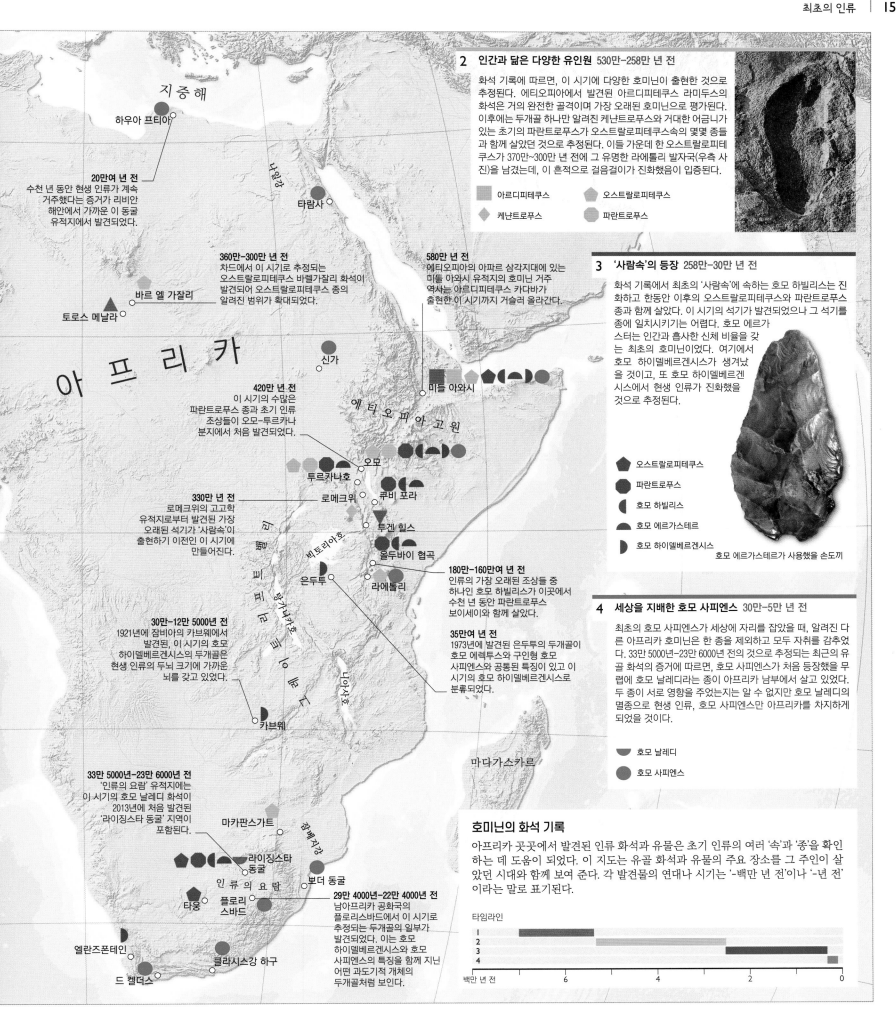

지중해

하우아 프티아

20만여 년 전
수천 년 동안 현생 인류가 계속
거주했다는 증거가 리비안
해안에서 가까운 이 동굴
유적지에서 발견되었다.

타람사

나일강

360만~300만 년 전
차드에서 이 시기로 추정되는
오스트랄로피테쿠스 바렐가잘리 화석이
발견되어 오스트랄로피테쿠스 종의
알려진 범위가 확대되었다.

바르 엘 가잘리

토로스 메날라

580만 년 전
에티오피아의 아파르 삼각지대에 있는
미들 아와시 유적지의 호미닌 거주
역사는 아르디피테쿠스 카다바가
출현한 이 시기까지 거슬러 올라간다.

아프리카

신가

미들 아와시

에티오피아 고원

420만 년 전
이 시기의 수많은
파란트로푸스 종과 초기 인류
조상들이 오모-투르카나
분지에서 처음 발견되었다.

오모

투르카나호

330만 년 전
로메크위의 고고학
유적지로부터 발견된 가장
오래된 석기가 '사람속'이
출현하기 이전인 이 시기에
만들어진다.

로메크위

쿠비 포라

투겐 힐스

빅토리아호

올두바이 협곡

은두투

라에톨리

180만~160만여 년 전
인류의 가장 오래된 조상들 중
하나인 호모 하빌리스가 이곳에서
수천 년 동안 파란트로푸스
보이세이와 함께 살았다.

30만~12만 5000년 전
1921년에 잠비아의 카브웨에서
발견된, 이 시기의 호모
하이델베르겐시스의 두개골은
현생 인류의 두뇌 크기에 가까운
뇌를 갖고 있었다.

35만여 년 전
1973년에 발견된 은두투의 두개골이
호모 에렉투스와 구인형 호모
사피엔스와 공통된 특징이 있고 이
시기의 호모 하이델베르겐시스로
분류되었다.

카브웨

마다가스카르

33만 5000년~23만 6000년 전
'인류의 요람' 유적지에는
이 시기의 호모 날레디 화석이
2013년에 처음 발견된
'라이징스타 동굴' 지역이
포함된다.

마카판스가트

림포포강

라이징스타
동굴

인류의 요람

보더 동굴

타웅

플로리
스바드

29만 4000년~22만 4000년 전
남아프리카 공화국의
플로리스바드에서 이 시기로
추정되는 두개골의 일부가
발견되었다. 이는 호모
하이델베르겐시스와 호모
사피엔스의 특징을 함께 지닌
어떤 과도기적 개체의
두개골처럼 보인다.

엘란즈폰테인

클라시스강 하구

드 켈더스

2 인간과 닮은 다양한 유인원 530만~258만 년 전

화석 기록에 따르면, 이 시기에 다양한 호미닌이 출현한 것으로
추정된다. 에티오피아에서 발견된 아르디피테쿠스 라미두스의
화석은 거의 완전한 골격이며 가장 오래된 호미닌으로 평가된다.
이후에는 두개골 하나만 알려진 케냔트로푸스와 거대한 어금니가
있는 초기의 파란트로푸스가 오스트랄로피테쿠스속의 몇몇 종들
과 함께 살았던 것으로 추정된다. 이들 가운데 한 오스트랄로피테
쿠스가 370만~300만 년 전에 그 유명한 라에톨리 발자국(우측 사
진)을 남겼는데, 이 흔적으로 걸음걸이가 진화했음이 입증된다.

■ 아르디피테쿠스　　　⬠ 오스트랄로피테쿠스
◆ 케냔트로푸스　　　⬡ 파란트로푸스

3 '사람속'의 등장 258만~30만 년 전

화석 기록에서 최초의 '사람속'에 속하는 호모 하빌리스는 진
화하고 한동안 이후의 오스트랄로피테쿠스와 파란트로푸스
종과 함께 살았다. 이 시기의 석기가 발견되었으나 그 석기를
종에 일치시키기는 어렵다. 호모 에르가
스터는 인간과 흡사한 신체 비율을 갖
는 최초의 호미닌이었다. 여기에서
호모 하이델베르겐시스가 생겨났
을 것이고, 또 호모 하이델베르겐
시스에서 현생 인류가 진화했을
것으로 추정된다.

⬠ 오스트랄로피테쿠스

⬡ 파란트로푸스

◗ 호모 하빌리스

◖ 호모 에르가스테르

◗ 호모 하이델베르겐시스

호모 에르가스테르가 사용했을 손도끼

4 세상을 지배한 호모 사피엔스 30만~5만 년 전

최초의 호모 사피엔스가 세상에 자리를 잡았을 때, 알려진 다
른 아프리카 호미닌은 한 종을 제외하고 모두 자취를 감추었
다. 33만 5000년~23만 6000년 전의 것으로 추정되는 최근의 유
골 화석의 증거에 따르면, 호모 사피엔스가 처음 등장했을 무
렵에 호모 날레디라는 종이 아프리카 남부에서 살고 있었다.
두 종이 서로 영향을 주었는지는 알 수 없지만 호모 날레디의
멸종으로 현생 인류, 호모 사피엔스만 아프리카를 차지하게
되었을 것이다.

◗ 호모 날레디

● 호모 사피엔스

호미닌의 화석 기록

아프리카 곳곳에서 발견된 인류 화석과 유물은 초기 인류의 여러 '속'과 '종'을 확인
하는 데 도움이 되었다. 이 지도는 유골 화석과 유물의 주요 장소를 그 주인이 살
았던 시대와 함께 보여 준다. 각 발견물의 연대나 시기는 '-백만 년 전'이나 '-년 전'
이라는 말로 표기된다.

타임라인

1
2
3
4

백만 년 전　　　　6　　　　4　　　　2　　　　0

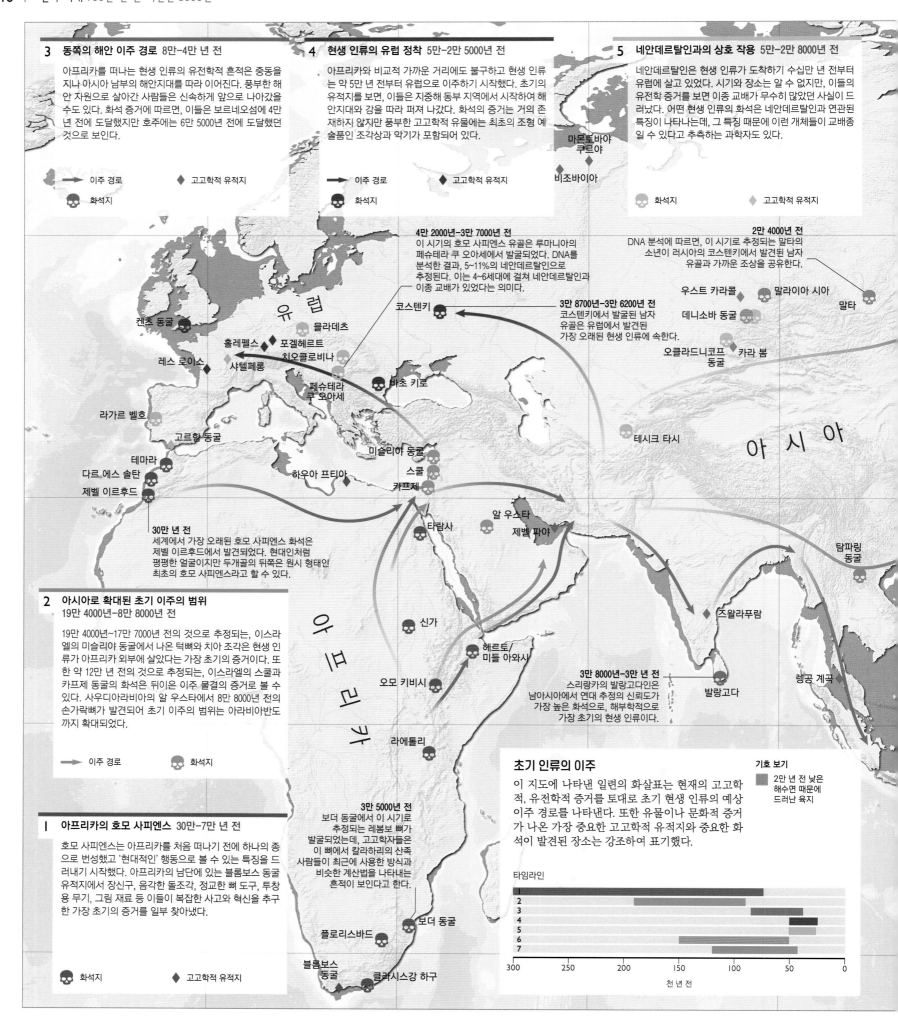

3 동쪽의 해안 이주 경로 8만-4만 년 전

아프리카를 떠나는 현생 인류의 유전학적 흔적은 중동을 지나 아시아 남부의 해안지대를 따라 이어진다. 풍부한 해안 자원으로 살아간 사람들은 신속하게 앞으로 나아갔을 수도 있다. 화석 증거에 따르면, 이들은 보르네오섬에 4만 년 전에 도달했지만 호주에는 6만 5000년 전에 도달했던 것으로 보인다.

→ 이주 경로 　◆ 고고학적 유적지
화석지

4 현생 인류의 유럽 정착 5만-2만 5000년 전

아프리카와 비교적 가까운 거리에도 불구하고 현생 인류는 약 5만 년 전부터 유럽으로 이주하기 시작했다. 초기의 유적지를 보면, 이들은 지중해 동부 지역에서 시작하여 해안지대와 강을 따라 퍼져 나갔다. 화석의 증거는 거의 존재하지 않지만 풍부한 고고학적 유물에는 최초의 조형 예술품인 조각상과 악기가 포함되어 있다.

→ 이주 경로 　◆ 고고학적 유적지
화석지

5 네안데르탈인과의 상호 작용 5만-2만 8000년 전

네안데르탈인은 현생 인류가 도착하기 수십만 년 전부터 유럽에 살고 있었다. 시기와 장소는 알 수 없지만, 이들의 유전학 증거를 보면 이종 교배가 무수히 많았던 사실이 드러났다. 어떤 현생 인류의 화석은 네안데르탈인과 연관된 특징이 나타나는데, 그 특징 때문에 이런 개체들이 교배종일 수 있다고 추측하는 과학자도 있다.

화석지 　◆ 고고학적 유적지

4만 2000년-3만 7000년 전
이 시기의 호모 사피엔스 유골은 루마니아의 페슈테라 쿠 오아세에서 발굴되었다. DNA를 분석한 결과, 5~11%의 네안데르탈인으로 추정된다. 이는 4~6세대에 걸쳐 네안데르탈인과 이종 교배가 있었다는 의미다.

2만 4000년 전
DNA 분석에 따르면, 이 시기로 추정되는 말타의 소년이 러시아의 코스텐키에서 발견된 남자 유골과 가까운 조상을 공유한다.

3만 8700년-3만 6200년 전
코스텐키에서 발굴된 남자 유골은 유럽에서 발견된 가장 오래된 현생 인류에 속한다.

30만 년 전
세계에서 가장 오래된 호모 사피엔스 화석은 제벨 이르후드에서 발견되었다. 현대인처럼 평평한 얼굴이지만 두개골의 뒤쪽은 원시 형태인 최초의 호모 사피엔스라고 할 수 있다.

2 아시아로 확대된 초기 이주의 범위
19만 4000년-8만 8000년 전

19만 4000년~17만 7000년 전의 것으로 추정되는, 이스라엘의 미슬리야 동굴에서 나온 턱뼈와 치아 조각은 현생 인류가 아프리카 외부에 살았다는 가장 초기의 증거이다. 또한 약 12만 년 전의 것으로 추정되는, 이스라엘의 스쿨과 카프제 동굴의 화석은 뒤이은 이주 물결의 증거로 볼 수 있다. 사우디아라비아의 알 우스타에서 8만 8000년 전의 손가락뼈가 발견되어 초기 이주의 범위는 아라비아반도까지 확대되었다.

→ 이주 경로 　화석지

3만 8000년-3만 년 전
스리랑카의 발랑고다인은 남아시아에서 연대 추정의 신뢰도가 가장 높은 화석으로, 해부학적으로 가장 초기의 현생 인류이다.

1 아프리카의 호모 사피엔스 30만-7만 년 전

호모 사피엔스는 아프리카를 처음 떠나기 전에 하나의 종으로 번성했고 '현대적인' 행동으로 볼 수 있는 특징을 드러내기 시작했다. 아프리카의 남단에 있는 블롬보스 동굴 유적지에서 장신구, 음각한 돌조각, 정교한 뼈 도구, 투창용 무기, 그림 재료 등 이들이 복잡한 사고와 혁신을 추구한 가장 초기의 증거를 일부 찾아냈다.

화석지 　◆ 고고학적 유적지

3만 5000년 전
보더 동굴에서 이 시기로 추정되는 레봄보 뼈가 발굴되었는데, 고고학자들은 이 뼈에서 칼라하리의 산족 사람들이 최근에 사용한 방식과 비슷한 계산법을 나타내는 흔적이 보인다고 한다.

초기 인류의 이주

이 지도에 나타낸 일련의 화살표는 현재의 고고학적, 유전학적 증거를 토대로 초기 현생 인류의 예상 이주 경로를 나타낸다. 또한 유물이나 문화적 증거가 나온 가장 중요한 고고학적 유적지와 중요한 화석이 발견된 장소는 강조하여 표기했다.

기호 보기
2만 년 전 낮은 해수면 때문에 드러난 육지

타임라인

1　2　3　4　5　6　7

300　250　200　150　100　50　0
천 년 전

지도 지명: 마몬토바야 쿠르야, 비조바이아, 우스트 카라콜, 말라이아 시아, 말타, 데니소바 동굴, 켄츠 동굴, 믈라데츠, 코스텐키, 오클라드니코프 동굴, 카라 봄, 홀레펠스, 포겔헤르트, 레스 로이스, 치오클로비나, 샤텔페롱, 유럽, 페슈테라 쿠 오아세, 바초 키로, 라가르 벨호, 고르함 동굴, 미슬리야 동굴, 아시아, 테마라, 하우아 프티아, 스쿨, 카프제, 다르 에스 솔탄, 제벨 이르후드, 테시크 타시, 타람사, 알 우스타, 제벨 파야, 탐파링 동굴, 신가, 아라비아, 아프리카, 헤르토/미들 아와시, 오모 키비시, 즈왈라푸람, 발랑고다, 렝공 계곡, 라에톨리, 보더 동굴, 플로리스바드, 블롬보스 동굴, 클라시스강 하구

화석지 　◆ 고고학적 유적지

6 수수께끼로 남은 데니소바인 15만–5만 년 전

시베리아의 데니소바 동굴에서 나온 손가락뼈와 두 개의 치아를 DNA 분석한 결과, 이전에 알려지지 않은 전혀 다른 집단인 데니소바인으로 확인되었다. 데니소바인의 유골은 한 장소에서만 발견되었으나 이들의 유전자는 널리 퍼진 것으로 보인다. 네안데르탈인과 동시대에 존재했던 데니소바인은 네안데르탈인뿐 아니라 호모 사피엔스와도 이종 교배가 이루어졌다.

💀 화석지

야나

4만 5000년 전
매머드와 코뿔소의 뼈와 함께 발견된 이 시기의 도구들이 빙하기의 북극권 인근에 인류가 살았음을 입증한다.

우스트 밀

저우커우뎬

톈위안 동굴

12만–8만 년 전
여기서 발견된 이 시기의 유골이 동아시아에서 가장 오래된 인류 화석이다.

야마시타 초

4만 년 전
이 시기로 추정되는 약 70개의 돌도끼가 오래된 화산 퇴적층에 묻힌 채 발견되었다.

△ 예술품의 출현
약 2만 5000년 전의 조각상으로 추정되는 '브라상푸이의 비너스'(프랑스)는 인간의 얼굴을 묘사한 가장 초기의 예술품에 속한다.

마텐쿱쿰, 바로프, 파나키우크

후온반도

제리말라이

7 중앙아시아를 거쳐 동아시아로 이주
12만–4만 5000년 전

중앙아시아와 동아시아로 퍼진 인류는 아시아 남부의 해안지대에 처음 정착했던 무리에서 왔을 것이다. 이들이 북쪽 지역의 춥고 황량한 환경에서 살아남기 위해 뛰어난 적응력이 필요했을 것이다. 그리고 먼 북쪽 지역에 도달한 이들로부터 생겨난 또 다른 무리는 계속해서 나아가서 아메리카 대륙에 정착했을 것이다.

→ 이주 경로　　◆ 고고학적 유적지

💀 화석지

아프리카 기원설

현생 인류인 호모 사피엔스는 모든 대륙에 거주하는 세계적인 종이다. 지구상에 우리 인류가 정착한 것은 무리가 고향 아프리카를 떠나 다른 지역으로 흩어지기 시작한 17만 7000년 전이었다. 4만 년 전에 인류는 북유럽과 중앙아시아, 동아시아에서 살았고, 바다를 건너 호주로 가기도 했다.

고대의 호미닌들은 인류가 최초로 등장하기 백만 년도 훨씬 전에 아프리카에서 아시아와 유럽으로 옮겨갔다(14쪽 참조). 그러나 호모 사피엔스가 이런 초기의 종들과 어떻게 관련이 있는지는 그 시기에 해당하는 모든 화석과 고고학 발견으로 계속 드러나고 있다. 유전학과 고고학 증거는 이제 최근의 '아프리카 기원설'에 압도적으로 뒷받침해 주고 있다. 아프리카 기원설은 호모 사피엔스가 아프리카에서 진화하고 이후 구세계로 퍼져 모든 다른 호미닌들을 대체했다는 주장이다.

호모 사피엔스는 약 20만 년 전에 아프리카를 처음 떠났고, 어떤 무리는 적어도 8만 년 전이나 빠르면 12만 년 전에 동아시아에 이르렀던 것으로 보인다. 최초의 이주자들은 '아프리카의 뿔(아프리카 대륙 북동부)'이나 시나이반도를 거쳐, 아시아의 남부 해안지대를 따라 동쪽으로 이동했고, 또한 중국으로 북쪽이나 동남아시아를 가로질러 동쪽으로 이동했다. 뒤이은 무리들은 중앙아시아와 동아시아로 향했고, 마지막으로 북서부, 유럽으로 이동했다.

호모 사피엔스는 새 영역으로 이주하면서 네안데르탈인과 데니소바인 등 다른 호미닌과 마주쳤다고 알려져 있다. 데니소바인은 아직 거의 알려진 바가 없으나 네안데르탈인은 최초의 화석이 발견되었다가 수천 점에 달하는 표본 덕분에 지금은 잘 알려져 있다. 호모 사피엔스가 이 두 종과 서로 영향을 미쳤다는 증거는 우리 인간의 유전자 속에 존재한다.

"나 역시 우리 조상이 아프리카에서 왔다고 확신한다."

리처드 리키, 케냐의 고인류학자, 2005년

인간의 유전자 이야기
인간 DNA의 증거

과학자들은 세계 곳곳 사람들의 유전자 구성을 비교하여 서로 다른 집단 간의 진화적 관계를 분석할 수 있다. 이런 분석으로 아프리카 기원설을 확증하고 인류가 세계 곳곳에 언제, 어떻게 퍼져나갔는지 설명할 수 있다. 또 어떤 멸종된 종의 화석에서는 유전 물질(DNA)을 추출할 수 있었다. 네안데르탈인과 데니소바인의 DNA를 분석한 결과, 이들은 모두 호모 사피엔스와 이종 교배가 있었으며 이들의 유전자 일부는 현대인에게 영향을 주었다는 사실이 밝혀졌다.

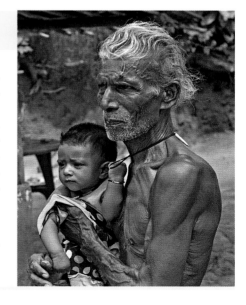

스리랑카의 베다족
DNA 분석을 이용하여 이들이 스리랑카의 최초 원주민이라는 사실을 밝혀냈다.

최초의
호주인

6만여 년 전, 강인하고 지혜로운 사람들이
아시아에서 호주에 도착했다.
이들은 오늘날 호주 원주민의 조상으로,
독특한 문화를 바탕으로 삼아 특유의 생활 방식을 확립해 나갔다.

마지막 빙하기 동안 호주, 뉴기니, 태즈메이니아는 하나의 대륙으로 연결되어 있었다(17쪽 참조). 이 대륙은 아시아에서 대나무 배를 타고 바다를 건너온 사람들이 정착했다. 이들이 최초의 호주인이었고, 대륙 내에서 해안선과 강 유역을 따라 이동하며 생활했다. 고고학적 증거에 따르면, 3만 년 전에 이들은 남쪽의 태즈메이니아에서 서쪽의 스완강과 북쪽의 뉴기니로 널리 퍼져나갔다.

△ 고대의 미술
1891년에 호주 서부에서 발견된 고대의 '브래드쇼 암각화'는 표현이나 사냥에 몰두하는 인간의 형상을 보여 준다.

호주의 원주민

호주에 최초로 거주한 수렵채집인들은 반유목민이었다. 농경 집단과 대조적으로 계절에 따라 옮겨 다녔다. 이들은 작은 가족 집단으로 살았으나 집단 간의 상호교류가 폭넓게 이루어졌다. 이미 수렵과 채집에 능숙했던 그들은 부메랑과 통발뿐 아니라 돌을 갈아서 만든 돌도끼 같은 새로운 기술을 만들어 냈다. 시간이 지나면서 이 집단들은 문화적으로 다양해졌다. 호주 최북단에 있는 토레스 해협(호주와 뉴기니 사이)의 사람들은 이곳 본토의 사람들과 문화적으로 완전히 달랐다. 원주민의 삶은 동물, 식물, 암석을 포함한 자연 세계를 의미하는 '나라 전체'와 인간 사이의 관계에 중심을 두었다. 오늘날까지 이어진 이런 유대관계는 '꿈(세상이 창조되었던 시절)'으로 형식을 갖추고 있는데, 이는 도덕규범과 결합한 창조의 구전 역사를 상징하며, 그 일부는 예술에 반영되고 있다.

인류의 호주 정착

호주의 가장 초기의 고고학적 유적지는 6만 5000년 전으로 거슬러 올라간다. 이 연대 추정은 호주 원주민의 기원을 밝혀낸 유전학적 증거에 따른다. 그 시기의 유물뿐만 아니라 동물 사냥감이나 인간의 화석을 근거로, 이들은 해안지대와 머레이달링강 유역을 중심으로 살고 있었음을 알 수 있다.

마드제드베베
바위 동굴
6만 5000년 전

나왈라 가반뭉
4만 5000년 전

호 주

스완강 상류
4만 년 전

윌랜드라호
4만 년 전

악마의 동굴
4만 8000년~4만 3000년 전

펜리스
5만~4만 년 전

태즈메이니아
3만 년 전

기호 보기
◆ 3만 년 이전의 고고학적
유적지

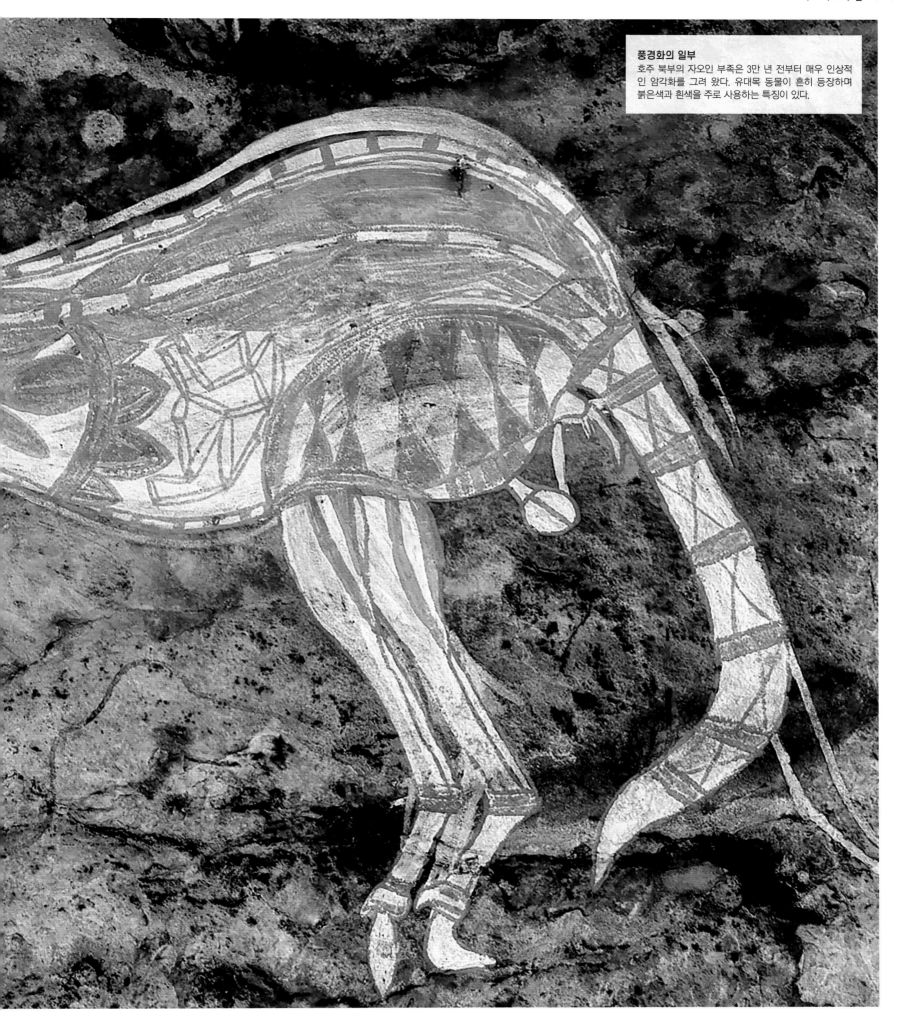

풍경화의 일부
호주 북부의 자오인 부족은 3만 년 전부터 매우 인상적인 암각화를 그려 왔다. 유대목 동물이 흔히 등장하며 붉은색과 흰색을 주로 사용하는 특징이 있다.

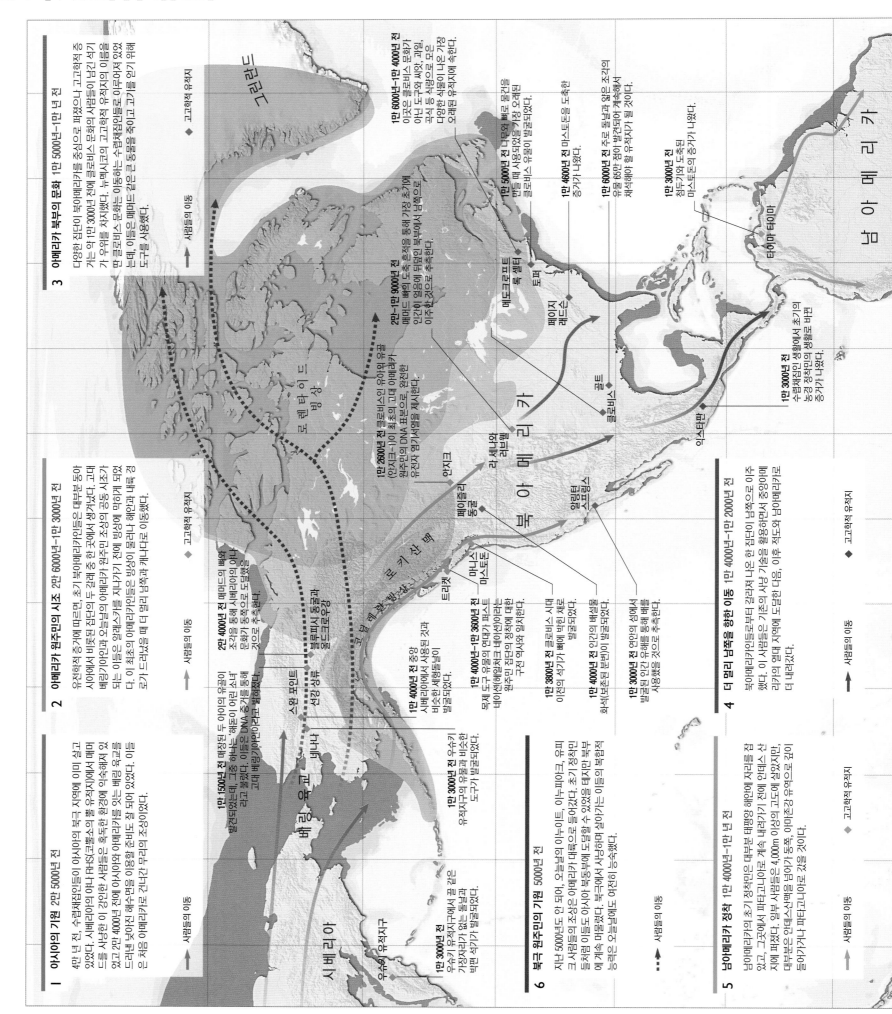

그린란드

로렌타이드 빙상

북 아 메 리 카

남 아 메 리 카

로키 산맥

시베리아

3 아메리카 북부의 문화 1만 5000년-1만 년 전

다양한 집단이 북아메리카를 중심으로 퍼졌으나 고고학적 층 가는 약 1만 3000년 전에 클로비스 문화의 사람들이 남긴 석기 가 우위를 차지했다. 뉴멕시코의 고고학적 유적지 이름을 딴 클로비스 문화는 이동하는 수렵채집인들로 이루어져 있었는데, 이들은 매머드 같은 큰 동물을 죽이고 고기를 얻기 위해 도구를 사용했다.

◆ 고고학적 유적지 → 사람들의 이동

1 아시아의 기원 2만 5000년 전

4만 년 전, 수렵채집인들이 아시아의 북극 지역에 이미 살고 있었다. 시베리아 바탕된 집단의 두 갈래 중 한 곳에서 생겨났다. 고대 배링기아인과 오늘날의 아메리카 원주민 조상의 모든 시조가 되는 이들은 얼데스크를 지나가기 전에 방상에 막히게 육교를 ... 2만 4000년 전에 아시아와 아메리카를 잇는 배링 육교를 ... 드래 낮아진 해수면을 건너간 무리의 조상이다.

◆ 고고학적 유적지 → 사람들의 이동

2 아메리카 원주민의 시조 2만 6000년-1만 3000년 전

유전학적 증거에 따르면, 초기 북아메리카인들은 대부분 동아 시아에서 바롯된 집단의 두 갈래 중 한 곳에서 생겨났다. 고대 배링기아인과 오늘날의 아메리카를 잇는 배링 육교를 만드는 이들은 얼데스크를 지나가기 전에 방상에 막히게 육교를 ... 다. 이 최초의 아메리카인들은 방상이 물러나 해안과 내륙 경 로가 드러났을 때 더 열린 남쪽과 캐나다로 이동했다.

◆ 고고학적 유적지 → 사람들의 이동

6 북극 원주민의 기원 5000년 전

지난 5000년도 안 되어, 오늘날의 이누이트, 이누피아트, 유피 크 사람들의 조상은 아메리카 대륙으로 대부분 초기 정착민 들처럼 이동도 아시아 북부에 도달할 수 있었을 테지만 북부 에 계속 머물렀다. 북극에서 사냥하며 살아가는 이들의 북합적 능력은 오늘날에도 여전히 느슨했다.

┅▸ 사람들의 이동

5 남아메리카 정착 1만 4000년-1만 년 전

남아메리카의 초기 정착민도 대부분 태평양 해안에 자리를 잡 았고, 그곳에서 파타고니아로 계속 내려가기 전에 안데스 산 지에 퍼졌다. 일부 사람들은 4,000m 이상의 고도에 살았지만, 대부분은 인데스산맥을 넘어가 동쪽, 아미존강 유역으로 깊이 들어가거나 파타고니아로 내려갔다.

◆ 고고학적 유적지 → 사람들의 이동

4 더 멀리 남쪽을 향한 이동 1만 4000년-1만 2000년 전

북아메리카인들로부터 갈라져 나온 한 집단이 남쪽으로 이주 했다. 이 사람들은 기존의 사냥 기술을 활용하면서 중앙아메 리카의 열대 지역에 도달한 다음, 이후 적도와 남아메리카로 더 내려갔다.

◆ 고고학적 유적지 → 사람들의 이동

인류의 아메리카 대륙 정착

아메리카 대륙에 거주한 가장 초기의 인류는 수만 년 전에 시베리아에서 아메리카 대륙을 잇는 긴 땅을 횡단했다고 알려져 있다. 이들은 대초원, 사막, 열대우림, 산맥 등으로 이루어진 거대한 대륙에 정착하기 위해 엄음과 눈을 이겨 내고 엄청난 거리를 이동했다.

약 2만 4000년 전, 세상이 빙하기에 갇힌 시기에 북극 방상의 세계의 북부 지역 대부분을 뒤덮었다. 바닷물이 나무 많이 얼어 방상이 높아나면서 해수면으로 대륙의 연결 부분을 드러낼 정도로 매우 낮아졌다. 아시아와 북아메리카 사이를 잇던 대륙의 연결 부분은 베링 육교로 알려져 있다. 다시 말해, 점점 접근하는 방상으로 길이 막힐 때까지 사람들이 한 대륙에서 다른 대륙으로 건너갈 수 있었다는 의미였다. 아메리카 대륙으로 처음 건너간 무리는 수천 년 동안 고립되었는데, 빠르면 2만 년 전 정도에 따뜻한 엄음이 녹고 남쪽으로 향하는 길이 트일 때까지였을 것이다.

고고학적 유적지에서 나온 DNA 증거와 오늘날 현존하는 아메리카 원주민들의 DNA를 분석한 결과, 서로 다른 두 집단이 베링 육교를 건너 아메리카 대륙으로 처음 들어온 무리에서 갈라졌다는 사실이 밝혀졌다. 그중 한 집단이 아메리카에 계속 정착했는데, 이들이 아메리카 원주민의 조상이었다. 고대 베링가인으로 알려진 다른 한 집단은 아메리카 대륙으로 처음 들어온 무리에서 약 2만 년 전에 갈라져 나와 방하가 녹은 이후까지 베링 육교 인근에서 바깥쪽에서 고립되었을 수도 있다. 유전화 증거를 보면, 1만 4600년 전 사이에 아메리카로들 갈라졌다. 더 멀리 계속 이동한 집단은 다시 두 세묘온 계통, 북부 지역과 남부 지역으로 갈라졌다. 어떤 속 이동한 집단은 태평양 연안을 따라 이동하거나 유전적으로 아주했느네, 어느 집단은 광대한 거리에 걸쳐 떨어지게 되었으나 유전적으로는 중앙아메리카에 그들이 신속하게 이주했다는 의미였다. 수천 년도 지나지 않아 이들은 중앙아메리카에 자리 잡았고, 그로부터 불과 수 세기 후에 파타고니아로 들어갔다.

"대륙을 뛰어넘어 최초의 아메리카인이 된 후대의 아시아인들이 선사시대를 만들었다. 그들의 정착은 결코 반복될 수 없는 유행과 규모였다."

데이비드 J. 멜처, 《새로운 세계의 첫 번째 민족》, 2009년

새로운 세계 정착

시베리아, 북아메리카, 남아메리카의 유적지에서 나온 유전적과 연구와 고고학적 증거는 인류가 적어도 3만~2만 년 전에 아시아와 아메리카를 연결한 육교를 지나갔다는 사실을 보여준다. 그 육교가 방하기에 나타나-사라져 이들은 당시에 대륙 전체에 퍼져나갔는네, 1만 8000년 전에 남아메리카 남부 해안에 도달했을 것이다.

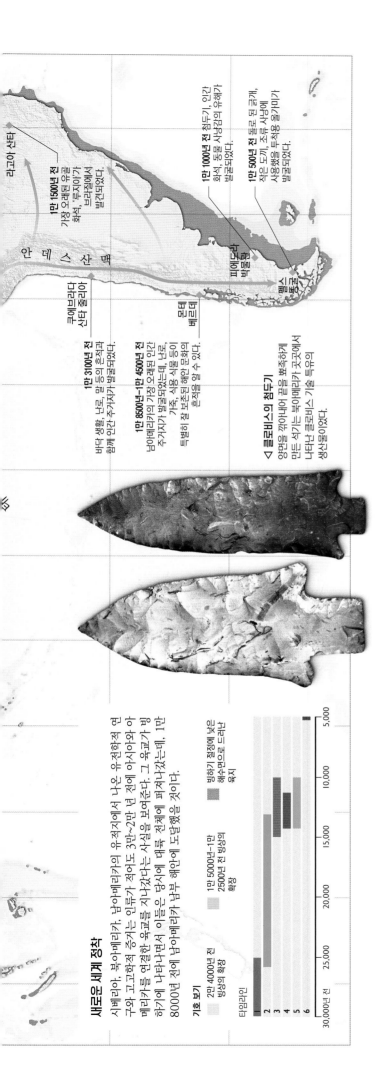

1만 5000년 전 유충 돌을 오래된 유해가 브라질에서 발견되었다.

1만 5000년 전 가장 오래된 유충 화석, 묻지아가 발견되었다.

안데스 산맥

쿠에바다 산타 훌리아

라고아 산타

1만 1000년 전 창두기, 인간 화석, 동물 사냥감의 유해가 발견되었다.

1만 500년 전 돌로 조금 사냥에 사용했을 투창을 울기미가 발견되었다.

피에드라 박물관

펠스 동굴

몬테 베르데

1만 3100년 전 바다 생활, 난로, 말들의 흔적과 함께 인간 주거지가 발견되었다.

1만 8500년~1만 4500년 전 남아메리카의 가장 오래된 인간 주거지가 발견되었는네, 난로, 가축, 식용 식물 등이 특색이 잘 보존된 해안 문화의 흔적을 알 수 있다.

클로비스의 첨두기

양면을 깎아내어 끝을 뾰족하게 만든 석기는 이 클로비스 곳곳에서 나타난 클로비스 기술 특유의 생산물이었다.

새로운 세계 정착

기호 보기

타임라인	
2만 4000년 전 방상의 확장	
1만 5000년~1만 2500년 전 방상의 확장	
방하기 절정에 낮은 해수면으로 드러난 육지	

1 — 2 — 3 — 4 — 5 — 6

30,000년 전 — 25,000 — 20,000 — 15,000 — 10,000 — 5,000

클로비스 문화
석기 시대의 사냥꾼들

수렵채집인 클로비스인은 한때 최초의 아메리카 원주민으로 여겨졌으나 이는 클로비스 시대 이전으로 추정되는 고고학적 유적지로 인해 사실이 아님이 밝혀졌다. 그러나 클로비스 문화는 광범위하게 영향력을 미쳤다. 클로비스인은 양면이 있는 첨두기와 돌날을 사용하여 들소, 매머드, 검치호 등 북아메리카의 큰 포유동물을 사냥했다. 기후와 서식지의 변화 이외에 이 사냥꾼들도 그런 동물의 멸종을 초래한 요인 중 하나였을 것이다.

멸종한 검치호

최초의 농경인

식량을 재배하기 위해 땅을 경작하는 일은 선사시대 인류의 완전히 새로운 삶의 방식이었다.
이로써 사람들은 유목민에서 농경인으로 바뀌었고, 오래 머물 수 있는 주거 공간과 더 큰 사회집단을
갖추고 더욱 정교한 기술과 문화를 개발할 수 있는 정착촌이 생겨났다.

△ **혁신적인 도구**
'자귀'라는 목제 도구에는 강한 돌날이
부착되어 있어 나무를 베어 내고,
단단한 땅을 파거나, 목초지로 쓸 땅을
개간하는 데 사용되었다.

초기의 인류는 대부분 소규모의 유목민 무리로 살았고 식량이 풍부한 곳이면 어디든 돌아다녔다. 이들은 제철의 풍부한 과일과 씨앗을 찾아 다녔듯이, 고기를 구하기 위해 사냥하면서 큰 동물들의 이동을 뒤쫓았다. 또한 몇 가지 가벼운 소유물을 들고 다니며 간단한 야영 생활을 하면서 이동했다.

수렵채집 생활을 하면서 인간은 마지막 빙하기에 살아남을 수 있었지만, 약 1만 2000년 전에는 지구의 기온이 올라 전혀 다른 새로운 선택을 할 수 있는 세상이 열렸다. 인류의 한 종인 호모 사피엔스가 이런 따뜻해진 세상에 성공적으로 나타났다. 이 시기에 호모 사피엔스는 조상이 살던 아프리카를 떠나 멀리 아시아, 오스트랄라시아, 아메리카로 퍼져 나갔다. 이들은 세계 곳곳에서 독립적으로 계속 거주할 농경 정착지를 만들기 시작했다.

정착의 시작

더 튼튼한 집들로 이루어진 영구적인 거주지로는 특히 강의 범람원 같은 비옥한 땅이 가장 적합했다. 정착민들은 자원이 풍부한 지역을 중심으로 사냥, 낚시, 식용 식물 채집을 하며 굶주린 입들을 먹여 살릴 수 있었다. 그리고 곧 농사짓기의 작은 단계에 해당하는 일을 시

▷ **초기의 농경 촌락**
오늘날 파키스탄의 메르가르 정착촌은
기원전 7000년에 생겨난 것으로
추정된다. 이곳에는 진흙 벽돌로 만든
집이 있었고 재배한 곡식의 여분을
저장하기 위한 창고도 있었다.

작했다. 집에서 가까운 곳에 식용 식물을 키우고 옮겨 심는 일이나, 아니면 그 씨앗과 덩이줄기를 심는 일이 더 편리했다(최근 증거에 따르면, 사람들은 2만 3000년 전에 이미 이런 일을 하기 시작했다). 그리고 가장 유순한 야생 동물을 우리에 가둬 키우는 일도 있었다. 이런 최초의 농장들은 식량을 많이 만들어 내어 더 많은 사람을 부양했고, 또 그로 인해 정착촌은 더 커지고 심지어 흉년을 대비하여 여분의 식량을 비축했다. 경쟁 거주지로부터 지켜낸 귀중한 식량 저장고는 사람들이 한곳에 정착할 또 다른 이유가 되었다.

동물의 가축화

기원전 1만 년경에 농경인들이 식량의 가장 좋은 원천이었던 지역의 동식물에 의존하면서 농업은 유라시아, 뉴기니, 아메리카 대륙에서 나타났다. 그들은 더욱 유익한 종을 알아내어 주요 식량으로 사용했다.

메소포타미아의 비옥한 범람원(오늘날의 이라크)에서 사람들은 그 지역에 자라는 밀과 보리를 곡류로 선택했고, 한편 육류로는 염소와 양을 사용했다. 동아시아의 주요 곡류는 쌀이었고 중앙아메리카에서는 농경인이 옥수수를 재배했다. 어떤 경우든 최초의 농경인들은 가장 다루기 쉽고 가장 많이 수확할 수 있는 동식물을 선택했다. 세월이 흘러 여러 세대를 거치면서 이들의 선택은 야생종의 특성을 바꾸게 되었다. 그 농작물과 가축의 특성이 지금까지 전해지면서 오늘날 우리가 이용하는 다양한 가축이 형성된 것이다. 동물

정착 생활

현생 인류는 세계 곳곳에 흩어지면서 식량을 그 지역의 동식물에 의존했다. 유목민 집단은 사람들이 처음으로 농작물을 재배하거나 가축을 기르기 시작하면서 정착민 공동체로 크게 바뀌었다. 약 1만 2000년 전에 야생 동물을 길들여 가축으로 이용하기 시작했다. 최초의 농경인들은 식용에 가장 알맞고 수확하기 쉬운 종을 이용하여 수렵채집인에서 벗어난 큰 집단을 부양할 정도로 충분한 식량을 재배했다.

기원전 11000-9000년 최초로 재배된 곡물은
서남아시아에서 재배된 밀과 보리로,
이 곡물들은 씨앗이 여물어도 떨어지지 않는
'비탈립성' 작물이어서 수확하기 쉽다.

기원전 10000년 중동에서 렌즈콩, 완두콩,
병아리콩이 부족한 단백질을 보충하는 곡물로
이용된다. 이는 비옥한 초승달 지대를 따라 음식
섭취의 균형을 개선한 식습관으로 보인다.

농작물			
가축			
기원전 11000년	기원전 10000년	기원전 9000년	기원전 8000년

기원전 10000년
서남아시아에서 양, 염소, 돼지, 소 등의
지역 동물이 길들여져 이후 세계적으로
중요한 가축이 된다.

기원전 10000-5000년
중앙아메리카에서 재배된 옥수수가 아메리카 대륙의
주된 곡물이 된다. 호박은 쓴맛을 줄이기 위해
선별적으로 재배된다.

◁ **토지의 경작**
기원전 2000년, 소를 이용하여 땅을 경작하는 남자를 나타낸 목제 모형이다. 씨앗을 심으려고 단단한 땅에 고랑을 내는 최초의 쟁기질을 묘사하고 있다.

의 가축화로 정착촌은 점점 한정된 종류의 동식물에 의존하여 식량 대부분을 충당했다. 그 결과 식량은 풍부했지만 때로는 영양 균형이 깨지기도 했다. 사람들의 건강은 종종 나빠졌고, 정착촌은 사람들로 가득해서 가축뿐 아니라 인간 사이에도 전염병이 확산되었다.

궁극적으로는 농업의 성공이건 다른 일이건 이런 위험과 이익 사이에 절충이 따르는 법이었다. 호주 내륙 같은 세상의 어떤 지역은 더욱 전통적인 유목민 생활 방식에 맞는 환경이어서 그곳 인간들은 주로 수렵채집인으로 남아 있었다. 농작물과 가축의 필요성을 더욱 잘 이해한

> "농경은 이집트, 메소포타미아, 인더스, 중국, 아메리카, 아프리카 문명의 발달을 위한 전제조건이었다."
>
> 그레임 바커, 영국의 고고학자, 《선사시대의 농업혁명》에서, 2006년

농경인들은 위험을 극복하고 생산성을 높이는 방법을 개발했다. 이들은 동물의 배설물을 비료로 이용하는 법을 알아냈다. 또 강의 흐름을 바꾸어 땅에 물을 대는 방법도 터득했다. 그러면 계절에 따른 가뭄의 영향을 줄일 수 있었다. 예컨대, 이집트에서는 나일강의 물줄기를 농지의 대규모 관개에 이용하여 농작물의 재배 기간을 늘렸다.

시간이 지나면서 식량의 생산성이 증가하자 물질적인 부가 축적되었다. 많은 식량은 사람들을 더 많이 먹여 살리고 교환도 가능하게 했다. 그와 동시에 더 커진 정착촌은 장인과 상인 같은 능력이 있는 다양한 사람들을 지원할 수 있었다. 다시 말해, 농업 혁명이 크고 작은 산업 도시의 출현 등 인류의 역사에 광범위한 영향을 미치게 될 것이라는 의미였다.

△ **야생 동물의 조상**
아시아 남서부에서 출현한 아르메니아의 무플론은 가축이 된 양의 조상으로 보인다. 양은 기원전 1만 년경에 최초로 길들여진 동물 중 하나였다.

기원전 7000년
중국의 비옥한 양쯔강 유역에서 자란 벼가 더 크고 영양분이 많은 품종으로 재배된다.

기원전 5000년 감자 식물이 페루와 북부 아르헨티나에서 재배되는데, 이것이 오늘날 주요 작물로 사용되는 감자의 기원이다.

기원전 4000년 기장의 일종인 펄 밀렛이 사헬 지역에서 재배되고, 수수와 함께 아프리카의 주요 곡물 중 하나가 된다.

기원전 3000년
아프리카와 아라비아에서 단봉낙타를 길들여 운송 수단으로 사용하거나 고기와 우유를 얻는다.

기원전 2000년
멕시코에서 칠면조를 길들여 고기와 깃털을 얻고, 이후에는 의례적인 의미로 이용한다.

기원전 6000년　　기원전 5000년　　　　　기원전 4000년　　　　기원전 3000년　　　기원전 2000년

기원전 7000년 북아프리카에서 소를 가축화했는데, 이는 아프리카 대륙에서 대부분의 농작물이 나타나는 시기보다 앞선다.

기원전 5500년 중앙아시아에서 말을 가축화한다.

기원전 5000년 남아메리카에서 라마, 알파카, 기니피그를 가축화한다. 고기와 털을 얻기 위한 라마는 짐 운반용 동물로도 이용된다.

기원전 4000년
닭이 남아시아에서 식량과 닭싸움에 사용된다. 유전학적 증거에 따르면, 닭을 가축화한 시기는 이보다 훨씬 전이었던 기원전 1만 년 이전으로 추정된다.

농업의 기원

수렵채집인들이 유목 생활을 청산하고
최초의 농경인이 된 것은 가족을 먹여 살리는 일
이상의 의미가 있었다.
이들은 인류의 미래에 엄청난 영향을 미칠
농업혁명에 시동을 걸고 있었다.

농업의 기원은 고고학에서, 그리고 농작물이나 가축, 그에 대응되는 야생종의 DNA에서 증거를 확인할 수 있다. 왜 사람들이 땅을 경작하기 시작했는지는 정확히 알 수 없다. 아마도 이들은 편의상 야생 작물을 집에서 더 가까운 곳에 옮겨 심거나 씨앗이 발아할 가능성을 알았을 것이다. 아니면 따뜻해지는 기후 조건이나 증가하는 인구 같은 변화하는 환경 때문에 식량을 얻는 새로운 방법을 개발할 수밖에 없었을 것이다. 무슨 일이 있었든, 세상 곳곳의 사람들은 완전히 독립적으로 농경에 몰두하기 시작했다. 그리하여 안정된 영양 공급원을 제공하고 때로는 농작물의 수확량이 좋으면 흉년에 사람들이 살아갈 수 있는 여분까지 마련할 수 있었다. 농작물을 가꾸거나 가축을 기르려면 공동체는 농작물을 수확하기 위해 오랫동안 한곳에 머물러야 했다. 새로운 농기구는 너무 무거워 들고 다니기가 어려웠을 것이고 여분의 식량은 모두 저장해야 했다. 농업 정착지가 현대 문명의 씨앗이 되도록 자라는 동안 농경 공동체는 기술과 농작물, 가축과 함께 확산되었다.

> " … 사람들은 대부분 농부이거나 농부
> 덕분에 먹고 산다."

재레드 다이아몬드, 《총, 균, 쇠》에서, 1997년

가축화 혁명
농작물과 가축으로 바뀐 야생종

인류가 오늘날 사용하는 농작물과 가축은 어느 정도 서로 다른 특성을 갖는 야생종에서 기인한 것이다. 농경인들은 더 나은 수확량을 제공하는 개체나 관리가 더 용이한 개체 등 가장 유용한 개체를 배양하기로 선택했다. 여러 세대에 걸쳐, 때로는 수 세기에 걸쳐 적용된 이른바 인위선택으로 동식물의 길들여진 형태가 생겨났다.

테오신트
(야생 옥수수)

인위선택의 농작물
재배된 옥수수의 더 큰 옥수수 속대(왼쪽)는
야생 옥수수(오른쪽)에서 기인한 것이다.

오늘날의
옥수수 속대

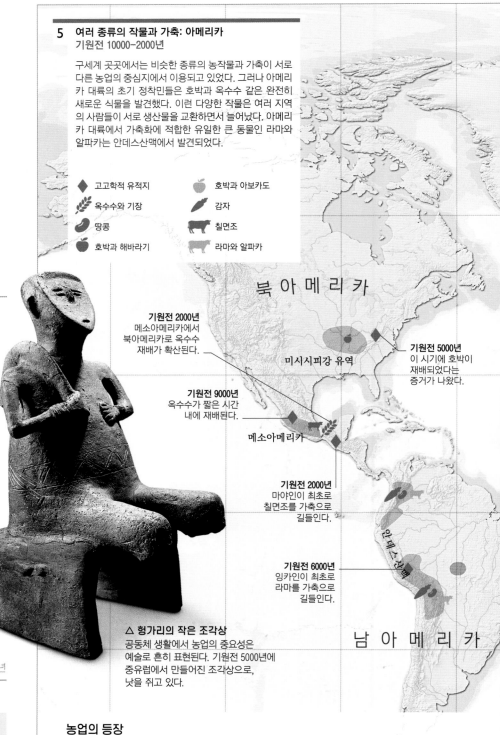

5 여러 종류의 작물과 가축: 아메리카
기원전 10000~2000년

구세계 곳곳에서는 비슷한 종류의 농작물과 가축이 서로 다른 농업의 중심지에서 이용되고 있었다. 그러나 아메리카 대륙의 초기 정착민들은 호박과 옥수수 같은 완전히 새로운 식물을 발견했다. 이런 다양한 작물은 여러 지역의 사람들이 서로 생산물을 교환하면서 늘어났다. 아메리카 대륙에서 가축화에 적합한 유일한 큰 동물인 라마와 알파카는 안데스산맥에서 발견되었다.

◆ 고고학적 유적지
🌽 옥수수와 기장
🥜 땅콩
🌻 호박과 해바라기
🍎 호박과 아보카도
🥕 감자
🦃 칠면조
🐄 라마와 알파카

북 아 메 리 카

기원전 2000년
메소아메리카에서
북아메리카로 옥수수
재배가 확산된다.

미시시피강 유역

기원전 5000년
이 시기에 호박이
재배되었다는
증거가 나왔다.

기원전 9000년
옥수수가 짧은 시간
내에 재배된다.

메소아메리카

기원전 2000년
마야인이 최초로
칠면조를 가축으로
길들인다.

기원전 6000년
잉카인이 최초로
라마를 가축으로
길들인다.

안데스산맥

남 아 메 리 카

△ **헝가리의 작은 조각상**
공동체 생활에서 농업의 중요성은
예술로 흔히 표현된다. 기원전 5000년에
중유럽에서 만들어진 조각상으로,
낫을 쥐고 있다.

농업의 등장

농업은 인접 지역으로 퍼지기 전에 세계의 여러 곳에서 독자적으로 생겨났다. 각 지역은 기후에 따라 고유한 특정 작물이 발달했고, 농경 공동체가 세계 곳곳으로 확대되면서 일부 생산물은 세계적으로 중요해졌다.

기호 보기

■ 가축화의 주요 독립적인
중심지

■ 부차적인
중심지

🌾 곡류
🫘 콩류
🍎 과일과
채소

🐄 가축
🥕 덩이줄기와
뿌리

크기 구분

🌾 세계적으로 중요한
생산물

🌾 주로 지역적인
생산물

타임라인

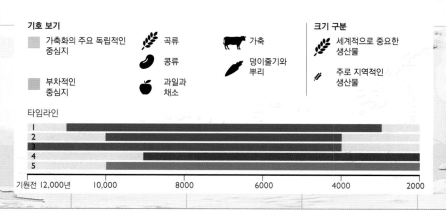

기원전 12,000년   10,000   8000   6000   4000   2000

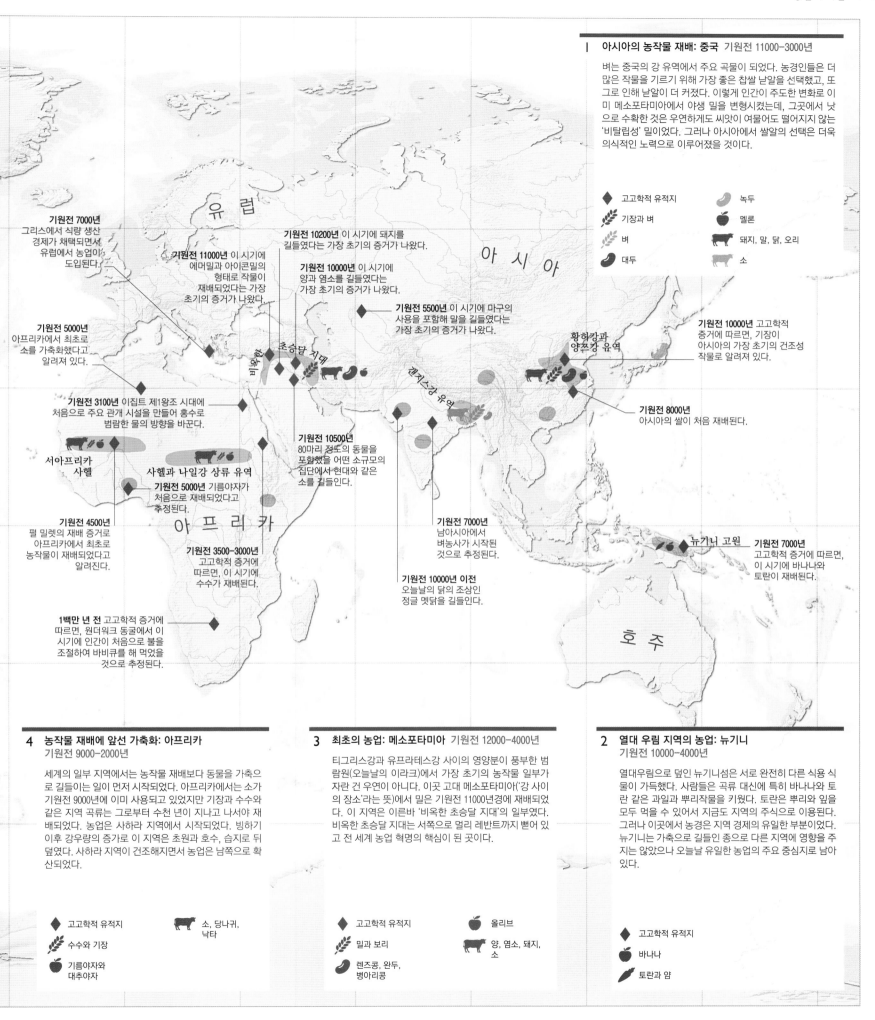

아시아의 농작물 재배: 중국 기원전 11000–3000년

벼는 중국의 강 유역에서 주요 곡물이 되었다. 농경인들은 더 많은 작물을 기르기 위해 가장 좋은 찹쌀 낟알을 선택했고, 또 그로 인해 낟알이 더 커졌다. 이렇게 인간이 주도한 변화로 이미 메소포타미아에서 야생 밀을 변형시켰는데, 그곳에서 낫으로 수확한 것은 우연하게도 씨앗이 여물어도 떨어지지 않는 '비탈립성' 밀이었다. 그러나 아시아에서 쌀알의 선택은 더욱 의식적인 노력으로 이루어졌을 것이다.

◆ 고고학적 유적지   🫘 녹두
🌾 기장과 벼   🍎 멜론
🌾 벼   🐄 돼지, 말, 닭, 오리
🫘 대두   🐂 소

유럽   **아시아**

기원전 7000년 그리스에서 식량 생산 경제가 채택되면서 유럽에서 농업이 도입된다.

기원전 11000년 이 시기에 에머밀과 아이콘밀의 형태로 작물이 재배되었다는 가장 초기의 증거가 나왔다.

기원전 10200년 이 시기에 돼지를 길들였다는 가장 초기의 증거가 나왔다.

기원전 10000년 이 시기에 양과 염소를 길들였다는 가장 초기의 증거가 나왔다.

기원전 5500년 이 시기에 마구의 사용을 포함해 말을 길들였다는 가장 초기의 증거가 나왔다.

황허강과 양쯔강 유역

기원전 10000년 고고학적 증거에 따르면, 기장이 아시아의 가장 초기의 건조성 작물로 알려져 있다.

기원전 5000년 아프리카에서 최초로 소를 가축화했다고 알려져 있다.

초승달 지대

기원전 3100년 이집트 제1왕조 시대에 처음으로 주요 관개 시설을 만들어 홍수로 범람한 물의 방향을 바꾼다.

서아프리카 사헬

사헬과 나일강 상류 유역

기원전 8000년 아시아의 쌀이 처음 재배된다.

기원전 10500년 80마리 정도의 동물을 포함했을 어떤 소규모의 집단에서 현대와 같은 소를 길들인다.

기원전 5000년 기름야자가 처음으로 재배되었다고 추정된다.

기원전 4500년 펄 밀렛의 재배 증거로 아프리카에서 최초로 농작물이 재배되었다고 알려진다.

아프리카

기원전 3500–3000년 고고학적 증거에 따르면, 이 시기에 수수가 재배된다.

기원전 7000년 남아시아에서 벼농사가 시작된 것으로 추정된다.

기원전 10000년 이전 오늘날의 닭의 조상인 정글 멧닭을 길들인다.

뉴기니 고원

기원전 7000년 고고학적 증거에 따르면, 이 시기에 바나나와 토란이 재배된다.

1백만 년 전 고고학적 증거에 따르면, 원더워크 동굴에서 이 시기에 인간이 처음으로 불을 조절하여 바비큐를 해 먹었을 것으로 추정된다.

호주

---

4 농작물 재배에 앞선 가축화: 아프리카
기원전 9000–2000년

세계의 일부 지역에서는 농작물 재배보다 동물을 가축으로 길들이는 일이 먼저 시작되었다. 아프리카에서는 소가 기원전 9000년에 이미 사용되고 있었지만 기장과 수수와 같은 지역 곡류는 그로부터 수천 년이 지나고 나서야 재배되었다. 농업은 사하라 지역에서 시작되었다. 빙하기 이후 강우량의 증가로 이 지역은 초원과 호수, 습지로 뒤덮였다. 사하라 지역이 건조해지면서 농업은 남쪽으로 확산되었다.

◆ 고고학적 유적지   🐄 소, 당나귀, 낙타
🌾 수수와 기장
🌴 기름야자와 대추야자

3 최초의 농업: 메소포타미아 기원전 12000–4000년

티그리스강과 유프라테스강 사이의 영양분이 풍부한 범람원(오늘날의 이라크)에서 가장 초기의 농작물 일부가 자란 건 우연이 아니다. 이곳 고대 메소포타미아('강 사이의 장소'라는 뜻)에서 밀은 기원전 11000년경에 재배되었다. 이 지역은 이른바 '비옥한 초승달 지대'의 일부였다. 비옥한 초승달 지대는 서쪽으로 멀리 레반트까지 뻗어 있고 전 세계 농업 혁명의 핵심이 된 곳이다.

◆ 고고학적 유적지   🍎 올리브
🌾 밀과 보리   🐄 양, 염소, 돼지, 소
🫘 렌즈콩, 완두, 병아리콩

2 열대 우림 지역의 농업: 뉴기니
기원전 10000–4000년

열대우림으로 덮인 뉴기니섬은 서로 완전히 다른 식용 식물이 가득했다. 사람들은 곡류 대신에 특히 바나나와 토란 같은 과일과 뿌리작물을 키웠다. 토란은 뿌리와 잎을 모두 먹을 수 있어서 지금도 지역의 주식으로 이용된다. 그러나 이곳에서 농경은 지역 경제의 유일한 부분이었다. 뉴기니는 가축으로 길들인 종으로 다른 지역에 영향을 주지는 않았으나 오늘날 유일한 농업의 주요 중심지로 남아 있다.

◆ 고고학적 유적지
🍎 바나나
🥕 토란과 얌

촌락에서 소도시로

유목 생활을 하던 수렵채집인들이 대부분 농사를 지으면서
인류 역사상 처음으로 인구가 특정 지역에 집중되었다.
정착촌은 규모가 커지고 더욱 복잡해졌다.
최초의 촌락이 최초의 소도시가 된 것이다.

농업이 인간을 더욱 정착하는 인류로 바꾸었듯이, 인간이 만든 정착촌은 물질 축적, 산업, 교역 등 현대 산업 사회의 특성을 이끌었다. 이런 현상은 세계 여러 곳에서 일어났지만 가장 확실한 증거는 서남아시아에서 찾아볼 수 있다. 그곳에서 최초의 농경인들이 더욱 조밀해진 인구를 먹여 살리기 위해 비옥한 토양에서 식량을 충분히 생산했다. 삶이 노동집약적이었고 인구 과밀과 영양실조로 질병을 초래할 큰 위험이 있었지만 오랜 기간에 걸쳐 한곳에서 함께 살아가면서 생기는 혜택이 있었다. 사람들은 삶을 더 쉽게 만드는 잉여물과 완벽한 기술을 만들어 내는 데 집중했다. 점토를 구워 벽돌로 만들어서 더 튼튼한 집을 세우거나 큰 저장 그릇을 만들었다. 소도시가 늘어나면서 때로는 벽으로 둘러싸인 요새도 만들어졌다. 지중해에서 온 조개껍데기는 광범위한 통상 관계의 발달을 보여 주었고, 구리는 더 나은 도구로 부싯돌을 점차 대체했다. 사회가 장인, 상인, 지도자로 나뉘면서 이런 최초의 지역 산업은 물질적 부를 가져와 최초의 교환 경제의 토대가 되었다.

> " … 환경을 관리하기 위해 인간이 함께 무리 짓는 것은 이치에 맞는 일이었다."
>
> J. M. 로버츠, 《세계의 역사》에서, 1990년

석기 시대의 도기
점토의 잠재력 활용

구운 점토는 2만 년 전에 작은 조각상과 항아리를 만들 때 사용되었다. 이후에는 주거지를 짓는 데 중요한 재료가 되었다. 젖은 점토는 섶나무로 지은 집을 보강하는 목적으로 사용되었다. 단단한 벽돌은 폭풍우나 적으로부터 보호해 주었고, 창의적인 점토 기술은 장식용 항아리를 만드는 데 이용되었다.

할라프 꽃병
메소포타미아 도기가
기원전 6000년에 이미 기하학적
무늬로 장식되었다.

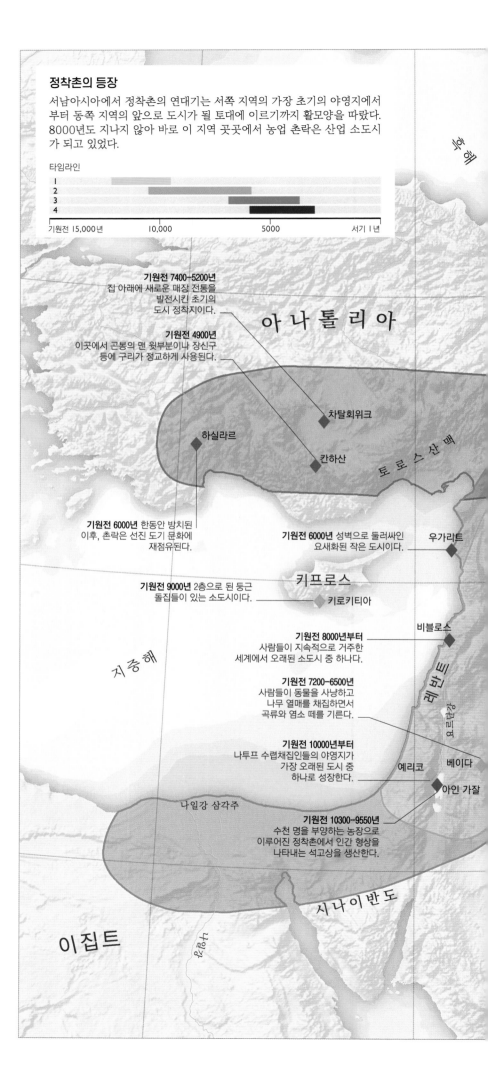

정착촌의 등장

서남아시아에서 정착촌의 연대기는 서쪽 지역의 가장 초기의 야영지에서부터 동쪽 지역의 앞으로 도시가 될 토대에 이르기까지 활모양을 따랐다. 8000년도 지나지 않아 바로 이 지역 곳곳에서 농업 촌락은 산업 소도시가 되고 있었다.

타임라인

	기원전 15,000년	10,000	5,000	서기 1년

흑해

아나톨리아

기원전 7400–5200년
집 아래에 새로운 매장 전통을 발전시킨 초기의 도시 정착지이다.

기원전 4900년
이곳에서 곤봉의 맨 윗부분이나 장신구 등에 구리가 정교하게 사용된다.

차탈회위크

하실라르

칸하산

토로스 산맥

기원전 6000년 한동안 방치된 이후, 촌락은 선진 도기 문화에 재점유된다.

기원전 6000년 성벽으로 둘러싸인 요새화된 작은 도시이다.

우가리트

키프로스

기원전 9000년 2층으로 된 둥근 돌집들이 있는 소도시이다.

키로키티아

비블로스

지중해

기원전 8000년부터
사람들이 지속적으로 거주한 세계에서 오래된 소도시 중 하나이다.

레바논 산맥

기원전 7200–6500년
사람들이 동물을 사냥하고 나무 열매를 채집하면서 곡류와 염소 떼를 기른다.

기원전 10000년부터
나투프 수렵채집인들의 야영지가 가장 오래된 도시 중 하나로 성장한다.

예리코

베이다

아인 가잘

기원전 10300–9550년
수천 명을 부양하는 농장으로 이루어진 정착촌에서 인간 형상을 나타내는 석고상을 생산한다.

나일강 삼각주

이집트

나일강

시나이 반도

1 유목 생활에서 정착 생활로의 변천
기원전 12500~9000년

레반트와 시나이반도의 유목민 후손이었던 나투프 사람들은 기원전 12500년경부터 서남아시아에서 정착촌을 형성하기 시작했다. 유목민에게 물질적 소유가 거의 없었기 때문에 증거가 충분하지 않지만, 이곳은 처음에 계절에 따른 사냥 캠프(야영지)에 지나지 않았을 것이다. 그들의 후손은 영구 저장이 필요한 식량을 비축했다.

☐ 정착촌의 확산

◆ 고고학적 유적지

2 최초의 농경 정착촌 기원전 11000~6000년

농경인들은 야생 곡류를 이용한 초기 정착민으로부터 비롯되었다. 이들은 기원전 11050년에 이미 호밀을 재배하기 시작했다. 처음에 정착민들은 방목한 동물로부터 야생 식용 식물을 보호하려고 결집했으나 시간이 지나면서 집 가까이에 식물을 옮겨 심거나 씨앗을 뿌리기 시작했다. 진흙 벽돌이 건조물 재료로 잘 썩는 섶나무를 대체하면서 집은 더욱 영구적인 주거지가 되었다.

☐ 정착촌의 확산

◆ 고고학적 유적지

3 물질 문화의 확산 기원전 7000~4000년

서쪽 아나톨리아에서 동쪽 자그로스산맥에 이르기까지 촌락들이 더 넓은 지역으로 급증하면서 큰 정착촌이 생겨났고 많은 식량으로 유지되었다. 풍부한 고고학 유적지인 차탈회위크는 1만 명에 달하는 사람들이 살았을 것으로 추정된다. 이곳은 사회 계급이 없었고 도기와 흑요석 도구의 제작이 번성했다. 사람들은 이 물품을 시리아의 조개껍데기나 부싯돌과 교역했을 것으로 보인다.

☐ 정착촌의 확산

◆ 고고학적 유적지

4 도시의 등장 기원전 6000~3000년

석기 시대에서 동기 시대로 넘어가면서 우바이드 사람들이 메소포타미아 남동부에 최초로 정착했다. 이들은 구리를 사용하여 도구를 만들었고 세습 족장이 이끄는 원시적인 형태의 민주주의를 취했을 것으로 보인다. 우바이드 정착촌들은 더 큰 공동체를 이루기 위해 통합했다. 특히 우루크는 당시에 세계에서 가장 큰, 최초의 진정한 도시로 주요 교역망의 중심지가 되었을 것이다.

◼ 정착촌의 확산

◆ 고고학적 유적지

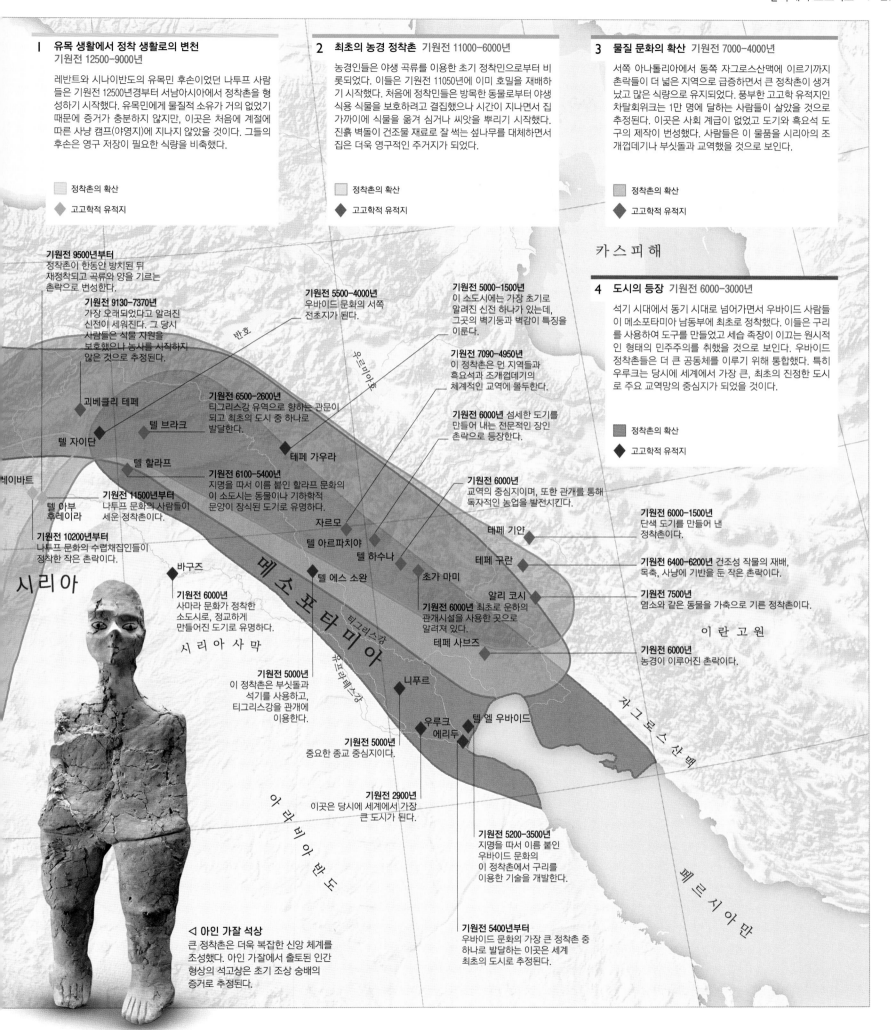

기원전 9500년부터
정착촌이 한동안 방치된 뒤 재정착하고 곡류와 양을 기르는 촌락으로 번성한다.

기원전 9130~7370년
가장 오래되었다고 알려진 신전이 세워진다. 그 당시 사람들은 식물 자원을 보호했으나 농사를 시작하지 않은 것으로 추정된다.

기원전 5500~4000년
우바이드 문화의 서쪽 전초지가 된다.

기원전 5000~1500년
이 소도시에는 가장 초기로 알려진 신전 하나가 있는데, 그곳의 벽기둥과 벽감이 특징을 이룬다.

기원전 7090~4950년
이 정착촌은 먼 지역들과 흑요석과 조개껍데기의 체계적인 교역에 몰두한다.

기원전 6000년 섬세한 도기를 만들어 내는 전문적인 장인 촌락으로 등장한다.

카스피 해

반호

우르미아호

괴베클리 테페

텔 브라크

텔 자이단

텔 할라프

기원전 6500~2600년
티그리스강 유역으로 향하는 관문이 되고 최초의 도시 중 하나로 발달한다.

테페 가우라

기원전 11500년부터
나투프 문화의 사람들이 세운 정착촌이다.

기원전 6100~5400년
지명을 따서 이름 붙인 할라프 문화의 이 소도시는 동물이나 기하학적 문양이 장식된 도기로 유명하다.

기원전 6000년
교역의 중심지이며, 또한 관개를 통해 독자적인 농업을 발전시킨다.

케이바트

텔 아부 후레이라

기원전 10200년부터
나투프 문화의 수렵채집인들이 정착한 작은 촌락이다.

자르모

텔 아르파치야

텔 하수나

테페 기얀

테페 구란

기원전 6000~1500년
단색 도기를 만들어 낸 정착촌이다.

기원전 6400~6200년 건조성 작물의 재배, 목축, 사냥에 기반을 둔 작은 촌락이다.

시리아

바구즈

텔 에스 소완

초가 마미

알리 코시

기원전 7500년
염소와 같은 동물을 가축으로 기른 정착촌이다.

이 란 고 원

메소포타미아

티그리스강

기원전 6000년
사마라 문화가 정착한 소도시로, 정교하게 만들어진 도기로 유명하다.

시 리 아 사 막

기원전 6000년 최초로 운하의 관개시설을 사용한 곳으로 알려져 있다.

테페 사브즈

기원전 6000년
농경이 이루어진 촌락이다.

유프라테스강

자 그 로 스 산 맥

기원전 5000년
이 정착촌은 부싯돌과 석기를 사용하고, 티그리스강을 관개에 이용한다.

니푸르

우루크

텔 엘 우바이드

에리두

기원전 5000년
중요한 종교 중심지이다.

아 라 비 아 반 도

기원전 2900년
이곳은 당시에 세계에서 가장 큰 도시가 된다.

기원전 5200~3500년
지명을 따서 이름 붙인 우바이드 문화의 이 정착촌에서 구리를 이용한 기술을 개발한다.

페 르 시 아 만

◁ **아인 가잘 석상**
큰 정착촌은 더욱 복잡한 신앙 체계를 조성했다. 아인 가잘에서 출토된 인간 형상의 석고상은 초기 조상 숭배의 증거로 추정된다.

기원전 5400년부터
우바이드 문화의 가장 큰 정착촌 중 하나로 발달하는 이곳은 세계 최초의 도시로 추정된다.

고대 세계

이 책에서 고대사는 기원전 3000년경부터 서기 5세기까지를 이른다.
최초의 도시 문명이 발달한 시기부터
중국 한나라가 몰락하고 로마 제국이 멸망한 시점까지다.

최초의 문명

도시 문명은 농업과 석재 가공 기술과 함께 비옥한 토양, 따뜻한 기후,
충분한 물의 공급 등의 요인으로 발달하기 시작했다.
최초의 문명은 기원전 3500년경에 메소포타미아(오늘날의 이라크)에서 번성했다고 알려져 있다.

△ 경이로운 건축물
기자의 피라미드는 고왕국의 세 파라오의 무덤이었다. 사진의 왼쪽에서
오른쪽 순서대로 세 개의 큰 피라미드는 각각 멘카우레, 카프레, 쿠푸의
무덤이다.

문명의 발달에 유용한 모든 요인 가운데 물이 가장 중요했을 것이다.
최초의 문명은 메소포타미아 남부에 있는 수메르에서 발생했다. 이곳
은 티그리스강과 유프라테스강 사이의 비옥한 지역이었다. 수메르인들
은 두 강의 풍부하고 깨끗한 물 때문에 그 정착지에 매료되었다.

수메르 문명의 번성하는 무역 중심지, 우루크는 세계 최초의 도시
로 잘 알려져 있다. 우루크는 약 9.6km에 이르는 방어벽과 많은 인구
를 과시했고 전성기인 기원전 2800년에는 인구가 4만에서 8만 명에
이르렀다. 문명의 번성에 크게 기여한 수메르의 다른 도시 국가로는 에
리두, 우르, 니푸르, 라가시, 키시 등이 있었다. 수메르의 가장 중요한
발명품은 바퀴였고, 다음으로는 설형 문자(쐐기문자)의 발달이었을 것이
다.

최초의 피라미드

수메르인들이 티그리스강과 유프라테스강에 의존했듯이, 이집트 문명
은 나일강이 없었다면 생겨나지 못했을 것이다. 나일강은 해마다 6개
월 동안 범람하여 영양이 풍부한 검은 퇴적물을 남겼다. 그래서 초기
이집트인들은 곡물, 과일, 채소 등 농작물을 재배할 수 있었다.

기원전 3400년경에 이집트는 나일강 계곡 지역의 상이집트 왕국과
북부의 하이집트 왕국으로 번성했다. 그로부터 약 300년 뒤 나르메르
왕이 이 두 왕국을 통합하여 통일 이집트의 수도 멤피스를 세웠다. 기

> "이것은 이 세상 어느 도시도 필적할 수
> 없는 우루크의 성벽이다."
>
> 《길가메시 서사시》, 기원전 2000년경

원전 2611년경에 이집트인은 멤피스 근처의 사카라에서 최초의 피라
미드를 건설했다. 이 계단식 피라미드는 조세르왕의 가장 신뢰하는 재
상 임호테프가 왕의 시신을 보관하는 무덤으로 설계한 것이다. 그 뒤
로 피라미드가 130개 이상 축조되었고 그중 가장 중요한 것은 대피라
미드였다. 대피라미드는 기원전 2589년에서 기원전 2566년까지 재위
한 쿠푸왕을 위해 기자에서 건설되었다. 쿠푸왕의 뒤를 이은 카프레와
멘카우레 파라오를 위한 피라미드도 각각 같은 장소에 세워졌다. 이와
전혀 관련은 없지만, 지금의 페루인 노르테 치코 문명도 피라미드 모양
의 구조물을 건설했다. 노르테 치코 문명은 기원전 3000년경 이전에
아메리카 대륙에서 최초의 도시들을 세웠다.

△ 덤불 속의 숫양
먹이를 찾고 있는 숫양을 묘사한 이
정교한 조각상은 고대 메소포타미아의
도시 국가 우르에서 만들어진 것으로,
수메르인의 공예술을 대표하는 좋은
예이다.

고대의 문명

도시에 기반한 문명은 메소포타미
아(티그리스강과 유프라테스강 사
이의 지역)에서 처음 생겨났고, 다
음으로 이집트의 나일강 유역에서
생겨났다고 알려져 있다. 문명은 중
국의 황허강과 인더스강 유역(오늘
날의 파키스탄과 인도)의 비옥한 지
역에도 독립적으로 발달했다. 큰 강
덕분에 집약적이고 효율적인 농업
이 가능했다. 아직 이유가 완전히
밝혀지지 않았으나 페루에도 초기
도시들이 성장했다. 유럽에서는 미
노스 문명이 웅장한 성을 중심으로
발달한 도시 정착지를 건설했다.

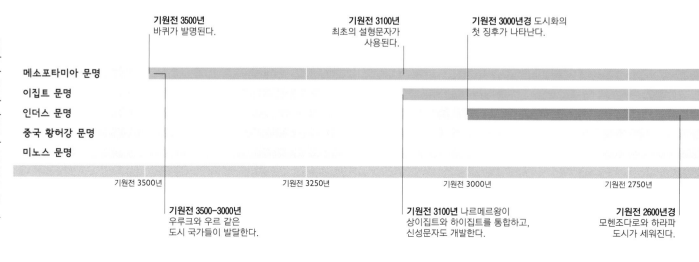

기원전 3500년
바퀴가 발명된다.

기원전 3100년
최초의 설형문자가
사용된다.

기원전 3000년경 도시화의
첫 징후가 나타난다.

메소포타미아 문명
이집트 문명
인더스 문명
중국 황허강 문명
미노스 문명

기원전 3500년   기원전 3250년   기원전 3000년   기원전 2750년

기원전 3500-3000년
우루크와 우르 같은
도시 국가들이 발달한다.

기원전 3100년 나르메르왕이
상이집트와 하이집트를 통합하고,
신성문자도 개발한다.

기원전 2600년경
모헨조다로와 하라파
도시가 세워진다.

▷ **의례용 제기**
중국에서 기원전 1300년에서 기원전 1050년 사이에
만들어진 청동 제기(궤)로 상나라 시대의
종교 제례에 사용되었다.

동양의 문명

인더스 계곡(남아시아의 북서부 지역)과 중국 북부에서도 강은 문명의 발달에 중요한 역할을 했다. 인더스 계곡의 사람들은 오늘날 하라파 문명으로 알려져 있다. 모헨조다로와 함께 큰 도시 중 하나인 하라파의 이름을 따서 붙인 하라파 문명은 기원전 3300년에서 기원전 1900년까지 번성했다. 최근까지 하라파 문명은 북쪽에서 아리아인이 침략하여 쇠퇴했다고 알려져 있었다. 그런데 가장 최신의 이론에 따르면, 인더스강에 영향을 미친 지질 구조상의 변화가 이 고대도시의 붕괴 원인이었다고 한다. 그리고 또 다른 이론에서는 하라파인들이 거주하는 지역의 강이 말라서 문명이 쇠퇴했음을 시사한다.

중국의 문명은 중국 북부의 황허강을 따라 번성했다. 이집트와 하라파 문명과 마찬가지로 황허강 유역도 주기적인 홍수로 땅이 비옥해졌다. 그런 요인으로 인해 농경이 발달했고, 강 자체가 유용한 통상로 역할을 했다. 기원전 2000년경에는 청동 세공, 견방직, 도기 제조 등이 행해지고 있었다.

신비에 싸인 미노스 문명

중국 문명이 발달하고 있던 비슷한 시기에 또 다른 영향력 있는 문명이 지중해의 크레타섬에서 생겨나고 있었다. 이곳 사람들은 미노스인으로 알려져 있는데, 영국의 고고학자 아서 에반스 경이 전설로 전해지는 크레타섬의 왕 미노스의 이름을 따서 명명한 것이다. 미노스인들은 목재, 도기, 직물 등을 수출하는 중요한 해상 교역 세력이었다. 이들은 교역으로 부가 늘어나자

많은 궁전을 지었고 그중 가장 인상적인 곳은 크노소스 궁전이었다. 미노스 문명은 기원전 15세기 말에 쇠퇴했다. 쇠퇴의 원인을 테라섬(오늘날의 산토리니섬)의 화산 폭발 때문이라고 보는 역사가도 있고, 그리스 본토의 미케네인이 침략했기 때문이라고 주장하는 역사가도 있다.

▽**예술적 표현**
기원전 14세기의 것으로 추정되는
이 형형색색의 프레스코화는 죽은
귀족을 기리는 미노스의 장례 의식을
묘사하며 석관을 장식한다.

기원전 2500년경
인더스 문자가
최초로 사용된다.

기원전 2000년
황허강의 얼리터우 문화에서
청동 주조를 시행한다.

기원전 1700년 힉소스 민족이
나일강 삼각주를 지배하여
이집트 중왕국을 몰락시킨다.

기원전 1646년경
테라섬에서 거대한
화산 폭발이 일어난다.

기원전 1500년 아리아인이
북쪽에서 인더스강
유역으로 침입한다.

기원전 1200년
한자가 처음으로
사용된다.

기원전 2500년

기원전 2250년

기원전 2000년

기원전 1750년

기원전 1500년

기원전 1250년

기원전 2350년 아카드의
사르곤 왕이 수메르
도시들을 통합하여 세계
최초의 제국을 만든다.

기원전 2000~1450년
미노스 문명이 에게해를
통해 크레타섬에서
퍼져나간다.

기원전 1900년 이집트
테베의 카르나크 신전이
건설되기 시작한다.

기원전 1800년
기후 변화가 인더스
문명에 영향을 주기
시작한다.

기원전 1600년
'명조 전투'가 일어나고
상나라가 세워진다.

기원전 1300년
중국에서 달력 체계에 대한
뛰어난 이해력을 암시하는
증거가 나타난다.

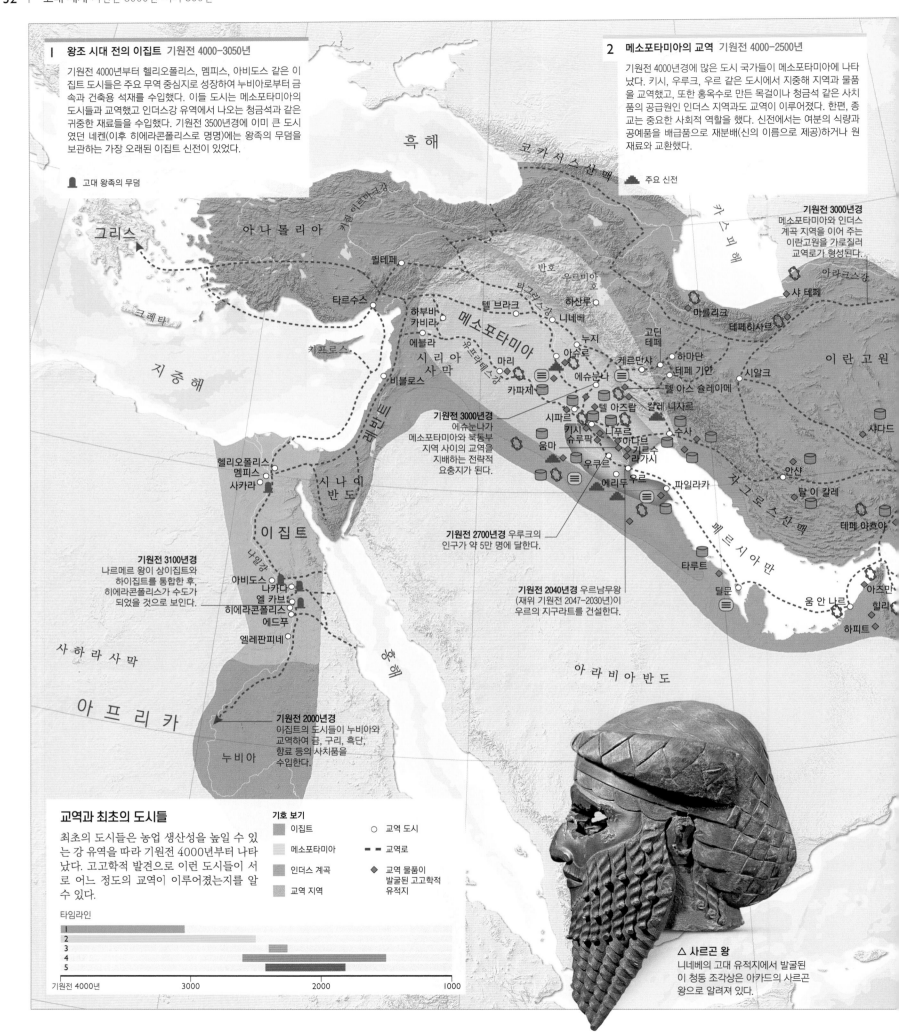

1 왕조 시대 전의 이집트 기원전 4000-3050년

기원전 4000년부터 헬리오폴리스, 멤피스, 아비도스 같은 이집트 도시들은 주요 무역 중심지로 성장하여 누비아로부터 금속과 건축용 석재를 수입했다. 이들 도시는 메소포타미아의 도시들과 교역했고 인더스강 유역에서 나오는 청금석과 같은 귀중한 재료들을 수입했다. 기원전 3500년경에 이미 큰 도시였던 네켄(이후 히에라콘폴리스로 명명)에는 이집트 왕족의 무덤을 보관하는 가장 오래된 이집트 신전이 있었다.

⬛ 고대 왕족의 무덤

2 메소포타미아의 교역 기원전 4000-2500년

기원전 4000년경에 많은 도시 국가들이 메소포타미아에 나타났다. 키시, 우루크, 우르 같은 도시에서 지중해 지역과 물품을 교역했고, 또한 홍옥수로 만든 목걸이나 청금석 같은 사치품의 공급원인 인더스 지역과도 교역이 이루어졌다. 한편, 종교는 중요한 사회적 역할을 했다. 신전에서는 여분의 식량과 공예품을 배급품으로 재분배(신의 이름으로 제공)하거나 원재료와 교환했다.

⛪ 주요 신전

교역과 최초의 도시들

최초의 도시들은 농업 생산성을 높일 수 있는 강 유역을 따라 기원전 4000년부터 나타났다. 고고학적 발견으로 이런 도시들이 서로 어느 정도의 교역이 이루어졌는지를 알 수 있다.

기호 보기
- 이집트
- 메소포타미아
- 인더스 계곡
- 교역 지역
- ○ 교역 도시
- ⚬- 교역로
- ◆ 교역 물품이 발굴된 고고학적 유적지

△ 사르곤 왕
니네베의 고대 유적지에서 발굴된 이 청동 조각상은 아카드의 사르곤 왕으로 알려져 있다.

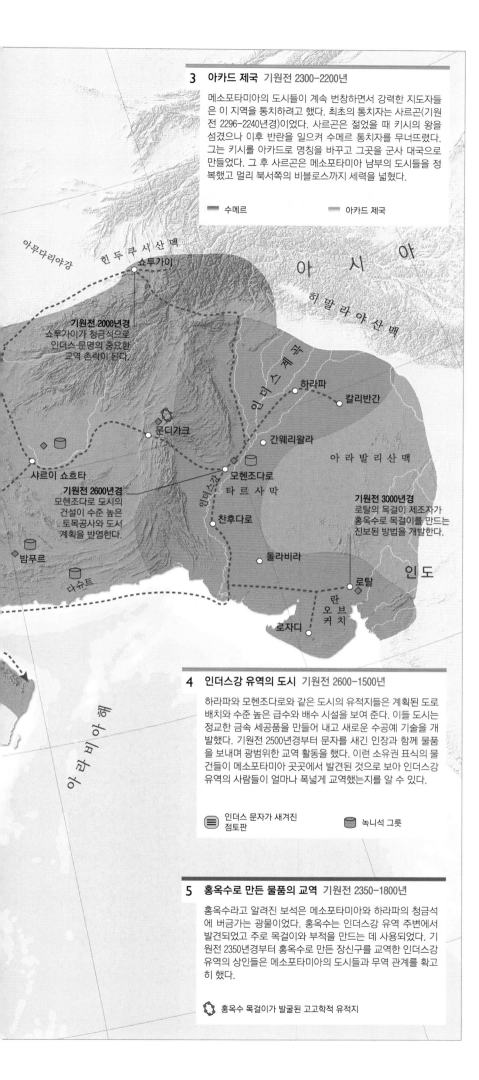

3 아카드 제국 기원전 2300-2200년

메소포타미아의 도시들이 계속 번창하면서 강력한 지도자들은 이 지역을 통치하려고 했다. 최초의 통치자는 사르곤(기원전 2296-2240년경)이었다. 사르곤은 젊었을 때 키시의 왕을 섬겼으나 이후 반란을 일으켜 수메르 통치자를 무너뜨렸다. 그는 키시를 아카드로 명칭을 바꾸고 그곳을 군사 대국으로 만들었다. 그 후 사르곤은 메소포타미아 남부의 도시들을 정복했고 멀리 북서쪽의 비블로스까지 세력을 넓혔다.

▬ 수메르   ▬ 아카드 제국

4 인더스강 유역의 도시 기원전 2600-1500년

하라파와 모헨조다로와 같은 도시의 유적지들은 계획된 도로 배치와 수준 높은 급수와 배수 시설을 보여 준다. 이들 도시는 정교한 금속 세공품을 만들어 내고 새로운 수공예 기술을 개발했다. 기원전 2500년경부터 문자를 새긴 인장과 함께 물품을 보내며 광범위한 교역 활동을 했다. 이런 소유권 표식의 물건들이 메소포타미아 곳곳에서 발견된 것으로 보아 인더스강 유역의 사람들이 얼마나 폭넓게 교역했는지를 알 수 있다.

🔖 인더스 문자가 새겨진 점토판   🛢 녹니석 그릇

5 홍옥수로 만든 물품의 교역 기원전 2350-1800년

홍옥수라고 알려진 보석은 메소포타미아와 하라파의 청금석에 버금가는 광물이었다. 홍옥수는 인더스강 유역 주변에서 발견되었고 주로 목걸이와 부적을 만드는 데 사용되었다. 기원전 2350년경부터 홍옥수로 만든 장신구를 교역한 인더스강 유역의 상인들은 메소포타미아의 도시들과 무역 관계를 확고히 했다.

🔶 홍옥수 목걸이가 발굴된 고고학적 유적지

최초의 도시

메소포타미아의 티그리스강과 유프라테스강, 이집트의 나일강, 인더스강 유역의 비옥한 평원을 따라 도시들이 처음으로 발달했다고 알려져 있다. 이들 도시는 조직화된 사회 구조를 갖추며 무역 중심지로 성장했고 예술, 공예, 건축 분야에서 번창했다.

기원전 3000년경, 농업의 발달은 이집트의 나일강과 인더스강과 메소포타미아의 티그리스강과 유프라테스강 유역을 중심으로 세계의 일부 지역에서 식량 과잉으로 이어졌다. 이런 지역에 사는 공동체 사회들은 금속 세공에서 석공에 이르기까지 다양한 공예 기술을 개발하기 시작했다. 이런 일로 시장이 처음 생겨나 부가 도시로 흘러 들어갔고, 또 그런 영향으로 세계 최초의 도시들이 중심지를 형성하기 시작했다. 이런 도시 중심지는 벽돌을 만드는 데 쓰이는 점토의 공급원

> "메소포타미아인은 도시 국가를 지상에 그대로 옮겨 놓은 신의 모형과 질서로 여겼다."
>
> J. 슈필보겔, 《서구 문명 제1권》에서, 2014년

이나 비옥한 농토에 아주 가까운 강기슭을 따라 발달했다. 강은 목재, 보석, 금속 같은 원재료를 도시로 운반하는 중요한 통로 역할을 했다. 또한 육로로도 이동된 교역품은 특히 세 문명 지역의 도시들을 잇는 레반트 지역과 이란고원을 가로질러 운반되었다. 무엇보다도 인더스강 유역에서 넘어온 홍옥수 구슬과 인장(물품과 함께 제공되는 소유권 표시)은 메소포타미아에서 널리 발견되었다. 메소포타미아의 도시들은 대부분 강력한 도시 국가로 성장했고, 그중 일부는 제국이 등장하면서 그곳의 수도가 되었다.

우르의 깃발
메소포타미아의 유물, 기원전 2600-2400년

1920년대에 우르의 왕족 무덤에서 발굴된 '우르의 깃발'은 여러 장면으로 장식된 나무 상자이다. 이 유물은 원래의 용도가 수수께끼로 남아 있지만, 상자에 박힌 장식판 2개는 '전쟁의 판'과 '평화의 판'으로 불린다. 각각의 판에 묘사된 그림에서 고대 도시의 다양한 삶을 생생하게 확인할 수 있다. 또한 운송에 사용된 최초의 바퀴도 묘사되어 있다.

고대 문명의 역법

고대 문명은 대부분 자연의 변화와 계절에 따른
농사 주기에 맞추어 나라와 종교의 행사를
일정하게 유지하는 데 필요한 역법을 만들어 냈다.
역법은 지구, 태양, 달의 움직임에 대한 지식뿐만 아니라
기존의 숫자 체계에 기반을 두었다.

고대 사람들은 세월의 주기를 알아내는 능력으로 언제 농작물을 재배하고 겨울을 준비하며 축제를 기념해야 하는지를 계획할 수 있었다. 이들은 천체 관측, 특히 지구와 태양과 달의 주기에 근거하여 역법을 만들어 냈다. 예컨대, 바빌로니아인들은 달의 주기에 따라 1개월을 기준으로 정했고(태음력), 인도에서는 태양의 주기를 따라 역법(태양력)을 만들었다. 또한 이집트나 중국은 달의 주기를 기준으로 한 달의 날수를 조정하면서 태양년과 일치시키는 역법(태음태양력)을 사용했다.

태양년 1년은 365.24일이고 태음월의 주기는 29.53일이어서 1년은 12.37개월이 된다. 고대의 역법은 대부분 1개월에 28~30일이 되는 12개월이라는 체계를 사용하여 태양년보다 11일이 짧은 태음년에 기준을 두었다. 이 차이는 간격을 두고 일수나 달수를 삽입하여(윤달이나 윤일) 해결되었다. 예컨대, 중국력은 19년에 윤달을 7회 두었다. 반면에 마야 문명은 달이나 태양의 주기에 영향은 받았더라도 그 주기에 매이지 않고 일정한 일수를 이용한 역법을 만들어 냈다.

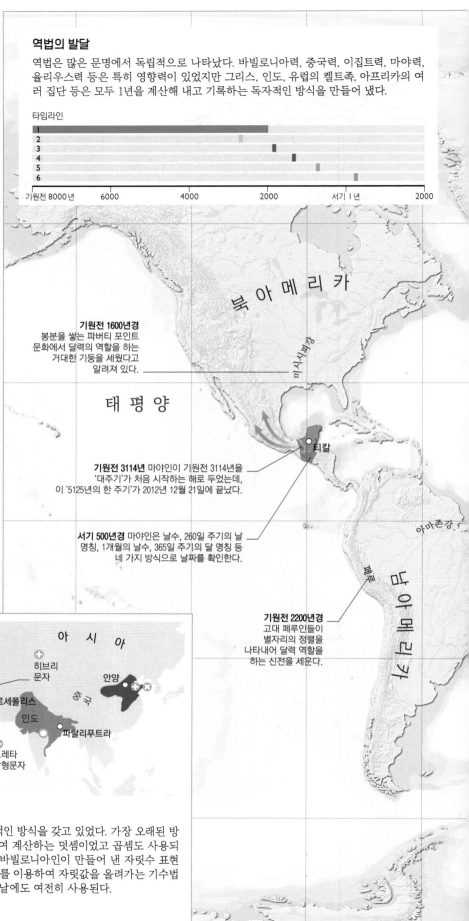

역법의 발달

역법은 많은 문명에서 독립적으로 나타났다. 바빌로니아력, 중국력, 이집트력, 마야력, 율리우스력 등은 특히 영향력이 있었지만 그리스, 인도, 유럽의 켈트족, 아프리카의 여러 집단 등은 모두 1년을 계산해 내고 기록하는 독자적인 방식을 만들어 냈다.

타임라인

기원전 8000년   6000   4000   2000   서기 1년   2000

북아메리카

태평양

기원전 1600년경
봉분을 쌓는 파버티 포인트 문화에서 달력의 역할을 하는 거대한 기둥을 세웠다고 알려져 있다.

기원전 3114년 마야인이 기원전 3114년을 '대주기'가 처음 시작하는 해로 두었는데, 이 '5125년의 한 주기'가 2012년 12월 21일에 끝났다.

티칼

서기 500년경 마야인은 날수, 260일 주기의 날 명칭, 1개월의 날수, 365일 주기의 달 명칭 등 네 가지 방식으로 날짜를 확인한다.

기원전 2200년경
고대 페루인들이 별자리의 정렬을 나타내어 달력 역할을 하는 신전을 세운다.

남아메리카

초기의 숫자 체계

수를 세는 능력은 역법을 만드는 데 꼭 필요한 조건이었다. '금을 새기는 막대기'가 (손가락 10개에서 비롯된) 10단위 기준의 더욱 복잡한 방법으로 거의 대체되었다. 바빌로니아인들은 60을 기본 숫자로 이용하여 수를 표시했다. 이 방식은 여전히 시간의 '분'과 같은 단위로 명백하게 사용되고 있다. 각 문명은 숫자를 나타내고 조합하는 독자적인 방식을 갖고 있었다. 가장 오래된 방식은 수를 합하여 계산하는 덧셈이었고 곱셈도 사용되었다. 마야인과 바빌로니아인이 만들어 낸 자릿수 표현법(진법)은 숫자를 이용하여 자릿값을 올려가는 기수법을 말하며, 오늘날에도 여전히 사용된다.

유럽

그리스 문자
로마
아테네

이집트 신성문자
멤피스
이집트

히타이트 상형문자

님루드
페르세폴리스

히브리 문자

안양

아시아

인도
파탈리푸트라

크레타 상형문자

아프리카

북아메리카

대서양

티칼

기호 보기

숫자 체계
✚ 덧셈   ✖ 곱셈   ○ 자릿수 표현법 (진법)

단위
● 10진법   ● 20진법   ● 60진법

공통의 숫자 체계를 사용한 지역
- 기원전 3300년경의 메소포타미아
- 기원전 3000-2900년경의 이집트
- 기원전 1450년의 중국
- 기원전 1400년경의 히타이트
- 기원전 500년경의 로마
- 기원전 4세기의 그리스
- 기원전 4세기의 히브리
- 서기 240년의 인도 굽타
- 서기 4-9세기의 마야

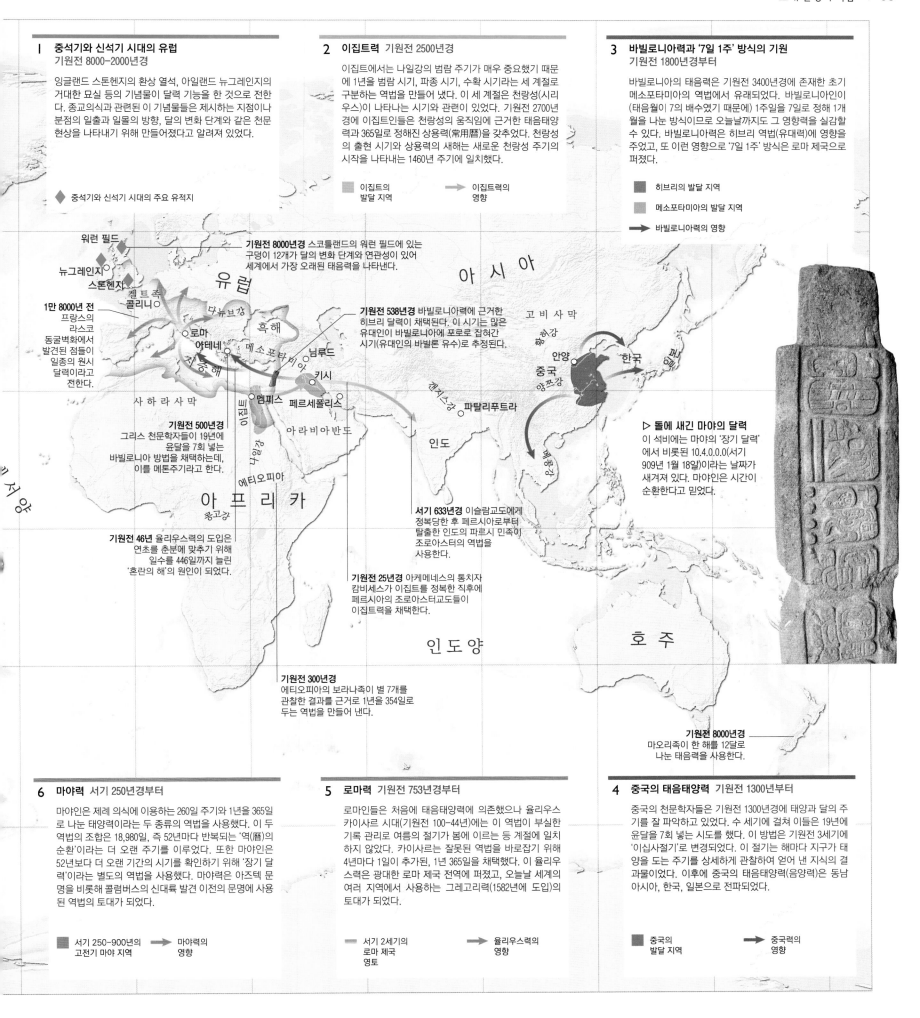

1 중석기와 신석기 시대의 유럽
기원전 8000-2000년경

잉글랜드 스톤헨지의 환상 열석, 아일랜드 뉴그레인지의 거대한 묘실 등의 기념물이 달력 기능을 한 것으로 전한다. 종교의식과 관련된 이 기념물들은 제시하는 지점이나 분점의 일출과 일몰의 방향, 달의 변화 단계와 같은 천문 현상을 나타내기 위해 만들어졌다고 알려져 있었다.

◆ 중석기와 신석기 시대의 주요 유적지

2 이집트력 기원전 2500년경

이집트에서는 나일강의 범람 주기가 매우 중요했기 때문에 1년을 범람 시기, 파종 시기, 수확 시기라는 세 계절로 구분하는 역법을 만들어 냈다. 이 세 계절은 천랑성(시리우스)이 나타나는 시기와 관련이 있었다. 기원전 2700년경에 이집트인들은 천랑성의 움직임에 근거한 태음태양력과 365일로 정해진 상용력(常用曆)을 갖추었다. 천랑성의 출현 시기와 상용력의 새해는 새로운 천랑성 주기의 시작을 나타내는 1460년 주기에 일치했다.

■ 이집트의 발달 지역
→ 이집트력의 영향

3 바빌로니아력과 '7일 1주' 방식의 기원
기원전 1800년경부터

바빌로니아의 태음력은 기원전 3400년경에 존재한 초기 메소포타미아의 역법에서 유래되었다. 바빌로니아인이 (태음월이 7의 배수였기 때문에) 1주일을 7일로 정해 1개월을 나눈 방식이므로 오늘날까지도 그 영향력을 실감할 수 있다. 바빌로니아력은 히브리 역법(유대력)에 영향을 주었고, 또 이런 영향으로 '7일 1주' 방식은 로마 제국으로 퍼졌다.

■ 히브리의 발달 지역
■ 메소포타미아의 발달 지역
→ 바빌로니아력의 영향

기원전 8000년경 스코틀랜드의 워런 필드에 있는 구덩이 12개가 달의 변화 단계와 연관성이 있어 세계에서 가장 오래된 태음력을 나타낸다.

워런 필드
뉴그레인지
스톤헨지
켈트족
콜리니

1만 8000년 전 프랑스의 라스코 동굴벽화에서 발견된 점들이 일종의 원시 달력이라고 전한다.

유럽
다뉴브강
흑해
로마
아테네
메소포타미아
님루드
키시

기원전 538년경 바빌로니아력에 근거한 히브리력이 채택된다. 이 시기는 많은 유대인이 바빌로니아에 포로로 잡혀간 시기(유대인의 바빌론 유수)로 추정된다.

아 시 아
고 비 사 막
황허강
안양
중국
양쯔강
한국

메소포타미아
멤피스
페르세폴리스
지중해
사 하 라 사 막
아 라 비 아 반 도
인도
개지스강
파탈리푸트라
메콩강

기원전 500년경 그리스 천문학자들이 19년에 윤달을 7회 넣는 바빌로니아 방법을 채택하는데, 이를 메톤주기라고 한다.

아 프 리 카
콩고강
에티오피아

▷ 돌에 새긴 마야의 달력
이 석비에는 마야의 '장기 달력'에서 비롯된 10.4.0.0.0(서기 909년 1월 18일)이라는 날짜가 새겨져 있다. 마야인은 시간이 순환한다고 믿었다.

기원전 46년 율리우스력의 도입은 연초를 춘분에 맞추기 위해 일수를 446일까지 늘린 '혼란의 해'의 원인이 되었다.

서기 633년경 이슬람교도에게 정복당한 후 페르시아로부터 탈출한 인도의 파르시 민족이 조로아스터의 역법을 사용한다.

기원전 25년경 아케메네스의 통치자 캄비세스가 이집트를 정복한 직후에 페르시아의 조로아스터교도들이 이집트력을 채택한다.

인 도 양
호 주

기원전 300년경 에티오피아의 보라나족이 별 7개를 관찰한 결과를 근거로 1년을 354일로 두는 역법을 만들어 낸다.

기원전 8000년경 마오리족이 한 해를 12달로 나눈 태음력을 사용한다.

6 마야력 서기 250년경부터

마야인은 제례 의식에 이용하는 260일 주기와 1년을 365일로 나눈 태양력이라는 두 종류의 역법을 사용했다. 이 두 역법의 조합은 18,980일, 즉 52년마다 반복되는 '역(曆)의 순환'이라는 더 오랜 주기를 이루었다. 또한 마야인은 52년보다 더 오랜 기간의 시기를 확인하기 위해 '장기 달력'이라는 별도의 역법을 사용했다. 마야력은 아즈텍 문명을 비롯해 콜럼버스의 신대륙 발견 이전의 문명에 사용된 역법의 토대가 되었다.

■ 서기 250~900년의 고전기 마야 지역
→ 마야력의 영향

5 로마력 기원전 753년경부터

로마인들은 처음에 태음태양력에 의존했으나 율리우스 카이사르 시대(기원전 100~44년)에는 이 역법이 부실한 기록 관리로 여름의 절기가 봄에 이르는 등 계절에 일치하지 않았다. 카이사르는 잘못된 역법을 바로잡기 위해 4년마다 1일이 추가된, 1년 365일을 채택했다. 이 율리우스력은 광대한 로마 제국 전역에 퍼졌고, 오늘날 세계의 여러 지역에서 사용하는 그레고리력(1582년에 도입)의 토대가 되었다.

━ 서기 2세기의 로마 제국 영토
→ 율리우스력의 영향

4 중국의 태음태양력 기원전 1300년부터

중국의 천문학자들은 기원전 1300년경에 태양과 달의 주기를 잘 파악하고 있었다. 수 세기에 걸쳐 이들은 19년에 윤달을 7회 넣는 시도를 했다. 이 방법은 기원전 3세기에 '이십사절기'로 변경되었다. 이 절기는 해마다 지구가 태양을 도는 주기를 상세하게 관찰하여 얻어 낸 지식의 결과물이었다. 이후에 중국의 태음태양력(음양력)은 동남아시아, 한국, 일본으로 전파되었다.

■ 중국의 발달 지역
→ 중국력의 영향

고대 이집트의 파라오

이집트는 고대 세계에서 가장 오랫동안 이어진 문명에 속했다. 이집트 문명은 연이은 강력한 통치자들, 독특한 종교와 예술, 교역망 등으로 나일강 유역에서 3천 년 넘게 영향력을 발휘했다.

기원전 2700년경에서 기원전 1085년까지 이집트의 왕 파라오들은 역사가들이 고왕국, 중왕국, 신왕국 시대라고 분류한 세 시기 동안 나일강 유역을 다스렸다. 고대 이집트 문명은 이동과 교역의 대동맥이었던 나일강 유역을 따라 발달했다. 나일강은 풍부한 어장을 갖추고 있었고, 해마다 범람하여 강기슭을 비옥한 진흙으로 덮어 생산성이 좋은 농경지대로 만들었다. 이집트의 파라오들은 이런 강변지대를 다스리며 주로 육상과 해상 교역 원정을 통해 훨씬 더 멀리까지 그 위세를 떨쳤다. 이런 영향력은 중왕국 시대와 신왕국 시대에 더욱 확산되었다. 이집트인들은 독자적인 문자 체계를 개발했고, 파라오들은 거래된 물품을 기록하고 세금을 확실하게 징수하기 위해 필경사를 고용하여 부를 과시했다.

이집트인은 다양한 신을 숭배했으며 또한 파라오를 신으로 여겨 그 통치권에 정신적인 힘을 실어 주었다. 파라오의 권위는 고왕국 시대의 피라미드와 이후 시대의 거대한 신전과 무덤 등 고대 이집트 시대에 세운 장엄한 구조물에서 그 힘을 분명히 확인할 수 있다.

> **"주군이 직접 어린 나를 위대하게 키워 나에게 통치를 맡기셨다."**
>
> 람세스 2세, 신왕국의 파라오, 기원전 1270-1213년

이집트가 다스린 지역

지도는 고대 이집트의 고왕국, 중왕국, 신왕국의 영토 범위를 나타낸다. 또한 오아시스, 도시, 위대한 신전, 요새, 피라미드가 있는 장소 등과 연결된 교역로도 보여 준다.

기호 보기
🌴🌴 오아시스

타임라인

1	
2	
3	
4	
5	

기원전 2800년 2600 2400 2200 2000 1800 1600 1400 1200 1000

이집트의 고왕국과 중왕국

고대 이집트는 세계 최초로 중앙집권화를 이룬 강력한 나라였다. 나일강 계곡의 비옥한 땅에서 농업이 번창했고, 교역을 통해 피라미드와 같은 경이로운 건축물을 세우는 데 필요한 재료를 공급받았다.

기원전 2580-2560년 기자에 이집트의 '대피라미드'가 세워진다.

기원전 2160년 기원전 2025년까지 하이집트 수도였던 '헤넨 네수트'가 오늘날 '헤라클레오폴리스'라는 그리스식 이름으로 주로 알려져 있다.

기원전 1640년 힉소스 민족이 말이 끄는 전차를 타고 하이집트를 정복한다.

기원전 2550년 파라오의 권력이 처음으로 바하리야 같은 오아시스 정착지에 영향을 미친다.

기원전 2100년 이집트가 누비아를 정복하고 지배력을 확고히 하기 위해 큰 요새를 세운다.

지중해, 키프로스, 우가리트, 콰트나, 케벳(비블로스), 메기도, 세켐, 예루살렘, 산해, 텔 엘 아줄, 시나이 반도, 아라비아 반도, 홍해, 프로트 이동

나일 삼각주, 와디 나트룬, 멘데스, 부바스티스, 헬리오폴리스, 멤피스, 기자, 다흐슈르, 엘 리슈트, 파이윰, 엘 라훈, 하와라, 헤라클레오폴리스, 하 이 집 트

베니 하산, 바하리야, 데이르 엘 베르샤, 메이르, 아시우트, 카우, 겝투(키프트), 메르사, 나카다, 아비도스, 마두, 데르 엘 바하리, 이페트 이수트(카르나크), 쿠세이르, 아르만토, 테베, 에트나, 히에라콘폴리스, 메자, 다클라, 하르가, 상 이 집 트, 엘레판티네, 나일강 제1폭포, 쿠르쿠르, 둔쿨, 이쿠르, 바키(쿠반), 미암(아니바), 누비아, 부헨, 나일강 제2폭포, 와와트, 엘리마, 샤트, 사 하 라 사 막, 나일강 제3폭포, 누 비 아 사 막, 케르마, 나일강 제4폭포, 나일강 제5폭포, 나일강, 서부 사막

1 이집트의 고왕국 기원전 2700-2180년

기원전 2700년경, 이집트의 연이은 통치자들이 권력을 중앙집권화했고 수도 멤피스에서 나라를 다스렸다. 이 시기에 세워진 거대한 피라미드는 통치자들의 권력을 상징했다. 나일강 유역은 서부 사막과 홍해 연안을 따라 이동하는 상인들의 교역으로 번창했다. 그러나 기원전 2180년경에 나일강의 수위가 낮아지고 기근이 이어진 결과, 이집트는 상이집트와 하이집트로 갈라졌다.

2 이집트의 중왕국 기원전 2040-1786년

기원전 2040년경, 점점 강력해진 테베의 통치자들은 이집트 전체의 통치자가 되었다. 이들의 영역은 고왕국의 영역보다 조금 더 컸고 상인들은 새로운 통상 관계를 확립하기 위해 더 멀리 이동했다. 기원전 1640년, 이 시기의 파라오 통치는 레반트의 힉소스 민족이 하이집트를 정복하면서 (1세기 동안만) 끝이 났다.

기호:
- 지배 지역
- 왕국의 수도
- 피라미드
- 교역로
- 늘어난 지배 지역
- 힉소스의 침략
- 교역로
- 신전
- 요새
- 누비아의 수장 관할지역

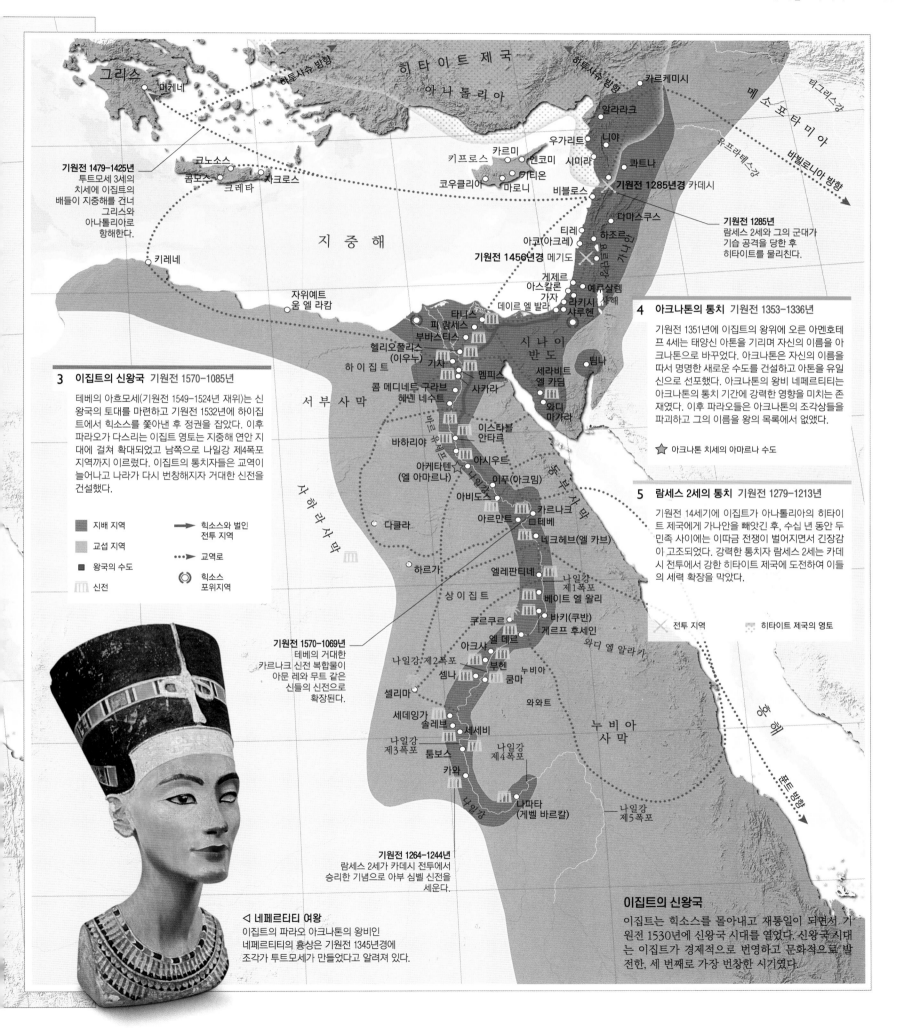

기원전 1479–1425년
투트모세 3세의 치세에 이집트의 배들이 지중해를 건너 그리스와 아나톨리아로 항해한다.

기원전 1285년경 카데시

기원전 1285년
람세스 2세와 그의 군대가 기습 공격을 당한 후 히타이트를 물리친다.

기원전 1456년경 메기도

4 아크나톤의 통치 기원전 1353–1336년

기원전 1351년에 이집트의 왕위에 오른 아멘호테프 4세는 태양신 아톤을 기리며 자신의 이름을 아크나톤으로 바꾸었다. 아크나톤은 자신의 이름을 따서 명명한 새로운 수도를 건설하고 아톤을 유일신으로 선포했다. 아크나톤의 왕비 네페르티티는 아크나톤의 통치 기간에 강력한 영향을 미치는 존재였다. 이후 파라오들은 아크나톤의 조각상들을 파괴하고 그의 이름을 왕의 목록에서 없앴다.

☆ 아크나톤 치세의 아마르나 수도

3 이집트의 신왕국 기원전 1570–1085년

테베의 아흐모세(기원전 1549–1524년 재위)는 신왕국의 토대를 마련하고 기원전 1532년에 하이집트에서 힉소스를 쫓아낸 후 정권을 잡았다. 이후 파라오가 다스리는 이집트 영토는 지중해 연안 지대에 걸쳐 확대되었고 남쪽으로 나일강 제4폭포 지역까지 이르렀다. 이집트의 통치자들은 교역이 늘어나고 나라가 다시 번창해지자 거대한 신전을 건설했다.

5 람세스 2세의 통치 기원전 1279–1213년

기원전 14세기에 이집트가 아나톨리아의 히타이트 제국에게 가나안을 빼앗긴 후, 수십 년 동안 두 민족 사이에는 이따금 전쟁이 벌어지면서 긴장감이 고조되었다. 강력한 통치자 람세스 2세는 카데시 전투에서 강한 히타이트 제국에 도전하여 이들의 세력 확장을 막았다.

✕ 전투 지역

🔲 히타이트 제국의 영토

범례

■ 지배 지역	➡ 힉소스와 벌인 전투 지역
교섭 지역	⋯➤ 교역로
■ 왕국의 수도	◎ 힉소스 포위지역
🏛 신전	

기원전 1570–1069년
테베의 거대한 카르나크 신전 복합물이 아문 레와 무트 같은 신들의 신전으로 확장된다.

기원전 1264–1244년
람세스 2세가 카데시 전투에서 승리한 기념으로 아부 심벨 신전을 세운다.

◁ **네페르티티 여왕**
이집트의 파라오 아크나톤의 왕비인 네페르티티의 흉상은 기원전 1345년경에 조각가 투트모세가 만들었다고 알려져 있다.

이집트의 신왕국

이집트는 힉소스를 몰아내고 재통일이 되면서 기원전 1530년에 신왕국 시대를 열었다. 신왕국 시대는 이집트가 경제적으로 번영하고 문화적으로 발전한, 세 번째로 가장 번창한 시기였다.

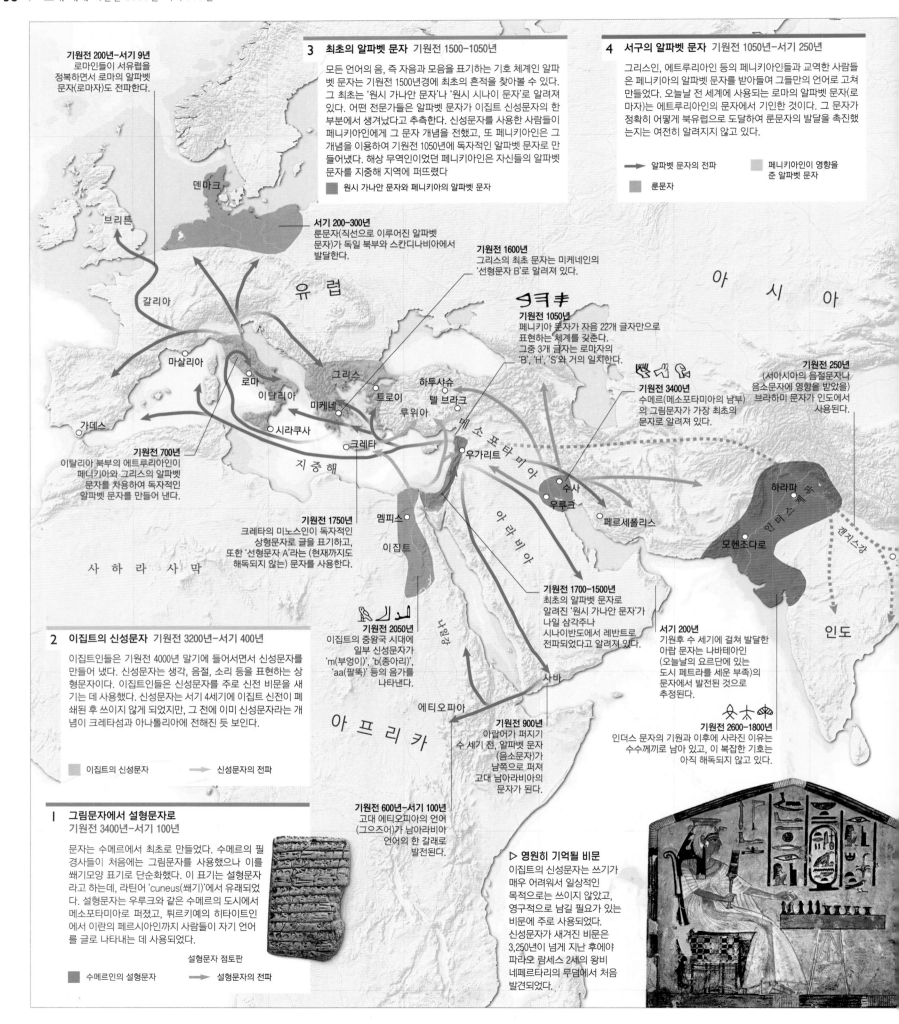

기원전 200년-서기 9년
로마인들이 서유럽을 정복하면서 로마의 알파벳 문자(로마자)도 전파한다.

3 최초의 알파벳 문자 기원전 1500-1050년

모든 언어의 음, 즉 자음과 모음을 표기하는 기호 체계인 알파벳 문자는 기원전 1500년경에 최초의 흔적을 찾아볼 수 있다. 그 최초는 '원시 가나안 문자'나 '원시 시나이 문자'로 알려져 있다. 어떤 전문가들은 알파벳 문자가 이집트 신성문자의 한 부분에서 생겨났다고 추측한다. 신성문자를 사용한 사람들이 페니키아인에게 그 문자 개념을 전했고, 또 페니키아인은 그 개념을 이용하여 기원전 1050년에 독자적인 알파벳 문자로 만들어냈다. 해상 무역인이었던 페니키아인은 자신들의 알파벳 문자를 지중해 지역에 퍼뜨렸다

■ 원시 가나안 문자와 페니키아의 알파벳 문자

4 서구의 알파벳 문자 기원전 1050년-서기 250년

그리스인, 에트루리아인 등의 페니키아인들과 교역한 사람들은 페니키아의 알파벳 문자를 받아들여 그들만의 언어로 고쳐 만들었다. 오늘날 전 세계에 사용되는 로마의 알파벳 문자(로마자)는 에트루리아인의 문자에서 기인한다. 그 문자가 정확히 어떻게 북유럽으로 도달하여 룬문자의 발달을 촉진했는지는 여전히 알려지지 않고 있다.

→ 알파벳 문자의 전파
■ 룬문자
■ 페니키아인이 영향을 준 알파벳 문자

서기 200-300년
룬문자(직선으로 이루어진 알파벳 문자)가 독일 북부와 스칸디나비아에서 발달한다.

기원전 1600년
그리스의 최초 문자는 미케네인의 '선형문자 B'로 알려져 있다.

기원전 1050년
페니키아 문자가 자음 22개 글자만으로 표현하는 체계를 갖춘다. 그중 3개 글자는 로마자의 'B', 'H', 'S'와 거의 일치한다.

기원전 3400년
수메르(메소포타미아의 남부)의 그림문자가 가장 최초의 문자로 알려져 있다.

기원전 250년
(서아시아의 음절문자나 음소문자에 영향을 받았을) 브라흐미 문자가 인도에서 사용된다.

기원전 700년
이탈리아 북부의 에트루리아인이 페니키아와 그리스의 알파벳 문자를 차용하여 독자적인 알파벳 문자를 만들어 낸다.

기원전 1750년
크레타의 미노스인이 독자적인 상형문자로 글을 표기하고, 또한 '선형문자 A'라는 (현재까지도 해독되지 않는) 문자를 사용한다.

기원전 2050년
이집트의 중왕국 시대에 일부 신성문자가 'm(부엉이)', 'b(종아리)', 'aa(팔뚝)' 등의 음가를 나타낸다.

기원전 1700-1500년
최초의 알파벳 문자로 알려진 '원시 가나안 문자'가 나일 삼각주나 시나이반도에서 레반트로 전파되었다고 알려져 있다.

서기 200년
기원후 수 세기에 걸쳐 발달한 아랍 문자는 나바테아인(오늘날의 요르단에 있는 도시 페트라를 세운 부족)의 문자에서 발전된 것으로 추정된다.

기원전 2600-1800년
인더스 문자의 기원과 이후에 사라진 이유는 수수께끼로 남아 있고, 이 복잡한 기호는 아직 해독되지 않고 있다.

2 이집트의 신성문자 기원전 3200년-서기 400년

이집트인들은 기원전 4000년 말기에 들어서면서 신성문자를 만들어 냈다. 신성문자는 생각, 음절, 소리 등을 표현하는 상형문자이다. 이집트인들은 신성문자를 주로 신전 비문을 새기는 데 사용했다. 신성문자는 서기 4세기에 이집트 신전이 폐쇄된 후 쓰이지 않게 되었지만, 그 전에 이미 신성문자라는 개념이 크레타섬과 아나톨리아에 전해진 듯 보인다.

■ 이집트의 신성문자
→ 신성문자의 전파

기원전 900년
아랍어가 퍼지기 수 세기 전, 알파벳 문자(음소문자)가 남쪽으로 퍼져 고대 남아라비아의 문자가 된다.

1 그림문자에서 설형문자로
기원전 3400년-서기 100년

문자는 수메르에서 최초로 만들었다. 수메르의 필경사들이 처음에는 그림문자를 사용했으나 이를 쐐기모양 표기로 단순화했다. 이 표기는 설형문자라고 하는데, 라틴어 'cuneus(쐐기)'에서 유래되었다. 설형문자는 우루크와 같은 수메르의 도시에서 메소포타미아로 퍼졌고, 튀르키예의 히타이트인에서 이란의 페르시아인까지 사람들이 자기 언어를 글로 나타내는 데 사용되었다.

설형문자 점토판

■ 수메르인의 설형문자
→ 설형문자의 전파

기원전 600년-서기 100년
고대 에티오피아의 언어(그으즈어)가 남아라비아 언어의 한 갈래로 발전된다.

▷ **영원히 기억될 비문**
이집트의 신성문자는 쓰기가 매우 어려워서 일상적인 목적으로는 쓰이지 않았고, 영구적으로 남길 필요가 있는 비문에 주로 사용되었다. 신성문자가 새겨진 비문은 3,250년이 넘게 지난 후에야 파라오 람세스 2세의 왕비 네페르타리의 무덤에서 처음 발견되었다.

덴마크 · 브리튼 · 갈리아 · 유럽 · 아시아 · 마살리아 · 로마 · 이탈리아 · 그리스 · 미케네 · 트로이 · 루위아 · 하투샤슈 · 텔 브라크 · 메소포타미아 · 가데스 · 시라쿠사 · 크레타 · 우가리트 · 수사 · 우루크 · 페르세폴리스 · 하라파 · 지중해 · 멤피스 · 이집트 · 아라비아 · 인더스강 · 모헨조다로 · 갠지스강 · 인도 · 사하라 사막 · 나일강 · 사바 · 에티오피아 · 아프리카

구세계 문자의 기원

구세계에서는 적어도 두 장소인 메소포타미아와 중국에서 문자가 독립적으로 발명되었다. 이집트와 인더스 문명의 문자는 또 다른 독립적인 발명의 사례였거나 메소포타미아로부터 전파된 문자였을 수도 있다.

타임라인

기원전 4000년　3000　2000　1000　서기 1년　1000

기원전 1200년 최초라고 알려진 한자가 점술가들이 점친 글자를 짐승의 뼈에 새긴 '갑골문'으로 사용된다.

서기 1-500년 한국의 기록관들이 말을 글로 표현하기 위해 한자를 고쳐서 사용할 여러 방법을 연구한다.

황허강

안양

한국

중국

일본

나라

양쯔강

서기 650-800년 일본의 학자들이 전통 한자와 변경된 한자에 근거한 문자를 만들어 낸다.

5 중국의 한자 기원전 1200년-서기 220년

중국에서는 상나라 말기(기원전 1200-1050년)부터 여러 문자가 발달했다. 이들 문자는 모두 표의문자였는데, 언어의 음과 상관없이 형태소(뜻을 가진 가장 작은 말의 단위)의 의미를 나타내는 글자를 말한다. 한나라(기원전 206년-서기 220년) 시대에는 일정한 표준의 한자들이 발달했다. 그중 하나가 오늘날 중화인민공화국 외부에서 여전히 사용되는 '정체자(正體字, 전통 한자)'이다.

■ 중국의 한자　　→ 한자의 전파

6 인도의 문자 기원전 268년-서기 400년

남아시아는 모두 브라흐미 문자에서 전해 내려온 음절 문자가 많이 있다. 브라흐미 문자는 적어도 아소카 시대(기원전 268-232년)에 처음 사용된 것으로 추정되지만 그 기원은 명확하지 않다. 브라흐미 문자는 토착어로 고안되었거나 서아시아의 아람어 같은 알파벳 문자로부터 비롯되었을 수도 있다. 분명한 사실은 인도의 문자가 인더스 문명에서 오래전에 사라져 해독되지 않은 문자와 어떤 관련성도 알려져 있지 않다는 것이다.

■ 인더스 문자　　⟶ 서아시아에서 브라흐미 문자에 영향을 주었을 경로

인류 최초의 문자

문자는 기원전 3400년경에
서아시아에서 최초로 만들어졌을 뿐 아니라
중국, 메소아메리카, 인더스 문명에서도 독립적으로 생겨났다.
처음부터 문자는 단어와 발상, 소리, 말과 소리의 혼합 등
여러 방식으로 입말을 표현하는 기호 체계였다.

기원전 4000년경에 이집트, 중국, 인더스 계곡, 메소포타미아에서 도시가 발달했다. 도시가 세워진 이런 문명에서는 대규모의 교역 활동이 이루어졌고 복잡하고 체계적인 종교들이 생겨났다. 그런 교역과 종교의 발달은 거래 내용과 물품을 기록하거나 역서와 종교적인 구전 지식을 기록하는 등 읽고 쓰는 능력을 촉진했다.

메소포타미아에서 시작된 최초의 문자는 마르지 않은 점토판 위에 새긴 그림으로 시작되었다. 햇빛에 말려 굳어진 이 점토판은 사실상 오래도록 변하지 않는 문서가 되었다. 서서히 이런 방식은 쐐기모양의 설형문자로 발전했다. 현존하는 설형문자 점토판은 종교적이고 문학적인 저작물도 있지만 대부분은 물품이 나열되어 있거나 세금 기록이 담겨 있다. 거의 같은 시기에 이집트인은 신성문자를 만들었고, 이후에는 중국이 한자라는 글자를 만들어 냈다. 이 두 나라의 문자는 처음에 종교적인 목적으로 사용되었다. 시나이반도나 레반트에서 유래된 알파벳 문자(음소문자)는 페니키아인이 독자적인 알파벳 문자를 퍼뜨리면서 널리 인기를 얻었다. 알파벳 문자는 기호 20~30개로만 이루어졌지만, 이와 대조적으로 음절 문자는 기호 수백 개가 사용되었고 중국어는 기호 수천 개가 사용되었다.

> ***"네 아버지에게 말대꾸하지 말라."***
>
> 수메르의 《슈루팍의 가르침》(세계 최초의 현존하는 문학으로 추정)에서,
> 기원전 2600년경

메소아메리카의 문자
올멕, 사포텍, 마야 문명의 문자

메소아메리카의 여러 문명은 독자적인 문자 체계를 만들어 냈지만, 이 문자 체계가 다른 지역으로 전파되지는 않았다. 기원전 800년경에 올멕인은 신비에 싸인 '카스카잘 석비'에 문자를 새겼을 것으로 추정된다. 사포텍인은 적어도 기원전 400년부터 그림문자를 사용했고, 뒤이어 마야인도 어표(생각을 나타내는 상징)와 음절 문자를 조합한 복잡한 기호나 '돌에 새긴 그림문자'(오른쪽 사진)를 사용했다. 특히 마야인은 '돌에 새긴 그림문자'를 기원전 300년경에 사용하기 시작해서 스페인에 정복당할 때까지(156-157쪽 참조) 계속 사용했다.

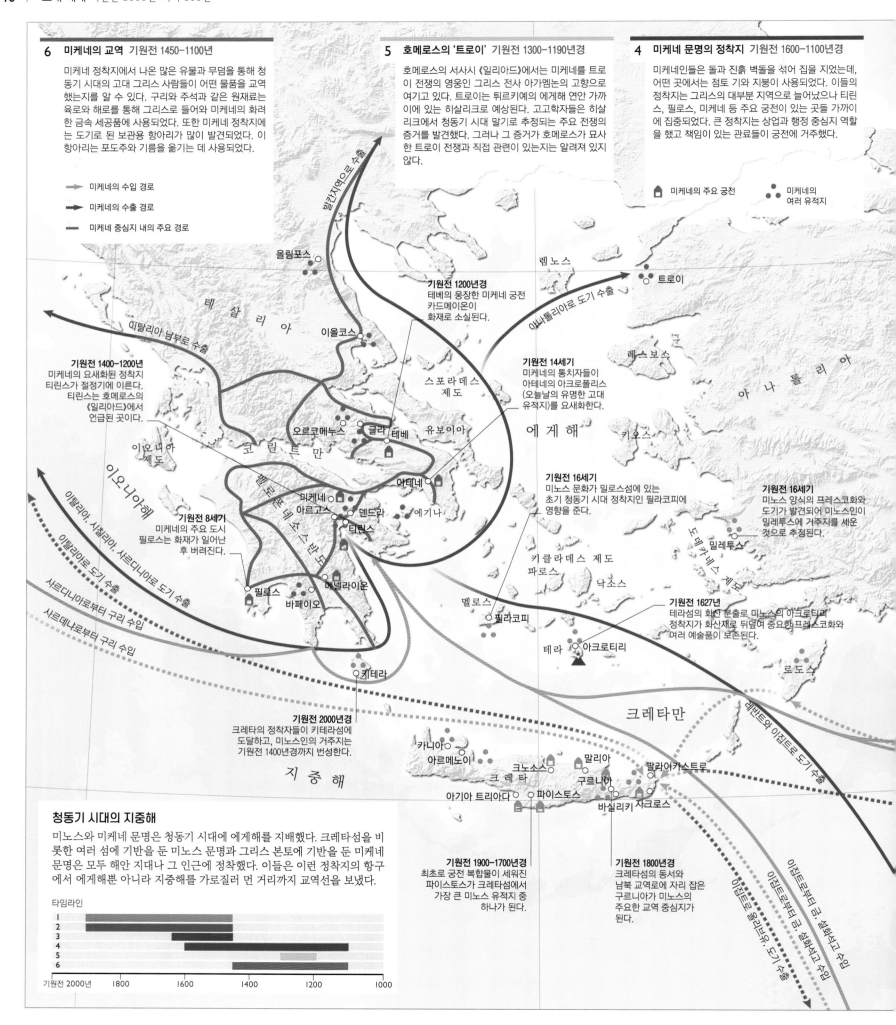

6 미케네의 교역 기원전 1450-1100년

미케네 정착지에서 나온 많은 유물과 무덤을 통해 청동기 시대의 고대 그리스 사람들이 어떤 물품을 교역했는지를 알 수 있다. 구리와 주석과 같은 원재료는 육로와 해로를 통해 그리스로 들어와 미케네의 화려한 금속 세공품에 사용되었다. 또한 미케네 정착지에는 도기로 된 보관용 항아리가 많이 발견되었다. 이 항아리는 포도주와 기름을 옮기는 데 사용되었다.

→ 미케네의 수입 경로
→ 미케네의 수출 경로
— 미케네 중심지 내의 주요 경로

5 호메로스의 '트로이' 기원전 1300-1190년경

호메로스의 서사시 《일리아드》에서는 미케네를 트로이 전쟁의 영웅인 그리스 전사 아가멤논의 고향으로 여기고 있다. 트로이는 튀르키예의 에게해 연안 가까이에 있는 히살리크로 예상된다. 고고학자들은 히살리크에서 청동기 시대 말기로 추정되는 주요 전쟁의 증거를 발견했다. 그러나 그 증거가 호메로스가 묘사한 트로이 전쟁과 직접 관련이 있는지는 알려져 있지 않다.

4 미케네 문명의 정착지 기원전 1600-1100년경

미케네인들은 돌과 진흙 벽돌을 섞어 집을 지었는데, 어떤 곳에서는 점토 기와 지붕이 사용되었다. 이들의 정착지는 그리스의 대부분 지역으로 늘어났으나 티린스, 필로스, 미케네 등 주요 궁전이 있는 곳들 가까이에 집중되었다. 큰 정착지는 상업과 행정 중심지 역할을 했고 책임이 있는 관료들이 궁전에 거주했다.

🏛 미케네의 주요 궁전   ••• 미케네의 여러 유적지

올림포스

발칸지역으로 수출

테살리아

이탈리아 남부로 수출

기원전 1400-1200년
미케네의 요새화된 정착지 티린스가 절정기에 이른다. 티린스는 호메로스의 《일리아드》에서 언급된 곳이다.

이올코스

기원전 1200년경
테베의 웅장한 미케네 궁전 카드메이온이 화재로 소실된다.

렘노스

트로이

아나톨리아로 도기 수출

레스보스

스포라데스 제도

기원전 14세기
미케네의 통치자들이 아테네의 아크로폴리스(오늘날의 유명한 고대 유적지)를 요새화한다.

아나톨리아

키오스

오르코메누스   글라   테베   유보이아

에게해

이오니아해 제도

코린트만

기원전 16세기
미노스 문화가 밀로스섬에 있는 초기 청동기 시대 정착지인 필라코피에 영향을 준다.

기원전 16세기
미노스 양식의 프레스코화와 도기가 발견되어 미노스인이 밀레투스에 거주지를 세운 것으로 추정된다.

이오니아해

미케네   아테네

아르고스   덴드라   에기나

티린스

도데카네스 제도   밀레투스

기원전 8세기
미케네의 주요 도시 필로스는 화재가 일어난 후 버려진다.

이탈리아, 시칠리아, 사르디니아로 도기 수출

키클라데스 제도
파로스   낙소스

필로스   메넬라이온

바페이오

사르데냐로부터 구리 수입

멜로스   필라코피

기원전 1627년
테라섬의 화산 분출로 미노스의 아크로티리 정착지가 화산재로 뒤덮여 중요한 프레스코화와 여러 예술품이 보존된다.

사르데냐로부터 구리 수입

테라   아크로티리

로도스

키테라

레반트와 이집트로 도기 수출

기원전 2000년경
크레타의 정착자들이 키테라섬에 도달하고, 미노스인의 거주지는 기원전 1400년까지 번성한다.

크레타만

지중해

카니아
아르메노이

청동기 시대의 지중해

미노스와 미케네 문명은 청동기 시대에 에게해를 지배했다. 크레타섬을 비롯한 여러 섬에 기반을 둔 미노스 문명과 그리스 본토에 기반을 둔 미케네 문명은 모두 해안 지대나 그 인근에 정착했다. 이들은 이런 정착지의 항구에서 에게해뿐 아니라 지중해를 가로질러 먼 거리까지 교역선을 보냈다.

크노소스   말리아

크레타   팔라이카스트루

구르니아

아기아 트리아다   파이스토스   바실리키   자크로스

이집트로부터 금, 상아석고 수입

기원전 1900-1700년경
최초로 궁전 복합물이 세워진 파이스토스가 크레타섬에서 가장 큰 미노스 유적지 중 하나가 된다.

기원전 1800년경
크레타섬의 동서와 남북 교역로에 자리 잡은 구르니아가 미노스의 주요 교역 중심지가 된다.

이집트로부터 금, 상아석고 수입

이집트로 올리브유, 도기 수출

타임라인

	기원전 2000년	1800	1600	1400	1200	1000
1						
2						
3						
4						
5						
6						

미노스와 미케네 문명

청동기 시대에는 처음에 미노스 문명이,
그 후로는 미케네 문명이 그리스와 에게해를 지배했다.
이곳 사람들은 글을 읽고 쓰는 능력뿐 아니라
금속 세공이나 건축술 같은 다양한 기술을 개발했다.
이러한 기술은 이후 고대 그리스 문명의 토대가 되었다.

최초의 유럽 문명이라고도 언급되는 미노스 문화는 기원전 2000년경에 크레타섬에서 번성했다. 미노스 문명을 둘러싼 풀리지 않은 수수께끼들은 여전히 많다. 학자들은 미노스 문자를 해독할 수 없어서 미노스 문명의 정확한 연대를 알지 못하고 미노스인들이 스스로를 어떻게 칭했는지도 알지 못한다. 그러나 이들은 지중해 지역의 교역에 매우 큰 영향력을 미쳤다고 알려져 있다. 에게해의 일부 섬뿐만 아니라 그리스 본토에 있는 몇몇 장소의 비문에 그 흔적이 남아 있다. 미노스 문명은 우아하게 꾸며진 커다란 크레타식 궁전들이 중심을 이룬다. 이들 궁전은 요새화되어 있지 않아서 미노스인들이 평화롭게 살았음을 짐작할 수 있다. 이들의 종교는 여신의 모습이 많이 등장하여 모계 중심적 특징을 지녔다고 알려져 있다.

미케네 문명은 기원전 15세기 중반부터 그리스 본토를 기반으로 지배 세력이 되었다. 이들은 이탈리아 본토, 시칠리아, 사르데냐와 물품을 교환하는 등 주로 교역 활동을 하며 살아갔다. 미케네인들은 또한 요새화한 궁전과 화려한 무기와 갑옷에서 확인할 수 있듯이 군사력도 행사했다. '선형문자 B'('선형문자 A'에서 유래)로 알려진 미케네의 문자는 초기 그리스어로 기록할 때 사용되었고 해독할 수도 있었다.

미케네인들은 그리스 본토에 몇몇 독립된 도시 국가를 건설하고 주변의 여러 섬에도 정착지를 세웠다. 각 도시 국가는 하나의 궁전을 중심으로 이루어져 있었다. 대부분은 돌로 지은 요새, 항구, 댐, 도시의 거리 같은 주요 시설을 건설할 수 있었다. 그러나 도시 국가 사이의 분쟁은 기원전 1100년경 이후 미케네 문명의 쇠퇴에 원인이 되었을 것이다.

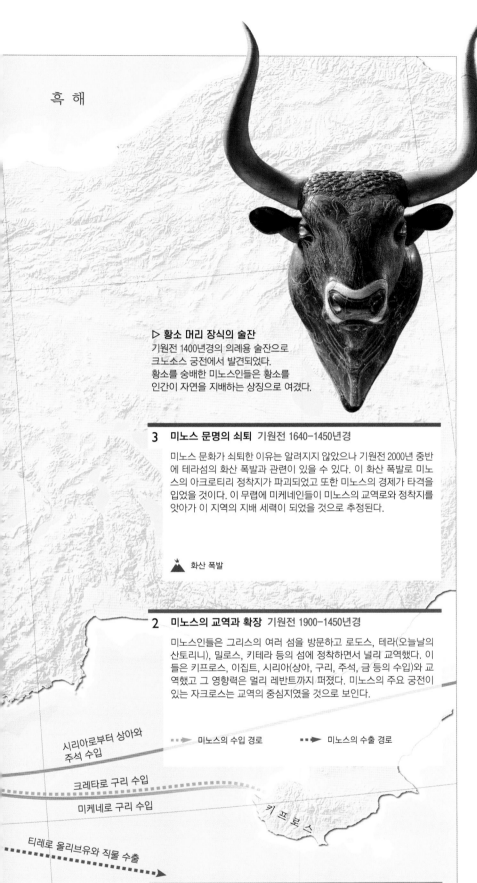

▷ **황소 머리 장식의 술잔**
기원전 1400년경의 의례용 술잔으로
크노소스 궁전에서 발견되었다.
황소를 숭배한 미노스인들은 황소를
인간이 자연을 지배하는 상징으로 여겼다.

흑 해

3 미노스 문명의 쇠퇴 기원전 1640-1450년경

미노스 문화가 쇠퇴한 이유는 알려지지 않았으나 기원전 2000년 중반에 테라섬의 화산 폭발과 관련이 있을 수 있다. 이 화산 폭발로 미노스의 아크로티리 정착지가 파괴되었고 또한 미노스의 경제가 타격을 입었을 것이다. 이 무렵에 미케네인들이 미노스의 교역로와 정착지를 앗아가 이 지역의 지배 세력이 되었을 것으로 추정된다.

🌋 화산 폭발

2 미노스의 교역과 확장 기원전 1900-1450년경

미노스인들은 그리스의 여러 섬을 방문하고 로도스, 테라(오늘날의 산토리니), 밀로스, 키테라 등의 섬에 정착하면서 널리 교역했다. 이들은 키프로스, 이집트, 시리아(상아, 구리, 주석, 금 등의 수입)와 교역했고 그 영향력은 멀리 레반트까지 퍼졌다. 미노스의 주요 궁전이 있는 자크로스는 교역의 중심지였을 것으로 보인다.

시리아로부터 상아와
주석 수입

╌╌➤ 미노스의 수입 경로   ╌╌➤ 미노스의 수출 경로

크레타로 구리 수입

미케네로 구리 수입

키 프 로 스

티레로 올리브유와 직물 수출

1 미노스의 궁전들 기원전 1900-1450년경

크노소스의 가장 큰 궁전을 비롯한 궁전 복합물은 궁전, 행정 관서, 창고, 제단 등의 역할을 결합한 듯 보인다. 위가 굵고 아래가 좁은 목조 기둥에 몇 층으로 이루어진 궁전 복합물은 벽화로 장식되어 있다. 궁전 복합물의 어떤 방은 황소 뿔로 장식되어 있고 제단과 같은 구조의 특징을 갖추고 있어 분명히 제례를 위한 공간이었음을 알 수 있다.

 미노스의 주요 궁전   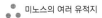 미노스의 여러 유적지

크노소스
유럽의 가장 오래된 도시

미노스 문명의 크노소스는 절정기에 인구수가 1만 명에서 10만 명까지 달했던 큰 도시였다. 그 중심에는 약 2.4헥타르(6에이커)를 차지하는 궁전 복합물이 있었다. 방이 1,300개나 되는 궁전 복합물은 아름답게 꾸며진 큰 거주실이나 의례용 공실뿐 아니라 저장실이 딸린 공간도 많이 배치되어 있었다. 그런 공간에는 기름이나 곡류 등 여러 식량이 담긴 큰 항아리가 수백 개 있었다. 또한 곡식 제분소도 궁전 복합물의 일부로 구성되어 있었다.

프레스코화의 일부분
크노소스 궁전 내부의 벽은 동물, 신화 속 창조물, 사람 등의 모습으로 장식되었다.

청동기 시대의 중국

중국의 문화는 기원전 1600년경부터 시작되는 상나라와
그 뒤를 이은 주나라 시기에 문자가 발달하면서
청동기 시대의 독특한 형태를 띠기 시작했다.
정치적으로 여전히 여러 나라로 분열되어 있던 중국은
서로 다른 시대에 하나 이상의 나라가 주도권을 잡는 경향을 보였다.

수 세기 동안 청동기가 널리 사용되었지만 역사
가들은 대부분 기원전 2000년경에서 기원전
770년경까지를 중국의 청동기 시대로 추정한
다. 중국인이 글을 읽고 쓰는 능력을 개발하기
시작한 이 시기에는 영향력 있는 두 왕조, 상나
라(기원전 1600-1046년경)와 주나라(기원전
1046-256년)의 통치가 이루어진다.

상나라는 중국 북부를 대부분 다스렸고 하
나의 종주국이 여러 속국을 다스리는 봉건제를
만들어 냈다. 상나라의 통치자들은 조상 숭배
나 '갑골문'(뼈에 새긴 글자)을 사용한 점술 등
의례를 활용하여 권력을 강화했다. 상나라는
수도를 몇 번 옮겼다가 최후에는 가장 큰 도시
안양으로 정했다. 고고학자들은 이곳의 왕족

무덤에서 청동 유물과 갑골문을 발견했다. 상
나라는 중국의 북부와 중부에 있는 이웃 나
라들, 서쪽의 초원지대 사람들과 교역을 통해
영향력을 확대했다.

기원전 11세기경에는 상나라의 서부 제
후국인 주나라의 무왕이 반란을 일으켜
상나라를 멸망시켰다. 주나라는 화폐제
도를 마련했고, 이 시기의 문자는 오늘
날의 한자에 가까운 글자로 발전했
다. 역사상 가장 영향력 있는 두 철
학자인 공자와 노자는 주나라의 통
치 기간에 활동했다.

중국의 상나라

상나라가 나타나기 이전에 황허강 유역은 수 세기 동안 세련된 문화들
이 차지하고 있었다. 이후, 이 지역은 많은 속국을 만든 상나라의 중심
지가 되었다.

기호 보기
● 상나라의 도시　●●● 교역로　　⇒ 상나라의 주요 군사 진로

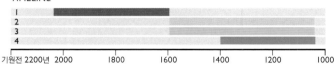

TIMELINE

1						
2						
3						
4						

기원전 2200년　2000　　1800　　1600　　1400　　1200　　1000

◁ **상나라의 청동기**
이 부엉이 모양의 술잔은
상나라의 금속 세공인들이
정교한 무늬로 꾸며 제작한
대표적인 청동기이다. 이런
청동기에는 음료 용기와 같은
식기류가 포함되었다.

중국의 주나라

주나라는 상나라의 먼 서쪽에 자
리 잡은 속국으로 시작되었다. 상
나라 말기에 주나라는 중국의 지
배자들에게 반기를 들고 동쪽으
로 이동하여 황허강을 따라 근거
지를 세웠다. 그 후, 기원전 1046
년경에는 상나라를 멸망시켰다.
기원전 1000년경에는 주나라가
상나라의 이웃 바이족을 비롯한
중국의 대부분 지역에 영향력을
미쳤고, 도시 문명이 확산된 지역
전체를 다스렸다.

기호 보기
▨ 기원전 1000년경 도시 문명의
　분포 구역

━ 주나라의 근거지

○ 주나라의 수도

기원전 2000년
서쪽 교역로가 중국을
중앙아시아와 연결한다.
이 교역로는 동아시아와
서아시아를 잇는
비단길의 전조가 된다.

상나라 이전의 시대 기원전 2070-1600년경

중국의 상나라 시대 이전인 신석기 문화는 고고학자들이 발
굴한 황허강 유역의 룽산 문화와 산둥성 지역의 웨스 문화의
유적을 통해 드러났다. 인상 깊은 건물, 무덤, 포장된 도로가
있는 얼리터우 같은 다른 유적지는 (기원전 2070년부터 존재
했다고 알려진) 하나라 시대와 같은 더욱 세련된 문화를 나타
낸다.

★ 하나라의 수도로 추정

▨ 기원전 3000-2000년경의
　룽산 문화

━ 기원전 1900-1500년경의
　웨스 문화

지도의 지명:
모, 유 중, 연 지, 계, 발 해 만, 오르도스사막, 험 윤, 저, 린쯔, 산 둥, 안양, 강, 뤄양, 초, 낙읍, 신정, 상진, 옹, 기원전 1122년 이후 란텐, 기원전 1122년 이전 풍, 허 난, 잉, 회계, 오, 파, 바 이, 월, 황 해, 황 허 강

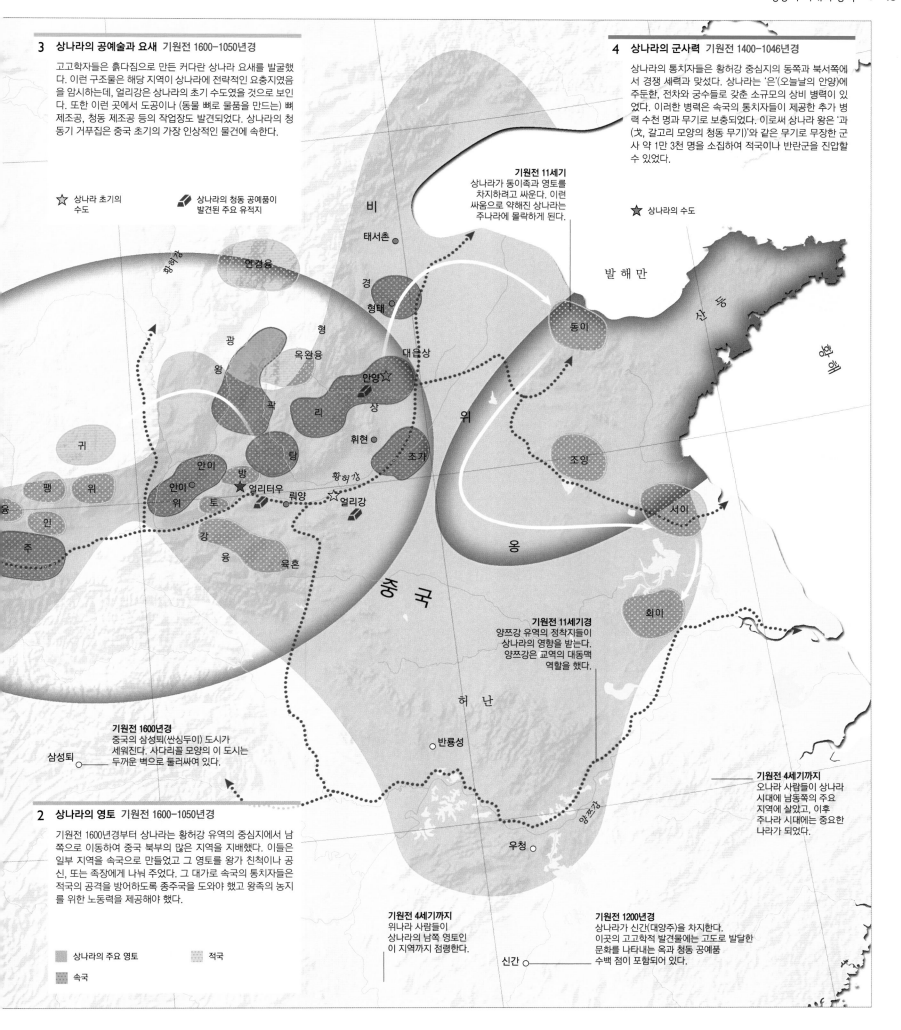

3　상나라의 공예술과 요새 기원전 1600-1050년경

고고학자들은 흙다짐으로 만든 커다란 상나라 요새를 발굴했다. 이런 구조물은 해당 지역이 상나라에 전략적인 요충지였음을 암시하는데, 얼리강은 상나라의 초기 수도였을 것으로 보인다. 또한 이런 곳에서 도공이나 (동물 뼈로 물품을 만드는) 뼈 제조공, 청동 제조공 등의 작업장도 발견되었다. 상나라의 청동기 거푸집은 중국 초기의 가장 인상적인 물건에 속한다.

☆ 상나라 초기의 수도　　◢ 상나라의 청동 공예품이 발견된 주요 유적지

4　상나라의 군사력 기원전 1400-1046년경

상나라의 통치자들은 황허강 중심지의 동쪽과 북서쪽에서 경쟁 세력과 맞섰다. 상나라는 '은'(오늘날의 안양)에 주둔한, 전차와 궁수들로 갖춘 소규모의 상비 병력이 있었다. 이러한 병력은 속국의 통치자들이 제공한 추가 병력 수천 명과 무기로 보충되었다. 이로써 상나라 왕은 '과(戈, 갈고리 모양의 청동 무기)'와 같은 무기로 무장한 군사 약 1만 3천 명을 소집하여 적국이나 반란군을 진압할 수 있었다.

★ 상나라의 수도

기원전 11세기
상나라가 동이족과 영토를 차지하려고 싸운다. 이런 싸움으로 약해진 상나라는 주나라에 몰락하게 된다.

기원전 11세기경
양쯔강 유역의 정착지들이 상나라의 영향을 받는다. 양쯔강은 교역의 대동맥 역할을 했다.

기원전 1600년경
중국의 삼성퇴(싼싱두이) 도시가 세워진다. 사다리꼴 모양의 이 도시는 두꺼운 벽으로 둘러싸여 있다.

기원전 4세기까지
오나라 사람들이 상나라 시대에 남동쪽의 주요 지역에 살았고, 이후 주나라 시대에는 중요한 나라가 되었다.

2　상나라의 영토 기원전 1600-1050년경

기원전 1600년경부터 상나라는 황허강 유역의 중심지에서 남쪽으로 이동하여 중국 북부의 많은 지역을 지배했다. 이들은 일부 지역을 속국으로 만들었고 그 영토를 왕가 친척이나 공신, 또는 족장에게 나눠 주었다. 그 대가로 속국의 통치자들은 적국의 공격을 방어하도록 종주국을 도와야 했고 왕족의 농지를 위한 노동력을 제공해야 했다.

▦ 상나라의 주요 영토　　▦ 적국
▦ 속국

기원전 4세기까지
위나라 사람들이 상나라의 남쪽 영토인 이 지역까지 점령한다.

기원전 1200년경
상나라가 신간(대양주)을 차지한다. 이곳의 고고학적 발견물에는 고도로 발달한 문화를 나타내는 옥과 청동 공예품 수백 점이 포함되어 있다.

청동기 시대의 붕괴

기원전 1225년에서 기원전 1175년 사이의 청동기 시대에는
지중해 동부의 몇몇 도시 국가들이 몰락했다.
이 지역 곳곳의 성채들은 알려지지 않은 적들에게 약탈당했고,
히타이트 제국과 미케네 왕국은 파괴되었다.

△ **마지막 문자**
화재로 새까맣게 탄
이 점토판은 미케네 문명의
마지막 문서 중 하나다.
'선형문자 B'라는 초기 그리스
문자로 기록되어 있다.

첫 번째 희생 국가는 히타이트 제국으로, 수도 하투샤
가 기원전 1200년경에 약탈당했다. 그동안 그리스에
서는 해상으로부터 공격을 받을 것을 두려워한 미케
네인들이 궁전을 요새화하고 있었다. 만반의 준비에도
불구하고 궁전은 화재로 소실되었다. 이집트도 '해양
민족'이라고 불리는 에게해의 연합 세력으로부터 공격
을 받았다. 파라오 람세스 3세는 1170년대에 이 침략
자들을 물리친 사실을 묘사로 남겼다. 이집트에서 쫓
겨난 해양 민족들은 레반트 해안 지대를 정복하고 정
착하기 시작했다.

청동기 시대의 붕괴 원인은 확실하지 않다. 해양 민
족의 침입이 유일한 원인은 아니었을 것이다. 기후 변
화가 잇따른 붕괴의 근본 원인이었다는 증거가 있다.
이 시기는 유난히 건조했기 때문에 가뭄이 기근으로
이어졌을 것이다. 그런 상황에서 도시 국가는 경제가 어려워지고 외부의 공격에
취약해졌을 것이다. 또한 지진과 내부 반란도 붕괴의 요인으로 보인다. 도시가 몰
락하면서 사람들은 살던 곳을 벗어나 이주하기 시작했고, 또 이런 사람들이 다른
왕국을 불안하게 하는 요인이 되었다. 이런 잇따른 몰락이 일어난 후, 이전에 대규
모로 이루어졌던 청동기 교역은 중단되었고 사람들은 점점 철기로 관심을 돌렸다.

청동기 시대 도시의 몰락

기호 보기
🔥 약탈당한 도시
● 살아남은 도시
→ 침략 또는 이주
▨ 히타이트 제국
▨ 미케네 문명
▨ 이집트 신왕국

하투샤
이올코스 트로이
알레포 카르케미시
사르디스
타르수스
알라라크
에콤이
키티온
우가리트
필로스 미케네
파포스
카데시
비블로스
크노소스
티레 하조르
지중해
아스켈론
사이스 타니스
멤피스

청동기 시대의 붕괴기에 서쪽의 필로스에서 동쪽의
카르케미시에 이르기까지 성채 수십 개가 끔찍하게
파괴되었다. 대부분은 다시 사용되지 못했을 것이다.
페니키아의 도시 티레와 비블로스는 요새화된 작은
섬이라는 난공불락의 위치 덕분에 파괴를 피했다. 이
집트는 살아남았으나 레반트 지역의 영토를 잃고 국
력이 약해졌다(46-47쪽 참조).

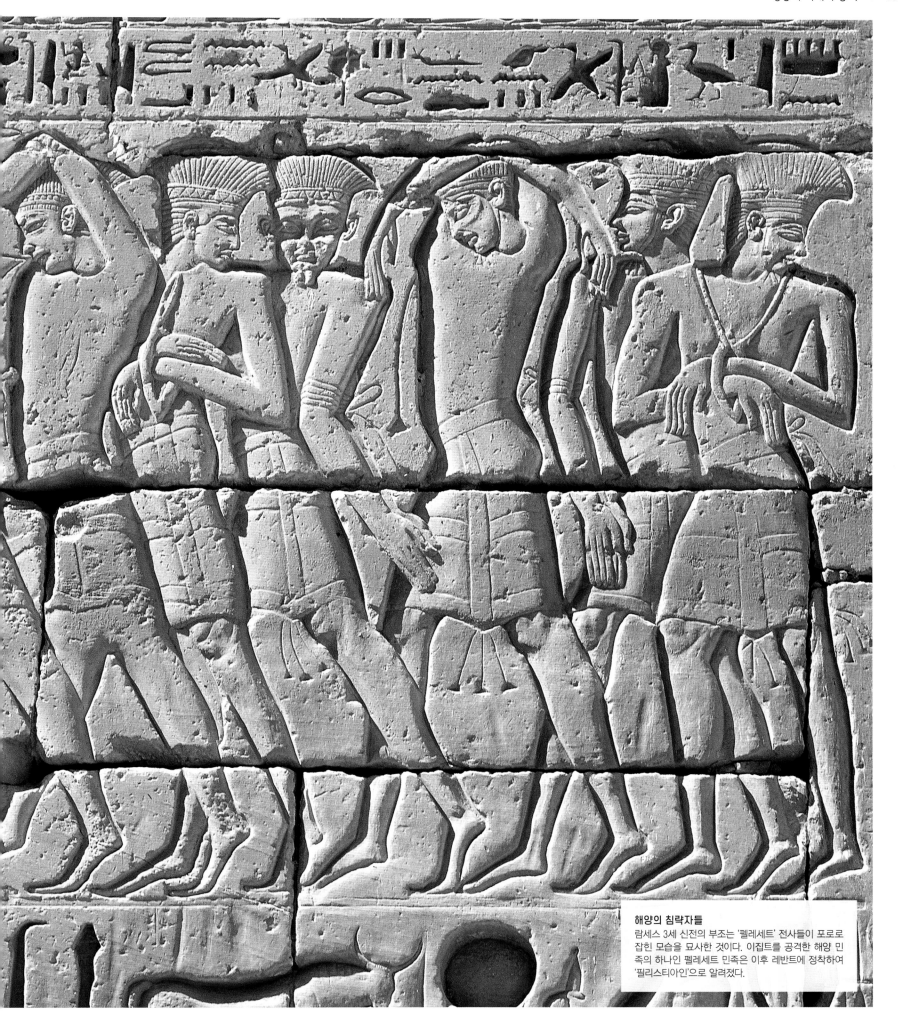

해양의 침략자들
람세스 3세 신전의 부조는 '펠레세트' 전사들이 포로로 잡힌 모습을 묘사한 것이다. 이집트를 공격한 해양 민족의 하나인 펠레세트 민족은 이후 레반트에 정착하여 '필리스티아인'으로 알려졌다.

고대의 레반트

레반트는 히브리 성서에서 가나안 땅이라고 표현하는
지중해 동부의 비옥한 지역이다.
주변 강대국들의 지배를 받은 레반트에서
'유대인 디아스포라'가 촉진되었다.
이곳에서 유대인은 로마에 저항했다가 추방되어
아시아와 유럽 곳곳으로 집단 이주하며 흩어졌다.

이집트, 히타이트, 고대 아시리아 등 청동기(44-45쪽 참조)의 강대국들은 레반트를 두고 전쟁을 벌였다. 성서에 따르면, 이스라엘 왕국이 기원전 1020년경에 생겨났을 때 레반트는 메기도와 예리코와 같은 부유하고 중요한 도시로 가득했다. 그러나 레반트 지역은 수 세기 동안 쇠퇴하고 있었고 강력한 주변국들도 세력이 약해졌다. 해안의 항구들은 도시 국가로 성장했고 이곳의 사람들은 그리스 세계에서 '페니키아인'으로 알려졌다 (58-61쪽 참조). 해상 무역으로 세력을 키운 페니키아인들은 식민지 건설의 체계를 갖추기 시작했고 마침내 지중해 지역을 대부분 장악했다. 페니키아의 남부 해안 지대에 정착한 사람들은 필리스티아인(블레셋인)으로 알려졌다. 한편, 이스라엘은 이스라엘 왕국과 유다 왕국으로 분열되었다. 수 세기에 걸쳐 처음에는 아시리아, 그다음에는 바빌로니아와 페르시아의 지배를 차례로 받았다.

신약 성서에 따르면, 이스라엘의 이전 왕국들은 로마의 속국 '유대'가 되었고 이곳에서 시작된 예수 그리스도의 가르침이 로마 제국 곳곳으로 퍼져나갔다(90-91쪽 참조). 이후, '유대인의 대반란'(서기 66-74년)과 '바르 코크바의 반란'(서기 132-135년)과 같은 로마에 대항한 유대인의 반란은 예루살렘이 파괴되고 유대인들(유다의 이름을 따서 유대인으로 명명)이 곳곳으로 흩어지는 결과로 이어졌다. 그리고 유대는 인접한 지역에 통합되어 필리스티아인의 명칭을 딴 '시리아 팔레스티나'라는 로마의 새로운 속주가 되었다.

마사다 요새
유대인 반란의 마지막 보루

헤롯 대왕은 사막에서 우뚝 솟은 거대한 바위 절벽에 왕궁 요새를 건설했다. 장관을 이루는 이 요새는 유대인의 대반란이 일어났을 때 유대인 열심당원이 로마군의 공격에 맞서 마지막 결전을 벌인 곳이었다. 유대인 역사가들의 기록에 따르면, 로마군은 6개월 동안 마사다 요새를 포위한 뒤에 포위 경사로를 만들어 내부의 방어벽에 불을 질렀다고 한다. 요새 안에 있던 유대인 900명은 노예가 되지 않으려고 자살을 선택했다고 알려져 있다.

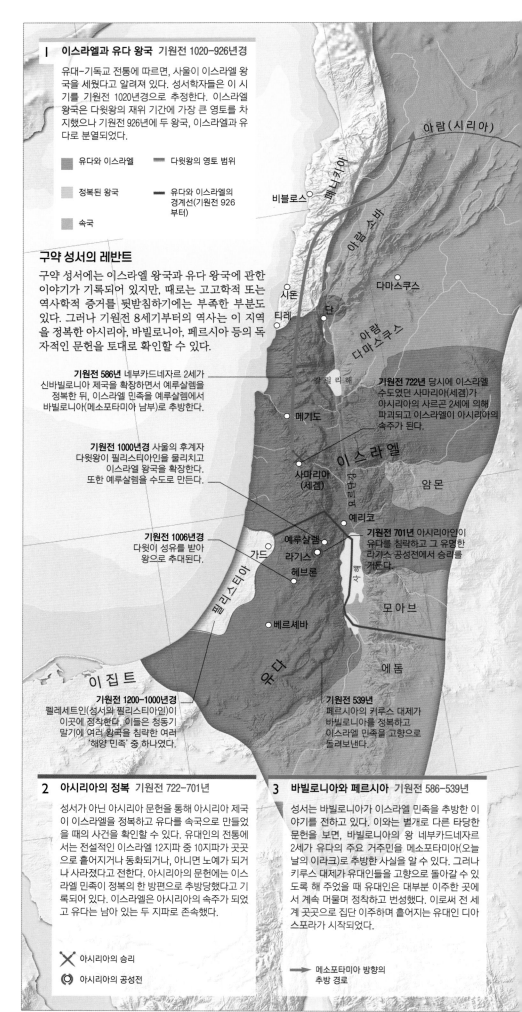

1 이스라엘과 유다 왕국 기원전 1020-926년경

유대-기독교 전통에 따르면, 사울이 이스라엘 왕국을 세웠다고 알려져 있다. 성서학자들은 이 시기를 기원전 1020년경으로 추정한다. 이스라엘 왕국은 다윗왕의 재위 기간에 가장 큰 영토를 차지했으나 기원전 926년에 두 왕국, 이스라엘과 유다로 분열되었다.

- ■ 유다와 이스라엘
- ■ 정복된 왕국
- ■ 속국
- ━ 다윗왕의 영토 범위
- ━ 유다와 이스라엘의 경계선(기원전 926 부터)

구약 성서의 레반트

구약 성서에는 이스라엘 왕국과 유다 왕국에 관한 이야기가 기록되어 있지만, 때로는 고고학적 또는 역사학적 증거를 뒷받침하기에는 부족한 부분도 있다. 그러나 기원전 8세기부터의 역사는 이 지역을 정복한 아시리아, 바빌로니아, 페르시아 등의 독자적인 문헌을 토대로 확인할 수 있다.

기원전 586년 네부카드네자르 2세가 신바빌로니아 제국을 확장하면서 예루살렘을 정복한 뒤, 이스라엘 민족을 예루살렘에서 바빌로니아(메소포타미아 남부)로 추방한다.

기원전 1000년경 사울의 후계자 다윗왕이 필리스티아인을 물리치고 이스라엘 왕국을 확장한다. 또한 예루살렘을 수도로 만든다.

기원전 1006년경 다윗이 성유를 받아 왕으로 추대된다.

기원전 1200-1000년경 펠레세트인(성서와 필리스티아인)이 이곳에 정착한다. 이들은 청동기 말기에 여러 왕국을 침략한 여러 '해양 민족' 중 하나였다.

기원전 722년 당시에 이스라엘 수도였던 사마리아(세겜)가 아시리아의 사르곤 2세에 의해 파괴되고 이스라엘이 아시리아의 속주가 된다.

기원전 701년 아시리아인이 유다를 침략하고 그 유명한 라기스 공성전에서 승리를 거둔다.

기원전 539년 페르시아의 키루스 대제가 바빌로니아를 정복하고 이스라엘 민족을 고향으로 돌려보낸다.

지도 지명: 아람(시리아), 페니키아, 비블로스, 아람소바, 다마스쿠스, 시돈, 단, 티레, 아람 다마스쿠스, 갈릴리해, 메기도, 이스라엘, 사마리아(세겜), 암몬, 예리코, 예루살렘, 가드, 라기스, 헤브론, 모아브, 필리스티아, 베르셰바, 유다, 에돔, 이집트

2 아시리아의 정복 기원전 722-701년

성서가 아닌 아시리아 문헌을 통해 아시리아 제국이 이스라엘을 정복하고 유다를 속국으로 만들었을 때의 사건을 확인할 수 있다. 유대인의 전통에서는 전설적인 이스라엘 12지파 중 10지파가 곳곳으로 흩어지거나 동화되거나, 아니면 노예가 되거나 사라졌다고 전한다. 아시리아의 문헌에는 이스라엘 민족이 정복의 한 방편으로 추방당했다고 기록되어 있다. 이스라엘은 아시리아의 속주가 되었고 유다는 남아 있는 두 지파로 존속했다.

✕ 아시리아의 승리
◎ 아시리아의 공성전

3 바빌로니아와 페르시아 기원전 586-539년

성서는 바빌로니아가 이스라엘 민족을 추방한 이야기를 전하고 있다. 이와는 별개로 다른 타당한 문헌을 보면, 바빌로니아의 왕 네부카드네자르 2세가 유다의 주요 거주민을 메소포타미아(오늘날의 이라크)로 추방한 사실을 알 수 있다. 그러나 키루스 대제가 유대인들을 고향으로 돌아갈 수 있도록 해 주었을 때 유대인은 대부분 이주한 곳에서 계속 머물며 정착하고 번성했다. 이로써 전 세계 곳곳으로 집단 이주하며 흩어지는 유대인 디아스포라가 시작되었다.

→ 메소포타미아 방향의 추방 경로

로마 제국의 통치와 유대의 반란

신약 성서에는 이스라엘과 유다 왕국의 중심지가 로마의 속국인 유대로 되어 있었다. 이제는 유대인으로 알려진 사람들이 로마에 대항한 반란으로 추방되어 이집트, 바빌로니아, 로마 제국 곳곳으로 재정착했다.

기원전 40–4년
헤롯 대왕은 유대가 로마의 속국이었지만 그 경계 너머까지 왕국을 확장한다.

기원전 64년
로마의 속주인 유대가 사마리아와 갈릴리 같은 지역에 포함된다(이 두 지역은 고대 이스라엘 왕국과 이후의 독립된 유대 왕국 내에 있었다).

서기 66–69년 로마 황제 베스파시아누스 군대가 유대인 반란군을 진압한다.

서기 70년 로마 황제 티투스의 군대가 예루살렘을 포위하여 뚫은 뒤, 유대인 신전을 파괴하고 약탈한다. 티투스는 유대를 로마의 속주로 만든다.

서기 135년 바르 코크바의 반란이 진압된다. 이때 예루살렘이 파괴되고 유대인이 추방당한다.

서기 71–74년 완강하게 저항한 유대인 반란군이 로마의 총독 바수스와 실바에 쫓겨 마사다 요새로 피신하고 로마에 항복하지 않으려고 집단 자살한다.

△ **주화 위에 새긴 메시지**
베스파시아누스 황제 때 주조된 로마 화폐(세스테르티우스)로 앉아 있는 유대인과 손이 묶인 유대인이 새겨져 있다. 이 화폐를 사용하는 유대인들에게 로마에 복종하라는 의미를 상기시킨다.

4 로마 제국의 통치 기원전 63년–서기 66년

유대는 로마 제국에 정복당했다. 그전까지는 헬레니즘(그리스) 문화의 셀레우코스 제국으로부터 독립한 왕국이었다. 알렉산드로스 대왕이 기틀을 세운 셀레우코스 제국이 기원전 110년에 무너지기 시작했을 때 유대는 독립할 수 있었다. 그러나 곧 유대는 로마 제국의 종속국이 되었다. 기원전 40년에는 헤롯왕이 로마의 속국인 유대의 왕위에 올랐고 영토를 확장해 나갔다.

— 로마 제국과 종속국 영토 사이의 경계
━ 헤롯왕의 왕국
▨ 로마의 속령이 된 유대

6 시리아 팔레스티나 서기 132–135년

마사다 항전이 있은 지 70년이 지난 후, 바르 코크바의 반란은 더욱 가혹하게 진압되었다. 예루살렘이 파괴되었고 유대인은 추방되었다. 이로써 유대인은 로마제국 곳곳으로 흩어지고 기존의 정착 중심지였던 메소포타미아로 이주하기 시작했다. 승리를 거둔 로마 황제 하드리아누스는 유대를 로마 제국의 시리아로 통합하고 시리아 팔레스티나로 개명했다.

✊ 바르 코크바의 반란

5 유대인의 반란 서기 66–74년

로마에 대항한 유대인의 잇따른 반란은 유대인들이 흩어지는 결과로 이어졌다. 유대인의 첫 번째 반란으로 로마는 예루살렘의 신전을 파괴하고 약탈했다. 로마인들은 로마 군인들이 메노라(유대교의 제식에 쓰이는 7갈래의 촛대)를 약탈하는 모습을 티투스 개선문에 부조로 새겨 두었다. 유대인은 이 사건을 유대력에서 '티샤 베아브'(성전 파괴일)라는 가장 슬픈 날로 정해 금식으로 기념하고 있다.

➡ 베스파시아누스의 군대   ✕ 유대인의 승리
▪▪▶ 티투스의 군대   ▬ 서기 66년의 주요 반란지역
▪▪▶ 바수스와 실바의 군대   ▬ 서기 69년의 반란지역
◎ 공성전 지역

레반트

지중해 동부 연안 옆의 좁고 가느다란 레반트 지역은 히브리 성서의 구약과 신약에서와 마찬가지로 이집트, 아시리아, 페르시아, 로마 같은 강력한 주변국들의 역사 기록에서도 중요한 곳으로 다루어진다.

타임라인

1						
2						
3						
4						
5						
6						

기원전 1200년   1000   800   600   400   200   서기 1년   200

> "솔직히 단언하건대 나는 유대인을 배반하고 로마로 전향한 것이 아니라 유대인의 대리인으로서 로마로 옮겨 갔을 뿐이다."
>
> 플라비우스 요세푸스, 유대인 출신의 로마 역사가, 《유대 전쟁사》에서, 서기 75년

철기 시대

청동기 시대의 사람들이 철을 제련하는 방법을 알아낸 것은 획기적인 기술 혁명이나 다름없었다.
이들이 정확히 어디에서, 왜 청동기가 아닌 철기로 도구를 사용하기 시작했는지는
아직도 풀리지 않는 수수께끼로 남아 있다. 가장 그럴듯한 이유는 청동의 구성성분인 주석과 구리가
부족해서 제대로 공급이 되지 않아 철을 이용하는 혁신을 생각해 냈다는 것이다.

▽ **지하 세계를 다스리는 신**
고대 히타이트 제국의 수도 하투샤의 신전 바위에 새긴 부조로 지하 세계의 열두 신을 묘사한 것이다. 히타이트인은 1천 명이 넘는 신을 숭배했다.

최근까지의 고고학적 증거에 따르면, 철제품 제작은 기원전 2000년과 1300년 사이에 중부 아나톨리아(오늘날의 튀르키예)에서 처음 시작되었다. 고대 아나톨리아 사람들인 히타이트인들이 철을 제련하는 새로운 기술(철광석을 가열하여 금속을 분리하는 방식)을 개척했다고 전해진다. 히타이트인들은 이미 기원전 18세기에 철제품을 만들기 시작

▷ **유럽에서 철을 사용한 흔적**
기원전 750~450년의 것으로 추정되는 철제 단검이다. 중부 유럽의 초기 철기 문화의 중심지, 할슈타트(오늘날의 오스트리아)에서 발굴된 무덤 수천 곳 중 1곳에서 발견되었다.

했다고 알려졌다. 이들은 검, 전투용 도끼, 창끝, 화살촉 등의 철제 무기로 이웃 나라들보다 막강한 군사력을 갖추었다. 히타이트 제국이 몰락한 후, 이들의 지식은 중동 전체로 퍼져나갔고 그곳에서 또 그리스와 에게해 지역으로 전파되어 결국에는 중부 유럽과 서부 유럽까지 도달했다. 그러나 현대의 고고학 연구는 또 다른 해석을 내놓았는데, 인도의 금속 세공인들이 히타이트인과 대략 같은 시기나 훨씬 더 일찍 철을 벼리는 방법을 알아냈을 것으로 추정된다.

초기의 대장장이

인도 북부의 우타르프라데시와 남부의 말라바르에 있는 거석묘 유적지에서 기원전 2012년과 기원전 1882년의 것으로 추정되는 철제 유물이 발굴되었다. 갠지스강 유역에서도 철제 유물이 발굴되었는데, 그 연대가 히타이트인들이 최초로 철제 도구를 만들었던 때와 거의 같은 시기로 추정된다. 한편, 인도 남부의 하이데라바드 유적지에서 발견된 철제 단검들은 기원전 2400-2000년의 것으로 추정된다. 유럽에서는 이미 기원전 1050년경에 그리스인들이 철제품을 제작하기 시작했다. 몇백 년이 지난 후에는 켈트족(유럽의 여러 부족을 이르는 통칭)이 철

철기 시대의 시작

약 4000년 전에 시작된 철기 시대는 아나톨리아 중부(오늘날의 튀르키예)와 인도에서 각각 독립적으로 시작되었다. 이후 철을 제련하거나 단련하는 기술은 그리스를 거쳐 중유럽으로 퍼진 다음, 유럽의 다른 지역으로 확산되었다. 철은 청동을 만드는 데 필요한 주석과 구리보다 더욱 쉽게 구할 수 있었다. 그래서 철은 청동을 대체하여 쟁기를 포함한 도구에서 무기에 이르기까지 거의 모든 실용적인 물건에 이용되었다.

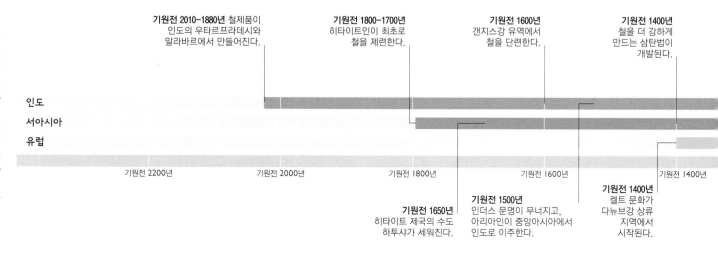

기원전 2010-1880년 철제품이 인도의 우타르프라데시와 말라바르에서 만들어진다.

기원전 1800-1700년 히타이트인이 최초로 철을 제련한다.

기원전 1600년 갠지스강 유역에서 철을 단련한다.

기원전 1400년 철을 더 강하게 만드는 삼탄법이 개발된다.

인도

서아시아

유럽

기원전 2200년 　 기원전 2000년 　 기원전 1800년 　 기원전 1600년 　 기원전 1400년

기원전 1650년 히타이트 제국의 수도 하투샤가 세워진다.

기원전 1500년 인더스 문명이 무너지고, 아리아인이 중앙아시아에서 인도로 이주한다.

기원전 1400년 켈트 문화가 다뉴브강 상류 지역에서 시작된다.

◁ **다재다능한 켈트족**
켈트족은 철뿐만 아니라 다양한 금속을 세공하는 데 능숙했다. 1891년에 덴마크 군데스트룹 근처의 이탄 습지에서 발견된 이 솥은 기원전 2세기와 기원전 1세기 사이에 은으로 만들어졌다.

제품 제작 기술에 아주 능숙했다. 유럽에서 가장 오래된 시기로 추정되는 고고학 증거에 따르면, 철을 비롯한 여러 금속을 벼리는 기술이 오스트리아의 잘츠부르크 인근의 할슈타트에서 비롯되었다. 이미 19세기 중반에 조사가 시작된 그곳의 무덤에는 기원전 700년경으로 추정되는 철검을 포함한 부장품이 다양하게 발굴되었다. 할슈타트 문화가 왜 무너졌는지는 확실하지 않다.

할슈타트 문화 이후 기원전 5세기 중반에 라텐 문화가 나타났다. 라텐 문화의 유적지에는 여러 금속 세공품뿐 아니라 장식된 칼집과 함께 철검이 2,500점 이상 발굴되었다. 라텐 문화는 예술품이 풍부했다. 그 영향은 켈트족이 고향에서 벗어나 다른 지역으로 퍼지면서 서유럽 대부분 지역으로 확산되었다.

철 제련법의 확산

아프리카에서 철을 제련하는 기술은 서유럽 곳곳에 이 기술이 전해지고 있었을 때와 거의 같은 시기에 생겨난 듯 보인다. 어떤 역사가들은 페니키아인들이 철을 제련하는 기술을 특히 카르타고와 같은 북아프리카 식민지에 전했다고 주장한다. 지금까지 대부분의 견해로 보면, 아프리카에서는 철을 제련하는 기술을 지역 내에서 개발했을 가능성이 크다. 진실이 무엇이었든 간에, 아프리카에서는 철을 제련하는 기술이 수 세기에 걸쳐 지역마다 서로 다른 기술로 발전했기 때문에 매우 다양했다는 사실에는 반박의 여지가 없다.

아프리카의 대호수 지역, 에티오피아, 탄자니아, 가나, 말리, 니제르강과 베누에강 유역의 나이지리아 중부 등지에서 철을 제련했다는 증거가 명백하다. 어떤 점에서는 아프리카의 금속 세공 기술이 유럽보다 앞섰다. 예컨대, 아프리카 동부에서는 이미 기원전 500년에 강철을 만들고 있었다.

청동기에서 철기로

청동기 시대에서 철기 시대로 언제, 어디서 바뀌었건 이런 변화는 고대 사람들의 농작물 재배 방식에서 전쟁 방법에 이르기까지 일상생활을 현저하게 바꾸어 놓았다. 그러나 어떤 문명은 철기 시대에 완전히 좋은 기회를 놓쳤다. 예컨대, 중앙아메리카와 남아메리카의 여러 문명 중 특히 잉카 문명에서는 금속 세공인이 금, 은, 구리, 청동 등을 능숙히 다루었으나 철을 제련하는 기술은 전혀 없었다.

> "(켈트족은) 머리가 명석하고 선천적으로 학습 능력이 뛰어나다."
>
> 디오도로스 시켈로스, 그리스의 역사가

▽ **전통 방식의 금속 세공술**
철은 3천 년 동안 아프리카에서 제련되고 단련되었다. 이 19세기 판화는 아프리카 동부의 모부투 호수 근처에서 소규모로 철제품을 제작하는 모습을 묘사한 것이다.

기원전 1200년
히타이트 제국이 몰락하고, 아시리아인이 철제 무기와 갑옷을 사용하기 시작한다.

기원전 800년
철제품 제작술이 중부 유럽으로 널리 퍼지고, 켈트족의 이주가 시작된다.

기원전 704–681년 철기 시대에 강력해진 신아시리아 제국의 센나케리브왕이 이스라엘과 유다를 통합하고 바빌로니아를 점령한다.

기원전 535년 키루스왕이 바빌로니아를 공격하고 페르시아에 흡수한다.

기원전 326년 알렉산드로스 대왕이 인도 북부에 도달한다.

기원전 300년
켈트족이 영국 해협을 건너 브리튼 섬에 다다른다.

기원전 200년
켈트 문명에서 철을 이용한 기술이 크게 확산된다.

| 기원전 1200년 | 기원전 1000년 | 기원전 800년 | 기원전 600년 | 기원전 400년 | 기원전 200년 | 서기 1년 |

기원전 1200년
철제품 제작술이 지중해 동부 지역으로 퍼진다.

기원전 800–400년 할슈타트 문화가 번창하는데, 그 부유함은 철제품 제작과 석염 채굴에 기반한다.

기원전 627년
아슈르바니팔왕이 통치할 때, 아시리아 제국은 세계에서 가장 큰 나라가 된다.

기원전 572년 네부카드네자르 2세가 아시리아 제국의 대부분을 정복하여 신바빌로니아 제국을 세운다.

기원전 322년
마우리아 제국이 인도에 세워진다.

기원전 272년
아소카 대왕이 마우리아 제국의 황제가 되어 제국을 크게 확장한다.

아시리아와 바빌로니아

중동의 철기 시대는 사실상 제국의 시대였다.
오늘날의 이라크 북부 지역에 기반을 둔 아시리아 제국은
완전히 새로운 광범위한 국가의 청사진을 만들어 냈다.
아시리아 제국은 한 군주의 지배 아래 다양한 민족과 영토를
두어 직접적·간접적 통치 방식을 모두 활용했다.

기원전 1200년 후, 청동기 시대 말기에 많은 사람들이 이주한 영향으로(44-45쪽 참조) 소규모의 지역 나라들이 히타이트 제국과 이집트 신왕국과 같은 큰 나라를 대신했다. 티그리스강과 토로스산맥과 자그로스산맥이 지키고 있는 아시리아 왕국은 아람족에게 주변 영토를 빼앗기는 격변 속에서 살아남았다. 기원전 900년부터는 아시리아 왕국이 이런 주변의 작은 영토를 잃어 가면서 다시 성장하기 시작했다.

아시리아 제국은 영토를 통합하여 왕에게만 충성하는 환관 총독을 지역에 배치하는 통치 방식 외에도 간접적인 지배를 크게 선호했다. 지중해 동부에서 오늘날의 이란에 해당하는 지역에 이르기까지 속주의 통치자들은 지역 권력의 대가로 아슈르 신과 그 대리자인 왕의 통치권을 받아들인다는 신성한 맹세를 했다. 아시리아 제국은 이런 상호 의무의 유대와 혁신적인 우편 제도를 통해 하나로 결속되었다. 특히 처음 만들어진 우편 제도를 통해 정보가 한 사람의 전령보다 훨씬 빨리 전달되었다. 그 뒤를 이은 바빌로니아 제국은 이런 아시리아 제국의 청사진을 대부분 채택했으나 아슈르 신을 그들이 숭배하는 마르두크 신으로 대신했고 환관 총독이라는 제도도 없었다.

> **"아슈르 신은 왕이고, 아슈르바니팔은 아슈르
> 신의 대리자이며 그 신이 창조한 존재다."**
>
> 아시리아 아슈르바니팔왕의 대관식 찬가

바빌로니아의 법
돌에 새긴 정의

바빌로니아의 함무라비왕(기원전 1782-1750년 재위)은 법 조항 282개를 편찬했다. 법 조항은 영토 곳곳의 신전에 세운 석비에 기록되었다. '강자가 약자를 억압하지 못하도록' 만든 이 함무라비 법전은 특정한 사회 맥락에 적합한 벌금과 처벌이 명시되었다. 약 1000년이 지난 후, 아시리아와 바빌로니아 제국의 시대에 함무라비는 여전히 본보기가 되는 통치자로 존경받았다.

함무라비의 석비
함무라비왕이 정의의 수호자인
샤마슈 신으로부터 막대자와 줄자로
상징된 권한을 받는다.

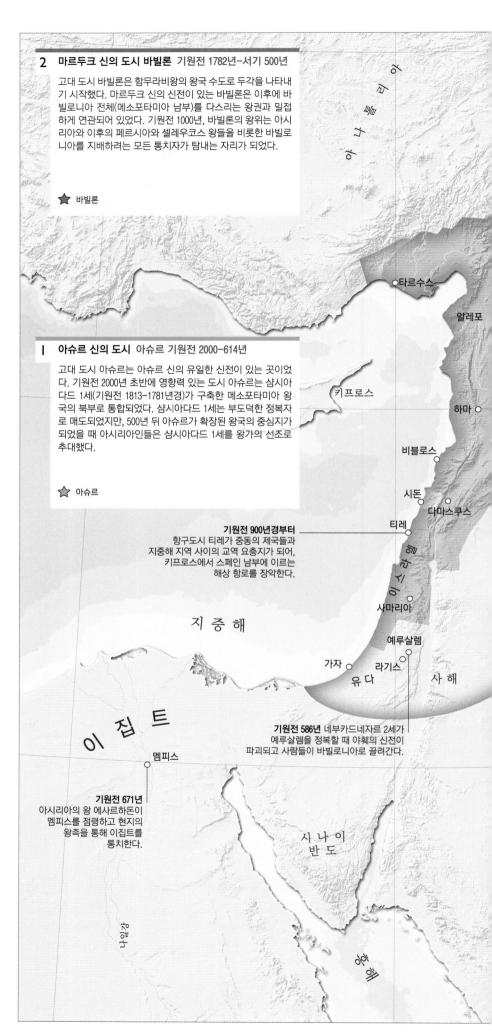

2 마르두크 신의 도시 바빌론 기원전 1782년-서기 500년

고대 도시 바빌론은 함무라비왕의 왕국 수도로 두각을 나타내기 시작했다. 마르두크 신의 신전이 있는 바빌론은 이후에 바빌로니아 전체(메소포타미아 남부)를 다스리는 왕권과 밀접하게 연관되어 있었다. 기원전 1000년, 바빌론의 왕위는 아시리아와 이후의 페르시아와 셀레우코스 왕들을 비롯한 바빌로니아를 지배하려는 모든 통치자가 탐내는 자리가 되었다.

★ 바빌론

1 아슈르 신의 도시 아슈르 기원전 2000-614년

고대 도시 아슈르는 아슈르 신의 유일한 신전이 있는 곳이었다. 기원전 2000년 초반에 영향력 있는 도시 아슈르는 샴시아다드 1세(기원전 1813-1781년경)가 구축한 메소포타미아 왕국의 북부로 통합되었다. 샴시아다드 1세는 부도덕한 정복자로 매도되었지만, 500년 뒤 아슈르가 확장된 왕국의 중심지가 되었을 때 아시리아인들은 샴시아다드 1세를 왕가의 선조로 추대했다.

★ 아슈르

타르수스

알레포

키프로스

하마

비블로스

시돈
다마스쿠스

티레

기원전 900년경부터
항구도시 티레가 중동의 제국들과
지중해 지역 사이의 교역 요충지가 되어,
키프로스에서 스페인 남부에 이르는
해상 항로를 장악한다.

사마리아

예루살렘

지중해

가자
라기스
유다   사 해

이집트

멤피스

기원전 586년 네부카드네자르 2세가
예루살렘을 정복할 때 야훼의 신전이
파괴되고 사람들이 바빌로니아로 끌려간다.

기원전 671년
아시리아의 왕 에사르하돈이
멤피스를 점령하고 현지의
왕족을 통해 이집트를
통치한다.

시나이
반도

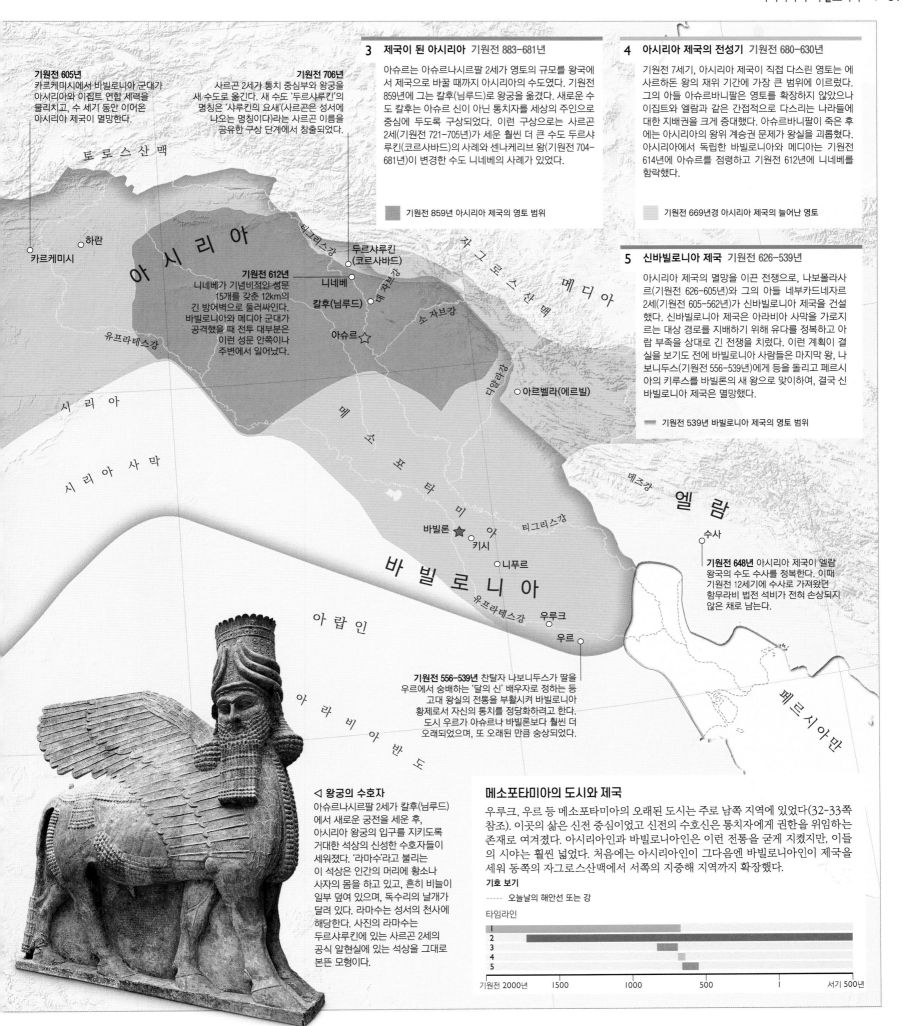

3 제국이 된 아시리아 기원전 883-681년

아슈르는 아슈르나시르팔 2세가 영토의 규모를 왕국에서 제국으로 바꿀 때까지 아시리아의 수도였다. 기원전 859년에 그는 칼후(님루드)로 왕궁을 옮겼다. 새로운 수도 칼후는 아슈르 신이 아닌 통치자를 세상의 주인으로 중심에 두도록 구상되었다. 이런 구상으로는 사르곤 2세(기원전 721-705년)가 세운 훨씬 더 큰 수도 두르샤루킨(코르사바드)의 사례와 센나케리브 왕(기원전 704-681년)이 변경한 수도 니네베의 사례가 있었다.

■ 기원전 859년 아시리아 제국의 영토 범위

4 아시리아 제국의 전성기 기원전 680-630년

기원전 7세기, 아시리아 제국이 직접 다스린 영토는 에사르하돈 왕의 재위 기간에 가장 큰 범위에 이르렀다. 그의 아들 아슈르바니팔은 영토를 확장하지 않았으나 이집트와 엘람과 같은 간접적으로 다스리는 나라들에 대한 지배권을 크게 증대했다. 아슈르바니팔이 죽은 후에는 아시리아의 왕위 계승권 문제가 왕실을 괴롭혔다. 아시리아에서 독립한 바빌로니아와 메디아는 기원전 614년에 아슈르를 점령하고 기원전 612년에 니네베를 함락했다.

■ 기원전 669년경 아시리아 제국의 늘어난 영토

기원전 605년
카르케미시에서 바빌로니아 군대가 아시리아와 이집트 연합 세력을 물리치고, 수 세기 동안 이어온 아시리아 제국이 멸망한다.

기원전 706년
사르곤 2세가 통치 중심부와 왕궁을 새 수도로 옮긴다. 새 수도 '두르샤루킨'의 명칭은 '샤루킨의 요새'(사르곤은 성서에 나오는 명칭이다)라는 사르곤 이름을 공유한 구상 단계에서 창출되었다.

5 신바빌로니아 제국 기원전 626-539년

아시리아 제국의 멸망을 이끈 전쟁으로, 나보폴라사르(기원전 626-605년)와 그의 아들 네부카드네자르 2세(기원전 605-562년)가 신바빌로니아 제국을 건설했다. 신바빌로니아 제국은 아라비아 사막을 가로지르는 대상 경로를 지배하기 위해 유다를 정복하고 아랍 부족을 상대로 긴 전쟁을 치렀다. 이런 계획이 결실을 보기도 전에 바빌로니아 사람들은 마지막 왕, 나보니두스(기원전 556-539년)에게 등을 돌리고 페르시아의 키루스를 바빌론의 새 왕으로 맞이하여, 결국 신바빌로니아 제국은 멸망했다.

▬ 기원전 539년 바빌로니아 제국의 영토 범위

기원전 612년
니네베가 기념비적인 성문 15개를 갖춘 12km의 긴 방어벽으로 둘러싸인다. 바빌로니아와 메디아 군대가 공격했을 때 전투 대부분은 이런 성문 안쪽이나 주변에서 일어났다.

기원전 648년 아시리아 제국이 엘람 왕국의 수도 수사를 정복한다. 이때 기원전 12세기에 수사로 가져왔던 함무라비 법전 석비가 전혀 손상되지 않은 채로 남는다.

기원전 556-539년 찬탈자 나보니두스가 딸을 우르에서 숭배하는 '달의 신' 배우자로 정하는 등 고대 왕실의 전통을 부활시켜 바빌로니아 황제로서 자신의 통치를 정당화하려고 한다. 도시 우르가 아슈르나 바빌론보다 훨씬 더 오래되었으며, 또 오래된 만큼 숭상되었다.

◁ **왕궁의 수호자**
아슈르나시르팔 2세가 칼후(님루드)에서 새로운 궁전을 세운 후, 아시리아 왕궁의 입구를 지키도록 거대한 석상의 신성한 수호자들이 세워졌다. '라마수'라고 불리는 이 석상은 인간의 머리에 황소나 사자의 몸을 하고 있고, 흔히 비늘이 일부 덮여 있으며, 독수리의 날개가 달려 있다. 라마수는 성서의 천사에 해당한다. 사진의 라마수는 두르샤루킨에 있는 사르곤 2세의 공식 알현실에 있는 석상을 그대로 본뜬 모형이다.

메소포타미아의 도시와 제국

우루크, 우르 등 메소포타미아의 오래된 도시는 주로 남쪽 지역에 있었다(32-33쪽 참조). 이곳의 삶은 신전 중심이었고 신전의 수호신은 통치자에게 권한을 위임하는 존재로 여겨졌다. 아시리아인과 바빌로니아인은 이런 전통을 굳게 지켰지만, 이들의 시야는 훨씬 넓었다. 처음에는 아시리아인이 그다음엔 바빌로니아인이 제국을 세워 동쪽의 자그로스산맥에서 서쪽의 지중해 지역까지 확장했다.

기호 보기

····· 오늘날의 해안선 또는 강

타임라인

1			
2			
3			
4			
5			

기원전 2000년　1500　1000　500　1　서기 500년

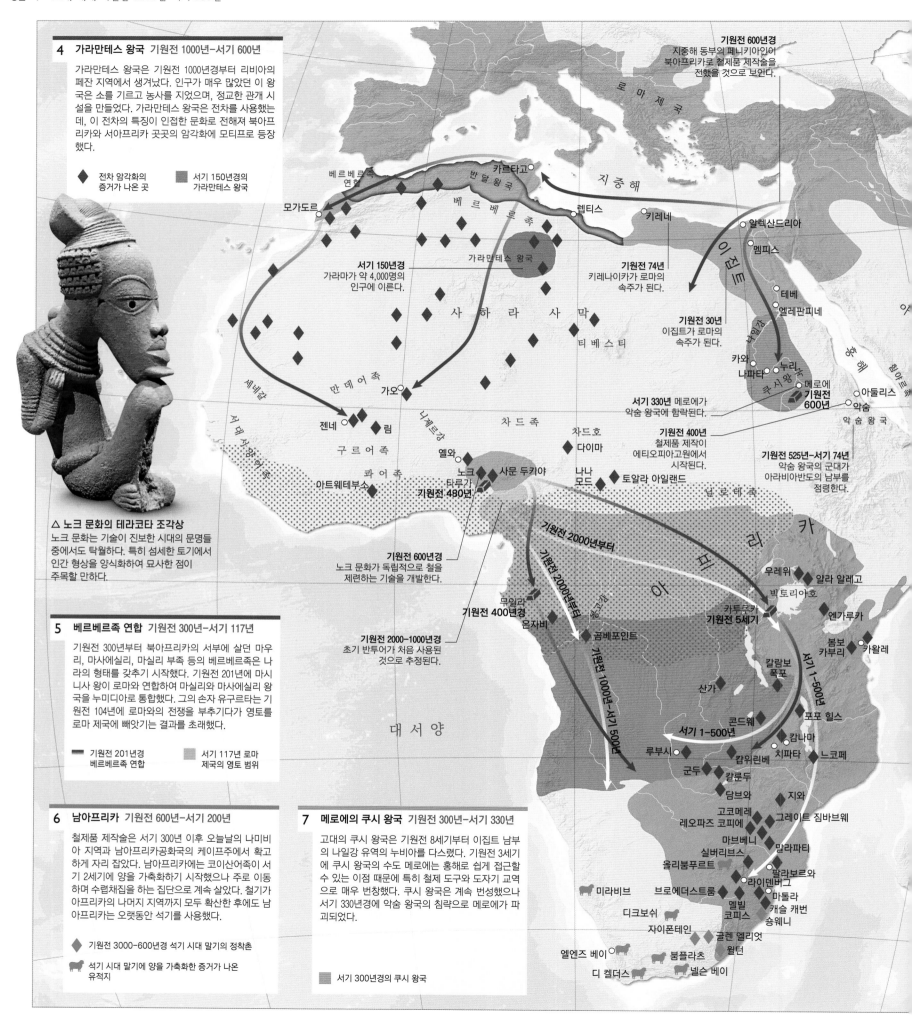

4 가라만테스 왕국 기원전 1000년–서기 600년

가라만테스 왕국은 기원전 1000년경부터 리비아의 페잔 지역에서 생겨났다. 인구가 매우 많았던 이 왕국은 소를 기르고 농사를 지었으며, 정교한 관개 시설을 만들었다. 가라만테스 왕국은 전차를 사용했는데, 이 전차의 특징이 인접한 문화로 전해져 북아프리카와 서아프리카 곳곳의 암각화에 모티프로 등장했다.

◆ 전차 암각화의 증거가 나온 곳
■ 서기 150년경의 가라만테스 왕국

노크 문화의 테라코타 조각상
노크 문화는 기술이 진보한 시대의 문명들 중에서도 탁월하다. 특히 섬세한 토기에서 인간 형상을 양식화하여 묘사한 점이 주목할 만하다.

5 베르베르족 연합 기원전 300년–서기 117년

기원전 300년부터 북아프리카의 서부에 살던 마우리, 마사에실리, 마실리 부족 등의 베르베르족은 나라의 형태를 갖추기 시작했다. 기원전 201년에 마시니사 왕이 로마와 연합하여 마실리와 마사에실리 왕국을 누미디아로 통합했다. 그의 손자 유구르타는 기원전 104년에 로마와의 전쟁을 부추기다가 영토를 로마 제국에 빼앗기는 결과를 초래했다.

▬ 기원전 201년경 베르베르족 연합
■ 서기 117년 로마 제국의 영토 범위

6 남아프리카 기원전 600년–서기 200년

철제품 제작술은 서기 300년 이후 오늘날의 나미비아 지역과 남아프리카공화국의 케이프주에서 확고하게 자리 잡았다. 남아프리카에는 코이산어족이 서기 2세기에 양을 가축화하기 시작했으나 주로 이동하며 수렵채집을 하는 집단으로 계속 살았다. 철기가 아프리카의 나머지 지역까지 모두 확산한 후에도 남아프리카는 오랫동안 석기를 사용했다.

◆ 기원전 3000–600년경 석기 시대 말기의 정착촌
🐑 석기 시대 말기에 양을 가축화한 증거가 나온 유적지

7 메로에의 쿠시 왕국 기원전 300년–서기 330년

고대의 쿠시 왕국은 기원전 8세기부터 이집트 남부의 나일강 유역의 누비아를 다스렸다. 기원전 3세기에 쿠시 왕국의 수도 메로에는 홍해로 쉽게 접근할 수 있는 이점 때문에 특히 철제 도구와 도자기 교역으로 매우 번창했다. 쿠시 왕국은 계속 번성했으나 서기 330년경에 악숨 왕국의 침략으로 메로에가 파괴되었다.

■ 서기 300년경의 쿠시 왕국

기원전 600년경
지중해 동부의 페니키아인이 북아프리카로 철제품 제작술을 전했을 것으로 보인다.

로 마 제 국

베르베르족 연합
반 달 왕 국
카르타고
지 중 해
렙티스
키레네
알렉산드리아
멤피스
모가도르
베르베르족
테베
엘레판티네
서기 150년경
가라마가 약 4,000명의 인구에 이른다.
가라만테스 왕국
기원전 74년
키레나이카가 로마의 속주가 된다.
사 하 라 사 막
티 베 스 티
기원전 30년
이집트가 로마의 속주가 된다.
이 집 트
카와
나파타
누리 국
쿠 시 왕
메로에
기원전 600년
아둘리스
악숨
악 숨 왕 국
세 네 갈
만 데 어 족
가오
차 드 족
서기 330년 메로에가 악숨 왕국에 함락된다.
기원전 400년
철제품 제작이 에티오피아고원에서 시작된다.
기원전 525년–서기 74년
악숨 왕국의 군대가 아라비아반도의 남부를 점령한다.
젠네
림
나이저강
옐와
차드호
나나 모드
다이마
토알라 아일랜드
아트웨테부소
콰어족
노크
사문 두키야
타루가
기원전 480년
구르어족
나이지리아
기원전 600년경
노크 문화가 독립적으로 철을 제련하는 기술을 개발한다.
닐 로 테 족
기원전 2000년부터
무일라
기원전 400년경
은자비
콩고강
곰베포인트
기원전 2000–1000년경
초기 반투어가 처음 사용된 것으로 추정된다.
우레위
빅토리아호
알라 알레고
카투루카
기원전 5세기
엔가루카
봄보 카부리
카왈레
칼람보 폭포
산가
서기 1–500년
콘드웨
카나마
치파타
느코페
루부시
캅위린베
군두
칼룬두
담브와
지와
고코메레
레오파즈 코피에
마브베니
실버리브스
올리붐푸르트
라이덴버그
말라파티
마톨라
브로에더스트룸
멜빌 코피스
캐슬 캐번
송웨니
미라비브
디크보쉬
글렌 엘리엇
자이폰테인
엘엔즈 베이
붐플라츠
윌턴
디 켈더스
넬슨 베이
그레이트 짐바브웨
팔라보르와
대 서 양

아 프 리 카

아프리카에서 복잡한 사회의 확산

아프리카 사회는 철제품 제작술로 우수한 농기구를 만들었다. 이를 통해 아프리카의 지역 세력들은 부유한 교역국이 되었다

기호 보기

⁝⁝ 적도 우림 지대

타임라인

1							
2							
3							
4							
5							
6							
7							

기원전 2000년 1500 1000 500 서기 1년 500 1000

---

3 철제품 제작술의 확산
기원전 600년경-서기 3세기

노크 문화는 기원전 600년경에 독립적으로 철제품 제작술을 개발했다고 알려져 있다. 이런 사실은 청동이 아닌 철이 처음으로 제련된 유일한 사례일 수 있다. 이후 빅토리아 호수 주변과 같은 철을 만들어 내는 다른 중심지들이 생겨났다. 철제품 제작술은 철제 기구, 농작물 경작, 가축 사육 등과 마찬가지로 서기 3세기경에 먼 남쪽까지 확산되었다.

➡ 기원전 600년경-서기 400년 철제품 제작술이 확산되었을 경로

◆ 기원전 600년-서기 300년 초기 철기 시대의 정착촌

⬗ 초기 철제품 제작의 주요 유적지와 연도

2 노크 문화 기원전 600-200년

서아프리카에서 가장 초기의 공동체 중 하나인 노크 문화는 철기 못지않게 테라코타 조각상(왼쪽 사진)으로 유명하다. 노크 문화의 조각상은 매우 큰 머리, 삼각형이나 타원형의 눈이 특징을 이룬다. 이 조각상들은 넓은 지역에 걸쳐 발견된 점으로 보아, 규모가 크고 잘 조직된 문명에서 만들어진 것으로 추정된다.

▪ 기원전 600-200년 초기 철기 시대의 노크 문화

1 반투어를 사용하는 사람들의 이주
기원전 2000년경-서기 500년

고고학적 증거에 따르면, 기원전 2000년부터 반투어를 쓰는 사람들이 오늘날의 나이지리아 동부와 카메룬 서부에 해당하는 자신들의 고향을 떠나 남쪽으로 이주했다. 이들은 숲을 개간하여 농작물과 가축을 길렀고, 또한 철제품 제작술이 유입되자 큰 집단을 이끌어 갈 수 있는 새로운 공동체를 세웠다.

▪ 기원전 2000년 반투족의 발상지

▪ 서기 500년까지 아프리카 북서부의 반투족

▪ 서기 500년까지 아프리카 동부의 반투족

▪ 서기 500년까지 아프리카 서부의 반투족

⇨ 연대별 반투족의 확산

철기 시대의 아프리카

기원전 1000년에는 아프리카 곳곳에서 복잡한 사회들이 나타났다. 정착과 농경에 기반을 둔 생활방식은 관개와 철제품 제작술과 같은 기술로 뒷받침되었다. 이런 기술은 모두 대규모 이주를 통해 아프리카 대륙 전역에 퍼졌다.

북아프리카 지역과 사하라 사막 이남의 아프리카 지역 사이에 오래전부터 교역로가 존재했지만, 이 두 지역의 문명은 각각 독립적으로 발달한 듯 보인다. 남쪽에는 기원전 2000년경부터 반투어를 쓰는 종족이 유입되어 처음에 농업이 자리를 잡아 확산되었고 이후에 철제품 제작술이 퍼져 나갔다. 한편, 북쪽에는 강력한 나라들이 지방 세력을 구축하여 지중해 연안을 따라 발달했다. 이런 나라로는 가라만테스 왕국, 베르베르족 연합, 홍해를 지배한 악숨 왕국 등이 있었다. 고고학적 증거에 따르면, 철제품 제작술은 남쪽과 북쪽 지역에서 각각 독립적으로 생겨났다. 북쪽에는 페니키아인들을 통해 철제품 제작술이 유입되었을 것이다. 지중해 동부를 차지한 해양 민족인 페니키아인들은 기원전 1000년 중반에 철제품 제작술을 사용했다. 사하라 사막 이남의 아프리카에는 토기 제작으로 유명한 노크 문화가 철을 제련하고 단련하는 기술의 선두에 있었다고 알려져 있다. 이 기술은 반투 문화의 확산과 똑같은 양상을 보이며 동쪽과 남쪽으로 퍼졌고 더욱 크고 복잡한 정착촌으로 성장할 수 있는 경제 기반이 되었다. 오늘날의 남아프리카공화국과 나미비아에 해당하는 남쪽 지역에는 석기가 계속 사용되었다.

> *"몇몇 지역을 제외한 아프리카에서 야금술은 철에서 바로 시작된다."*
>
> 《노크 문화의 탐구》, 괴테대학교, 2017년

쿠시테 피라미드
고대의 묘실

쿠시 왕국은 인접한 이집트처럼 죽은 통치자들을 피라미드 아래에 매장했다. 이런 피라미드의 잔해와 복원 구조물은 고대의 수도였던 메로에에서 여전히 확인할 수 있다. 높이가 약 30m에 이르는 쿠시테 피라미드는 이집트의 피라미드보다 더 작고 경사가 가파르며 사암 덩어리로 만들어졌다.

메로에의 아주 오래된 피라미드와 재건된 피라미드

4 다리우스 1세의 정복 활동 기원전 516-513년

기원전 516년에 다리우스 1세는 중앙아시아에서 군사 행동을 시작했다. 그곳을 시작으로 인더스강 유역의 지역들을 정복하고 그리스 탐험가 카리안다의 스킬락스에게 인도양을 조사하게 했다. 다리우스 1세는 제국 곳곳에서, 특히 바빌로니아와 스키타이(동유럽)에서 생겨난 연이은 반란군을 몰아내기 위해 전투를 벌였다. 그는 이곳에서 페르시아의 지배력을 확고히 한 다음, 그리스 정복 시도를 개시했다.

→ 다리우스 1세의 주요 군사 진로

3 다리우스 1세 치하의 페르시아 제국 기원전 522-486년

다리우스 1세는 기원전 522년에 왕위에 올랐고 많은 개혁을 실행했다. 새로운 화폐 제도를 도입했고, 아람어를 제국의 표준어로 채택했으며, 제국을 총독(사트라프)이 관리하는 행정구역으로 나누었다. 또한 (수사와 아시리아와 아나톨리아를 연결하는 '왕의 길'을 포함한) 도로와 수로를 건설했고, 기념물과 신전을 세웠으며, 수사와 페르세폴리스 도시에 왕궁을 지었다.

— 사르디스에서 수사까지 이어진 페르시아의 '왕의 길'

2 캄비세스 2세와 이집트 정복 기원전 529-522년

이집트 정복은 키루스의 계승자인 캄비세스 2세의 목표가 되었다. 그는 목표를 달성하기 위해 아라비아의 지도자들과 동맹을 맺고 이전에 이집트 동맹국이었던 그리스의 지원을 받았다. 기원전 525년에는 캄비세스 2세가 펠루시움에서 이집트를 물리쳤다. 그러나 그의 군대는 수단의 사막 지역을 건널 수 없었기 때문에 더 먼 남쪽 지역을 정복하지 못했다.

■ 기원전 525년에 합병된 이집트 왕국
→ 캄비세스 2세의 주요 군사 진로
✕ 전투 지역과 연도

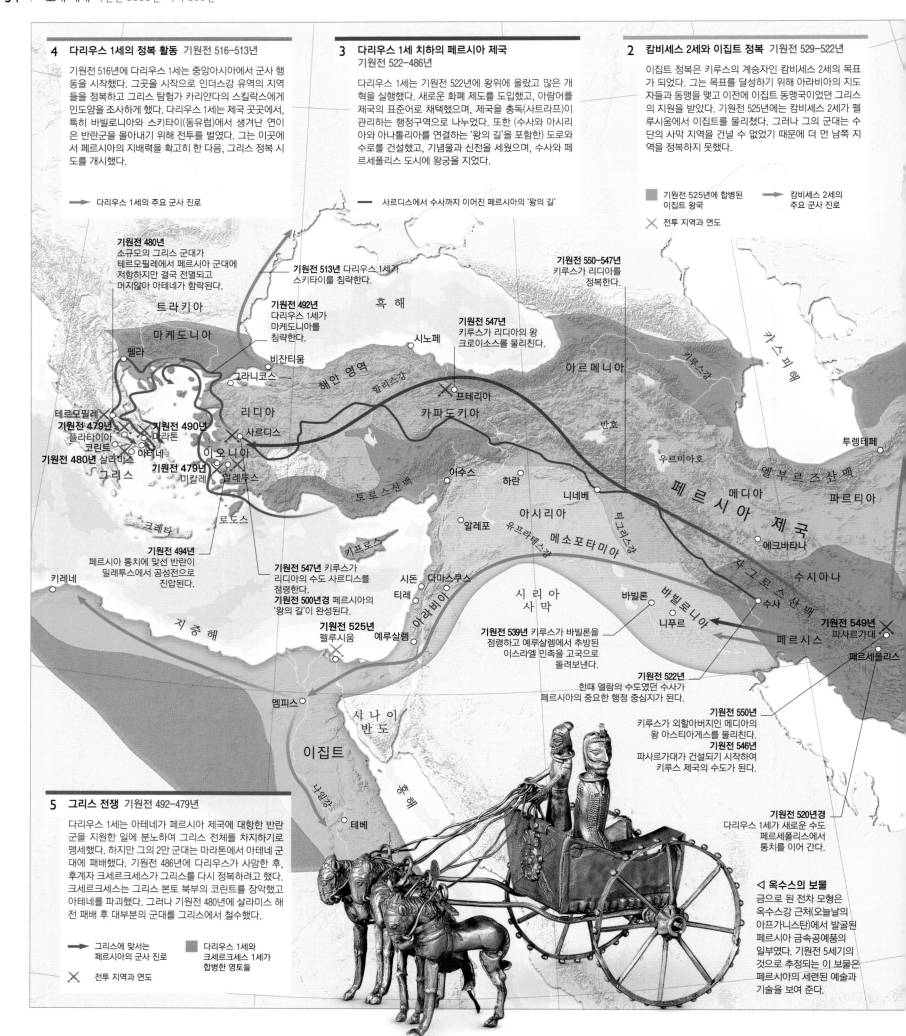

기원전 480년
소규모의 그리스 군대가 테르모필레에서 페르시아 군대에 저항하지만 결국 전멸되고 머지않아 아테네가 함락된다.

기원전 513년 다리우스 1세가 스키타이를 침략한다.

기원전 492년 다리우스 1세가 마케도니아를 침략한다.

기원전 550-547년 키루스가 리디아를 정복한다.

기원전 547년 키루스가 리디아의 왕 크로이소스를 물리친다.

트 라 키 아
마 케 도 니 아
펠라
비잔티움
그라니코스
흑 해
해안 영역
할리스강
시노페
프테리아
카파도키아
아르메니아
카스피해
쿠라강

테르모필레
기원전 479년 플라타이아
코린트
아테네
기원전 490년 마라톤
사르디스
리디아
이오니아
기원전 479년 미칼레
밀레투스
기원전 480년 살라미스
그리스

기원전 494년 페르시아 통치에 맞선 반란이 밀레투스에서 공성전으로 진압된다.

기원전 547년 키루스가 리디아의 수도 사르디스를 점령한다.
기원전 500년경 페르시아의 '왕의 길'이 완성된다.

기원전 525년 펠루시움

크레타
로도스
키프로스
토로스산맥
이수스
하란
니네베
아시리아
알레포
유프라테스강
메 소 포 타 미 아
시 리 아 사 막
다마스쿠스
시돈
티레
아라비아
예루살렘
바빌론
니푸르
바 빌 로 니 아

키레네
지 중 해

엘부르즈산맥
파르티아
페 르 시 아 제 국
에크바타나
자 그 로 스 산 맥
메 디 아
수 시 아 나
수사

기원전 549년 파사르가대
페르세폴리스
페르시스

기원전 539년 키루스가 바빌론을 점령하고 예루살렘에서 추방된 이스라엘 민족을 고국으로 돌려보낸다.

기원전 522년 한때 엘람의 수도였던 수사가 페르시아의 중요한 행정 중심지가 된다.

멤피스
시 나 이 반 도
나일강
이 집 트
홍 해
테베

기원전 550년 키루스가 외할아버지인 메디아의 왕 아스티아게스를 물리친다.
기원전 546년 파사르가대가 건설되기 시작하여 키루스 제국의 수도가 된다.

기원전 520년경 다리우스 1세가 새로운 수도 페르세폴리스에서 통치를 이어 간다.

5 그리스 전쟁 기원전 492-479년

다리우스 1세는 아테네가 페르시아 제국에 대항한 반란군을 지원한 일에 분노하여 그리스 전체를 차지하기로 맹세했다. 하지만 그의 2만 군대는 마라톤에서 아테네 군대에 패배했다. 기원전 486년에 다리우스가 사망한 후, 후계자 크세르크세스가 그리스를 다시 정복하려고 했다. 크세르크세스는 그리스 본토 북부의 코린트를 장악했고 아테네를 파괴했다. 그러나 기원전 480년에 살라미스 해전 패배 후 대부분의 군대를 그리스에서 철수했다.

→ 그리스에 맞서는 페르시아의 군사 진로
■ 다리우스 1세와 크세르크세스 1세가 합병한 영토들
✕ 전투 지역과 연도

◁ **옥수스의 보물**
금으로 된 전차 모형은 옥수스강 근처(오늘날의 아프가니스탄)에서 발굴된 페르시아 금속공예품의 일부였다. 기원전 5세기의 것으로 추정되는 이 보물은 페르시아의 세련된 예술과 기술을 보여 준다.

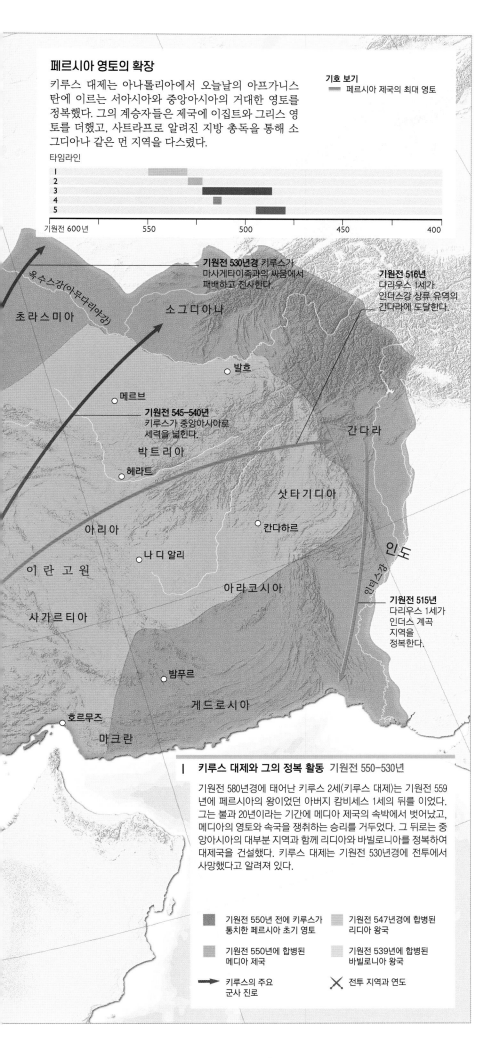

페르시아 영토의 확장

키루스 대제는 아나톨리아에서 오늘날의 아프가니스탄에 이르는 서아시아와 중앙아시아의 거대한 영토를 정복했다. 그의 계승자들은 제국에 이집트와 그리스 영토를 더했고, 사트라프로 알려진 지방 총독을 통해 소그디아나 같은 먼 지역을 다스렸다.

기호 보기
페르시아 제국의 최대 영토

타임라인

1					
2					
3					
4					
5					

기원전 600년　550　500　450　400

옥수스강(아무다리야강)

초라스미아

기원전 530년경 키루스가 마사게타이족과의 싸움에서 패배하고 전사한다.

소그디아나

기원전 516년 다리우스 1세가 인더스강 상류 유역의 간다라에 도달한다.

발흐

메르브

기원전 545–540년 키루스가 중앙아시아로 세력을 넓힌다.

박트리아

헤라트

간다라

아리아

샷타기디아

칸다하르

인도

나디알리

이란고원

아라코시아

사가르티아

기원전 515년 다리우스 1세가 인더스 계곡 지역을 정복한다.

인더스강

밤푸르

게드로시아

호르무즈

마크란

키루스 대제와 그의 정복 활동　기원전 550–530년

기원전 580년경에 태어난 키루스 2세(키루스 대제)는 기원전 559년에 페르시아의 왕이었던 아버지 캄비세스 1세의 뒤를 이었다. 그는 불과 20년이라는 기간에 메디아 제국의 속박에서 벗어났고, 메디아의 영토와 속국을 쟁취하는 승리를 거두었다. 그 뒤로는 중앙아시아의 대부분 지역과 함께 리디아와 바빌로니아를 정복하여 대제국을 건설했다. 키루스 대제는 기원전 530년경에 전투에서 사망했다고 알려져 있다.

기원전 550년 전에 키루스가 통치한 페르시아 초기 영토

기원전 550년에 합병된 메디아 제국

기원전 547년경에 합병된 리디아 왕국

기원전 539년에 합병된 바빌로니아 왕국

→ 키루스의 주요 군사 진로

✕ 전투 지역과 연도

페르시아 제국의 등장

페르시아 제국은 유럽에서 인도까지 막대한 영토를 다스린 대제국이었다. 기원전 6세기 중반에 제국의 건국자 키루스 대제가 전쟁에서 거듭 승리를 거두며 영토를 넓혔다. 페르시아 제국은 약 200년 뒤 알렉산드로스 대왕에게 정복당하기 전까지 존속했다.

기원전 612년에 아시리아의 수도 니네베가 바빌로니아와 메디아를 포함한 아시리아의 이전 속국들의 동맹으로 파괴되었다. 중앙아시아에서 기인한 인도유럽어족이었던 메디아인과 페르시아인은 각각 카스피해 남서쪽 지역과 페르시아만 북쪽 지역에 거주했다. 처음에는 메디아가 지배 세력이었지만, 기원전 550년경에는 페르시아가 강력한 왕들의 통치 아래 정복 활동을 계속 펼치며 고대 세계에서 가장 큰 제국이 되었다.

> *"간결은 명령의 본질이다. 말을 너무 많이 하는 것은 지도자의 자질에서 지양해야 할 태도다."*
>
> 《키로파에디아: 키루스의 교육》에서, 기원전 370년경

페르시아인들은 관대한 정복자였다. 키루스 대제가 속국 사람들의 신앙과 관습을 존중하고 바빌로니아에 포로로 잡혀 있던 이스라엘 민족을 고국으로 돌려보낸 일화는 특히 잘 알려져 있다. 페르시아 제국은 '사트라프'로 알려진 지방 총독을 임명하여 지역을 다스리게 하는 등 조직적인 행정 체계를 갖추었다. 또한 군사와 상인들이 쉽게 이동하도록 도로와 수로를 건설했다. 이런 행정 조직과 신속한 군대 배치로 페르시아 제국은 광대한 영토를 유지할 수 있었다. 강한 세력을 유지했던 페르시아 제국은 기원전 4세기에 알렉산드로스 대왕에게 정복당했다.

파사르가대
페르시아 제국 최초의 수도

기원전 546년경에 키루스 대제는 오늘날의 시라즈 인근의 파사르가대에서 페르시아 제국의 수도를 처음 건설하기 시작했다. 파사르가대의 왕족 유적지에는 궁전, 알현실, 문루, 키루스의 무덤 등이 남아 있다. 이런 유적들은 페르시아 제국의 가장 인상 깊은 흔적이며 또한 키루스가 정복한 여러 민족의 영향도 담겨 있다. 이후에는 캄비세스 2세가 수사에서 새로운 수도를 건설했고, 다리우스는 페르세폴리스에서 페르시아 제국의 세 번째 수도를 건설했다.

날개 달린 수호 정령
이 부조는 기원전 5세기에 고대 도시 파사르가대로 들어서는 입구에 장식되었다.

아메리카 대륙 최초의 도시

아메리카 대륙에서 도시에 기반을 둔 문화들은 기원전 3500년경에
페루 해안지대에서 처음 나타났다. 이곳의 도시들은 기원전 2000년경에
멕시코 남부와 북아메리카에서 나타난 최초의 도시들보다 먼저 생겨났다.
아메리카의 초기 도시 문명들은 모두
웅장한 신전을 세웠고 교역이 폭넓게 이루어졌다.

카랄
아메리카 최초의 도시 문명

기원전 2600년경에 세워진 크고 견고한 도시 카랄은 페루의 노르테 치코 문명에 속했다. 노르테 치코 문명의 다른 도시가 훨씬 더 오래되었을 수 있다. 콜럼버스의 신대륙 발견 이전의 여러 도시처럼 카랄도 피라미드형 둔덕과 광장 같은 기념비적인 건축물이 눈에 띈다. 폭이 40m인 움푹 들어간 광장을 비롯한 카랄의 유적들은 1990년대 후반에 발견되었다. 이 광장은 공동 예배 행사에 사용되었다고 알려져 있다.

기원전 5000년경부터 아메리카에는 농경 생활이 수렵이나 채집 생활을 대신하기 시작하면서 정착촌이 처음 생겨났다.

페루 해안지대의 수페 계곡 지역에 자리 잡은 노르테 치코 문화는 기원전 4000년경에 아메리카 대륙에서 최초로 나타난 도시 문명으로 알려져 있다. 30개 이상의 큰 정착촌으로 이루어진 이 문명은 기원전 3500년경에 주요 도시를 처음 세웠고 2000년 이상 번성했다. 아메리카의 다른 지역에 발생한 초기 문명들로는 멕시코 남부의 올멕 문화, 미시시피 상류와 오하이오 계곡 지역의 아데나 문화, 봉분을 만드는 풍습이 특징인 호프웰 문화 등이 있었다.

이런 독특한 문화는 각각 미술, 공예, 종교적 관습 등이 뚜렷한 고대의 공동체로 발전했다. 그런데 이들은 모두 주로 제례 목적을 위한 신전의 연단, 피라미드, 봉분 등 대규모 토공 작업을 이루어 냈다. 또한 여러 마을과 도시들은 강이나 해안 평지 경로를 이용하여 물품을 운반하면서 교역했다.

아메리카의 초기 문명

기호 보기
◆ 주요 도시의 중심지

기원전 1500년경부터 메소아메리카에는 농경 문화가 번성했고 올멕 문화의 사람들이 도시를 처음 세웠다. 북아메리카에서는 기원전 1000년경부터 아데나 문화가 봉분을 만드는 풍습의 공동체로 처음 등장했고, 그 후 800년 뒤에는 호프웰 문화가 생겨났다.

타임라인

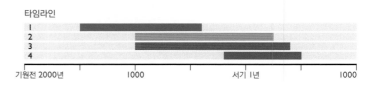

기원전 2000년   1000   서기 1년   1000

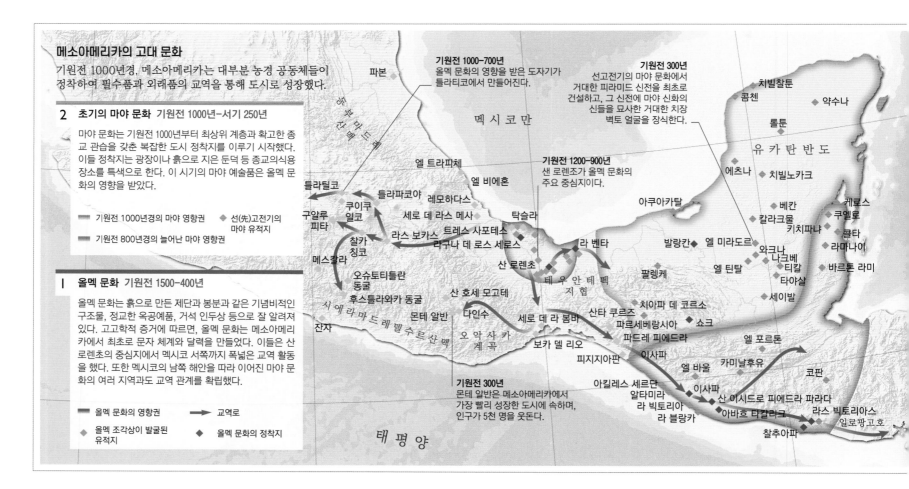

메소아메리카의 고대 문화

기원전 1000년경, 메소아메리카는 대부분 농경 공동체들이 정착하여 필수품과 외래품의 교역을 통해 도시로 성장했다.

2 초기의 마야 문화 기원전 1000년-서기 250년

마야 문화는 기원전 1000년부터 최상위 계층과 확고한 종교 관습을 갖춘 복잡한 도시 정착지를 이루기 시작했다. 이들 정착지는 광장이나 흙으로 지은 둔덕 등 종교의식용 장소를 특색으로 한다. 이 시기의 마야 예술품은 올멕 문화의 영향을 받았다.

▬ 기원전 1000년경의 마야 영향권   ◆ 선(先)고전기의 마야 유적지
▬ 기원전 800년경의 늘어난 마야 영향권

1 올멕 문화 기원전 1500-400년

올멕 문화는 흙으로 만든 제단과 봉분과 같은 기념비적인 구조물, 정교한 옥공예품, 거석 인두상 등으로 잘 알려져 있다. 고고학적 증거에 따르면, 올멕 문화는 메소아메리카에서 최초로 문자 체계와 달력을 만들었다. 이들은 산 로렌초의 중심지에서 멕시코 서쪽까지 폭넓은 교역 활동을 했다. 또한 멕시코의 남쪽 해안을 따라 이어진 마야 문화의 여러 지역과도 교역 관계를 확립했다.

▬ 올멕 문화의 영향권   → 교역로
◆ 올멕 조각상이 발굴된 유적지   ◆ 올멕 문화의 정착지

기원전 1000-700년
올멕 문화의 영향을 받은 도자기가 틀라티코에서 만들어진다.

기원전 300년
선고전기의 마야 문화에서 거대한 피라미드 신전을 최초로 건설하고, 그 신전에 마야 신화의 신들을 묘사한 거대한 치장벽토 얼굴을 장식한다.

기원전 1200-900년
샌 로렌조가 올멕 문화의 주요 중심지이다.

기원전 300년
몬테 알반은 메소아메리카에서 가장 빨리 성장한 도시에 속하며, 인구가 5천 명을 웃돈다.

파본
치빌찰툰
콤첸
약수나
롤툰
유카탄 반도
에츠나
치빌노카크
케로스
쿠엘로
키치파나
콜타
라마나이
바르톤 라미
베칸
칼라크물
와크나
엘 미라도르
나크베
티칼
타야살
엘 틴탈
세이발
멕시코 만
엘 트라피체
엘 비에혼
틀라틸코
틀라파코야
레모하다스
구알루피타
쿠이쿠일코
세로 데 라스 메사
탁슬라
라스 보카스
트레스 사포테스
라구나 데 로스 세로스
찰카칭코
메스칼라
산 로렌초
라 벤타
발랑칸
발렝케
오슈토티틀란 동굴
후스틀라와카 동굴
다인수
세로 데 라 봄바
산타 크루즈
파르세베랑시아
파드레 피에드라
치아파 데 코르소
쇼크
엘 포르톤
산 호세 모고테
몬테 알반
시에라마드레델수르산맥
잔자
오악사카 계곡
보카 델 리오
피지지아판
이사파
엘 바울
카미날후유
코판
아킬레스 세르단
알타미라
라 빅토리아
라 블랑카
산 이시드로 피에드라 파라다
아바흐 타칼리크
이사파
라스 빅토리아스
일로팡고호
찰추아파
테우안테펙 지협

태평양

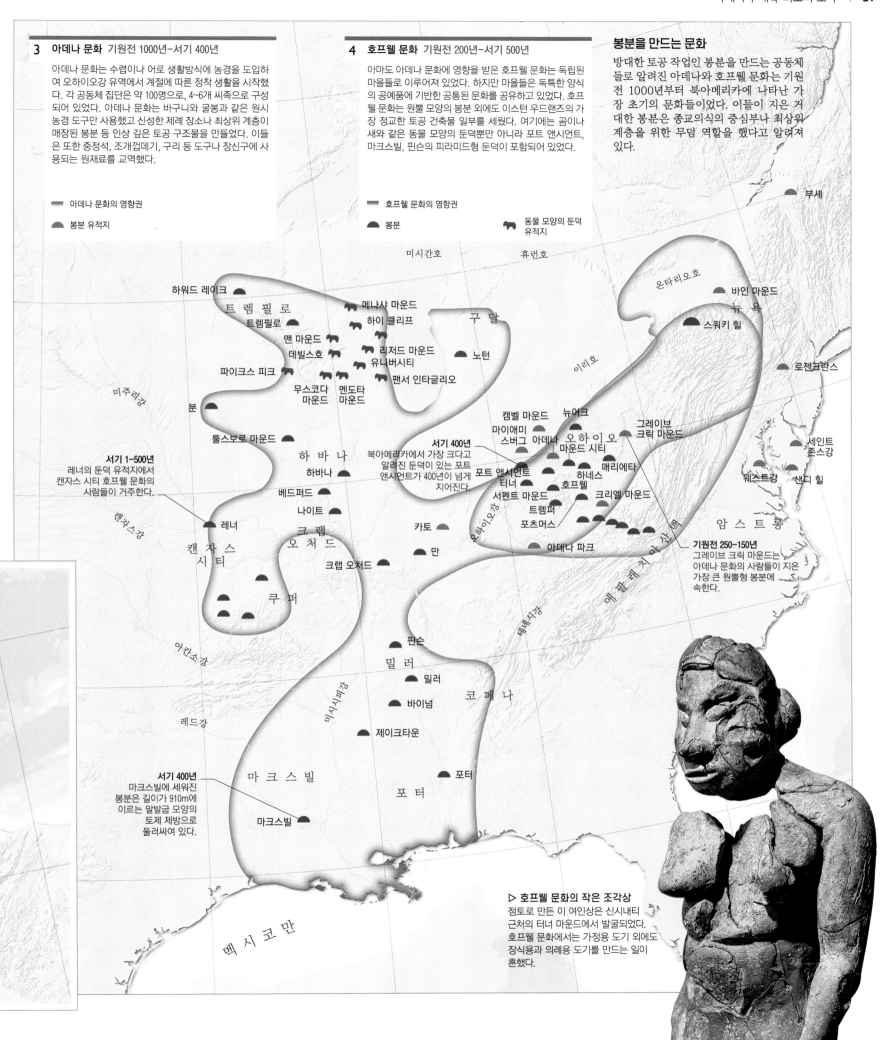

3 아데나 문화 기원전 1000년–서기 400년

아데나 문화는 수렵이나 어로 생활방식에 농경을 도입하여 오하이오강 유역에서 계절에 따른 정착 생활을 시작했다. 각 공동체 집단은 약 100명으로, 4~6개 씨족으로 구성되어 있었다. 아데나 문화는 바구니와 굴봉과 같은 원시 농경 도구만 사용했고 신성한 제례 장소나 최상위 계층이 매장된 봉분 등 인상 깊은 토공 구조물을 만들었다. 이들은 또한 중정석, 조개껍데기, 구리 등 도구나 장신구에 사용되는 원재료를 교역했다.

▬ 아데나 문화의 영향권

◖ 봉분 유적지

4 호프웰 문화 기원전 200년–서기 500년

아마도 아데나 문화에 영향을 받은 호프웰 문화는 독립된 마을들로 이루어져 있었다. 하지만 마을들은 독특한 양식의 공예품에 기반한 공통된 문화를 공유하고 있었다. 호프웰 문화는 원뿔 모양의 봉분 외에도 이스턴 우드랜즈의 가장 정교한 토공 건축물 일부를 세웠다. 여기에는 곰이나 새와 같은 동물 모양의 둔덕뿐만 아니라 포트 앤시언트, 마크스빌, 핀슨의 피라미드형 둔덕이 포함되어 있었다.

▬ 호프웰 문화의 영향권

◖ 봉분

🐎 동물 모양의 둔덕 유적지

봉분을 만드는 문화

방대한 토공 작업인 봉분을 만드는 공동체들로 알려진 아데나와 호프웰 문화는 기원전 1000년부터 북아메리카에 나타난 가장 초기의 문화들이었다. 이들이 지은 거대한 봉분은 종교의식의 중심부나 최상위 계층을 위한 무덤 역할을 했다고 알려져 있다.

미시간호
휴런호
온타리오호
미주리강
캔자스강

하워드 레이크
트렘필로
트렘필로
맨 마운드
데빌스호
파이크스 피크
무스코다 마운드
멘도타 마운드
분
툴스보로 마운드
하 바 나
하바나
베드퍼드
나이트
레너
크 랩 오 처 드
크랩 오처드
캔자스 시티
쿠퍼
아칸소강
레드강
미시시피강

메나샤 마운드
하이 클리프
리저드 마운드
유니버시티
팬서 인타글리오
구 달
노턴
카토
만

바인 마운드
뉴 욕
스쿼키 힐
이리호
로젠그란스
암스트롱
세인트 존스강
웨스트강
샌디 힐
애 팔 래 치 아 산 맥

캠벨 마운드
마이애미스버그
아데나
오하이오
마운드 시티
그레이브 크릭 마운드
포트 앤시언트
터너
하네스
매리에타
서펜트 마운드
호프웰
트렘퍼
크리엘 마운드
포츠머스
아데나 파크

핀슨
밀러
밀러
바이넘
코 페 나
제이크타운
포터
포 터
마 크 스 빌
마크스빌

멕시코만

서기 1–500년
레너의 둔덕 유적지에서 캔자스 시티 호프웰 문화의 사람들이 거주한다.

서기 400년
북아메리카에서 가장 크다고 알려진 둔덕이 있는 포트 앤시언트가 400년이 넘게 지어진다.

기원전 250–150년
그레이브 크릭 마운드는 아데나 문화의 사람들이 지은 가장 큰 원뿔형 봉분에 속한다.

서기 400년
마크스빌에 세워진 봉분은 길이가 910m에 이르는 말발굽 모양의 토제 제방으로 둘러싸여 있다.

▷ **호프웰 문화의 작은 조각상**
점토로 만든 이 여인상은 신시내티 근처의 터너 마운드에서 발굴되었다. 호프웰 문화에서는 가정용 도기 외에도 장식용과 의례용 도기를 만드는 일이 흔했다.

페니키아 문명

기원전 1000년경, 페니키아인들은
지중해 연안의 해상 교역을 주도한 상인이었다.
숙련된 세공인이었던 이들은 조각된 상아, 금속공예품,
직물 등의 사치품을 능숙하게 만들어 냈다.

△ **페니키아의 전함**
페니키아의 전함은 아래위 2단으로 달린
노들을 저어 나아가게 하는 갤리선이다.
이 갤리선은 이후 고대 그리스인들이
개선했지만, 페니키아인들이 처음으로 만들었을
것으로 추정된다. 갤리선 양옆에는 방패들이
한 줄로 달려 있어 상갑판을 보호한다.

페니키아인들은 오늘날의 레바논에
해당하는 여러 항구도시에서 살았다.
그중 가장 중요한 항구도시는 왕이 다
스린 비블로스와 티레와 시돈이었다.
이곳 사람들을 '페니키아인'이라고 칭
한 것은 그리스인들이었다. 이 명칭은
뿔고둥에서 채취한 가장 값비싼 물품
인 '짙은 자주색(그리스어로 phoinix)'
염료에서 유래되었다.

레바논의 산악 지대는 삼나무 숲으
로 덮여 있어서 페니키아인들이 삼나
무를 길고 곧은 목재로 사용했다. 이
들은 삼나무를 이용하여 배를 만들었
고, 이집트, 그리스, 메소포타미아로 삼나무를 수출하여 질 좋은 목재가 거의 부
족해진 일도 있었다. 페니키아의 도시들은 공예품 생산의 중심지가 되었고 자주
색 직물, 유리그릇, 오목한 청동 그릇, 상아판으로 장식한 목재 가구 등을 생산했
다. 페니키아 세공인들은 이집트 예술에 영향을 받았고, 이런 영향이 지중해 동부
와 메소포타미아 곳곳으로 퍼졌다. 페니키아인들은 자신들의 생산품과 함께 스페
인의 주석과 은, 키프로스의 구리, 아라비아의 향료, 아프리카의 상아, 이집트의
파피루스, 인도의 향신료, 페르시아 상인의 비단 등을 교역했다.

식민지 건설과 해상 탐험

기원전 10세기부터 페니키아인은 지중해 연안 곳곳에 교역의 근거지로 식민지를
건설했다. 그런 식민지 중 한 곳인 북아프리카의 카르타고는 이후 거대한 제국의
중심지가 되었다. 새 판로를 찾아 나선 페니키아인은 고대 세계의 가장 위대한 항
해자들이었다. 이들은 지중해를 넘어 유럽의 대서양 해안을 탐험했고, 기원전
600년경에는 아프리카 전체를 일주했
다. 전해 내려오는 페니키아인의 유산
은 22개 글자로 이루어진 알파벳 문
자다. 그리스인이 채택한 페니키아
의 알파벳 문자는 서구의 모든 글
자 체계의 토대가 되었다.

▷ **문화적 영향력**
페니키아의 상아 조각으로,
메소포타미아의 수호신처럼 사람 얼굴에
날개 달린 동물 몸을 하고 이집트 왕과
같은 머리 장식을 하고 있다.

왕족을 위한 삼나무
아시리아의 왕들은 레바논에서 삼나무를 수입해서 궁전을 지었다. 사르곤 2세(기원전 722~705년)가 세운 궁전의 프리즈에는 페니키아인이 배로 삼나무를 운반하는 장면이 묘사되어 있다.

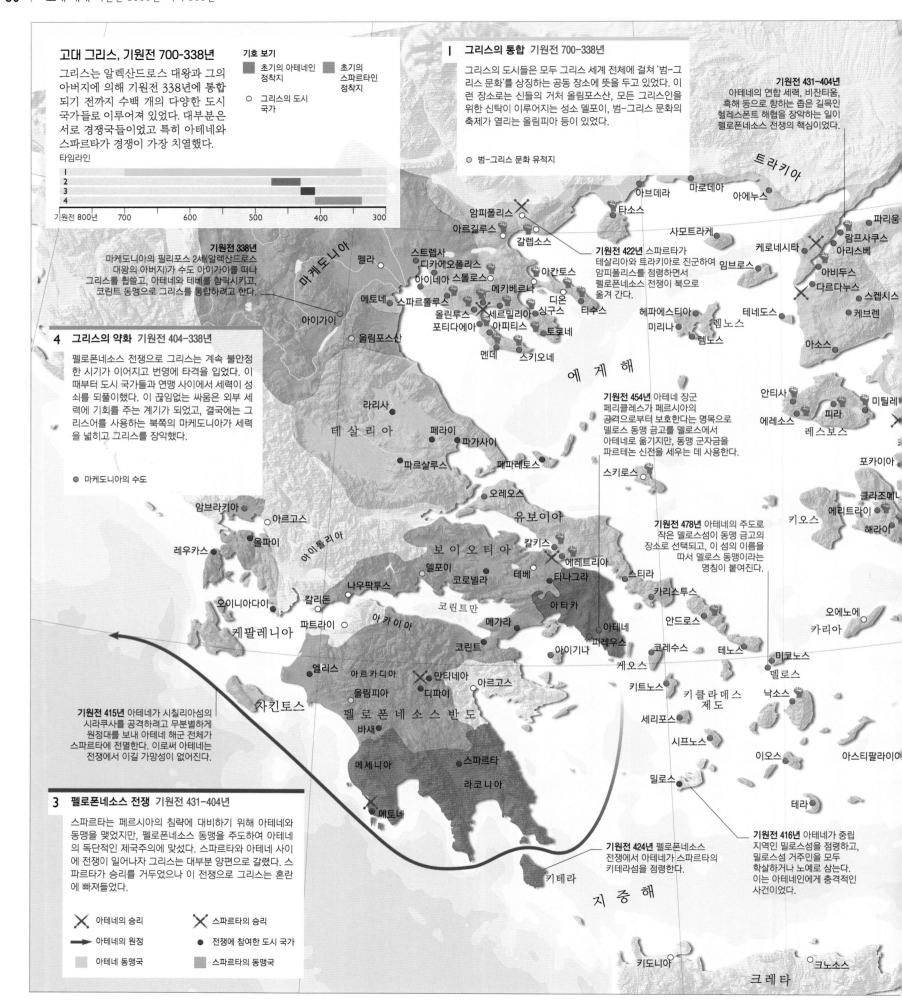

고대 그리스, 기원전 700-338년

그리스는 알렉산드로스 대왕과 그의 아버지에 의해 기원전 338년에 통합되기 전까지 수백 개의 다양한 도시 국가들로 이루어져 있었다. 대부분은 서로 경쟁국들이었고 특히 아테네와 스파르타가 경쟁이 가장 치열했다.

타임라인

기호 보기

▪ 초기의 아테네인 정착지
▪ 초기의 스파르타인 정착지

○ 그리스의 도시 국가

l 그리스의 통합 기원전 700-338년

그리스의 도시들은 모두 그리스 세계 전체에 걸쳐 '범-그리스 문화'를 상징하는 공동 장소에 뜻을 두고 있었다. 이런 장소로는 신들의 거처 올림포스산, 모든 그리스인을 위한 신탁이 이루어지는 성소 델포이, 범-그리스 문화의 축제가 열리는 올림피아 등이 있었다.

◉ 범-그리스 문화 유적지

기원전 431-404년
아테네의 연합 세력, 비잔티움, 흑해 등으로 향하는 좁은 길목인 헬레스폰트 해협을 장악하는 일이 펠로폰네소스 전쟁의 핵심이었다.

기원전 422년 스파르타가 테살리아와 트라키아로 진군하여 암피폴리스를 점령하면서 펠로폰네소스 전쟁이 북으로 옮겨 간다.

기원전 338년
마케도니아의 필리포스 2세(알렉산드로스 대왕의 아버지)가 수도 아이가이를 떠나 그리스를 휩쓸고, 아테네와 테베를 함락시키고, 코린트 동맹으로 그리스를 통합하려고 한다.

4 그리스의 약화 기원전 404-338년

펠로폰네소스 전쟁으로 그리스는 계속 불안정한 시기가 이어지고 번영에 타격을 입었다. 이때부터 도시 국가들과 연맹 사이에서 세력이 성쇠를 되풀이했다. 이 끊임없는 싸움은 외부 세력에 기회를 주는 계기가 되었고, 결국에는 그리스어를 사용하는 북쪽의 마케도니아가 세력을 넓히고 그리스를 장악했다.

● 마케도니아의 수도

기원전 454년 아테네 장군 페리클레스가 페르시아의 공격으로부터 보호한다는 명목으로 델로스 동맹 금고를 델로스에서 아테네로 옮기지만, 동맹 군자금을 파르테논 신전을 세우는 데 사용한다.

기원전 478년 아테네의 주도로 작은 델로스섬이 동맹 금고의 장소로 선택되고, 이 섬의 이름을 따서 델로스 동맹이라는 명칭이 붙여진다.

기원전 415년 아테네가 시칠리아섬의 시라쿠사를 공격하려고 무분별하게 원정대를 보내 아테네 해군 전체가 스파르타에 전멸한다. 이로써 아테네는 전쟁에서 이길 가망성이 없어진다.

3 펠로폰네소스 전쟁 기원전 431-404년

스파르타는 페르시아의 침략에 대비하기 위해 아테네와 동맹을 맺었지만, 펠로폰네소스 동맹을 주도하여 아테네의 독단적인 제국주의에 맞섰다. 스파르타와 아테네 사이에 전쟁이 일어나자 그리스는 대부분 양편으로 갈렸다. 스파르타가 승리를 거두었으나 이 전쟁으로 그리스는 혼란에 빠져들었다.

✕ 아테네의 승리
✕ 스파르타의 승리
⟶ 아테네의 원정
● 전쟁에 참여한 도시 국가
▪ 아테네 동맹국
▪ 스파르타의 동맹국

기원전 424년 펠로폰네소스 전쟁에서 아테네가 스파르타의 키테라섬을 점령한다.

기원전 416년 아테네가 중립 지역인 밀로스섬을 점령하고, 밀로스섬 거주민을 모두 학살하거나 노예로 삼는다. 이는 아테네인에게 충격적인 사건이었다.

지도 지명

트라키아
아브데라
마로네아
아에누스
파리움
람프사쿠스
아리스베
케로네시타
암피폴리스
아르길루스
갈렙소스
사모트라케
임브로스
아비두스
다르다누스
스켑시스
케브렌
아소스
테네도스
렘노스
미리나
헤파에스티아
렘노스
스트렙사
디카에오폴리스
아이네아
스톨로스
아칸토스
메키베르나
디온
싱구스
티수스
안티사
미틸레
에레소스
피라
레스보스
메토네
스파르톨루스
올린투스
세르밀리아
포티다에아
아피티스
토로네
스키오네
멘데
포카이아
마케도니아
펠라
아이가이
올림포스산
에게 해
클라조메네
에리트라이
해라이
라리사
키오스
테살리아
페라이
파가사이
파르살루스
페파레토스
스키로스
오에노에
카리아
암브라키아
아르고스
올파이
레우카스
아이톨리아
오레오스
유보이아
칼키스
에레트리아
스티라
카리스투스
안드로스
오이니아다이
칼리돈
델포이
코로넬라
테베
나우팍투스
보이오티아
타나그라
아티카
파트라이
아카이아
코린트만
메가라
아테네
파레우스
케오스
미코노스
델로스
케팔레니아
코레수스
테노스
엘리스
아르카디아
만티네아
디파이
아르고스
키트노스
키클라데스 제도
낙소스
올림피아
바새
펠로폰네소스 반도
자킨토스
메세니아
스파르타
라코니아
세리포스
시프노스
이오스
아스티팔라이아
밀로스
키테라
지중해
테라
키도니아
크노소스
크레타

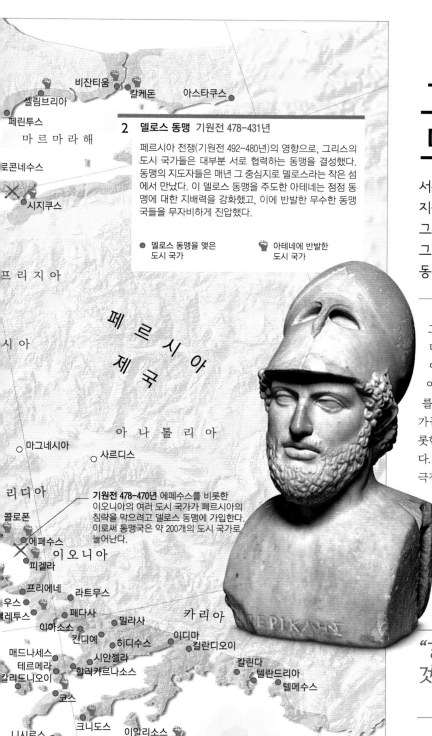

비잔티움
칼케돈
아스타쿠스
셀림브리아
페린투스
마르마라 해
로콘네수스
시지쿠스

2 델로스 동맹 기원전 478-431년

페르시아 전쟁(기원전 492-480년)의 영향으로, 그리스의 도시 국가들은 대부분 서로 협력하는 동맹을 결성했다. 동맹의 지도자들은 매년 그 중심지로 델로스라는 작은 섬에서 만났다. 이 델로스 동맹을 주도한 아테네는 점점 동맹에 대한 지배력을 강화했고, 이에 반발한 무수한 동맹국들을 무자비하게 진압했다.

● 델로스 동맹을 맺은 도시 국가

✊ 아테네에 반발한 도시 국가

프리지아

페르시아 제국

아나톨리아

시아
마그네시아
사르디스
리디아
콜로폰
에페수스
이오니아
피겔라
프리에네
우스
레투스
이아소스
킨디에
히디수스
매드나세스
테르메라
칼리드니오이
할리카르나소스
코스
니시로스
크니도스

기원전 478-470년 에페수스를 비롯한 이오니아의 여러 도시 국가가 페르시아의 침략을 막으려고 델로스 동맹에 가입한다. 이로써 동맹국은 약 200개의 도시 국가로 늘어난다.

밀라사
이디마
킬란디오이
시안젤라
칼린다
텔란드리아
텔메수스

카리아

이알리소스
카미루스
브리킨다리오이
린두스
로도스

도데카네스 제도

카르파토스

그리스의
도시 국가

서구 문명이 발달하는 시기에 그리스 사람들은 지중해 지역 곳곳으로 퍼지면서 자신들의 문화를 전했다. 그러나 이들은 정치적으로 통합되지는 못했다. 그리스의 독립된 도시 국가들은 공동의 위협에 직면했을 때만 동맹을 결성하여 굳게 단결했다.

그리스 문명의 초석은 도시 국가(폴리스)였다. 그리스의 험준한 지형으로 흔히 고립된 이런 자치 공동체들은 외진 마을과 농지로 이루어진 성곽 도시에 기반을 두었다. 지중해를 중심으로 흩어져 있는 수백 개의 도시 국가들은 매우 독립적이더라도 언어와 종교를 비롯한 여러 문화적 관습을 공통으로 갖고 있었다. 멀리 떨어진 그리스 식민지에서도 신전과 극장을 세우고 정교한 도자기를 만들어 동질감을 표현하려고 노력했다. 그리스 세계는 때때로 느슨한 동맹을 결성하여 통합되었으며, 침략하는 페르시아 제국을 격퇴할 필요성이 생겼을 때는 더욱 굳게 단결했다(62-63쪽 참조). 페르시아 전쟁의 영향으로 결성된 주요 동맹인 델로스 동맹은 아테네가 주축이 되었다. 델로스 동맹은 다른 여러 동맹국의 반발뿐만 아니라 특히 스파르타가 주도한 동맹의 반발을 샀다. 사실상 제국주의적 지배력을 갖게 된 아테네는 세력이 커진 스파르타와 싸움을 시작했다. 전쟁이 끝날 무렵에 두 나라는 약해지고 그 결과 다른 세력들이 그리스에 권력을 차지하려고 시도했다.

◁ 페리클레스의 흉상
'아테네 제1의 시민'이라고 불린 페리클레스는 펠로폰네소스 전쟁이 일어난 시기에 아테네를 이끌었다. 그는 아테네에서 민주주의의 열렬한 주창자였지만 국외에는 적이 많았다.

"강자는 할 수 있는 것을 하고, 약자는 받아들여야 하는 것을 받아들인다."

투키디데스, 《펠로폰네소스 전쟁사》, 기원전 400년

기원전 600년경에 그리스가 마살리아(마르세유)를 건설한다.

이베리아
가데스 (카디스)
누미디아

페니키아의 식민지 카르타고가 독립적인 무역 제국으로 성장하여 강력한 로마에 도전한다.

이탈리아
시칠리아
리비아
지중해
크레타
이집트

스키타이
흑해
마케도니아
트라키아
페르시아 제국
아나톨리아
키프로스
페니키아

기원전 338년경 그리스와 페니키아의 세력 범위

지중해의 식민지 개척자들

기원전 800-300년경, 두 문화가 지중해 곳곳으로 퍼졌다. 그리스의 개척자들은 정착지가 없었기 때문에 아나톨리아 서부부터 흑해의 연안, 시칠리아, 이탈리아, 프랑스까지 비옥한 땅을 찾아다녔다. 페니키아인은 금속과 무역 식민지를 찾아 나섰고 구리가 풍부한 키프로스부터 멀리 가데스의 은 광산까지 도달했다.

기호 보기

■ 초기의 그리스인 정착지
■ 초기의 페니키아인 도시 지역
□ 그리스의 개척지
□ 페니키아의 개척지
● 그리스의 도시
● 페니키아의 도시

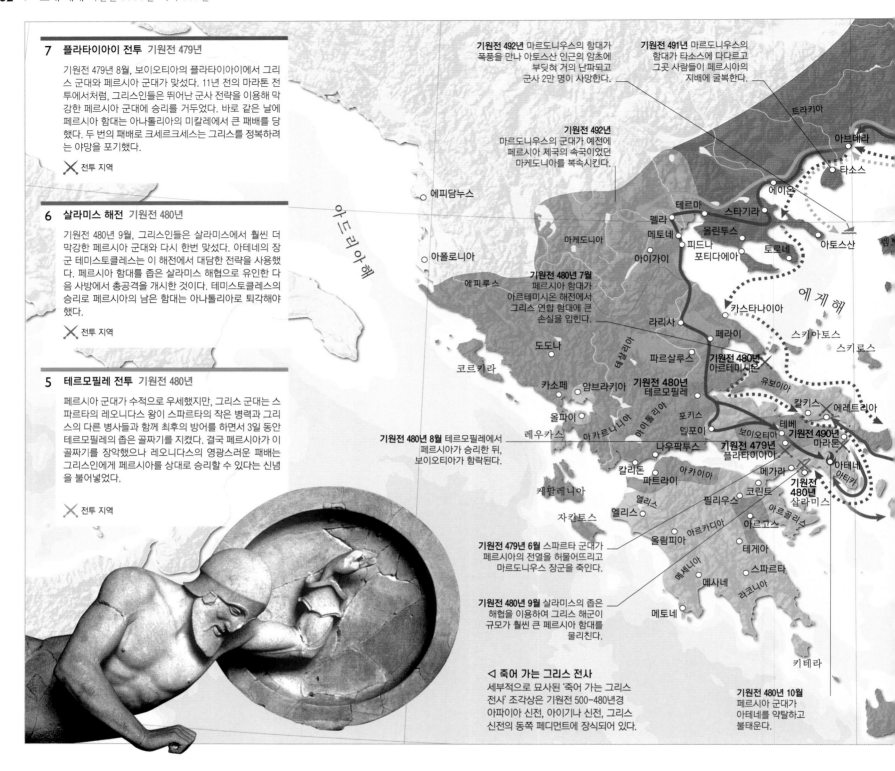

7 플라타이아이 전투 기원전 479년

기원전 479년 8월, 보이오티아의 플라타이아이에서 그리스 군대와 페르시아 군대가 맞섰다. 11년 전의 마라톤 전투에서처럼, 그리스인들은 뛰어난 군사 전략을 이용해 막강한 페르시아 군대에 승리를 거두었다. 바로 같은 날에 페르시아 함대는 아나톨리아의 미칼레에서 큰 패배를 당했다. 두 번의 패배로 크세르크세스는 그리스를 정복하려는 야망을 포기했다.

✕ 전투 지역

6 살라미스 해전 기원전 480년

기원전 480년 9월, 그리스인들은 살라미스에서 훨씬 더 막강한 페르시아 군대와 다시 한번 맞섰다. 아테네의 장군 테미스토클레스는 이 해전에서 대담한 전략을 사용했다. 페르시아 함대를 좁은 살라미스 해협으로 유인한 다음 사방에서 총공격을 개시한 것이다. 테미스토클레스의 승리로 페르시아의 남은 함대는 아나톨리아로 퇴각해야 했다.

✕ 전투 지역

5 테르모필레 전투 기원전 480년

페르시아 군대가 수적으로 우세했지만, 그리스 군대는 스파르타의 레오니다스 왕이 스파르타의 작은 병력과 그리스의 다른 병사들과 함께 최후의 방어를 하면서 3일 동안 테르모필레의 좁은 골짜기를 지켰다. 결국 페르시아가 이 골짜기를 장악했으나 레오니다스의 영광스러운 패배는 그리스인에게 페르시아를 상대로 승리할 수 있다는 신념을 불어넣었다.

✕ 전투 지역

기원전 492년 마르도니우스의 함대가 폭풍을 만나 아토스산 인근의 암초에 부딪혀 거의 난파되고 군사 2만 명이 사망한다.

기원전 491년 마르도니우스의 함대가 타소스에 다다르고 그곳 사람들이 페르시아의 지배에 굴복한다.

기원전 492년 마르도니우스의 군대가 예전에 페르시아 제국의 속국이었던 마케도니아를 복속시킨다.

기원전 480년 7월 페르시아 함대가 아르테미시온 해전에서 그리스 연합 함대에 큰 손실을 입힌다.

기원전 480년 8월 테르모필레에서 페르시아가 승리한 뒤, 보이오티아가 함락된다.

기원전 479년 6월 스파르타 군대가 페르시아의 전열을 허물어뜨리고 마르도니우스 장군을 죽인다.

기원전 480년 9월 살라미스의 좁은 해협을 이용하여 그리스 해군이 규모가 훨씬 큰 페르시아 함대를 물리친다.

기원전 480년 10월 페르시아 군대가 아테네를 약탈하고 불태운다.

◁ **죽어 가는 그리스 전사**
세부적으로 묘사된 '죽어 가는 그리스 전사' 조각상은 기원전 500~480년경 아파이아 신전, 아이기나 신전, 그리스 신전의 동쪽 페디먼트에 장식되어 있다.

그리스와 페르시아의 전쟁

서쪽 지방에서 잇따른 반란이 일어난 뒤,
페르시아 제국은 기원전 492년에 서쪽을 공격하여
에게해를 중심으로 그리스의 도시 국가와 식민지를 정복하려고 했다.
이런 시도는 파괴적인 전쟁으로 이어졌지만
그리스인들은 뛰어난 군사 전략과 시기적절한 행운으로
훨씬 규모가 컸던 페르시아 군대를 막을 수 있었다.

기원전 550년경, 페르시아 제국은 아나톨리아로 이동하여 리디아의 강력한 크로이소스 왕을 물리쳤다. 또한 당시 그리스의 식민지였던 이오니아의 수많은 도시를 정복하면서 서쪽으로 영토를 넓혔다. 그러나 기원전 499년에 이오니아의 그리스인들은 밀레투스에서 페르시아의 지배에 대항한 반란을 일으켰다. 이 반란은 이오니아뿐 아니라 페르시아 서쪽 경계 지역의 여러 도시로 이어졌다.

페르시아의 군사 대응은 처음으로 거센 항전의 물결을 초래했다. 페르시아 군대는 치열한 교전을 벌이면서 이오니아 반란군을 진압하는 데 5년이 걸렸고, 마침내 기원전 494년에 밀레투스를 재탈환했다. 기원전 492년에 페르시아의 다리우스 왕(기원전 522-486년 재위)은 반란을 일으킨 이오니아 도시 국가들을 지원한 아테네와 에레트리아에 대한 보복으로 그리스에 무력 침략을 개시했다. 그리스 침략은 양면 작전이었다. 군대와 함대가 페르시아 장군 마르도니우스의 지휘로 트라키아와 마케도니아로 직접 향했고, 두 번째 침략은 다티스와 아르타페

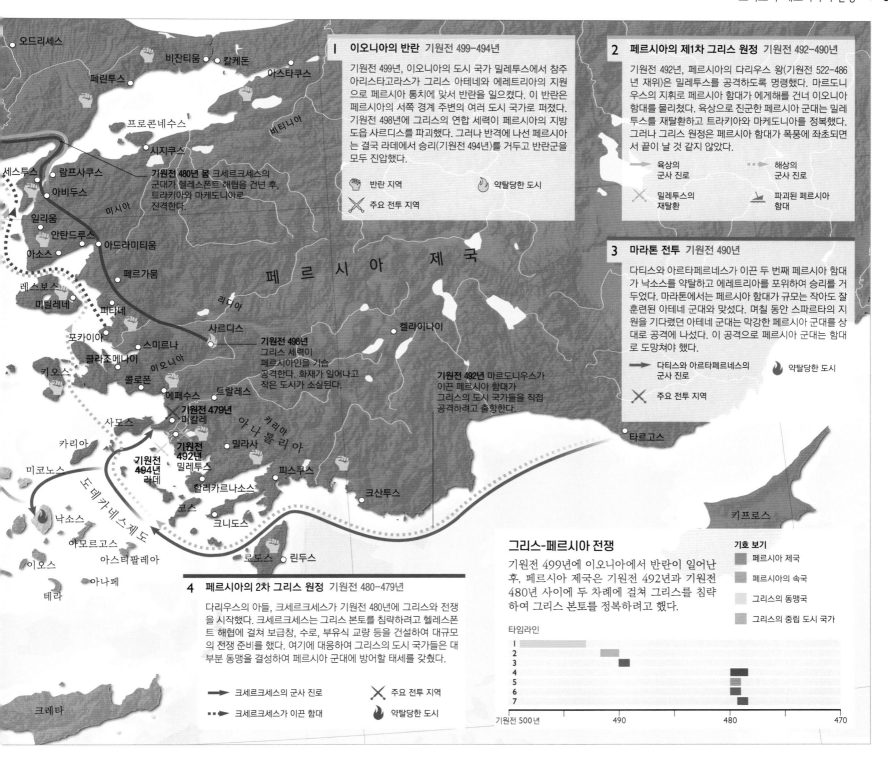

1 이오니아의 반란 기원전 499-494년

기원전 499년, 이오니아의 도시 국가 밀레투스에서 참주 아리스타고라스가 그리스 아테네와 에레트리아의 지원으로 페르시아 통치에 맞서 반란을 일으켰다. 이 반란은 페르시아의 서쪽 경계 주변의 여러 도시 국가로 퍼졌다. 기원전 498년에 그리스의 연합 세력이 페르시아의 지방 도읍 사르디스를 파괴했다. 그러나 반격에 나선 페르시아는 결국 라데에서 승리(기원전 494년)를 거두고 반란군을 모두 진압했다.

✊ 반란 지역　　　🔥 약탈당한 도시

⚔ 주요 전투 지역

2 페르시아의 제1차 그리스 원정 기원전 492-490년

기원전 492년, 페르시아의 다리우스 왕(기원전 522-486년 재위)은 밀레투스를 공격하도록 명령했다. 마르도니우스의 지휘로 페르시아 함대가 에게해를 건너 이오니아 함대를 물리쳤다. 육상으로 진군한 페르시아 군대는 밀레투스를 재탈환하고 트라키아와 마케도니아를 정복했다. 그러나 그리스 원정은 페르시아 함대가 폭풍에 좌초되면서 끝이 날 것 같지 않았다.

→ 육상의 군사 진로　　⇢ 해상의 군사 진로

✕ 밀레투스의 재탈환　　🚢 파괴된 페르시아 함대

3 마라톤 전투 기원전 490년

다티스와 아르타페르네스가 이끈 두 번째 페르시아 함대가 낙소스를 약탈하고 에레트리아를 포위하여 승리를 거두었다. 마라톤에서는 페르시아 함대가 규모는 작아도 잘 훈련된 아테네 군대와 맞섰다. 며칠 동안 스파르타의 지원을 기다렸던 아테네 군대는 막강한 페르시아 군대를 상대로 공격에 나섰다. 이 공격으로 페르시아 군대는 함대로 도망쳐야 했다.

→ 다티스와 아르타페르네스의 군사 진로　　🔥 약탈당한 도시

✕ 주요 전투 지역

그리스-페르시아 전쟁

기원전 499년에 이오니아에서 반란이 일어난 후, 페르시아 제국은 기원전 492년과 기원전 480년 사이에 두 차례에 걸쳐 그리스를 침략하여 그리스 본토를 정복하려고 했다.

기호 보기
- 페르시아 제국
- 페르시아의 속국
- 그리스의 동맹국
- 그리스의 중립 도시 국가

타임라인

4 페르시아의 2차 그리스 원정 기원전 480-479년

다리우스의 아들, 크세르크세스가 기원전 480년에 그리스와 전쟁을 시작했다. 크세르크세스는 그리스 본토를 침략하려고 헬레스폰트 해협에 걸쳐 보급창, 수로, 부유식 교량 등을 건설하여 대규모의 전쟁 준비를 했다. 여기에 대응하여 그리스의 도시 국가들은 대부분 동맹을 결성하여 페르시아 군대에 방어할 태세를 갖췄다.

→ 크세르크세스의 군사 진로　　✕ 주요 전투 지역

⇢ 크세르크세스가 이끈 함대　　🔥 약탈당한 도시

르네스가 지휘했다. 이 침략으로 그리스의 많은 도시 국가가 페르시아에 복속되었고 이때 마케도니아도 페르시아의 종속국이 되었다. 그러나 페르시아 군대는 마르도니우스의 함대가 아토스산 근처의 해안에서 폭풍을 만나 좌초되면서 철수해야 했다. 기원전 490년에는 페르시아 군대가 마라톤 전투에서 규모는 작아도 전술적으로 더욱 기민한 아테네 군대에 패배를 당했다.

10년 후, 다리우스의 아들이자 후계자인 크세르크세스 1세(기원전 486-465년 재위)는 군사 행동을 계획하는 데 수년을 보내고 아테네를 상대로 전쟁을 다시 시작했다. 이번에도 페르시아 세력은 그리스 세력보다 수적으로 우세했다. 그런 일부 이유는 아테네가 그리스의 여러 도시 국가(특히 군국주의적 정치 체제인 스파르타)를 전투에 참여하도록 항상 설득할 수는 없었기 때문이었다. 그래도 페르시아인들은 이런 이점을 이용하지 못했고 그리스의 도시 국가들은 살라미스 해전과 플라타이아이 전투에서 승리를 거두며 확실히 독립할 수 있었다.

다리우스 1세
기원전 550-486년

다리우스 1세는 아케메네스 제국의 세 번째 페르시아 왕이었고, 그의 집권기에 제국은 전성기에 도달했다. 총명함과 함께 강력한 지도력을 갖춘 통치 능력으로 다리우스 대왕이라는 칭호를 얻었다. 또한 웅장한 도시 페르세폴리스를 세웠고 자신의 업적을 전하는 비문을 남겼다.

다리우스 대왕
기원전 500년경으로 추정되는, 왕좌에 앉은 다리우스 대왕의 얇은 부조가 페르세폴리스에 전시되어 있다.

알렉산드로스 대왕

마케도니아의 젊은 왕 알렉산드로스 3세는 아버지가 사망한 뒤
기원전 336년에 왕위에 올랐고 매우 숙련된 군대를 이어받았다.
10년도 안 되어 알렉산드로스 대왕은 거대한 페르시아 제국을 정복했고
그리스에서 인더스강 유역까지 영토를 넓혔다.
마케도니아 제국은 알렉산드로스 대왕 사망 이후에 곧 몰락했지만,
제국 전체에 영원한 문화적인 흔적을 남겼다.

필리포스 2세(기원전 359-336년 재위)는 기원전 359년에 마케도니아의 왕위에 올랐을 때 그의 군대를 세계에서 가장 뛰어난 정예병으로 바꿔 놓았다. 이 정예병은 긴 파이크로 무장한 팔랑크스 대형의 중장보병에 기반을 두었다. 필리포스 2세의 통치 기간에 그의 군대는 효율적인 공성전을 벌이며 테살리아, 일리리아, 트라키아 등을 장악했고, 그리스의 적개심에도 불구하고 그리스 본토의 지배권을 확고히 했다. 그러나 필리포스 2세는 마침내 기원전 336년에 페르시아를 침략할 준비를 하고 있었을 때 한 호위병에게 암살당했다.

마케도니아 왕이 된 알렉산드로스

필리포스 2세의 아들 알렉산드로스 3세는 21세의 나이로 곧 왕위에 올랐고 아버지가 사망하고 그리스와 발칸 지역에서 일어난 반란을 군사력으로 진압했다. 이후 알렉산드로스는 아버지의 야망을 실현하기 시작했다. 그는 페르시아 제국을 정복하기 위해 능숙하게 잘 훈련된 병사 3만 명과 정예 기병대 5천 명으로 이루어진 군대를 이끌었다. 알렉산드로스는 전투에서 한 번도 지지 않고 페르시아의 아나톨리아 영토를 비롯하여 시리아와 이집트 전체를 휩쓸었다. 그는 지친 기색도 없이 동쪽 페르시아 근거지로 진군했고 기원전 327년경에 페르시아 제국

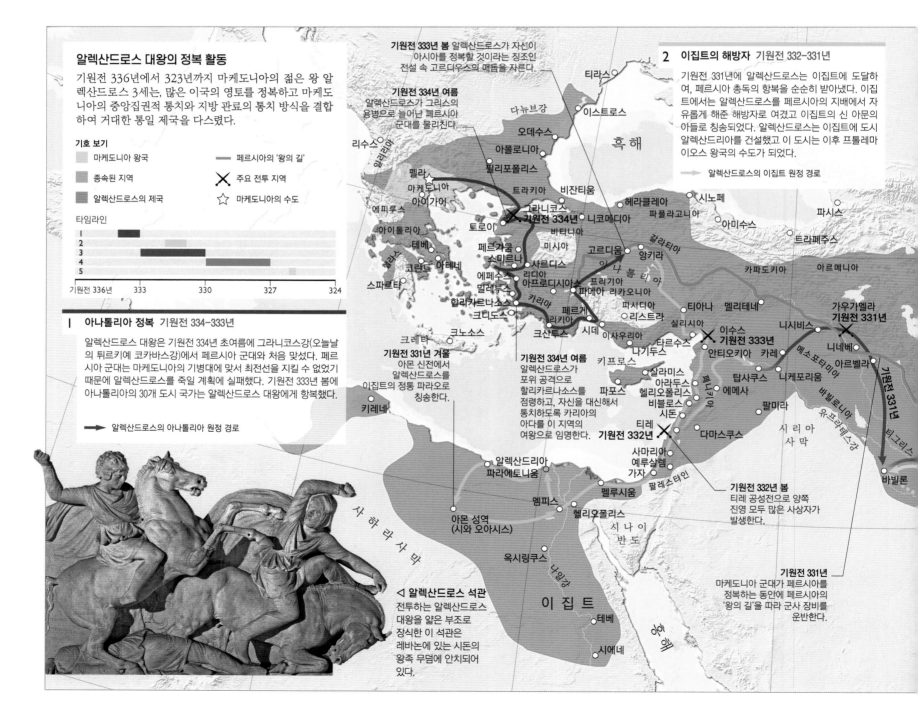

알렉산드로스 대왕의 정복 활동

기원전 336년에서 323년까지 마케도니아의 젊은 왕 알렉산드로스 3세는, 많은 이국의 영토를 정복하고 마케도니아의 중앙집권적 통치와 지방 관료의 통치 방식을 결합하여 거대한 통일 제국을 다스렸다.

기호 보기

- 마케도니아 왕국
- 종속된 지역
- 알렉산드로스의 제국
- 페르시아의 '왕의 길'
- ✕ 주요 전투 지역
- ☆ 마케도니아의 수도

타임라인

1	
2	
3	
4	
5	

기원전 336년　333　330　327　324

Ⅰ 아나톨리아 정복 기원전 334-333년

알렉산드로스 대왕은 기원전 334년 초여름에 그라니코스강(오늘날의 튀르키예 코카바스강)에서 페르시아 군대와 처음 맞섰다. 페르시아 군대는 마케도니아의 기병대에 맞서 최전선을 지킬 수 없었기 때문에 알렉산드로스를 죽일 계획에 실패했다. 기원전 333년 봄에 아나톨리아의 30개 도시 국가는 알렉산드로스 대왕에게 항복했다.

➡ 알렉산드로스의 아나톨리아 원정 경로

기원전 333년 봄 알렉산드로스가 자신이 아시아를 정복할 것이라는 징조인 전설 속 고르디우스의 매듭을 자른다.

기원전 334년 여름 알렉산드로스가 그리스의 용병으로 늘어난 페르시아 군대를 물리친다.

2 이집트의 해방자 기원전 332-331년

기원전 331년에 알렉산드로스는 이집트에 도달하여, 페르시아 총독의 항복을 순순히 받아냈다. 이집트는 알렉산드로스를 페르시아의 지배에서 자유롭게 해준 해방자로 여겼고 이집트의 신 아문의 아들로 칭송되었다. 알렉산드로스는 이집트에 도시 알렉산드리아를 건설했고 이 도시는 이후 프톨레마이오스 왕국의 수도가 되었다.

➡ 알렉산드로스의 이집트 원정 경로

기원전 331년 겨울 아몬 신전에서 알렉산드로스를 이집트의 정통 파라오로 칭송한다.

기원전 334년 여름 알렉산드로스가 포위 공격으로 할리카르나소스를 점령하고, 자신을 대신해서 통치하도록 카리아의 아다를 이 지역의 여왕으로 임명한다. **기원전 332년**

기원전 332년 봄 티레 공성전으로 양쪽 진영 모두 많은 사상자가 발생한다.

기원전 331년 마케도니아 군대가 페르시아를 정복하는 동안에 페르시아의 '왕의 길'을 따라 군사 장비를 운반한다.

지도 지명:
다뉴브강, 이스트로스, 리수스, 아폴로니아, 오데수스, 필리포폴리스, 흑해, 시노페, 파시스, 아미수스, 트라페주스, 펠라, 마케도니아, 아이가이, 에피루스, 아이톨리아, 토로이, 트라키아, 비잔티움, 헤라클레아, 니코메디아, 파플라고니아, 그라니코스 기원전 334년, 바티니아, 미시아, 페르가몬, 스미르나, 사르디스, 고르디움, 앙키라, 갈라티아, 카파도키아, 아르메니아, 테베, 코린트, 아테네, 에페수스, 리디아, 아프로디시아스, 프리기아, 파메아, 리카오니아, 스파르타, 말레투스, 할리카르나소스, 크니도스, 카리아, 페르게, 피시디아, 리스트라, 티아나, 멜리테네, 가우가멜라 기원전 331년, 크레타, 크산투스, 리키아, 시데, 이사우리아, 나기두스, 실리시아, 이수스 기원전 333년, 니시비스, 니네베, 크노소스, 키프로스, 타르수스, 안티오키아, 카레, 메소포타미아, 니케포리움, 아르벨라, 살라미스, 아라두스, 헬리오폴리스, 탑사쿠스, 바빌로니아, 유프라테스강, 파포스, 비블로스, 페니키아, 에메사, 팔미라, 시돈, 티레 기원전 332년, 다마스쿠스, 시리아 사막, 티그리스강, 바빌론, 키레네, 알렉산드리아, 파라에토니움, 사마리아, 예루살렘, 가자, 펠루시움, 팔레스타인, 멤피스, 헬리오폴리스, 아몬 성역(시와 오아시스), 사하라 사막, 나일강, 옥시링쿠스, 이집트, 시나이 반도, 홍해, 테베, 시에네

◁ **알렉산드로스 석관**
전투하는 알렉산드로스 대왕을 얇은 부조로 장식한 이 석관은 레바논에 있는 시돈의 왕족 무덤에 안치되어 있다.

을 처음 일으킨 아케메네스 왕조를 무너뜨렸다. 알렉산드로스는 그리스에서 인더스강 유역에 이르는 범위까지 제국을 넓히고 광활한 영역에 그리스 문화를 도입했다. 더욱이 외교술에 능수능란했던 알렉산드로스는 여러 문화를 모두 받아들이도록 장려했다. 특히 페르시아 관습을 채택하여 제국을 통합하고 아시아와 유럽 사이의 교역로를 확립하려고 했다.

알렉산드로스는 다음으로 인도 침략을 목표로 삼았으나 그의 지친 군대가 더 이상 전투하기를 거부하여 고국으로 돌아갈 수밖에 없었다. 알렉산드로스는 마크란 사막을 건너며 매우 위험한 여정에서 살아남았으나 기원전 323년에 32세의 나이로 사망했다. 그는 열병과 극도의 피로에 시달려 바빌론에서 사망했거나 독살되었을 가능성도 있었다. 알렉산드로스의 사망 이후에 세력 다툼이 일어났고 결국 그의 거대한 제국은 분열되었다.

> **" … 정복의 궁극적인 목적은 피정복자를 닮지 않는 일이다."**
>
> 알렉산드로스 3세, 《플루타르코스 영웅전》에서, 서기 100년경

마케도니아 제국의 분열

알렉산드로스 대왕이 사망한 뒤, 그의 휘하에 있던 장군들은 계승권을 놓고 다투었다. 디아도코이로 알려진 이 장군들의 분쟁으로 마케도니아 제국은 분열되었다. 알렉산드로스의 부하 장군 중 셀레우코스 1세 니카토르가 세운 셀레우코스 왕조는 트라키아에서 페르시아에 이르는 영토를 다스렸다. 또한 프톨레마이오스가 세운 프톨레마이오스 왕조는 이집트를 다스렸고, 안티고노스 1세 모노프탈모스가 세운 안티고노스 왕조는 마케도니아와 그리스 일부를 다스렸다.

기호 보기

- 안티고노스 왕국
- 페르가몬 왕국
- 프톨레마이오스 제국
- 그리스의 독립된 도시 국가들
- 그리스-박트리아 왕국
- 그리스 문화를 수용한 왕국
- 셀레우코스 제국

3 페르시아와의 전쟁 기원전 333-330년

알렉산드로스 대왕은 이수스 전투(기원전 333년)에서 페르시아의 왕 다리우스 3세와 직접 교전을 벌였다. 이 전투에서 알렉산드로스 대왕이 승리를 거두고 다리우스 3세는 패주했다. 알렉산드로스는 이어서 페르시아의 의례용 수도 페르세폴리스를 점령했다. 약해진 페르시아 제국은 박트리아의 총독 베소스에게 다리우스 3세가 살해되면서 거의 무너졌고, 베소스는 알렉산드로스의 손에서 최후를 맞았다.

➡ 알렉산드로스의 페르시아 제국 원정 경로

4 헬레니즘 문화 기원전 330-327년

페르시아 제국이 몰락한 후, 알렉산드로스 대왕은 기원전 330년에서 기원전 327년 사이에 남아 있는 페르시아 북동부 지역을 정복했다. 알렉산드로스는 점령지 곳곳에 많은 도시를 세웠다. 이 도시들은 고대 그리스의 방식을 따라 계획되었고 그리스 예술가의 작품들이 특징을 이루었다. 이런 시도는 마케도니아의 그리스어와 헬레니즘 문화가 제국 곳곳으로 퍼질 수 있도록 하기 위해서였다.

➡ 알렉산드로스의 페르시아 속주 원정 경로
◉ 알렉산드로스 대왕이 세운 헬레니즘 문화의 도시

기원전 326년 가을

히다스페스 전투를 치른 뒤, 알렉산드로스의 군대가 더 이상의 전투를 치르지 않겠다고 항명한다.

5 항명에 의한 원정 좌절 기원전 326년

기원전 326년, 알렉산드로스 대왕은 인도에 관심을 돌렸다. 그는 히다스페스 강(기원전 326년)에서 벌어진 대전투에서 펀자브를 정복했다. 그러나 이후 전쟁으로 지친 군대의 항명으로 알렉산드로스는 고국으로 돌아가야 했다. 고국으로 돌아갈 때 알렉산드로스의 부하 크라테루스 장군은 군대의 한 부대를 이끌었고 네아르쿠스 장군은 함대를 맡았다. 하지만 알렉산드로스는 대군을 이끌고 마크란 사막을 건넜고 이 잘못된 선택으로 많은 사망자가 발생했다.

➡ 알렉산드로스의 경로
··➡ 크라테루스의 되돌아가는 경로
··➡ 네아르쿠스의 경로

기원전 325년

네아르쿠스의 지휘로 알렉산드로스의 함대가 페르시아만으로 되돌아간다

기원전 325년

알렉산드로스의 많은 병사들이 마크란 사막의 뜨거운 열기 속에서 사망한다.

고대 그리스와 로마 시대

'고대 문명'이라는 용어는 서로 다르지만 관련된 두 문화를 정의하는 데 사용되었다.
이들 문화는 대략 기원전 800년에서 서기 400년까지 지중해 세계에서 발달했다.
첫 번째 문화는 그리스를 중심으로 나타났고,
두 번째 문화는 로마에서 생겨나 유럽 세계 전체로 확산했다.

△ **그리스의 상징이 된 투구**
기원전 6세기에 만들어진 청동 투구로, 도시 국가 코린트의 병사들이 최초로 착용했으나 이후에는 그리스 전역에서 인기를 끌었다.

그리스가 서구 문명의 발달에 영향을 주었다는 것은 보편적으로 인정된다. 대체로 이런 발달에 아테네가 가장 큰 공헌을 했다고 여겨지지만, 현대의 역사가들은 그런 공헌을 하기까지 더 많은 사실이 있다고 확신한다. 초기의 일부 그리스 사상가들이 이집트와 메소포타미아에서 학문과 기술을 배워 그리스 문화 지식의 토대로 삼았다고 알려져 있다.

도시 국가의 등장

그리스 문명의 근원은 기원전 800년에서 기원전 479년까지의 고대에서 비롯되었다. 그리스 문명은 새로운 시도가 이루어지고 지식이 싹트는 시대였다. 아테네, 스파르타, 코린트, 아르고스, 엘레우시스, 테베, 밀레투스, 시라쿠사 등의 도시 국가가 등장하고 인구가 늘었다. 고대 시대까지는 그리스 세계 곳곳에 공동체 사회가 1천 개 이상 있었다고 추정된다.

또한 예술과 건축이 번창했고, 아나톨리아(오늘날의 튀르키예) 해안을 따라 생겨난 도시들이 초기의 철학을 비롯한 여러 지식 발달의 중요한 중심지가 되었다. 소포클레스, 에우리피데스, 아이스킬로스, 아리스토파네스의 위대한 희곡들은 아테네 아크로폴리스의 남쪽 경사면에 있는 디오니소스 엘레우테리우스 극장에서 최초로 상연되었다. 헤로도토스와 투키디데스는 최초의 위대한 역사가였다. 소크라테스, 플라톤, 아리스토텔레스는 철학에 대변혁을 일으키고 독자적인 철학 학당을 세웠다. 이 시기의 다른 중요한 인물로는 정치가

△ **그리스의 예술**
그리스인들은 음식을 저장할 때나 결혼식과 같은 행사에 항아리를 사용했다. 기원전 530년에 만들어진 이 항아리에는 영웅 헤라클레스가 그려져 있다.

솔론과 페리클레스, 장군 엘키비아데스와 테미스토클레스, 시인 핀다로스와 사포, 조각가 피디아스, 흔히 현대 의학의 아버지라 불리는 의학자 히포크라테스 등이 있었다.

그리스의 문화 성취는 전쟁의 승리로 더욱 강화되었다. 그리스를 침략한 페르시아가 기원전 490년에 마라톤 전투에서 패배하고 10년 후 살라미스 해전에서 또 패배한 일은 역사상 가장 중요한 순간으로 여겨진다. 페르시아인들이 승리를 거두었더라면, 그리스의 문화 성취는 처음부터 억제되었을 것이고, 또 근대 서구 문명이 세워지는 토대를 이루지 못했을 것이다.

'그리스식' 문화 영향의 확산

그리스의 도시 국가는 기원전 338년에 마케도니아의 필리포스 2세가 그리스를 정복한 뒤에 세력이 대부분 약해졌다. 그러나 그리스 문화는 끝나지 않았고 오히려 지중해 동부 전역에 퍼지고 마케도니아인들을 통해 멀리 아시아까지 확산되었다. 알렉산드로스 대왕(필리포스 2세의 아들)이 건설한 거대한 제국은 기원전 323년에 그의 사망과 더불어 존속하지 못하고 그의 휘하에 있던 장군들에 의해 분열되었다. 그런 가운데 '그리스식' 문화 개념은 살아남았고 일상의 모든 측면으로 스며들었다. 이전의 마케도니아 제국에서는 사람들이 대부분 구어체 그리스어를 사용했고 통치자들은 학문의 성장을 장려했다. 마케도니아의 장군 프톨레마이오스 1세가 통치한 이집트에서는 알렉산드리아의 학당이 헤론과 크테시비오스와 같은 발명가뿐 아니라 유클리

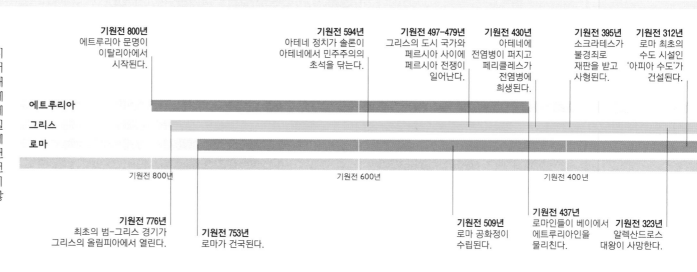

강력한 문명

세계사에서 '고대'라고 불리는 시기에 여러 문명이 지중해 지역에서 흥망성쇠를 거듭했다. 그러나 고대 그리스와 로마 문명은 이 시대에 가장 역동적인 특징을 보였다. 에트루리아 문명도 로마의 초기와 밀접한 연관이 있으므로 이 시기에 포함된다. 로마 도시 자체는 오랜 역사가 있으나 로마인들이 기원전 3세기에 그들의 영향력을 넓히기 전까지는 그리 큰 역할을 하지 않았다.

기원전 800년
에트루리아 문명이 이탈리아에서 시작된다.

기원전 594년
아테네 정치를 솔론이 아테네에서 민주주의의 초석을 닦는다.

기원전 497–479년
그리스의 도시 국가와 페르시아 사이에 페르시아 전쟁이 일어난다.

기원전 430년
아테네에 전염병이 퍼지고 페리클레스가 전염병에 희생된다.

기원전 395년
소크라테스가 불경죄로 재판을 받고 사형된다.

기원전 312년
로마 최초의 수도 시설인 '아피아 수도'가 건설된다.

에트루리아
그리스
로마

기원전 800년 　 기원전 600년 　 기원전 400년

기원전 776년
최초의 범-그리스 경기가 그리스의 올림피아에서 열린다.

기원전 753년
로마가 건국된다.

기원전 509년
로마 공화정이 수립된다.

기원전 437년
로마인들이 베이에서 에트루리아인을 물리친다.

기원전 323년
알렉산드로스 대왕이 사망한다.

◁ **로마의 공공시설**
'아피아 수도교'는 로마에 식수를
공급하도록 건설된 최초의 수도교였다.
길이가 16km, 높이가 10m에 달했다.
기원전 312년에 건설된 이 수도교는
로마의 기반 시설 계획의 기술과 야망을
나타내는 초기의 흔적이었다.

드, 에라토스테네스, 히파티아, 아르키메데스 등의 수학자에게도 중요한 학문의 장소가 되었다. 또한 고대에서 가장 큰 알렉산드리아 도서관은 고대 지중해 세계의 경이로운 곳이 되었다.

로마 제국의 흥망성쇠

로마는 티베르강 유역에서 서로 교류하며 생활하는 작은 정착지에서 생겨났다. 처음에 로마는 북쪽의 강력한 에트루리아 문명의 지배를 받고 있었다. 에트루리아의 마지막 왕인 루키우스 타르퀴니우스 수페르부스가 기원전 509년에 로마인에게 쫓겨났고, 이후 로마는 원로원을 창설하고 매년 집정관 두 명을 선출하는 공화정 체제가 되었다.

로마 공화정이 강대해진 것은 전쟁 때문이었다. 로마는 이탈리아에서 지배력을 키우며 지중해의 경쟁 도시 카르타고와 충돌했다. 카르타고의 패배로 지중해 서부의 지배권을 차지한 로마는 마케도니아를 비롯한 지중해 동부 지역과의 전쟁에서 승리해 지중해 전체를 장악했다.

기원전 1세기에 로마는 율리우스 카이사르를 중심으로 강력한 원로원을 갖춘 공화정 체제를 계속 유지했다. 그가 암살당하지 않았더라면 스스로 황제가 되었을지는 계속 추측으로 남았다. 격렬한 내전 이후 기원전 31년에 로마의 초대 황제가 된 사람은 카이사르의 양자이자 조카의 아들인 옥타비아누스였다. 황제가 된 옥타비아누스는 임페라토르 카이사르 아우구스투스라는 칭호를 얻었다.

서기 3세기에 로마 제국은 국경 지역의 외세 침입과 정치적 불안정의 결과로 위기의 시기를 맞았고 서쪽과 동쪽으로 나뉘었다. 디오클레티아누스 황제가 권력의 분할 통치를 위해 영토를 나누어 황제를 각각 임명하면서 제국은 부분적으로 안정을 회복했다. 이후 콘스탄티누스 1세가 로마 제국을 통일하여 단독 지배자가 되었다. 그는 그리스도교를 공인하고 로마에 필적할 만한 콘스탄티노플을 제국의 수도로 세웠다. 로마 제국은 동로마와 서로마로 갈라지고 두 제국은 각각 다른 길을 갔다.

> "자유를 지켜 낼 용기가 있는 사람들만이
> 자유를 얻을 수 있다."
>
> 페리클레스, 아테네의 정치가. 기원전 495-429년

◁ **로마화한 그리스 예술**
로마의 예술가들은 그리스의
예술에 영향을 받았다.
이 '원반을 던지는 사람' 대리석
조각상은 그리스의 원본을
그대로 본뜬 로마 복제품이다.
소실된 원래의 그리스 조각상은
조각가 미론이 기원전 5세기에
청동으로 주조한
작품이었다.

기원전 146년
카르타고가
로마에
함락된다.

기원전 146년
그리스가
로마의 지배를
받는다.

기원전 31년
옥타비아누스가 로마의
황제 아우구스투스가 된다.

서기 79년
베수비오산이 폭발하여
로마의 도시 폼페이가
매몰된다.

서기 285년 디오클레티아누스
황제가 로마 제국을
두 영토로 나눈다.

서기 410년 로마가
서고트족에게 공격을
받고 약탈당한다.

서기 476년
서로마 제국이
멸망한다.

기원전 1년

서기 200년

서기 400년

서기 600년

기원전 155년
아테네가 철학의
주요 세 학파의
철학자들을 로마에
사절로 파견한다.

기원전 44년 율리우스
카이사르가 암살당한다.

서기 80년 로마에서
콜로세움이 건설된다.

서기 313년
콘스탄티누스 1세가
기독교를 합법화한다.

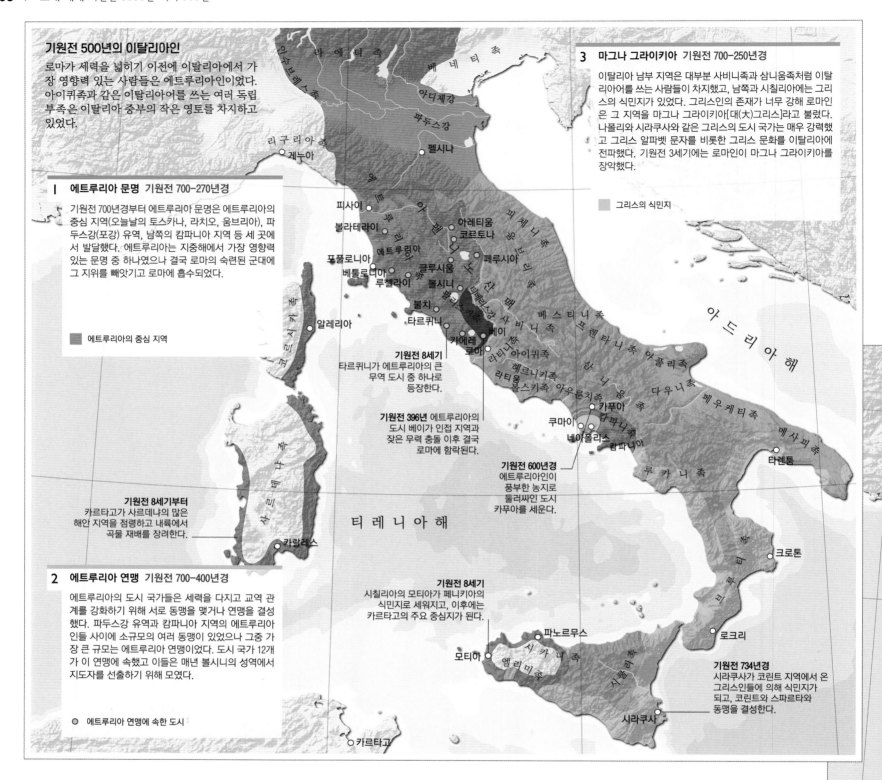

기원전 500년의 이탈리아인

로마가 세력을 넓히기 이전에 이탈리아에서 가장 영향력 있는 사람들은 에트루리아인이었다. 아이퀴족과 같은 이탈리아어를 쓰는 여러 독립 부족은 이탈리아 중부의 작은 영토를 차지하고 있었다.

1 에트루리아 문명 기원전 700-270년경

기원전 700년경부터 에트루리아 문명은 에트루리아의 중심 지역(오늘날의 토스카나, 라치오, 움브리아), 파두스강(포강) 유역, 남쪽의 캄파니아 지역 등 세 곳에서 발달했다. 에트루리아는 지중해에서 가장 영향력 있는 문명 중 하나였으나 결국 로마의 숙련된 군대에 그 지위를 빼앗기고 로마에 흡수되었다.

■ 에트루리아의 중심 지역

기원전 8세기
타르퀴니가 에트루리아의 큰 무역 도시 중 하나로 등장한다.

기원전 396년 에트루리아의 도시 베이가 인접 지역과 잦은 무력 충돌 이후 결국 로마에 함락된다.

기원전 8세기부터
카르타고가 사르데냐의 많은 해안 지역을 점령하고 내륙에서 곡물 재배를 장려한다.

기원전 600년경
에트루리아인이 풍부한 농지로 둘러싸인 도시 카푸아를 세운다.

기원전 8세기
시칠리아의 모티아가 페니키아의 식민지로 세워지고, 이후에는 카르타고의 주요 중심지가 된다.

2 에트루리아 연맹 기원전 700-400년경

에트루리아의 도시 국가들은 세력을 다지고 교역 관계를 강화하기 위해 서로 동맹을 맺거나 연맹을 결성했다. 파두스강 유역과 캄파니아 지역의 에트루리아인들 사이에 소규모의 여러 동맹이 있었으나 그중 가장 큰 규모는 에트루리아 연맹이었다. 도시 국가 12개가 이 연맹에 속했고 이들은 매년 볼시니의 성역에서 지도자를 선출하기 위해 모였다.

○ 에트루리아 연맹에 속한 도시

3 마그나 그라이키아 기원전 700-250년경

이탈리아 남부 지역은 대부분 사비니족과 삼니움족처럼 이탈리아어를 쓰는 사람들이 차지했고, 남쪽과 시칠리아에는 그리스의 식민지가 있었다. 그리스인의 존재가 너무 강해 로마인은 그 지역을 마그나 그라이키아[대(大)그리스]라고 불렀다. 나폴리와 시라쿠사와 같은 그리스의 도시 국가는 매우 강력했고 그리스 알파벳 문자를 비롯한 그리스 문화를 이탈리아에 전파했다. 기원전 3세기에는 로마인이 마그나 그라이키아를 장악했다.

■ 그리스의 식민지

기원전 734년경
시라쿠사가 코린트 지역에서 온 그리스인들에 의해 식민지가 되고, 코린트와 스파르타와 동맹을 결성한다.

에트루리아의 예술
무덤 장식품

에트루리아인은 사실적인 조형의 청동 조각상, 테라코타, 조각한 보석, 화병 그림, 프레스코화(오른쪽 그림) 등 다양한 형태로 예술을 발달시켰다. 이런 예술은 대체로 그리스인에게 강한 영향을 받았다. 현존하는 가장 좋은 사례의 프레스코화와 테라코타 조각상은 특히 이탈리아의 타르퀴니아에서 발견된 무덤에서 대부분 발굴되었다.

이탈리아 세력의 교체, 기원전 500-200년

기원전 500년에 이탈리아반도는 아프리카 북부의 카르타고인들이나 그리스인들이 세운 정착지뿐 아니라 다양한 부족들의 정착지였다. 기원전 2세기 말에는 로마가 이탈리아에서 지배적인 존재였고 계속 영토를 확장해 나갔다.

기호 보기
■ 이탈리아어 사용자
■ 이탈리아어 사용자와 에트루리아인
■ 카르타고인

타임라인

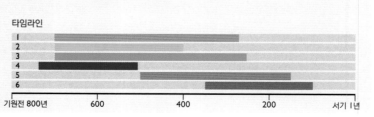

기원전 800년　　600　　400　　200　　서기 1년

에트루리아의 지배와 로마의 등장

기원전 800년경, 이탈리아 북부를 지배하는 사람들은 에트루리아인이었다.
도시 국가를 이루며 살았던 이들은 독특하게도
인도유럽어족에 속하지 않았다. 이들이 다스린 도시 국가 중 로마는
기원전 500년부터 주요 세력으로 성장하기 시작했고
점차 인접 지역을 합병하며 이탈리아 곳곳에 식민지를 건설했다.

에트루리아 문명은 지중해 동부에서 온 이주자들과 빌라노바인의 상호 영향으로 성장했을 것으로 보인다. 빌라노바인은 파두스강(포강) 유역과 로마에서 살았던 철기 시대의 사람들이었다. 에트루리아인은 에트루리아라는 이탈리아 북부 지역과 오늘날의 나폴리가 중심인 캄파니아 지역에서 번성했다. 이들은 도시를 세우고 벽화나 조각품 등의 독특한 예술 양식을 만들어 냈으며, 주변국과 무역 동맹을 결성하며 성장했다.

로마는 처음에 라티움의 한 정착지였다. 이탈리아 중부는 인도 유럽어를 사용한 움브리족, 사비니족 등 여러 부족의 이탈리아어계 사람들이 거주한 정착지였다. 기원전 509년까지 로마는 에트루리아 왕들의 지배를 받았다. 이후 행정과 군사를 맡은 장관인 집정관을 매년 선출하여 나라를 다스리는 공화정 체제가 되었다. 로마 공화정은 처음에는 라티움으로, 그다음에는 에트루리아와 그 남쪽으로 영토를 확장했다. 이런 영토 확장은 이탈리아 중부의 사비니족과 아이퀴족과 벌인 전쟁에서 승리를 거두고 로마의 북서쪽에 있는 에트루리아의 도시 국가 베이를 함락하며 계속 이어졌다. 로마인은 식민지를 건설하여 이탈리아 대부분 지역의 지배권을 차지하면서 그들의 지위를 강화했다. 기원전 3세기 초에 로마는 30만 명에 달하는 시민이 이탈리아 전역에 골고루 분포된 나라가 되었다. 로마의 문화는 에트루리아인이나 그리스인과 접촉하면서 이들의 문화에 영향을 받았다.

4 로마의 건국 기원전 753–509년

전설에 따르면, 로마는 쌍둥이 로물루스와 레무스에 의해 기원전 753년에 건국되었다. 고고학 증거에서는 선사시대에 티베르강 근처에 정착한 많은 촌락에서 그 기원을 찾아볼 수 있다고 한다. 늘어난 촌락들이 합쳐져 마침내 도시를 이루었고, 초기의 지역 거주자들이 에트루리아인과 통합되어 강력한 도시가 생겨난 것이다. 강력한 도시 로마는 기원전 509년에 공화정 체제를 이루었고 머지않아 영토를 확장하기 시작했다.

--- 공화정이 설립되었을 때의 로마 영토

5 로마의 식민지 시민 정책
기원전 500–150년

로마는 정복한 영토의 지배를 강화하고 전략적 위치를 확보하기 위해 이탈리아 곳곳에 식민지를 세웠다. 이 식민지에는 대체로 로마 시민 약 300명과 그 가족들이 거주했고 이들에게는 각각 패배한 지역에서 몰수한 토지 한 구획이 할당되었다. 이런 식민지들은 독립된 도시가 아닌 일종의 주둔지로 기존 도시에 주로 세워졌다.

● 로마의 식민지　○ 로마의 다른 정착지

기원전 240년의 이탈리아

로마의 식민지는 북부의 아리미눔(라미니)에서 남부의 브룬디시움(브린디시)까지 이어졌다. 지도에는 이 도시들이 세워진 연대(기원전 기준)가 볼드체로 표기되어 있다. 로마인들은 도로망을 건설하여 이탈리아의 대부분 지역에 그들의 영향력을 확대했다.

지도 속 지명

아리미눔 268년
세나 갈리카 283년경
안코나
센티움
피르뭄 264년
아스쿨룸
카스트룸 노붐 283년
하드리아 289년
파이술라이
피사이
아레티움
세나
이올리아
볼라테라이
페루시아
포풀로니아
클루시움
스폴레티움 241년
베툴로니아
나르니아
사투르니아
수트리움 382년경
레아테
알바 푸켄스 303년
코사 272년
카스트룸 노붐 264년
카르시올리 298년
소라 303년
로마
오스티아 338년경
시그니아 495년
아르데아 442년
안티움 468년
세티아
프레겔라이 383년경
아이세르니아 263년
아케 328년
루케리아 314년
아르피
테아눔 아풀룸
라리눔
테아눔
키르케이 393년
시누에사 295년
쿠마이
네아폴리스
베네벤툼 268년
카우디움
누케리아
아우스쿨룸
베누시아 291년
바리움
폰티아이 313년
페테쿠사이
카프레아이
파에스툼 273년
제누시아
타렌툼
메타폰툼
헤라클레아
그루멘툼
벨리아
투리이
코센티아
크로톤
카울로니아
로크리
레기움

기원전 264년
로마의 북쪽 해안을 방어하기 위해 해안의 식민지 카스트룸 노붐이 세워진다.

기원전 4세기
오스티아 식민지가 티베르강 하구를 지키는 아주 중요한 곳이 된다.

기원전 468년 로마가 이탈리아어계에 속하는 볼스키족의 도시 안티움(오늘날의 안치오)을 점령한다.

6 라틴인 식민지 기원전 350–100년

로마 식민지의 사람들이 모두 로마 시민권을 갖는 것은 아니었다. 어떤 이들은 로마가 초창기에 정복한 라티움의 거주인들과 같은 지위가 주어졌다. 이런 라티움 식민지 사람들('라틴인들')은 로마법에 따른 법적 권리가 있었으나 투표할 권리나 공직에 출마할 권리는 없었다. 로마의 '동맹 도시'는 대부분 완전한 시민권이나 라틴 시민권도 승인받지 못했고, 이는 결국 반란으로 이어졌다.

△ 카피톨리나 늑대상
이 조각상은 암늑대가 로마의 쌍둥이 건국자들에게 젖을 물리는 모습을 나타내고 있다. 늑대 청동상은 에트루리아 시대의 것으로 추정되지만, 쌍둥이 부분은 르네상스 시대에 추가된 것이다.

기원전 3세기
그리스의 정착지 브룬디시움(오늘날의 브린디시)이 로마인들에게 정복당한다.

기원전 3세기
로마인들이 그리스 본토에 있는 에피루스의 피루스 왕과 전쟁을 치른 뒤, 그리스의 식민지 파에스툼을 점령한다.

기원전 340년
로마인들이 라티니족, 캄파니족, 볼스키족 등의 부족 연합체와 베수비오산 전투를 벌인다.

아드리아 해
이오니아 해

■ 기원전 240년 로마 시민권 지역
■ 기원전 240년 로마의 '동맹 도시' 지역
◆ 기원전 240년 라틴인 식민지
━ 로마의 도로

로마의 세력 기반 확대

공화정 체제를 갖춘 로마는 기원전 3세기에 세력을 확장하면서
확고하게 기반을 다진 카르타고 문명과 대립했다.
로마는 세 차례의 포에니 전쟁에서 연달아 승리하여
지중해 서부의 패권을 장악했다. 또한 더 나아가서
그리스에서 승리를 거두며 동쪽으로 세력을 넓혀 갔다.

기원전 3세기 초에 로마의 세력은 주로 이탈리아의 식민지에 한정되어 있었다. 기원전 264년에는 로마가 그 영향력을 넓히기 시작했다. 무엇보다도 그 당시 지중해 서부에서 가장 강력한 도시 국가였던 카르타고와 연이은 전쟁을 벌이면서 지중해 세계에 세력을 확장했다.

카르타고는 해양 민족이었던 페니키아 문명(포에니 전쟁은 페니키아를 칭하는 라틴어 Punicus에서 유래한 말이다)이 세운 도시 국가로, 기원전 1500년경부터 지중해 동부에서 번성했다. 카르타고는 정식 제국은 아니었지만 외세 침략을 서로 방어해 주고 교역망을 유지한 도시 국가 연맹에서 가장 강력한 나라였다. 오늘날의 튀니지에 해당하는 지중해 연안에 위치한 카르타고는 기원전 256년에 함대 약 350

척을 갖춘 막강한 해군력을 내세웠다. 카르타고와 그 동맹국을 물리치기 위해 로마는 노련한 카르타고 장군들을 지상전에서 상대해야 했고, 또한 해전을 치르기 위해 함대도 갖추어야 했다. 카르타고와의 전투에서 승리한 로마는 카르타고의 여러 속주를 복속시켰다. 제1차 포에니 전쟁(기원전 264-241년)에서 시칠리아, 코르시카, 사르데냐를 점령했고, 제2차 포에니 전쟁(기원전 218-201년)에서는 스페인 지역 두 곳을 함락시켰다. 또 제3차 포에니 전쟁(기원전 149-146년)에서는 카르타고 전체를 무너뜨렸다. 더 나아가 로마는 그리스에서 승리를 거두어 지중해의 패권을 차지했고 서기 5세기까지 그 지배력을 유지했다.

> "나는 이탈리아인과 전쟁하려고 온 것이 아니라 로마에 맞서는 이탈리아인을 도와주려고 왔다."
>
> 한니발, 트라시메노호 전투에서, 기원전 217년

로마의 그리스 공략

그리스는 코린트와 아테네와 같은 강력한 도시들이 이 지역의 주요세력인 마케도니아인, 페르시아의 셀레우코스 제국 등으로부터 독립을 원했기 때문에 정치적인 긴장으로 분열되어 있었다. 이런 혼란을 틈타 로마는 그리스로 세력을 넓힐 기회를 노렸다. 기원전 146년의 코린트 전쟁으로 시작해 전쟁에서 많은 승리를 거둔 로마는 그리스의 여러 도시 국가를 차지했고 이후 마케도니아, 아카이아, 에피루스 등의 속주들을 세웠다.

기원전 100년경 그리스의 로마 속주

지중해를 지배한 카르타고 기원전 814-146년

카르타고는 기원전 814년에 페니키아인들이 하나의 교역소로 처음 세운 도시였다. 전초기지를 갖춘 주요 세력으로 성장한 카르타고는 북아프리카 연안을 따라 영토를 넓히기 시작했다. 카르타고는 스페인 남부를 거쳐 코르시카, 사르데냐, 시칠리아 등 섬의 일부 지역까지 영토를 확대했다. 강력한 해군력을 내세운 카르타고는 기원전 3세기 초에 해군이 없었던 로마에 강한 상대인 듯 보였다.

기원전 209년
로마인들이 카르타고의 기지인 카르타고 노바를 포위하고 무너뜨려 카르타고인들을 스페인의 동부 해안에서 쫓아낸다.

◁ 전투 코끼리
알프스산맥을 넘은 한니발의 군대에는 전투 코끼리 37마리가 포함되었다고 전한다. 인도에서 지중해로 데려온 획기적인 전투 코끼리는 기원전 3세기에 만들어진 이 이탈리아 접시에 묘사되어 있다.

포에니 전쟁

세 차례의 포에니 전쟁은 한 세기 넘게 지속되었고, 카르타고는 힘준한 지형을 오랫동안 진군하는 대단히 힘든 여정을 겪었다. 양측은 모두 수많은 군사를 잃었으나 카르타고는 로마에 밀려 결국 세력이 약해졌다.

KEY
- 기원전 264년 카르타고 영토
- 기원전 200년 카르타고 영토
- 기원전 264년 로마 영토
- 기원전 241년 로마 점령지
- 기원전 202년 로마 점령지

타임라인

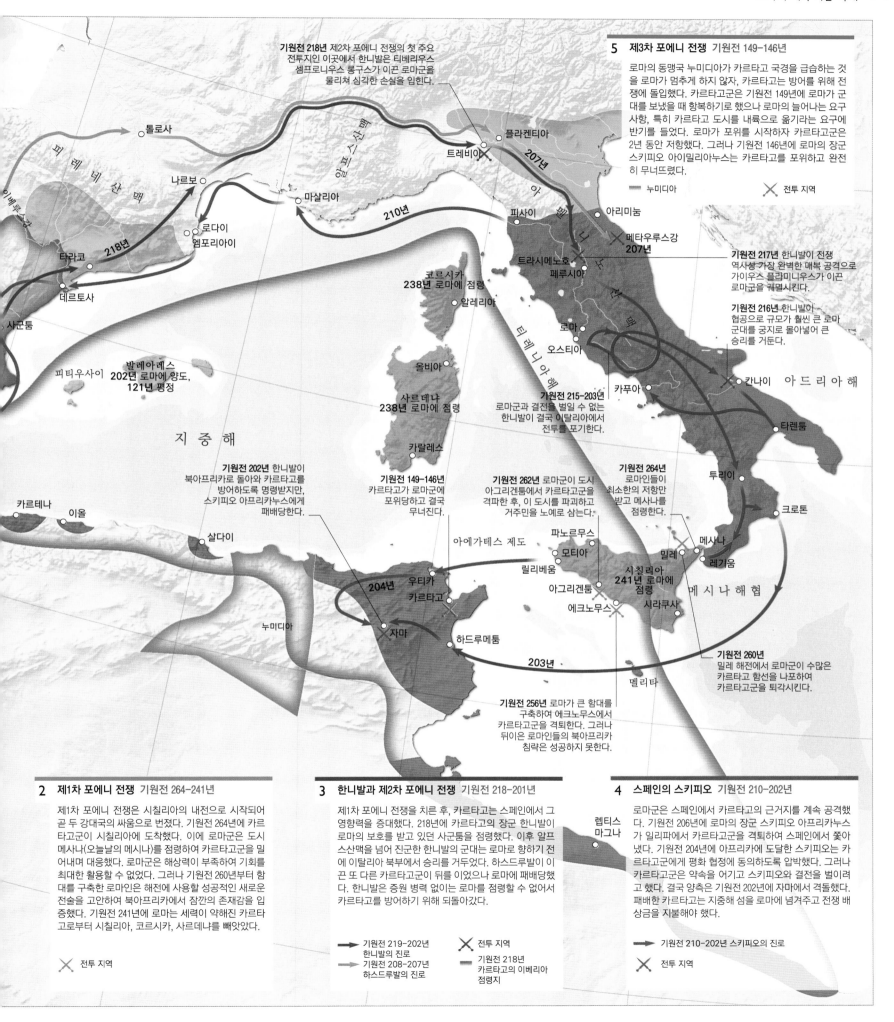

기원전 218년 제2차 포에니 전쟁의 첫 주요 전투지인 이곳에서 한니발은 티베리우스 셈프로니우스 롱구스가 이끈 로마군을 물리쳐 심각한 손실을 입힌다.

5 제3차 포에니 전쟁 기원전 149–146년

로마의 동맹국 누미디아가 카르타고 국경을 급습하는 것을 로마가 멈추게 하지 않자, 카르타고는 방어를 위해 전쟁에 돌입했다. 카르타고군은 기원전 149년에 로마가 군대를 보냈을 때 항복하기로 했으나 로마의 늘어나는 요구 사항, 특히 카르타고 도시를 내륙으로 옮기라는 요구에 반기를 들었다. 로마가 포위를 시작하자 카르타고군은 2년 동안 저항했다. 그러나 기원전 146년에 로마의 장군 스키피오 아이밀리아누스는 카르타고를 포위하고 완전히 무너뜨렸다.

━━ 누미디아　　✕ 전투 지역

기원전 217년 한니발이 전쟁 역사상 가장 완벽한 매복 공격으로 가이우스 플라미니우스가 이끈 로마군을 궤멸시킨다.

기원전 216년 한니발이 협공으로 규모가 훨씬 큰 로마 군대를 궁지로 몰아넣어 큰 승리를 거둔다.

코르시카 238년 로마에 점령

기원전 215–203년 로마군과 결전을 벌일 수 없는 한니발이 결국 이탈리아에서 전투를 포기한다.

발레아레스 202년 로마에 양도, **121년** 평정

기원전 202년 한니발이 북아프리카로 돌아와 카르타고를 방어하도록 명령받지만, 스키피오 아프리카누스에게 패배당한다.

기원전 149–146년 카르타고가 로마군에 포위당하고 결국 무너진다.

기원전 262년 로마군이 도시 아그리겐툼에서 카르타고군을 격파한 후, 이 도시를 파괴하고 거주민을 노예로 삼는다.

기원전 264년 로마인들이 최소한의 저항만 받고 메사나를 점령한다.

시칠리아 241년 로마에 점령

기원전 260년 밀레 해전에서 로마군이 수많은 카르타고 함선을 나포하여 카르타고군을 퇴각시킨다.

기원전 256년 로마가 큰 함대를 구축하여 에크노무스에서 카르타고군을 격퇴한다. 그러나 뒤이은 로마인들의 북아프리카 침략은 성공하지 못한다.

2 제1차 포에니 전쟁 기원전 264–241년

제1차 포에니 전쟁은 시칠리아의 내전으로 시작되어 곧 두 강대국의 싸움으로 번졌다. 기원전 264년에 카르타고군이 시칠리아에 도착했다. 이에 로마군은 도시 메사나(오늘날의 메시나)를 점령하여 카르타고군을 밀어내며 대응했다. 로마군은 해상력이 부족하여 기회를 최대한 활용할 수 없었다. 그러나 기원전 260년부터 함대를 구축한 로마인은 해전에 사용할 성공적인 새로운 전술을 고안하여 북아프리카에서 잠깐의 존재감을 입증했다. 기원전 241년에 로마는 세력이 약해진 카르타고로부터 시칠리아, 코르시카, 사르데냐를 빼앗았다.

✕ 전투 지역

3 한니발과 제2차 포에니 전쟁 기원전 218–201년

제1차 포에니 전쟁을 치른 후, 카르타고는 스페인에서 그 영향력을 증대했다. 218년에 카르타고의 장군 한니발이 로마의 보호를 받고 있던 사군툼을 점령했다. 이후 알프스산맥을 넘어 진군한 한니발의 군대는 로마로 향하기 전에 이탈리아 북부에서 승리를 거두었다. 하스드루발이 이끈 또 다른 카르타고군이 뒤를 이었으나 로마에 패배당했다. 한니발은 증원 병력 없이는 로마를 점령할 수 없어서 카르타고를 방어하기 위해 되돌아갔다.

→ 기원전 219–202년 한니발의 진로
→ 기원전 208–207년 하스드루발의 진로
✕ 전투 지역
━ 기원전 218년 카르타고의 이베리아 점령지

4 스페인의 스키피오 기원전 210–202년

로마군은 스페인에서 카르타고의 근거지를 계속 공격했다. 기원전 206년에 로마의 장군 스키피오 아프리카누스가 일리파에서 카르타고군을 격퇴하여 스페인에서 쫓아냈다. 기원전 204년에 아프리카에 도달한 스키피오는 카르타고군에게 평화 협정에 동의하도록 압박했다. 그러나 카르타고군은 약속을 어기고 스키피오와 결전을 벌이려고 했다. 결국 양측은 기원전 202년에 자마에서 격돌했다. 패배한 카르타고는 지중해 섬을 로마에 넘겨주고 전쟁 배상금을 지불해야 했다.

렙티스 마그나

→ 기원전 210–202년 스키피오의 진로
✕ 전투 지역

지도 지명:
톨로사, 나르보, 마살리아, 플라켄티아, 트레비아, 207년, 아리미눔, 피사이, 메타우루스강 207년, 트라시메노호, 페루시아, 피레네산맥, 로다이, 엠포리아이, 210년, 이베루스강, 타라코, 218년, 데르토사, 사군툼, 카르테나, 이올, 살다이, 코르시카 238년 로마에 점령, 알레리아, 로마, 오스티아, 티레니아해, 카푸아, 칸나이, 아드리아해, 피티우사이, 올비아, 사르데냐 238년 로마에 점령, 카랄레스, 지중해, 타렌툼, 투리이, 크로톤, 아에가테스 제도, 파노르무스, 모티아, 릴리베움, 204년, 우티카, 카르타고, 203년, 자마, 하드루메툼, 누미디아, 아그리겐툼, 에크노무스, 메사나, 밀레, 레기움, 시라쿠사, 메시나 해협, 멜리타

3 브리튼섬 정복 기원전 55년-서기 50년경

율리우스 카이사르는 기원전 50년대에 브리튼섬을 침략했으나 성공을 거두지 못했다. 브리튼섬은 클라우디우스 황제의 통치 기간인 서기 43년부터 정복되었다. 로마는 대규모 전투를 치른 뒤 브리튼섬의 남동쪽을 쉽게 점령했으나 다른 저항 세력과 마주쳤다. 특히 웨일스와 북쪽 지역은 로마 제국의 지배하에 두는 데 수십 년이 걸렸다. 2세기에 로마는 브리튼섬에 하드리아누스 방벽을 세워 북쪽 경계선을 확고히 했다.

▬ 로마의 브리튼 섬

서기 142년경 로마인이 북부 경계를 안토니누스 방벽까지 확장했으나 이후 하드리아누스 방벽까지 다시 후퇴한다.
서기 145년경

서기 9년 로마가 게르만족에게 패배당한 후 엘베강의 남쪽 영토를 잃는다.

하드리아누스 방벽
서기 125년경

기원전 121년 갈리아 나르보넨시스 (랑그도크와 프로방스)가 프랑스에서 최초의 로마 식민지가 된다.

기원전 58년 율리우스 카이사르가 라인강에 다다르고, 이 강은 로마제국의 북부 경계 지역이 된다.

서기 1세기에서 2세기까지 로마인이 지역 부족을 동화시키고 반란을 진압하여 스페인을 점차 제국으로 흡수한다.

북아프리카 정복 기원전 33년-서기 44년

2 북아프리카 정복 기원전 33년-서기 44년

기원전 33년에 베르베르인의 마우레타니아 왕국은 로마의 속주가 되었다. 이 왕국은 이후 로마에 합병되었고 서기 44년부터 마우레타니아 카이사리엔시스와 마우레타니아 팅기타나라는 속주로 통치되었다. 동쪽으로 더 나아간 옥타비아누스는 경쟁자 안토니우스와 그의 연인 클레오파트라 7세를 물리치고 기원전 30년에 아이깁투스라는 속주를 세웠다. 이로써 북아프리카는 곡물, 대리석, 노예, 그 외 여러 물품 등을 로마로 보내는 중요한 공급지가 되었다.

▬ 북아프리카의 로마 속주

기원전 49-44년 로마인이 포에니 전쟁으로 파괴된 카르타고를 재건하여 로마 제국의 중요한 '곡창 공급지'로 삼는다.

기원전 31년 옥타비아누스가 안토니우스와 클레오파트라를 악티움 해전에서 물리치고 이집트를 로마의 통치하에 둔다.

기원전 27년 아우구스투스가 고대 그리스의 도시 에페수스를 아시아 속주의 중심 도시로 만든다.

기원전 80년 알렉산드리아가 공식적으로 로마의 소유가 되고 지중해 곳곳에 곡물을 배로 운반하는 요충지로 계속 남는다.

I 갈리아 정복 기원전 58-50년

로마는 기원전 121년에 갈리아(골)의 남부 지역을 무력으로 합병했다. 그러나 갈리아 전체(오늘날의 프랑스와 벨기에)는 율리우스 카이사르에 의해 기원전 58년과 기원전 50년 사이에 정복되었다. 갈리아를 정복한 로마는 이곳을 납이나 은과 같은 원재료의 공급지로 이용했고 라인강을 병참선으로 활용했다. 또한 율리우스 카이사르는 명성과 함께 군대의 충성심을 얻었다.

▬ 로마의 갈리아

◁ **트라야누스의 개선문**
이 부조는 트라야누스 황제가 로마 시민들에게 환영받는 모습을 보여 준다. 또한 이탈리아 남부 베네벤토에서 서기 114~117년에 트라야누스를 기리며 세워진 개선문의 장식 조각상의 일부분이다.

하드리아누스 시기의 로마 제국

하드리아누스 황제(서기 117-138년 재위)의 시기에 로마 제국의 영토는 3세기 후반까지 지속되는 최대 규모에 이르렀다. 카파도키아를 비롯한 여러 속주로 이루어진 변방은 스페인에서 시리아까지 이어졌다.

기호 보기

▮	서기 120년경 로마 제국의 영토	◉	지방 중심지
⛫	군 주둔지	—	주요 도로
⚓	주요 해군 기지	∿∿	요새화된 경계 지역

타임라인

```
            기원전 100년    서기 1년        100          200
1
2
3
4
5
```

4 트라야누스의 정복 활동 서기 98-117년

트라야누스 황제(서기 98-117년 재위)는 특히 동쪽으로 다키아와 나바테아(아라비아 속주)를 정복하면서 로마 제국을 확장하려고 했다. 또한 트라야누스는 파르티아에게 퇴위당한 아르메니아의 왕을 회복시켜 로마 지배하에 두었다. 서기 113년에는 트라야누스가 파르티아 제국(이전에 페르시아와 셀레우코스 왕조에게 지배당한 영토)의 수도 크테시폰을 점령하고 메소포타미아를 로마 제국에 예속시켰다.

■ 트라야누스가 정복한 영토

서기 17년
티베리우스 황제가 통치하는 시기에 카파도키아가 로마의 속주가 된다.

서기 1세기 로마가 안티오크를 재건해 동부의 수도로 삼는다.

기원전 68년 로마의 장군 폼페이우스가 예루살렘을 포위해 유대인을 물리치고 유대 왕국을 로마에 예속시킨다.

5 로마와 파르티아의 전쟁 서기 113-197년

트라야누스 황제가 로마의 예속국 아르메니아 왕국을 지키고 동쪽의 경계 지역을 강화하기 위해 서기 113년에 파르티아 제국의 일부를 무력으로 합병했다. 트라야누스의 후계자인 하드리아누스는 트라야누스 정책에 역행하여 로마 제국 영토의 경계선을 유프라테스강으로 되돌려 놓았다. 그러나 로마는 서기 161년에 아르메니아를 다시 점령하려는 파르티아에 반격했다. 결국 로마는 서기 197년에 파르티아 제국의 수도 크테시폰을 다시 점령했다.

■ 파르티아 제국

(지도 지명) 사르마트족 · 보스포로스 왕국 · 흑 해 · 비티니아 에트 폰투스 · 시노페 · 코카서스산맥 · 카스피 해 · 아르메니아 · 트라페주스 · 젤라 · 갈라티아 · 카파도키아 · 사탈라 · 멜리테네 · 카이사레아 · 리키아 · 사모사타 · 아시리아 · 티그리스강 · 메소포타미아 · 파르티아 제국 · 타르수스 · 키루스 · 셀레우키아 · 안티오크 · 시리아 · 유프라테스강 · 라오디케아 · 두라 에우로포스 · 크테시폰 · 살라미스 · 라파네아 · 키프로스 · 트리폴리스 · 다마스쿠스 · 티루스 · 카파르코트나 · 카이사레아 마리티마 · 보스트라 · 유대 · 예루살렘 (아엘리아 카피톨리나) · 페트라 · 아라비아 · 멤피스 · 아이깁투스 · 나일강 · 홍 해

로마 제국의 전성기

로마는 공화정 체제의 시기에도 꾸준히 영토를 확장했다. 기원전 27년에 로마 최초의 황제 아우구스투스가 왕위에 올랐을 때는 로마가 지중해 전체를 장악했다. 서기 120년에 로마 제국은 경계선이 확고하게 자리 잡으면서 가장 안정된 시기에 접어들었다.

로마 공화정은 정복 활동뿐 아니라 좋은 교역 관계와 안정의 대가로 로마의 지배권을 받아들인 속국을 늘리며 성장했다. 최초의 황제 아우구스투스는 로마의 경계 지역을 확장하지 않는 정책을 택했고 이 정책은 이후의 여러 황제가 따랐다. 예외로 트라야누스 황제는 동쪽으로 상당한 속주를 추가로 복속시켰지만 이들 지역을 오래 다스리지는 못했다.

거대한 로마 제국은 주로 경계 지역을 따라 배치된 군대 약 30만 명이 지키고 있었다. 로마 해군은 원재료와 노예에서 곡식과 올리브유와 같은 식량에 이르기까지 도시가 의존하는 모든 교역품을 운반하는 지중해 선박을 보호했다. 로마 제국은 대체로 속주들과 조화로운 관계를 이루었다. 로마인의 생활 양식은 교역을 더욱 촉진할 정도로 매우 흥미를 끌었고, 속국의 사람들은 '로마식'을 따르고 제국의 규칙을 받아들이도록 장려되었다. 로마 제국은 군사력과 경제적 번영이 균형을 이루었고 처음 200년 동안은 비교적 안정적이고 평화로운 시기를 유지했다.

> *"로마가 영원할 것처럼 건설되었으니 얼마나 기쁜 일인가!"*
>
> 아우구스투스 카이사르

로마 공화정에서 로마 제국에 이르기까지
로마의 권력 투쟁

율리우스 카이사르가 기원전 49년에 독재자로 권력을 잡았던 시기에 로마는 공화정에서 제정으로 넘어갔다. 기원전 44년에 카이사르가 암살당한 뒤, 안토니우스, 레피두스, 옥타비아누스가 로마 공화정을 삼두정치로 다스렸다. 그러나 이들은 권력을 잡으려고 경쟁했고 잇따른 분쟁과 내전도 뒤따랐다. 정치적 책략으로 레피두스를 몰아내고, 안토니우스를 전투에서 물리친 옥타비아누스는 기원전 27년에 로마 최초의 황제가 되어 아우구스투스 카이사르라는 칭호를 얻었다.

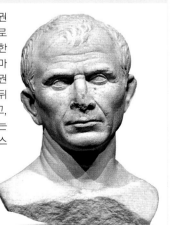

율리우스 카이사르의 흉상
율리우스 카이사르는 강력한 군사 지도자이자 정치가였다. 그의 행적은 로마 공화정이 막을 내리는 데 기여했다.

인도 역사의 기원

기원전 2000년경 인더스 문명이 쇠퇴한 이후,
자신들을 아리아('고귀한 자')라 부르는 민족이
이란고원에서 인도 북서부로 이주했다.
이들은 인도유럽어족 언어에 속하는 산스크리트어를 사용했다.

아리아인이 인도 아대륙으로 이주했다고 알려진 이 시기는 인도 아리아인의 경전 《베다(Vedas)》에서 주로 전해진다. 산스크리트어로 '지식'을 뜻하는 《베다》는 모두 구전되었으며 네 종류로 나뉜다. 또한 《베다》는 전쟁의 신 인드라와 같은 신에게 공물을 바칠 때 사용되는 제례 의식을 담은 문헌으로 당시의 사회 구조를 잘 보여 준다. 베다가 성립한 이 시기는 '베다 시대'라고 하는데, 기원전 1500년경부터 지어진 《리그베다(Rig Veda)》에서 시작된다. 《리그베다》에는 부족 전사들이 전차를 타고 서로 가축을 차지하려고 싸우는 등 인도 아리아인이 유목민이라는 내용이 담겨 있다. 기원전 1100년경부터 인도 아리아인은 동쪽 갠지스 평원까지 이동하여 그곳에 정착해 농경 생활을 시작했다.

△ 섬세한 토기
기원전 1000년부터 기원전 600년까지 단순한 줄무늬나 기하학 문양으로 장식된 독특한 채문 회색 토기가 인도 북부 전역으로 확산되었다. 이 토기는 매우 얇고 섬세하여 사치품이나 제사용품으로 사용되었을 것이다.

여러 촌락이 곧 생겨났고, 이곳에 정착한 사람들은 벼와 밀과 보리를 재배했다. 이후에는 수로와 제방을 갖추어 요새화한 몇몇 큰 도시가 발달했다. 또한 인도 카스트 제도의 시작을 알리는 계급사회가 나타났다. 계급사회는 베다를 만들어 구전하는 사제 계급인 브라만, 귀족과 전사 계급인 크샤트리아, 상인 계급인 바이야, 노예 계급인 수드라로 이루어졌다. 이 계급사회의 영향으로 족장들이 모여 통치자인 라자를 선출하여 부족 사회는 세습군주제로 바뀌었다. 새로운 왕들은 신의 권능을 이어받기 위해 브라만이 주관하는 희생제를 통해 정당성을 인정받았다.

초기의 인도 왕국

기원전 1100년부터 인도 북부 지역에서 몇몇 강력한 왕국이 요새화된 수도를 갖추며 발달했다. 16대국('대영역들')으로 알려진 이 왕국들은 서로 전쟁을 자주 벌였다. 인도 아대륙에서 기록에 등장하는 최초의 나라는 북인도의 쿠루 왕국이었다. 이후 지배의 주도권은 남쪽의 판찰라와 동쪽의 코살라 왕국으로 옮겨 갔다.

기호 보기
■ 고대 인도의 주요 네 왕국의 영토

지도 내 명칭:
인더스강 / 쿠루 / 히말라야산맥 / 판찰라 / 코살라 / 비데하 / 브라마푸트라강 / 갠지스강 / 인도 / 벵골만

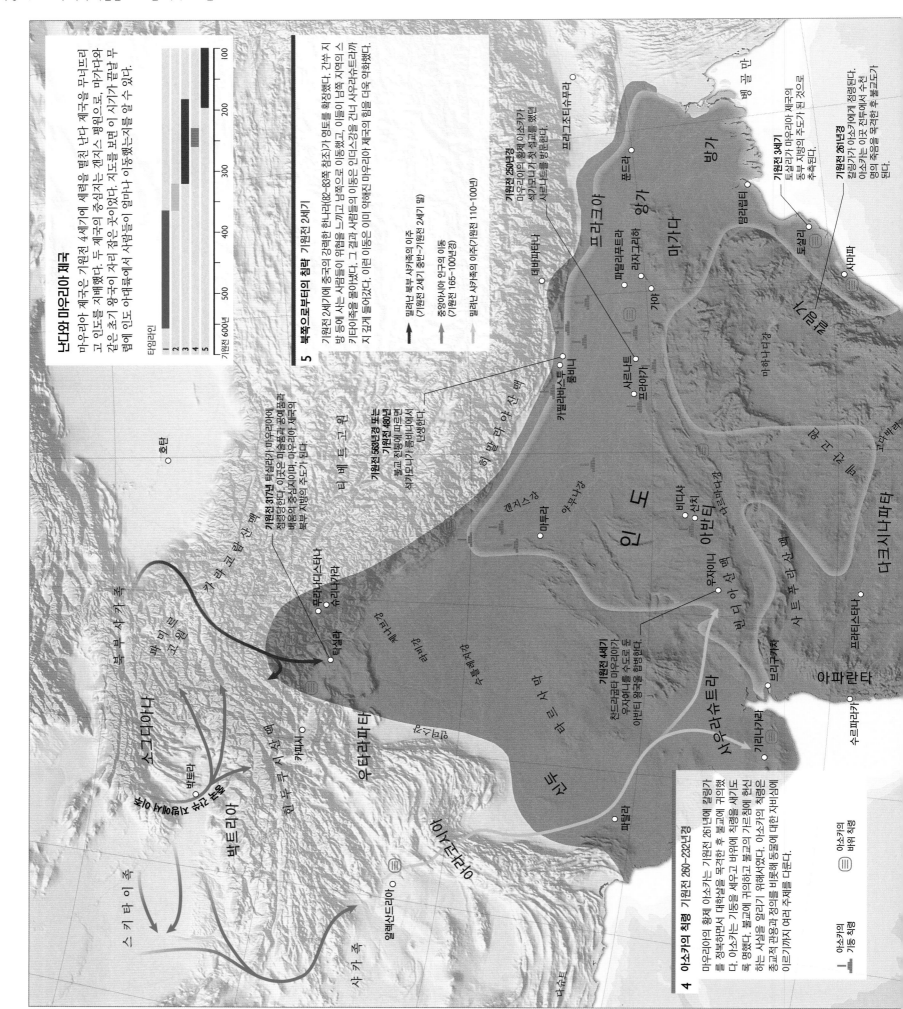

난다와 마우리아 제국

마우리아 제국은 기원전 4세기에 세력을 떨친 난다 제국을 무너뜨리고 인도를 지배했다. 두 제국의 중심지는 갠지스 평원으로, 마가다와 같은 초기 왕국이 생긴 곳이었다. 지도를 보면 이 시기가 끝날 무렵에 인도 아대륙에서 사람들이 얼마나 이동했는지를 가늠할 수 있다.

타임라인
1
2
3
4
5

기원전 600년 500 400 300 200 100

5 북쪽으로부터의 침략 기원전 2세기

기원전 2세기에 중국의 강대한 한나라(82~83쪽 참조)가 영토를 확장했다. 간쑤 지방 등에 사는 사람들이 위협을 느끼고 남쪽으로 이동했고, 이들이 남쪽 지역의 스키타이족을 몰아냈다. 그 결과 사람들의 이동은 인더스강을 건너 사우라슈트라까지 깊게 들어왔다. 이런 이동은 이미 약해진 마우리아 제국의 힘을 더욱 약화했다.

월지난 북부 사카족의 이주
(기원전 2세기 중반~기원전 2세기 말)

중앙아시아 인구의 이동
(기원전 165~100년경)

월지난 사카족의 이주(기원전 110~100년)

기원전 250년경
마우리아의 황제 아소카가 스리랑카에 첫 선교사를 보내 사르나트를 방문한다.

기원전 3세기
동삭가 마우리아 제국의 동부 지방의 주도가 된다.

기원전 261년경
칼링가가 아소카에게 점령된다. 아소카는 이곳 전투에서 수천 명의 죽음을 목격한 후 불교도가 된다.

기원전 317년 탁실라가 마우리아에게 점령당한다. 이것은 마을들과 공예품과 배움의 중심지이며, 마우리아 제국의 북부 지방의 주도가 된다.

기원전 563년경 또는 기원전 480년 불교 전통에 따르면 석가모니가 룸비니에서 탄생한다.

기원전 4세기
찬드라굽타 마우리아가 우자이니를 수도로도 아반티 왕국을 합병한다.

4 아소카의 칙령 기원전 260~232년경

마우리아의 황제 아소카는 기원전 261년에 칼링가를 정복하면서 대학살을 목격한 후 불교에 귀의했다. 아소카는 기둥을 세우고 바위에 칙령을 세기도 록 명했다. 불교에 귀의하고 불교의 가르침에 헌신하는 사람을 알리기 위해서였다. 아소카의 칙령은 종교적 관용과 정의를 비롯해 동물에 대한 자비심에 이르기까지 여러 주제를 다룬다.

아소카의 기둥 칙령

아소카의 바위 칙령

아소카의 기둥
불교 포교의 상징

아소카의 직령이 새겨진 기둥 20개는 바라나시 인근의 사르나트에 있는 하나(아래 사진)를 비롯해 모두 현존하고 있다. 기둥에 세겨진 비문은 마우리아 왕조 시대에 널리 퍼지고 인도 곳곳에 사용된 브라흐미 문자로 대부분 쓰여 있다. 데바나가리 문자를 비롯해, 이후 수십 개에 달하는 남아시아 문자는 브라흐미 문자에서 유래되었다. 데바나가리 문자는 산스크리트어를 표기하는 데 주로 사용되었다.

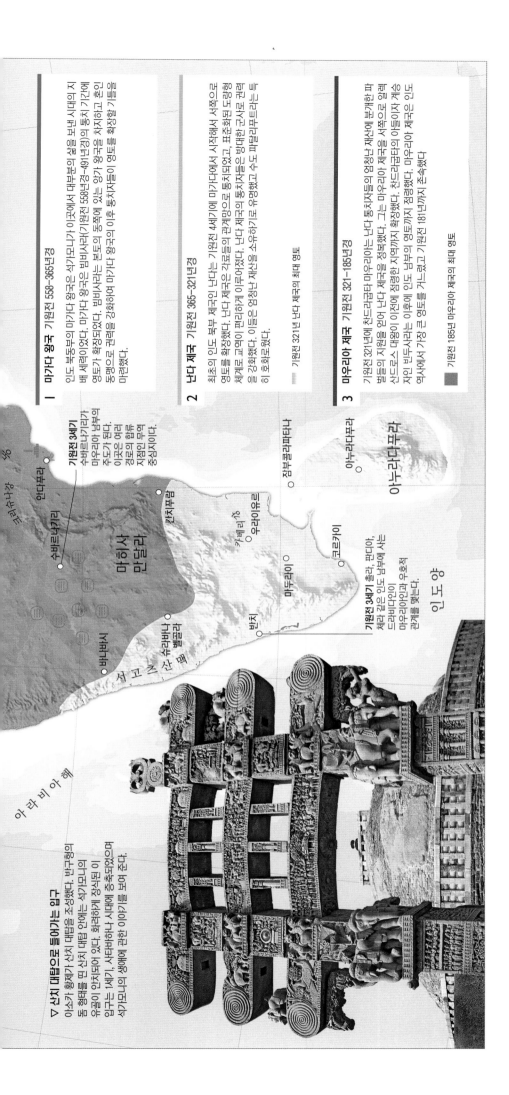

▽ 산지 대탑으로 들어가는 입구

아소카 황제가 산지 대탑을 조성했다. 반구형의 둥 형태를 띤 산지 대탑을 인예는 석가모니의 유골이 안치되어 있다. 화려하게 장식된 이 입구는 1세기, 사타바하나 시대에 증축되었으며 석가모니의 생애에 관한 이야기를 보여 준다.

인도양

| 마가다 왕국 기원전 558-365년경

인도 북동부의 마가다 왕국은 석가모니가 이곳에서 대부분의 삶을 보낸 시대에 지배 세력이었다. 마가다 왕국은 빔비사라(기원전 558년경-491년경)의 통치 기간에 영토가 확장되었다. 빔비사라는 본도의 동쪽에 있는 앙가를 자치하고 훈인 동맹으로 권력을 강화하여 왕국의 이후 통치자들이 영토를 확장할 기틀을 마련했다.

2 난다 제국 기원전 365-321년경

최초의 인도 북부 제국인 난다는 기원전 4세기에 마가다에서 시작해서 서쪽으로 영토를 확장했다. 난다 제국은 가혹들의 관계망으로 통치되었고, 표준화된 도량형 제도로 교역이 이루어졌다. 난다 제국의 통치자들은 방대한 군사로 권력을 강화했다. 이들은 엄청난 재산을 소유하기로 유명했고 수도 파탈리푸트라는 특히 호화로웠다.

기원전 321년 난다 제국의 최대 영토

3 마우리아 제국 기원전 321-185년경

기원전 321년에 찬드라굽타 마우리아는 난다 통치자들의 영정한 재산에 문제에 마별들의 지원을 얻어 난다 제국을 정복했다. 그는 마우리아 제국을 서쪽으로 알렉산드로스 대왕이 이전에 점령한 지역까지 확장했다. 찬드라굽타의 이들이자 계승자인 빈두사라는 이후에 인도 남부의 영토까지 점령했다. 마우리아 제국은 인도 역사에서 가장 큰 영토를 가느셨고 기원전 181년까지 존속했다.

기원전 185년 마우리아 제국의 최대 영토

기원전 3세기 촐라, 판디아, 체라 같은 인도 남부에 사는 드라비다인은 마우리아인과 무역 관계를 맺는다.

인도의 마우리아 제국

인도 역사에서 가장 광대한 영토를 다스린 제국은 기원전 321년경에 찬드라굽타 마우리아가 세운 마우리아 왕조였다. 마우리아의 황제들 중 아소카왕은 최초로 인도를 통일하고 동남과 무역으로 번창하는 데 힘썼다. 또한 자이나교와 특히 불교를 통해 비폭력을 증진했다.

고대 인도는 이전까지 여러 독립 국가로 이루어져 있었다. 기원전 6세기에 '마하자나다'는 나라가 이웃을 점령하기 시작하여 갠지스 평원에 하나의 제국을 건설했다. 마가다는 기원전 4세기 중반에 난다 왕조가 통치하는 큰 제국이 토대가 되었다. 그러나 찬드라굽타 마우리아가 알렉산드로스 대왕의 죽음으로 남겨진 인도 북서부 지역을 자치하면서 마우리아 왕조가 인도의 가장 큰 제국이 되었다. 군대를 평성해 마가다로 진격한 찬드라굽타 마우리아는 마가다의 왕을 굴복시키고 항제가 되었다. 그는 이웃에 가서 자이나교도로 개종하여 사회의식과 비폭력을 장려했다.

찬드라굽타가 이끄는 마우리아는 난다 통치자들의 엄청난 재산에 문제를 제기하나 트에 있는 하나(아래 사진)를 비롯해 무역으로 변창하는 데 힘썼다.

마우리아 제국은 인도의 남단을 제외한 인도 아대륙 전체를 다스렸다. 지역에 총독을 배치하여 시작하고 행정 업무를 잘 평성하여 왕권을 유지했다. 또한 상인들에게 세금을 부과했고 사람들에게 검을 지나거나 강을 건널 때 통행료를 징수했다.

기원전 268-232년경에 제위한 아소카왕은 마침내 전쟁을 멈추고 한신적인 불교도가 되었다. 그는 불법을 전랍하거나 보수했고, 불교의 포교를 지원했으며, 자비로운 불교 교리에 따라 법을 통과시켰다. 마우리아 제국은 마지막 항제가 암살당한 기원전 180년대까지 존속했다.

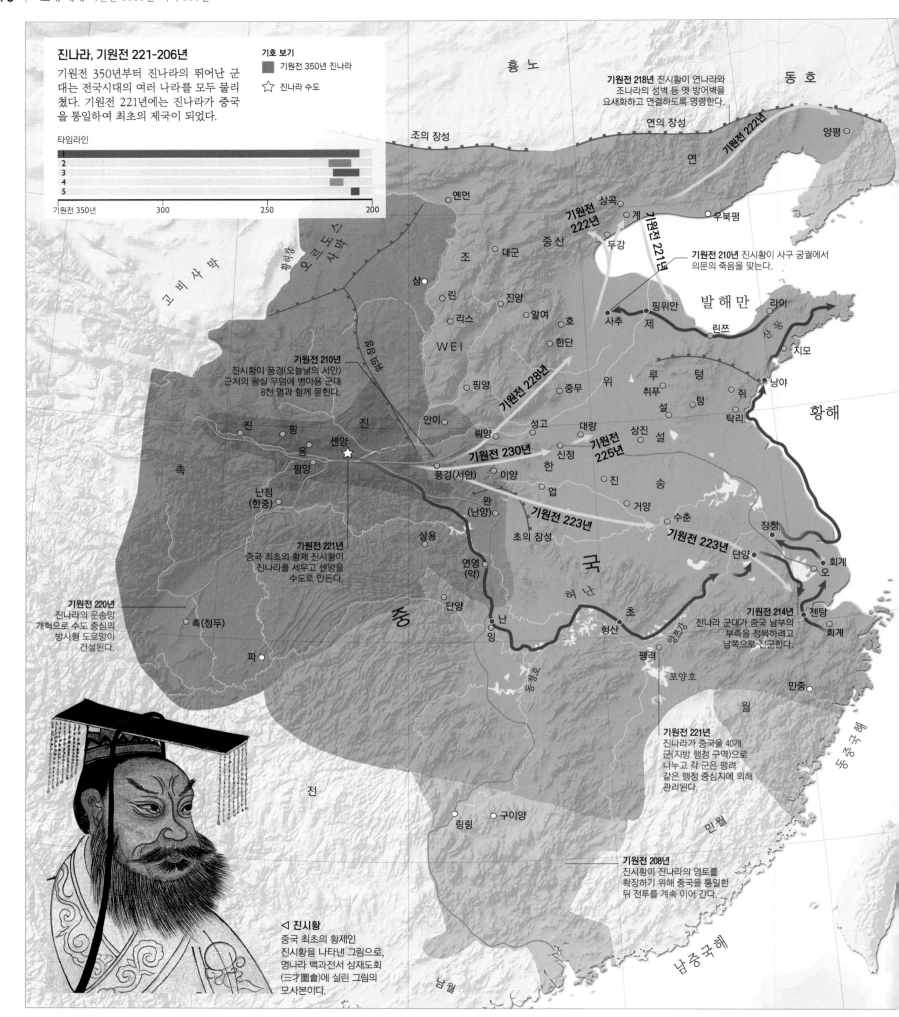

진나라, 기원전 221-206년

기원전 350년부터 진나라의 뛰어난 군대는 전국시대의 여러 나라를 모두 물리쳤다. 기원전 221년에는 진나라가 중국을 통일하여 최초의 제국이 되었다.

기호 보기
■ 기원전 350년 진나라
☆ 진나라 수도

타임라인

기원전 350년 300 250 200

기원전 218년 진시황이 연나라와 조나라의 성벽 등 옛 방어벽을 요새화하고 연결하도록 명령한다.

기원전 210년 진시황이 사구 궁궐에서 의문의 죽음을 맞는다.

기원전 210년 진시황이 풍경(오늘날의 서안) 근처의 왕실 무덤에 병마용 군대 8천 명과 함께 묻힌다.

기원전 221년 중국 최초의 황제인 진시황이 진나라를 세우고 셴양을 수도로 만든다.

기원전 220년 진나라의 운송망 개혁으로 수도 중심의 방사형 도로망이 건설된다.

기원전 214년 진나라 군대가 중국 남부의 부족을 정복하려고 남쪽으로 진군한다.

기원전 221년 진나라가 중국을 40개 군(지방 행정 구역)으로 나누고 각 군은 팽려 같은 행정 중심지에 의해 관리된다.

기원전 208년 진시황이 진나라의 영토를 확장하기 위해 중국을 통일한 뒤 전투를 계속 이어 간다.

◁ **진시황**
중국 최초의 황제인 진시황을 나타낸 그림으로, 명나라 백과전서 삼재도회(三才圖會)에 실린 그림의 모사본이다.

1 진나라의 팽창주의 기원전 350-206년

처음에 서쪽 변방의 작은 나라였던 진나라는 전국시대에 이웃 나라를 물리치고 중국의 서쪽과 남쪽 지역을 대부분 장악했다. 기원전 230년에 한나라를 격퇴한 승리를 계기로 진나라는 10년도 안 되어 다른 나라를 모두 정복했다. 기원전 221년에 진나라 왕 영정은 진시황(최초의 황제)이라는 칭호를 사용했고 수도 셴양에서 나라를 다스렸다.

→ 진나라의 군사 진로

■ 기원전 288년 진나라 영토

■ 기원전 221년 진나라가 통일한 영토

■ 기원전 206년 진나라의 점령지

2 진시황의 통치 기원전 221-210년

진시황은 중국의 통일을 강화하기 위해 여러 개혁을 연이어 도입했다. 여기에는 (중앙 권력에 위협이 되는 혈족관계 기반의 지방 통치 방식을 없애기 위해) 봉건제를 폐지하고 새로운 행정 구역 제도를 확립하는 개혁도 포함되었다. 또한 진시황은 도량형을 통일하여 효율적으로 중국을 다스렸다.

◉ 행정 중심지

3 만리장성의 축조 기원전 218-206년

진나라는 북쪽과 서쪽의 유목민으로부터 공격당할 위협에 놓여 있었다. 진시황은 이런 위협에 대비하여 전국시대에 여러 통치자가 세운 방어벽을 하나의 통합된 요새로 축조했다. 수백만 명의 노동력이 동원되어 축조된 만리장성은 이후에 진나라의 가장 유명한 유산이 되었다.

⌐⌐ 만리장성의 초기 구역

4 진나라의 운송망 기원전 220-214년

진시황이 통치한 시기에 진나라는 또 다른 주요 건설로 복잡한 도로망을 구축하기 시작했다. 이런 도로망은 도시 사이의 이동을 더욱 편리하게 하고 전국적으로 교역을 촉진하기 위해 건설되었다. 또한 진시황은 군대에 보급품을 운반하기 위해 상강과 리장강을 연결하는 주요 수로를 건설하도록 지시했다.

— 황제의 도로

5 진나라의 몰락 기원전 210-206년

기원전 210년에 진시황은 중국 동부를 순행하는 길에서 사망했다. 이 순행은 진시황이 제국을 사찰하기 위한 목적이었다고 전해졌지만, 사실은 불로장생약을 찾으려는 목적이었다. 진시황이 사망하고 전국에 소요 사태가 일어난 진나라는 결국 기원전 206년에 몰락했다.

→ 진시황의 순행

● 진시황이 순행 중에 방문한 소도시

중국 최초의 황제

중국에서는 수많은 나라들이 패권을 차지하려고 전쟁을 벌였고 마침내 진나라가 최종 승리를 거두고 중국을 통일했다. 진나라 황제 진시황은 매우 엄격하고 중앙집권화된 통치 방식을 확립했다. 이런 중앙집권 정책은 앞으로 중국의 통치 방식에 본보기가 되었다.

기원전 11세기에서 기원전 8세기 사이에 중국은 주나라에 충성하는 여러 도시 국가로 이루어져 있었다. 주나라는 봉건제를 이용하여 도시 국가들을 다스렸다. 그러나 전국시대(기원전 475-221년)가 시작되면서 진나라의 왕 영정이 주도권을 잡아 주나라와 다른 6개국을 물리치고 중국을 통일했다.

진나라 최초의 황제가 된 영정은 진시황이라는 호칭을 사용했고 혈족관계에 기반을 두었던 옛 통치 체제를 효율적인 관료 제도로 대체했다. 진시황은 전제적 통치를 강화하기 위해 가혹한 형법을 만들어 제국에 대한 명확한 전망을 내세운 강력한 통치자임을 입증했다. 진시황은 자신의 권위에 대한 비판과 도전으로 여긴 서적을 불태우는 등 학문과 사상을 탄압했다. 그러나 기원전 210년에 진시황의 때아닌 죽음으로 진나라는 급격히 쇠퇴했고 결국 기원전 206년에 멸망했다. 진나라는 겨우 15년 동안 이어졌지만, 진나라가 확립한 제도들은 유방이 이후 더 오래 존속한 한나라(86-87쪽 참조)를 세우는 토대가 되었다.

> *"나는 황제다. 내 후손들은 무수히 많을 것이요, …*
> *내 계보는 영원할 것이다."*
>
> 진나라 최초의 황제, 진시황

전국시대

중국은 주나라 왕에게 충성을 맹세한 제후들이 각각 다스리는 여러 나라로 이루어져 있었다. 그러나 주나라가 세력이 약해지자 더 강한 나라들은 기회를 노렸고 중국을 지배하기 위해 서로 싸웠다. 전국시대(기원전 475-221년)로 명명되는 이 시기에는 초나라, 한나라, 연나라, 제나라, 진나라, 조나라 등 6개국이 서로 중국의 지배권을 차지하려고 전쟁을 벌였다.

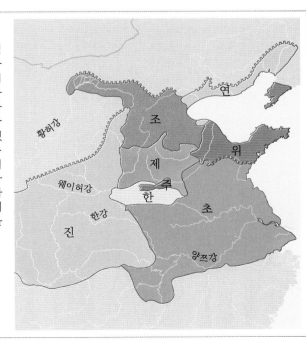

기호 보기

— 나라별 경계선

⌐⌐ 장벽

■ 황제국

진시황의 병마용

1974년, 중국 시안에서 우물을 파던 농민들이 테라코타 병사들이 있는 거대한 갱도 네 곳을 처음 발견했다. 그곳에서 실물 크기의 병사 약 7천 점, 말 150점, 전차 130점, 전차를 끄는 말 520점 등의 모형이 발굴되었다.

△ **병사의 얼굴**
병마용 병사의 머리는 거푸집으로 만들어졌고, 얼굴의 수염과 같은 특징은 손으로 빚어 추가되었다. 이 전사들은 얼굴이 모두 다르다.

이 병마용은 거대한 인공 둔덕 아래의 무덤에 안치된 중국 최초의 황제 진시황(78-79쪽 참조)을 지키기 위해 기원전 210년에 매장되었다. 한나라(86-87쪽 참조) 초기의 역사가 사마천에 따르면, 이 진시황릉은 건설에 70만 명이 동원되었고 황궁과 함께 중국을 대표하는 훌륭한 사례가 되었다. 이 무덤은 아직 발굴되지 않았는데, 그 이유는 부분적으로 고고학 측면에서 발굴의 어려운 문제가 있었으며, 또한 중국인들이 여전히 중국 최초의 황제에 대한 경외심을 품고 있기 때문이기도 했다.

사후 세계의 통치

진시황은 죽은 뒤에도 영원히 통치를 이어 가려고 계획했기 때문에 필요한 모든 물품과 함께 묻혔다. 진시황의 무덤에는 곡예사, 씨름꾼, 악사 등의 예능인과 관료 테라코타도 포함되었다. 병마용은 진시황이 현생에서 죽인 사람들의 원혼으로부터 진시황을 보호하기 위해 만들어진 테라코타였다. 무덤 근처의 갱에는 여전히 날카로운 칼날을 갖춘 청동 무기 4만 개뿐 아니라 석판으로 만들어진 갑옷도 있었다. 무기나 갑옷은 부식을 막기 위해 산화크로뮴으로 도금되었는데, 이런 방식은 20세기가 되어서야 재발명된 기술이었다. 진시황 시대 이전의 중국에는 실물 크기의 사실적인 조각상을 만드는 전통 양식이 없었다. 그리스 양식에서 영감을 받았다고 암시하는 이론도 있지만, 진시황의 테라코타 병사와 말은 중국의 독특한 방식으로 남았다.

▽ **사후 세계의 순행**
말이 끄는 전차 모형은 실물의 절반 크기이며 청동으로 만들어졌다. 사후 세계에서 진시황이 제국을 순행하기 위해 전차를 타고 이동하는 모습을 표현했다.

차렷 자세의 근위병
이 병마용은 2천 년 넘게 밀집 대형으로 차렷 자세를
하고 있었다. 전사들은 바로 뒤에 있는 무덤을 지키
며 동쪽으로 향해 있다.

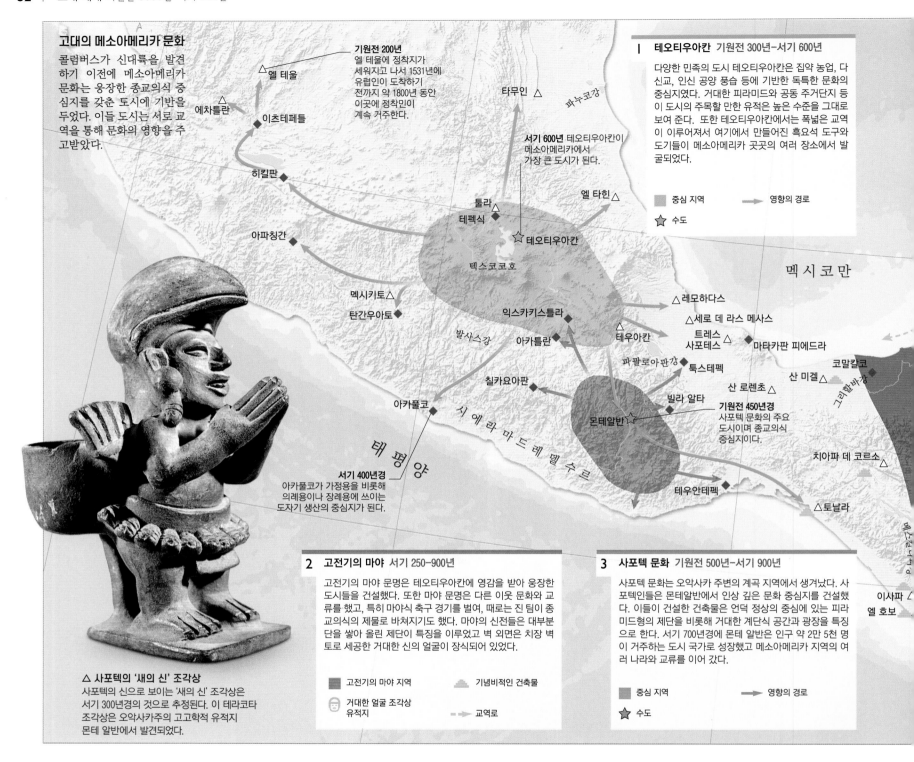

고대의 메소아메리카 문화

콜럼버스가 신대륙을 발견하기 이전에 메소아메리카 문화는 웅장한 종교의식 중심지를 갖춘 도시에 기반을 두었다. 이들 도시는 서로 교역을 통해 문화의 영향을 주고받았다.

기원전 200년
엘 테울에 정착지가 세워지고 나서 1531년에 유럽인이 도착하기 전까지 약 1800년 동안 이곳에 정착민이 계속 거주한다.

서기 600년 테오티우아칸이 메소아메리카에서 가장 큰 도시가 된다.

서기 400년경
아카풀코가 가정용을 비롯해 의례용이나 장례용에 쓰이는 도자기 생산의 중심지가 된다.

테오티우아칸 기원전 300년-서기 600년

다양한 민족의 도시 테오티우아칸은 집약 농업, 다신교, 인신 공양 풍습 등에 기반한 독특한 문화의 중심지였다. 거대한 피라미드와 공동 주거단지 등 이 도시의 주목할 만한 유적은 높은 수준을 그대로 보여 준다. 또한 테오티우아칸에서는 폭넓은 교역이 이루어져서 여기에서 만들어진 흑요석 도구와 도기들이 메소아메리카 곳곳의 여러 장소에서 발굴되었다.

■ 중심 지역   → 영향의 경로
☆ 수도

△ 사포텍의 '새의 신' 조각상

사포텍의 신으로 보이는 '새의 신' 조각상은 서기 300년경의 것으로 추정된다. 이 테라코타 조각상은 오악사카주의 고고학적 유적지 몬테 알반에서 발견되었다.

2 고전기의 마야 서기 250-900년

고전기의 마야 문명은 테오티우아칸에 영감을 받아 웅장한 도시들을 건설했다. 또한 마야 문명은 다른 이웃 문화와 교류를 했고, 특히 마야식 축구 경기를 벌여, 때로는 진 팀이 종교의식의 제물로 바쳐지기도 했다. 마야의 신전들은 대부분 단을 쌓아 올린 제단이 특징을 이루었고 벽 외면은 치장 벽토로 세공한 거대한 신의 얼굴이 장식되어 있었다.

■ 고전기의 마야 지역   ▦ 기념비적인 건축물
☺ 거대한 얼굴 조각상 유적지   ▪➡ 교역로

3 사포텍 문화 기원전 500년-서기 900년

사포텍 문화는 오악사카 주변의 계곡 지역에서 생겨났다. 사포텍인들은 몬테알반에서 인상 깊은 문화 중심지를 건설했다. 이들이 건설한 건축물은 언덕 정상의 중심에 있는 피라미드형의 제단을 비롯해 거대한 계단식 공간과 광장을 특징으로 한다. 서기 700년경에 몬테 알반은 인구 약 2만 5천 명이 거주하는 도시 국가로 성장했고 메소아메리카 지역의 여러 나라와 교류를 이어 갔다.

■ 중심 지역   → 영향의 경로
☆ 수도

고대 아메리카 대륙의 문명

서기 250-900년의 시기에 메소아메리카에는 농업 생산력의 증대로 테오티우아칸과 몬테알반과 같은 큰 도시가 등장했다. 이들 도시는 동쪽에 있는 마야의 도시 국가에 영향을 주었다. 곧이어 마야 문명은 고전기 마야로 알려진 융성한 시대를 맞이했다. 한편, 관개 기술의 발달로 뒤이은 제국들이 남아메리카의 안데스 지역을 다스렸다.

테오티우아칸과 몬테알반(사포텍의 수도)은 고전기 초기에 메소아메리카의 가장 강력한 교역 중심지였다. 테오티우아칸은 고지대에서 처음 발달한 고전기 마야의 도시들과 교역을 했다. 이런 교역 활동은 이 시기에 유카탄 반도에서 나타나기 시작한 마야의 다른 여러 독립된 도시에 영향을 주었다. 고전기에 절정을 이룬 마야 문화는 건축술, 널리 사용된 비문, 마야의 복잡한 역법 등에서 분명히 드러났다.

메소아메리카의 이 세 문화는 중심부에 신성한 구역을 둔 도시 기반으로 발달했다. 신성한 구역은 흔히 인신 공양과 같은 의식을 치르는 피라미드 신전을 갖추고 있었다. 또한 이곳 사람들은 오락용 구기 경기장을 세우고 통치자를 찬미하는 석주를 만들었다.

페루 북부에는 서기 100년경부터 농업 기반의 모체 문명이

서기 600년 마야인이 치첸이트사에 거대한 계단식 피라미드를 건설한다. '엘 카스티요' 또는 '쿠쿨칸의 신전'으로 알려진 이 거대한 피라미드는 치첸이트사의 핵심이 된다.

서기 300~800년 엘 바울이 흑요석이라는 화산암으로 만들어진 물품 제조의 중심지가 된다.

콜럼버스의 신대륙 발견 이전의 아메리카

고대의 중앙아메리카 문화는 서로 교역하는 여러 큰 도시 국가로 이루어져 있었다. 한편, 남아메리카의 안데스 해안 지역에 자리 잡은 문명은 정복 활동을 통해 큰 제국을 건설했다.

기호 보기

▼ 관개에 이용된 강 유역

△ 주요 정착지

◆ 고고학적 유적지

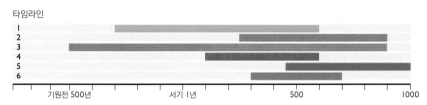

타임라인

1
2
3
4
5
6

기원전 500년   서기 1년   500   1000

안데스 해안의 제국들

서기 100년에서 1000년 사이에, 모체 문화로 시작하여 잇따라 생겨난 문화들은 관개 기술을 능숙하게 이용했다. 관개 기술은 안데스 지역의 해안을 따라 건설된 제국들의 토대가 되었다.

서기 100년경 모체 문화에서는 오늘날의 페루 지역에 해당하는 모체 계곡의 해안 사막에서 어도비 벽돌로 지은 신전인 '태양의 와카'를 세운다.

서기 600~800년 파차카막 도시가 와리 제국의 행정 중심지 역할을 한 것으로 보인다.

6 티아우아나코 문화 서기 300~700년

서기 500년경, 티아우아나코 도시는 인구가 약 4만 명에 이르렀다. 이 도시의 중심지는 신전, 정원, 계단식 공간, 석상 등이 있는 복합단지로 이루어져 있었다. 이곳은 두 개의 돌기둥 위에 상인방 돌을 올리고 자연적이고 종교적인 형상을 새겨 축조한 기념비적인 관문이 가장 잘 알려져 있다. 티아우아나코의 통치자들은 도시의 웅장한 궁전과 정교한 빗물 배수 시설의 건설에 엄청난 노동력을 동원하며 권력을 휘둘렀을 것으로 추정된다.

■ 중심 지역
■ 영향을 미친 지역

4 모체 문화 공동체 서기 100~600년

모체 문화의 사람들은 안데스 지역에서 흘러나오는 계곡의 물을 관개 수로 시설로 광범위하게 이용하여 옥수수와 콩과 같은 여러 작물을 재배했다. 모체 문화는 유물에 관한 도상학 연구를 통해 모체 사회의 관습이 조명되고 종교의식과 여러 행사의 묘사 내용이 밝혀지고 있다. 모체 문화는 서기 600년경에 몰락했다. 적어도 어느 정도는 오랜 가뭄과 같은 환경이 원인이었을 것으로 추정된다.

— 모체 문화 공동체   ★ 수도

5 와리 제국 서기 450~1000년

와리 문화는 서기 600년경부터 번성했다. 이 문화는 신대륙에서 최초의 중앙집권화된 문명 중 하나였으며, 경제력과 군사력으로 세력을 넓혔다. 와리 제국은 주요 도로망이 건설되어 통치자들이 수도 와리에서 나라를 다스릴 수 있었다.

— 와리의 도로   ■ 와리 제국

서기 300~700년경 도시 국가 티아우아나코가 광대한 제국을 건설하여 서기 700년까지 300만 명 이상의 백성들을 다스린다.

나타났다. 모체 문명은 자치 도시 국가들이 공통 문화를 공유하면서 하나의 집단을 이루며 시작되었을 것으로 추정된다. 서기 600년경에 모체 문명이 몰락했고 티아우아나코와 와리 문화가 그 자리를 대신했다. 티아우아나코와 와리 문화는 안데스 지역의 북부 해안을 따라 더욱 널리 확장되었다. 와리 제국의 인상 깊은 성취 중 하나는 지역 도시들과 수도 와리를 연결하는 도로망의 건설이었다. 와리 제국은 티아우아나코-와리 신화에서 영감을 얻어 새로운 예술 양식을 만들어 냈고, 이 양식이 지역의 건축과 도기 발달에 영향을 주었다.

400년경 픽트족이 남쪽으로 이동하자 아일랜드의 켈트족이 영국 제도의 북부 지역에 정착하여 스코틀랜드인이 된다.

441년경 유럽 북부의 게르만족이 브리튼섬에 정착하기 시작한다. **457년경** 에일즈포드 전투에서 앵글로색슨족의 승리 후, 브리튼인이 켄트로 도망친다.

456년 서고트족이 갈리아 남부에서 왕국을 넓히기 시작한다. 이들은 500년경에 이베리아 반도를 대부분 정복한다.

414년 서고트족의 아타울프 왕이 로마 황제 테오도시우스의 딸 갈라플라키디아와 나르보에서 결혼한다.

428-429년 반달족이 지브롤터 해협을 건너 북아프리카로 이동한다. 이들이 세운 왕국이 6세기까지 지속된다.

1 서고트족 378-418년

서고트족은 서쪽으로 이동하기 전이었던 378년에 아드리아노폴리스(에디르네)에서 로마인을 물리쳤다. 알라리크 왕이 이끈 서고트족은 410년에 로마를 약탈했다. 418년에는 이들이 갈리아 지역의 남쪽에 정착했고 로마에 용병을 제공하는 대가로 그 지역에 계속 머물렀다. 그러나 로마와 맺은 협정은 오래 지속되지 못했고 서고트족은 톨로사(툴루즈)에 자신들의 수도를 세웠다.

⟹ 서고트족의 이동   ⇢ 고트족의 이동

2 훈족 370-440년

훈족은 370년대에 중앙아시아로부터 오늘날의 러시아 남쪽에 해당하는 지역에 도달했다. 이들은 여기서부터 서쪽으로 이동하여 알란족의 영토를 정복하고 동고트족을 제압했다. 강력한 지도자 아틸라가 통치한 훈족은 오늘날의 헝가리에 해당하는 지역 중심으로 유럽의 동부에 커다란 제국을 세웠다. 훈족 제국은 동로마 제국과 서로마 제국의 경계 지역 인근에 자리 잡았다.

→ 헝가리까지 이동한 훈족

453년 아틸라가 죽고 훈족 제국이 무너진다.

376년 고트족 수천 명이 다키아와 저지대 모에시아에 있는 로마의 영토로 이동한다.

410년 서고트 왕 아라리쿠스 1세가 죽자 아프리카를 침략할 계획을 포기한다.

430년 반달족이 도시 히포를 점령하고 히포의 주교인 성 아우구스티누스가 사망한다.

396-397년 도시 아테네와 코린트가 서고트족에게 파괴된다.

378년 고트족, 알란족 등의 이민족 세력이 동로마 제국의 군대를 물리친다.

7 프랑크족의 영토 확장 357-550년

라인강 유역을 따라 로마 제국의 경계 지역에 살고 있었던 프랑크족은 로마 제국의 이웃 나라와 협력할 때도 있었고 이웃 나라를 습격할 때도 있었다. 357년에는 프랑크족이 로마 제국의 승인을 받아 큰 영역을 확보했다. 5세기에 로마 제국이 붕괴하자, 메로빙거 왕조가 통합한 프랑크족은 갈리아 지역 대부분을 정복했다.

→ 프랑크족의 이동

6 동고트족 453-493년

동고트족은 4세기에 훈족에게 정복당한 민족 중 하나였다. 이들은 로마의 속주인 판노니아에 정착했고 453년에 아틸라가 사망한 이후 서쪽으로 이동한 다음, 이탈리아 북쪽으로 이동했다. 480년대와 490년대에는 테오도리쿠스 왕이 다스린 동고트족이 이탈리아 곳곳으로 세력을 확장했다.

→ 동고트족의 이동

5 아틸라의 정복 활동 440-453년

아틸라가 이끈 훈족은 발칸지역과 트라키아를 완전히 파괴했고, 그리스를 공격했으며, 동로마 황제에게 공물을 받아 냈다. 다음으로 갈리아를 침략했으나 451년에 카탈라우눔 전투에서 로마에게 격퇴당했다. 훈족은 또 이탈리아로 이동하여 수많은 도시를 약탈했다. 이후 로마 제국이 화평을 청하자 마침내 아틸라는 이탈리아에서 물러났다.

→ 아틸라의 군사 진로

유럽 민족의 대이동 시대

로마 제국은 동쪽으로부터 유목민의 침략을 받아
4세기와 5세기에 더욱 쇠퇴의 길을 가고 있었다.
이런 동향은 유럽 민족의 대이동을 초래하여
새로운 사람들이 유럽과 북아프리카에 정착했고
이는 힘의 균형이 바뀌는 결과로 이어졌다.

4세기 후반부터 여러 민족이 잇따라 로마인들이 이전에 다스렸던 영토로 이주했다. 중앙아시아에서 비롯된 알란족과 훈족, 그리고 프랑크족 같은 침입자는 대부분 로마 제국의 경계 지역 주변에서 온 민족이었다. 이들은 서로 다른 목적으로 나타났다. 약탈하려고 온 유목민인 훈족은 대륙을 가로질러 재빨리 이동하고 무엇이든 모두 앗아 갔다. 한편 고향이 침략당해 기근이나 이주와 같은 문제에 직면한 민족은 무슨 수를 써서라도 새로운 정착지를 찾아야 했다. 예컨대, 이전에 흑해 근처의 다뉴브 평원에 정착했던 서고트족은 로마와 협정을 맺고 로마 제국의 군대에 용병을 제공하는 대가로 영토를 얻었다.

이민족의 침략이 시작되었을 무렵, 로마 제국은 이미 쇠퇴하고 있었다. 쇠퇴의 배경에는 이유가 있었다. 기근, 실직, 물가 상승, 부패 등의 요인이 모두 로마 제국의 쇠퇴에 영향을 주었다. 결국 로마 제국은 통치가 어려워지자 서기 285년에 동로마와 서로마로 나뉘었다. 이민족의 침략은 로마 제국을 더욱 약화했고, 용병 세력은 로마 제국이 쇠락한 뒤 5세기에 로마 제국의 일부를 차지할 수 있는 유리한 상황에 놓여 있었다.

3 유럽 민족의 대이동 406년

406년 겨울에 알란족, 반달족, 수에비족 등 거대한 유목민 집단이 서쪽으로 이동했고 라인강을 건너 로마의 영토로 들어갔다. 이들은 갈리아 지역을 지나 이베리아 반도로 이동했고, 이곳에서 알란족과 수에비족이 정착했다. 반달족은 더 멀리 이동하여 429년에 지브롤터 해협을 건너 북아프리카에 다다랐다.

- - - ▶ 알란족과 반달족과 수에비족의 이동   ──▶ 알란족의 이동

370년경
중앙아시아에서 온 훈족이 서쪽 지역에 처음 등장한다.

370년 훈족이 대초원 지대를 가로질러 볼가강에 도달한 이후 서쪽으로 신속하게 이동하기 시작한다.

▷ 서고트족의 브로치
청동과 석류석으로 만들어진 브로치로 스페인 남서쪽에서 발견되었고 6세기의 것으로 추정된다. 브로치의 독수리 형상은 서고트족이 로마 제국의 휘장을 개조한 것이다.

4 브리튼섬까지 이동한 이민족 400~460년경

5세기 초, 로마 제국은 다른 곳에서 침입자들과 싸우기 위해 군대를 브리튼섬에서 철수했다. 410년에 호노리우스 황제는 브리튼섬의 여러 도시에 스스로 방어 태세를 갖추라는 지시를 내리며 브리튼섬 지역의 로마 통치가 끝났음을 알렸다. 유럽 북부에서 온 앵글족과 색슨족을 비롯해 픽트족과 아일랜드 켈트족은 로마가 포기한 브리튼섬을 침략하고 그곳에 정착했다.

──▶ 아일랜드 켈트족의 이동   ━━▶ 픽트족의 이동   ──▶ 앵글족과 색슨족의 이동

300-500년 유럽 민족의 대이동

4세기와 5세기에는 서아시아와 유럽에서 여러 민족이 장거리에 걸쳐 이주하는 대이동이 있었다. 이런 변화로 로마 제국의 세력이 약해졌고 로마와 같은 주요 도시가 파괴되었다. 로마의 쇠퇴는 5세기 말에 서로마 제국이 몰락하는 계기가 되었다.

기호 보기

■ 390년경 로마 제국의 영토 범위   ✕ 주요 전투 지역

타임라인

> "모든 나라의 골칫거리, 아틸라는 여러 나라를 흔들어 놓기 위해 세상에 태어난 사람이었다."

요르다네스, 고트족 출신의 역사가, 551년경

분열된 로마 제국
동로마 제국과 서로마 제국

북쪽과 동쪽에서 침략한 적들과 내란에 시달린 디오클레티아누스 황제는 제국의 영토가 너무 커서 하나로 다스릴 수 없다는 결정을 내렸다. 285년에 로마 제국을 둘로 나누어 자신은 동로마를 다스리고 막시미아누스에게 서로마를 다스리게 했다. 이후 로마 제국은 다시 하나로 통합되었으나 480년에 서로마 제국이 몰락할 때까지 동로마와 서로마의 행정 체계는 각각 수 세기 동안 유지되었다.

3세기 디오클레티아누스 황제의 흉상

중국의 한나라

반란군 지도자 유방이 기원전 206년에 중국을 재통일하고 한나라를 세웠다. 유방은 진나라 황제 진시황이 도입한 통치 체제를 기반으로 매우 효과적인 중앙집권화된 통치 방식을 확립했다. 400년 동안 지속한 한나라는 절정기에 문화적, 정치적, 경제적인 면에서 아시아의 지배 세력이 되었다.

한나라 시대(기원전 206년-서기 220년)는 중국 역사에서 황금기로 여겨진다. 이 시기에 한나라는 상업, 기술, 예술, 정치 분야에서 모두 번창했다. 또한 정복 활동으로 중앙아시아의 거대한 지역을 차지하여 모두 다스렸고 그 전성기에는 로마 제국의 부와 규모에 필적할 만한 제국이 되었다. 한나라는 세력을 확고히 하려고 만리장성을 강화했고 변방의 식민지를 보호하기 위해 군사 기지를 세웠다. 이런 조치로 한나라는 기원전 130년에 무역의 대동맥인 비단길(106-107쪽 참조)을 개방하고 비단과 칠기와 같은 사치품을 수출하는 등 더 넓은 세계와 유리한 교역 관계를 확립할 수 있었다. 한나라

시대에는 기술이 진보했고 화폐가 표준화되었으며 중국의 서예가 하나의 예술로 발전했다. 또한 기술 혁신으로 주철로 만든 도구, 비단 직조기, 종이 등의 발명이 이루어졌다. 그러나 한나라는 군사 활동의 성과에도 불구하고 대초원 지대의 민족들, 특히 흉노족에게 끊임없는 위협을 받았다. 2세기의 농민 반란과 함께 흉노족은 한나라의 세력을 약화하고 결국 한나라를 몰락하게 만든 결정적 요인이 되었다.

> "어떻게 용맹한 군사들을 얻어 천하를 지킬 것인가?"
>
> 한나라 고조 유방, 〈대풍가〉에서, 기원전 195년

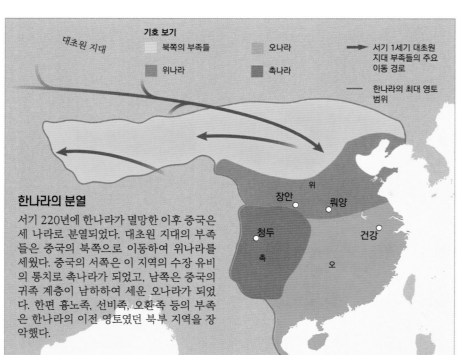

한나라의 분열

서기 220년에 한나라가 멸망한 이후 중국은 세 나라로 분열되었다. 대초원 지대의 부족들은 중국의 북쪽으로 이동하여 위나라를 세웠다. 중국의 서쪽은 이 지역의 수장 유비의 통치로 촉나라가 되었고, 남쪽은 중국의 귀족 계층이 남하하여 세운 오나라가 되었다. 한편 흉노족, 선비족, 오환족 등의 부족은 한나라의 이전 영토였던 북부 지역을 장악했다.

기호 보기

- 북쪽의 부족들
- 위나라
- 오나라
- 촉나라
- → 서기 1세기 대초원 지대 부족들의 주요 이동 경로
- — 한나라의 최대 영토 범위

대초원 지대

장안 · 뤄양 · 위
청두 · 건강
촉 · 오

한나라의 지배

한나라는 교역과 공공 기반시설에 자금을 쏟아부으며 번창하기 시작했다. 또한 북쪽의 여러 부족과 동쪽의 고조선과 남쪽의 여러 나라를 장악하면서 영토를 넓혔다.

기호 보기
- 서기 87년 한나라 영토

타임라인

기원전 200년 — 100 — 서기 1년 — 100 — 200

이식쿨호
톈 산 산 맥
쿠차
투
우베이
카슈가르 타림강 서 역
야르칸드
타클라마칸 사막
체르첸
호탄
쿤 룬 산 맥
알툰
티 베 트
티베트 고원
히말라야산맥

◁ **장신궁등**

궁녀 조각상으로 장식된 금동제 등으로 기원전 113년의 것으로 추정된다. 또한 중국 남한의 황제 유성(920-958년 재위)이 통치했을 때 장신궁(허베이성)에서 사용되었다고 알려져 있다.

한나라 최초의 황제 기원전 202-195년

유방이 해하 전투에서 초나라의 항우를 쓰러뜨리고 승리를 거둔 뒤, 한나라 최초의 황제가 되었다. 그는 고조라는 칭호를 얻었고 기원전 206년에 중국을 재통일했다. 철과 소금 생산을 국유화하여 교역에 자금을 투입하고 조세를 삭감하여 경제가 회복하기 시작했다. 또한 중국의 중심지에 수로를 건설하는 등 운송 기반시설에도 자금을 쏟아부었다.

- ✕ 전투 지역
- ⚶ 소금 생산 지역
- ⬧ 철 생산 지역
- ⬙ 비단 생산 지역
- ═ 한나라의 수로

벵골만

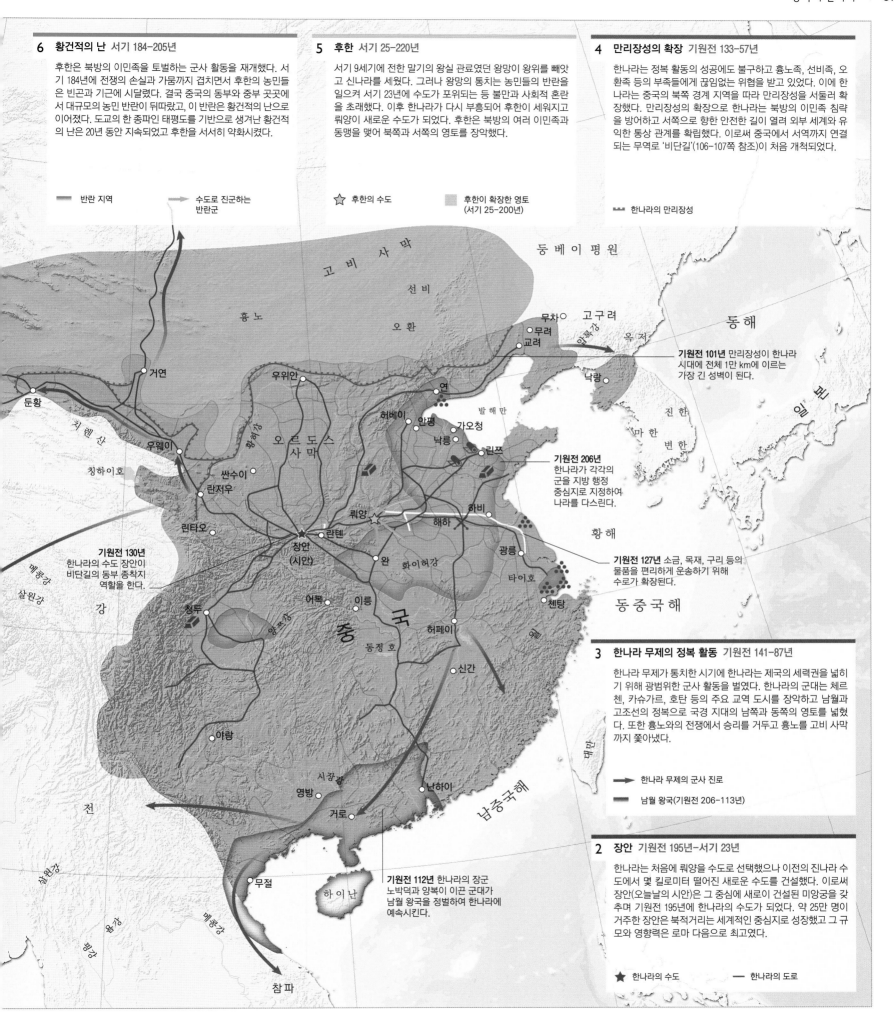

6 황건적의 난 서기 184-205년

후한은 북방의 이민족을 토벌하는 군사 활동을 재개했다. 서기 184년에 전쟁의 손실과 가뭄까지 겹치면서 후한의 농민들은 빈곤과 기근에 시달렸다. 결국 중국의 동부와 중부 곳곳에서 대규모의 농민 반란이 뒤따랐고, 이 반란은 황건적의 난으로 이어졌다. 도교의 한 종파인 태평도를 기반으로 생겨난 황건적의 난은 20년 동안 지속되었고 후한을 서서히 약화시켰다.

—— 반란 지역   ⟶ 수도로 진군하는
                        반란군

5 후한 서기 25-220년

서기 9세기에 전한 말기의 왕실 관료였던 왕망이 왕위를 빼앗고 신나라를 세웠다. 그러나 왕망의 통치는 농민들의 반란을 일으켜 서기 23년에 수도가 포위되는 등 불만과 사회적 혼란을 초래했다. 이후 한나라가 다시 부흥되어 후한이 세워지고 뤄양이 새로운 수도가 되었다. 후한은 북방의 여러 이민족과 동맹을 맺어 북쪽과 서쪽의 영토를 장악했다.

☆ 후한의 수도   ▨ 후한이 확장한 영토
                        (서기 25-200년)

4 만리장성의 확장 기원전 133-57년

한나라는 정복 활동의 성공에도 불구하고 흉노족, 선비족, 오환족 등의 부족들에게 끊임없는 위협을 받고 있었다. 이에 한나라는 중국의 북쪽 경계 지역을 따라 만리장성을 서둘러 확장했다. 만리장성의 확장으로 한나라는 북방의 이민족 침략을 방어하고 서쪽으로 향한 안전한 길이 열려 외부 세계와 유익한 통상 관계를 확립했다. 이로써 중국에서 서역까지 연결되는 무역로 '비단길'(106-107쪽 참조)이 처음 개척되었다.

▪▪▪ 한나라의 만리장성

기원전 101년 만리장성이 한나라 시대에 전체 1만 km에 이르는 가장 긴 성벽이 된다.

기원전 206년 한나라가 각각의 군을 지방 행정 중심지로 지정하여 나라를 다스린다.

기원전 127년 소금, 목재, 구리 등의 물품을 편리하게 운송하기 위해 수로가 확장된다.

기원전 130년 한나라의 수도 장안이 비단길의 동부 종착지 역할을 한다.

3 한나라 무제의 정복 활동 기원전 141-87년

한나라 무제가 통치한 시기에 한나라는 제국의 세력권을 넓히기 위해 광범위한 군사 활동을 벌였다. 한나라의 군대는 체르첸, 카슈가르, 호탄 등의 주요 교역 도시를 장악하고 남월과 고조선의 정복으로 국경 지대의 남쪽과 동쪽의 영토를 넓혔다. 또한 흉노와의 전쟁에서 승리를 거두고 흉노를 고비 사막까지 쫓아냈다.

⟶ 한나라 무제의 군사 진로

▬ 남월 왕국(기원전 206년-113년)

기원전 112년 한나라의 장군 노박덕과 양복이 이끈 군대가 남월 왕국을 정벌하여 한나라에 예속시킨다.

2 장안 기원전 195년-서기 23년

한나라는 처음에 뤄양을 수도로 선택했으나 이전의 진나라 수도에서 몇 킬로미터 떨어진 새로운 수도를 건설했다. 이로써 장안(오늘날의 시안)은 그 중심에 새로이 건설된 미앙궁을 갖추며 기원전 195년에 한나라의 수도가 되었다. 약 25만 명이 거주한 장안은 북적거리는 세계적인 중심지로 성장했고 그 규모와 영향력은 로마 다음으로 최고였다.

★ 한나라의 수도   —— 한나라의 도로

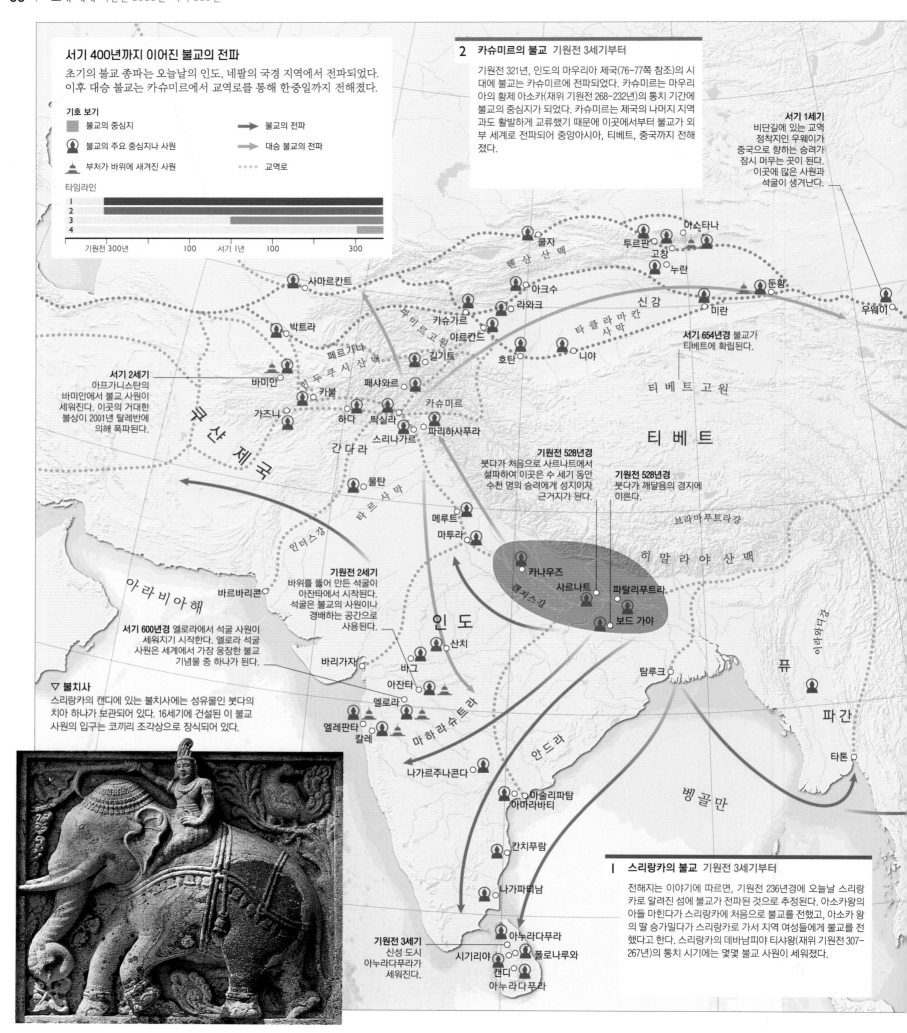

서기 400년까지 이어진 불교의 전파

초기의 불교 종파는 오늘날의 인도, 네팔의 국경 지역에서 전파되었다.
이후 대승 불교는 카슈미르에서 교역로를 통해 한중일까지 전해졌다.

기호 보기

▪ 불교의 중심지 　　　　　➡ 불교의 전파

👤 불교의 주요 중심지나 사원 　➡ 대승 불교의 전파

🧍 부처가 바위에 새겨진 사원 　····· 교역로

타임라인

1
2
3
4

기원전 300년　　100　서기 1년　　100　　300

2 카슈미르의 불교 기원전 3세기부터

기원전 321년, 인도의 마우리아 제국(76-77쪽 참조)의 시대에 불교는 카슈미르에 전파되었다. 카슈미르는 마우리아의 황제 아소카(재위 기원전 268-232년)의 통치 기간에 불교의 중심지가 되었다. 카슈미르는 제국의 나머지 지역과도 활발하게 교류했기 때문에 이곳에서부터 불교가 외부 세계로 전파되어 중앙아시아, 티베트, 중국까지 전해졌다.

서기 1세기
비단길에 있는 교역 정착민인 우웨이가 중국으로 향하는 승려가 잠시 머무는 곳이 된다. 이곳에 많은 사원과 석굴이 생겨난다.

서기 2세기
아프가니스탄의 바미안에서 불교 사원이 세워진다. 이곳의 거대한 불상이 2001년 탈레반에 의해 폭파된다.

서기 654년경 불교가 티베트에 확립된다.

기원전 528년경
붓다가 처음으로 사르나트에서 설파하여 이곳은 수 세기 동안 수천 명의 승려에게 성지이자 근거지가 된다.

기원전 528년경
붓다가 깨달음의 경지에 이른다.

기원전 2세기
바위를 뚫어 만든 석굴이 아잔타에서 시작된다. 석굴은 불교의 사원이나 경배하는 공간으로 사용된다.

서기 600년경 엘로라에서 석굴 사원이 세워지기 시작한다. 엘로라 석굴 사원은 세계에서 가장 웅장한 불교 기념물 중 하나가 된다.

▽ **불치사**
스리랑카의 캔디에 있는 불치사에는 성유물인 붓다의 치아 하나가 보관되어 있다. 16세기에 건설된 이 불교 사원의 입구는 코끼리 조각상으로 장식되어 있다.

기원전 3세기
신성 도시 아누라다푸라가 세워진다.

| 스리랑카의 불교 기원전 3세기부터

전해지는 이야기에 따르면, 기원전 236년경에 오늘날 스리랑카로 알려진 섬에 불교가 전파된 것으로 추정된다. 아소카왕의 아들 마힌다가 스리랑카에 처음으로 불교를 전했고, 아소카 왕의 딸 승가밀다가 스리랑카로 가서 지역 여성들에게 불교를 전했다고 한다. 스리랑카의 데바남피야 티샤왕(재위 기원전 307-267년)의 통치 시기에는 몇몇 불교 사원이 세워졌다.

지도 내 지명

룰자 · 아스타나 · 투르판 · 고창 · 누란 · 둔황 · 미란 · 우웨이 · 사마르칸트 · 아크수 · 라와크 · 신 강 · 타클라마칸 사막 · 박트라 · 페르가나 산맥 · 카슈가르 · 야르칸드 · 길기트 · 호탄 · 니야 · 티베트 고원 · 바미안 · 힌두쿠시 산맥 · 카불 · 페샤와르 · 카슈미르 · 티베트 · 가즈니 · 하다 · 탁실라 · 스리나가르 · 파리하사푸라 · 간다라 · 물탄 · 타르 사막 · 인더스강 · 메루트 · 마투라 · 브라마푸트라강 · 히말라야 산맥 · 쿠샨 제국 · 아라비아해 · 바르바리콘 · 카나우즈 · 갠지스강 · 사르나트 · 파탈리푸트라 · 이라와디강 · 보드 가야 · 인 도 · 산치 · 바그 · 바리가자 · 아잔타 · 엘로라 · 엘레판타 · 칼레 · 마 하 라 슈 트 라 · 탐루크 · 퓨 · 파간 · 나가르주나콘다 · 안드라 · 타톤 · 마술리파탐 · 아마라바티 · 벵골만 · 칸치푸람 · 나가파티남 · 시기리야 · 아누라다푸라 · 폴로나루와 · 캔디 · 아누라다푸라

서기 5-6세기
불교 조각가들이 다퉁의 윈강 석굴에 보살 (깨달음에 도달한 자) 조각상을 장식한다.

서기 550년경
불교가 일본으로 전파된다.

서기 372년
중국 전진의 황제 부견이 보낸 포교사들이 불교를 한국에 전파한다.

서기 713-803년
높이 71m에 이르는 '러산 대불'이 청두 근처에 세워진다.

한국 (삼국 시대)

황해

중국

남조

동중국해

남중국해

3 중국의 불교 서기 1세기부터

중국의 불교는 비단길을 이용한 포교사들에 의해 전파된 것으로 추정된다. 서기 148년에 불교 경전이 중국에서 번역되고 있었다. 명상과 지혜를 강조한 이런 불교 경전은 도교나 유교와 같은 철학에 이미 익숙해 있는 사람들의 관심을 끌었다. 불교 역시 성스러운 산에 대한 도교 사상을 받아들여 조용한 명상에 도움이 되는 인적이 드물고 자연 그대로인 신성한 산을 중요시했다.

🏔 불교의 신성한 산   •••• 비단길

4 파간 왕국의 불교 서기 3세기부터

불교가 전파된 지역의 가장 확실한 증거는 서기 3세기부터 등장하기 시작한 비문에 있다. 9세기부터 13세기까지 파간 왕국은 오늘날 미얀마(버마)로 알려진 지역을 차지하고 있었다. 이 시기에 파간 왕국은 소승 불교의 주요 중심지가 되었고 파간 왕조의 지원으로 불교 사원 수천 개를 지었다.

불교의 전파

인도 북부와 네팔에서 시작된 불교는
기원전 5세기부터 서기 3세기까지 아시아 곳곳으로 퍼져 나갔다.
불교는 마우리아 왕조의 아소카왕과 같은
영향력 있는 세력의 지원을 받아
아시아 전역에서 확고하게 자리를 잡았다.

불교는 붓다(깨달은 자)로 알려진 고타마 싯다르타의 가르침에 기반을 두고 있다. 붓다는 룸비니에서 태어났다고 알려져 있으나 그의 생애에 관한 시기는 논쟁의 여지가 있다(기원전 420-380년에 사망했을 것으로 추정된다). 붓다는 자신의 가르침을 기록으로 남기지 않았기 때문에 붓다의 가르침은 처음에 구전으로 퍼졌고 그 정확한 의미는 제자들 사이에서 일치하지 않았다. 이런 이유로 초기에 여러 '종파'가 생겨난 불교는 붓다가 사망하고 수 세기 동안 인도 중심으로 퍼졌고, 바다 건너 스리랑카와 미얀마까지 전파되었다.

불교의 초기 종파 중 하나가 오늘날에도 여전히 존재하는 소승 불교이다. 개인의 해탈을 강조하는 소승 불교는 스리랑카에서 발전했고 또 이곳에서 소승 불교의 팔리어 경전이 기원전 1세기에 편찬되었다. 이때부터 소승 불교는 오늘날의 미얀마, 캄보디아, 라오스, 태국에 해당하는 지역으로 퍼졌다. 불교의 다른 주요 종파인 대승 불교는 사람들을 모두 제도하여 깨달음에 이르게 하는 것의 중요성을 강조했다. 특히 카슈미르에서 발전했고 기원전 3세기에 인도 전역에 퍼졌다. 서기 1세기에는 대승 불교가 중앙아시아에서 쿠샨 왕조의 카니슈카 왕에 의해 채택되었고 비단길을 따라 중국으로 전파되었다.

불교의 기원

붓다는 갠지스강 평원을 주로 다니며 모든 사회 계층에 자신의 가르침을 전했다. 그는 삶이란 고통을 수반하는 일이지만 자신의 가르침을 따르면 고통을 극복할 수 있다고 설파했다.

기호 보기
◆ 붓다가 찾아간 장소
•••• 붓다의 주요 경로

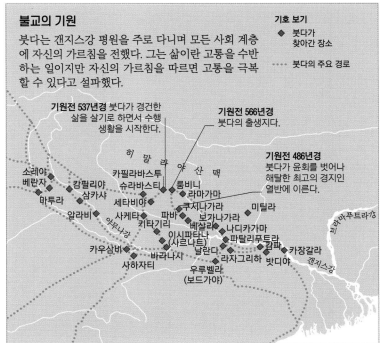

기원전 537년경 붓다가 경건한 삶을 살기로 하면서 수행 생활을 시작한다.

기원전 566년경 붓다의 출생지다.

기원전 486년경 붓다가 윤회를 벗어나 해탈한 최고의 경지인 열반에 이른다.

기독교의 등장

기독교는 서기 1세기에 로마 제국 전체와
일부 인근 지역까지 퍼졌다. 4세기 초까지 박해를 받았지만
이후 기독교는 공식적으로 인정받았고
최상위 계층들 사이에서 더 많은 호응을 얻었다.

서기 1세기에 기독교의 가르침을 전파한 선교사 중 가장 주목할 만한 사람은 베드로와 바울이었다. 구전에 따르면, 베드로는 로마에 교회를 설립했고, 유대교에서 기독교로 개종한 바울은 소아시아, 그리스, 에게해 지역, 이탈리아 등을 다니며 선교 활동을 이어 갔다. 처음에는 유대 공동체를 대상으로 했지만 곧 청중이 많이 늘었다. 기독교 사상은 가난한 사람들의 관심을 끌었고 고전 철학에 대한 중요성도 공유했다. 어떤 이교도 학자들은 기독교를 비난했으나 기독교의 도덕적 가치를 인정하는 이교도 학자도 있었다. 서기 2세기에는 기독교 문인들이 기독교에 대한 강력한 옹호론을 내세웠다.

로마 제국의 뛰어난 운송망과 행정 체계는 기독교 전파에 핵심 기능을 했으며, 또한 교회 조직화를 위한 원형이 되었다. 1세기 말에는 지중해 동부 일대와 로마에 교회가 생겼고 다음 세기에는 지중해 전체와 그 너머에도 교회가 설립되었다. 어떤 황제는 기독교를 하나의 위협으로 여겨 신봉자를 박해했지만, 콘스탄티누스 대제는 기독교를 서기 313년에 공식적으로 인정해 로마 제국에 강하게 뿌리 내리게 했다.

> "너희가 우리를 살해할 때마다
> 우리는 더 많은 숫자로 불어난다.
> 기독인의 피는 신앙의 씨앗이다."
>
> 신학자 테르툴리아누스, 《호교서》에서, 서기 197년

로마의 초기 교회
로마 제국에 자리 잡은 기독교

성 바울과 성 베드로는 서기 50년경에 로마에 도달하고 서기 64년경에 네로 황제의 통치 기간에 순교자가 되었다고 전한다. 1세기 말에는 로마에 주교들이 있었으나 그 당시에는 기독교가 널리 박해받고 있었기 때문에 교회가 흔히 개인의 집에 딸린 하나의 공간이었다. 4세기 초에는 기독교가 더욱 널리 인정받았고 교회가 더 많이 설립되었다.

로마의 지하 묘지
기독교인은 화장보다 매장을 선호했다.
이들은 죽은 사람을 안치한 도시 지하
묘지를 프레스코화로 장식했다.

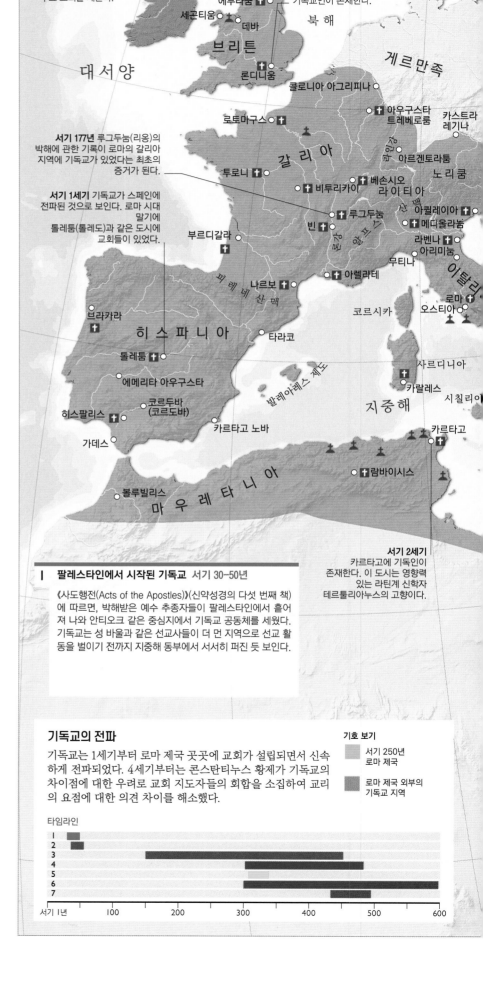

서기 457년
구전에 따르면,
성 패트릭이 아마에
주요 교회를 세운다.

서기 3세기
로마 제국의 통치를 받던
브리튼섬에, 특히 3세기부터
기독교인이 존재한다.

서기 177년 루그두눔(리옹)의
박해에 관한 기록이 로마의 갈리아
지역에 기독교가 있었다는 최초의
증거가 된다.

서기 1세기 기독교가 스페인에
전파된 것으로 보인다. 로마 시대
말기에
톨레툼(톨레도)과 같은 도시에
교회들이 있었다.

서기 2세기
카르타고에 기독교인이
존재한다. 이 도시는 영향력
있는 라틴계 신학자
테르툴리아누스의 고향이다.

아마
에부라쿰
세곤티움 · 데바
브리튼
대서양
북 해
게르만족
론디니움
콜로니아 아그리피나
로토마구스
아우구스타 트레베로룸
카스트라 레기나
갈리아
아르겐토라툼
노리쿰
투로니
베손시오 라이티아
비투리카이
루그두눔
빈
아퀼레이아
메디올라눔
부르디갈라
라벤나
아리미눔
무티나
나르보
아렐라테
이탈리
로마
오스티아
브라카라
피레네산맥
코르시카
히스파니아
타라코
사르디니아
톨레툼
카랄레스
시칠리아
에메리타 아우구스타
발레아레스 제도
지중해
코르두바 (코르도바)
카르타고
히스팔리스
카르타고 노바
가데스
람바이시스
볼루빌리스
마우레타니아

팔레스타인에서 시작된 기독교 서기 30-50년

《사도행전(Acts of the Apostles)》(신약성경의 다섯 번째 책)에 따르면, 박해받은 예수 추종자들이 팔레스타인에서 흩어져 나와 안티오크 같은 중심지에서 기독교 공동체를 세웠다. 기독교는 성 바울과 같은 선교사들이 더 먼 지역으로 선교 활동을 벌이기 전까지 지중해 동부에서 서서히 퍼진 듯 보인다.

기독교의 전파

기독교는 1세기부터 로마 제국 곳곳에 교회가 설립되면서 신속하게 전파되었다. 4세기부터는 콘스탄티누스 황제가 기독교의 차이점에 대한 우려로 교회 지도자들의 회합을 소집하여 교리의 요점에 대한 의견 차이를 해소했다.

기호 보기
서기 250년 로마 제국
로마 제국 외부의 기독교 지역

타임라인
1
2
3
4
5
6
7

서기 1년 | 100 | 200 | 300 | 400 | 500 | 600

7 아일랜드의 기독교 서기 430-492년

로마계 영국인이었던 성 패트릭은 5세기 초에 기독교를 최초로 아일랜드에 전파한 사람이라고 알려져 있다. 구전에 따르면, 그는 아마에서 최초의 주교가 되었다. 서기 430년에도 아일랜드에는 분명히 기독교인이 있었다. 이 시기에 로마 교황이 아일랜드인에게 '예수에 대한 믿음'을 전하도록 파울리누스를 파견했기 때문이다.

6 기독교회의 체계화 서기 300-600년경

초기의 교회는 주요 도시에 기반을 둔 로마 제국과 유사한 방식으로 체계화되었다. 총대주교는 가장 고위급 주교였고, 그 다음은 대주교였다. 5대 총대주교들이 최고권을 주장했으나 서로마 제국에서는 로마의 주교직이 점차 교회에 대한 권력을 확립했다. 하지만 동로마 제국에서는 로마의 주교직이 그런 권력을 확보하지 못했다.

✝ 서기 600년 총대주교 관할 교구

✝ 서기 600년 대주교의 관할 교구

♟ 서기 600년 다른 여러 기독교회

5 콘스탄티누스 대제 서기 306-337년

4세기 초에 콘스탄티누스 대제는 기독교로 개종했다. 그는 밀라노 칙령(서기 313년)에서 기독교의 합법성을 인정했고 325년에는 교회 지도자들의 모임인 니케아 공의회를 소집했다. 니케아 공의회에서는 예수의 신성을 인정하고 부활제의 시기를 제정하는 등 주요 신학적 문제에 합의를 보았다. 니케아 공의회를 비롯한 이후의 공의회들은 로마 제국의 교회를 통합했으나, 또한 동방 정교회와 같은 교파가 생기는 종파 분립을 초래했다.

↻ 기독교 공의회

서기 50년경
바울이 테살로니카를 방문하여 이 도시의 유대 교회당 한 곳에서 설교한다.

서기 325년 니케아 공의회가
상당한 추종자들이 늘어나고 있는 아리우스파를 배척하고 '니케아 신경'을 만든다.

서기 70년경
안티오크가 기독교의 중심지가 된다. 이곳에서 신봉자들이 처음으로 기독교인이라고 불린다.

서기 52-54년경
바울이 에페수스에 머문다. 이 항구도시는 선교 활동의 중심지가 된다.

서기 50년경
바울이 처음으로 코린트를 방문하고 서기 58년에 이 도시로 돌아온다.

서기 60년경
바울이 개종시킨 여러 사람 중 하나인 디도가 최초의 크레타 주교가 된다.

지도 지명: 브리게티오, 다키아, 시르미움, 다뉴브강, 라티아리아, 모에시아, 코니츠, 네페르타레, 스코드라, 스쿠피, 스토비, 트라키아, 아드리아노플, 테살로니카, 라리사, 그리스, 스미르나, 필라델피아, 에페수스, 아테네, 니코폴리스, 코린트, 크레타, 고르티나, 키레네, 리비아, 아프리카, 이집트, 나일강, 멤피스, 알렉산드리아, 흑해, 마르키아노폴리스, 콘스탄티노플, 칼케돈, 니케아, 비티니아, 아미수스, 폰투스, 아마시아, 강그라, 카파도키아, 앙키라, 카이사레아, 카파도키아이, 소아시아, 갈라티아, 이코니움, 신나다, 페르가뭄, 사르디스, 티아티라, 라오디케아, 리키아, 페르게, 셀레우키아, 미라, 로도스, 키프로스, 살라미스, 타르수스, 안티오크, 아파메아, 시리아, 다마스쿠스, 디오카이사레아, 보스트라, 시돈, 티레, 프톨레마이스, 예루살렘, 팔레스타인, 페트라, 아라비아 반도, 므츠헤타, 바가르샤파트, 드빈, 아르타샤트, 아르메니아, 멜리테네, 니시비스, 아르벨라, 아미다, 에데사, 티그리스강, 메소포타미아, 크테시폰, 유프라테스강, 페라스, 곤데샤푸르, 레와르다슈르, 사산 제국, 카스피 해, 페르시아 만, 코카서스 산맥

4 아르메니아의 기독교 서기 301-484년

301년에 아르메니아는 기독교를 국교로 받아들인 (로마 제국의 외부 지역이었던) 최초의 나라가 되었다. 서기 428년에 사산 왕조 통치 시기의 페르시아인들은 아르메니아 동부를 장악하여 이곳에 조로아스터교를 주입하려고 했다. 그러나 이런 압박에 반란을 일으킨 아르메니아인들은 게릴라전을 벌였다. 결국 서기 484년에 페르시아인들은 아르메니아인에게 종교의 자유를 인정하는 조약에 동의했다.

▷ **콘스탄티누스 대제**
이 대리석 두상은 서기 315년경에 만들어진 12m 높이의 콘스탄티누스 대제 조각상의 일부였다. 콘스탄티누스 대제는 기독교인에게 새로운 권리를 부여하고 기독교의 후원자가 되었다.

2 성 바울과 초기 기독교 교회 서기 35-55년경

성 바울의 4차 선교 여행은 소아시아, 그리스, 로마, 스페인 등 더 먼 지역까지 이어졌다. 성 바울은 선교 여행을 다니며 교회를 세웠고 자신의 추종자들이 선교 활동을 더 많이 시작할 수 있도록 장려했다. 이러한 1세기의 가장 유명한 교회 중에는 신약성경의 《요한 계시록》에 기록된 '소아시아의 일곱 교회'가 있었다.

3 콥트 교회 서기 150-451년경

상이집트에서 발견된 콥트어로 쓰인 《요한복음서》의 한 부분을 보면, 기독교가 2세기 중반에 상이집트로 전파된 사실을 알 수 있다. 콥트 교회의 신학적 관점은 다른 교회의 관점과 점차 달라졌다. 이런 차이는 서기 451년에 칼케돈 공의회에서 정점에 이르렀고, 이때부터 콥트 교회는 다른 교회로부터 분리되었다.

서기 340년경 에티오피아 문헌에서
아바 살라마로 불리는, 시리아 기독교인 프로멘티우스가 악숨(에티오피아)의 에자나왕을 기독교인으로 개종시킨다.

악숨 왕국

성 바울의 선교 여행
→ 1차
→ 2차
→ 3차
→ 4차
▲ 소아시아의 일곱 교회

중세 시대

서기 500-1450년의 시기에 해당하는 중세에는
기독교회가 유럽 세계의 현 상황을 그대로 유지하는 데
여념이 없었던 반면, 아시아와 아메리카 대륙의 일부에서는
새로운 문화가 생겨나고 기술 수준이 더욱 높아졌다.

중세의 세계

5세기에 로마 제국이 무너진 이후
천 년 동안 유럽은 경제적, 정치적 퇴보를 겪으면서
기술이 진보한 중국과 강력한 이슬람 제국 앞에서 빛을 잃어 갔다.

△ 황금 가면
'날개 달린 눈이 있는 가면'은 900-1100년에 페루 북부 해안에서 절정을 이룬 시칸 문화의 예술품이다. 이 황금가면은 잉카 문화 이전에 능숙한 금세공 기술이 있었음을 입증한다.

고대 세계를 지배했던 대제국들은 6세기에 이웃 민족의 공격을 받아 몰락했다. 침략자들은 서유럽에서 나라를 세우기 시작했고 로마의 법과 행정 요소를 유지하면서 기독교 문화의 영향을 받았다. 또한 서유럽에는 주종 관계를 기반으로 한 통치 체제인 봉건제가 발달했다. 봉건제는 군주가 영주에게 봉토를 주는 대신에 군역의 의무를 부과하고, 또 영주는 하급 계층에게 토지를 주는 대신에 노동의 의무를 부과하는 등 위계 서열을 주요 근간으로 하는 체제였다. 로마 제국을 계승한 게르만족 후계자들은 그 누구도 예전의 영토를 통합하는 과업을 이루지 못했다. 카롤링거 왕조의 샤를마뉴(재위 768-814년)가 영토 통합을 목전에 두었으나 그가 사망한 뒤 제국은 쇠퇴하기 시작했다. 711년에는 북아프리카에서 온 이슬람 세력이 서고트족의 스페인을 차지했다.

중앙아메리카에서는 900년경에 마야의 도시 국가들이 무너졌다. 같은 지역에서 14세기에 등장한 아즈텍 제국은 남아메리카에서 15세기 중반에 빠르게 성장한 잉카 제국과 그 세력을 나란히 했다. 인도에서는 훈족이 606년에 굽타 제국을 무너뜨렸다. 델리를 기반으로 생겨난 한 술탄국이 13세기 초에 부분적으로 안정된 세력을 유지했다.

이슬람 세력과 십자군 원정

아라비아반도에서 7세기 초에 처음 나타난 이슬람 세력이 빠르게 확산하여 스페인에서 중앙아시아까지 영토를 넓힌 거대한 제국이 되었다. 우마이야 왕조와 이후 아바스 왕조의 칼리프와 같은 이슬람 통치자는 나라를 번창시키고 문화적으로 활력이 넘치도록 다스렸으나 매우 광대한 영토를 통치하는 어려움은 극복하지 못했다. 10세기 초, 이슬람 세력은 서로 경쟁하는 여러 토후국이나 칼리프 영역으로 나눠지기 시작했다. 유럽에서는 이런 분열된 이슬람 영역으로 십자군 원정대를 처음 파견하기 시작해 수 세기 동안 전쟁을 치렀다.

△ 경이로운 무어식 건축
이 화려한 '사자의 중정'은 1370년경에 나스르 왕조의 술탄 무함마드 5세가 그라나다의 알람브라 궁전에 지은 건축물이다. 이 건축물은 스페인 이슬람 문화의 세련미를 대표한다.

중세의 유럽

십자군 전쟁은 이슬람 세력으로부터 예루살렘을 탈환하기 위해 일어난 대원정이었다. 십자군 원정대는 1096년에서 1291년 사이에 팔레스타인에서 기독교가 다스리는 나라들을 세우는 데 성공했다. 그러나 이후에는 맘루크 왕조와 셀주크 왕조 등 다시 부상한 이슬람 세력에 연이어 패배당했다.

십자군 원정을 부추긴 로마 교황은 유럽에서 정신적인 영향력뿐 아니라 정치적인 영향력까지 갖고 있었고 세속적인 통치자보다 높은 권한을 차지하려는 오랜 투쟁을 벌였다. 이런 로마 교황의 투쟁은 독일에 기반을 둔 신성 로마 제국의 황제들과 서임권을 둘러싼 싸움으로 이어졌다(120-123쪽 참조).

유럽은 더 많은 침략에 시달려야 했다. 바이킹족이 800년경부터 200년 동안 유럽의 북서쪽 해안지대를 괴롭혔다. 900년경에는 유럽이 헝가

격변의 시대

6세기에서 10세기까지 중세 초기는 고대 세계의 주요 문명들이 붕괴한 후 뒤이어 새로운 세력이 등장하는 격변의 시대였다. 서유럽에는 프랑크족이 등장하고, 또 중동에는 이슬람 제국이, 중국에는 당나라가 등장했다. 13세기와 14세기에는 몽골족이 유라시아에서 대제국을 건설하고 전염병이 유행하여 유럽에서 약 2,500만 명이 사망하는 등 다시 불안한 시기를 맞았다.

533-535년 비잔티움 황제 유스티니아누스 1세가 게르만족으로부터 북아프리카와 이탈리아를 되찾기 위해 전쟁을 개시한다.

618년 당나라가 400년 동안 분열되어 있던 중국을 재통일한다.

622년 헤지라가 이슬람력의 원년이 된다. 헤지라는 예언자 무함마드가 신도들과 함께 메카에서 메디나로 이주한 것을 말한다.

750년 아바스 왕조가 바그다드에서 새 칼리프 체제를 시작한다.

러시아와 비잔티움 제국				
인도와 동아시아				
이슬람 세계				
서유럽				
아메리카 대륙				
	500년	600년	700년	800년

711년 북아프리카의 이슬람 군대가 서고트족의 스페인 왕국을 침략하여 무너뜨린다.

606년 인도의 굽타 제국이 결국 무너진다.

800년 프랑크의 통치자 샤를마뉴가 황제로 등극한다.

◁ **죽음의 무도**
15세기에 독일의 화가 베른트 노트케가
그린 벽화 '죽음의 무도'를 보면,
흑사병이 퍼진 시기에
유럽인들의 죽음에 대한 두려움이
얼마나 고조되었는지를 알 수 있다.
죽음이 부유한 자와 가난한 자 가릴 것 없이
모두에게 덮친 듯 보인다.

리 평원에 자리 잡은 마자르족의 침략을 받기도 했다. 또한 1240년대
에는 활을 잘 쏘는 기마 부족인 몽골족이 유럽 동부를 급습하며 나타
났다.

몽골족의 등장

몽골족은 유럽뿐 아니라 중국도 정복했다. 이 무렵, 중국은 589년에
수나라에 의해 통일되었고 618년부터는 당나라 지배를 받으며 번창했
다. 960년부터는 중국이 송나라의 지배를 받기 시작했다.

아시아와 중동 사이에 새로운 사상과 부를 전달하는 비단길 동쪽
끝에서 중국은 화약, 인쇄술, 나침반을 발명했으나 몽골족의 침략은
극복하지 못했다. 몽골족은 동남아시아를 공격하여 오늘날의 미얀마
에 해당하는 파간 왕국을 무너뜨렸고 캄보디아의 앙코르 왕국을 위협
했다. 몽골의 군대는 일본도 침략하려고 했으나 폭풍 때문에 두 차례
나 퇴각해야 했다. 당시에 일본은 막부의 수장 쇼군이 나라를 통치하
고 사무라이 전사들이 무사도 정신으로 쇼군을 섬기는 무사 정권 체
제를 유지하고 있었다.

유럽의 부흥

전 세계적으로 전염병이 유행하고 몽골족이 유럽의 동쪽 변방을 침략
했지만, 유럽은 살아남았고 번창하기까지 했다. 흑사병이 퍼졌을 때 유
럽 인구의 1/3 이상이 사망했다. 그러나 흑사병으로 노동력이 이제 귀
한 용역이 되어 소작농의 삶은 향상되었다. 또 이런 영향이 봉건제의
기반을 흔들어 놓았다.

유럽은 이제 새로운 사상들이 나타나기 시작했다. 이탈리아에는 고
전 예술과 사상에 흥미가 다시 일어 문화 혁신 운동인 르네상스가 도
래했다(164-165쪽 참조). 이탈리아 상인들은 금융 방식을 개척했고

해양 공화국 베네치아와 제노바는 지중해 동부 곳곳에서 세력을 넓혀
갔다. 1450년경에 유럽의 야망과 시야는 다시 확대되기 시작했다.

▽ **격파당한 몽골족**
일본 화가 우타가와 쿠니요시가 제작한
목판화로 1274년과 1281년에 일본의
승려 니치렌이 폭풍을 일으켜 몽골족의
함대를 격파하는 장면을 묘사한 것이다.

*"세상이 끝날 것이라고 믿었고 모두가 죽을 것이라고 예상했기
때문에 아무도 죽은 이를 슬퍼하지 않았다."*

연대기 작가, 아그놀로 디 투라, 이탈리아의 흑사병에 관해, 1348년

862년 노브고로드인들이
스웨덴의 바이킹
류리크에게 자신들을
다스릴 것을 청한다.

988년 키예프의
블라디미르 대공이
기독교로
개종한다.

1099년 제1차
십자군 원정대가
예루살렘을
점령한다.

1204년 제4차 십자군
원정대가 콘스탄티노플을
점령한다.

1258년
몽골 군대가
바그다드를
약탈한다.

1279년
몽골의 쿠빌라이
칸이 중국을 완전히
정복한다.

1348년 유럽의 대부분
지역이 흑사병으로
황폐화된다.

1453년 오스만 제국의
술탄 메흐메트 2세가
콘스탄티노플을
점령한다.

900년　　　　1000년　　　　　1100년　　　　　1200년　　　　　　1300년　　　　　　1400년　　　　　1500년

869년 마야의 도시 국가
티칼에서 마지막으로 추정되는
비문이 만들어졌으나 얼마
지나지 않아 이 도시는 멸망한다.

1000년 남아메리카에서
대제국의 수도였던
티와나쿠 도시가
버려진다.

1076년 교황 그레고리우스 7세가
서임권을 둘러싼 권력 투쟁의 일환으로
신성 로마 제국의 황제 하인리히 4세를
파문한다.

1206년
델리 술탄
왕국이 인도에
세워진다.

1337년
영국과 프랑스
사이에 100년 전쟁이
시작된다.

1429년
아즈텍 제국이 제국의 토대를
이룬 멕시코 계곡에서 다른
나라들과 삼국 동맹을 결성한다.

1438년
파차쿠티가 연이은 정복
활동으로 잉카 제국을
확립한다.

비잔티움 제국

330년, 로마의 콘스탄티누스 대제가 수도를
로마에서 이전의 그리스 식민지 도시 비잔티움으로 옮겼다.
이후 비잔티움은 콘스탄티노플로 명칭이 바뀌었다.
395년에는 로마 제국이 두 제국으로 갈라졌고
476년에는 서로마 제국이 몰락했다. 그러나 동로마 제국은
난공불락의 수도 콘스탄티노플을 중심으로 1천 년 동안 지속되었다.

476년, 서로마 제국의 마지막 황제가 물러난 이후 (역사가들이 비잔티움 제국이라 칭한) 동로마 제국은 로마 제국의 통치권을 갖는 유일한 나라로 존속했다. 더욱이 동로마 제국은 몰락한 라틴어권의 서로마 제국과 달리 영토가 그리스어권이어서 그리스어를 공용으로 사용하고 있었다.

554년경에 비잔티움 제국의 황제 유스티니아누스 1세(재위 527-565년)는 로마를 포함한 지중해 서부 해안의 많은 영토를 되찾았다. 비잔티움 제국은 이 영토를 앞으로 200년 이상 계속 유지했다. 유스티니아누스 1세는 이런 성과를 기념하기 위해 하기아 소피아 성당을 짓도록 명령했다. 이 성당은 이후 동방 정교회의 중심지가 되었고, 특히 이슬람 세계 곳곳에 생겨나는 많은 새로운 건축물에 영향을 주었다. 그러나 7세기에 비잔티움 제국은 새롭게 부상하는 이슬람 세력에 북아프리카와 중동 지역을

잃었고, 슬라브족이 이끈 침략자들에게 발칸 반도의 대부분 지역을 빼앗겼다. 비잔티움 제국은 마케도니아 왕조(867-1056년)의 황제들이 통치를 계속 이어 간 덕분에 잃어버린 영토를 되찾았다. 하지만 로마 교회로부터 분리되고(1054) 교황의 권위에 도전한 결과로 베네치아인들이 참가한 제4차 십자군 원정대에게 콘스탄티노플을 약탈당했다. 이로써 비잔티움 제국은 세력이 약해지고 더는 예전의 위용을 되찾지 못했다.

그러나 비잔티움 제국은 천 년에 걸쳐 존속하는 동안 새롭게 부상하는 동쪽 세력으로부터 유럽을 보호하는 역할을 했다. 비잔티움 제국의 번성한 수도 콘스탄티노플은 예술, 문학, 과학, 철학 분야에 지대한 영향을 끼쳤다. 콘스탄티노플이 지식의 중심지와 고대 그리스 문헌의 지킴이 역할을 한 덕분에 근대 유럽 문명이 생겨날 수 있었다.

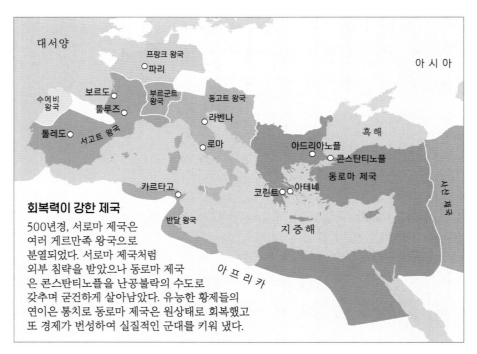

회복력이 강한 제국

500년경, 서로마 제국은 여러 게르만족 왕국으로 분열되었다. 서로마 제국처럼 외부 침략을 받았으나 동로마 제국은 콘스탄티노플을 난공불락의 수도로 갖추며 군건하게 살아남았다. 유능한 황제들의 연이은 통치로 동로마 제국은 원상태로 회복했고 또 경제가 번성하여 실질적인 군대를 키워 냈다.

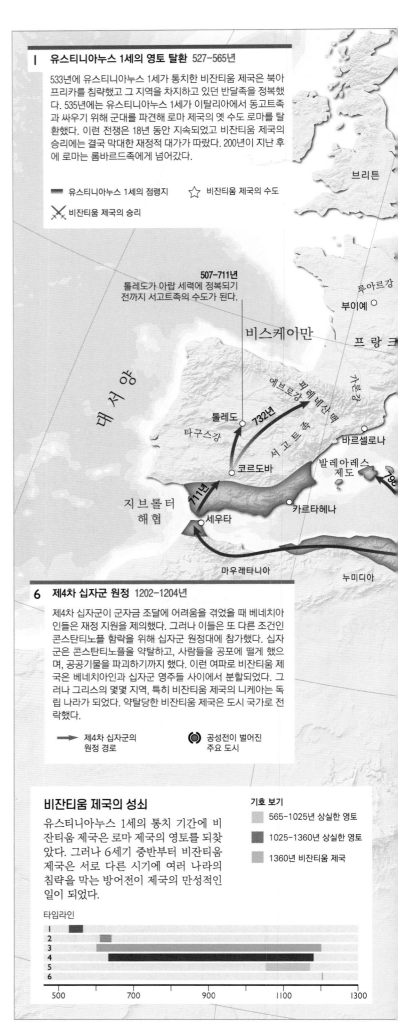

유스티니아누스 1세의 영토 탈환 527-565년

533년에 유스티니아누스 1세가 통치한 비잔티움 제국은 북아프리카를 침략했고 그 지역을 차지하고 있던 반달족을 정복했다. 535년에는 유스티니아누스 1세가 이탈리아에서 동고트족과 싸우기 위해 군대를 파견해 로마 제국의 옛 수도 로마를 탈환했다. 이런 전쟁은 18년 동안 지속되었고 비잔티움 제국의 승리에는 결국 막대한 재정적 대가가 따랐다. 200년이 지난 후에 로마는 롬바르드족에게 넘어갔다.

■ 유스티니아누스 1세의 점령지   ☆ 비잔티움 제국의 수도
✕ 비잔티움 제국의 승리

507-711년
톨레도가 아랍 세력에 정복되기 전까지 서고트족의 수도가 된다.

6 제4차 십자군 원정 1202-1204년

제4차 십자군이 군자금 조달에 어려움을 겪었을 때 베네치아인들은 재정 지원을 제의했다. 그러나 이들은 또 다른 조건인 콘스탄티노플 함락을 위해 십자군 원정대에 참가했다. 십자군은 콘스탄티노플을 약탈하고, 사람들을 공포에 떨게 했으며, 공공기물을 파괴하기까지 했다. 이런 여파로 비잔티움 제국은 베네치아인과 십자군 영주들 사이에서 분할되었다. 그러나 그리스의 몇몇 지역, 특히 비잔티움 제국의 니케아는 독립 나라가 되었다. 약탈당한 비잔티움 제국은 도시 국가로 전락했다.

→ 제4차 십자군의 원정 경로   ◉ 공성전이 벌어진 주요 도시

비잔티움 제국의 성쇠

유스티니아누스 1세의 통치 기간에 비잔티움 제국은 로마 제국의 영토를 되찾았다. 그러나 6세기 중반부터 비잔티움 제국은 서로 다른 시기에 여러 나라의 침략을 막는 방어전이 제국의 만성적인 일이 되었다.

기호 보기
▨ 565-1025년 상실한 영토
▨ 1025-1360년 상실한 영토
▨ 1360년 비잔티움 제국

타임라인

2 페르시아의 공격에 맞선 방어전 610-641년

비잔티움 제국의 황제 헤라클리우스(재위 610-641년)가 사산 왕조 페르시아가 침략하는 가운데 정권을 잡았다. 사산 왕조 페르시아는 이미 이집트와 레반트를 장악했고 콘스탄티노플을 포위하려고 했다. 627년에 헤라클리우스는 사산 왕조 페르시아에 반격을 시작해 페르시아의 수도 크테시폰을 포위했다. 결국에는 사산 왕조 페르시아의 위협을 가라앉히는 평화 협정이 맺어졌다.

→ 페르시아의 침략　⇢ 헤라클리우스의 반격

★ 페르시아의 수도

3 유목민의 습격 600-1200년

10세기에 슬라브족, 아바르족, 불가르족 등의 반유목 민족들이 그리스의 펠로폰네소스 반도와 다뉴브강 사이의 발칸 지역을 침략했다. 1014년에 비잔티움 제국의 바실리우스 2세(재위 976-1027년)는 불가리아 왕국을 무너뜨리고 합병했다. 이 정복으로 바실리우스 2세는 '불가르족의 학살자'라는 별명을 얻었다. 그러나 비잔티움 제국은 1185년에 반란이 일어나 발칸 지역을 잃고 세력이 약해지기 시작했다.

→ 유목민의 습격　⚔ 비잔티움 제국의 승리 지역

4 이슬람 세력의 침략 629-1180년

최초의 칼리프가 이끈 아랍계 이슬람 군대가 사산 왕조 페르시아와 비잔티움 제국을 침략했다. 636년에 야르무크 전투에서 비잔티움 제국의 군대가 엄청난 손실을 당했다. 이 전쟁의 여파로, 먼저 시리아를 비롯해 팔레스타인과 이집트가 차례로 아랍계 이슬람 군대에 정복당하고 이슬람의 지배를 받았다. 마케도니아 왕조(867-1056년)가 통치한 비잔티움 제국은 7세기에 이슬람 세력에 빼앗겼던 영토를 탈환했다.

→ 이슬람 세력의 침략　⚔ 비잔티움 제국의 패배

5 비잔티움 제국과 셀주크 튀르크의 전쟁 1048-1071년

11세기에 중앙아시아에서 온 기마 군단인 셀주크 튀르크가 비잔티움 제국을 침략했다. 만지케르트 전투(1071년)에서 비잔티움 제국의 황제 로마누스 디오게네스가 포로로 잡혔다. 셀주크 튀르크가 콘스탄티노플을 위협하자 비잔티움 제국은 로마에 지원 요청을 했다. 이 일은 제1차 십자군 원정으로 이어지는 계기가 되었다(110-111쪽 참조).

⚔ 비잔티움 제국의 패배

→ 셀주크 튀르크의 침략

전쟁을 위해 무장한 셀주크 튀르크의 기사들

▷ 황제 유스티니아누스 1세
비잔티움 제국의 황제 유스티니아누스 1세를 묘사한 모자이크로 라벤나의 산 비탈레 성당 벽화의 일부분이다. 이 벽화는 유스티니아누스 1세가 로마 제국의 옛 수도를 탈환한 이후 547년에 완성되었다.

이슬람 세력의 대두

서기 610년경, 예언자 무함마드가 여러 차례 알라의 계시를 받아 이슬람교라는 새로운 신앙이 시작되었다.
이후 이슬람교를 믿는 신도들이 아라비아반도에서 급속히 늘었다. 한 세기도 지나지 않아 이슬람교의 기치를 내건 세력이 페르시아에서 스페인에 이르는 광대한 영토를 정복했다.

무함마드는 570년경에 메카의 영향력 있는 상인 집안에 태어났다. 무함마드는 40세부터 여러 차례 신의 계시를 경험했고 613년경부터는 유일신 알라의 메시지를 전하기 시작했다. 다신교와 우상 숭배를 규탄한 무함마드는 지지를 얻지 못하고 야스리브(메디나)로 탈출해야 했다. 무함마드가 전파한 이슬람교는 점차 추종자가 늘기 시작했고 무함마드는 곧 군대를 양성하여 메카를 점령했다.

칼리프로 알려진 무함마드의 후계자들이 이끈 이슬람 세력은 비잔티움 제국과 페르시아 제국을 침략했다. 비잔티움 제국과 페르시아 제국은 이슬람 세력에 맞서 602년에서 628년까지 이어진 전쟁으로 세력이 매우 약해졌다. 비잔티움 제국은 먼저 시리아를 잃었고, 예루살렘을 포함한 팔레스타인과 이집트를 차례로 이슬람에 빼앗겼다. 그러나 사산 왕조 페르시아 제국은 나라 전체가 이슬람에 정복당했다. 이로써 이슬람 세력은 이라크에서 인도의 경계 지역까지 이르는 영토를 차지하며 새로운 나라를 확립했다.

우마이야 왕조의 칼리프들은 661년부터 다마스쿠스를 수도로 정해 이슬람 제국을 다스렸다. 이들은 이전의 비잔티움 제국의 속주에 있던 그리스 관료들의 경험을 이용하여 복잡한 행정 체계를 확립했다. 또한 아라비아반도 너머의 민족을 제국으로 통합하는 장려책을 펼쳤다. 더 많은 사람을 이슬람교로 개종시켰고 이슬람 군대를 서쪽으로 진군하여 711년경에는 북아프리카의 나머지 지역과 스페인의 대부분 지역을 정복했다. 8세기 중반에는 이 모든 영토가 한 통치자의 지배하에 잠시 통합되었다. 이슬람 제국의 통치자는 이제 이슬람 교리가 모두 글로 기록되어 완성된 《코란》 경전을 갖춘 이슬람교를 따랐다.

이슬람교의 분열, 634-661년
수니파와 시아파

무함마드가 사망한 된 이슬람 세계 내에 대립하기 시작했던 정치적, 종교적 권한을 갖는 후계자 문제는 뜻밖의 분열로 이어졌다. 대부분은 무함마드의 사위 알리 가문이 후계자가 되어야 한다고 여겼고 이들은 시아파(알리를 따르는 사람들)가 되었다. 반면에 이런 관점을 거부하고 다마스쿠스의 우마이야 왕조와 그 계승자를 지지하는 사람들은 수니파가 되었다. 이런 이슬람의 분열은 오늘날까지 계속 이어졌다.

서체로 나타낸 계승권
18세기에 튀르키예에서 제작된 이 미술품에서 붉은 서체는 알라를 나타낸다. 중간의 푸른 서체는 시아파의 초대 이맘인 알리를 칭하고, 초록색 서체는 예언자 무함마드를 칭하고 있다.

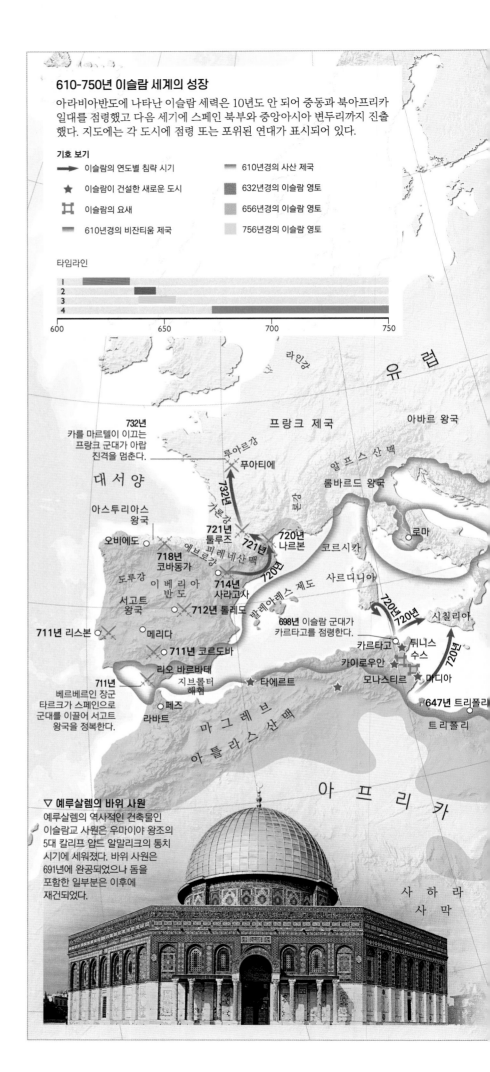

610-750년 이슬람 세계의 성장
아라비아반도에 나타난 이슬람 세력은 10년도 안 되어 중동과 북아프리카 일대를 점령했고 다음 세기에 스페인 북부와 중앙아시아 변두리까지 진출했다. 지도에는 각 도시에 점령 또는 포위된 연대가 표시되어 있다.

기호 보기

→ 이슬람의 연도별 침략 시기
★ 이슬람이 건설한 새로운 도시
卄 이슬람의 요새
━ 610년경의 비잔티움 제국
━ 610년경의 사산 제국
━ 632년경의 이슬람 영토
━ 656년경의 이슬람 영토
━ 756년경의 이슬람 영토

타임라인

600 — 650 — 700 — 750

732년
카를 마르텔이 이끄는 프랑크 군대가 아랍 진격을 멈춘다.

푸아티에
루아르강
프랑크 제국
아바르 왕국
알프스 산맥
롬바르드 왕국
로마
코르시카
732년
721년 툴루즈
720년 나르본
718년 코바동가
714년 사라고사
720년
아스투리아스 왕국
오비에도
도루강
이베리아 반도
서고트 왕국
712년 톨레도
사르디니아
발레아레스 제도
711년 리스본
메리다
711년 코르도바
리오 바르바테
지브롤터 해협
698년 이슬람 군대가 카르타고를 점령한다.
720년 720년
카르타고
튀니스
수스
카이로우안
모나스티르
마디아
720년
시칠리아
647년 트리폴리
트리폴리
711년
베르베르인 장군 타르크가 스페인으로 군대를 이끌어 서고트 왕국을 정복한다.
페즈
라바트
마그레브
아틀라스 산맥
아프리카
사하라 사막
유럽
라인강

▽ 예루살렘의 바위 사원
예루살렘의 역사적인 건축물인 이슬람교 사원은 우마이야 왕조의 5대 칼리프 압드 알말리크의 통치 시기에 세워졌다. 바위 사원은 691년에 완공되었으나 돔을 포함한 일부분은 이후에 재건되었다.

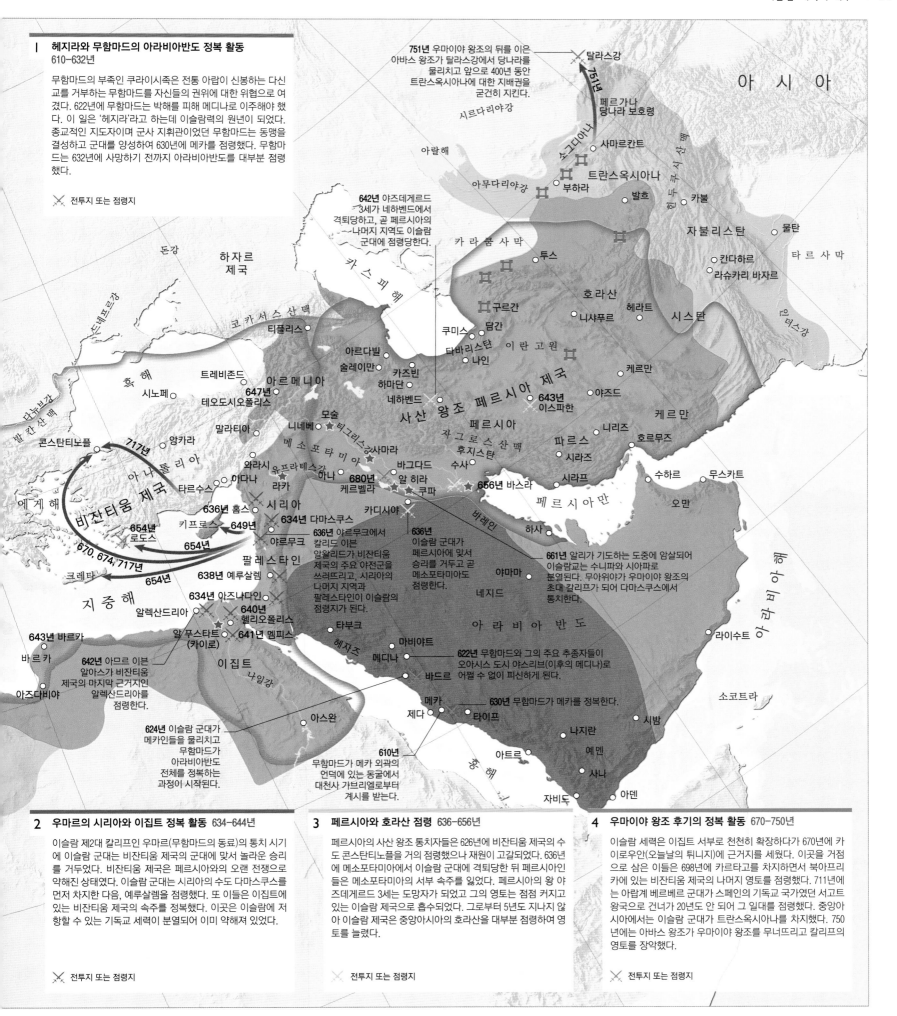

1 헤지라와 무함마드의 아라비아반도 정복 활동
610–632년

무함마드의 부족인 쿠라이시족은 전통 아랍이 신봉하는 다신교를 거부하는 무함마드를 자신들의 권위에 대한 위협으로 여겼다. 622년에 무함마드는 박해를 피해 메디나로 이주해야 했다. 이 일을 '헤지라'라고 하는데 이슬람력의 원년이 되었다. 종교적인 지도자이며 군사 지휘관이었던 무함마드는 동맹을 결성하고 군대를 양성하여 630년에 메카를 점령했다. 무함마드는 632년에 사망하기 전까지 아라비아반도를 대부분 점령했다.

✕ 전투지 또는 점령지

751년 우마이야 왕조의 뒤를 이은 아바스 왕조가 탈라스강에서 당나라를 물리치고 앞으로 400년 동안 트란스옥시아나에 대한 지배권을 굳건히 지킨다.

642년 야즈데게르드 3세가 네하벤드에서 격퇴당하고, 곧 페르시아의 나머지 지역도 이슬람 군대에 점령당한다.

643년 이스파한

680년 케르벨라

656년 바스라

661년 알리가 기도하는 도중에 암살되어 이슬람교는 수니파와 시아파로 분열된다. 무아위야가 우마이야 왕조의 초대 칼리프가 되어 다마스쿠스에서 통치한다.

636년 이슬람 군대가 페르시아에 맞서 승리를 거두고 곧 메소포타미아도 점령한다.

647년 테오도시오폴리스

636년 홈스

634년 다마스쿠스

649년

654년 로도스

670, 674, 717년

654년

717년 콘스탄티노플

636년 야르무크에서 칼리드 이븐 알왈리드가 비잔티움 제국의 주요 야전군을 쓰러뜨리고, 시리아의 나머지 지역과 팔레스타인이 이슬람의 점령지가 된다.

638년 예루살렘

634년 아즈나다인

640년 헬리오폴리스

641년 멤피스

643년 바르카

642년 아므르 이븐 알아스가 비잔티움 제국의 마지막 근거지인 알렉산드리아를 점령한다.

622년 무함마드와 그의 주요 추종자들이 오아시스 도시 야스리브(이후의 메디나)로 어쩔 수 없이 피신하게 된다.

630년 무함마드가 메카를 정복한다.

624년 이슬람 군대가 메카인들을 물리치고 무함마드가 아라비아반도 전체를 정복하는 과정이 시작된다.

610년 무함마드가 메카 외곽의 언덕에 있는 동굴에서 대천사 가브리엘로부터 계시를 받는다.

2 우마르의 시리아와 이집트 정복 활동 634–644년

이슬람 제2대 칼리프인 우마르(무함마드의 동료)의 통치 시기에 이슬람 군대는 비잔티움 제국의 군대에 맞서 놀라운 승리를 거두었다. 비잔티움 제국은 페르시아와의 오랜 전쟁으로 약해진 상태였다. 이슬람 군대는 시리아의 수도 다마스쿠스를 먼저 차지한 다음, 예루살렘을 점령했다. 또 이들은 이집트에 있는 비잔티움 제국의 속주를 정복했다. 이곳은 이슬람에 저항할 수 있는 기독교 세력이 분열되어 이미 약해져 있었다.

✕ 전투지 또는 점령지

3 페르시아와 호라산 점령 636–656년

페르시아의 사산 왕조 통치자들은 626년에 비잔티움 제국의 수도 콘스탄티노플을 거의 점령했으나 재원이 고갈되었다. 636년에 메소포타미아에서 이슬람 군대에 격퇴당한 뒤 페르시아인들은 메소포타미아의 서부 속주를 잃었다. 페르시아의 왕 야즈데게르드 3세는 도망자가 되었고 그의 영토는 점점 커지고 있는 이슬람 제국으로 흡수되었다. 그로부터 5년도 지나지 않아 이슬람 제국은 중앙아시아의 호라산을 대부분 점령하여 영토를 늘렸다.

✕ 전투지 또는 점령지

4 우마이야 왕조 후기의 정복 활동 670–750년

이슬람 세력은 이집트 서부로 천천히 확장하다가 670년에 카이로우안(오늘날의 튀니지)에 근거지를 세웠다. 이곳을 거점으로 삼은 이들은 698년에 카르타고를 차지하면서 북아프리카에 있는 비잔티움 제국의 나머지 영토를 점령했다. 711년에는 아랍계 베르베르 군대가 스페인의 기독교 국가였던 서고트 왕국으로 건너가 20년도 안 되어 그 일대를 점령했다. 중앙아시아에서는 이슬람 군대가 트란스옥시아나를 차지했다. 750년에는 아바스 왕조가 우마이야 왕조를 무너뜨리고 칼리프의 영토를 장악했다.

✕ 전투지 또는 점령지

이슬람의 칼리프 체제

661년부터 이슬람 세계를 통치한 우마이야 왕조는
749-750년에 멸망했다. 그 뒤를 이은 아바스 왕조는
그리 오래가지 못하고 흔들리기 시작했다.
지역의 통치자들이 독립하면서
바그다드에 대한 지배권만 가진 채 명맥만 유지했다.

우마이야 왕조(98-99쪽 참조)는 749-750년에 잠시의 내란이 일어난 뒤 무너졌다. 내란의 일부 원인은 비아랍계 무슬림에 대한 차별 때문이었다. 무함마드의 삼촌 후손들이 세운 아바스 왕조는 바그다드를 중심지로 삼아 세력을 키우고 안정을 되찾았다. 그러나 거대한 이슬람 제국을 통치하는 일은 결국 불가능한 과업이었다. 809년과 833년 사이에 일어난 잇따른 내란으로 아바스 왕조가 약해지자 수많은 나라가 아바스 왕조에서 독립했다. 스페인에서는 이미 756년에 우마이야 왕조 계통의 한 나라가 독립했고, 이프리키야(튀니지와 그 주변 지역)를 중심으로 확립된 아글라브 왕조는 800년부터 독립되었다. 이집트를 중심으로 확립된 툴룬 왕조는 868년부터 아바스 왕조의 통제에서 벗어났고 이후에는 이 지역에 파티마 왕조가 세력을 키웠다. 부와이흐 왕조는 926년부터 이란에서 확고히 자리 잡았고 가즈나 왕조는 977년경부터 동쪽 영토를 차지했다.

새 왕조들이 나타나면서 아바스 왕조의 지배력은 약해지고 칼리프는 겨우 이름을 내걸고 메소포타미아에서 아주 작은 영토만 지배하게 되었다. 그러나 이조차도 1258년에 몽골의 침략을 받아 사라졌다. 몽골은 바그다드를 약탈하고 칼리프 영토를 모두 휩쓸어 버렸다.

> *"다른 사람의 이야기에 만족하지 말라. 다른*
> *사람이 어떻게 했든 너 자신의 신화를 펼쳐라."*
>
> 루미, 13세기 이슬람 학자이자 시인

이슬람의 황금기
아바스 왕조 시대의 과학과 문화

아바스 왕조의 수도 바그다드에 온갖 분야의 학자들이 모였다. 유럽과 아시아에서 접근하기 쉬운 바그다드는 사상 교류의 장이 되었다. 이 사상들은 아랍 학자들의 고전 번역을 통해 재등장했다. 하룬 알라시드와 그의 아들 알마문을 포함한 아바스 칼리프들은 '지혜의 집'을 창설하여 바그다드에서 학문과 교육을 적극적으로 장려했다.

이슬람의 체스 놀이
페르시아를 거쳐 인도에서 바그다드로 전해진 체스 놀이는 9세기의 삽화에서 보듯이 이슬람 세계에서 인기를 끌었다.

800-1200년경 이슬람 세계의 분열

거대한 제국이었던 아바스 왕조는 지도에 연대별로 나와 있듯이 많은 왕조로 분열되었다. 어떤 왕조는 서서히 사라졌고 셀주크 왕조와 같은 세력(124쪽 참조)은 이후 이슬람 세계의 권력 공백을 메웠다.

기호 보기
■ 1000년경 이슬람 세계
→ 이슬람의 영토 확장

타임라인
1 / 2 / 3 / 4 / 5 / 6
700 · 800 · 900 · 1000 · 1100 · 1200 · 1300

프랑크 제국

이베리아 반도

피레네산맥

알프스

756년 우마이야 왕조의 왕자 아브드 알 라흐만이 스페인으로 탈출해 새로운 토후국을 세운다. 이 토후국은 929년에 칼리프의 영토로 격상한다.

우마이야 왕조 756-1031년

코르도바
세비야
그라나다
바르셀로나

탕헤르

지중해

마라케시
알모라비드 왕조 1056-1147년
마그레브

지리드 왕조 972-1148년

이드리스 왕조 789-926년
알모하드 왕조 1130-1269년
튀니스
카이로우안

아글라브 왕조 800-909년

아프리카

사하라

1 아바스 왕조 750-1258년

아바스 왕조는 마지막 우마이야 왕조를 집어삼킨 내란이 일어난 후 권력을 잡았다. 아바스 왕조의 2대 칼리프 알만수르는 (원형으로 설계한) 새 도시 바그다드를 건립하여 문화와 상업의 중심지로 만들었다. 10세기에 점차 쇠퇴한 아바스 왕조는 생존을 보장받기 위해 부와이흐 왕조와 함단 왕조와 같은 세력에 보호를 청하는 나라로 전락했다. 아바스 왕조의 마지막 칼리프인 알 무스타심은 1258년에 몽골족이 바그다드를 약탈했을 때 죽임을 당했다.

■ 800년경 아바스 왕조의 영토 범위

2 사만 왕조 819-999년

사만 왕조는 이전에 이란 동부에 파견된 아바스 왕조의 총독이 처음 세운 왕조였다. 점차 독립을 주장한 사만 왕조는 900년에 호라산의 부하라를 점령해 수도로 삼고 세력을 키웠다. 사만 제국은 977년경에 시인 피르다우시가 저술한 페르시아어 대서사시 《샤나메》, 섬세한 도자기 등의 예술을 갖추며 문화적, 경제적 번영을 이루었다. 그러나 사만 왕조는 동쪽 경계 지역의 외세 침략으로 세력이 약해졌다. 999년에는 사만 왕조가 튀르크계 카라한 왕조에게 부하라를 점령당하면서 결국 멸망했다.

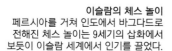 900년경 사만 왕조의 영토 범위

6 알모라비드 왕조 1056-1147년

베르베르족 연합체인 알모라비드 왕조는 순수한 이슬람을 목표로 하는 11세기 종교 부흥의 중심에 있었다. 이들은 종교적 열정을 정복 활동과 결합해 모로코를 점령하고 1062년에 도시 마라케시를 세웠다. 스페인의 이슬람 왕국으로부터 기독교의 국토회복운동(126-127쪽 참조)을 막아 달라고 요청받은 알모라비드 왕조는 유수프 이븐 타슈핀의 지휘로 이베리아반도의 남부를 지배했다. 그러나 알모라비드 왕조는 1145년경 스페인에서 쫓겨났고, 북아프리카에서 일어난 또 다른 종교부흥 운동 세력인 알모하드의 도전을 받았다. 알모하드 왕조는 1147년에 마라케시를 점령한다.

■ 1100년경 알모라비드 왕조의 영토

5 가즈나 왕조 977-1186년

가즈나 왕조는 977년부터 호라산의 가즈니에서 기반을 세운 튀르크계의 이슬람 왕조였다. 점차 영토를 확장한 가즈나 왕국은 1005년경에 이전의 사만 제국의 서부 지역까지 장악했고 이후에는 부와이흐 제국의 동부 지역을 점령했다. 그러나 가즈나 왕조는 1040년에 단다나칸 전투에서 셀주크 왕조에 참패한 이후 호라산 동부의 작은 지역을 통치하는 나라로 전락하고 1186년까지 존속했다.

■ 1028년경 가즈나 왕조의 영토

✕ 전투 지역

△ **11세기 파티마 왕조의 펜던트**
누비아(오늘날의 수단)의 금광을 장악한 파티마 왕조는 금으로 정교하게 줄 세공을 한 장신구를 만들어 냈다.

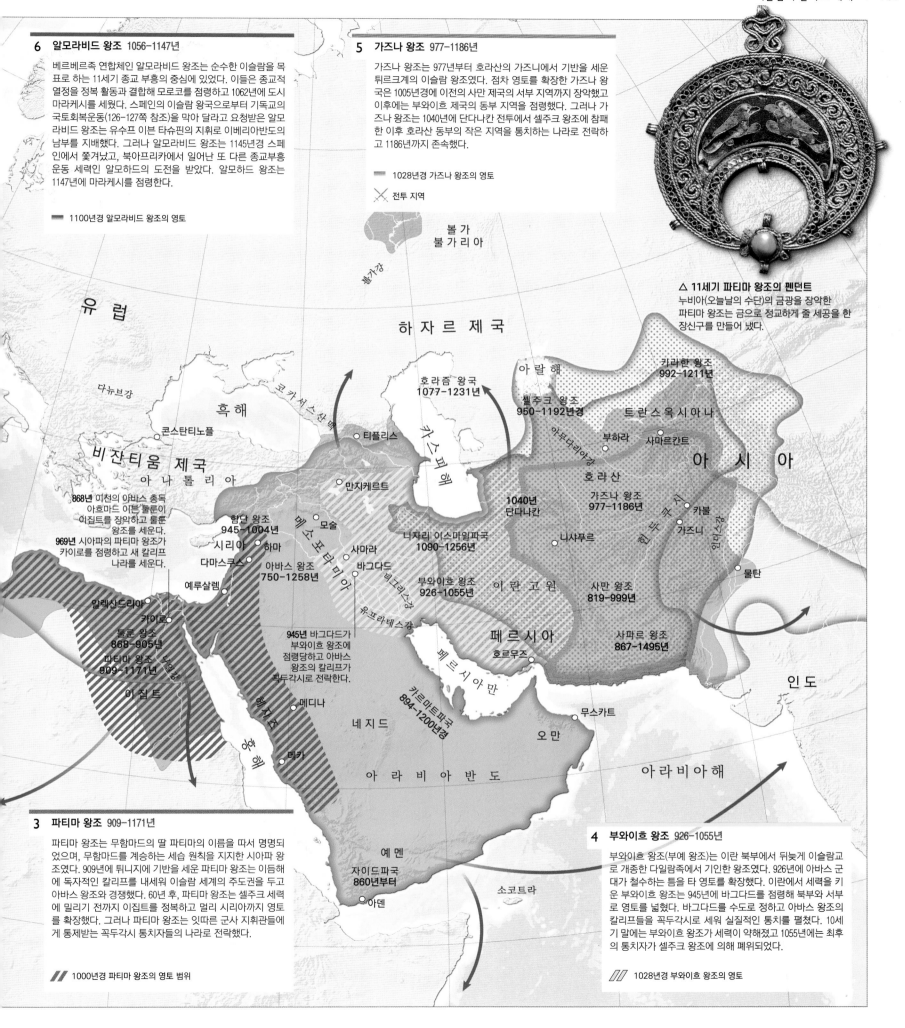

3 파티마 왕조 909-1171년

파티마 왕조는 무함마드의 딸 파티마의 이름을 따서 명명되었으며, 무함마드를 계승하는 세습 원칙을 지지한 시아파 왕조였다. 909년에 튀니지에 기반을 세운 파티마 왕조는 이듬해에 독자적인 칼리프를 내세워 이슬람 세계의 주도권을 두고 아바스 왕조와 경쟁했다. 60년 후, 파티마 왕조는 셀주크 세력에 밀리기 전까지 이집트를 정복하고 멀리 시리아까지 영토를 확장했다. 그러나 파티마 왕조는 잇따른 군사 지휘관들에게 통제받는 꼭두각시 통치자들의 나라로 전락했다.

/// 1000년경 파티마 왕조의 영토 범위

4 부와이흐 왕조 926-1055년

부와이흐 왕조(부예 왕조)는 이란 북부에서 뒤늦게 이슬람교로 개종한 다일람족에서 기인한 왕조였다. 926년에 아바스 군대가 철수하는 틈을 타 영토를 확장했다. 이란에서 세력을 키운 부와이흐 왕조는 945년에 바그다드를 점령해 북부와 서부로 영토를 넓혔다. 바그다드를 수도로 정하고 아바스 왕조의 칼리프들을 꼭두각시로 세워 실질적인 통치를 펼쳤다. 10세기 말에는 부와이흐 왕조가 세력이 약해졌고 1055년에는 최후의 통치자가 셀주크 왕조에 의해 폐위되었다.

/// 1028년경 부와이흐 왕조의 영토

바이킹의 침략

8세기 말, 스칸디나비아 본토에서 온
전사 부족 바이킹은
이후 200년 동안 침입자, 상인, 정착민이 되어
유럽과 대서양 연안 곳곳으로 퍼져 나갔다.

8세기에 스칸디나비아는 각각의 수장이 다스리는 작은 영토로 분열되었다. 족장들이 지역을 통합하려고 서로 싸우면서 불안은 커졌고 늘어나는 인구는 자원의 부족으로 이어졌다. 유럽 북서부의 교역 중심지와 수도원의 부유함에 눈을 돌린 젊은이들은 습격을 일삼았고 이들이 바이킹이라고 알려졌다. 이후 바이킹은 엄청난 세력 확장을 이어 갔다. 방향 조종이 쉽고 빠른 좁고 긴 배를 급습에 사용했고, 더욱 견고한 노르선을 교역을 위한 원양 항해에 사용했다. 노르웨이와

> "바이킹은 왕국 전체를 황폐하게 만들고
> 그들이 침입한 수도원을 모두 파괴했다."
>
> 《앵글로색슨 연대기》, 869년

덴마크에서 온 바이킹은 프랑스, 브리튼섬, 아일랜드에서 약점을 이용해 기습하고 약탈을 일삼고 공물을 받아 냈다. 9세기에 바이킹은 급습이 아닌 정복 활동을 하며 영토를 빼앗았고 때로 빼앗은 영토를 수 세기 동안 다스리기도 했다. 정착할 땅을 찾아다닌 바이킹은 미개척 해역을 건너 아이슬란드와 그린란드에 다다랐고 1000년경에는 북아메리카 해안까지 도달했다.

동부 유럽에서는 교역 상인이 된 스웨덴 바이킹이 오늘날의 러시아와 우크라이나 지역에서 배가 다니는 수로를 개척했다. 스웨덴 바이킹은 콘스탄티노플과 아랍인 간 교역을 지배했고 슬라브족에게 공물을 받아 냈다. 이런 바랑기아인(동유럽의 바이킹)은 러시아 최초의 나라인 키예프 루스를 세웠다.

레이프 에릭손
바이킹 탐험가

바이킹 그린란드를 건립한 붉은 에리크의 아들 레이프 에릭손은 오늘날의 북아메리카로 알려진 대륙을 탐험한 모험담의 주인공이다. 뉴펀들랜드의 랑스 오 메도우즈라는 고고학적 유적지 외에는 에릭손과 그의 동료들 같은 바이킹이 정확히 어디로 이동했는지 알기는 어렵다. 그러나 이들은 목재가 꼭 필요했기 때문에 툰드라 지대인 (마크랜드로 알려진) 래브라도 해안의 남쪽에 있는 삼림 지대에 도달했을 것으로 추측된다.

에릭손의 기념 동상
아이슬란드에서는 에릭손의 동상을 세워 아메리카 대륙에 최초로 도달했다고 알려진 유럽인임을 기념하고 있다.

4 빈란드로 향한 항해 1000-1400년경

위법 행위를 하고 쫓겨난 붉은 에리크는 986년에 아이슬란드에서 그린란드로 정착했다. 그린란드는 불모지였기 때문에 바이킹 수천 명은 물개와 바다코끼리를 사냥하고 가축을 기르며 살았다. 그러나 바이킹은 그린란드를 부족한 목재를 찾으러 북아메리카를 탐험하기 위한 근거지로만 삼았다. 이들은 매우 먼 지역까지 도달했고 그곳을 '빈란드'라고 불렀다.

북아메리카

헬룰란드

986년 고트호브

986년 율리아네호브

1000년경 그린란드인 전설 속 바다표범 사냥 장소인 헬룰란드가 엘즈미어섬이었을 것으로 추정된다.

1000년경 바이킹의 전설에서 언급되는 마크랜드는 캐나다의 래브라도 해안으로 추정된다.

1000-1400년경 그린란드의 바이킹이 목재를 모으기 위해 마크랜드의 남쪽 지역인 빈란드라는 장소로 항해한다.

마크랜드

세인트로렌스강

빈란드

랑스 오 메도즈

1000년경 고고학 유적지인 랑스 오 메도즈에서 노르드인이 아메리카 원주민의 압박으로 이곳 정착지에서 20~30년 후에 떠났음을 알 수 있다.

뉴펀들랜드

▷ **바이킹의 좁고 긴 배**
오늘날 제작된 이 모형은 바이킹의 좁고 긴 배가 어떻게 생겼는지를 잘 보여 준다. 이 배의 가로돛은 효율적이지만 바람을 거슬러 나아가기가 어려웠다.

바이킹의 시대

790년부터 1060년까지 유럽의 역사는 바이킹이 지배했다. 1100년경에는 바이킹의 습격이 줄었지만, 이들이 확립한 영토는 15세기까지 이어졌다.

기호 보기

- 스웨덴
- 노르웨이
- 덴마크

•••• 나라별 경계선

── 신성 로마 제국의 경계선

➡ 지역에 따라 색으로 구분한 바이킹의 항해

타임라인

1
2
3
4
5
6

700   900   1100   1300   1500

3 북대서양 탐험 825-1408년

바이킹은 대양을 건너 정착할 땅을 찾아다니는 탐험가였다. 스코틀랜드의 북부 해안에서 탐험을 시작한 바이킹은 곧 페로스 제도에 도착했고 800년경에 정착했다. 바이킹은 서쪽으로 항해하여 830년대에는 아이슬란드를 찾아내 이곳에 870년대에 정착했다. 바이킹은 아이슬란드에서 의회를 갖춘 공화국을 세웠다. 세계에서 가장 오래된 아이슬란드 의회('알싱')는 1240년대까지 독립되어 있었다.

■ 북대서양 정착지

2 영국 제도 점령 793-1103년

바이킹은 790년대에 처음으로 브리튼섬을 습격했다. 초기의 목표 대상은 무장하지 않은 수도원이었다. 바이킹은 수도원에 보물이 가득할 것이라고 여겼다. 이 습격은 규모가 매우 컸고, 865년에는 덴마크의 바이킹이 '이교도 대군세'라고 불리는 대대적인 공격으로 잉글랜드의 앵글로색슨 왕국을 대부분 점령했다.

■ 브리튼과 아일랜드 정착지

1 스웨덴인과 키예프 루스 750-988년

스웨덴의 바이킹은 동쪽으로 나아가 오늘날 러시아, 벨라루스, 우크라이나에 해당하는 지역을 습격하고 정착했다. '바랑기아인'으로 알려진 이들은 '루스인'이라고도 불렸는데, 여기서 오늘날의 러시아라는 명칭이 생겨났다. 루스인은 러시아에서 최초의 나라를 세웠다. 루스인에 속한 슬라브족 연합체가 그들이 세운 도시 키예프의 이름을 따서 나라를 키예프 루스라고 명명했다.

■ 바랑기아인(바이킹)이 영향을 미친 지역

그린란드

875년 노르웨이의 바이킹이 브리튼섬 북부를 장악하고 오크니 백작령을 확립한다. 이 영지는 1468년에 스코틀랜드에 양도된다.

873년 레이캬비크 아이슬란드
860년경
860년경
800년경 페로스 제도
793년 바이킹이 처음으로 해외의 습격을 시도하는데, 노섬벌랜드의 린디스판 섬에 있는 부유한 수도원을 습격한다.

셰틀랜드 제도
오크니 제도
루이스
스코틀랜드

866-954년 요르비크(요크)가 잉글랜드 북부의 바이킹 왕국인 데인로의 수도가 된다.

793년 린디스판

860-902년 바이킹이 더블린에서 세운 요새화된 항구 도시에 거주한다.

아일랜드 왕국
866년 요크
841년 더블린
836년 리머릭
데인로
웨일스 공국
런던
잉글랜드

911년 프랑크의 카롤루스 단순왕이 바이킹에게 노르망디 영토의 소유를 승인한다.

841년 루앙
845년 파리
843년 낭트
842년 누아르무티에

857년 바이킹이 프랑스의 남서부로 진격하고 프랑크의 아키텐 군주 피핀 2세와 동맹을 맺는다.

844년

브르타뉴
노르망디

프랑스

레온
나바르
가스코뉴

859-862년

844년 리스본
코르도바 칼리프조
859년 발레아레스 제도
844년 세비야

사르디니아

튀니스

트론헤임
노르웨이
카우팡(스키링살)

시그투나
비르카
스웨덴
파비켄

덴마크
링스테드
룬드
리베
헤데뷔

트루소
윰스보르(볼린)

845년 함부르크
폴란드

834년 도레스타드
신성 로마 제국
845년 바이킹은 파리를 약탈하고 프랑크족으로부터 합당한 공물을 받아 낸다.

보헤미아·모라비아

헝가리

크로아티아

피사
베네치아 공화국
로마
교황령

시칠리아

지중해

750년 바이킹이 최초로 스칸디나비아 외부 지역인 스타라야 라도가에 정착지를 세운다.

750년 스타라야 라도가(알데이위보르그)

노브고로드(홀름가르드)

그네즈도보
키예프 루스

862년 바이킹 류리크가 '새로운 도시'라는 뜻의 노브고로드 도시를 세운다.

988년 키예프의 블라디미르 대공이 기독교로 개종한다.

키예프(쾨누가르드)
882년

볼가 불가리아
불가르

950년 바이킹의 습격이 볼가강을 따라 이어져 결국 아랍인이 다스리는 아제르바이잔까지 이른다.

볼가강

이틸

카스피 해

키예프 루스
사르켈

흑 해

839년 콘스탄티노플(마클라가르드)

불가리아

비잔티움 제국

907년 비잔티움 제국과의 통상 조약으로 바이킹이 콘스탄티노플의 시장에서 모피를 금과 교환하게 된다. 모피는 키예프 루스의 슬라브족으로부터 공물로 획득한 것이다.

5 노르만인이 된 바이킹 799-1066년

바이킹의 최초 프랑스 공격은 799년에 프랑스의 북서부 해안에 있는 수도원을 급습한 일이었다. 처음에는 강력한 프랑크의 왕 샤를마뉴가 바이킹을 궁지로 몰았으나 그가 814년에 사망하자 바이킹의 습격은 점점 늘어났다. 911년에는 바이킹의 수령 롤로가 노르망디를 얻는 대신에 약탈행위를 하지 않는다는 조약을 맺었다. 이 정착자들은 바이킹의 정체성을 포기하고 프랑스어를 사용하는 노르만인이 되었다. 노르만인은 이어서 잉글랜드와 시칠리아를 정복해 나갔다.

■ 노르만인의 정착지

1053년 노르만 기사들이 교황과 롬바르드족과 비잔티움 황제의 지원을 받는 용병으로 활동하며 시칠리아를 장악한다.

6 바랑기아 친위대 988-1050년

작은 공국을 세운 루스인은 비잔티움 제국의 수도 콘스탄티노플을 여러 차례 공격하는 등 먼 곳을 습격하기 시작했다. 988년에는 키예프의 대공 블라디미르가 기독교인이 되어 비잔티움 제국과 친밀한 관계를 유지했다. 그는 비잔티움 제국의 황제를 안전하게 지키도록 바랑기아인으로 구성된 파견대를 보냈다. 바랑기아 친위대는 용맹스러운 전투 능력으로 명성을 얻었다. 11세기 중반에는 비잔티움 제국의 주변에서 바이킹의 습격이 멈추었다.

바이킹의 후예
노르만인

처음에 바이킹 침략자였던 노르만인은
프랑스 북부의 영토를 획득하고 왕국을 세웠다.
이후 세력을 더욱 확장해서 11세기 중반에는
잉글랜드, 시칠리아, 이탈리아 남부의 대부분 지역을 정복했다.

노르만 양식의 수도원
프랑스의 캉에 있는 생 에티엔
수도원은 로마네스크 양식의
본당과 회랑을 갖추고 있고 섬세한
노르만 건축 양식을 대표한다.

911년, 약탈 대상을 찾아다니던 바이킹 세력이
프랑스 북부를 제압했을 때 프랑크의 샤를 3세
단순왕은 롤로가 이끈 노르웨이 바이킹과 조약
을 맺었다. 영토를 받는 대가로 롤로는 다른 바이
킹처럼 약탈행위를 하지 않기로 약속했다. 그는
조약을 일부만 지켰을 뿐 서서히 영토를 늘려갔
는데, 이때 늘어난 영토가 노르망디(노르드인의
땅)로 알려지게 되었다. 927년에 롤로가 노르망
디를 아들 윌리엄 롱소드에게 물려줄 무렵, 노르
망디에는 프랑스 문화와 스칸디나비아 문화가 서
로 뒤섞인 혼합 문화가 나타났고 점차 기독교 문
화가 자리 잡았다. 1066년에는 롤로의 후손인 정
복왕 윌리엄이 잉글랜드를 정복하고 왕위에 올랐다. 정복왕 윌리엄의 성공은 앵
글로노르만 왕조의 시작을 알렸고 그 후손들이 계속 통치를 이어 갔다.

왕국을 세운 노르만인

다른 곳에서는 11세기 초부터 야심 찬 노르만인들이 용병으로 활동했다. 이탈리아
남부에서 반목이 팽배한 지역의 독재 통치자들이 이들을 고용했다. 이후 오트빌
가문의 로베르 기스카르와 로제 기스카르 같은 무자비한 전사들이 이끈 노르만인
들은 이탈리아 남부의 영지를 확보했다. 1060년에는 로제 기스카르가 시칠리아를
침략하여 10년도 안 되어 그 일대를 정복하고 왕국을 세웠다. 이 왕국은 1194년에
독일의 왕가 호엔슈타우펜가에 정복당할 때까지 아랍 노르만 문화가 번성했다.

노르만인의 정복 활동

정복왕 윌리엄은 1066년에 헤이스팅
스에서 승리를 거둔 뒤 추종자들에게
토지를 수여하여 잉글랜드에 대한 통
치를 강화했다. 그가 죽자 노르망디와
잉글랜드는 윌리엄의 아들 로버트 커
토스와 윌리엄 루푸스가 각각 소유하
게 되었다. 로버트가 윌리엄의 후계자
인 잉글랜드의 헨리 1세에게 1106년
에 틴체브레이에서 패배한 이후 잉글
랜드와 노르망디는 재통합되었다.

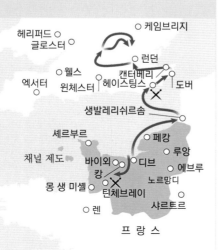

헤리퍼드 ○   ○ 케임브리지
글로스터 ○
   ○ 런던
○ 웰스   캔터베리
엑서터 ○   ○ 윈체스터   헤이스팅스 ○   ├ 도버
     ✕
생발레리쉬르솜 ○
셰르부르 ○   ○ 페캉
     ○ 루앙
채널 제도 ○   바이외 ○ ○ 디브   ○ 에브루
   캉 ✕
몽 생 미셸 ○   틴체브레이   노르망디
     ○ 샤르트르
○ 렌

기호 보기
➡ 침략 경로   ▨ 노르망디
✕ 전투 지역

프 랑 스

전쟁을 묘사한 태피스트리
바이외 태피스트리는 1066년의 헤이스팅스 전투에서 노르만인이 잉글랜드에 승리한 것을 기념하려고 제작된 자수 작품이다. 정복왕 윌리엄(오른쪽)이 투구를 벗어 추종자들에게 자신이 죽임을 당한 소문이 거짓임을 보여 주는 장면을 묘사한 것이다.

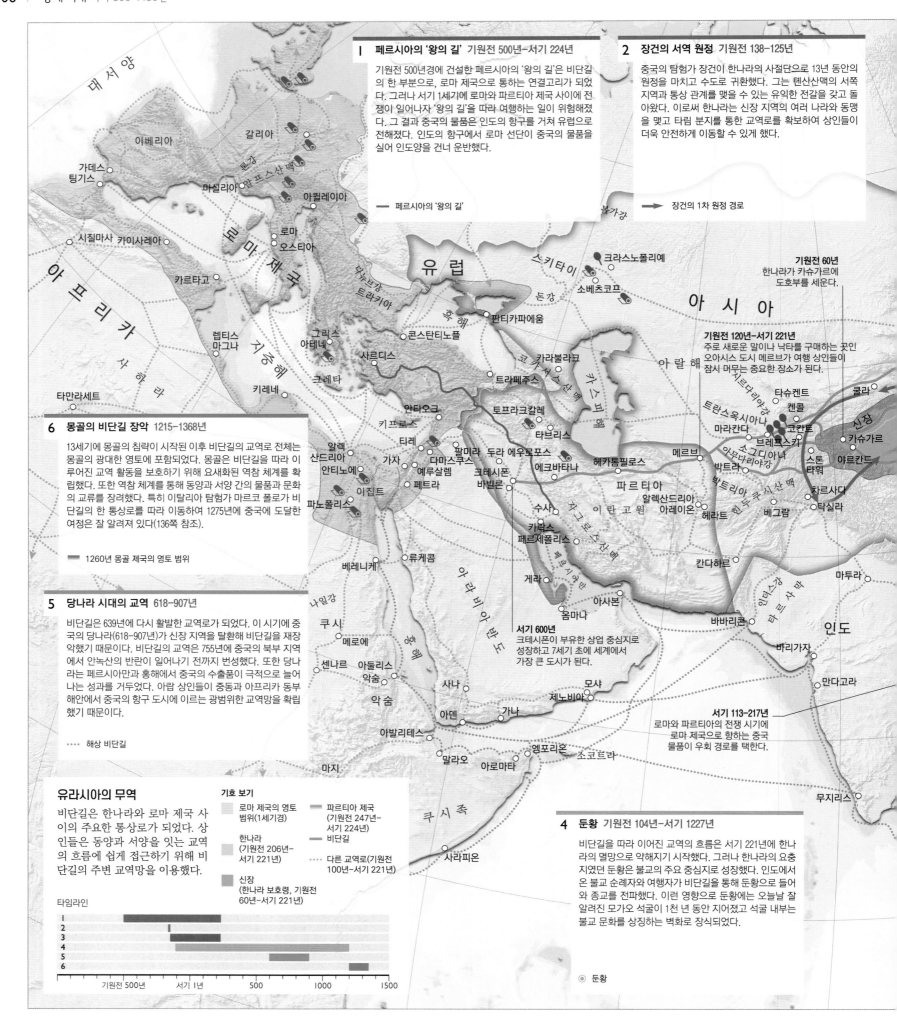

1 페르시아의 '왕의 길' 기원전 500년-서기 224년

기원전 500년경에 건설한 페르시아의 '왕의 길'은 비단길의 한 부분으로, 로마 제국으로 통하는 연결고리가 되었다. 그러나 서기 1세기에 로마와 파르티아 제국 사이에 전쟁이 일어나자 '왕의 길'을 따라 여행하는 일이 위험해졌다. 그 결과 중국의 물품은 인도의 항구를 거쳐 유럽으로 전해졌다. 인도의 항구에서 로마 선단이 중국의 물품을 실어 인도양을 건너 운반했다.

— 페르시아의 '왕의 길'

2 장건의 서역 원정 기원전 138-125년

중국의 탐험가 장건이 한나라의 사절단으로 13년 동안의 원정을 마치고 수도로 귀환했다. 그는 톈산산맥의 서쪽 지역과 통상 관계를 맺을 수 있는 유익한 전갈을 갖고 돌아왔다. 이로써 한나라는 신장 지역의 여러 나라와 동맹을 맺고 타림 분지를 통한 교역로를 확보하여 상인들이 더욱 안전하게 이동할 수 있게 했다.

→ 장건의 1차 원정 경로

기원전 60년
한나라가 카슈가르에 도호부를 세운다.

기원전 120년-서기 221년
주로 새로운 말이나 낙타를 구매하는 곳인 오아시스 도시 메르브가 여행 상인들이 잠시 머무는 중요한 장소가 된다.

6 몽골의 비단길 장악 1215-1368년

13세기에 몽골의 침략이 시작된 이후 비단길의 교역로 전체는 몽골의 광대한 영토에 포함되었다. 몽골은 비단길을 따라 이루어진 교역 활동을 보호하기 위해 요새화된 역참 체계를 확립했다. 또한 역참 체계를 통해 동양과 서양 간의 물품과 문화의 교류를 장려했다. 특히 이탈리아 탐험가 마르코 폴로가 비단길의 한 통상로를 따라 이동하여 1275년에 중국에 도달한 여정은 잘 알려져 있다(136쪽 참조).

▬ 1260년 몽골 제국의 영토 범위

5 당나라 시대의 교역 618-907년

비단길은 639년에 다시 활발한 교역로가 되었다. 이 시기에 중국의 당나라(618-907년)가 신장 지역을 탈환해 비단길을 재장악했기 때문이다. 비단길의 교역은 755년에 중국의 북부 지역에서 안녹산의 반란이 일어나기 전까지 번성했다. 또한 당나라는 페르시아만과 홍해에서 중국의 수출품이 극적으로 늘어나는 성과를 거두었다. 아랍 상인들이 중동과 아프리카 동부 해안에서 중국의 항구 도시에 이르는 광범위한 교역망을 확립했기 때문이다.

⋯⋯ 해상 비단길

서기 600년
크테시폰이 부유한 상업 중심지로 성장하고 7세기 초에 세계에서 가장 큰 도시가 된다.

서기 113-217년
로마와 파르티아의 전쟁 시기에 로마 제국으로 향하는 중국 물품이 우회 경로를 택한다.

유라시아의 무역

비단길은 한나라와 로마 제국 사이의 주요한 통상로가 되었다. 상인들은 동양과 서양을 잇는 교역의 흐름에 쉽게 접근하기 위해 비단길의 주변 교역망을 이용했다.

기호 보기

▨ 로마 제국의 영토 범위(1세기경)	▬ 파르티아 제국(기원전 247년-서기 224년)
▨ 한나라(기원전 206년-서기 221년)	▬ 비단길
▨ 신장(한나라 보호령, 기원전 60년-서기 221년)	⋯⋯ 다른 교역로(기원전 100년-서기 221년)

타임라인

4 둔황 기원전 104년-서기 1227년

비단길을 따라 이어진 교역의 흐름은 서기 221년에 한나라의 멸망으로 약해지기 시작했다. 그러나 한나라의 요충지였던 둔황은 불교의 주요 중심지로 성장했다. 인도에서 온 불교 순례자와 여행자가 비단길을 통해 둔황으로 들어와 종교를 전파했다. 이런 영향으로 둔황에는 오늘날 잘 알려진 모가오 석굴이 1천 년 동안 지어졌고 석굴 내부는 불교 문화를 상징하는 벽화로 장식되었다.

◉ 둔황

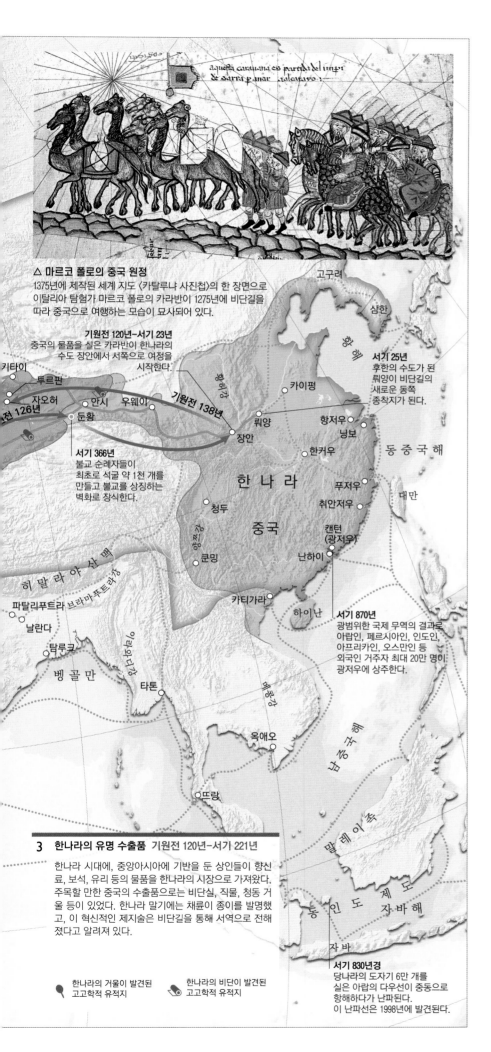

△ 마르코 폴로의 중국 원정
1375년에 제작된 세계 지도 〈카탈루냐 사진첩〉의 한 장면으로 이탈리아 탐험가 마르코 폴로의 카라반이 1275년에 비단길을 따라 중국으로 여행하는 모습이 묘사되어 있다.

기원전 120년-서기 23년
중국의 물품을 실은 카라반이 한나라의 수도 장안에서 서쪽으로 여정을 시작한다.

서기 25년
후한의 수도가 된 뤄양이 비단길의 새로운 동쪽 종착지가 된다.

서기 366년
불교 순례자들이 최초로 석굴 약 1천 개를 만들고 불교를 상징하는 벽화로 장식한다.

서기 870년
광범위한 국제 무역의 결과로 아랍인, 페르시아인, 인도인, 아프리카인, 오스만인 등 외국인 거주자 최대 20만 명이 광저우에 상주한다.

3 한나라의 유명 수출품 기원전 120년-서기 221년

한나라 시대에, 중앙아시아에 기반을 둔 상인들이 향신료, 보석, 유리 등의 물품을 한나라의 시장으로 가져왔다. 주목할 만한 중국의 수출품으로는 비단실, 직물, 청동 거울 등이 있었다. 한나라 말기에는 채륜이 종이를 발명했고, 이 혁신적인 제지술은 비단길을 통해 서역으로 전해졌다고 알려져 있다.

🧭 한나라의 거울이 발견된 고고학적 유적지

📜 한나라의 비단이 발견된 고고학적 유적지

서기 830년경
당나라의 도자기 6만 개를 실은 아랍의 다우선이 중동으로 항해하다가 난파된다. 이 난파선은 1998년에 발견된다.

비단길의 개척

기원전 2세기, 중국을 지배한 한나라는
다른 세계와 더 쉽고 안전하게 교역할 수 있는 길을 개척했다.
동양과 서양을 연결한 통상로는 1500년 동안 교역의 역할을 했고
이 길을 따라 중국의 화려한 비단이 전해졌기 때문에
비단길(실크로드)이라고 알려졌다.

비단길의 기원은 한나라가 기원전 120년경에 타림 분지를 정복한 시기부터 시작된다. 한나라의 군대는 여러 부족을 타림 분지에서 쫓아냈고, 그 결과 한나라는 중국의 수도 장안(시안)에서 중앙아시아와 그 너머의 부유한 도시까지 이어진 안전한 통상로를 개척할 수 있었다.

한나라는 인도, 페르시아, 로마 제국과 활발하게 교역했고 특히 중국의 비단은 지배계층에게 매우 인기를 끌었다. 비단길을 따라 전해진 물품으로는 사치 품목 외에 노예도 있었다. 노예무역으로 개인 상인이나 각 나라는 모두 이익을 얻었다. 게다가 비단길은 종교, 철학, 기술, 언어, 과학 등을 전파했을 뿐 아니라 질병까지 전파하는 통로가 되었다.

비단길을 따라 이루어진 교역은 서기 221년에 한나라가 멸망한 뒤 주춤하는 듯했지만, 중국이 일부 중앙아시아 지역을 회복했던 당나라 시대(618-907년)에 활기를 되찾았다. 비단길은 8세기에 교역이 다시 쇠퇴했지만 500년 뒤에는 몽골 세력의 팽창(134-135쪽 참조)으로 매우 활성화되었다. 14세기에 몽골 제국이 쇠락한 이후 비단길은 다시 쇠퇴했고 16세기에는 해상 무역로가 그 자리를 대신했다.

> "세레스인(중국인)은 숲속에서 비단을 수확하는 것으로 유명하다."
>
> 플리니우스, 《박물지》에서, 서기 79년

중국의 비단
중국의 독특한 수출품

기원전 1세기에 중국이 서양에 비단을 처음 전파한 뒤로 비단은 로마 제국의 최상류층 사이에서 인기를 끌었다. 비단 제작술은 오랫동안 서양에 알려지지 않았다. 그러던 서기 550년경에 비잔티움 제국의 황제 유스티니아누스 1세가 수도자 2명을 설득하여 중국에서 누에를 대지팡이 안에 몰래 숨겨서 가져오게 했다고 알려져 있다.

중국의 비단 제작
12세기에 비단에 그려진 큰 그림의 한 부분으로, 궁녀들이 비단을 만드는 장면을 묘사한 것이다.

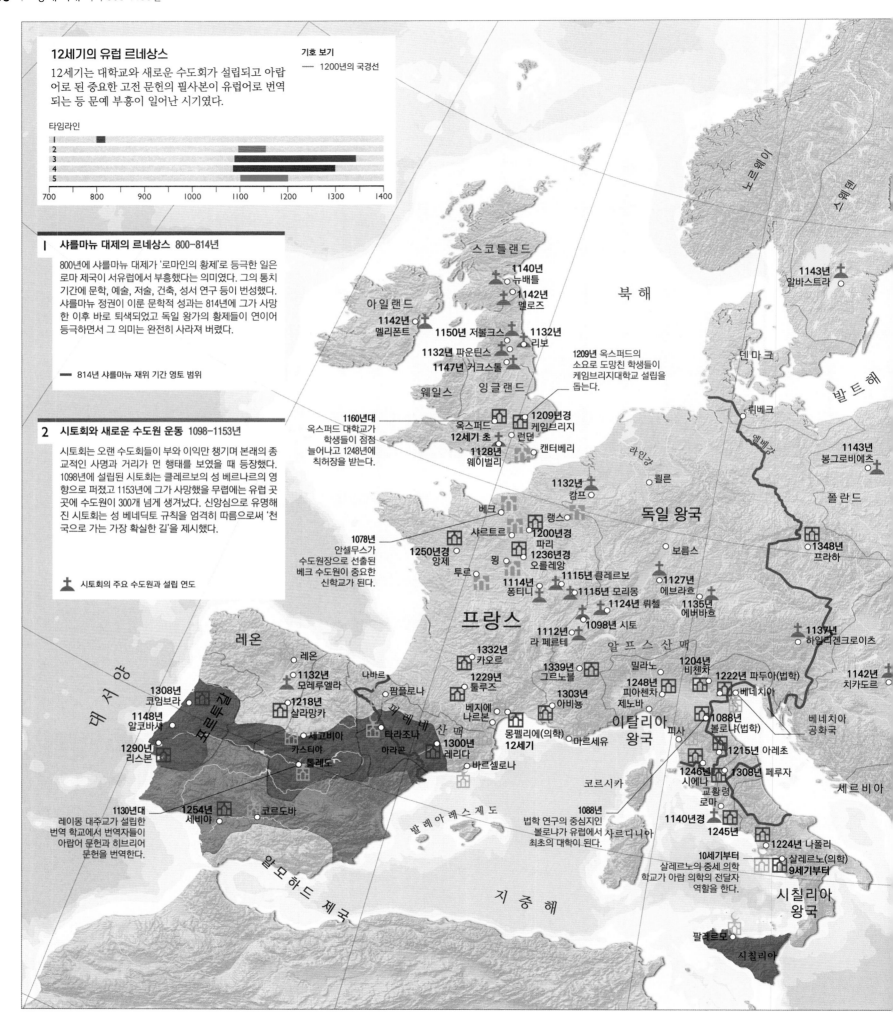

12세기의 유럽 르네상스

12세기는 대학교와 새로운 수도회가 설립되고 아랍어로 된 중요한 고전 문헌의 필사본이 유럽어로 번역되는 등 문예 부흥이 일어난 시기였다.

기호 보기

— 1200년의 국경선

타임라인

```
1  ▬
2        ▬▬▬
3       ▬▬▬▬▬▬▬
4       ▬▬▬▬▬
5       ▬▬▬
   700  800  900  1000  1100  1200  1300  1400
```

1 샤를마뉴 대제의 르네상스 800-814년

800년에 샤를마뉴 대제가 '로마인의 황제'로 등극한 일은 로마 제국이 서유럽에서 부흥했다는 의미였다. 그의 통치 기간에 문학, 예술, 저술, 건축, 성서 연구 등이 번성했다. 샤를마뉴 정권이 이룬 문학적 성과는 814년에 그가 사망한 이후 바로 퇴색되었고 독일 왕가의 황제들이 연이어 등극하면서 그 의미는 완전히 사라져 버렸다.

— 814년 샤를마뉴 재위 기간 영토 범위

2 시토회와 새로운 수도원 운동 1098-1153년

시토회는 오랜 수도회들이 부와 이익만 챙기며 본래의 종교적인 사명과 거리가 먼 행태를 보였을 때 등장했다. 1098년에 설립된 시토회는 클레르보의 성 베르나르의 영향으로 퍼졌고 1153년에 그가 사망했을 무렵에는 유럽 곳곳에 수도원이 300개 넘게 생겨났다. 신앙심으로 유명해진 시토회는 성 베네딕토 규칙을 엄격히 따름으로써 '천국으로 가는 가장 확실한 길'을 제시했다.

🕇 시토회의 주요 수도원과 설립 연도

지도 내 지명 및 표기:

- 스코틀랜드
- 1140년 뉴배틀
- 1142년 멜로즈
- 아일랜드
- 1142년 멜리폰트
- 1150년 저볼크스
- 1132년 리보
- 1132년 파운틴스
- 1147년 커크스톨
- 웨일스
- 잉글랜드
- 1209년 옥스퍼드의 소요로 도망친 학생들이 케임브리지대학교 설립을 돕는다.
- 1160년대 옥스퍼드 대학교가 학생들이 점점 늘어나고 1248년에 칙허장을 받는다.
- 옥스퍼드 12세기 초
- 1209년경 케임브리지
- 런던
- 1128년 웨이벌리
- 캔터베리
- 북해
- 1143년 알바스트라
- 덴마크
- 뤼베크
- 발트해
- 엘베강
- 1143년 봉그로비에츠
- 1132년 캄프
- 쾰른
- 라인강
- 독일 왕국
- 폴란드
- 1348년 프라하
- 1078년 안셀무스가 수도원장으로 선출된 베크 수도원이 중요한 신학교가 된다.
- 베크
- 랭스
- 1200년경 파리
- 1236년경 오를레앙
- 1250년경 앙제
- 샤르트르
- 투르
- 뮝
- 1115년 클레르보
- 1114년 퐁티니
- 1115년 모리몽
- 1124년 뤼첼
- 1098년 시토
- 1112년 라 페르테
- 보름스
- 1127년 에브라흐
- 1135년 에버바흐
- 1137년 하일리겐크로이츠
- 알프스 산맥
- 프랑스
- 1332년 카오르
- 1229년 툴루즈
- 1303년 아비뇽
- 1339년 그르노블
- 밀라노
- 1204년 비첸차
- 1248년 피아첸차
- 제노바
- 1142년 치카도르
- 레온
- 레온
- 1132년 모레루엘라
- 나바르
- 팜플로나
- 1308년 코임브라
- 1218년 살라망카
- 세고비아
- 카스티아
- 톨레도
- 1148년 알코바사
- 1290년 리스본
- 타라조나
- 아라곤
- 1300년 레리다
- 바르셀로나
- 베지에
- 나르본
- 몽펠리에(의학) 12세기
- 마르세유
- 이탈리아 왕국
- 피사
- 1088년 볼로냐(법학)
- 1222년 파두아(법학)
- 베네치아
- 베네치아 공화국
- 1215년 아레초
- 1246년 시에나
- 1308년 페루자
- 교황령
- 로마
- 1140년경
- 1245년
- 1224년 나폴리
- 살레르노(의학)
- 10세기부터
- 9세기부터
- 살레르노의 중세 의학 학교가 아랍 의학의 전달자 역할을 한다.
- 1088년 법학 연구의 중심지인 볼로냐가 유럽에서 최초의 대학이 된다.
- 1254년 세비야
- 코르도바
- 1130년대 레이몽 대주교가 설립한 번역 학교에서 번역자들이 아랍어 문헌과 히브리어 문헌을 번역한다.
- 대서양
- 포르투갈
- 피레네 산맥
- 알모하드 제국
- 발레아레스제도
- 지중해
- 코르시카
- 사르디니아
- 시칠리아 왕국
- 팔레르모
- 시칠리아
- 세르비아
- 노르웨이
- 스웨덴

△ 강의를 듣는 학생들
볼로냐대학교의 학생들을 묘사한 이 조각품은 1412년경에 제작된 것으로 추정되며, 훌륭한 교사이자 법학자인 바르톨로메오 다 살리세토의 무덤에 장식되어 있다.

중세의 르네상스

12세기에 유럽은 지적, 정신적, 문화적 삶에 부흥과 혁신을 이루었다.
이 시기에 수도원 부흥 운동이 일어났고, 학교와 대학이 설립되었으며
새로운 건축 양식이 발달했다.
또한 그리스어 필사본과 아랍어 필사본의 번역으로
지식 획득이 이루어졌다.

5세기에 서구에서 로마 제국이 멸망한 이후 고전 지식은 대부분 사라졌고 남아 있는 필사본은 대부분 수도원에 한정되어 있었다. 프랑스의 샤를마뉴 대제(재위 768-814년)를 비롯해, 잉글랜드의 알프레드 대왕(재위 871-899년)과 독일의 오토 1세(재위 962-973년)의 통치 기간 중 일부 지역에서 고전 문화를 되살리는 노력은 있었으나 왕실의 후원 세력이 없어 오래 이어지지 못했다. 그러나 11세기 후반에 새로운 문예 부흥 운동이 시작되었다. 이런 혁신은 더욱 순수한 종교 의례 방식을 좇으려는 열망과 점점 복잡해지는 왕실 관료 체제의 필요성에 부분적인 자극을 받았다. 시토회와 같은 새로운 수도회는 종교 부흥에 자극이 되었고, 성

당과 수도원을 중심으로 늘어난 학교는 문외한인 학생과 성직자를 기꺼이 맞아들였다. 이런 학교에서는 논리, 문법, 웅변술에 중점을 둔 교육 과정을 가르쳤고 토론이나 학문적 논쟁도 장려했다. 파리와 볼로냐 같은 유럽의 큰 중심지에 서유럽 곳곳의 학생들이 모여들었고 대학교도 생겨났다. 이곳에서 학자들은 로마 제국이 멸망한 이후 유럽에서 알려지지 않았던 문헌을 확인하는 즐거움을 누렸다. 이들은 이전에 시칠리아와 스페인을 다스렸던 이슬람 지역을 통해 들어온 아랍어 문헌의 원본과 고전 저작물의 번역본까지 만날 수 있었다.

"우리는 의문을 통해 탐구하고, 탐구를 통해 진리에 도달한다."

피에르 아벨라르, 프랑스 신학자, 1079-1142년

5 문학과 시가의 발달 1100-1200년

12세기에는 방언(토착 언어)으로 된 문학이 넘쳐났다. 대부분은 독일의 영웅 전설이 담긴 《니벨룽의 노래(Nibelungenlied)》와 볼프람 폰 에셴바흐가 지은 《파르치발(Parzival)》과 같은 서사시였다. 프랑스 남부에서는 공연자이자 시인이었던 음유시인들이 여행하면서 무훈시(기사의 사랑과 영웅담을 노래한 '기사들의 위업을 찬미하는 서사시')를 전파했다. 대표적인 무훈시는 770년대에 스페인 북부에서 샤를마뉴가 이슬람 세력과 전투를 벌인 일화를 전하는 《롤랑의 노래(Chanson de Roland)》가 있었다.

4 아랍어 학문의 영향 1085-1300년

그리스 학자들이 저술한 과학과 철학 분야의 많은 저작물은 이슬람 세계에만 남아 있었다. 이런 문헌은 아랍어로 번역되었거나 이슬람 저자들에 의해 내용이 더해졌다. 12세기에는 이들 문헌이 그 이전까지 이슬람 세력에 정복되었던 톨레도 같은 스페인과 시칠리아를 통해 유럽으로 들어왔다. 아리스토텔레스, 프톨레마이오스, 유클리드의 많은 저작물 필사본은 라틴어로 번역되었고 학문에서 12세기 문예 부흥이 가속화되는 데 영향을 주었다.

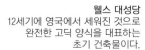

⊕ 아랍어 학문을 접한 주요 장소

▪ 1030-1200년 기독교 세력이 탈환한 이슬람 영토

▪ 1200-1300년 기독교 세력이 탈환한 이슬람 영토

3 대학교의 등장 1088-1348년

12세기에는 아벨라르(파리대학교)와 아오스타의 안셀무스(베크 수도원)와 같은 학자들이 수많은 학생에게 인기를 끌었던 신학과 논리를 가르쳤다. 이들 학교는 대학교('스투디아 제네랄리아')로 발전하여 더 많은 학과목이 생겨났다. 볼로냐대학교는 이런 최초의 교육 기관 중 하나였다.

⊞ 대학교와 설립 연도

⊞ 다른 주요 신학교

고딕 양식의 건축
건축의 새로운 표현

12세기 초에 고딕 양식으로 알려진 새로운 건축 양식이 두꺼운 벽과 둥근 아치가 특징이었던 이전의 로마네스크 양식을 대체했다. 고딕 양식은 첨형 아치, 늑골형 궁륭, 공중 부벽 등이 높은 천장과 스테인드글라스로 장식한 화려한 채광창에 잘 어울리도록 건축한 것이 특색이었다. 이 양식은 이후 300년 동안 서유럽의 큰 교회와 성당 건축에서 지배적인 양식이 되었다.

웰스 대성당
12세기에 영국에서 세워진 것으로 완전한 고딕 양식을 대표하는 초기 건축물이다.

1149년
예드르제호프

러시아의 얼음 대격돌

헝가리

다뉴브강

불가리아

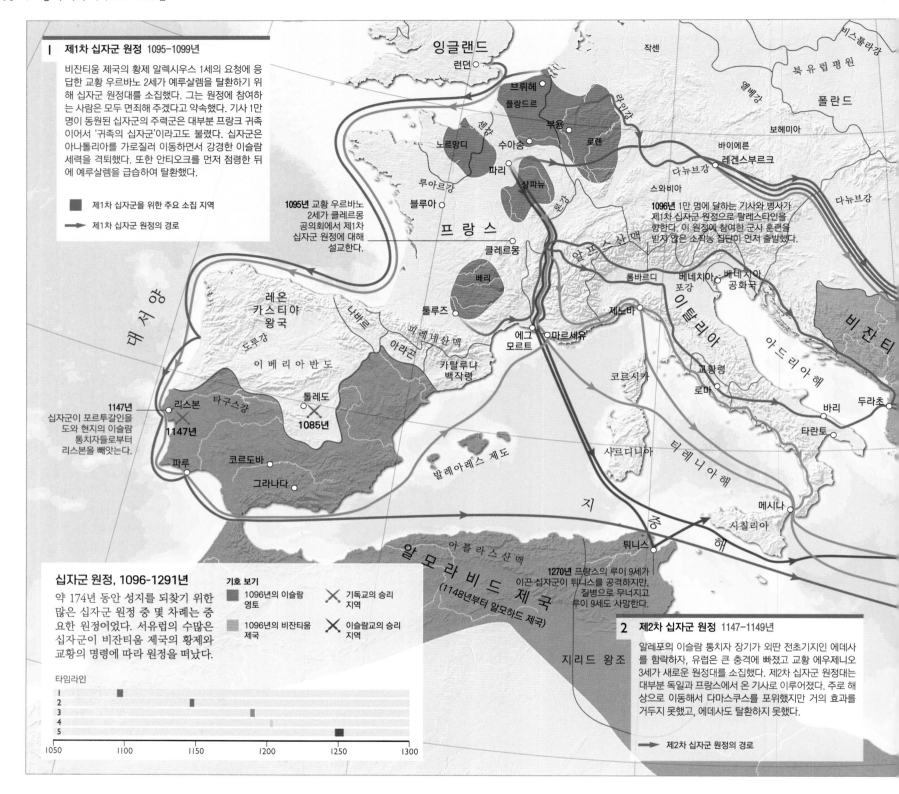

제1차 십자군 원정 1095-1099년

비잔티움 제국의 황제 알렉시우스 1세의 요청에 응답한 교황 우르바노 2세가 예루살렘을 탈환하기 위해 십자군 원정대를 소집했다. 그는 원정에 참여하는 사람은 모두 면죄해 주겠다고 약속했다. 기사 1만 명이 동원된 십자군의 주력군은 대부분 프랑크 귀족이어서 '귀족의 십자군'이라고도 불렸다. 십자군은 아나톨리아를 가로질러 이동하면서 강경한 이슬람 세력을 격퇴했다. 또한 안티오크를 먼저 점령한 뒤에 예루살렘을 급습하여 탈환했다.

■ 제1차 십자군을 위한 주요 소집 지역

→ 제1차 십자군 원정의 경로

1095년 교황 우르바노 2세가 클레르몽 공의회에서 제1차 십자군 원정에 대해 설교한다.

1096년 1만 명에 달하는 기사와 병사가 제1차 십자군 원정으로 팔레스타인을 향한다. 이 원정에 참여한 군사 훈련을 받지 않은 소작농 집단이 먼저 출발했다.

1147년 십자군이 포르투갈인을 도와 현지의 이슬람 통치자들로부터 리스본을 빼앗는다.

1270년 프랑스의 루이 9세가 이끈 십자군이 튀니스를 공격하지만, 질병으로 무너지고 루이 9세도 사망한다.

십자군 원정, 1096-1291년

약 174년 동안 성지를 되찾기 위한 많은 십자군 원정 중 몇 차례는 중요한 원정이었다. 서유럽의 수많은 십자군이 비잔티움 제국의 황제와 교황의 명령에 따라 원정을 떠났다.

기호 보기

■ 1096년의 이슬람 영토
■ 1096년의 비잔티움 제국
✕ 기독교의 승리 지역
✕ 이슬람교의 승리 지역

타임라인

2 제2차 십자군 원정 1147-1149년

알레포의 이슬람 통치자 장기가 외딴 전초기지인 에데사를 함락하자, 유럽은 큰 충격에 빠졌고 교황 에우제니오 3세가 새로운 원정대를 소집했다. 제2차 십자군 원정대는 대부분 독일과 프랑스에서 온 기사로 이루어졌다. 주로 해상으로 이동해서 다마스쿠스를 포위했지만 거의 효과를 거두지 못했고, 에데사도 탈환하지 못했다.

→ 제2차 십자군 원정의 경로

십자군 원정

1095년부터 계속된 십자군 원정은 기독교를 믿는 유럽에서 시작되었다. 이는 7세기 중반부터 이슬람 칼리프의 영토였던 예루살렘을 포함한 성지를 되찾기 위한 목적으로 일어났다. 십자군 원정대는 성지에 여러 나라를 세웠으나 이전의 내부 분열을 극복한 이슬람 통치자들은 1291년에 십자군의 마지막 요새를 점령하면서 십자군을 모두 몰아냈다.

639년, 이슬람 칼리프는 예루살렘을 손에 넣었고 팔레스타인과 시리아에서 비잔티움 제국의 속주를 점령했다. 11세기에는 셀주크 튀르크라는 새로운 이슬람 세력이 비잔티움 제국의 영토를 더 많이 차지했다. 이들은 예루살렘을 의례적으로 찾는 기독교 순례자에게 위험을 가했을 것으로 추측된다. 비잔티움 황제의 요청에 따라 교황은 성도 예루살렘을 되찾기 위해 군사 원정대인 십자군을 소집했다. 수많은 기사가 동원된 십자군은 팔레스타인으로 진격했고 예루살렘을 포함해 이슬람이 다스리는 많은 도시를 점령했다. 십자군은 팔레스타인에 여러 나라를 세웠다. 그러나 병력의 수가 적었던 십자군은 이슬람 군대의 반격으로 1144년에 에데사가 함락되었다. 이러한 참패는 제2차 십자군 원정으로 이어졌다. 제3차 십자군 원정대는 1187년에 살라딘에게 예루살렘을 빼앗긴 이후 결성되었다. 이

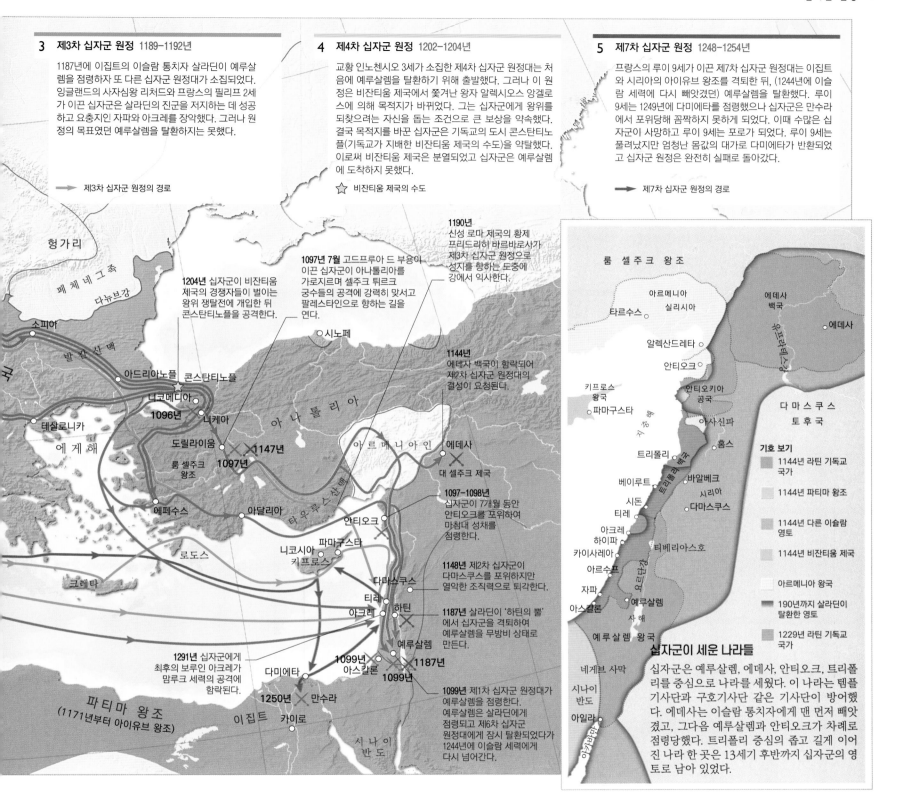

3 제3차 십자군 원정 1189–1192년

1187년에 이집트의 이슬람 통치자 살라딘이 예루살렘을 점령하자 또 다른 십자군 원정대가 소집되었다. 잉글랜드의 사자심왕 리처드와 프랑스의 필리프 2세가 이끈 십자군은 살라딘의 진군을 저지하는 데 성공하고 요충지인 자파와 아크레를 장악했다. 그러나 원정의 목표였던 예루살렘을 탈환하지는 못했다.

➡ 제3차 십자군 원정의 경로

4 제4차 십자군 원정 1202–1204년

교황 인노첸시오 3세가 소집한 제4차 십자군 원정대는 처음에 예루살렘을 탈환하기 위해 출발했다. 그러나 이 원정은 비잔티움 제국에서 쫓겨난 왕자 알렉시오스 앙겔로스에 의해 목적지가 바뀌었다. 그는 십자군에게 왕위를 되찾으려는 자신을 돕는 조건으로 큰 보상을 약속했다. 결국 목적지를 바꾼 십자군은 기독교의 도시 콘스탄티노플(기독교가 지배한 비잔티움 제국의 수도)을 약탈했다. 이로써 비잔티움 제국은 분열되었고 십자군은 예루살렘에 도착하지 못했다.

☆ 비잔티움 제국의 수도

5 제7차 십자군 원정 1248–1254년

프랑스의 루이 9세가 이끈 제7차 십자군 원정대는 이집트와 시리아의 아이유브 왕조를 격퇴한 뒤, (1244년에 이슬람 세력에 다시 빼앗겼던) 예루살렘을 탈환했다. 루이 9세는 1249년에 다미에타를 점령했으나 십자군은 만수라에서 포위당해 꼼짝하지 못하게 되었다. 이때 수많은 십자군이 사망하고 루이 9세는 포로가 되었다. 루이 9세는 풀려났지만 엄청난 몸값의 대가로 다미에타가 반환되었고 십자군 원정은 완전히 실패로 돌아갔다.

➡ 제7차 십자군 원정의 경로

1204년 십자군이 비잔티움 제국의 경쟁자들이 벌이는 왕위 쟁탈전에 개입한 뒤 콘스탄티노플을 공격한다.

1097년 7월 고드프루아 드 부용이 이끈 십자군이 아나톨리아를 가로지르며 셀주크 튀르크 궁수들의 공격에 강력히 맞서고 팔레스타인으로 향하는 길을 연다.

1190년 신성 로마 제국의 황제 프리드리히 바르바로사가 제3차 십자군 원정으로 성지를 향하는 도중에 강에서 익사한다.

1144년 에데사 백국이 함락되어 제2차 십자군 원정대의 결성이 요청된다.

1097–1098년 십자군이 7개월 동안 안티오크를 포위하여 마침내 성채를 점령한다.

1148년 제2차 십자군이 다마스쿠스를 포위하지만 열악한 조직력으로 퇴각한다.

1187년 살라딘이 '하틴의 뿔'에서 십자군을 격퇴하여 예루살렘을 무방비 상태로 만든다.

1291년 십자군에게 최후의 보루인 아크레가 맘루크 세력의 공격에 함락된다.

1099년 제1차 십자군 원정대가 예루살렘을 점령한다. 예루살렘은 살라딘에게 점령되고 제6차 십자군 원정대에게 잠시 탈환되었다가 1244년에 이슬람 세력에게 다시 넘어간다.

헝가리
페체네그족
다뉴브강
소피아
발칸산맥
아드리아노플
콘스탄티노플
니코메디아
1096년
니케아
테살로니카
에게해
도릴라이움
롬 셀주크 왕조
1097년
✕ **1147년**
아나톨리아
아르메니아인
시노페
에페수스
아달리아
타우루스산맥
로도스
니코시아 파마구스타
키프로스
안티오크
크레타
대 셀주크 제국
다마스쿠스
티레
아크레
하틴 ✕
티레
예루살렘
에데사 ✕
1099년 ✕ **1187년**
아스칼론
1099년
1187년
다미에타
1250년 ✕ 만수라
파티마 왕조 (1171년부터 아이유브 왕조)
이집트
카이로
시나이 반도

십자군이 세운 나라들

롬 셀주크 왕조
아르메니아 실리시아
타르수스
에데사 백국
에데사
알렉산드레타
유프라테스강
안티오크
키프로스 왕국
파마구스타
안티오키아 공국
아사신파
지중해
트리폴리
홈스
다 마 스 쿠 스 토 후 국
베이루트
바알베크
시돈
시리아
티레
다마스쿠스
아크레
하이파
카이사리아
아르수프
티베리아스호
자파
예루살렘
아스칼론
사해
예루살렘 왕국
네게브 사막
시나이 반도
아일라
홍해

기호 보기
■ 1144년 라틴 기독교 국가
■ 1144년 파티마 왕조
■ 1144년 다른 이슬람 영토
■ 1144년 비잔티움 제국
□ 아르메니아 왕국
■ 190년까지 살라딘이 탈환한 영토
■ 1229년 라틴 기독교 국가

십자군은 예루살렘, 에데사, 안티오크, 트리폴리를 중심으로 나라를 세웠다. 이 나라는 템플 기사단과 구호기사단 같은 기사단이 방어했다. 에데사는 이슬람 통치자에게 맨 먼저 빼앗겼고, 그다음 예루살렘과 안티오크가 차례로 점령당했다. 트리폴리 중심의 좁고 길게 이어진 나라 한 곳은 13세기 후반까지 십자군의 영토로 남아 있었다.

들은 이슬람 세력의 진군을 저지했으나 성도를 탈환하지는 못했다. 십자군의 나라를 지켜 낼 일관된 전략도 없이, 당면한 위기를 해결하기에만 급급했던 십자군 원정은 이후에도 몇 차례 이어졌다. 제6차 십자군 원정 시기였던 1229년에는 예루살렘이 기독교의 통치 영역으로 넘어갔다. 그러나 이후의 십자군 원정은 대체로 효과적이지 못했고 1249년에는 이집트, 1270년에는 튀니스 같은 팔레스타인 외부의 이슬람 통치 영역을 공격 목표로 삼았다. 십자군의 지배를 받는 영역은 점차 줄었다. 아이유브 왕조와 맘루크 왕조의 군대가 십자군의 요새를 탈환하고 결국 최후의 보루였던 아크레까지 점령했다.

▷ **제2차 십자군 원정대의 출발**
프랑스 남서부의 템플 교회에 있는 12세기의 프레스코화로 기사들이 성지로 향하는 모습을 묘사한 것이다. 기사들은 대부분 수년간 팔레스타인에서 지냈고 일부는 그곳에 정착했을 것이다.

로마 제국의 계승자들

서로마 제국이 멸망한 뒤, 이전의 로마 속주에는 게르만족 침략자가 세운 몇몇 왕국이 등장했다. 이들이 로마의 문화를 이어 가는 정도는 서로 달랐지만 200년이 지나기 전까지 일부 제도는 어느 정도 로마와 비슷하게 유지했다.

△ **로마의 최상류층**
4세기 후반에 제작된 디프티카 상아 서판으로 로마의 장군 스틸리코와 그의 아내와 아들을 묘사한 것이다. 일부 반달족 출신의 스틸리코는 호노리우스 황제의 섭정으로서 서로마 제국의 가장 영향력 있는 인물에 속했다.

3세기부터 라인강과 다뉴브강을 따라 이어진 로마의 경계 지역에는 외세의 침략이 늘어났다. 이 시기에 게르만 침입자들이 서쪽으로 이주하면서 침략했기 때문이다. 406년에는 로마 제국 내의 불안한 정세를 기회로 삼아 수많은 반달족, 알란족, 수에비족이 라인강을 가로질러 물밀듯이 밀려왔고 갈리아와 스페인 곳곳으로 퍼졌다. 로마 제국은 속주를 통제하는 힘이 줄어들면서 군사력을 뒷받침하는 조세 징수의 능력도 약해졌다. 이런 상황 속에서 외세의 침입이 끊이지 않았던 로마 제국은 새로운 세력을 쫓아내지 않고 받아들여야 했다. 로마 제국에 침입한 민족들이 일부 로마인과 비슷해졌지만, 서로마 제국은 서고트족, 동고트족, 부르군트족, 프랑크족이 자리를 잡았다. 서쪽 속주를 보유하던 로마 제국은 결국 사라졌다. 단 한 번의 패배를 당한 결과가 아니라 그저 침입자를 방어할 자원이 부족했기 때문이었다.

새로운 왕국들

418년에 툴루즈에 세워진 서고트 왕국은 프랑스의 남서쪽 지역 대부분과 스페인까지 영토를 확장했다. 서고트 왕국의 영토 확장으로 쫓겨난 반달족은 429년

▷ **교회를 위한 봉헌물**
보석으로 장식한 이 십자가는 스페인의 서고트 왕국의 왕들이 7세기에 교회에 기부한 많은 봉헌물 중 일부이다. 589년에 서고트의 왕 레카레드가 가톨릭교로 개종한 이후 교회는 스페인에서 왕권 강화에 중요한 역할을 했다.

에 북아프리카로 건너와 독립 왕국을 세웠다(96-97쪽 참조). 프랑크족은 5세기 중반에 서쪽으로 진출하면서 로마 제국의 프랑스 북부를 점령했다. 476년에는 결국 이탈리아가 오도아케르가 이끈 세력에 굴복했다. 오도아케르 세력은 493년에 테오도리쿠스 대왕이 다스리는 동고트 왕국에 밀려났다. 로마 제국의 속주 브리튼은 411년에 독립했으나 앵글로색슨족이 북해를 건너 침략했을 때 정치적으로 완전히 붕괴했다.

로마 제국 이후의 유럽

로마 제국이 보장한 안전성이 사라진 유럽에서는 심각한 결과가 이어졌다. 무역이 감소했고, 여러 지역에서 경제가 몰락했으며, 먼 거리 통상은 더욱 어려워졌다. 도시 정착지도 줄었는데, 특히 잉글랜드에서는 거의 사라졌다. 인구가 50만 명 이상이었던 로마는 7세기에 인구가 겨우 3만 명이 되었다. 새로운 통치자들은 로마 문화를 일부 채택했다. 호전적인 무리의 족장들이 대규모의 집단을 다스릴 기술이 부족했기 때문이다. 특히 이탈리아에서는 이전의 원로원 상류층이 새로운 지배자를 위해 일했다. 카시오도루스와 같은 정치가들은 테오도리쿠스 대왕 밑에서 일했고 동고트족과 로마인을 융화시키려고 했다. 갈리아는 징세 권한을 갖춘 중앙 집권 체제를 유지했다. 한편, 스페인에서는 서고트족이 로마인과 고트족의 이익을 절충하여 두 집단을 위한 서로 다른 법전을 발행했다. 그러나 브리튼에서는 앵글로색슨족과 브리튼 토착민 사이

유럽의 신체제

5세기 초, 게르만족 침략자들이 라인강을 따라 이어진 로마 제국의 경계선을 침범했다. 그 이후부터 로마 제국이 지배하던 서쪽의 속주 지역은 급속히 무너지기 시작했다. 프랑크족은 프랑스 북부에 왕국을 세워 남쪽과 동쪽으로 영토를 넓혔다. 서고트족은 스페인을 장악하기 시작했고 반달족은 로마 제국의 북아프리카 지역을 점령했다. 이들 지역에서 새로운 게르만 통치자들은 점차 행정 체계를 확립하기 시작했다. 그러나 잉글랜드는 여전히 작은 왕국으로 분열된 채로 남아 있었다.

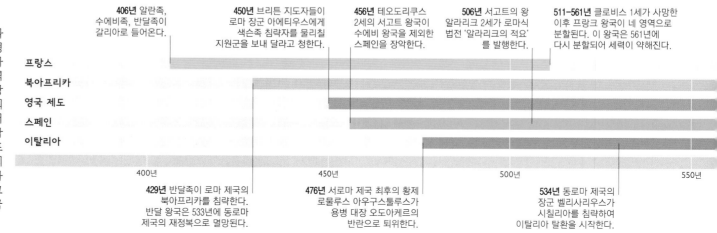

406년 알란족, 수에비족, 반달족이 갈리아로 들어온다.

450년 브리튼 지도자들이 로마 장군 아에티우스에게 색슨족 침략자를 물리칠 지원군을 보내 달라고 청한다.

456년 테오도리쿠스 2세의 서고트 왕국이 수에비 왕국을 제외한 스페인을 장악한다.

506년 서고트의 왕 알라리크 2세가 로마식 법전 '알라리크의 적요'를 발행한다.

511-561년 클로비스 1세가 사망한 이후 프랑크 왕국이 네 영역으로 분할된다. 이 왕국은 561년에 다시 분할되어 세력이 약해진다.

프랑스
북아프리카
영국 제도
스페인
이탈리아

400년   450년   500년   550년

429년 반달족이 로마 제국의 북아프리카를 침략한다. 반달 왕국은 533년에 동로마 제국의 재정복으로 멸망된다.

476년 서로마 제국 최후의 황제 로물루스 아우구스툴루스가 용병 대장 오도아케르의 반란으로 퇴위한다.

534년 동로마 제국의 장군 벨리사리우스가 시칠리아를 침략하여 이탈리아 탈환을 시작한다.

◁ **성스러운 유적**
잉글랜드의 노섬브리아 북동쪽 해안의
린디스판 섬에 있는 베네딕토회 수도원의
유적지이다. 12세기의 베네딕토회 수도원으로
793년에 바이킹이 처음 잉글랜드를 습격했을 때
파괴된 초기의 수도원 자리에 세워졌다.

▷ **앵글로색슨족의 투구**
이 투구는 복원된 것으로 7세기 초에 잉글랜드 동앵글리아의
서턴 후에 있는 배 무덤 안에서 발견되었다. 앵글로색슨
금속 세공인의 뛰어난 기술을 보여 준다.

에 오랜 무력 투쟁이 있었던 사실로 보아 옛 로마 행정 체계의 일부조차 남아 있지 않았음을 알 수 있다.

533-534년에는 존속해 온 동로마(비잔티움) 제국의 황제 유스티니아누스 1세가 로마의 서쪽 지역을 되찾으려는 군사 작전을 개시했고 북아프리카의 반달 왕국을 정복했다. 그가 이탈리아에서 벌인 정복 활동은 20년 전쟁으로 이어졌고 553년에 동고트 왕국을 멸망시켰다. 전쟁이 이어지면서 이베리아반도는 세금을 징수할 수 없을 정도로 황폐해졌다. 이 틈을 타서 침략한 롬바르드족은 568-572년에 이베리아반도를 대부분 점령하여 비잔티움 제국을 흩어진 여러 고립 지역으로 만들어 놓았다.

회복과 통합

7세기에는 내전이 일어나는 곳도 있었지만 유럽에서 통합이 이루어지기도 했다. 잉글랜드에는 큰 왕국이 나타났는데, 특히 북부는 노섬브리아, 중부는 머시아와 동앵글리아, 남부는 웨식스와 켄트가 등장했다. 이들 나라는 모두 597년에 교황 그레고리오 1세가 파견하고 수도사 아우구스티누스가 이끈 전도단을 통해 기독교로 개종했다. 롬바르드는 이탈리아를 침략한 이후 안정의 시기로 접어들었다. 이 시기에 롬바르드의 왕 아길룰프(재위 590-616년)가 그전까지 침략해 오던 프랑크족과 평화 협정을 맺었다. 643년에는 롬바르드 왕 로타리가 처음으로 롬바르드의 관습법을 정한 법전을 발행했다.

700년경에는 서고트 스페인, 프랑크 갈리아, 롬바르드 이탈리아가 비교적 안정된 나라로 자리 잡았다. 이들 나라뿐 아니라 여전히 분열된 앵글로색슨 잉글랜드에는 공식적인 서신 왕래에 라틴어가 계속 사용되었고 기독교회가 퍼져 나갔다. 이런 로마의 문화적 요소는 그전까지의 로마 제국 시대의 삶을 떠올리게 할 정도로 고스란히 이어졌다. 로마 제국에 정착한 침략자들은 로마 제국의 문화를 일부 버리면서도 또한 이전의 로마인으로부터 많은 문화유산을 이어받았다.

> "롬바르드의 로타리왕이 롬바르드의 법을 편찬하여… 이 법전을
> 칙령이라고 부르도록 지시했다."
>
> 파울루스 부제, 《롬바르드족의 역사》에서, 790년경

568년 롬바르드족이 이탈리아를 침략하기 시작한다.

664년 앵글로색슨 왕국의 켈트 그리스도교들과 로마 그리스도교들 사이의 분쟁이 휘트비 종교회의로 해결된다.

698년 아랍계 이슬람 군대가 카르타고를 점령한다.

600년   650년   700년   750년   800년

597년 교황 그레고리오 1세가 보낸 아우구스티누스가 캔터베리에 들어와 잉글랜드인을 개종시킨다.

633년 머시아의 왕 펜다가 노섬브리아의 왕 에드윈을 죽이고 잉글랜드 왕국들 사이에서 앞으로 160년간 우위를 점하는 지배권을 차지한다.

711년 아랍계 이슬람 군대가 북아프리카에서 건너와 서고트 왕국을 정복한다.

774년 롬바르드 왕국이 카롤링거 왕조의 프랑크 통치자 샤를마뉴의 침략을 받아 멸망한다.

100년 전쟁

프랑스의 왕위 계승 문제를 놓고
잉글랜드와 프랑스 사이에 전쟁이 일어났다.
이 전쟁은 1337년부터 시작해 116년 동안 지속되었다.
잉글랜드가 때로는 프랑스의 광범위한 지역을 정복했지만
1453년에 100년 전쟁이 끝날 무렵에는
항구 도시 칼레만이 남아 있었다.

잉글랜드의 에드워드 3세는 프랑스의 샤를 4세의 누이인 어머니로 인해 프랑스의 왕위 계승권이 있었다. 샤를 4세가 후계자 없이 사망하자 에드워드 3세는 경쟁 상대인 필리프 6세에 맞서 프랑스의 왕위 계승권을 주장했다. 이 일은 에드워드 3세가 그가 소유한 영토를 바치라는 프랑스 군주의 요구를 거절한 일과 겹치면서 전쟁으로 이어졌다. 100년 전쟁은 세 시기로 나뉘었다. 에드워드 3세가 주도한 첫 번째 시기(1337-1360년)는 잉글랜드가 대승을 거두었다. 이 시기에 브레티니 조약이 맺어지고 잉글랜드가 프랑스의 많은 영토를 확보했다. 두 번째 시기(1369-1389년)는 잉글랜드가 처음

에는 영토를 많이 차지했으나 뒤이은 프랑스의 공세에 밀려났다. 이는 결국 휴전으로 끝이 났고, 잉글랜드는 칼레를 비롯해 브레스트, 보르도, 바욘 중심의 작은 지역만 보유했다. 1400년대 초기에는 프랑스가 부르고뉴파와 아르마냐크파 사이에 일어난 내전 상태에 빠졌다. 이런 혼란을 틈타 잉글랜드의 헨리 5세가 1415년에 프랑스와 전쟁을 재개했다. 처음에는 잉글랜드 군대가 광대한 영토를 점령했다. 그러나 잔 다르크의 영향에 힘입은 프랑스 군대는 잉글랜드에 강력히 맞섰고, 잉글랜드가 칼레만 차지하는 것으로 전쟁이 끝났다.

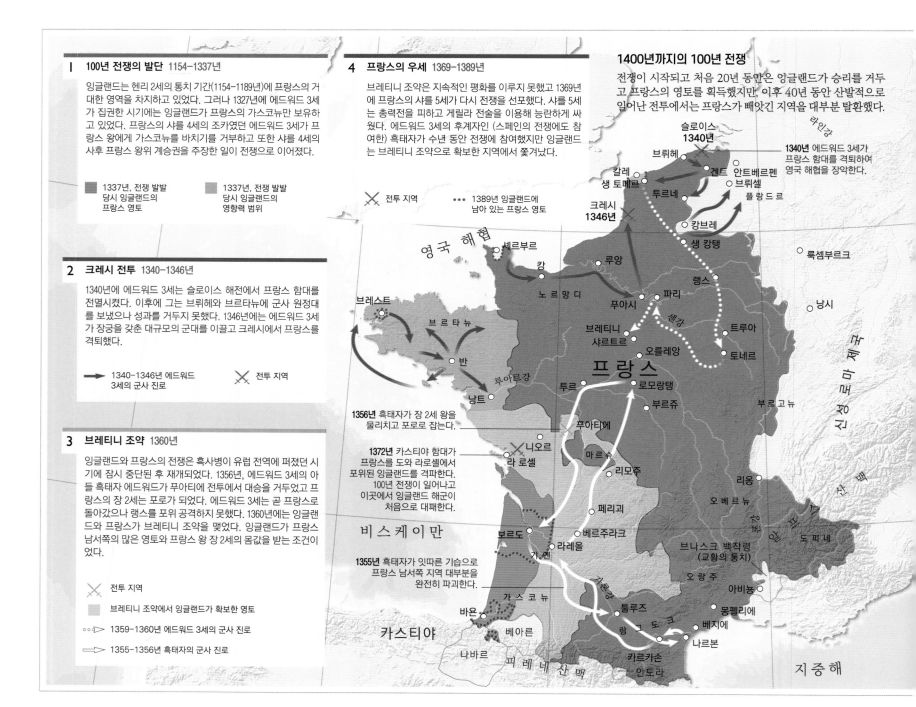

1 100년 전쟁의 발단 1154-1337년

잉글랜드는 헨리 2세의 통치 기간(1154-1189년)에 프랑스의 거대한 영역을 차지하고 있었다. 그러나 1327년에 에드워드 3세가 집권한 시기에는 잉글랜드가 프랑스의 가스코뉴만 보유하고 있었다. 프랑스의 샤를 4세의 조카였던 에드워드 3세가 프랑스 왕에게 가스코뉴를 바치기를 거부하고 또한 샤를 4세의 사후 프랑스 왕위 계승권을 주장한 일이 전쟁으로 이어졌다.

■ 1337년, 전쟁 발발 당시 잉글랜드의 프랑스 영토
■ 1337년, 전쟁 발발 당시 잉글랜드의 영향력 범위

2 크레시 전투 1340-1346년

1340년에 에드워드 3세는 슬로이스 해전에서 프랑스 함대를 전멸시켰다. 이후에 그는 브뤼헤와 브르타뉴에 군사 원정대를 보냈으나 성과를 거두지 못했다. 1346년에는 에드워드 3세가 장궁을 갖춘 대규모의 군대를 이끌고 크레시에서 프랑스를 격퇴했다.

→ 1340-1346년 에드워드 3세의 군사 진로
✕ 전투 지역

3 브레티니 조약 1360년

잉글랜드와 프랑스의 전쟁은 흑사병이 유럽 전역에 퍼졌던 시기에 잠시 중단된 후 재개되었다. 1356년, 에드워드 3세의 아들 흑태자 에드워드가 푸아티에 전투에서 대승을 거두었고 프랑스의 장 2세는 포로가 되었다. 에드워드 3세는 곧 프랑스로 돌아갔으나 랭스를 포위 공격하지 못했다. 1360년에는 잉글랜드와 프랑스가 브레티니 조약을 맺었다. 잉글랜드가 프랑스 남서쪽의 많은 영토와 프랑스 왕 장 2세의 몸값을 받는 조건이었다.

✕ 전투 지역
▨ 브레티니 조약에서 잉글랜드가 확보한 영토
∘∘∘▷ 1359-1360년 에드워드 3세의 군사 진로
⟹ 1355-1356년 흑태자의 군사 진로

4 프랑스의 우세 1369-1389년

브레티니 조약은 지속적인 평화를 이루지 못했고 1369년에 프랑스의 샤를 5세가 다시 전쟁을 선포했다. 샤를 5세는 총력전을 피하고 게릴라 전술을 이용해 능란하게 싸웠다. 에드워드 3세의 후계자인 (스페인의 전쟁에도 참여한) 흑태자가 수년 동안 전쟁에 참여했지만 잉글랜드는 브레티니 조약으로 확보한 지역에서 쫓겨났다.

✕ 전투 지역
∙∙∙ 1389년 잉글랜드에 남아 있는 프랑스 영토

1400년까지의 100년 전쟁

전쟁이 시작되고 처음 20년 동안은 잉글랜드가 승리를 거두고 프랑스의 영토를 획득했지만, 이후 40년 동안 산발적으로 일어난 전투에서는 프랑스가 빼앗긴 지역을 대부분 탈환했다.

슬로이스 1340년
브뤼헤
칼레
생 토메르
크레시 1346년

1340년 에드워드 3세가 프랑스 함대를 격침하여 영국 해협을 장악한다.

겐트 안트베르펜
투르네 브뤼셀
플랑드르
캉브레
생 캉탱
룩셈부르크

세르부르
캉
루앙
랭스
낭시

노르망디
파리
푸아시
트루아
토네르

브레스트
브르타뉴
반
브레티니
샤르트르
오를레앙
로모랑탱

프랑스
부르쥬
부르고뉴
루아르강
낭트
투르

1356년 흑태자가 장 2세 왕을 물리치고 포로로 잡는다.

푸아티에
니오르

1372년 카스티야 함대가 프랑스를 도와 라로셸에서 포위된 잉글랜드를 격파한다. 100년 전쟁이 일어나고 이곳에서 잉글랜드 해군이 처음으로 대패한다.

라 로셸
마르슈
리모주
리옹
오베르뉴

1355년 흑태자가 잇따른 기습으로 프랑스 남서쪽 지역 대부분을 완전히 파괴한다.

비스케이 만
보르도
페리괴
베르주라크
브나스크 백작령 (교황의 통치)
오랑주
아비뇽

가옌
라레올
몽펠리에
베지에

가스코뉴
바욘
베아른
툴루즈
랑그도크
나르본
카르카손
안도라
지중해

카스티야
나바르
피레네 산맥

5 아쟁쿠르 전투 1415-1420년

1415년에 전쟁을 재개한 잉글랜드의 헨리 5세가 프랑스로 항해하여 아르플뢰르를 포위했다. 헨리 5세는 아쟁쿠르 전투에서 승리를 거두었고 이 전투에서 잉글랜드와 웨일스의 궁수들로 인해 수많은 프랑스 기사가 죽었다. 프랑스 북부 지역을 휩쓴 헨리 5세는 트루아 조약(1420년)으로 프랑스의 왕위 계승자로 인정받았다.

→ 1415년 헨리 5세의 군사 진로　✕ 전투 지역

1415년 10월
헨리 5세가 프랑스 군대를 물리친다. 이때 프랑스의 많은 귀족이 죽임을 당한다.

1430년 5월
잔 다르크가 부르고뉴파 세력에 포로로 잡힌다.

1419-1435년
잉글랜드가 파리를 점령한다.

1429년 잉글랜드가 파테 전투에서
프랑스에 결정적인 패배를 당하고 프랑스의 북부 지역을 잃는다.

1428-1429년
잉글랜드에 포위된 오를레앙이 샤를 7세에게 반격을 권고한 잔 다르크로 인해 해방된다.

1453년
잉글랜드의 지휘관 슈루즈버리 백작이 카스티용 전투에서 패하여 기엔과 가스코뉴를 잃는다.

1400년 이후의 100년 전쟁

잉글랜드가 프랑스의 내분을 틈타 1415년에서 1429년 사이에 프랑스를 거의 정복할 뻔했으나 프랑스는 잔 다르크의 통솔력으로 강력하게 저항했다.

6 잉글랜드의 세력 강화 1420-1429년

1422년에 헨리 5세가 전장에서 이질에 걸려 사망하는 등 1420년대는 잉글랜드의 좌절로 시작되었다. 그러나 베드퍼드 공작이 이끈 잉글랜드는 프랑스 북부에서 세력을 강화했다. 프랑스의 부르고뉴파와 연합한 잉글랜드는 센강과 루아르강 사이의 영토를 모두 점령했다. 1428년에는 마침내 솔즈베리 백작이 요충지 오를레앙을 공격했다.

▢▷ 1421-1422년 헨리 5세의 군사 진로
▷ 1428년 솔즈베리 백작의 군사 진로
▨ 1429년 부르고뉴 가문의 소유지
▨ 1429년 잉글랜드나 부르고뉴파의 점유지

7 잔 다르크 1429-1431년

1429년에 잉글랜드는 프랑스의 마지막 보루였던 오를레앙을 포위했다. 그때 프랑스에서는 프랑스를 구하라는 신의 계시를 받았다는 한 시골 처녀가 나타났다. 잔 다르크는 샤를 7세가 다스리는 프랑스에 잉글랜드에 강력히 맞서 북부 지역 대부분을 탈환하도록 용기를 불어넣었다. 잔 다르크는 부르고뉴파 세력에 포로로 잡히고 화형을 당했지만, 프랑스는 잉글랜드가 점령하던 영토를 되찾았다.

→ 1429년 잔 다르크의 군사 진로　✕ 전투 지역

8 전쟁의 종결 1435-1453년

1435년에 부르고뉴파 세력은 잉글랜드와 동맹 관계를 파기했다. 이후 잉글랜드는 점령했던 파리를 프랑스에 빼앗겼다. 1440년대에는 샤를 7세가 프랑스의 남은 북부 지역을 대부분 탈환하여 잉글랜드는 보르도 중심의 지역만 보유하게 되었다. 마지막으로 카스티용 전투에서 승리한 프랑스가 보르도까지 점령하자 전쟁은 종결되었다.

✕ 전투 지역

지도 지명

칼레 / 안트베르펜 / 쾰른 / 라인강 / 아르투아 / 아라스 / 아브빌 / 아미앵 / 콩피에뉴 / 랭스 / 낭시 / 셰르부르 / 아르플뢰르 / 루앙 / 채널 제도 / 센강 / 파리 / 모 / 동레미 / 트루아 / 노르망디 / 브레스트 / 브르타뉴 / 파테 / 믈룅 / 디종 / 부르고뉴 백국 / 루아르강 / 오를레앙 / 블루아 / 느베르 / 부르고뉴 공국 / 낭트 / 투르 / 푸아티에 / 리옹 / 비스케이만 / 알프스 산맥 / 카스티용 / 보르도 / 기엔 / 가론강 / 오랑주 / 아비뇽 / 브나스크 백작령 (교황의 통치) / 프로방스 / 프랑스 / 가스코뉴 / 툴루즈 / 베아른 / 카스티야 / 나바르 / 안도라 / 피레네 산맥 / 아라곤 / 지중해 / 영국 해협

프랑스 왕위 계승권을 둘러싼 전쟁

14-15세기에 잉글랜드 왕들은 프랑스 왕위 계승권을 주장하며 프랑스와 몇 차례 전쟁을 벌였다. 1360년과 1420년에 영국은 프랑스의 많은 영역을 차지하는 조약을 맺었지만, 결국 칼레를 제외한 영토를 모두 잃었다.

기호 보기
■ 프랑스의 영토

타임라인
1 / 2 / 3 / 4 / 5 / 6 / 7 / 8

1100　1200　1300　1400　1500

△ 샤를 7세를 알현하는 잔 다르크

15세기에 제작된 태피스트리의 이 장면은 잔 다르크가 1429년 3월에 프랑스 궁정에 도착해 샤를 7세에게 오를레앙으로 군대를 이끌고 가게 해달라고 청원하는 모습을 묘사한 것이다. 오를레앙에서 승리한 잔 다르크는 샤를 7세의 적들에게 표적이 되었고 1430년 5월에 포로로 잡혔다.

4 베네치아 해상 제국 850-1500년

베네치아는 9세기 중반에 최초의 무역 강국이 되었고 곧 이어 아드리아해 연안에 기지를 세웠다. 14세기에는 베네치아인들이 제노바의 오랜 경쟁자를 능가해 비잔티움 제국의 에게해 지역을 차지했다. 그러나 스페인과 네덜란드와 포르투갈과의 경쟁에서 밀려난 베네치아 해상 제국은 결국 16세기에 무너졌다.

■ 1400년 베네치아 소유 영토
⋯⋯ 베네치아의 주요 무역로

5 제노바 해상 제국 950-1409년

항구 도시 제노바는 950년경에 해상 강국으로 두각을 드러내기 시작했다. 또한 북아프리카와 지중해 서부를 아우르는 교역망의 중심지가 되었다. 그러나 제노바는 키오자 해전에서 베네치아에 패배한 후 세력이 약해졌다. 15세기 초에는 밀라노의 비스콘티 가문의 지배를 받았다.

■ 1400년 제노바의 소유 영토
⋯⋯ 제노바의 주요 무역로

6 한자 동맹 1265-1669년

1265년에 소도시들이 공동 사업을 논의하기 위해 해마다 만나기로 합의했다. 이들은 곧 한자 동맹을 결성하여 성장했다. 200개에 이르는 소도시가 가입한 한자 동맹은 그 의사를 나라에 강경하게 주장할 정도로 강력해졌다. 30년 전쟁과 네덜란드와의 치열해진 경쟁으로 한자 동맹의 기세는 꺾였고 1669년에는 한자 동맹의 회의가 마지막으로 열렸다.

● 한자 동맹의 주요 가맹국
⋯⋯ 한자 동맹의 주요 무역로

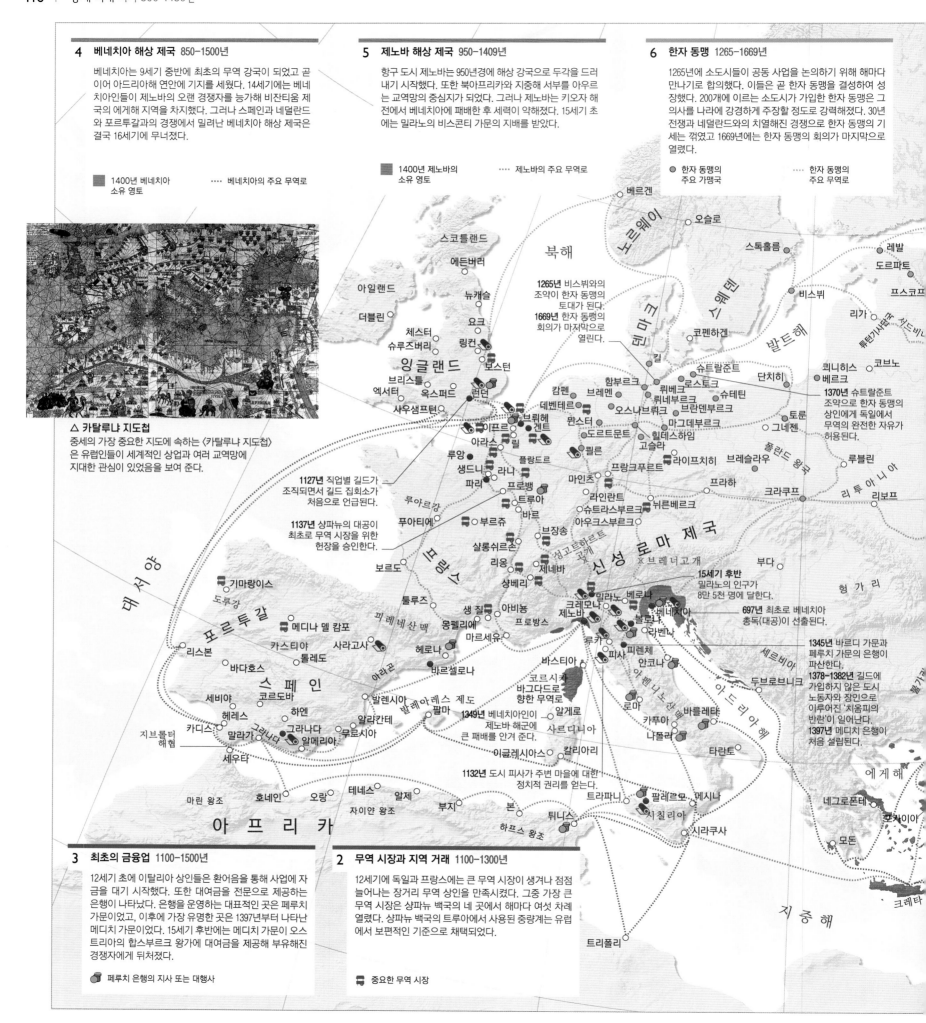

△ **카탈루냐 지도첩**
중세의 가장 중요한 지도에 속하는 〈카탈루냐 지도첩〉은 유럽인들이 세계적인 상업과 여러 교역망에 지대한 관심이 있었음을 보여 준다.

3 최초의 금융업 1100-1500년

12세기 초에 이탈리아 상인들은 환어음을 통해 사업에 자금을 대기 시작했다. 또한 대여금을 전문으로 제공하는 은행이 나타났다. 은행을 운영하는 대표적인 곳은 페루치 가문이었고, 이후에 가장 유명한 곳은 1397년부터 나타난 메디치 가문이었다. 15세기 후반에는 메디치 가문이 오스트리아의 합스부르크 왕가에 대여금을 제공해 부유해진 경쟁자에게 뒤처졌다.

🪙 페루치 은행의 지사 또는 대행사

2 무역 시장과 지역 거래 1100-1300년

12세기에 독일과 프랑스에는 큰 무역 시장이 생겨나 점점 늘어나는 장거리 무역 상인을 만족시켰다. 그중 가장 큰 무역 시장은 샹파뉴 백국의 네 곳에서 해마다 여섯 차례 열렸다. 샹파뉴 백국의 트루아에서 사용된 중량계는 유럽에서 보편적인 기준으로 채택되었다.

🚚 중요한 무역 시장

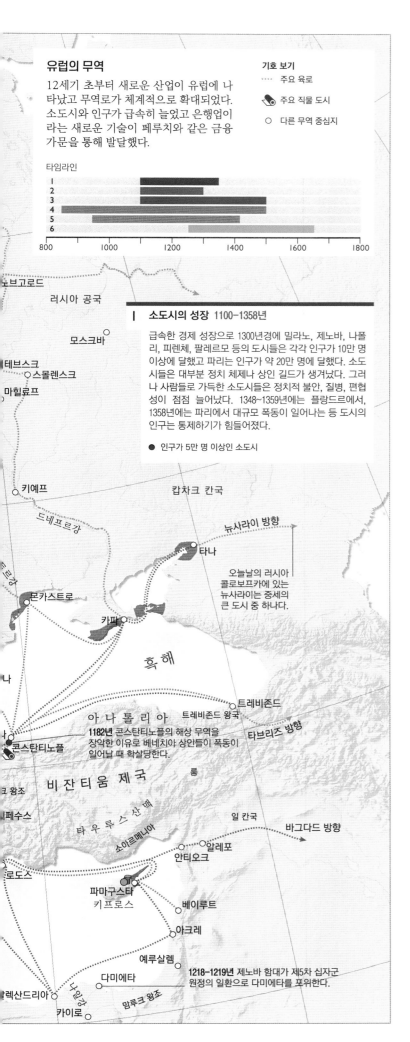

유럽의 무역

12세기 초부터 새로운 산업이 유럽에 나타났고 무역로가 체계적으로 확대되었다. 소도시와 인구가 급속히 늘었고 은행업이라는 새로운 기술이 페루치와 같은 금융 가문을 통해 발달했다.

기호 보기
- ⋯⋯ 주요 육로
- 🏷 주요 직물 도시
- ○ 다른 무역 중심지

타임라인

	800	1000	1200	1400	1600	1800

소도시의 성장 1100-1358년

급속한 경제 성장으로 1300년경에 밀라노, 제노바, 나폴리, 피렌체, 팔레르모 등의 도시들은 각각 인구가 10만 명 이상에 달했고 파리는 인구가 약 20만 명에 달했다. 소도시들은 대부분 정치 체제나 상인 길드가 생겨났다. 그러나 사람들로 가득한 소도시들은 정치적 불안, 질병, 편협성이 점점 늘어났다. 1348~1359년에는 플랑드르에서, 1358년에는 파리에서 대규모 폭동이 일어나는 등 도시의 인구는 통제하기가 힘들어졌다.

● 인구가 5만 명 이상인 소도시

노브고로드
러시아 공국
모스크바
테브스크
스몰렌스크
마힐료프
드네프르강
키예프
칸차크 칸국
뉴사라이 방향
타나

오늘날의 러시아 콜로보프카에 있는 뉴사라이는 중세의 큰 도시 중 하나다.

몬카스트로
카파
흑 해
아 나 톨 리 아
트레비존드 왕국
트레비존드
타브리즈 방향
1182년 콘스탄티노플의 해상 무역을 장악한 이유로 베네치아 상인들이 폭동이 일어날 때 학살당한다.

콘스탄티노플
비 잔 티 움 제 국
룸
왕조
페수스
타 우 루 스 산 맥
소아르메니아
일 칸국
바그다드 방향
알레포
안티오크
로도스
파마구스타
키프로스
베이루트
아크레
예루살렘
다미에타
1218-1219년 제노바 함대가 제5차 십자군 원정의 일환으로 다미에타를 포위한다.
렉산드리아
나일강
카이로
맘루크 왕조

중세 유럽의 무역

12세기부터 유럽은 경제가 성장했고 인구가 늘어났다.
길드와 시의회가 왕족의 독점권을 위협했고
상인들은 은행업이라는 새로운 방식을 개척했다.
또한 이자를 받고 돈을 빌려주는 금전거래가
이 시대 경제의 보편적인 특징이 되었다.

유럽은 12세기에 도시 생활이 다시 번성하고 있었다. 새로운 소도시가 잉글랜드와 프랑스에서 왕족의 후원을 받아 세워졌고 다른 도시들은 규모가 크게 확대되었다. 또한 무역 시장이 갑자기 생겨났고 유럽 곳곳에서 온 상인들은 이곳에서 획득한 물건을 팔러 다녔다. 더욱 영향력이 커진 도시는 자체적인 의회를 갖추었는데, 이 의회가 왕실의 설득에 늘 따르는 것은 아니었다. 한편, 이탈리아에는 독립된 도시 국가의 관계망이 형성되었다. 이 지역은 최초의 상업 은행이 설립되는 등 금융혁신을 이루는 풍요로운 근거지가 되었다. 제노바와 베네치아는 상인들이 창출한 부를 통해 지중해 지역에 해상 제국을 세워 세계적인 강국이 되었다. 이와 유사하게 유럽의 북부에는 1265년 이후 한자 동맹(무역 도시들이 결성한 동맹)이 성장하여 발트해와 북해 연안에서 100년 동안 무역을 지배했다. 상인을 비롯한 직업별 길드, 장인들, 수도원과 같은 종교 기관 등은 모두 경제에 한

몫을 차지했다. 또한 이 시기에는 상업의 성장과 유동성의 증가뿐 아니라 지배 계급의 재정 정책의 필요성으로 자금과 대여금의 요구가 급격히 늘어났다. 그리고 실제로 이자를 내고 돈을 빌리려는 수요도 늘어났다. 전문 대금업자로 이루어진 여러 집단도 나타났는데, 특히 프랑스 남부와 이탈리아 북부에서 온 기독교 이주자들과 지역 유대인이 일부 포함되어 있었다. 더욱이 지역 기독교인 사이에도 대금업이 성행했고 이 일로 종교 지도자들은 공론화하지 않았으나 분노를 감추지는 못했다. 대금업자는 종종 도덕적이고 종교적인 논쟁의 대상이 되긴 했지만 13세기에서 14세기까지 유럽 경제를 이루는 주요 특징이 되었다. 13세기 중반부터는 통치자들이 교회의 요청에 따라 기독교인이나 유대인 대금업자를 모두 추방하기 시작했다.

직물 교역
유럽 최초의 중요한 산업

중세 유럽에서는 직물이 최초의 상품이 되었고 직물의 생산은 중요한 산업으로 발전했다. 직물의 주요 중심지는 플랑드르, 잉글랜드, 이탈리아에 있었는데, 모두 직물의 중요한 원료가 되는 양모를 생산하는 곳이었다. 방적, 방직, 축융(양모를 세척하고 조직을 조밀하게 만드는 과정), 날염 등의 직물 제조 과정은 수많은 장인에게 일할 기회를 주었고 상인에게도 소득이 되었다. 장인과 상인의 동업 조합인 길드는 주요 도시에 설립되었고, 또 상인들은 재산을 기부하여 옷을 판매하는 화려한 직물 회관을 세웠다.

옷감을 염색하는 직물공들

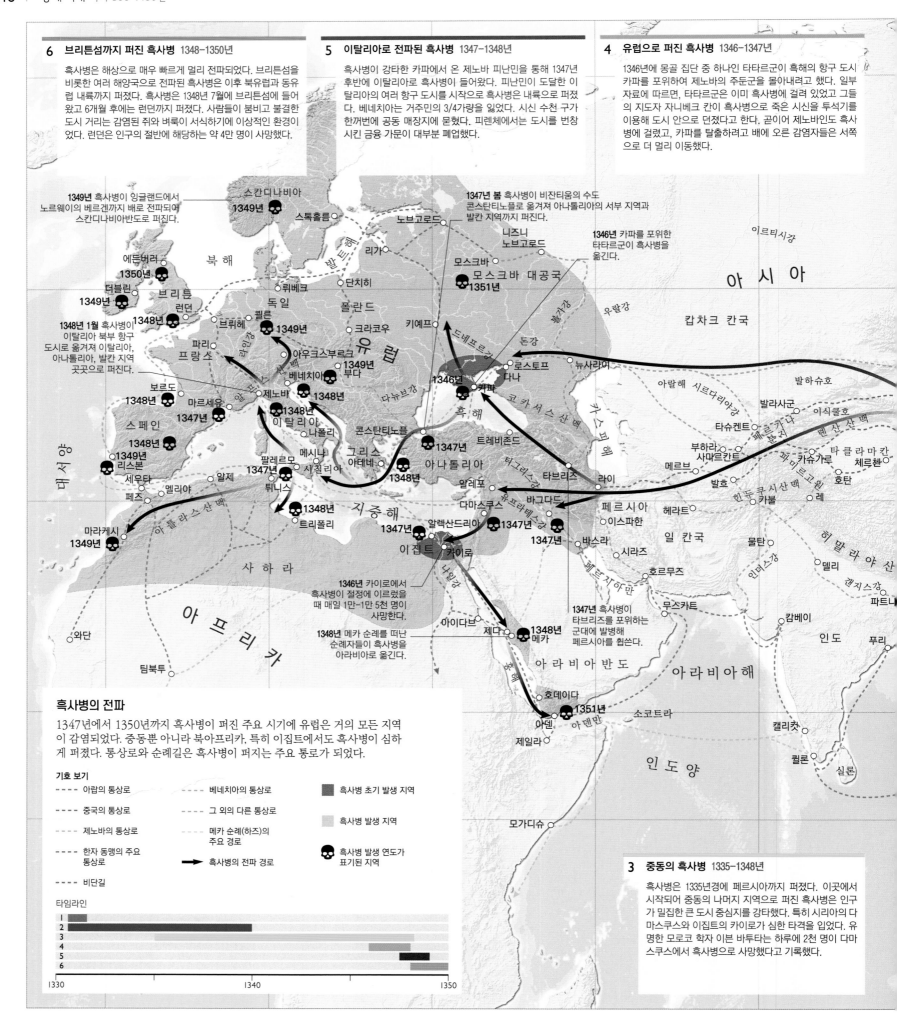

6 브리튼섬까지 퍼진 흑사병 1348-1350년

흑사병은 해상으로 매우 빠르게 멀리 전파되었다. 브리튼섬을 비롯한 여러 해양국으로 전파된 흑사병은 이후 북유럽과 동유럽 내륙까지 퍼졌다. 흑사병은 1348년 7월에 브리튼섬에 들어왔고 6개월 후에는 런던까지 퍼졌다. 사람들이 붐비고 불결한 도시 거리는 감염된 쥐와 벼룩이 서식하기에 이상적인 환경이었다. 런던은 인구의 절반에 해당하는 약 4만 명이 사망했다.

5 이탈리아로 전파된 흑사병 1347-1348년

흑사병이 강타한 카파에서 온 제노바 피난민을 통해 1347년 후반에 이탈리아로 흑사병이 들어왔다. 피난민이 도달한 이탈리아의 여러 항구 도시를 시작으로 흑사병은 내륙으로 퍼졌다. 베네치아는 거주민의 3/4가량을 잃었다. 시신 수천 구가 한꺼번에 공동 매장지에 묻혔다. 피렌체에서는 도시를 번창시킨 금융 가문이 대부분 폐업했다.

4 유럽으로 퍼진 흑사병 1346-1347년

1346년에 몽골 집단 중 하나인 타타르군이 흑해의 항구 도시 카파를 포위하여 제노바의 주둔군을 몰아내려고 했다. 일부 자료에 따르면, 타타르군은 이미 흑사병에 걸려 있었고 그들의 지도자 자니베크 칸이 흑사병으로 죽은 시신을 투석기를 이용해 도시 안으로 던졌다고 한다. 곧이어 제노바인도 흑사병에 걸렸고, 카파를 탈출하려고 배에 오른 감염자들은 서쪽으로 더 멀리 이동했다.

흑사병의 전파

1347년에서 1350년까지 흑사병이 퍼진 주요 시기에 유럽은 거의 모든 지역이 감염되었다. 중동뿐 아니라 북아프리카, 특히 이집트에서도 흑사병이 심하게 퍼졌다. 통상로와 순례길은 흑사병이 퍼지는 주요 통로가 되었다.

기호 보기

- - - - 아랍의 통상로
- - - - 중국의 통상로
- - - - 제노바의 통상로
- - - - 한자 동맹의 주요 통상로
- - - - 비단길
- - - - 베네치아의 통상로
- - - - 그 외의 다른 통상로
- - - - 메카 순례(하즈)의 주요 경로

흑사병 초기 발생 지역
흑사병 발생 지역

흑사병 발생 연도가 표기된 지역

→ 흑사병의 전파 경로

타임라인

3 중동의 흑사병 1335-1348년

흑사병은 1335년경에 페르시아까지 퍼졌다. 이곳에서 시작되어 중동의 나머지 지역으로 퍼진 흑사병은 인구가 밀집한 큰 도시 중심지를 강타했다. 특히 시리아의 다마스쿠스와 이집트의 카이로가 심한 타격을 입었다. 유명한 모로코 학자 이븐 바투타는 하루에 2천 명이 다마스쿠스에서 흑사병으로 사망했다고 기록했다.

흑사병의
확산

1347년에 새로운 질병이 중국과 중앙아시아에서 유럽으로 들어왔다. 페스트 또는 (피부에 생기는 검은 반점 때문에) 흑사병이라고 알려진 이 전염병은 급속히 퍼져 나갔다. 치료법이 없어서 약 1억 5천만 명이 사망했는데, 그 당시 세계 인구의 1/3에 해당하는 수치였다.

흑사병은 감염된 쥐의 벼룩에 물려 옮겨졌기 때문에 사람이 붐비고 비위생적인 중세의 도시 환경에서 급속히 퍼졌다. 흑사병은 1347년에 이탈리아에 전파된 이후 무역 경로를 따라 옮겨졌고 시간이 지나면서 더욱 치명적인 질병으로 변했다. 의사들은 달콤한 향이 나는 꽃다발, 허브와 향신료를 섞어 끓인 차, 그리고 방에 대한 훈증 소독을 처방했다. 마지막의 처방만이 벼룩을 잡을 수 있어서 전염병의 진행을 막는 최소한의 효과가 있었다. 그러나 전염병을 피해 달아나려는 사람들 때문에 흑사병은 새로운 지역으로 퍼졌다.

흑사병은 쏟아지는 근거 없는 소문과 공포를 야기했고 사회적으로 심각한 결과로 이어졌다. 잉글랜드에서 살인율이 두 배로 늘어나는 등 범죄가 크게 늘었고 사람들은 전통적 가치관에 대한 신뢰를 저버렸다. 한편 이제 귀한 노동력 자원이 된 소작농은 영주로부터 더 나은 환경과 보수를 요구할 수 있었다.

1350년 말에, 흑사병은 대부분 자연스럽게 지나갔지만, 이후에 다시 유행하곤 했다. 심지어는 오늘날에도 세계 곳곳에서 간혹 발생하기도 한다.

> *"사람들이 날마다 수천 명씩 감염되어*
> *간호는커녕 작은 도움도 받지 못하고 죽어 갔다."*
>
> 조반니 보카치오, 《데카메론》에서, 1348-1353년

1330년대 흑사병이 중국의 서부 지역에서 대규모로 발병한다.

△ 희생양이 된 유대인
1493년에 제작된 목판화로 유대인을 산 채로 불에 태워 죽이는 장면을 묘사한 것이다. 이들은 우물에 독을 넣어 전염병을 퍼트렸다는 비난을 받았다. 유대인의 많은 거주지도 잇따른 박해를 받아 파괴되었다.

1 중국에서 시작된 흑사병 1331년
중국의 역사가들은 멀리 기원전 244년까지 거슬러 올라가는 역병에 관한 기록을 보유했다. 이들은 서기 642년에 발생한 페스트와 유사한 증상에 주목했다. 흑사병은 1331년에 허베이성에서 시작되었을 것으로 추정된다. 이때 흑사병은 허베이성의 인구를 90%까지 사망에 이르게 했고 중국을 지배한 몽골 제국의 멸망을 재촉했다.

2 중앙아시아를 통한 전파 1330년대
중국의 서부 지역에는 잇따른 흉작, 지진, 홍수, 메뚜기 떼의 출몰 등으로 인구가 감소했다. 이후 1338년에는 이식쿨 호수를 중심으로 역병이 발생해 이 지역의 공동체 사람들이 모두 사망했다. 이곳에서 시작된 흑사병은 유럽으로 이어진 비단길 통상로를 따라 서쪽으로 퍼져 나갔다.

유럽의 흑사병 확산

흑사병은 1320년대에 중국에서 시작된 것으로 추정되며 처음에는 통상로를 따라 서쪽으로 천천히 퍼졌다. 1347년에 콘스탄티노플로 퍼진 흑사병은 이후 급속하게 퍼져 나갔다. 1348년 초에는 이탈리아 일대를 강타했고 그해 여름에 잉글랜드까지 퍼졌다. 이듬해에는 스칸디나비아 북부지역까지 침투했다. 그러나 폴란드 중부와 같은 특정 지역에는 피해가 적었다.

기호 보기

1347년	1350년
1348년 중반	1351년
1349년 초반	1351년 이후
1349년 후반	비교적 피해가 적은 지역

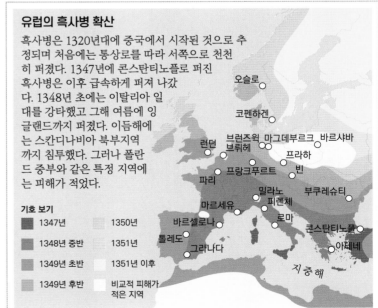

《룻기(The Book of Ruth)》
유대인의 축제일이나 특별 행사에서 합동 기도를 할 때
사용한 아슈케나지 기도서다. 유대인 필경사가 옮긴
히브리어 글과 기독교 예술인이 꾸민 채식으로 완성된
것으로, 유대인의 전원생활 장면이 묘사되어 있다.

중세 유럽의 유대인

중세 시대에 유대인의 역사는
중부 유럽과 남부 유럽에서 매우 복잡한 양상을 띤다.
그리고 지역에 따라 수 세기에 걸쳐 다양하게 나타난다.

유럽의 유대인 공동체는 6세기에서 11세기까지
흔적이 몇 군데 남아 있긴 하지만, 중세 후기인
13세기에서 16세기까지 여러 도시와 지방
에서 정착지를 늘리고 있었다. 이런 유대
정착지에는 사람들이 도시 인구의 몇 퍼
센트밖에 차지하지 않았지만, 유대교 회당, 묘
지, 무도장 등의 공용 공간이 포함되어 있었다. 그
런데 유대인은 자주 이주할 수밖에 없었다. 흑사
병이 창궐했을 때(1350년대) 특정 지역에서 박해
를 받았을 뿐 아니라, 잉글랜드(1290년)와 스페
인(1492년)에서 때로는 폭력이 동원된 대규모 추

△ **유대인의 결혼반지**
13세기에 제작된 유대인 반지로,
히브리어로 '행운을 빕니다'라는
말이 새겨져 있다. 유대인의
결혼식에 사용되었다.

방을 당하는 일이 있었기 때문이었다. 그러나 유대인 공동체가 오랜 기간에 걸쳐
정착한 지역도 있었다.

유대인의 일상생활

중세 유럽의 유대인에 관한 기록은 고립이나 박해를 강조하지만, 현대 학자들은
이 시기의 유대인을 더욱 함축성 있게 그려 낸다. 예컨대, 중세의 유대인이 지역 문
화에서 고립된 생활을 했거나 유대인 거주 지역에서 살았다는 것은 근거 없는 통
념으로 추정된다. 유대인은 처참한 집단학살과 추방을 당하기도 했지만, 기독교인
이나 이슬람인과 사회적, 문화적, 상업적인 측면에서 일상적으로 서로 소통하는
시기도 있었다. 증거에 따르면, 유대인은 다른 종교인들과 사업을 공유했고, 채식
필사본, 미세한 보석 세공, 신분을 상징하는 개인 인장 등 기독교의 예술 문화를
포함한 여러 수공예 분야를 다루기도 했다. 반대로, 서기 7세기부터 스페인에서
맞이한 유대 문화의 '황금기', 즉 유대인과 이슬람인이 문화적 풍요로움을 공유한
시기에는 통치자들이 이 두 종교 집단을 떼어 놓
으려고 종교 분쟁과 폭력을 동원했던 사실도
밝혀져 있다.

◁ **14세기의 밀랍 봉인**
유대인은 그들끼리 계약할 때 히브리어로
서명했지만, 비유대인과 사업할 때는 대부분
기독교 관습을 채택해 히브리어가 새겨진
밀랍 봉인을 사용했다.

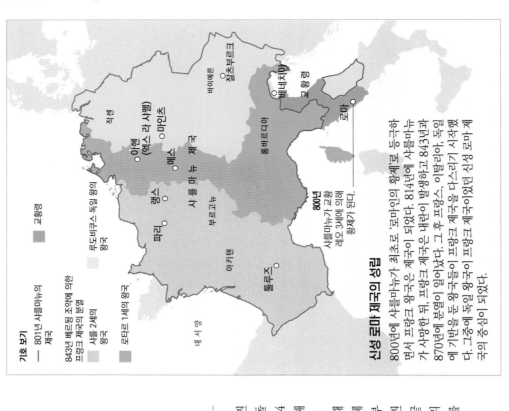

가로 보기

— 801년 샤를마뉴의 제국

843년 베르됭 조약에 의한 프랑크 제국의 분열

샤를 2세의 왕국

로타르 1세의 왕국

루도비쿠스 독일 왕의 왕국

교황령

800년
샤를마뉴가 교황 레오 3세에 의해 황제가 된다.

신성 로마 제국의 성립

800년에 샤를마뉴가 최초로 '로마인의 황제'로 등극하면서 프랑크 왕국은 제국이 되었다. 814년에 샤를마뉴가 사망한 뒤, 프랑크 제국은 내분이 발생하고 843년과 870년에 분열이 일어났다. 그 후 프랑스, 이탈리아, 독일에 기반을 둔 왕국들이 프랑크 제국을 다스리기 시작했다. 그중에 독일 왕국이 옛 프랑크 제국이었던 신성 로마 제국의 중심이 되었다.

오토 왕가의 제국 919~1024년

962년에 로마 교황이 작센 공작 오토를 신성 로마 제국의 황제로 선출했다. 슘곡을 일삼는 다른 왕으로부터 교황을 보호하는 조건이었다. 오토의 아들인 오토 2세(재위 967~983)도 비잔티움 제국의 공주와 결혼했고 공식적으로 로마인의 황제라는 칭호를 얻었다. 황제의 권력을 확대하려고 오토 2세는 이탈리아 남부의 영토를 차지했던 비잔티움 제국과 파티마 왕조와 충돌했다.

936년 오토 1세의 왕국

신성 로마 제국

800년에 프랑크 통치자 샤를마뉴가 황제에 올랐을 때 이후에 신성 로마 제국이라 불리는 하나의 통치 체제가 탄생했다. 한때 핵심 권력이 줄어든 신성 로마 제국은 가장 큰 영토를 독일 왕국이 차지하고 나머지는 여러 왕국이 차지하는 복잡한 권력 구조를 갖추었다. 신성 로마 제국은 때로 지배권 다툼으로 혼란의 시기를 거쳤지만 천 년 동안 존속했다.

교황 레오 3세는 프랑크 통치자 샤를마뉴에게 새로운 황제 자리를 수여했다. 고대 로마 제국을 부활시키고 싶어 했기 때문이었다. 768년에 왕위에 오른 후 유럽의 북서쪽을 대부분 정복한 샤를마뉴는 옛 로마 제국의 카이사르에 견줄 수 있었지만 황제의 권력도 오래 지속되지 못했다. 814년에 샤를마뉴의 대제가 사망한 후 프랑크 제국은 내분으로 분열되었다. 아주 오토 왕가가 '로마인의 황제'라는 칭호를 얻기 전까지 제국에는 인정받는 황제가 없었다. 오토 1세가 황제의 권력을 이어받았을 때 신성 로마 제국의 주요 독일 왕국이 중심이 되어 오토 왕가, 잘리어 왕가, 호엔슈타우펜 왕가, 북셈부르크 왕가, 합스부르크 왕가 등이 연이어 집권했다. 황제가 이탈리아에 있거나 심지어 신성 로마 제국의 영토에 못 미치는 동안에는 황제의 영토가 변경에 나갔거나, 또는 천부에 묶임하는 동안에는 황제의 권력이 대공과 도시에 양도되었다. 이런 여건은 대체로 황제의 권한을 약화시켰다. 하인리히 4세와 같은 강력한 황제는 권력을 주장했기 때문에 주교를 임명할 권리를 두고 교황과 충돌했다. 그러나 당시에 황제의 권한은 한정되어 있었다. 하인리히 4세는 교황으로부터 파문을 당하고 1077년에 파문 철회를 위해 사죄하는 굴욕을 당했다.

신성 로마 제국은 13세기 초에 프리드리히 2세가 집권할 때 잠시 세력은 절정에 이르렀다. 또한 이 시기에 시칠리아가 황제의 지배권에 있었다. 그러나 제국 외의 영토까지 오랫동안 지배하여 황제의 권한은 너무 약해졌다. 1648년에 30년 전쟁(172~173쪽 참조)이 끝났을 때는 제국을 구성하던 독일 왕국들이 거의 독립했다. 그리고 마지막 황제에 합스부르크 가문의 프란츠 2세가 강제 퇴위를 당하면서 신성 로마 제국은 결국 해체되었다.

황제의 대관식

대관식 예복을 입은 마티아스 황제(재위 1612-1619년)로, 신성 로마 제국의 황제가 되기 전에는 헝가리와 보헤미아의 왕이었다.

4 합스부르크 왕가의 등장 1438-1806년

스위스의 소수 귀족에서 비롯된 합스부르크 왕가는 13세기에 오스트리아에서 영토를 획득했다. 합스부르크 왕가는 이곳 오스트리아를 신성 로마 제국의 제위를 차지하기 위한 근거지로 이용했고 1438년부터 연이어 황제의 자리를 차지했다. 합스부르크 왕가는 제국의 개념을 지속했지만, 이들의 권력 기반과 왕조의 이해관계는 오스트리아뿐 아니라 네덜란드와 스페인의 영지에 단단히 뿌리박고 있었다.

- 1500년 합스부르크 왕가 영유지

3 호엔슈타우펜 왕가의 제국 1138-1250년

1137년에 콘라트 3세는 호엔슈타우펜 왕가에서 신성 로마 제국의 황제로 처음 추대된 독일 국왕이었다. 독일에 새로운 도시들이 세워졌고 제국의 국경선은 동쪽으로 확장되었다. 이후 프리드리히 1세 바르바로사(1152-1190년 재위)가 독일에서 신성 로마 황제의 많은 권리를 되찾았다. 그의 아들 하인리히 6세(1191-1197년 재위)는 황제 지위에 시칠리아의 국왕도 겸했고 이들 프리드리히 2세도 1250년까지 시칠리아를 다스렸다.

- 호엔슈타우펜 왕가의 지배를 받는 시칠리아 왕국

2 황제와 교황의 대립 1075-1122년

로마인의 황제들은 교황과 자주 경쟁했다. 11세기에 하인리히 4세는 주교를 임명할 권리를 행사하려는 서임권 투쟁으로 1076년에 교황으로부터 파문당했다. 1122년에는 황제가 주교들에게 세속 권리에 대한 권한은 부여할 수 있고 교황이 주교들에게 종교적 권한을 부여하는 타협이 맺어졌다.

- 1500년 교황령과 개념상의 교황 보호령

오랫동안 존립한 신성 로마 제국

신성 로마 제국은 1천 년 동안 존립했다. 이 시기에 걸쳐 많은 왕조가 집권했고 제국의 특수한 제도가 발달하기 시작했다.

기호 보기

- 1500년 국경선
- 1500년 신성 로마 제국의 국경선

타임라인
1 / 2 / 3 / 4

700 1000 1300 1600 1900

지도 속 지명 및 표기:

폴란드-리투아니아, 프로이센, 크라쿠프, 실레지아, 보헤미아 왕관령, 모라비아, 프라하, 보헤미아, 오스트리아, 빈, 지그라브, 카린시아, 카르니올라, 시리아, 그라츠, 티롤, 인스부르크, 잘츠부르크, 뮌헨, 울름, 아우크스부르크, 뉘른베르크, 레겐스부르크, 프랑크푸르트, 마인츠, 보름스, 메스, 룩셈부르크, 스트라스부르, 프랑슈콩테, 스위스 연방, 이탈리아 도시 국가, 밀라노, 튈, 제네바, 리옹, 사롤, 부르고뉴, 아비뇽, 니스, 제노바 공화국, 피사, 피렌체, 시에나, 로마, 교황령, 나폴리, 시칠리아 왕국, 베네치아, 베네치아 공화국, 이스트리아, 포레치, 라구사 공화국, 라구사, 두라초, 몬테네그로, 헝가리, 부다, 다뉴브 강, 아드리아 해, 오스만 제국, 지중해, 프랑스, 로마 제국

962년 오토 1세의 황제 대관식이 열려 신성 로마 제국이 본격적으로 시작한다.

1268년 호엔슈타우펜 왕가의 마지막 통치자 콘라딘이 '앙주의 샤를'의 명령으로 처형당한다.

1077년 서임권 투쟁으로 파문당한 황제 하인리히 4세가 교황에게 사죄를 청한다.

1122년 보름스 협약으로 서임권 논쟁이 종결된다.

1235년 최초로 독일에서 황제의 법령이 공포된다.

1273년 루돌프 1세가 합스부르크 왕가 최초로 신성 로마 제국의 황제로 선출된다.

오스만 제국의 부상과 확장

13세기 말, 오스만 튀르크는 비잔티움 제국의 경계 지역에서 분쟁을 벌이는 몇몇 이슬람 나라 중 하나였다. 1500년경에 아나톨리아의 대부분 지역과 발칸 지역의 일부를 정복하고 콘스탄티노플까지 점령했다. 술탄이 통치한 오스만 제국은 헝가리에서 메소포타미아까지 영토를 확장했다.

11세기에 비잔티움 제국이 약해지면서 새로운 이슬람 집단이 아나톨리아로 밀려들었다. 그중 주요한 세력은 셀주크 튀르크였다. 한 세기도 지나지 않아 셀주크 제국은 또한 서로 경쟁하는 작은 이슬람 세력으로 분열되었다. 1290년대에 이들 세력 중 하나였던 오스만 제국은 비잔티움 제국의 국경과 바로 맞닿은 위치를 이용하여 영광을 위해 싸우려는 전사를 끌어들이고 영토를 넓혔다.

1350년대에 오스만 제국의 군대는 유럽으로 건너갔다. 이들은 세르비아, 불가리아, 헝가리 등 발칸 지역의 주요 기독교 공국들을 격퇴하여 비잔티움 제국의 남은 영토를 대부분 점령했다. 1402년에는 오스만 제국이 티무르 제국에 패배를 겪었으나 곧 국력을 회복했다. 1453년에는 술탄 메흐메트 2세가 비잔티움 제국의 수도 콘스탄티노플을 함락했다. 이 시기부터 오스만 제국은 술탄이 통치했고 이후 200년 동안 영역을 계속 넓혀가 거대한 다민족 제국이 되었다. 그러나 오스만 제국의 확장은 페르시아의 사파비 왕조와 유럽의 합스부르크 왕가에 의해 멸망으로 이어지는 계기가 되었다(178-179쪽 참조).

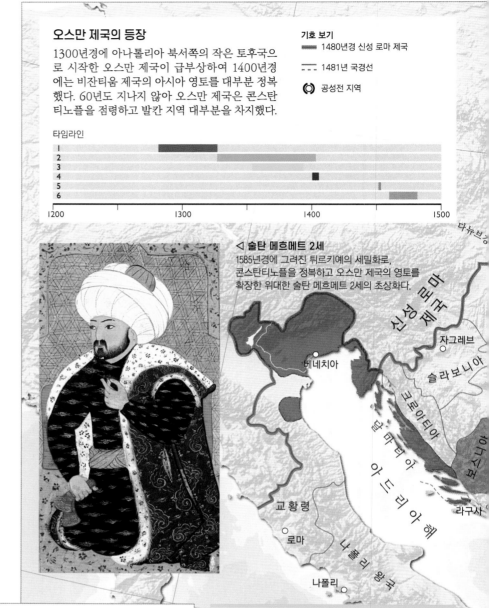

오스만 제국의 등장

1300년경에 아나톨리아 북서쪽의 작은 토후국으로 시작한 오스만 제국이 급부상하여 1400년경에는 비잔티움 제국의 아시아 영토를 대부분 정복했다. 60년도 지나지 않아 오스만 제국은 콘스탄티노플을 점령하고 발칸 지역 대부분을 차지했다.

기호 보기
- ▬ 1480년경 신성 로마 제국
- ┄ 1481년 국경선
- ◉ 공성전 지역

타임라인

	1200	1300	1400	1500
1				
2				
3				
4				
5				
6				

◁ **술탄 메흐메트 2세**
1585년경에 그려진 튀르키예의 세밀화로, 콘스탄티노플을 정복하고 오스만 제국의 영토를 확장한 위대한 술탄 메흐메트 2세의 초상화다.

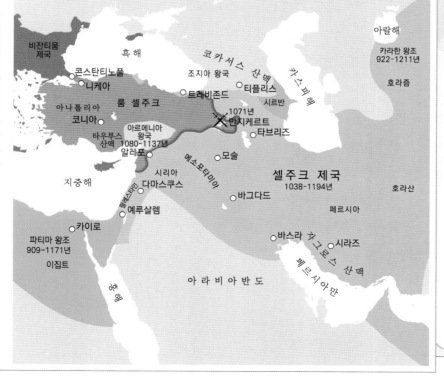

셀주크 제국

오스만 제국이 확장하기 전에도 아나톨리아에 대한 비잔티움 제국의 지배권은 셀주크 제국에 의해 약화되어 있었다. 중앙아시아에서 서쪽으로 이주한 튀르크족이 건설한 셀주크 제국은 1071년에 만지케르트에서 비잔티움 제국을 물리쳤다. 이후 아나톨리아의 대부분을 점령하고 그곳에 1308년까지 존속하는 룸 술탄국을 세웠다.

기호 보기
- ▬ 1025년경 비잔티움의 아시아 국경선
- 1095년 비잔티움 제국
- 1095년경 셀주크 제국
- 1095년경 셀주크가 점령한 비잔티움 영토
- 다른 이슬람 왕조
- ✕ 전투 지역

3 발칸의 패권을 잡은 오스만 제국 1354-1389년

1354년에 오스만 제국은 갈리폴리까지 넘어가 유럽의 거점을 확립했다. 무라드 1세의 집권기에 오스만 제국은 트라키아를 대부분 점령해 에디르네(아드리아노플)를 새로운 수도로 삼았다. 코소보 전투(1389년)에서 세르비아의 패배로 오스만 제국은 발칸 지역의 패권을 잡기 시작했다.

- 1362-1389년 무라드 1세의 점령지
- ● 1354년 오스만 제국의 유럽 진출
- ✕ 전투 지역
- ★ 1369년 오스만 제국의 수도

2 오스만 제국의 아나톨리아 정복 1326-1402년

오르한 집권기의 오스만 제국은 아나톨리아 북서쪽의 남아 있는 비잔티움 도시를 거의 정복하고 고립된 전초 기지만 남겨 두었다. 이후에 오르한의 손자(무라드 1세의 아들) 바예지드 1세가 통치한 오스만 제국은 아나톨리아를 통일했다. 그는 1389년에 술탄이 된 후 곧이어 아나톨리아 남서쪽의 셀주크 공국을 정복했다.

- 1326-1362년 오르한의 점령지
- 1389-1402년 바예지드 1세의 점령지

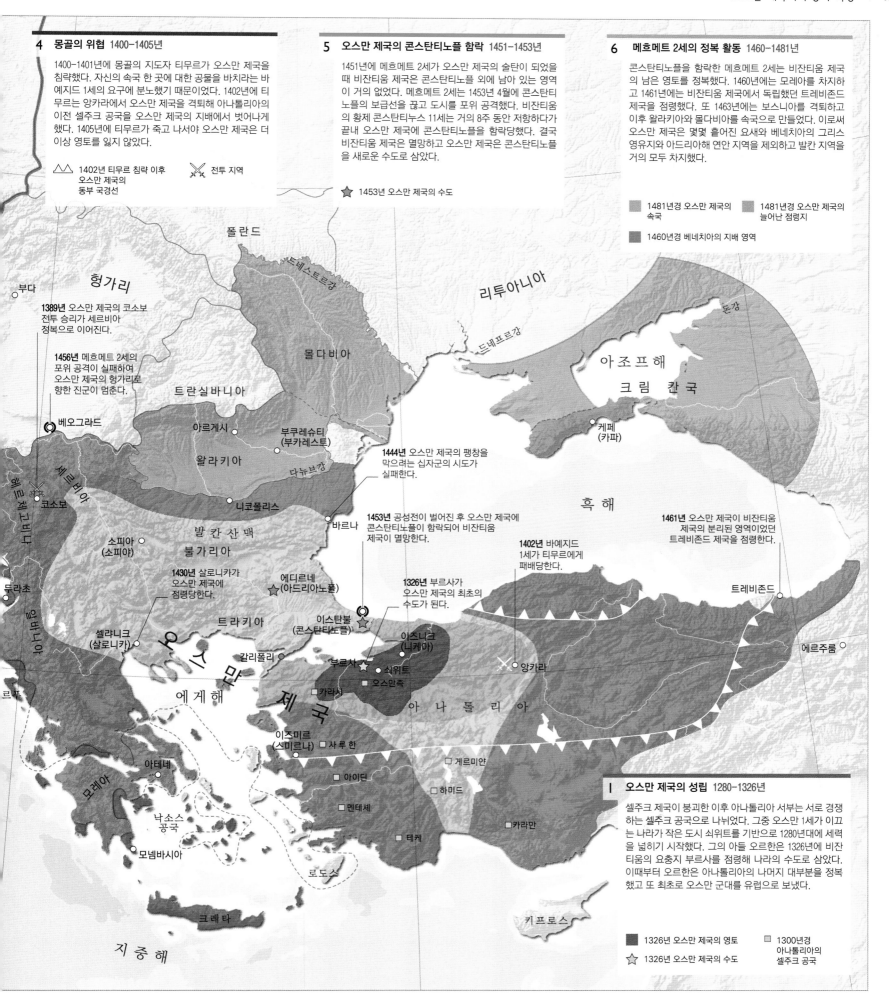

4 몽골의 위협 1400-1405년

1400-1401년에 몽골의 지도자 티무르가 오스만 제국을 침략했다. 자신의 속국 한 곳에 대한 공물을 바치라는 바예지드 1세의 요구에 분노했기 때문이었다. 1402년에 티무르는 앙카라에서 오스만 제국을 격퇴해 아나톨리아의 이전 셀주크 공국을 오스만 제국의 지배에서 벗어나게 했다. 1405년에 티무르가 죽고 나서야 오스만 제국은 더 이상 영토를 잃지 않았다.

⛰ 1402년 티무르 침략 이후 오스만 제국의 동부 국경선   ⚔ 전투 지역

5 오스만 제국의 콘스탄티노플 함락 1451-1453년

1451년에 메흐메트 2세가 오스만 제국의 술탄이 되었을 때 비잔티움 제국은 콘스탄티노플 외에 남아 있는 영역이 거의 없었다. 메흐메트 2세는 1453년 4월에 콘스탄티노플의 보급선을 끊고 도시를 포위 공격했다. 비잔티움의 황제 콘스탄티누스 11세는 거의 8주 동안 저항하다가 끝내 오스만 제국에 콘스탄티노플을 함락당했다. 결국 비잔티움 제국은 멸망하고 오스만 제국은 콘스탄티노플을 새로운 수도로 삼았다.

★ 1453년 오스만 제국의 수도

6 메흐메트 2세의 정복 활동 1460-1481년

콘스탄티노플을 함락한 메흐메트 2세는 비잔티움 제국의 남은 영토를 정복했다. 1460년에는 모레아를 차지하고 1461년에는 비잔티움 제국에서 독립했던 트레비존드 제국을 점령했다. 또 1463년에는 보스니아를 격퇴하고 이후 왈라키아와 몰다비아를 속국으로 만들었다. 이로써 오스만 제국은 몇몇 흩어진 요새와 베네치아의 그리스 영유지와 아드리아해 연안 지역을 제외하고 발칸 지역을 거의 모두 차지했다.

■ 1481년경 오스만 제국의 속국   ■ 1481년경 오스만 제국의 늘어난 점령지

■ 1460년경 베네치아의 지배 영역

폴란드

헝가리

부다

1389년 오스만 제국의 코소보 전투 승리가 세르비아 정복으로 이어진다.

1456년 메흐메트 2세의 포위 공격이 실패하여 오스만 제국의 헝가리로 향한 진군이 멈춘다.

베오그라드

드네스트르강

리투아니아

돈강

몰다비아

트란실바니아

아르게시

부쿠레슈티 (부카레스트)

드네프르강

아조프 해

크림 칸국

케페 (카파)

1444년 오스만 제국의 팽창을 막으려는 십자군의 시도가 실패한다.

코소보

세르비아

왈라키아

다뉴브강

니코폴리스

흑 해

1461년 오스만 제국이 비잔티움 제국의 분리된 영역이었던 트레비존드 제국을 점령한다.

헤르체고비나

소피아 (소피야)

발칸 산맥

불가리아

바르나

1453년 공성전이 벌어진 후 오스만 제국에 콘스탄티노플이 함락되어 비잔티움 제국이 멸망한다.

1402년 바예지드 1세가 티무르에게 패배당한다.

트레비존드

두라초

알바니아

1430년 살로니카가 오스만 제국에 점령당한다.

셀라니크 (살로니카)

에디르네 (아드리아노플)

오

스

만

트라키아

1326년 부르사가 오스만 제국의 최초의 수도가 된다.

이스탄불 (콘스탄티노플)

갈리폴리

부르사

이즈니크 (니케아)

쇠위트

오스만족

앙카라

에르주룸

르푸

제

국

에 게 해

카라시

아 나 톨 리 아

이즈미르 (스미르나)

사루한

게르미얀

아테네

모레아

아이딘

하미드

카라만

낙소스 공국

멘테세

1 오스만 제국의 성립 1280-1326년

셀주크 제국이 붕괴한 이후 아나톨리아 서부는 서로 경쟁하는 셀주크 공국으로 나뉘었다. 그중 오스만 1세가 이끄는 나라가 작은 도시 쇠위트를 기반으로 1280년대에 세력을 넓히기 시작했다. 그의 아들 오르한은 1326년에 비잔티움의 요충지 부르사를 점령해 나라의 수도로 삼았다. 이때부터 오르한은 아나톨리아의 나머지 대부분을 정복했고 또 최초로 오스만 군대를 유럽으로 보냈다.

모넴바시아

테케

로도스

크레타

키프로스

지 중 해

■ 1326년 오스만 제국의 영토   □ 1300년경 아나톨리아의 셀주크 공국

☆ 1326년 오스만 제국의 수도

기독교의 국토회복운동

8세기 초에 이슬람 군대가 이베리아반도를 정복했다. 기독교 통치자들은 국토회복운동(레콩키스타, '재정복')으로 마땅히 자신들의 영역이라고 생각한 지역을 서서히 되찾았다. 국토회복운동은 1492년에 그라나다의 함락으로 끝났고 이슬람교도는 대부분 스페인에서 추방되었다.

711년에 북아프리카를 차지했던 이슬람 세력이 이베리아반도로 넘어와 스페인의 서고트 왕국을 재빨리 점령했다. 718년에는 이들이 멀리 떨어진 아스투리아스 산악 지대의 작은 지역을 제외한 이베리아반도 전체를 정복했다. 기독교 국가는 이슬람 세력에 빼앗긴 스페인의 일부 지역과 포르투갈(알 안달루스)을 되찾기 위해 약 800년 동안 재정복 활동을 벌였다. 먼저, 스페인 기독교 왕국의 지원 요청으로 프랑크의 통치자 샤를마뉴의 군대가 이베리아반도의 북동쪽 지역을 재정복했다. 이후 서쪽의 카스티야와 레온, 동쪽의 나바르와 아라곤 등 스페인의 기독교 왕국들이 힘을 모아 남쪽으로 점차 진출하기 시작했다.

11세기 후반부터는 종교적 이념을 실현하기 위해 십자군이 결성되어 국토회복운동에 속도를 높였다. 이때부터는 기독교 군대에 정당화한 종교 전쟁을 벌이는 의미가 부여되었다. 더욱이 이슬람 세력은 우마이야 왕조의 정치적 분열로 스페인 중부의 지배권이 약해지고 1085년에는 이슬람의 요충지였던 톨레도를 잃었다. 이 무렵, 북아프리카로부터 새로운 집단이 이베리아반도로 유입되었다. 처음에는 알모라비드 왕조가, 그다음 알모하드 왕조가 알 안달루스를 재통합했다. 그러나 1212년에는 알모하드 왕조가 카스티야의 알폰소 8세에 참패당해 이베리아반도의 이슬람 영역은 그라나다 지역으로 줄어들었다. 그때까지 포르투갈에서도 매우 짧은 과정의 국토회복운동이 일어났다.

이슬람의 토후국으로 존속한 그라나다는 1492년에 아라곤의 페르난도 2세와 카스티야의 이사벨 1세가 보낸 군대에 포위 공격당했다. 그라나다 토후국은 짧은 저항을 하다가 끝내 함락되었다. 이로써 스페인에서의 이슬람 통치는 종식되었고 국토회복운동은 완성되었다.

종교 재판
스페인의 이단에 맞선 싸움

스페인에서 이슬람 세력이 통치했을 때는 이슬람인, 유대인, 기독교인 모두가 공존했지만 14세기 후반에 기독교 통치자들은 종교적인 통일성을 강요하기 시작했다. 유대인과 이슬람인은 기독교로 개종해야 했고 또 개종한 사람은 박해의 대상이 되었다. 1478년에는 교황 식스토 4세가 종교 재판소의 설립을 허가하여 '이단자들'이 공개적으로 심문 받고 처형당하는 계기가 되었다. 유죄와 처벌을 판결받은 죄수들은 옷을 갖춰 입고 이단자의 사형 집행 장소까지 걸어나가야 했다(오른쪽 그림).

1 국토회복운동의 발단 711-900년

711년에 우마이야 왕조가 아랍계 베르베르인 군대를 스페인으로 파견했다. 타리크 이븐 지야드가 이끈 이슬람 군대는 서고트의 로데리크 왕의 군대를 격파했다. 그 후 5년도 지나지 않아 이슬람 세력은 북부 변두리를 제외한 스페인을 모두 점령했다. 그러나 718년경에 아스투리아스의 지도자 펠라요가 코바동가에서 이슬람 군대를 격퇴했을 때 이슬람 세력의 진격은 멈추었다. 점차 아스투리아스 왕국은 이슬람 세력에 저항하는 기독교 국가의 핵심이 되었다.

▭ 732년 우마이야 왕조의 영토 범위

2 기독교 세력의 진출 1030-1080년

11세기 초에 지배 세력이었던 우마이야 왕조가 소왕국(타이파) 수십 개로 분열되었다. 이슬람 소왕국은 기독교 세력의 진출에 저항할 힘이 없었다. 특히 서쪽의 레온 왕국과 카스티야 왕국뿐 아니라 동쪽의 아라곤 왕국을 막아낼 수 없었다. 이슬람 소왕국은 기독교 왕국에 조공을 바쳐야 했다.

3 알모라비드 왕국 1086-1165년

1085년에 알폰소 6세가 스페인에 있는 서고트 왕국의 옛 수도 톨레도를 장악했다. 스페인은 기독교 세력에 공격받기 쉬운 이슬람 세력만 남았다. 절망에 빠진 이슬람 소왕국은 북아프리카의 엄격한 이슬람 종파인 알모라비드 왕국에 도움을 청했다. 알모라비드의 통치자 유수프는 알폰소 6세를 사그라자스에서 격퇴했고, 스페인의 중부와 동부를 휩쓸어 여러 기독교 세력의 진출을 저지했다.

➡ 1086-1115년 알모라비드의 군사 진로 ▭ 1115년 알모라비드 제국의 국경선

4 알모하드 왕국 1165-1228년

1165년에 아프리카의 알모하드 왕국이 스페인으로 건너가 기독교의 국토회복운동에 저항하는 새로운 이슬람 세력이 되었다. 1195년에 이들은 알라르코스에서 카스티야의 알폰소 8세에 맞서 승리했고 스페인 남부를 지배하기 시작했다. 1212년에 반격을 개시한 알폰소 8세는 라스 나바스 데 톨로사에서 알모하드의 군대를 격퇴했다. 이 전투로 알모하드의 이슬람 군대는 세력이 약해졌다.

▭ 1180년 알모하드 제국의 국경선

산티아고 데 콤포스텔라

오포르투

코임브라

1147년 십자군이 아폰수 엔히크스를 도와 리스본을 점령한다.

산타렝

1147년 리스본

에보라

1217년 알카세르

1139년 포르투갈의 아폰수 엔히크스 백작이 이슬람 군대를 격퇴한다.

오리케

알 가 르 브

실베스

1249년 포르투갈이 이슬람교도의 거주지인 파루를 점령하여 국토회복운동을 완성한다.

1249년 파루

스페인의 국토회복운동

스페인의 기독교 왕국이 이베리아반도를 재점령하는 국토회복운동은 완성하기까지 700년 이상 걸렸다. 무슬림이 알모라비드 왕조와 알모하드 왕조 등을 중심으로 단결했을 때는 국토회복운동이 가장 더디게 전개되었다.

기호 보기

✕ 이슬람교의 승리와 연도
✕ 기독교의 승리와 연도

기독교의 지배 영역 확장

▮ 1030년경 ▮ 1280년경
▮ 1115년경 ▮ 1492년경
▮ 1180년경 ― 1493년 국경선

타임라인

	600	800	1000	1200	1400	1600
1						
2						
3						
4						
5						
6						
7						

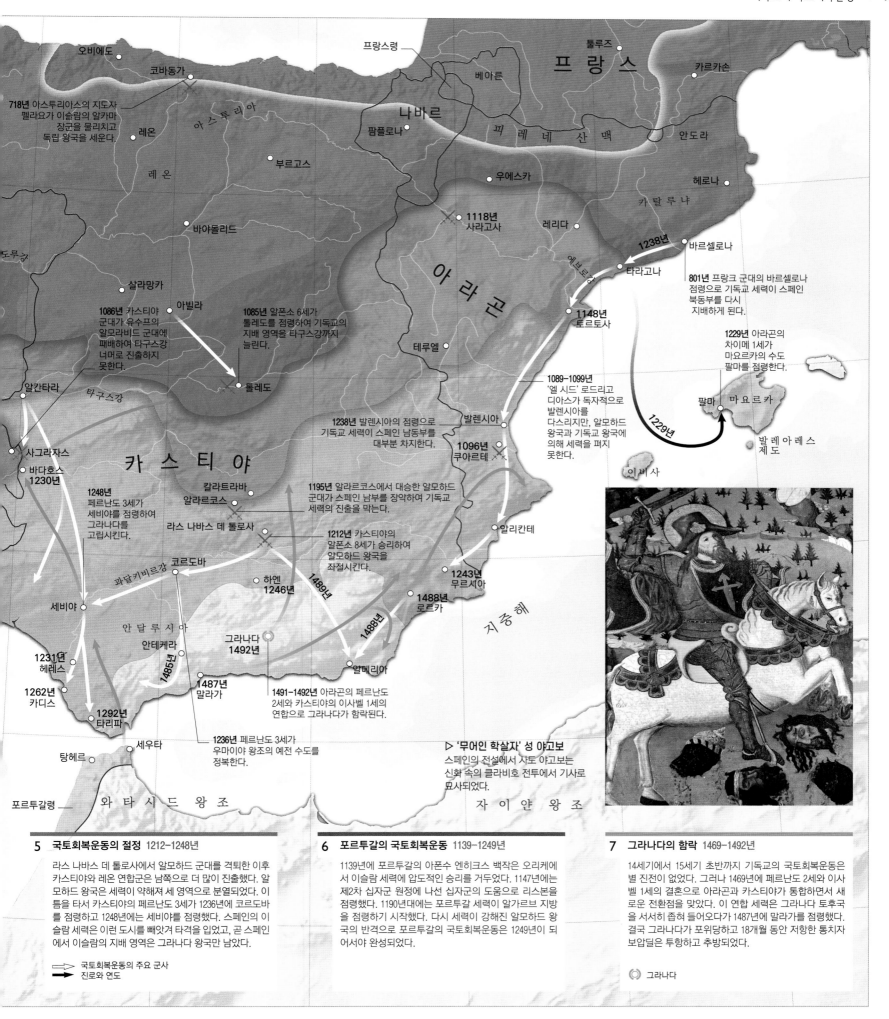

718년 아스투리아스의 지도자 펠라요가 이슬람의 알카마 장군을 물리치고 독립 왕국을 세운다.

오비에도

코바동가

레온

아스투리아스

부르고스

레온

프랑스령

툴루즈

베아른

프랑스

카르카손

나바르

팜플로나

피레네산맥

안도라

우에스카

카탈루냐

헤로나

레리다

1118년 사라고사

아라곤

1238년

바르셀로나

타라고나

801년 프랑크 군대의 바르셀로나 점령으로 기독교 세력이 스페인 북동부를 다시 지배하게 된다.

바야돌리드

살라망카

아빌라

1086년 카스티야 군대가 유수프의 알모라비드 군대에 패배하여 타구스강 너머로 진출하지 못한다.

1085년 알폰소 6세가 톨레도를 점령하여 기독교의 지배 영역을 타구스강까지 늘린다.

톨레도

토르토사

1148년

에브로강

1089~1099년 '엘 시드' 로드리고 디아스가 독자적으로 발렌시아를 다스리지만, 알모하드 왕국과 기독교 왕국에 의해 세력을 펴지 못한다.

1229년 아라곤의 차이메 1세가 마요르카의 수도 팔마를 점령한다.

도루강

알칸타라

타구스강

사그라자스

바다호스 1230년

카스티야

테루엘

발렌시아

1229년

팔마

마요르카

이비사

발레아레스 제도

1238년 발렌시아의 점령으로 기독교 세력이 스페인 남동부를 대부분 차지한다.

1096년 쿠아르테

1248년 페르난도 3세가 세비야를 점령하여 그라나다를 고립시킨다.

칼라트라바

알라르코스

라스 나바스 데 톨로사

1195년 알라르코스에서 대승한 알모하드 군대가 스페인 남부를 장악하여 기독교 세력의 진출을 막는다.

1212년 카스티야의 알폰소 8세가 승리하여 알모하드 왕국을 좌절시킨다.

알리칸테

1489년

코르도바

과달키비르강

하엔 1246년

1243년 무르시아

1488년 로르카

지중해

세비야

안달루시아

1485년

안테케라

그라나다 1492년

1488년

알메리아

1231년 헤레스

1262년 카디스

1487년 말라가

1491~1492년 아라곤의 페르난도 2세와 카스티야의 이사벨 1세의 연합으로 그라나다가 함락된다.

1292년 타리파

세우타

탕헤르

포르투갈령

와타시드 왕조

1236년 페르난도 3세가 우마이야 왕조의 예전 수도를 정복한다.

▷ '무어인 학살자' 성 야고보
스페인의 전설에서 사도 야고보는 신화 속의 클라비호 전투에서 기사로 묘사되었다.

자이얀 왕조

5 국토회복운동의 절정 1212–1248년

라스 나바스 데 톨로사에서 알모하드 군대를 격퇴한 이후 카스티야와 레온 연합군은 남쪽으로 더 많이 진출했다. 알모하드 왕국은 세력이 약해져 세 영역으로 분열되었다. 이틈을 타서 카스티야의 페르난도 3세가 1236년에 코르도바를 점령하고 1248년에는 세비야를 점령했다. 스페인의 이슬람 세력은 이런 도시를 빼앗겨 타격을 입었고, 곧 스페인에서 이슬람의 지배 영역은 그라나다 왕국만 남았다.

⇨ 국토회복운동의 주요 군사
➔ 진로와 연도

6 포르투갈의 국토회복운동 1139–1249년

1139년에 포르투갈의 아폰수 엔히크스 백작은 오리케에서 이슬람 세력에 압도적인 승리를 거두었다. 1147년에는 제2차 십자군 원정에 나선 십자군의 도움으로 리스본을 점령했다. 1190년대에는 포르투갈 세력이 알가르브 지방을 점령하기 시작했다. 다시 세력이 강해진 알모하드 왕국의 반격으로 포르투갈의 국토회복운동은 1249년이 되어서야 완성되었다.

7 그라나다의 함락 1469–1492년

14세기에서 15세기 초반까지 기독교의 국토회복운동은 별 진전이 없었다. 그러나 1469년에 페르난도 2세와 이사벨 1세의 결혼으로 아라곤과 카스티야 세력이 통합하면서 새로운 전환점을 맞았다. 이 연합 세력은 그라나다 토후국을 서서히 좁혀 들어오다가 1487년에 말라가를 점령했다. 결국 그라나다가 포위당하고 18개월 동안 저항한 통치자 보압딜은 투항하고 추방되었다.

◎ 그라나다

중세의 동아시아

중국은 6세기에서 15세기까지 동아시아를 지배하는 나라였다.
일본, 한국, 베트남 등의 동아시아에서는 중국의 통치 방식을 그대로 따랐다.
그러나 중세의 다른 나라처럼 중국도 오랫동안 분열되어 있었고
외세에 정복당하는 시기를 겪었다.

중국은 220년에 한나라가 멸망한 뒤 분열의 시기를 맞았다. 이후 수나라가 589년에 남조의 왕조들이 연이어 수도로 삼았던 난징을 점령하여 중국을 통일했다. 수나라와 그 뒤를 이은 당나라는 인접한 나라들을 반복해서 간섭했고 중국의 지배 영역은 멀리 중앙아시아까지 확대되었다. 경제적으로 강했던 당나라는 당파 간의 싸움, 751년에 아바스 왕조와 벌인 전쟁의 패배, 755년경의 대규모 반란 등으로 점차 세력이 약해졌다. 약해진 당나라는 계속 불안한 정세로 이어지다가 907년에 멸망했다. 다시 분열된 중국은 960년에 송나라에 의해 안정을 되찾았다. 송나라 시대에는 중국이 경제적이고 기술적인 진보를 이루었다. 그러나 1127년경에 북쪽에서 내려온 유목민 집단인 여진족에게 밀려났고 난징에 기반을 둔 남송을 세웠다. 또 남송은 1251-1279년에 몽골 제국에 무너졌다. 몽골족의 지도자 칭기즈칸이 구축한 몽골

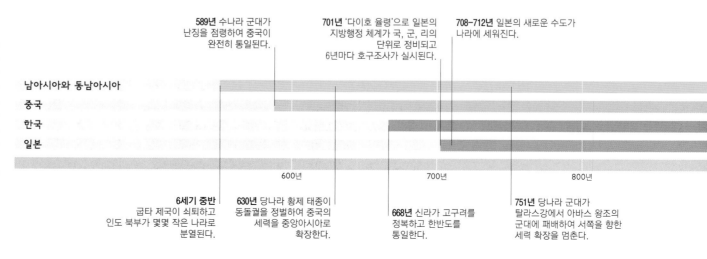

◁ 일하러 떠나는 상인
당나라 시대의 테라코타 조각상으로 상인이 낙타를 타고 있는 모습을 묘사한 것이다. 무거운 짐을 운반할 수 있는 강인한 종이었던 쌍봉낙타는 중앙아시아를 거치는 비단길 통상로로 이상적이었다.

▷ 평화의 상징
일본에서 11세기에 제작된 목조 조각상으로 목불 좌상을 나타낸다. 불상의 손 모양은 평화뿐 아니라 신자들을 두려움에서 지켜 주는 것을 상징한다. 일본의 나라 시대에는 불교를 국교로 삼았다.

제국은 이후에 국호를 '원'이라고 칭했고, 이로써 처음으로 중국 왕조가 아닌 원나라가 중국을 다스리게 되었다. 그러나 곧 원나라의 지배력은 약해졌고, 1368년에는 반란군을 이끈 주원장이 베이징을 점령하면서 명나라 최초의 황제가 되었다.

일본과 한국

일본은 나라 시대(710-794년)에 중국 방식의 관료 체제와 지방행정제도를 갖춘 중앙집권적인 나라가 등장했고 불교가 지배하고 있었다. 794년에는 불교 승려들의 영향력을 줄이기 위해 헤이안(오늘날의 교토)으로 천도했다. 그러나 세월이 흘러 미나모토 가문과 다이라 가문과 같은 강력한 귀족 가문이 천황의 실권을 빼앗았다. 이 두 가문의 경쟁은 1180-1185년의 겐페이 전쟁으로 이어졌다. 다이라 가문은 패배하고 미나모토 가문이 전국을 장악하여 가마쿠라 막부(무사 정권)를 세웠다. 1331년에 고다이고 천황이 권력을 잡기 위해 막부 정권을 타도하려는 일도 있었지만, 천황은 상징적인 지도자가 되었다. 가마쿠라 막부와 이후 무로마치 막부의 우두머리인 쇼군들이 실질적인 통치자가 되었다. 그러나 일본이 잇따른 지역 전쟁으로 분열되면서 15세기 중반에는 쇼군이 지방을 다스리는 무사 계급 우두머리인 다이묘에게 권력을 빼앗겼다.

동아시아의 세력 이동

중세에 동남아시아와 일본에 국가가 형성되기 시작했다. 이들 국가는 중국의 통치 체제와 불교에 강한 영향을 받았다. 중국은 여러 나라로 분열된 시기 이후 당나라와 송나라에 의해 통일되고 강력한 중앙집권 체제가 확립되었다. 이와 대조적으로 인도는 6세기에 굽타 제국이 무너진 후 분열되었고, 여러 왕조가 인도 아대륙의 북부와 남부에 자리 잡았다.

589년 수나라 군대가 난징을 점령하여 중국이 완전히 통일된다.

701년 '다이호 율령'으로 일본의 지방행정 체계가 국, 군, 리의 단위로 정비되고 6년마다 호구조사가 실시된다.

708-712년 일본의 새로운 수도가 나라에 세워진다.

남아시아와 동남아시아
중국
한국
일본

600년 | 700년 | 800년

6세기 중반 굽타 제국이 쇠퇴하고 인도 북부가 몇몇 작은 나라로 분열된다.

630년 당나라 황제 태종이 동돌궐을 정벌하여 중국의 세력을 중앙아시아로 확장한다.

668년 신라가 고구려를 정복하고 한반도를 통일한다.

751년 당나라 군대가 탈라스강에서 아바스 왕조의 군대에 패배하여 서쪽을 향한 세력 확장을 멈춘다.

◁ **천상의 무녀들**
캄보디아에서 12세기에 건설된
앙코르 와트 사원의 이 섬세한 조각상은
천상의 무녀(아프사라스)를 묘사한 것이다.
이들은 신에게 즐거움을 선사하고
힌두교의 신 인드라의 천계에서
인간에게 호의를 베풀었다.

313년에 중국에 여러 나라가 세워지기 시작했고, 한반도에는 고구려, 백제, 신라가 들어서 있었다. 중국이 한반도를 정복하려고 했으나 신라는 당나라를 역으로 이용하여 백제와 고구려를 공격하고 668년에 삼국통일을 이루었다. 통일신라는 중국의 관료 체제 방식을 이용하여 기반을 다졌으나 900년경에 잇따른 반란과 정치적 혼란으로 무너졌다. 918년에는 왕건이 고려를 세우고 936년에 후삼국을 통일했다. 그러나 1231년에 몽골의 침략으로 고려는 원나라의 지배를 받게 되었다. 1356년에는 공민왕이 반원의 기치를 내걸고 왕조를 재건하려는 개혁정치를 펼쳤다. 1392년에 고려의 신흥 무인 세력이었던 이성계가 조선 왕조를 세웠고, 이 조선 왕조는 1910년까지 이어졌다.

동남아시아의 왕국

동남아시아에서는 9세기에서 11세기까지 여러 나라가 잇따라 등장하면서 세력을 넓혔다. 아나우라타가 세운 파간 왕국은 오늘날의 미얀마에 해당하는 지역을 대부분 통일했고, 앙코르 왕국(오늘날의 캄보디아)은 수르야바르만 2세가 통치했을 때 전성기를 이루었다. 1181년에는 자야바르만 7세가 통치한 앙코르 제국이 참파 제국을 물리쳤다. 7세기 이후 캄보디아 남부를 다스렸던 참파 제국은 1177년에 앙코르를

> "백제는 보름달과 같고 신라는 초승달과 같다."
>
> 신라의 번영을 예견한 예언 거북이, 《삼국사기》 백제 의자왕 편에서

약탈했다. 그러나 동남아시아의 왕국들은 몽골의 침략을 받았다. 특히 몽골의 침략으로 파간 왕국은 세력이 약해졌고 베트남의 대월 왕국은 큰 타격을 입었다. 15세기 후반에는 중세의 큰 왕국들이 무너지기 시작했다. 참파 왕국의 수도 비자야가 대월 왕국에 점령당했고 앙코르는 타이의 아유타야 왕국에 약탈당했다.

6세기 중반에 굽타 제국이 멸망한 이후 인도 북부에는 몇몇 작은 나라가 생겨났다. 푸슈야브후티 왕조의 군주 하르샤 바르덴이 이런 작은 나라를 통합했으나 647년에 살해된 후 그의 왕국은 무너졌다. 1192년에 구르의 무함마드가 침략하고 1206년에 델리 술탄국이 세워진 후에야 인도 북부는 다시 통일되었다. 인도의 남부는 독립적으로 발달했다. 촐라 제국이 10세기에서 11세기까지 영토를 확장하면서 스리랑카 북부를 차지하고 말레이반도를 따라 이어진 항구 도시를 점령했으나 12세기에 멸망했다. 1336년에 세워진 비자야나가라 왕국은 인도의 남부 지역을 지배하다가 17세기에 무굴 제국에게 정복당했다.

▽ **신성한 건축물**
인도 남부의 오디샤에 있는 10세기의
묵테스와르 사원은 그곳의 커다란 사원
복합건축물의 일부이다. 힌두교의 신
시바에게 바치는 이 사원은 소마반시
왕조 때 세워졌는데, 이 왕조는 9세기와
12세기 사이에 인도의 동남부 일부를
다스렸다.

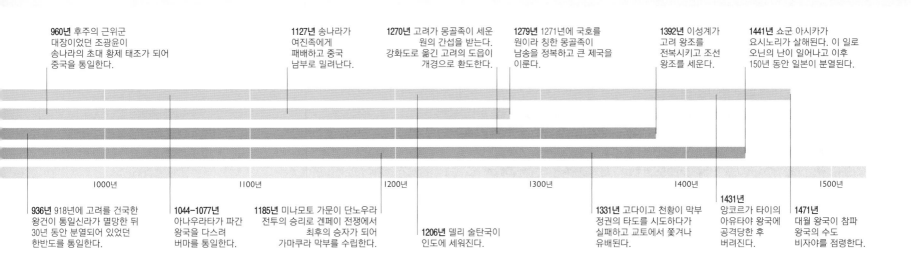

960년 후주의 근위군 대장이었던 조광윤이 송나라의 초대 황제 태조가 되어 중국을 통일한다.

1127년 송나라가 여진족에게 패배하고 중국 남부로 밀려난다.

1270년 고려가 몽골족이 세운 원의 간섭을 받는다. 강화도로 옮긴 고려의 도읍이 개경으로 환도한다.

1279년 1271년에 국호를 원이라 칭한 몽골족이 남송을 정복하고 큰 제국을 이룬다.

1392년 이성계가 고려 왕조를 전복시키고 조선 왕조를 세운다.

1441년 쇼군 아시카가 요시노리가 살해된다. 이 일로 오닌의 난이 일어나고 이후 150년 동안 일본이 분열된다.

1000년　　1100년　　1200년　　1300년　　1400년　　1500년

936년 918년에 고려를 건국한 왕건이 통일신라가 멸망한 뒤 30년 동안 분열되어 있었던 한반도를 통일한다.

1044-1077년 아나우라타가 파간 왕국을 다스려 버마를 통일한다.

1185년 미나모토 가문이 단노우라 전투의 승리로 겐페이 전쟁에서 최후의 승자가 되어 가마쿠라 막부를 수립한다.

1206년 델리 술탄국이 인도에 세워진다.

1331년 고다이고 천황이 막부 정권의 타도를 시도하다가 실패하고 교토에서 쫓겨나 유배된다.

1431년 앙코르가 타이의 아유타야 왕국에 공격당한 후 버려진다.

1471년 대월 왕국이 참파 왕국의 수도 비자야를 점령한다.

중국의 당나라와 송나라

중국은 한나라가 멸망하고 오랫동안 분열의 시기가 이어졌다.
이후 수나라가 중국을 통일했고 다음으로 당나라와 송나라가
차례로 중국을 통일했다. 이 시기에 중국은 번영했고
그 지배력은 중앙아시아까지 널리 확대되었다.
그러나 송나라는 몽골 제국에게 정복당했다.

서기 220년에 한나라가 멸망하고 중국은 여러 나라로 분열되었다. 수나라(581-618년)가 중국을 통일했으나 반란이 일어난 이후 618년에 이연이 왕위를 차지했다. 당나라를 건국한 이연과 그의 아들 이세민은 여러 개혁을 제정하여 중국의 행정구역에 질서를 확립했다. 639년에 이세민(황제 태종)은 투르케스탄에 당나라 군대를 파견해 둔황과 같은 무역 요충지의 지배권을 확고히 했다.

755년에 당나라는 장군 안녹산이 반란을 일으켜 세력이 약해졌다. 황제의 세력이 다시 정권을 잡았으나 연이은 통치자들의 권력이 약해지면서 당나라는 결국 907년에 멸망했다. 이후 여러 왕국이 서로 세력 다툼을 벌이다가 송나라가 다른 나라를 정복하고 960년에 중국의 지배권을 차지했다. 송나라 시대에 다시 안정을 찾은 중국은 상인 길드가 등장하고 지폐가 대규모로 사용되기 시작했으며, 화약과 나침반 같은 발명품이 널리 사용되었다. 12세기 초에는 송나라가 세력이 약해지기 시작했다. 유목민 집단인 여진족이 중국의 북부를 정복하여 송나라는 중국의 남쪽으로 도읍을 옮겨 남송을 세웠다.

당나라

당나라는 중국을 통일한 뒤 동돌궐과 서돌궐을 격퇴했다. 750년대부터는 당나라가 반란이 일어나고 중앙 집권체제가 약해져 쇠퇴의 길에 들어섰다.

751년 당나라 군대가 탈라스강에서 아바스 왕조의 군대에 패배한다.

657년 당나라가 서돌궐을 물리치고 665년에 반란이 일어나기 전까지 이 지역을 다스린다.

아랄해
호라즘
발하슈호
트란스옥시아나
서 돌 궐
박트라
탈라스강
톈산산맥
카슈가르
아크수
호탄

중국의 통일과 분열

당나라는 742년에 영토를 더 멀리 확장했다. 중국의 문화는 이 시기에 퍼졌고 수도 장안을 중심으로 이어진 '황제의 길'이 문화 확산에 도움이 되었다. 중국이 또다시 분열되었을 때 중국 북부에는 송나라가 부상하고 있었다.

기호 보기

- 🟦 중국 문화가 영향을 미친 지역
- ⬤ 대도시 행정구역
- ⬤ 30만 명 이상의 인구 도시
- ○ 다른 주요 도시
- 🐉 중국의 지배 영역
- 만리장성
- 황제의 길

타임라인
1 2 3 4 5 6
500 600 700 800 900 1000 1100 1200 1300

송나라

송나라는 960년에 조광윤(이후의 황제 태조)이 건국한 나라였다. 조광윤은 당나라가 멸망한 이후 생겨난 '오대십국' 중 후주의 장군이었다. 송나라는 크게 북송과 남송, 두 개의 시기로 나뉜다. 북쪽의 거란족이 세운 요나라와 여진족의 침략을 계속 받았던 송나라는 결국 1126년에 여진족에게 북송을 점령당했다.

고비사막
요나라
석진부
발해
고려
홍경부
진정
타이위안
다밍
단저우
허난성
징저우
옌천
카이펑
양저우
성원
샹양
쿠이저우
송 나 라
항저우
청두
양쯔강
룽싱
무저우
남조
칭저우
대만
시장강
광저우
애문
버마
남 중 국 해
하이난

1279년 몽골 제국이 송나라 함대를 격퇴한다. 이때 송나라의 마지막 황제 조병(7세)이 물에 빠져 사망한다.

5 중국의 북송 960-1126년

960년부터 북송의 황제 태조가 한때 한나라와 당나라에 속했던 영토를 대부분 정복하고 통일했다. 그러나 소작농은 무거운 세금에 시달렸고 여진족이 북쪽을 침략했을 때 송나라는 아무런 저항도 하지 못하는 등 혼란의 시기가 이어졌다. 1126년에 여진족은 송나라의 수도 카이펑을 점령했고 송나라의 황실은 중국의 남부로 피신했다.

🟦 북송의 지배 영역

6 중국의 남송 1127-1279년

1127년부터는 남송이 중국의 남부에서 항저우까지 다스렸고 여진족(금나라)은 중국의 북부를 다스렸다. 1233년에는 남송이 여진족을 공격하기 위해 몽골 제국과 동맹을 맺었다. 그러나 여진족을 물리친 이후 몽골 제국은 1268년에 남송을 침략했다. 이들은 1276년에 항저우를 점령했고, 3년 뒤에는 남송의 마지막 세력을 물리쳤다.

🟦 남송의 지배 영역
➡ 1268년부터 시작된 몽골의 공격

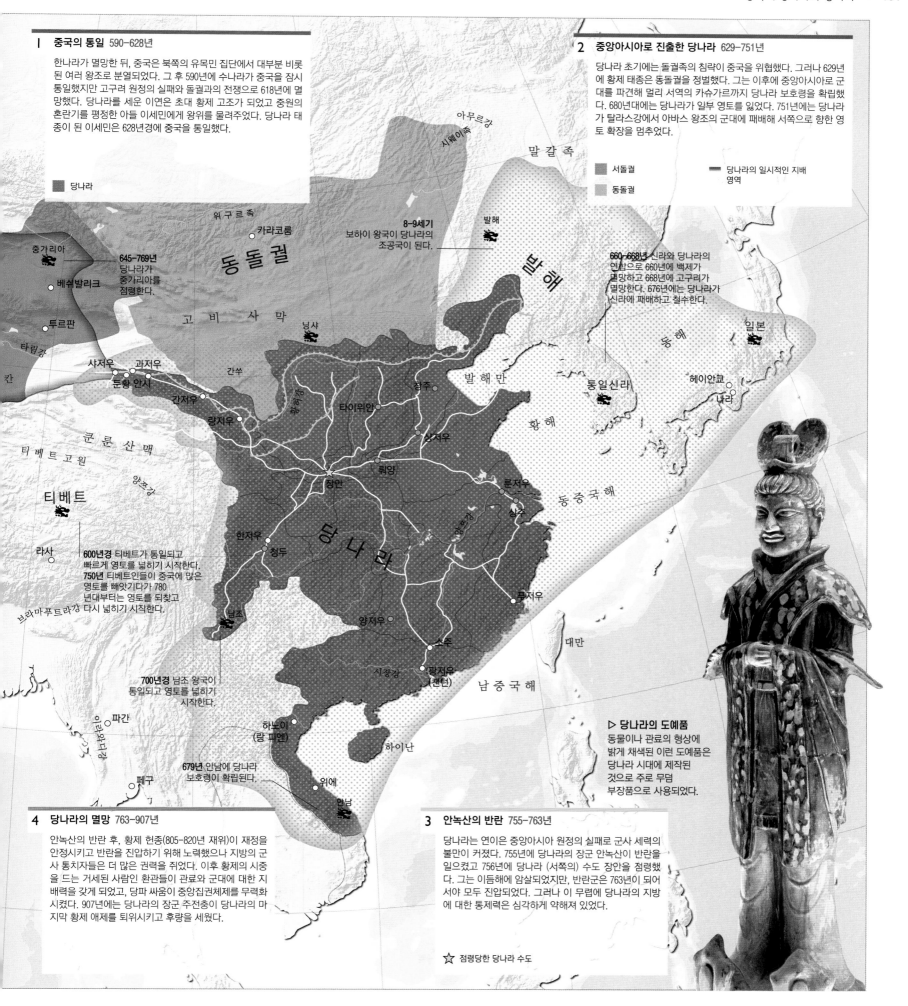

1 중국의 통일 590–628년

한나라가 멸망한 뒤, 중국은 북쪽의 유목민 집단에서 대부분 비롯된 여러 왕조로 분열되었다. 그 후 590년에 수나라가 중국을 잠시 통일했지만 고구려 원정의 실패와 돌궐과의 전쟁으로 618년에 멸망했다. 당나라를 세운 이연은 초대 황제 고조가 되었고 중원의 혼란기를 평정한 아들 이세민에게 왕위를 물려주었다. 당나라 태종이 된 이세민은 628년경에 중국을 통일했다.

▪ 당나라

2 중앙아시아로 진출한 당나라 629–751년

당나라 초기에는 돌궐족의 침략이 중국을 위협했다. 그러나 629년에 황제 태종은 동돌궐을 정벌했다. 그는 이후에 중앙아시아로 군대를 파견해 멀리 서역의 카슈가르까지 당나라 보호령을 확립했다. 680년대에는 당나라가 일부 영토를 잃었다. 751년에는 당나라가 탈라스강에서 아바스 왕조의 군대에 패배해 서쪽으로 향한 영토 확장을 멈추었다.

▪ 서돌궐
▪ 동돌궐
▬ 당나라의 일시적인 지배 영역

8–9세기
보하이 왕국이 당나라의 조공국이 된다.

645–769년
당나라가 중가리아를 점령한다.

660–668년 신라와 당나라의 연합으로 660년에 백제가 멸망하고 668년에 고구려가 멸망한다. 676년에는 당나라가 신라에 패배하고 철수한다.

600년경 티베트가 통일되고 빠르게 영토를 넓히기 시작한다.
750년 티베트인들이 중국에 많은 영토를 빼앗기다가 780년대부터는 영토를 되찾고 다시 넓히기 시작한다.

700년경 남조 왕국이 통일되고 영토를 넓히기 시작한다.

679년 안남에 당나라 보호령이 확립된다.

▷ 당나라의 도예품

동물이나 관료의 형상에 밝게 채색된 이런 도예품은 당나라 시대에 제작된 것으로 주로 무덤 부장품으로 사용되었다.

4 당나라의 멸망 763–907년

안녹산의 반란 후, 황제 헌종(805–820년 재위)이 재정을 안정시키고 반란을 진압하기 위해 노력했으나 지방의 군사 통치자들은 더 많은 권력을 쥐었다. 이후 황제의 시중을 드는 거세된 사람인 환관들이 관료와 군대에 대한 지배력을 갖게 되었고, 당파 싸움이 중앙집권체제를 무력화시켰다. 907년에는 당나라의 장군 주전충이 당나라의 마지막 황제 애제를 퇴위시키고 후량을 세웠다.

3 안녹산의 반란 755–763년

당나라는 연이은 중앙아시아 원정의 실패로 군사 세력의 불만이 커졌다. 755년에 당나라의 장군 안녹산이 반란을 일으켰고 756년에 당나라 (서쪽의) 수도 장안을 점령했다. 그는 이듬해에 암살되었지만, 반란군은 763년이 되어서야 모두 진압되었다. 그러나 이 무렵에 당나라의 지방에 대한 통제력은 심각하게 약해져 있었다.

☆ 점령당한 당나라 수도

중세의 한국과 일본

8세기에 한국과 일본에서 세습 군주 중심의 중앙집권적 관료제가 발달하기 시작했다. 이런 정치 제도는 이웃하고 있는 중국의 당나라로부터 강한 영향을 받았다. 또한 4세기에 중국의 불교 전파로 두 나라의 문화적 배경에는 대체로 불교가 널리 퍼져 있었다.

고려의 왕릉
한반도의 문화유산

7세기 중반에 신라는 당나라와 군사 동맹을 맺어 경쟁국 고구려와 백제를 물리치고 한반도를 통일했다. 907년에 당나라가 멸망한 뒤, 거의 300년 동안 한반도를 지배했던 통일신라도 계속되는 혼란으로 무너지기 시작했다. 이후 후고구려의 장군이었던 왕건이 918년에 한반도를 다시 통일하여 고려가 936년에 전국한 고려는 문화적 번영의 시기를 이끌었다. 1231년부터 몽골의 잇따른 침략을 받은

고려 시대의 가장 잘 알려진 유적은 왕과 왕족의 무덤이다. 둘레도 흙을 쌓아 올려 봉분을 이루는 이런 왕릉은 관례에 따라 석물로 장식되어 있다. 고려의 수도 개경(오늘날의 개성) 주변의 유명한 왕릉은 공민왕의 무덤이 가장 화려하다. 봉분 옆에는 공민왕과 왕비인 노국공주(원나라의 공주)의 무덤이 나란히 놓여 있다.

그러나 결국 1270년부터 약 80년 동안 원나라의 지배를 받았다.

일본에서는 538년에 불교가 들어온 시기에 강력한 씨족과 지역의 왕이가 권력이 들어온 시기에 강력한 씨족과 지역의 왕이가 권력을 차지하려고 싸우면서 야마토 정권이 들어섰다. 646년에는 일본에 다이카 개신으로 중국의 통치 방식에 근거한 중앙집권적 체제로 나라를 통합하려는 토대를 마련했다.

나라 시대의 천황들은 서서히 힘이 약해졌다. 이들은 9세기에서 10세기까지 후지와라 가문에, 그다음에는 막부라는 무사 정권을 지탱하는 세력인 사무라이에 힘을 빼앗겼다. 강력한 가마쿠라 막부는 문벌이 천황을 두 번이나 좌절시켰지만, 결국 경쟁 가문에 의해 무너졌다. 그 후 권력은 지방을 다스리는 영주인 다이묘에게 넘어갔다. 이후 일본은 다이묘의 권력 다툼으로 내전이 100년 동안 이어졌다(186~187쪽 참조).

> "... 내 갑옷과 투구를 베개로 삼고 활과 화살을 생업으로 삼았으니..."
>
> — 미나모토 요시쓰네, 미나모토 가문의 무장, 1189년경

한국과 일본에서 생겨난 초기의 나라들

한국에서는 4세기와 7세기 사이에 일어난 전쟁으로 처음에는 신라가 한반도를 통일했고, 그다음 고려가 한반도를 통일했다. 한편 일본에서는 강력한 씨족들이 하나의 지배 세력을 중심으로 여러 독자성을 가느다란 통치 체제를 이어갔다.

타임라인 1 2 3 4 5 6 7
500 1000 1500 2000

6 사무라이의 등장 900~1192년

헤이안 시대는 900년대 초부터 약해지고 전황 통치로 지역 궁궐에서 물러나 약해지고 있었다. 귀족은 자신들의 이익을 지키기 위해 전사들을 고용하기 시작했다. 전사들은 무사 계급을 이루었고 이 무사들이 사무라이라고 알려졌다. 1100년대에는 지역의 통치자들이 패권을 차지하려고 싸움을 벌였다. 이 싸움은 겐페이 전쟁(1180~1185년)으로 절정에 달했고 이때 미나모토 가문이 다이라 가문을 패배시키고 권력을 잡았다.

7 가마쿠라 막부 1192~1333년

1192년에는 미나모토 요리모토가 가마쿠라 막부를 수립했다. 가마쿠라 막부는 중국과 재확립된 교류를 통해 불교의 새로운 종파인 선종을 받아들였다. 또한 일본군은 강력한 지방에 '슈고'라는 지방관을 파견하여 집합된 각 지방에 '슈고'라는 지방관을 파견하여 집합된 지방의 영지들을 관리하게 했다. 이로써 가마쿠라 막부는 전국을 체계적인 조직망으로 효과 있게 다스리는 통치 체제를 유지했다.

미나모토의 군사 진로
1180년 지배 세력의 영역
미나모토의 승리
미나모토의 패배
다이라
미나모토
후지와라

다마쓰쿠리
쿠라이즈미
하라이즈미
나에
동해
발해
도기 이사

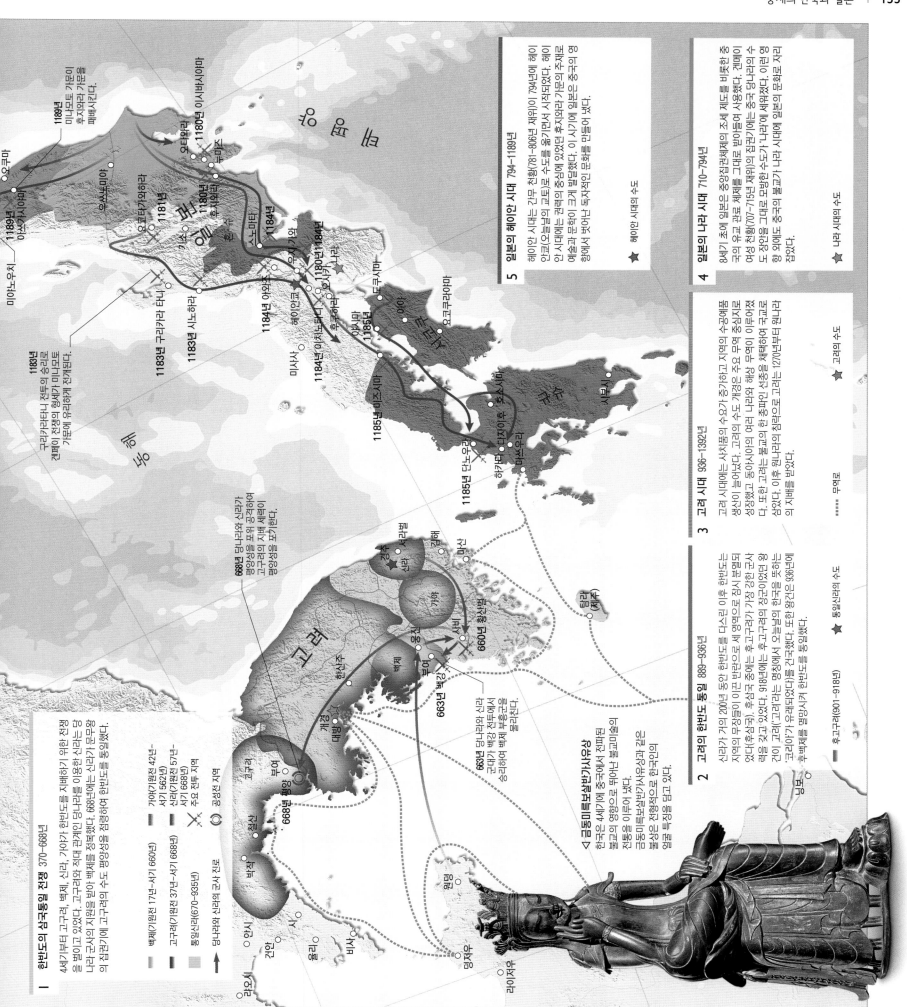

1 한반도의 삼국통일 전쟁 370~668년

4세기부터 고구려, 백제, 신라, 가야가 한반도를 지배하기 위한 전쟁을 벌이고 있었다. 고구려와 적대 관계인 당나라는 신라와 손을 잡고 나당 군사의 지원을 받아 백제를 정복했다. 668년에는 신라가 한반도의 점령기에 고구려의 수도 평양성을 점령하여 한반도를 통일했다.

범례
- 백제(기원전 17년~서기 660년)
- 고구려(기원전 37년~서기 668년)
- 통일신라(670~935년)
- 당나라와 신라의 군사 진로
- 가야(기원전 42년~서기 562년)
- 신라(기원전 57년~서기 668년)
- 주요 전투 지역
- ⊚ 요성전 지역

668년 당나라와 신라가 평양성을 포위 공격하여 고구려의 지배 세력인 평양성을 포기한다.

663년 당나라와 신라 군대가 백강 전투에서 승리하여 백제 부흥군을 물리친다.

663년 당나라와 신라 군대가 백제 부흥군을 물리쳐 백제를 오늘날의 한국을 못하는 군대가 오늘날의 한국을 못하는 군대를 물리친다.

660년 황산벌

668년 평양

1189년 미나모토 가문이 후지와라 가문을 패배시킨다.

1189년 이사비아이마

1183년 구리카라타니 전투의 승리로 겐페이 전쟁의 형세가 미나모토 가문에게 유리하게 전개된다.

1183년 구리카라 타니
1183년 시노하라
1184년 이와조
1184년 미조하라
1185년 미조시마
1185년
1185년 단노우라

◁ 금동미륵보살반가사유상

한국은 4세기에 중국에서 전래된 불교의 영향으로 뛰어난 불교미술의 전통을 이루어 냈다. 금동미륵보살반가사유상과 같은 불상은 전형적으로 한국인의 일본 특징을 담고 있다.

2 고려의 한반도 통일 889~936년

신라가 거의 200년 동안 한반도를 다스린 이후 한반도는 지역의 무장들이 이권 반란으로 세 영역으로 갈라 분열되었다(후삼국). 후삼국 중에는 후고구려가 가장 강한 군사력을 갖고 있었다. 918년에는 후고구려의 장군이었던 왕건이 고려('고려'라는 명칭에서 오늘날의 한국을 뜻하는 '코리아'가 유래되었다)를 건국했다. 또한 왕건은 936년에 후백제를 멸망시켜 한반도를 통일했다.

- 후고구려(901~918년)
- 후백제를 멸망시켜 한반도를 통일했다.

3 고려 시대 936~1392년

고려 시대에는 사치품의 수요가 증가하고 지역의 수공예품 생산이 늘어났다. 고려의 수도 개경은 주요 무역 중심지로 성장했고 동아시아의 여러 나라와 해상 무역이 이루어졌다. 또한 고려는 불교의 한 종파인 선종을 채택하여 국교로 삼았다. 이후 원나라의 침략으로 고려는 1270년부터 원나라의 지배를 받았다.

- ☆ 고려의 수도
- ┈┈ 무역로

4 일본의 나라 시대 710~794년

8세기 초에 일본은 중앙집권체제와 조세 제도를 비롯한 중국의 유교 관료 체제를 그대로 받아들여 사용했다. 겐메이 여성 천황(707~715년 재위)이 집권기에는 중국 당나라의 수도 장안을 그대로 모방한 수도인 '나라'에 세워졌다. 이런 영향 외에도 중국의 불교가 나라 시대에 일본의 문화로 자리 잡았다.

- ☆ 나라 시대의 수도

5 일본의 헤이안 시대 794~1189년

헤이안 시대는 간무 천황(781~806년 재위)이 794년에 헤이안쿄(오늘날의 교토)로 수도를 옮기면서 시작되었다. 헤이안 시대에는 권력의 중심이 었던 후지와라 가문의 주체로 예술과 문학이 크게 발달했다. 이 시기에 일본은 중국의 영향에서 벗어나 독자적인 문화를 만들어 냈다.

- ☆ 헤이안 시대의 수도

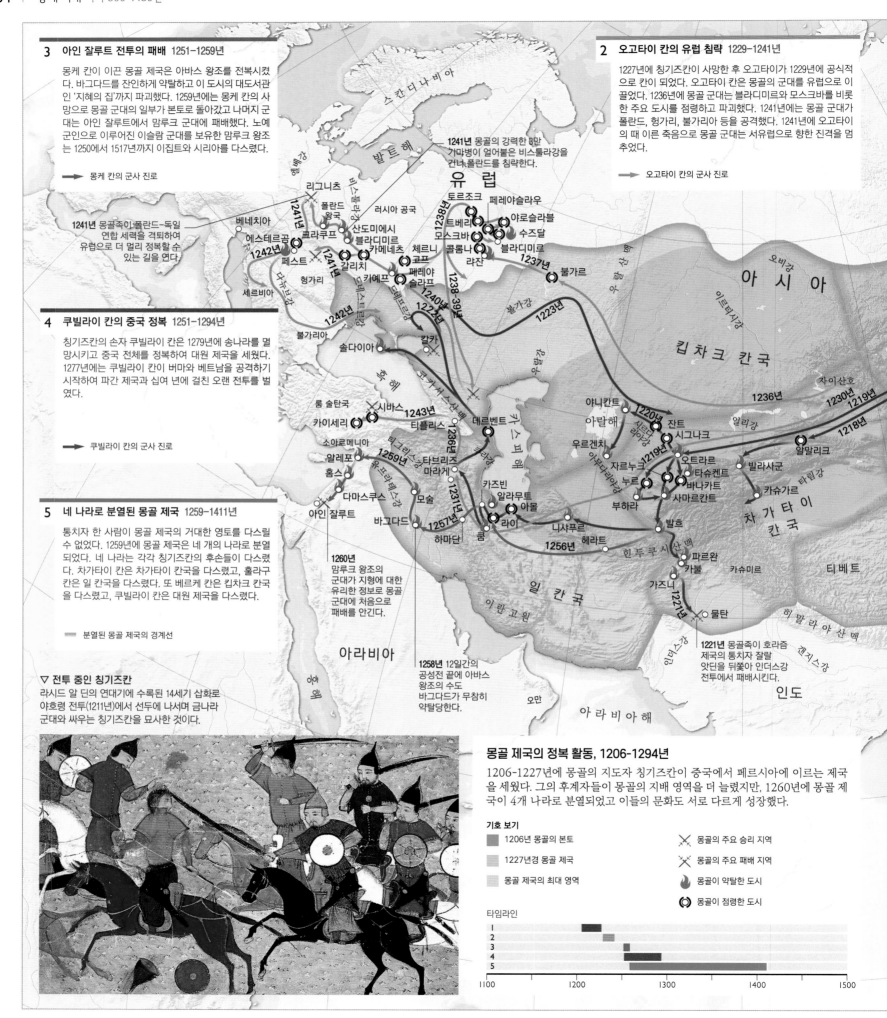

3 아인 잘루트 전투의 패배 1251-1259년

몽케 칸이 이끈 몽골 제국은 아바스 왕조를 전복시켰다. 바그다드를 잔인하게 약탈하고 이 도시의 대도서관인 '지혜의 집'까지 파괴했다. 1259년에는 몽케 칸의 사망으로 몽골 군대의 일부가 본토로 돌아갔고 나머지 군대는 아인 잘루트에서 맘루크 군대에 패배했다. 노예 군인으로 이루어진 이슬람 군대를 보유한 맘루크 왕조는 1250에서 1517년까지 이집트와 시리아를 다스렸다.

➡ 몽케 칸의 군사 진로

4 쿠빌라이 칸의 중국 정복 1251-1294년

칭기즈칸의 손자 쿠빌라이 칸은 1279년에 송나라를 멸망시키고 중국 전체를 정복하여 대원 제국을 세웠다. 1277년에는 쿠빌라이 칸이 버마와 베트남을 공격하기 시작하여 파간 제국과 십여 년에 걸친 오랜 전투를 벌였다.

➡ 쿠빌라이 칸의 군사 진로

5 네 나라로 분열된 몽골 제국 1259-1411년

통치자 한 사람이 몽골 제국의 거대한 영토를 다스릴 수 없었다. 1259년에 몽골 제국은 네 개의 나라로 분열되었다. 네 나라는 각각 칭기즈칸의 후손들이 다스렸다. 차가타이 칸은 차가타이 칸국을 다스렸고, 훌라구 칸은 일 칸국을 다스렸다. 또 베르케 칸은 킵차크 칸국을 다스렸고, 쿠빌라이 칸은 대원 제국을 다스렸다.

▬ 분열된 몽골 제국의 경계선

▽ 전투 중인 칭기즈칸

라시드 알 딘의 연대기에 수록된 14세기 삽화로 야호령 전투(1211년)에서 선두에 나서며 금나라 군대와 싸우는 칭기즈칸을 묘사한 것이다.

2 오고타이 칸의 유럽 침략 1229-1241년

1227년에 칭기즈칸이 사망한 후 오고타이가 1229년에 공식적으로 칸이 되었다. 오고타이 칸은 몽골의 군대를 유럽으로 이끌었다. 1236년에 몽골 군대는 블라디미르와 모스크바를 비롯한 주요 도시를 점령하고 파괴했다. 1241년에는 몽골 군대가 폴란드, 헝가리, 불가리아 등을 공격했다. 1241년에 오고타이의 때 이른 죽음으로 몽골 군대는 서유럽으로 향한 진격을 멈추었다.

➡ 오고타이 칸의 군사 진로

1241년 몽골의 강력한 8만 가마병이 얼어붙은 비스툴라강을 건너 폴란드를 침략한다.

1241년 몽골족이 폴란드-독일 연합 세력을 격퇴하여 유럽으로 더 멀리 정복할 수 있는 길을 연다.

1260년 맘루크 왕조의 군대가 지형에 대한 유리한 정보로 몽골 군대에 처음으로 패배를 안긴다.

1258년 12일간의 공성전 끝에 아바스 왕조의 수도 바그다드가 무참히 약탈당한다.

1221년 몽골족이 호라즘 제국의 통치자 잘랄 앗딘을 뒤쫓아 인더스강 전투에서 패배시킨다.

몽골 제국의 정복 활동, 1206-1294년

1206-1227년에 몽골의 지도자 칭기즈칸이 중국에서 페르시아에 이르는 제국을 세웠다. 그의 후계자들이 몽골의 지배 영역을 더 늘렸지만, 1260년에 몽골 제국이 4개 나라로 분열되었고 이들의 문화도 서로 다르게 성장했다.

기호 보기

▮ 1206년 몽골의 본토
▮ 1227년경 몽골 제국
▮ 몽골 제국의 최대 영역

✕ 몽골의 주요 승리 지역
✕ 몽골의 주요 패배 지역
🔥 몽골이 약탈한 도시
◎ 몽골이 점령한 도시

타임라인

1
2
3
4
5

1100 1200 1300 1400 1500

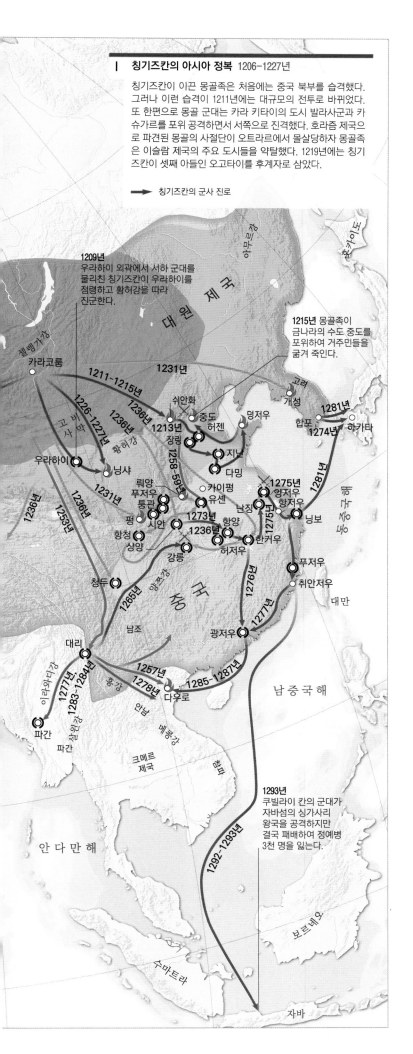

칭기즈칸의 아시아 정복 1206-1227년

칭기즈칸이 이끈 몽골족은 처음에는 중국 북부를 습격했다. 그러나 이런 습격이 1211년에는 대규모의 전투로 바뀌었다. 또 한편으로 몽골 군대는 카라 키타이의 도시 발라사군과 카슈가르를 포위 공격하면서 서쪽으로 진격했다. 호라즘 제국으로 파견된 몽골의 사절단이 오트라르에서 몰살당하자 몽골족은 이슬람 제국의 주요 도시들을 약탈했다. 1219년에는 칭기즈칸이 셋째 아들인 오고타이를 후계자로 삼았다.

→ 칭기즈칸의 군사 진로

1209년
우라하이 외곽에서 서하 군대를 물리친 칭기즈칸이 우라하이를 점령하고 황허강을 따라 진군한다.

1215년 몽골족이 금나라의 수도 중도를 포위하여 거주민들을 굶겨 죽인다.

1293년
쿠빌라이 칸의 군대가 자바섬의 싱가사리 왕국을 공격하지만 결국 패배하여 정예병 3천 명을 잃는다.

몽골 제국의 유라시아 정복

몽골족은 13세기 초에 테무친의 뛰어난 통솔력으로 통합한 몽골계와 튀르크계의 유목민족 연합체였다.
맹렬한 몽골 전사들은 오늘날의 몽골 지역에 해당하는 본토에서부터 아시아와 유럽까지 휩쓸었다.
몽골은 역사상 가장 큰 영토를 가진 제국이 되었다.

1206년에 부족 회의에서 몽골 지도자로 선출된 테무친은 '세계의 통치자'를 뜻하는 칭기즈칸으로 추대되었고 뛰어난 통솔력으로 부족을 모두 통합했다. 용맹한 기마 전사를 이끈 칭기즈칸은 군대를 조직하여 정복에 나섰고 20년 이상 계속된 정복 활동으로 아시아의 대부분 지역을 평정했다.

1211년에는 몽골 군대가 중국 북부를 침략하여 여러 도시를 습격하고 약탈했다. 몽골 제국은 금나라와 오랜 치열한 전투 끝에 금나라의 수도 중도를 점령했고, 수도를 버린 금나라 황제는 남쪽으로 도망쳤다.

1218년에는 칭기즈칸이 발라사군을 포위하여 중앙아시아의 카라 키타이 제국을 정복했다. 이슬람 세계로 진격하기 위해 군대를 다시 이끈 칭기즈칸은 호라즘 제국의 군대를 제압해 부하라와 사마르칸트를 무너뜨렸다. 먼 거리를 이동하고 말을 타고 전투하는 데 능숙한 몽골 군대는 잔혹하다는 소문까지 더해져 대부분의 상대국을 공포에 떨게 했다. 중국을 정복하던 칭기즈칸은 1227년에 사망했지만 몽골 제국은 그의 아들 오고타이가 집권하면서 세력이 더욱 커졌다. 오고타이 칸은 1234년에 중국의 금나라를 멸망시키고 러시아와 동유럽에서 전투를 벌였다. 1241년에 오고타이 칸이 사망한 이후 몽골 제국은 세력 확장이 더뎌졌다. 1260년에는 몽골 제국이 팔레스타인의 아인 잘루트 전투에서 맘루크 술탄국(1250-1517년)의 군대에 처음으로 패배를 겪었다. 그 후 몽골 제국은 몇몇 나라로 분열되어 중국, 페르시아, 중앙아시아, 러시아 공국 등을 지배했다.

약 100년 후에는 한 몽골 공국의 통치자 티무르가 옛 몽골 제국의 재건을 시도했다. 차가타이 칸국의 남은 지역인 트란스옥시아나에서 세력을 키운 티무르는 중앙아시아에 걸친 거대한 영토를 잠시 정복했으나 제국을 강화하지는 못했다.

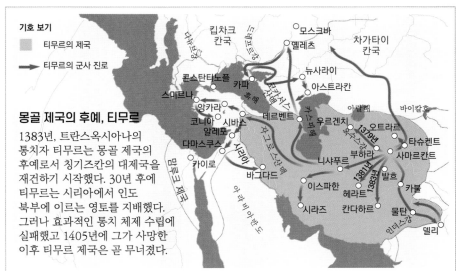

기호 보기
▨ 티무르의 제국
→ 티무르의 군사 진로

몽골 제국의 후예, 티무르

1383년, 트란스옥시아나의 통치자 티무르는 몽골 제국의 후예로서 칭기즈칸의 대제국을 재건하기 시작했다. 30년 후에 티무르는 시리아에서 인도 북부에 이르는 영토를 지배했다. 그러나 효과적인 통치 체제 수립에 실패했고 1405년에 그가 사망한 이후 티무르 제국은 곧 무너졌다.

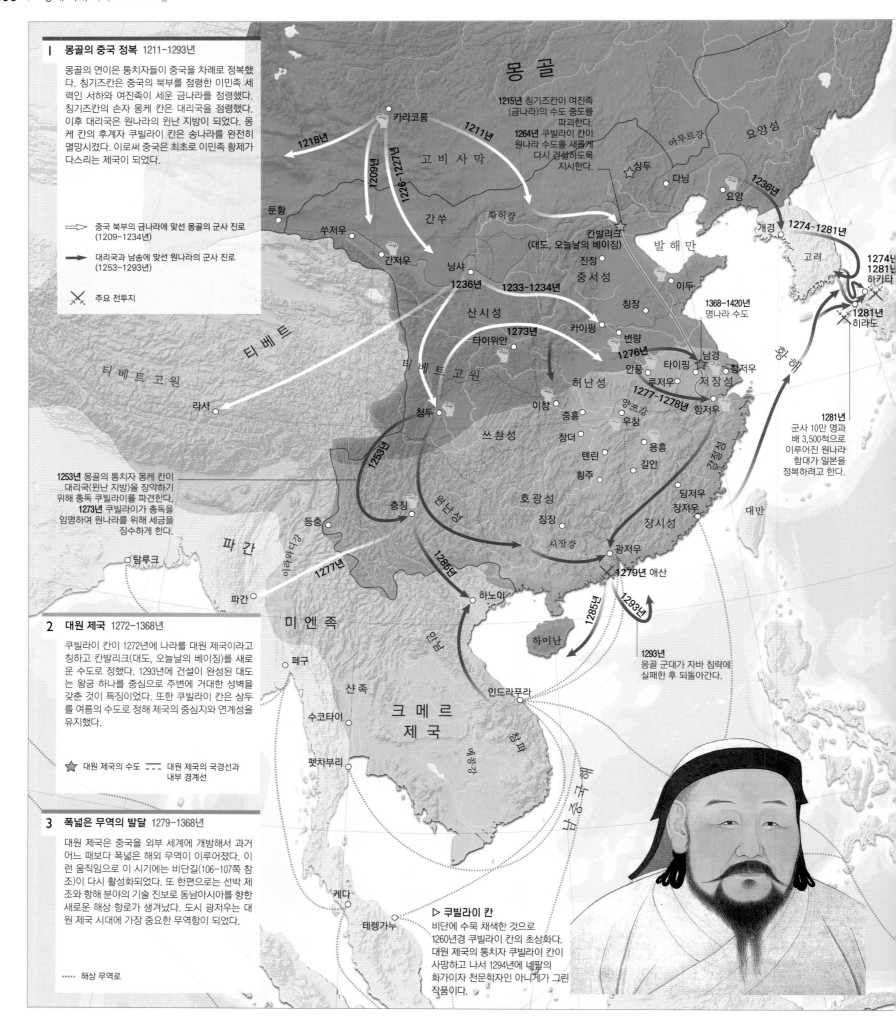

1 몽골의 중국 정복 1211-1293년

몽골의 연이은 통치자들이 중국을 차례로 정복했다. 칭기즈칸은 중국의 북부를 점령한 이민족 세력인 서하와 여진족이 세운 금나라를 점령했다. 칭기즈칸의 손자 몽케 칸은 대리국을 점령했다. 이후 대리국은 원나라의 윈난 지방이 되었다. 몽케 칸의 후계자 쿠빌라이 칸은 송나라를 완전히 멸망시켰다. 이로써 중국은 최초로 이민족 황제가 다스리는 제국이 되었다.

⇨ 중국 북부의 금나라에 맞선 몽골의 군사 진로
(1209-1234년)

→ 대리국과 남송에 맞선 원나라의 군사 진로
(1253-1293년)

✕ 주요 전투지

1253년 몽골의 통치자 몽케 칸이 대리국(윈난 지방)을 장악하기 위해 총독 쿠빌라이를 파견한다.
1273년 쿠빌라이가 총독을 임명하여 원나라를 위해 세금을 징수하게 한다.

2 대원 제국 1272-1368년

쿠빌라이 칸이 1272년에 나라를 대원 제국이라고 칭하고 칸발리크(대도, 오늘날의 베이징)를 새로운 수도로 정했다. 1293년에 건설이 완성된 대도는 왕궁 하나를 중심으로 주변에 거대한 성벽을 갖춘 것이 특징이었다. 또한 쿠빌라이 칸은 상두를 여름의 수도로 정해 제국의 중심지와 연계성을 유지했다.

☆ 대원 제국의 수도   --- 대원 제국의 국경선과 내부 경계선

3 폭넓은 무역의 발달 1279-1368년

대원 제국은 중국을 외부 세계에 개방해서 과거 어느 때보다 폭넓은 해외 무역이 이루어졌다. 이런 움직임으로 이 시기에는 비단길(106-107쪽 참조)이 다시 활성화되었다. 또 한편으로는 선박 제조와 항해 분야의 기술 진보로 동남아시아를 향한 새로운 해상 항로가 생겨났다. 도시 광저우는 대원 제국 시대에 가장 중요한 무역항이 되었다.

····· 해상 무역로

1215년 칭기즈칸이 여진족(금나라)의 수도 중도를 파괴한다.
1264년 쿠빌라이 칸이 원나라 수도를 새롭게 다시 건설하도록 지시한다.

1368-1420년 명나라 수도

1281년 군사 10만 명과 배 3,500척으로 이루어진 원나라 함대가 일본을 정복하려고 한다.

1293년 몽골 군대가 자바 침략에 실패한 후 되돌아간다.

몽골
카라코룸
고비 사막
둔황
쑤저우
간쑤
황허강
간저우
닝샤
1236년
산시성
타이위안
1273년
티베트
티베트 고원
라사
청두
쓰촨성
충칭
윈난성
등충
파간
탐루크
파간
미엔족
페구
샨족
수코타이
크메르 제국
펫차부리
케다
테렝가누

1218년
1211년
1209년
1226-1227년
1233-1234년
1236년

아무르강
요양성
다닝
요양
상두
칸발리크 (대도, 오늘날의 베이징)
진정
중서성
이두
칭장
카이펑
변량
1276년
안풍
루저우
1277-1278년
허난성
이창
중흥
창덕
톈린
횡주
길안
호광성
징장
용흥
징장
1285년
하노이
안남
인드라푸라
참파
메콩강

개경
고려
1274-1281년
1274년 1281년 하카타
1281년 히라도
발해 만
남경
타이핑
창저우
저장성
항저우
1277-1278년
딩저우
장저우
대만
광저우
1279년 애산
1285년
1293년
하이난
1253년
1277년

▷ **쿠빌라이 칸**
비단에 수묵 채색한 것으로 1260년경 쿠빌라이 칸의 초상화다. 대원 제국의 통치자 쿠빌라이 칸이 사망하고 나서 1294년에 네팔의 화가이자 천문학자인 아니게가 그린 작품이다.

4 일본 원정의 실패 1274-1281년

1274년에 쿠빌라이 칸은 일본을 정복하려고 함대를 파견했다. 몽골 군대는 초기의 몇 차례 승리에도 불구하고 폭풍으로 배 수백 척이 파괴되어 퇴각해야 했다. 함선은 대부분 강에서 사용하는 바닥이 평평한 배였다. 1281년에 몽골의 두 번째 침략도 비슷한 운명에 부딪혔다. 몽골의 함대는 일본의 방어선을 뚫을 수 없었고 또 태풍의 타격을 받아 전멸했다.

침략 경로
➡ 1274년   ✕ 1274년 주요 전투지
➡ 1281년

5 대운하 건설 1281-1293년

대원 제국은 농민 400만 명을 동원하여 대운하를 건설했다. 기원전 6세기에 건설이 처음 시작되었던 대운하는 이 시기에 새로운 직선 경로가 만들어졌다. 노동자들은 구릉지대를 지나며 이어진 수백 킬로미터의 긴 거리를 개척하여 제국의 수도와 항저우를 연결했다. 대운하의 건설로 곡물은 북쪽으로 운반되었고 민중의 권리는 더욱 박탈당했다.

— 대운하

6 홍건적의 난 1351-1368년

1340년대에 잇따른 홍수와 가뭄이 일어난 것을 중국인들은 원나라가 '천명'을 잃었다는 신성한 징조로 해석했다. 중국의 곳곳에서 민중 반란이 일어났고 이 반란이 홍건적의 난으로 이어졌다. 주원장이 이끈 홍건적은 원나라의 왕실 세력을 몰아내고 1368년에 수도를 장악했다.

✊ 농민 반란의 영향을 받은 지방의 도시

7 명나라 초기 1368-1398년

주원장은 명나라의 초대 황제인 홍무제가 되었고 이후 300년 동안 중국을 다스렸다. 그는 행정을 직접 처리하여 중앙집권체제와 왕권을 강화했고 나라 전체의 질서를 회복시켰다. 또한 공공사업을 개시하고 농민들에게 토지를 재분배하기 위한 개혁을 도입했다.

— 명나라   ★ 명나라의 수도

대원 제국의 흥망

몽골족은 1234년에 금나라를 멸망시키고 중국 북부를 장악했다. 쿠빌라이 칸의 뛰어난 통솔력으로 대원 제국은 1279년에 남송을 정복했다. 89년 동안 중국을 통치한 대원 제국은 농민 반란으로 몰락하고 중국인이 다스리는 명나라로 교체되었다.

기호 보기
■ 1279년의 대원 제국
■ 1280-1368년 대원 제국의 늘어난 영토
■ 대원 제국이 일시적으로 지배한 지역

타임라인
1
2
3
4
5
6
7

|1200 |1250 |1300 |1350 |1400

대원 제국과 명나라 초기

1272년에 칭기즈칸의 손자 쿠빌라이 칸이 중국인이 아닌 이민족으로서 처음으로 중국에 제국을 세웠다. 대원 제국을 세운 쿠빌라이 칸은 9년 후 중국의 영토를 모두 장악했다. 그러나 중국인들을 탄압한 원나라의 통치 방식은 결국 반란을 야기했고, 점차 확대된 반란은 89년 뒤에 제국의 몰락으로 이어졌다.

쿠빌라이 칸은 몽골 제국에서 독립한 한 왕국으로 중국을 다스렸다. 그는 인종 간에 엄격한 계급제도를 시행하여 몽골인을 최상위층으로 두었다.

쿠빌라이 칸은 원나라의 수도를 대도(베이징)로 정했고, 다른 나라와의 무역을 장려했으며, 또한 지폐를 통용시켰다. 그러나 쿠빌라이 칸의 통치 기간 이후에는 대중들이 점점 오르는 물가와 차별적인 사회 정책에 기반한 강압적인 세금에 불만을 품기 시작했다. 더욱이 잇따른 자연재해와 함께 1330년대에는 흑사병(118-119 참조)까지 유행하여 빈민 계층은 엄청난 시련을 겪어야 했다. 1340년대부터는 지역 곳곳에서 반란이 일어났고 이런 반란은 주원장이 이끈 홍건적의 난으로 알려진 농민 반란으로 확대되었다.

1368년에는 주원장이 대도를 점령하여 몽골 지배자들을 쫓아내고 명나라를 건국했다. 주원장은 또한 농민 계급의 앞날을 개선하는 개혁을 도입했다.

> " … 말 위에서 천하를 정복할 수는 있어도,
> 어찌 말 위에서 천하를 다스릴 수 있겠는가?"
>
> 쿠빌라이 칸, 대원 제국의 황제. 1271-1294년

마르코 폴로의 동방 여행

몽골이 정복한 유라시아는 '팍스 몽골리카'로 알려진 평화와 안정의 시기에 접어들었다. 이때 이탈리아 상인이자 탐험가인 마르코 폴로는 비단길을 이용해 중국으로 향한 교역 임무를 수행했다. 그의 여행 기록에 따르면, 마르코 폴로는 쿠빌라이 칸을 위해 중국의 관료로 일하며 17년을 보냈다.

기호 보기
➡ 1271-1295년 마르코 폴로의 여행 경로

■ 킵차크 칸국
■ 대원 제국
■ 차가타이 칸국
■ 일 칸국

동남아시아의 불교와 힌두교 왕국

서기 1세기경부터 동남아시아에 등장한 왕국들은
강력한 이웃 나라들로부터 큰 영향을 받았다.
동아시아 나라들은 중국의 외교적이고 상업적인 강점에 영향을 받았고
동남아시아 나라들은 교역로를 통해 인도의 통치 방식과 종교에 영향을 받았다.

2세기경, 동남아시아에는 가장 초기에 캄보디아의 메콩강 삼각주에서 부남 왕국이 인도의 영향을 받아 생겨나는 등 체계적인 국가가 등장했다. 이들은 특히 예술, 통치 방식, 종교 부분에서 인도의 주요 사상을 받아들였다. 불교는 3세기 후반에 버마(오늘날의 미얀마)의 몬 왕국에 전해졌고 375년에는 부남 왕국에 전파되었다. 또한 동남아시아에 빠르게 퍼져나간 힌두교는 400년경에 보르네오에 전파되었고 앙코르 왕국(오늘날의 캄보디아)에서 선호하는 종교가 되었다. 동남아시아의 통치자들은 신격화된 군주의 특징을 띠고 있었고(때로는 인도에서 유래한 '전륜성왕', 즉 세계의 통치자라는 명칭을 사용했다) 불교와 힌두교 사원으로 꾸민 화려한 수도를 세웠다. 동남아시아의 나라는 인도의 문화에 강한 영향을 받았지만, 동아시아의 나라는 중국의 정치사상에 강한 영향을 받았다. 이들은 당나라에 외교 사절단을 파견했고 베트남의 경우에는 당나라의 무력 간섭에 시달렸다. 9세기에는 미얀마의 파간, 캄보디

아의 참파와 앙코르, 베트남의 대월 등 큰 나라가 잇따라 생겨났다. 또한 수마트라를 중심으로 번성한 사일렌드라 왕조의 스리비자야 왕국은 인도네시아 군도를 지배했다.

1287년에 몽골족은 파간 왕국을 침략하고 점령했다(134-135쪽 참조). 태국의 드바라바티 왕국과 같은 새로운 경쟁국이 성장하여 침략해 오자 평화로웠던 불교와 힌두교 왕국은 혼란에 빠졌다. 15세기 후반에는 앙코르, 파간, 참파, 스리비자야 등의 왕국이 모두 무너졌고, 100년 후에 유럽인이 도달한 시기에는 지역별 나라로 분열되어 있었다.

▷ 피라미드형 사원
앙코르의 바이욘 사원은 1200년경에 크메르 제국의 왕 자야바르만 7세를 위해 세워졌다. 바이욘의 탑은 일부에 자야바르만 7세의 안면상이 새겨져 있고 나머지에는 관세음보살의 안면상이 새겨져 있는 것이 특징이다.

힌두교
동남아시아 전체에 영향을 미친 종교

힌두교가 발생한 시기는 고대의 종교 문헌인 《리그 베다》가 생겨난 기원전 2000년으로 거슬러 올라간다. 유일한 최고의 신을 중심으로 많은 신을 사원에 모시고 숭배하는 신앙 형태는 매우 다양한 종교를 만들어 냈다. 3세기의 굽타 제국이 지배하던 시기에 힌두교는 (비슈누를 최고의 신으로 숭배하는) 비슈누교와 (창조와 파괴의 신 시바를 최고의 신으로 숭배하는) 시바교라는 두 가지 종파가 주축이 되어 동남아시아에 널리 전파되었다.

힌두교의 조각상
10세기에 세워진 이 사원은 앙코르가 시바교의 영향을 받았음을 보여 준다.

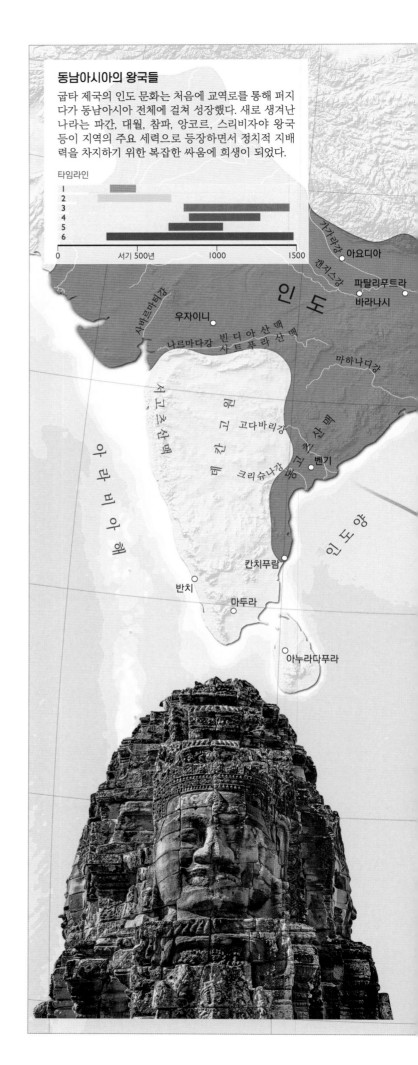

동남아시아의 왕국들

굽타 제국의 인도 문화는 처음에 교역로를 통해 퍼지다가 동남아시아 전체에 걸쳐 성장했다. 새로 생겨난 나라는 파간, 대월, 참파, 앙코르, 스리비자야 왕국 등이 지역의 주요 세력으로 등장하면서 정치적 지배력을 차지하기 위한 복잡한 싸움에 희생이 되었다.

타임라인
1
2
3
4
5
6

0   서기 500년   1000   1500

가가라장
아요디아
갠지스강
파탈리푸트라
바라나시
우자이니
나르마다강 빈디야 산맥
사트푸라 산맥
마하나디강
서고츠산맥
고다바리강
동고츠산맥
우라비우해
크리슈나강
벵기
인도양
칸치푸람
반치
마두라
아누라다푸라
인 도

1 굽타 제국 320-500년

320년에 찬드라 굽타 1세가 세운 굽타 제국은 동남아시아와의 교역으로 부유해졌다. 상인들은 육로와 해상 항로로 인도의 문화와 종교를 말레이시아 주변 지역으로 전했다. 이후 굽타 제국이 반란 지역을 진압하기 위한 전쟁을 계속 치렀고 455년에 침략한 백훈족과의 전쟁에서 패배를 겪었다. 이런 요인으로 급격히 쇠퇴한 굽타 제국은 결국 6세기 중반에 멸망했다.

■ 550년경 굽타 제국의 최대 영역

→ 인도의 영향 범위

2 부남 왕국 243-700년

역사상 동남아시아에서 가장 초기의 나라로 여겨지는 부남 왕국은 메콩강 삼각주에서 2세기경에 등장했다. 243년에 중국에 사절단을 파견하고 해안 지역에 있는 옥애오의 무역 시장을 통해 중국과 밀접한 교역 관계를 유지했다. 부남 왕국은 불교가 크게 발달했지만 중국의 기록에 따르면, 부남 왕국의 찬탄이라는 왕은 357년에 힌두교 신자로서 중국에 공물을 보냈다고 한다.

■ 인도에 영향을 받지 않은 지역

3 앙코르 왕국의 흥망 802-1431년

앙코르 왕국은 802년에 자야바르만 2세가 자신을 '전륜성왕'이라고 선포하고 앙코르 근처에 새로운 수도를 세우면서 시작되었다. 뒤이은 왕들은 수도 인근에 힌두교 사원으로 꾸민 왕족 도시를 건설했다. 자야바르만 7세(1181-1218년 재위)는 불교를 장려했으나 앙코르 왕국은 15세기에 왕국이 무너질 때까지 힌두교가 재번성했다.

■ 앙코르 왕국의 중심지

■ 앙코르 왕국의 경계선

4 불교 왕국 파간 849-1287년

파간은 버마어를 사용하는 민족이 849년에 세운 나라였다. 파간 왕국은 아나우라타 왕이 버마 지역을 대부분 다스리던 1044년까지 세력이 커졌다. 아나우라타왕은 1057년에 타톤의 몬족을 무너뜨렸고 그의 후손들이 이후 200년 동안 파간 왕국을 다스렸다. 그러나 사원 건축에 지나치게 소모한 파간 왕국은 세력이 약해져 1287년에 몽골의 침략으로 결국 멸망했다.

■ 파간 왕국의 중심지

■ 파간 왕국의 경계선

5 스리비자야 해양 왕국 671-1045년

육지에 기반한 나라와 달리 스리비자야는 해상 항로를 장악하고 무역 항구와 도시를 지배하면서 성장했다. 수마트라의 팔렘방을 중심으로 성장한 스리비자야는 중국과 밀접한 교역 관계를 맺었고 중국에 사절단을 자주 파견했다. 그러나 스리비자야 제국은 자바에서 11세기에 나타난 경쟁 나라 중 카디리 왕국에 의해 무너졌다.

■ 스리비자야 왕국의 중심지
■ 스리비자야 왕국의 경계선
■ 카디리 왕국의 중심지
■ 카디리 왕국의 경계선

6 참파 왕국과 대월국 300-1471년경

참족은 4세기에 베트남 남부에서 힌두교 왕국 참파를 세웠다. 참파 왕국은 북쪽의 베트남인과 자주 전쟁을 벌였다. 1471년에는 참파 왕국이 베트남인에게 수도 비자야를 빼앗겼다. 베트남의 대월국은 중국의 그늘에서 빛을 보지 못한 채 발달했다. 939년에는 응오꾸옌의 통솔력으로 대월국이 중국의 오랜 지배에서 벗어났다.

■ 참파 왕국의 중심지
■ 대월국의 중심지
■ 참파 왕국의 경계선
■ 대월국의 경계선

지도 내 지명 및 설명

중국

브라마푸트라강

대리

938년 베트남의 통치자 응오꾸옌이 남현을 물리치고 대월국의 독립을 유지한다.

1287년 파간 왕국이 몽골족에게 무너진다.

대월

대라

하이난

남중국해

파간

베이묘타노묘 파간

슈릭세트라

페구

벵골만

875년 참족이 수도를 세운다.

인드라푸라

참파

1471년 베트남인이 비자야를 점령하여 참파 왕국을 무너뜨린다.

비자야

드바라바티

첸라

나콘빠톰

앙코르

이사나푸라

부남

필리핀 제도

1130-1150년 수리야바르만 2세가 앙코르 사원 중 가장 웅장한 앙코르 와트를 세우도록 지시한다.

1177년 자야 인드라바르만 4세가 이끈 참파 군대가 앙코르를 점령한다.

캄부자데샤

옥애오

안다만해

메콩강

700년경 부남 왕국이 무너진 뒤 첸라 왕국이 지배 세력이 된다.

타이만

케다람

캄페

말레이반도

콜로

말라카 해협

에파티

보르네오

수마트라

바자아푸라

술라웨지

말라유

팔렘방

스리비자야

자바해

순다 해협

타루마

자바

탄탄

카디리

플로레스 해

보로부두르

폴리

발리

롬복

숨바와

441년 칸톨리(위치가 알려지지 않은 항구)에서 보내온 공물에 대한 중국의 기록에서 스리비자야가 처음 언급된다.

671년 인도로 순례를 떠나는 중국 승려 1천 명이 머물렀다는 기록이 있다.

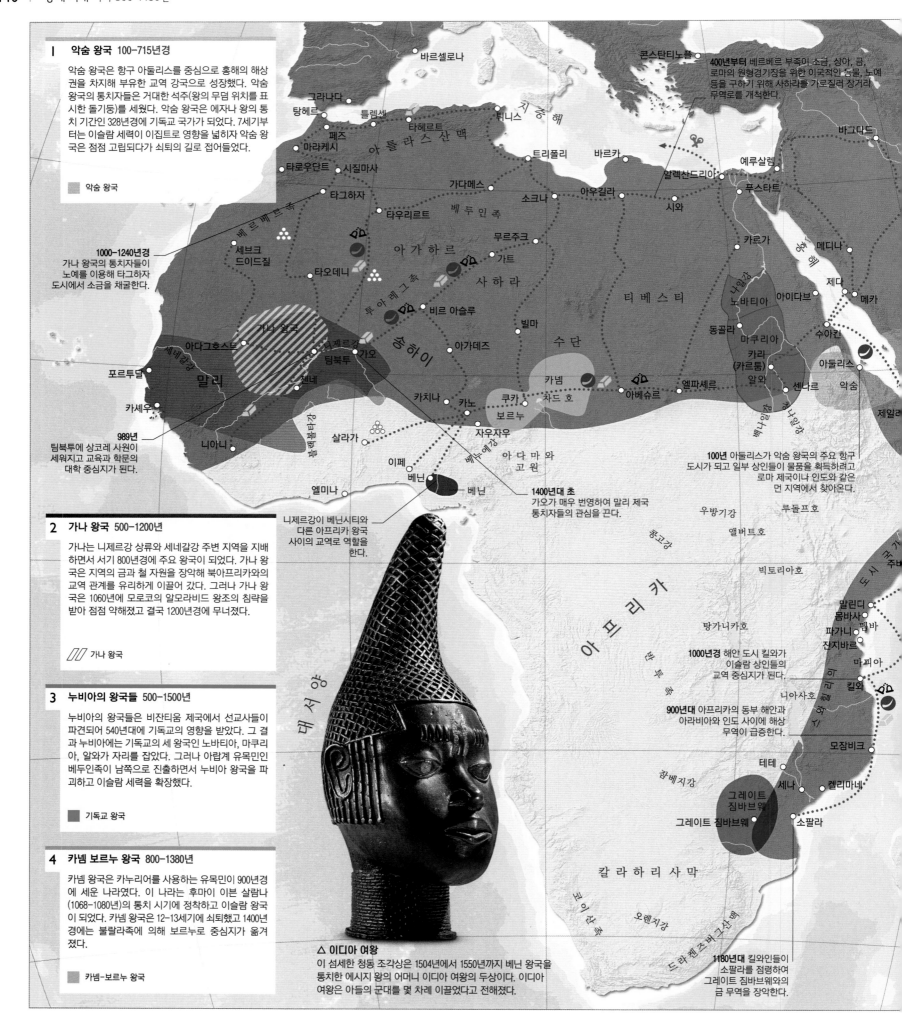

1 악숨 왕국 100-715년경

악숨 왕국은 항구 아둘리스를 중심으로 홍해의 해상 권을 차지해 부유한 교역 강국으로 성장했다. 악숨 왕국의 통치자들은 거대한 석주(왕의 무덤 위치를 표시한 돌기둥)를 세웠다. 악숨 왕국은 에자나 왕의 통치 기간인 328년경에 기독교 국가가 되었다. 7세기부 터는 이슬람 세력이 이집트로 영향을 넓히자 악숨 왕 국은 점점 고립되다가 쇠퇴의 길로 접어들었다.

■ 악숨 왕국

1000-1240년경
가나 왕국의 통치자들이 노예를 이용해 타그하자 도시에서 소금을 채굴한다.

989년
팀북투에 상코레 사원이 세워지고 교육과 학문의 대학 중심지가 된다.

2 가나 왕국 500-1200년

가나는 니제르강 상류와 세네갈강 주변 지역을 지배 하면서 서기 800년경에 주요 왕국이 되었다. 가나 왕 국은 지역의 금과 철 자원을 장악해 북아프리카와의 교역 관계를 유리하게 이끌어 갔다. 그러나 가나 왕 국은 1060년에 모로코의 알모라비드 왕조의 침략을 받아 점점 약해졌고 결국 1200년경에 무너졌다.

▨ 가나 왕국

3 누비아의 왕국들 500-1500년

누비아의 왕국들은 비잔티움 제국에서 선교사들이 파견되어 540년대에 기독교의 영향을 받았다. 그 결 과 누비아에는 기독교의 세 왕국인 노바티아, 마쿠리 아, 알와가 자리를 잡았다. 그러나 아랍계 유목민인 베두인족이 남쪽으로 진출하면서 누비아 왕국을 파 괴하고 이슬람 세력을 확장했다.

■ 기독교 왕국

4 카넴 보르누 왕국 800-1380년

카넴 왕국은 카누리어를 사용하는 유목민이 900년경 에 세운 나라였다. 이 나라는 후마이 이븐 살람나 (1068-1080년)의 통치 시기에 정착하고 이슬람 왕국 이 되었다. 카넴 왕국은 12-13세기에 쇠퇴했고 1400년 경에는 불랄라족에 의해 보르누로 중심지가 옮겨 졌다.

■ 카넴-보르누 왕국

400년부터 베르베르 부족이 소금, 상아, 금, 로마의 원형경기장을 위한 이국적인 동물, 노예 등을 구하기 위해 사하라를 가로질러 장거리 무역로를 개척한다.

100년 아둘리스가 악숨 왕국의 주요 항구 도시가 되고 일부 상인들이 물품을 획득하려고 로마 제국이나 인도와 같은 먼 지역에서 찾아온다.

1400년대 초
가오가 매우 번영하여 말리 제국 통치자들의 관심을 끈다.

니제르강이 베닌시티와 다른 아프리카 왕국 사이의 교역로 역할을 한다.

1000년경 해안 도시 킬와가 이슬람 상인들의 교역 중심지가 된다.

900년대 아프리카의 동부 해안과 아라비아와 인도 사이에 해상 무역이 급증한다.

1180년대 킬와인들이 소팔라를 점령하여 그레이트 짐바브웨와의 금 무역을 장악한다.

△ **이디아 여왕**
이 섬세한 청동 조각상은 1504년에서 1550년까지 베닌 왕국을 통치한 에시지 왕의 어머니 이디아 여왕의 두상이다. 이디아 여왕은 아들의 군대를 몇 차례 이끌었다고 전해졌다.

지도 지명

바르셀로나 · 콘스탄티노플 · 바그다드 · 예루살렘 · 그라나다 · 탕헤르 · 틀렘센 · 타헤르트 · 튀니스 · 지중해 · 트리폴리 · 바르카 · 알렉산드리아 · 페즈 · 마라케시 · 아틀라스산맥 · 가다메스 · 소크나 · 아우길라 · 시와 · 푸스타트 · 타로우단트 · 시질마사 · 무르주크 · 가트 · 카르가 · 메디나 · 타그하자 · 타우리르트 · 베두인족 · 아가하르 · 사하라 · 티베스티 · 제다 · 메카 · 베르베르족 · 세브크 드이드질 · 투아레그족 · 비르 아슬루 · 빌마 · 아가데스 · 수단 · 노바티아 · 아이다브 · 수아킨 · 타오데니 · 동골라 · 마쿠리아 · 가나 왕국 · 아자르가 · 가오 · 카리(카르툼) · 아둘리스 · 아다그호스트 · 팀북투 · 송하이 · 알와 · 센나르 · 악숨 · 포르투갈 · 세네갈강 · 젠네 · 말리 · 카치나 · 카노 · 카넴 · 차드 호 · 아베슈르 · 엘파셰르 · 제일라 · 카셰우 · 쿠카 · 보르누 · 자우자우 · 니아니 · 살라가 · 베누에강 · 아다마와 고원 · 이페 · 베닌 · 엘미나 · 베닌 · 우방기강 · 루돌프호 · 대서양 · 빅토리아호 · 콩고강 · 앨버트호 · 아프리카 · 말린디 · 몸바사 · 펨바 · 탕가니카호 · 파가니 · 잔지바르 · 마피아 · 니아사호 · 킬와 · 모잠비크 · 잠베지강 · 테테 · 켈리마네 · 세나 · 그레이트 짐바브웨 · 소팔라 · 칼라하리사막 · 오렌지강 · 드라켄즈버그산맥

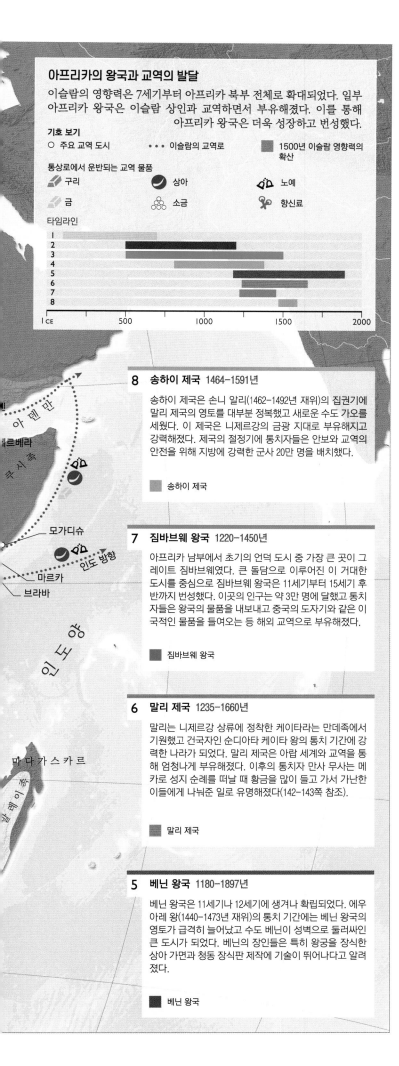

아프리카의 왕국과 교역의 발달

이슬람의 영향력은 7세기부터 아프리카 북부 전체로 확대되었다. 일부 아프리카 왕국은 이슬람 상인과 교역하면서 부유해졌다. 이를 통해 아프리카 왕국은 더욱 성장하고 번성했다.

기호 보기
○ 주요 교역 도시 　　•••• 이슬람의 교역로 　　■ 1500년 이슬람 영향력의 확산

통상로에서 운반되는 교역 물품
구리 　　상아 　　노예
금 　　소금 　　향신료

타임라인

8 송하이 제국 1464-1591년

송하이 제국은 손니 알리(1462-1492년 재위)의 집권기에 말리 제국의 영토를 대부분 정복했고 새로운 수도 가오를 세웠다. 이 제국은 니제르강의 금광 지대로 부유해지고 강력해졌다. 제국의 절정기에 통치자들은 안보와 교역의 안전을 위해 지방에 강력한 군사 20만 명을 배치했다.

■ 송하이 제국

7 짐바브웨 왕국 1220-1450년

아프리카 남부에서 초기의 언덕 도시 중 가장 큰 곳이 그레이트 짐바브웨다. 큰 돌담으로 이루어진 이 거대한 도시를 중심으로 짐바브웨 왕국은 11세기부터 15세기 후반까지 번성했다. 이곳의 인구는 약 3만 명에 달했고 통치자들은 왕국의 물품을 내보내고 중국의 도자기와 같은 이국적인 물품을 들여오는 등 해외 교역으로 부유해졌다.

■ 짐바브웨 왕국

6 말리 제국 1235-1660년

말리는 니제르강 상류에 정착한 케이타라는 만데족에서 기원했고 건국자인 순디아타 케이타 왕의 통치 기간에 강력한 나라가 되었다. 말리 제국은 아랍 세계와 교역을 통해 엄청나게 부유해졌다. 이후의 통치자 만사 무사는 메카로 성지 순례를 떠날 때 황금을 많이 들고 가서 가난한 이들에게 나눠준 일로 유명해졌다(142-143쪽 참조).

■ 말리 제국

5 베닌 왕국 1180-1897년

베닌 왕국은 11세기나 12세기에 생겨나 확립되었다. 에우아레 왕(1440-1473년 재위)의 통치 기간에는 베닌 왕국의 영토가 급격히 늘어났고 수도 베닌이 성벽으로 둘러싸인 큰 도시가 되었다. 베닌의 장인들은 특히 왕궁을 장식한 상아 가면과 청동 장식판 제작에 기술이 뛰어나다고 알려졌다.

■ 베닌 왕국

아프리카의 민족과 왕국

1000년경, 환경이 다양하고 천연자원이 풍부한 아프리카에 서로 다른 집단이 많이 생겨났고, 중세에는 여러 국가들이 급속히 늘었다. 이런 변화는 부분적으로 이슬람 문화가 아프리카 대륙으로 퍼지면서 야기되었다.

아프리카의 문화는 북쪽의 이슬람 술탄국뿐 아니라, 여러 족장 사회와 그 사이에서 교역하는 나라부터 칼라하리 사막 남쪽의 수렵채집인 집단에 이르기까지 다양했다. 이슬람 문화는 아프리카 동부로 퍼졌고 이슬람 상인을 통해 아프리카 서부까지 전해졌다. 가나 왕국처럼 아프리카 서부에 이미 존재하고 있던 나라들은 부유해졌고 이곳 통치자들은 사하라 사막의 남쪽인 사헬 지대까지 지배력을 확대했다. 또한 늘어난 부로 여러 나라가 자원을 차지하려는 경쟁도 벌였다. 가나 왕국은 11세기 중반에 모로코의 알모라비드 왕조의 침략을 받았고 사헬 지역의 경쟁국이었던 말리 왕국에 의해 결국 무너졌다. 또 말리 왕국은 14세기 중반에 송하이 제국에 밀려났다. 이 무렵, 차드의 보르노에서 이미 부상한 새로운 이슬람 술탄국이 사막 분지의 소금 광산을 장악해 세력을 유지하고 있었다.

그러나 아프리카의 나라가 모두 이슬람 문화의 영향으로 생겨난 것은 아니었다. 아프리카 북동부에는 10세기경에 악숨 왕국이 무너지고 그 여파로 여러 기독교 왕국이 생겨났다. 14세기부터는 짐바브웨 왕국과 철기 제작이 발달한 서아프리카의 베닌 왕국이 번영했다. 이 두 나라는 해외에서 공예품과 원재료를 수입했으나 이슬람 문화에 직접적인 영향을 받지는 않았다.

> **"그들이 금을 나눠 주어 이집트에서 금 가치가 떨어지고 금 가격이 하락했다."**
>
> 아랍 역사가 알 우마리가 묘사한 만사 무사에 관한 일화, 1350년경

기호 보기
■ 기원전 2000년경 반투족의 본토
■ 서기 500년경 북서부의 반투족
■ 서기 500년경 동부의 반투족
■ 서기 500년경 서부의 반투족
→ 반투족의 확산 경로

반투족의 이주

반투어를 사용하는 민족들이 오늘날의 나이지리아에 해당하는 이들의 본토에서 아프리카 남부로 이주했다. 남쪽 곳곳으로 이주하면서 농경술과 야금술도 전파했다고 알려졌다. 또 이런 영향으로 식량 약탈이나 유목과 수렵채집 생활을 대신하는 정착촌이 생겨났다.

만사 무사의 순례 행렬
17세기에 제작된 이 판화는 만사 무사의 순례 행렬의 규모가 어느 정도인지를 보여 준다. 그는 노예 1만 2천 명을 포함해 수행원 6만 명을 거느렸고, 순례 여정 자금에 필요한 엄청난 양의 금을 운반하기 위해 낙타 80마리를 데려갔다고 전한다.

말리 제국의
만사 무사

1324년에 메카로 성지 순례를 떠난
말리 제국의 통치자 만사 무사는 부(富)로 유명해졌다.
만사 무사가 함께 가져간 엄청난 양의 황금으로
서아프리카에 이슬람 문화가 번성했음을 알 수 있다.

이슬람 문화는 상인들을 통해 중앙아프리카로 전해졌고 11세기경에는 서아프리카까지 전파되었다. 서아프리카의 잇따른 왕국들은 금과 노예 교역으로 부유해졌다. 14세기 초에는 만사 무사(1312-1337년 재위)가 다스린 말리 제국이 서아프리카에서 가장 강력한 왕국이되었다. 만사 무사는 영토를 더 멀리 확장하여 나이지리아 북부와 팀북투까지 넓혔다.

△ **대모스크 징가레베르**
아프리카의 큰 이슬람 기념물 중 하나인 징가레베르 사원은 만사 무사가 메카에서 만난 건축가 아부 이사크 알 사힐리가 1327년에 건설한 건축물이었다.

유명한 성지 순례단

1324년, 독실한 이슬람교도였던 만사 무사는 메카를 향해 성지 순례(하즈)를 떠났다. 그는 권력을 과시하기 위해 수행원 수천 명과 금이 가득한 상자들이 포함된 순례단을 거느렸다.

만사 무사는 순례 도중에 지나친 소비로 카이로의 물가를 갑자기 오르게 하고 돌아오는 길에 빚을 갚을 때는 금값이 하락할 정도로 영향력이 컸다. 또한 그는 이슬람 학자와 건축가를 데려와 코란 학교 수십 개를 세웠고 1천 명이 넘는 학생들을 보유한 팀북투의 대학교가 성장하도록 도왔다. 만사 무사의 유명한 순례 행렬로 말리 제국은 유럽에도 알려졌다. 그러나 말리 제국은 만사 무사가 사망한 이후 쇠퇴하기 시작했다. 말리 제국은 팀북투가 송하이 제국에 함락되고 1344년에 멸망했다(140-141쪽 참조).

△ **부와 명성**
1325년에 스페인에서 편찬된 지도책에는 만사 무사가 금으로 된 봉과 금덩이를 들고 있는 모습으로 서아프리카의 유명한 인물로 등장한다. 이집트의 술탄에게 5만 디나르 상당의 선물을 한 사례와 같은 그의 사치스러운 소비는 이슬람 세계를 넘어 널리 알려졌다.

1 폴리네시아인의 기원과 초기의 이주
기원전 4000-1400년경

DNA 증거에 따르면 폴리네시아인은 동남아시아에서 기원했는데, 대만에서 왔을 것으로 추정된다. 이들은 기원전 4000년경에 남쪽으로 이주하기 시작했다. 폴리네시아인의 이주가 천천히 혹은 빨리 이루어졌는지는 불확실하다. 이들이 천천히 이주했다면 뉴기니와 같은 지역에 오랫동안 정착하면서 그곳의 토착 문화를 흡수했을 것이고, 빨리 이주했다면 기원전 1400년경에 이미 통가에 도달했을 것이다.

2 라피타 문화 기원전 1500-1000년경

기원전 1500년부터 필리핀 제도의 중부에서 온 정착민은 새로운 유형의 토기를 전파했다. 붉은 유약을 바르고 독특한 문양으로 장식한 토기 양식은 오늘날 라피타 문화라고 불렸다. 라피타 문화의 사람들은 장거리 교역에 몰두했는데, 특히 칼날을 만드는 데 주로 사용되는 흑요석을 교역했다. 이들은 동쪽으로 이주하여 기원전 1000년경에 사모아에 도달했다. 이때의 라피타 문화의 사람들이 폴리네시아인의 직계 조상이라고 알려져 있다.

- 🏺 라피타 토기의 유적지
- 🌿 흑요석의 공급지

3 폴리네시아인의 대항해 서기 200-1200년경

폴리네시아인은 어떠한 항로 장치도 없이 종종 바람과 조류에 맞서며 엄청난 먼 거리를 항해했다. 200년경부터 이들은 더 멀리 이주하는 시기를 겪었다. 사모아에서 마르키즈 제도까지 동쪽으로 이주한 다음, 다시 북쪽과 남서쪽과 동쪽의 군도에 정착했다. 그들이 가져온 농작물과 동물이 번성하지 못한 섬도 있었다. 예컨대 이스터섬에는 돼지가 없었고 뉴질랜드에는 빵나무 열매가 없었다.

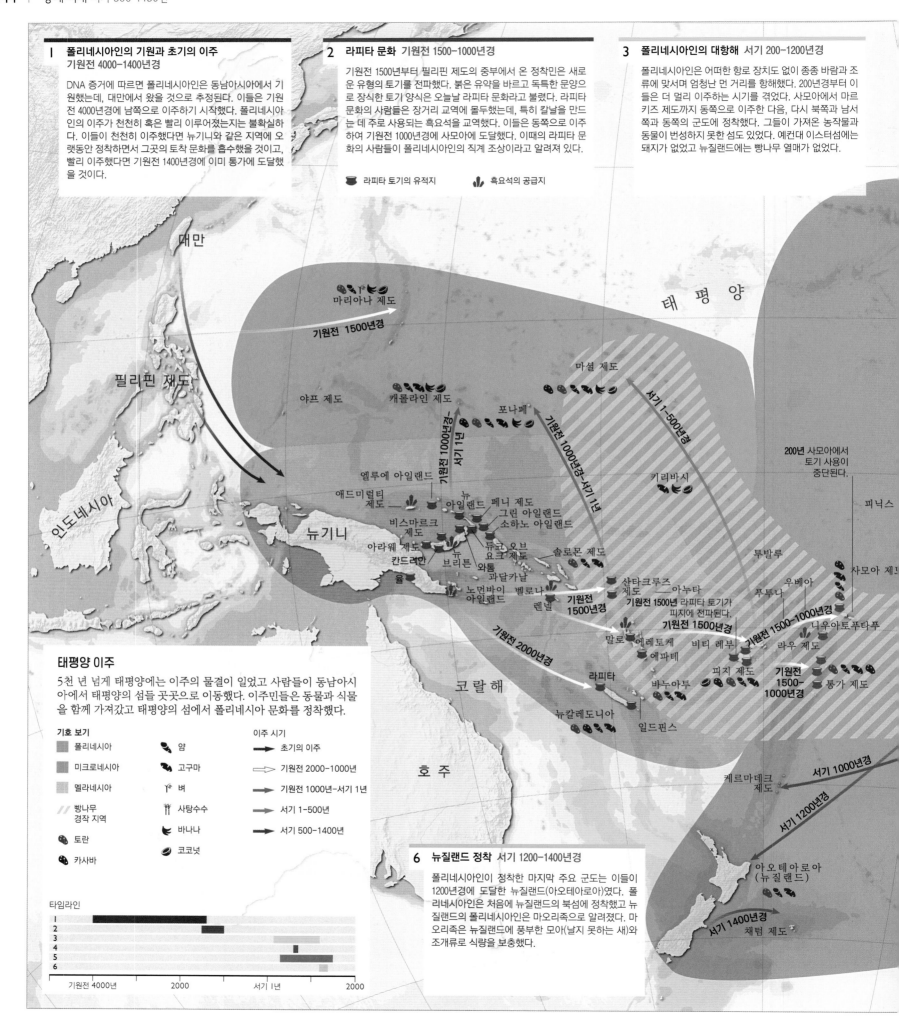

태평양 이주

5천 년 넘게 태평양에는 이주의 물결이 일었고 사람들이 동남아시아에서 태평양의 섬들 곳곳으로 이동했다. 이주민들은 동물과 식물을 함께 가져갔고 태평양의 섬에서 폴리네시아 문화를 정착했다.

기호 보기

■ 폴리네시아	🍠 얌
■ 미크로네시아	🥔 고구마
■ 멜라네시아	🌾 벼
╱╱ 빵나무 경작 지역	🎋 사탕수수
🥔 토란	🍌 바나나
🥔 카사바	🥥 코코넛

이주 시기

- → 초기의 이주
- ⇨ 기원전 2000-1000년
- → 기원전 1000년-서기 1년
- → 서기 1-500년
- → 서기 500-1400년

6 뉴질랜드 정착 서기 1200-1400년경

폴리네시아인이 정착한 마지막 주요 군도는 이들이 1200년경에 도달한 뉴질랜드(아오테아로아)였다. 폴리네시아인은 처음에 뉴질랜드의 북섬에 정착했고 뉴질랜드의 폴리네시아인은 마오리족으로 알려졌다. 마오리족은 뉴질랜드에 풍부한 모아(날지 못하는 새)와 조개류로 식량을 보충했다.

타임라인

	기원전 4000년	2000	서기 1년	2000
1				
2				
3				
4				
5				
6				

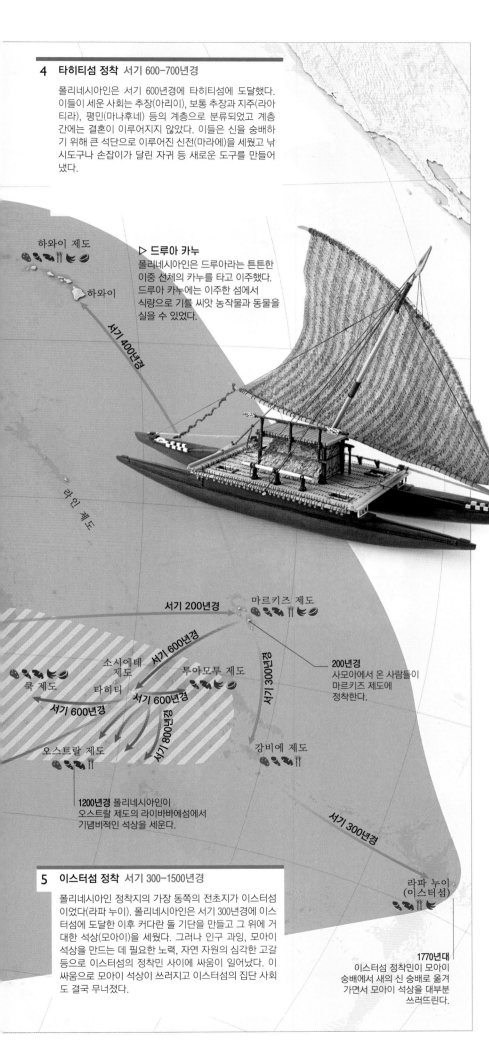

4 타히티섬 정착 서기 600-700년경

폴리네시아인은 서기 600년경에 타히티섬에 도달했다. 이들이 세운 사회는 추장(아리이), 보통 추장과 지주(라아티라), 평민(마나후네) 등의 계층으로 분류되었고 계층 간에는 결혼이 이루어지지 않았다. 이들은 신을 숭배하기 위해 큰 석단으로 이루어진 신전(마라에)을 세웠고 낚시도구나 손잡이가 달린 자귀 등 새로운 도구를 만들어냈다.

하와이 제도

하와이

서기 400년경

▷ 드루아 카누
폴리네시아인은 드루아라는 튼튼한 이중 선체의 카누를 타고 이주했다. 드루아 카누에는 이주한 섬에서 식량으로 기를 씨앗 농작물과 동물을 실을 수 있었다.

라인 제도

서기 200년경   마르키즈 제도

소시에테 제도   서기 600년경

서기 600년경

타히티   투아모투 제도

200년경
사모아에서 온 사람들이 마르키즈 제도에 정착한다.

쿡 제도

서기 600년경

서기 800년경

오스트랄 제도   강비에 제도

1200년경 폴리네시아인이 오스트랄 제도의 라이바바에섬에서 기념비적인 석상을 세운다.

서기 300년경

5 이스터섬 정착 서기 300-1500년경

폴리네시아인 정착지의 가장 동쪽의 전초지가 이스터섬이었다(라파 누이). 폴리네시아인은 서기 300년경에 이스터섬에 도달한 이후 커다란 돌 기단을 만들고 그 위에 거대한 석상(모아이)을 세웠다. 그러나 인구 과잉, 모아이 석상을 만드는 데 필요한 노력, 자연 자원의 심각한 고갈 등으로 이스터섬의 정착민 사이에서 싸움이 일어났다. 이 싸움으로 모아이 석상이 쓰러지고 이스터섬의 집단 사회도 결국 무너졌다.

라파 누이
(이스터섬)

1770년대
이스터섬 정착민이 모아이 숭배에서 새의 신 숭배로 옮겨가면서 모아이 석상을 대부분 쓰러뜨린다.

폴리네시아인의 이주

태평양 중부의 섬 원주민인 폴리네시아인은 동남아시아에서 기원했다. 기원전 1000년경에 폴리네시아인은 통가와 사모아에 도달했다. 이들은 다시 더 먼 곳으로 이동해서 그 이전까지 무인도였던 이스터섬과 뉴질랜드까지 다다랐다.

폴리네시아인의 조상은 대만에서 온 사람이었을 것으로 추정된다. 이들의 언어는 오늘날의 인도네시아와 필리핀 제도에서 사용하는 언어와 유사한 오스트로네시아어족에 속했다. 기원전 4000년경부터 폴리네시아인은 남쪽과 동쪽으로 퍼졌고 필리핀 제도를 거쳐 갔다. 필리핀 제도는 2만 년 전에 멜라네시아인(오늘날의 호주 원주민과 관련된 인종)이 이미 정착했던 지역이었다. 동쪽으로 통가와 사모아까지 퍼진 폴리네시아인의 초기 문화(라피타)는 붉은 유약을 바른 독특한 토기 유물에서 그 흔적을 찾을 수 있다.

폴리네시아인은 이중 선체로 된 카누를 개발하여 항해했다. 이들은 배의 양쪽에 보조 부력체를 달아 균형을 잡았기 때문에 쿡제도, 마르키즈 제도, 하와이, 뉴질랜드 등 먼 곳에 있는 섬까지 도달할 수 있었다. 폴리네시아인은 이주한 섬에서 기르기 위해 닭, 돼지 등의 가축과 토란, 얌, 고구마, 빵나무 열매, 바나나 등의 농작물을 가져갔다. 이들이 정착한 섬은 광활한 바다 위에 서로 떨어져 있어서 사회집단의 구조도 각각 매우 달랐다. 서쪽의 섬은 거의 계층화되지 않은 사회로 이루어졌고 동쪽의 섬은 더욱 복잡한 계층 사회로 이루어져 있었다. 특히 하와이에는 군주를 중심으로 중앙집권 체제가 발달한 집단이 등장했다.

이스터섬의 모아이
조상의 영혼이 담긴 석상

10m 높이의 거대한 석상 모아이는 이스터섬에서 1200년에서 1600년 사이에 세워졌다. 이 석상은 조상의 영혼을 담은 수호신으로 여겨졌다. 이스터섬에는 모아이 석상이 900개 넘게 세워졌다. 그러나 섬 내부에서 바위 80톤을 캐내어 끌어야 하고 또 바다를 마주하는 돌기단(아후) 위에 석상을 세우는 일은 이스터섬의 자원을 고갈시켰다. 1700년경에 이스터섬은 삼림이 거의 없어져서 거주민은 물고기를 잡을 새로운 카누도 만들 수 없었다. 18세기 후반에는 모아이를 숭배하던 신앙이 새의 신을 숭배하는 신앙으로 바뀌면서 모아이 석상이 허물어졌다.

북아메리카의 문화

500년부터 1500년까지 여러 족장 사회를 포함한 다양한 문화가
북아메리카에서 번성했다. 북아메리카 남서부의 푸에블로 문화처럼
여러 집단이 유목 생활에서 농경 생활로 바뀌었고
이들 집단은 폭넓은 교역 활동을 하는 큰 공동체로 발전했다.
한편, 북아메리카 동부에서는 둔덕을 만드는 풍습의 문화가
나타나기 시작했다.

북아메리카의 고대 문화는 주로 환경의 영향으로 형성되었고 특히 식량 자원을 이용할 수 있는 곳에서 생겨났다.

북아메리카 남서부는 옥수수 재배를 시작한 이후 기원전 1000년경에 가뭄이 심해지면서 관개법이 발달했다. 그전까지 유목 생활하던 집단은 생존을 위해 복잡한 사회구조를 형성해나가기 시작했는데, 이때 초기의 푸에블로 정착지가 생겨났다. 서기 400년경에는 이런 정착지가 절벽 거주지나 촌락으로 발달했고 촌락들의 가운데는 (메소아메리카의 영향을 받았다고 암시되는) 낮은 사다리형 둔덕과 구기 경기장이 갖춰진 큰 중심부가 있었다. 이곳의 공동체는 토기와 바구니 공예품을 만들고 또 터키석을 채굴하여 메소아메리카의 큰 도시와 교역을 했다. 이 외에도 몇몇 독특한 문화가 등장했고 서로 다른 시대에 남서쪽의 여러 지역에서

지배 세력이 되었다.

다른 곳에서는 옥수수 재배가 도입된 이후 콩류 재배가 추가되면서 둔덕을 쌓아 생활하는 양식의 미시시피 문화가 생겨났다. 미시시피 문화는 아데나와 호프웰 문화가 쇠퇴한 이후에 등장했다(56-57쪽 참조). 미시시피 문화의 여러 하위 집단은 800년에서 1500년까지 번성했고, 각 집단은 요새화된 중심지에 거주하는 추장이 다스렸다. 이곳의 중심지는 둔덕 위에 신전이 세워진 것이 특징이었다. 미시시피 문화의 일부 중심지는 작은 도시로 성장했는데, 그중 가장 큰 카호키아는 1050년에서 1250년까지 번성했다. 2만 명에 이르는 거주민이 사는 대규모 정착지에는 울타리가 쳐진 중심부가 하나 있었고 그 주위에 피라미드형 흙 둔덕이 세워졌다.

> " … 둔덕들은 … 멀리서 보면 초원 곳곳에 흩어진 거대한 건초더미를 닮은 듯하다."
>
> 헨리 마리 브래컨리지, 카오키아에 대한 단상, 1811년

메사 베르데
고대의 거대한 푸에블로 정착지

서기 700년경부터 북아메리카 남서부의 고대 푸에블로 사람들은 안보를 위해 절벽 높은 곳에 정착지를 건설하기 시작했다. 그런 정착지 중 가장 큰 곳은 메사 베르데였다. 메사 베르데는 거주지 4,500개로 이루어져 있었고 그중 600여 곳이 절벽 거주지였다. 절벽 거주지는 절벽 안에 공간을 만들어 촌락을 이룬 곳이었다. 1200년경에 메사 베르데의 인구는 3만 명에 달했고 대부분은 이 지역의 협곡 위쪽에서 밀집한 정착지를 이루며 살았다.

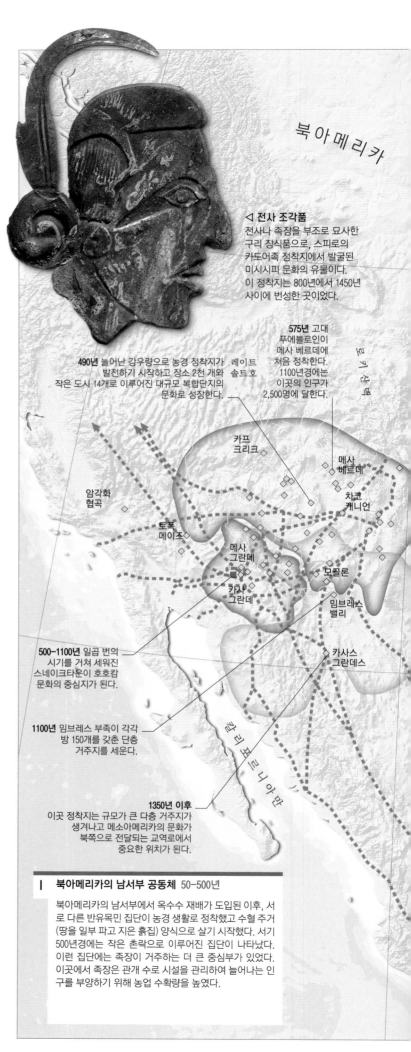

북 아 메 리 카

◁ 전사 조각품
전사나 족장을 부조로 묘사한 구리 장식품으로, 스피로의 카도족 정착지에서 발굴된 미시시피 문화의 유물이다. 이 정착지는 800년에서 1450년 사이에 번성한 곳이었다.

575년 고대 푸에블로인이 메사 베르데에 처음 정착한다. 1100년경에는 이곳의 인구가 2,500명에 달한다.

490년 늘어난 강우량으로 농경 정착지가 발전하기 시작하고 장소 2천 개와 작은 도시 14개로 이루어진 대규모 복합단지의 문화로 성장한다.

레이트 솔트호

로키 산맥

카프 크리크

메사 베르데

암각화 협곡

토폭 메이조

차코 캐니언

메사 그란데

모꼴론

카사 그란데

밈브레스 밸리

카사스 그란데스

500-1100년 일곱 번의 시기를 거쳐 세워진 스네이크타운이 호호캄 문화의 중심지가 된다.

1100년 밈브레스 부족이 각각 방 150개를 갖춘 단층 거주지를 세운다.

캘리포니아만

1350년 이후 이곳 정착지는 규모가 큰 다층 거주지가 생겨나고 메소아메리카의 문화가 북쪽으로 전달되는 교역로에서 중요한 위치가 된다.

북아메리카의 남서부 공동체 50-500년

북아메리카의 남서부에서 옥수수 재배가 도입된 이후, 서로 다른 반유목민 집단이 농경 생활로 정착했고 수혈 주거(땅을 일부 파고 지은 흙집) 양식으로 살기 시작했다. 서기 500년경에는 작은 촌락으로 이루어진 집단이 나타났다. 이런 집단에는 족장이 거주하는 더 큰 중심부가 있었다. 이곳에서 족장은 관개 수로 시설을 관리하여 늘어나는 인구를 부양하기 위해 농업 수확량을 높였다.

2 모골론 문화 250-1350년

몇몇 수혈 주거를 포함하는 작은 촌락이 가장 초기의 모골론 문화를 이루었다. 정착지는 침략자로부터 방어할 수 있도록 산의 계곡 근처나 산등성이를 따라 세워졌다. 모골론 사람들은 복잡한 문양을 새긴 독특한 적갈색의 토기를 만들었다. 모골론 문화의 하위 집단인 밈브레스 부족은 흰색 바탕에 검은색의 기하학적 무늬를 새긴 아름다운 토기를 만들었다.

▬ 모골론 문화의 영향 범위

3 호호캄 문화 300-1450년

1100년에서 1450년 사이에 호호캄 부족은 스네이크타운에서 연이은 큰 둔덕을 세워 정착지를 건설했다. 이 정착지에는 약 1천 명이 거주하고 있었고 또한 메소아메리카 문화와 유사한 구기 경기장 두 곳을 갖추고 있었다. 호호캄 부족은 메소아메리카에서 마코앵무새나 구리로 만든 종과 같은 이국적인 물품을 수입했다.

▬ 호호캄 문화의 영향 범위 ■ 호호캄 중심지

4 차코 문화 700-1500년

북아메리카 남서부의 사람들은 은신할 수 있는 암벽에 복합 주거지를 건설하기 시작했다. 고대의 푸에블로 사람들은 특히 차코 캐니언에서 폭넓은 도로망을 갖춘 작은 도시를 건설했다. 이들은 물 자원을 신중하게 관리했으나 1130년경에 인구 과잉과 가뭄으로 지역의 자원이 고갈되어 결국 차코 문화는 해체되었다.

▬ 차코 문화의 영향 범위

5 미시시피 문화 600-1400년

서기 600년부터 북아메리카 중서부의 사람들은 옥수수, 콩, 호박 등을 재배하기 시작했다. 1000년경에는 이들이 복합 정착지에 기반한 사회를 조직했고 특히 배수로와 성벽으로 둘러싸인 커다란 둔덕 신전을 건설했다. 카오키아에 건설된 규모가 가장 큰 정착지에는 흙 둔덕 약 100개가 넓은 광장 주변에 세워졌다.

▨ 미시시피 문화의 영향 범위 ◖ 둔덕 신전 유적지

6 후기의 미시시피 둔덕 문화 1000-1600년

서기 1000년 이후, 옥수수 경작이 북아메리카의 동부 곳곳으로 널리 퍼지고 둔덕 신전을 짓는 다양한 하위문화가 생겨났다. 하위 집단은 최상류 계층이나 평민 계층으로 이루어진 족장 사회로 조직되었다고 알려져 있다. 미시시피 문화의 사람들은 글을 남기지 않았지만 석상, 조개껍데기, 토기의 문양, 담뱃대 조각상, 석판 등에 자신들의 관념을 상징으로 남겼다.

후기의 미시시피 둔덕 문화의 영향 범위와 유적지

◖ 오네오타   ◖ 카도어족 지역
◖ 포트 에인션트   ◖ 애팔래치아 남부
◖ 플라커민

지도 내 지명 및 표기

카시오
미시시피강
아즈탈란
온타리오호
휴런호
미시간호
이리호

500년 길이가 380m인 그레이트 서펜트 마운드가 뱀이 몸부림치는 모양으로 만들어진다.

오네오타
미주리강
플랫강
캔자스강

900-955년 콜럼버스 신대륙 발견 이전의 가장 큰 토공 작업인 몽크스 마운드의 건설이 시작된다.

딕슨
올드 포트
우츠
카호키아
아칸소강
포트 에인션트

엔젤
오하이오강
포트 에인션트
테네시강
애팔래치아 산맥

킹스 마운즈
토와사기
마운드 보텀

추칼리사
히와시
아일랜드
플로렌스
미시시피 중부
아울크리크 마운드빌
원터빌
체타후치강
에토와
록 이글
옥멀지
라마르
콜로모키
잭슨호

스피로
카도어족 지역
벨처
그랜드 빌리지
플라커민
에메랄드 마운드

애팔래치아 남부
스코츠홀
타운 크리크
할리우드

1300년 스피로의 카도어족 정착지가 제물로 가득한 공간을 갖춘 종교의식의 큰 중심지가 된다.

1000-1550년 애팔래치아 남부 사람들의 문화 중심지인 이곳에 최상류 계층의 시신이 장식용 동판과 함께 매장된다.

1000-1550년 마운드빌이 미시시피 문화의 가장 큰 정착지가 된다. 면적이 약 1km²인 이곳에 큰 피라미드형 둔덕 20개가 세워진다.

500-1100년 북아메리카의 남서부 문화와 메소아메리카의 여러 도시 사이에 폭넓은 교역이 이루어진다.

페코스강
리오그란데강
멕시코만
대 서 양

치첸이트사
칼릭스틀라우아카
카칵스틀라
마타카판
우악사툭
메 소 아 메 리 카

콜럼버스의 신대륙 발견 이전의 북아메리카 문화

남서부의 고대 푸에블로 문화는 북아메리카의 선사시대 농경 문화에 속했다. 사람들은 반지하동굴의 거주지에서 살았고 바구니 공예품과 토기를 제작했다. 동부의 미시시피 문화는 정착지의 중심부에 거대한 둔덕 신전을 세웠다.

기호 보기

▨ 미시시피 문화의 영향을 받은 지역

◇ 고고학적 유적지   ➡ 교역로

타임라인

	1 CE	500	1000	1500	2000
1					
2					
3					
4					
5					
6					

아즈텍과 잉카 제국

14세기에 2개의 큰 제국이 아메리카 대륙에 등장했다.
아즈텍 문화는 메소아메리카에서
조공 제도, 전쟁, 예술, 건축 등으로 유명한 주요 문명으로 성장했다.
페루의 쿠스코 계곡에서 발달하기 시작한 잉카 문화는
안데스 지역을 따라 거대한 영역을 차지했고
세련된 관료주의와 불규칙하게 벌어나간 도로 체계를 이용하여
지배력을 확고히 했다.

아즈텍인은 처음에 텍스코코 호수의 섬에 정착했고 1325년에 도시 테노치티틀란을 세웠다. 아즈텍 문화는 가장 뛰어난 전사를 길러내는 훈련을 특별히 허용하여 반세기 만에 강력한 군대를 모았다. 아즈텍 제국은 텍스코코와 틀라코판과 삼국 동맹을 맺은 후 정복 활동을 시작했다. 이들의 군대는 이웃 공동체를 침략하고 지역의 족장 사회를 전복해 지배 영토를 늘렸다. 또한 아즈텍 제국은 수익의 주요 원천이 되는 공물을 관리하도록 관료를 임명했다. 아즈텍의 통치자들은 수도로 모인 공물을 기념물과 공예품을 만드는 데 사용했다.

잉카인은 페루의 쿠스코 계곡에 1250년경에 정착한 뒤 지배 집단이 되었고 산비탈에 계단식 밭을 만들어 농사짓는 방식을 개발했다. 잉카 제국은 1438년에 정복 활동을 시작했다. 이들은 1500년대 초기에 강력한 이웃인 치무족과 찬카족을 전복시키고 북쪽으로 키토와 남쪽으로 칠레의 아라우카니아 지역까지 지배권을 확대했다. 잉카인은 강력한 행정 조직을 만들어 내고 복잡한 도로 체계를 건설하여 거대한 제국을 다스릴 수 있었다.

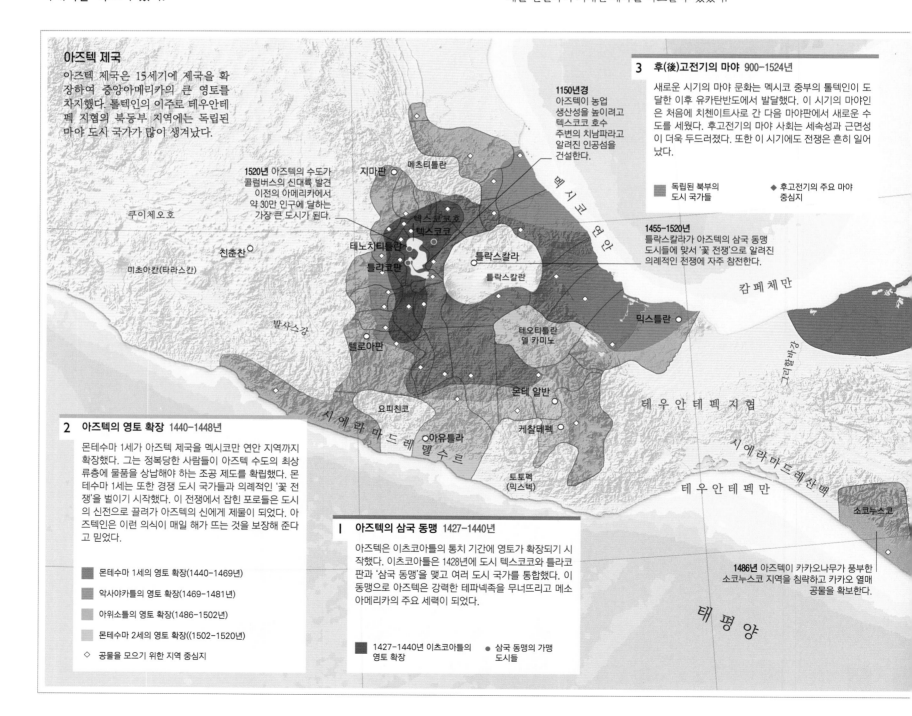

아즈텍 제국

아즈텍 제국은 15세기에 제국을 확장하여 중앙아메리카의 큰 영토를 차지했다. 톨텍인의 이주로 테우안테펙 지협의 북동부 지역에는 독립된 마야 도시 국가가 많이 생겨났다.

1520년 아즈텍의 수도가 콜럼버스의 신대륙 발견 이전의 아메리카에서 약 30만 인구에 달하는 가장 큰 도시가 된다.

1150년경 아즈텍이 농업 생산성을 높이려고 텍스코코 호수 주변의 치남파라고 알려진 인공섬을 건설한다.

3 후(後)고전기의 마야 900-1524년

새로운 시기의 마야 문화는 멕시코 중부의 톨텍인이 도달한 이후 유카탄반도에서 발달했다. 이 시기의 마야인은 처음에 치첸이트사로 간 다음 마야판에서 새로운 수도를 세웠다. 후고전기의 마야 사회는 세속성과 근면성이 더욱 두드러졌다. 또한 이 시기에도 전쟁은 흔히 일어났다.

- 독립된 북부의 도시 국가들
- ◆ 후고전기의 주요 마야 중심지

1455-1520년 틀락스칼라가 아즈텍의 삼국 동맹 도시들에 맞서 '꽃 전쟁'으로 알려진 의례적인 전쟁에 자주 참전한다.

2 아즈텍의 영토 확장 1440-1448년

몬테수마 1세가 아즈텍 제국을 멕시코만 연안 지역까지 확장했다. 그는 정복당한 사람들이 아즈텍 수도의 최상류층에 물품을 상납해야 하는 조공 제도를 확립했다. 몬테수마 1세는 또한 경쟁 도시 국가들과 의례적인 '꽃 전쟁'을 벌이기 시작했다. 이 전쟁에서 잡힌 포로들은 도시의 신전으로 끌려가 아즈텍의 신에게 제물이 되었다. 아즈텍인은 이런 의식이 매일 해가 뜨는 것을 보장해 준다고 믿었다.

- ■ 몬테수마 1세의 영토 확장(1440-1469년)
- 악사야카틀의 영토 확장(1469-1481년)
- 아위소틀의 영토 확장(1486-1502년)
- 몬테수마 2세의 영토 확장(1502-1520년)
- ◇ 공물을 모으기 위한 지역 중심지

1 아즈텍의 삼국 동맹 1427-1440년

아즈텍은 이츠코아틀의 통치 기간에 영토가 확장되기 시작했다. 이츠코아틀은 1428년에 도시 텍스코코와 틀라코판과 '삼국 동맹'을 맺고 여러 도시 국가를 통합했다. 이 동맹으로 아즈텍은 강력한 테파넥족을 무너뜨리고 메소아메리카의 주요 세력이 되었다.

- ■ 1427-1440년 이츠코아틀의 영토 확장
- ● 삼국 동맹의 가맹 도시들

1486년 아즈텍이 카카오나무가 풍부한 소코누스코 지역을 침략하고 카카오 열매 공물을 확보한다.

아즈텍과 잉카의 정복 활동

후고전기의 독립된 마야 도시 국가뿐 아니라 아즈텍과 잉카 제국은 16세기에 유럽인이 도달하기 전까지 아메리카의 중부와 남부에서 가장 큰 도시 문명이었다. 특히 아즈텍과 잉카 제국은 세력권을 넓히기 위해 정복 활동을 시작했다. 이들은 다른 집단을 흡수하고 지배 영토를 크게 늘렸다.

기호 보기

○ 주요 도시 중심지

타임라인

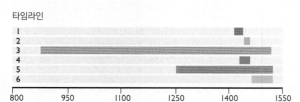

	800	950	1100	1250	1400	1550

잉카 제국

잉카 제국은 절정기에 에콰도르에서 오늘날의 칠레에 있는 남부 도시 탈카까지 영토를 넓혔다. 잉카의 주요 도시는 모두 거대한 도로 체계로 연결되었다.

4 잉카 제국의 탄생 1438-1471년

1438년에 쿠시 유팡키가 이끈 잉카 제국은 잉카의 수도 쿠스코를 공격했던 찬카족을 물리쳤다. 유팡키는 파차쿠텍이라는 이름을 얻었고 사파 잉카(잉카의 통치자)가 되었다. 또한 연이은 전쟁을 벌여 잉카 제국의 영토를 확장했다. 1470년에는 파차쿠텍이 치무 문명의 수도 찬찬에서 승리를 거두어 잉카 제국이 절정에 이르렀다.

■ 파차쿠텍의 영토 확장(1438-1471년)

□ 치무 문명

1471년
잉카 제국이 파차카막의 신성한 장소 와리를 점령하여 이곳에 잉카의 태양신을 위한 신전을 세운다.

1470년경
잉카 제국이 치무의 수도 찬찬을 정복하고 많은 장인들을 데려가 쿠스코에서 잉카의 건축물 건설에 동원한다.

1438년
잉카의 통치자 유팡키가 찬카족을 물리치고 쿠스코 계곡을 장악하여 잉카 제국의 영토를 더욱 넓힌다.

5 잉카의 수도 1250-1525년

사파 잉카는 쿠스코에서 잉카 제국을 다스렸다. 쿠스코는 2만 km에 이르는 도로망의 중심에 자리하고 있었다. 사파 잉카는 전 영역에 걸쳐 과세 제도(물품 지불)를 부과했고, 교역을 관리했으며, 많은 소농의 노동력을 건설 사업에 동원했다.

── 잉카의 도로

☆ 잉카의 수도

6 잉카의 남쪽을 향한 영토 확장
1471-1525년

투팍 유팡키(1471-1493년)와 우아이나 카팍(1493-1525년)의 통치 기간에 잉카 제국은 에콰도르를 정복하고 멀리 남쪽으로 오늘날의 칠레까지 영토를 확장했다. 계속된 정복 활동에서 획득한 약탈품을 전사들에게 나눠주는 방책으로 남자 포로는 흔히 잉카의 전사가 되었다. 이런 방법으로 잉카의 지배력은 더욱 강력해졌다. 절정기에는 잉카 제국이 1천 2백만 명에 이르는 사람들을 다스렸다.

■ 투팍 유팡키의 영토 확장
(1471-1493년)

■ 우아이나 카팍의 영토 확장
(1493-1525년)

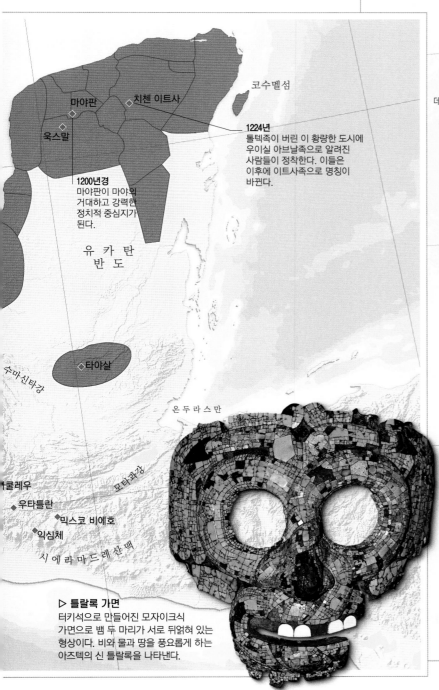

1224년
톨텍족이 버린 이 황량한 도시에 우이실 아브날족으로 알려진 사람들이 정착한다. 이들은 이후에 이트사족으로 명칭이 바뀐다.

1200년경
마야판이 마야의 거대하고 강력한 정치적 중심지가 된다.

▷ **틀랄록 가면**
터키석으로 만들어진 모자이크식 가면으로 뱀 두 마리가 서로 뒤얽혀 있는 형상이다. 비와 물과 땅을 풍요롭게 하는 아즈텍의 신 틀랄록을 나타낸다.

근세 시대

1450년에서 1700년까지는 세상에 대한 시야가 넓어지면서
동양과 서양의 만남으로 무역과 문화 교류가 활발해지고
근세라고 인식할 수 있는 세계가 형성되었다.

근세 시대

1450년에서 1700년 사이에 유럽의 탐험가들은 아메리카 대륙에 도달했고
아프리카 주변에서 아시아로 향한 해상 경로를 탐험하기 시작했다.
또한 유럽의 주요 강국들은 군사와 과학 분야의 대변혁으로
비유럽의 영토를 더 쉽게 침범할 수 있었다.

△ 종교의 경쟁
1614년에 네덜란드 화가 아드리안 반 드 벤느가 그린 그림으로 유럽을 분열시킨 종교 경쟁을 상징한다. 신교도가 경쟁 상대인 가톨릭교도보다 영혼을 더 많이 낚는 모습(왼쪽)이 묘사되어 있다.

1450년에 정치적으로 분열된 유럽은 경계 밖에서 거의 영향력을 발휘하지 못했다. 프랑스와 잉글랜드는 여전히 전쟁을 벌였고, 스페인은 분열되었으며, 이탈리아의 무역 도시 국가들은 유럽에서 가장 활동적인 세력인 듯 보였다. 결국 유럽의 세계적 위상에 대변혁을 일으킨 계기는 무역에 있었다.

신대륙의 발견

포르투갈의 탐험가들은 아시아의 수익성 좋은 향신료 시장의 항로를 찾기 위해 아프리카 해안선 주변을 항해했다. 1498년에 바스코 다 가마의 선단은 인도의 캘리컷(오늘날의 코지코데) 항구에 도달해 성공을 거두었다. 그러나 당시에 크리스토퍼 콜럼버스는 아시아로 향한 항로를 찾기 위해 이미 출발했으나 1492년에 오늘날의 바하마 제도에 해당하는 지역에 다다랐다. 콜럼버스의 신대륙 발견은 다른 세계로부터 단절되어 있던 아메리카 대륙에 천년 만에 도달한 일이 되었다.

스페인의 탐험가들은 대서양을 건너 아메리카 대륙으로 몰려갔고 그곳의 토착 세력인 아즈텍과 잉카 제국을 무너뜨렸다. 이들은 아메리카 대륙에 처음으로 유럽의 식민지 제국을 세웠다. 또 이들이 아메리카에서 보내온 은을 포함한 갖가지 보물은 스페인의 물가 상승에 도움이 되었을 뿐 아니라 합스부르크가 통치자들의 세력을 강화해 유럽의 전쟁을 부추겼다. 이런 보물은 불안한 시기에 귀중한 자산이 되었다. 당시에 서유럽의 종교는 독일의 성직자인 마르틴 루터가 1517년에 로마 가톨릭교회의 부패에 대항한 반박문을 만든 이후 분열된 상태였다. 이런 종교개혁의 발단으로 일련의 개혁자들은 프로테스탄트 교회를 확립했고 또 그 결과로 구교와 신교 간의 종교 전쟁이 야기되었다. 상황은 고조되어 1618년에 독일을 중심으로 가톨릭 세력과 프로테스탄트 세력이 서로 맞서는 30년 전쟁으로 이어졌다. 30년 전쟁은 프랑스, 합스부르크 제국, 스웨덴이 참전하면서 정치적 이해관계가 뒤섞인 복잡한 양상을 보였고 유럽을 완전히 황폐하게 만들었다.

유럽의 전쟁

화약을 사용하기 시작한 전쟁은 유럽의 상비군이 생겨나는 계기가 되었다. 군인들은 소형 화기로 훈련하고 이전보다 더 큰 규모의 부대로 조직되었다. 이런 16세기의 군사 혁신으로 유럽 군주의 권력은 더할 수 없이 강해졌고 전쟁의 위험성도 높아졌다. 잉글랜드는 독재 군주와 의회 사이의 갈등으로 내란이 일어났다. 그 결과 1649년에 찰스 1세는 처형당하고 잉글랜드는 영국 역사에

◁ 인도에 번성한 예술
이 멋진 시집은 14세기의 인기 있는 페르시아 시인 하피즈의 전집으로 인도의 무굴 제국에서 편찬되었다. 이 시기에는 시각 예술과 문학이 풍요로웠다.

신세계 탐험과 종교 분열

근세 초기는 엄청난 변화의 시기였다. 유럽의 탐험가들은 1492년에 신대륙에 도달해 그 이전까지 아메리카 대륙을 지배하던 집단 사회의 붕괴를 초래했다. 또한 유럽의 무역 상인들이 아프리카 해안을 빙 둘러 항해하며 향신료를 생산하는 아시아 지역에 이르렀지만, 이들이 세운 식민지는 훨씬 규모가 작았다. 유럽은 폭력으로 얼룩진 종교 갈등에 시달렸고 이런 갈등은 종교 전쟁을 치른 한 세기가 지나서야 끝이 났다.

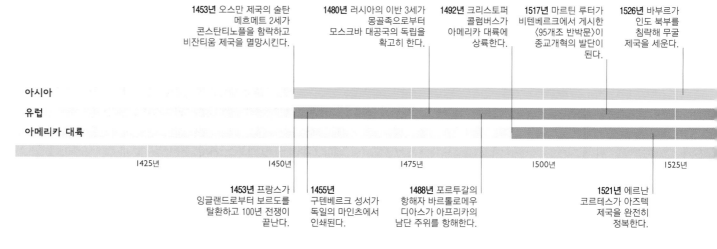

1453년 오스만 제국의 술탄 메흐메트 2세가 콘스탄티노플을 함락하고 비잔티움 제국을 멸망시킨다.

1480년 러시아의 이반 3세가 몽골족으로부터 모스크바 대공국의 독립을 확고히 한다.

1492년 크리스토퍼 콜럼버스가 아메리카 대륙에 상륙한다.

1517년 마르틴 루터가 비텐베르크에서 게시한 〈95개조 반박문〉이 종교개혁의 발단이 된다.

1526년 바부르가 인도 북부를 침략해 무굴 제국을 세운다.

아시아
유럽
아메리카 대륙

1425년   1450년   1475년   1500년   1525년

1453년 프랑스가 잉글랜드로부터 보르도를 탈환하고 100년 전쟁이 끝난다.

1455년 구텐베르크 성서가 독일의 마인츠에서 인쇄된다.

1488년 포르투갈의 항해자 바르톨로메우 디아스가 아프리카의 남단 주위를 항해한다.

1521년 에르난 코르테스가 아즈텍 제국을 완전히 정복한다.

◁ **무사의 길**
일본의 에도 시대(또는 도쿠가와 시대)에 사무라이는 엄격한 계급 제도에서 높은 지위를 얻었다. 이 사무라이 갑옷은 19세기의 것으로 추정된다.

유일했던 12년간의 공화정이 수립되었다. 잉글랜드는 1660년에 군주제가 부활했을 때 루이 14세 치하의 프랑스와 새로운 경쟁 관계에 직면했다. 한편, 네덜란드 공화국은 점점 성장하고 있었고 이곳의 무역 상인이 아시아의 일부 지역에서 포르투갈과 스페인의 무역 상인을 밀어내고 주도권을 잡았다.

유럽 세력의 팽창

프랑스와 영국은 아메리카 대륙에서 치열한 경쟁을 벌이기 시작했고 포르투갈과 스페인의 독점에 도전하기 위해 아메리카에 식민지를 건설했다. 이들은 또한 아시아를 침략하기 시작했으나 그곳에서 강한 경쟁 세력과 마주쳤다.

오스만 제국은 튀르키예 전체와 중동 대부분과 북아프리카를 점령하면서 영토를 넓혔다. 사파비 제국은 페르시아(오늘날의 이란)의 황금기를 이루었고, 무굴 제국은 1526년에 델리를 장악했고 1700년경에는 인도 아대륙을 대부분 정복했다. 중국에서는 사회적으로나 외교

> "교회는 개혁이 필요하다…
> 교회의 개혁은 하느님만의 일이다…."
>
> 마르틴 루터, 독일의 신학자

▷ **천체 관측 기구**
중심부에 태양이 있는 이 기구는 '혼천의'라고 불린다. 혼천의는 천체의 위치를 나타내는 데 사용되었다.

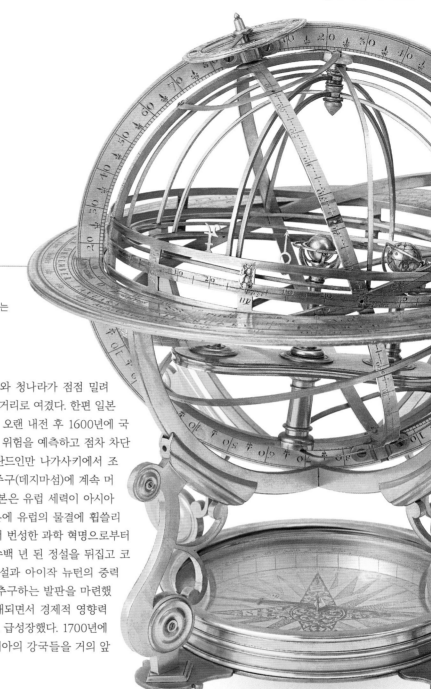

적으로 보수적인 명나라와 청나라가 점점 밀려드는 외국인을 거의 골칫거리로 여겼다. 한편 일본에서는 도쿠가와 쇼군이 오랜 내전 후 1600년에 국가를 재통일했고 외세의 위험을 예측하고 점차 차단했다. 이 시기에는 네덜란드인만 나가사키에서 조금 떨어진 작은 무역 거주구(데지마섬)에 계속 머물 수 있었다. 요컨대 일본은 유럽 세력이 아시아 지배 세력에 밀려난 덕분에 유럽의 물결에 휩쓸리지 않았다. 또한 유럽에서 번성한 과학 혁명으로부터도 고립되었다. 유럽은 수백 년 된 정설을 뒤집고 코페르니쿠스의 태양 중심설과 아이작 뉴턴의 중력 법칙 등 새로운 이론을 추구하는 발판을 마련했다. 그리고 군사력이 증대되면서 경제적 영향력이 커졌고 과학적 지략도 급성장했다. 1700년에는 유럽의 강국들이 아시아의 강국들을 거의 앞서기 직전에 있었다.

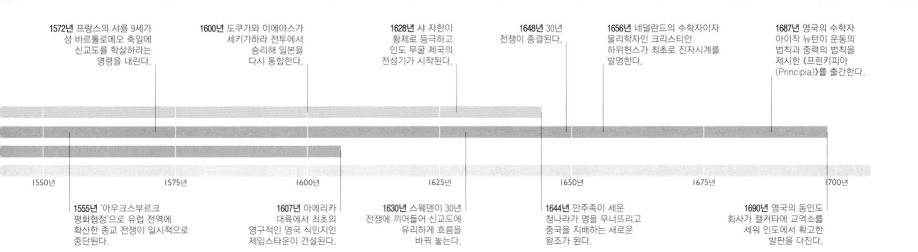

1572년 프랑스의 샤를 9세가 성 바르톨로메오 축일에 신교도를 학살하라는 명령을 내린다.

1600년 도쿠가와 이에야스가 세키가하라 전투에서 승리해 일본을 다시 통합한다.

1628년 샤 자한이 황제로 등극하고 인도 무굴 제국의 전성기가 시작된다.

1648년 30년 전쟁이 종결된다.

1656년 네덜란드의 수학자이자 물리학자인 크리스티안 하위헌스가 최초로 진자시계를 발명한다.

1687년 영국의 수학자 아이작 뉴턴이 운동의 법칙과 중력의 법칙을 제시한 《프린키피아(Principia)》를 출간한다.

1550년 1575년 1600년 1625년 1650년 1675년 1700년

1555년 '아우크스부르크 평화협정'으로 유럽 전역에 확산한 종교 전쟁이 일시적으로 중단된다.

1607년 아메리카 대륙에서 최초의 영구적인 영국 식민지인 제임스타운이 건설된다.

1630년 스웨덴이 30년 전쟁에 끼어들어 신교도에 유리하게 흐름을 바꿔 놓는다.

1644년 만주족이 세운 청나라가 명을 무너뜨리고 중국을 지배하는 새로운 왕조가 된다.

1690년 영국의 동인도 회사가 캘커타에 교역소를 세워 인도에서 확고한 발판을 다진다.

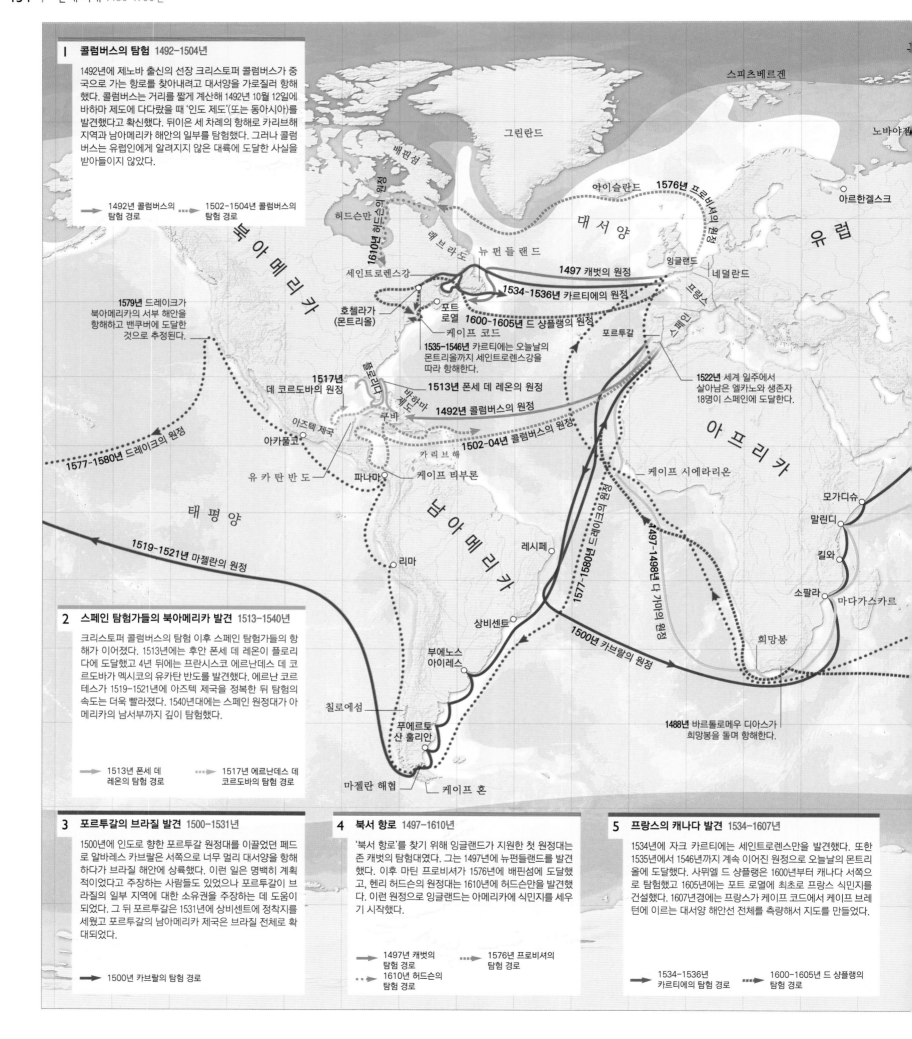

1 콜럼버스의 탐험 1492-1504년

1492년에 제노바 출신의 선장 크리스토퍼 콜럼버스가 중국으로 가는 항로를 찾아내려고 대서양을 가로질러 항해했다. 콜럼버스는 거리를 짧게 계산해 1492년 10월 12일에 바하마 제도에 다다랐을 때 '인도 제도'(또는 동아시아)를 발견했다고 확신했다. 뒤이은 세 차례의 항해로 카리브해 지역과 남아메리카 해안의 일부를 탐험했다. 그러나 콜럼버스는 유럽인에게 알려지지 않은 대륙에 도달한 사실을 받아들이지 않았다.

→ 1492년 콜럼버스의 탐험 경로   ┅> 1502-1504년 콜럼버스의 탐험 경로

2 스페인 탐험가들의 북아메리카 발견 1513-1540년

크리스토퍼 콜럼버스의 탐험 이후 스페인 탐험가들의 항해가 이어졌다. 1513년에는 후안 폰세 데 레온이 플로리다에 도달했고 4년 뒤에는 프란시스코 에르난데스 데 코르도바가 멕시코의 유카탄 반도를 발견했다. 에르난 코르테스가 1519-1521년에 아즈텍 제국을 정복한 뒤 탐험의 속도는 더욱 빨라졌다. 1540년대에는 스페인 원정대가 아메리카의 남서부까지 깊이 탐험했다.

→ 1513년 폰세 데 레온의 탐험 경로   ┅> 1517년 에르난데스 데 코르도바의 탐험 경로

3 포르투갈의 브라질 발견 1500-1531년

1500년에 인도로 향한 포르투갈 원정대를 이끌었던 페드로 알바레스 카브랄은 서쪽으로 너무 멀리 대서양을 항해하다가 브라질 해안에 상륙했다. 이런 일은 명백히 계획적이었다고 주장하는 사람들도 있었으나 포르투갈이 브라질의 일부 지역에 대한 소유권을 주장하는 데 도움이 되었다. 그 뒤 포르투갈은 1531년에 상비센트에 정착지를 세웠고 포르투갈의 남아메리카 제국은 브라질 전체로 확대되었다.

→ 1500년 카브랄의 탐험 경로

4 북서 항로 1497-1610년

'북서 항로'를 찾기 위해 잉글랜드가 지원한 첫 원정대는 존 캐벗의 탐험대였다. 그는 1497년에 뉴펀들랜드를 발견했다. 이후 마틴 프로비셔가 1576년에 배핀섬에 도달했고, 헨리 허드슨의 원정대는 1610년에 허드슨만을 발견했다. 이런 원정으로 잉글랜드는 아메리카에 식민지를 세우기 시작했다.

→ 1497년 캐벗의 탐험 경로   ┅> 1576년 프로비셔의 탐험 경로
┅> 1610년 허드슨의 탐험 경로

5 프랑스의 캐나다 발견 1534-1607년

1534년에 자크 카르티에는 세인트로렌스만을 발견했다. 또한 1535년에서 1546년까지 계속 이어진 원정으로 오늘날의 몬트리올에 도달했다. 사뮈엘 드 샹플랭은 1600년부터 캐나다 서쪽으로 탐험했고 1605년에는 포트 로열에 최초로 프랑스 식민지를 건설했다. 1607년경에는 프랑스가 케이프 코드에서 케이프 브레턴에 이르는 대서양 해안선 전체를 측량해서 지도를 만들었다.

→ 1534-1536년 카르티에의 탐험 경로   ┅> 1600-1605년 드 샹플랭의 탐험 경로

지도 내 표기:

스피츠베르겐
그린란드
노바야젬
배핀섬
아이슬란드
1576년 프로비셔의 원정
아르한겔스크
대서양
유럽
레브라도
뉴펀들랜드
1497년 캐벗의 원정
잉글랜드
네덜란드
북아메리카
세인트로렌스강
1534-1536년 카르티에의 원정
프랑스
1610년 허드슨의 원정
호첼라가 (몬트리올)
포트 로열
1600-1605년 드 샹플랭의 원정
케이프 코드
스페인
포르투갈
1579년 드레이크가 북아메리카의 서부 해안을 항해하고 밴쿠버에 도달한 것으로 추정된다.
1535-1546년 카르티에는 오늘날의 몬트리올까지 세인트로렌스강을 따라 항해한다.
1522년 세계 일주에서 살아남은 엘카노와 생존자 18명이 스페인에 도달한다.
1517년 데 코르도바의 원정
1513년 폰세 데 레온의 원정
플로리다
바하마 제도
1492년 콜럼버스의 원정
아즈텍 제국
쿠바
1502-04년 콜럼버스의 원정
아프리카
아카풀코
1577-1580년 드레이크의 원정
유카탄 반도
파나마
케이프 비부론
카리브해
케이프 시에라리온
모가디슈
말린디
태평양
남아메리카
1519-1521년 마젤란의 원정
리마
레시페
1497-1498년 다 가마의 원정
1577-1580년 드레이크의 원정
1500년 카브랄의 원정
킬와
소팔라
마다가스카르
상비센트
부에노스 아이레스
희망봉
칠로에섬
1488년 바르톨로메우 디아스가 희망봉을 돌며 항해한다.
푸에르토 산 훌리안
마젤란 해협
케이프 혼

7 세계 일주 항해 1519-1580년

1519년에 페르디난드 마젤란이 원정대를 이끌고 인도 제도로 이어진 해로를 찾으러 나섰다. 이들은 1520년 10월에 마젤란 해협을 지났고 5개월 후 필리핀 제도에 도달했다. 이곳에서 마젤란은 원주민 추장과 전투를 벌이다가 사망했다. 살아남은 후안 세바스티안 엘카노가 이끈 원정대는 1522년 9월에 스페인으로 돌아갔다. 세계 일주 항해는 더 이상 이루어지지 않다가 1577-1580년에 영국인 프랜시스 드레이크의 원정에서 실현되었다.

→ 1519-1521년 마젤란의 원정
┈▶ 1521-1522년 마젤란 원정대의 후속 여정
┈▶ 1577-1580년 드레이크의 원정

아 시 아

1497년 다 가마가 인도에 도달하지만, 인도 술탄의 적개심으로 교역 관계를 성사하지 못한다.

일본
나가사키
태 평 양
명나라
마카오
인도
하이난
고아
필리핀 제도
1521년 마젤란이 소규모 접전에서 사망한다.
캘리컷
1509년 말라카로의 항해
말라카
몰루카 제도
수마트라 보르네오
1519-1521년 마젤란의 원정
정향과 육두구의 원산지인 이곳에 포르투갈인이 도달한다.
1577-1580년 드레이크의 원정
뉴기니
인 도 양
자바

1521-1522년 마젤란 원정대의 후속 여정

6 아프리카 일주 항해 1488-1512년

1488년에 바르톨로메우 디아스가 이끈 포르투갈 탐험대는 아프리카 대륙의 최남단에 도달했다. 그는 아프리카를 일주 항해하고 인도양으로 들어섰다. 1497-1498년에는 바스코 다 가마가 더 멀리 항해해 아시아로 직접 이어진 무역로를 개척하는 데 성공했다. 그는 아프리카 동부 해안을 따라 올라간 뒤 인도양을 횡단해 인도의 캘리컷에 도달했다. 얼마 후에 포르투갈인은 가장 값비싼 사치품인 향신료의 원산지에 도달했다. 이들은 1509년에 말라카에, 1512년에는 몰루카 제도에 다다랐다.

→ 1497-1498년 다 가마의 탐험 경로   ┈▶ 1509년 말라카로의 항해

유럽의 신세계 탐험

15세기 말에서 16세기 초까지 유럽 탐험가들의 잇따른 항해로 유럽은 세계의 광활한 지역을 무역에 이용하게 되었다. 이런 개척은 유럽의 아메리카 식민지화로 이어졌다.

기호 보기
■ 여름의 총빙 범위
■ 겨울의 늘어난 총빙 범위

타임라인

	1470	1520	1570	1620
1				
2				
3				
4				
5				
6				
7				

유럽의 탐험

15세기와 16세기에는 유럽 나라들의 세력 범위가 매우 넓어졌다. 유럽의 강국들은 사치품 무역을 위한 원산지 항로를 찾기 위해 탐험을 시작했다. 포르투갈의 탐험가들이 동쪽으로 항해했고 경쟁 상대인 스페인의 탐험가들은 서쪽으로 항해했다. 곧 영국과 프랑스와 네덜란드도 이 경쟁의 대열에 끼어들었다.

14세기에 몽골 제국이 붕괴하고 지중해 동부의 오스만 튀르크가 세력을 확장하면서 유럽과 동아시아를 잇는 전통 무역로였던 비단길이 폐쇄되었다. 서유럽 해안 지역의 해양국들은 동아시아의 풍부한 사치품과 특히 향신료를 찾아낼 다른 경로를 탐험하기 시작했다. 1420년대 중반부터 포르투갈의 지원을 받은 탐험가들은 아프리카 서부 해안 주변을 항해했다. 그러나 포르투갈의 선장 바스코 다 가마가 아프리카를 일주 항해하고 인도의 무역 시장에 도달한 것은 1497년이었다. 그 무렵, 스페인의 지원을 받은 크리스토퍼 콜럼버스의 탐험대는 아메리카 대륙의 해안 지역에 이미 도달했다. 포르투갈인들은 1500년경에 브라질에 식민지를 건설했고, 영국과 프랑스의 원정대는 북아메리카 주변의 북쪽을 항해하여 아시아에 도달하기 위한 '북서 항로'를 찾으려고 했다.

1519년에 포르투갈의 탐험가 페르디난드 마젤란이 이끈 원정대를 시작으로 세계 일주를 시도하는 항해가 더욱 많아졌다. 이런 탐험은 엄청난 결과로 이어졌다. 세상의 먼 지역들이 교역로와 식민지 전초기지로 연결되었고 원주민은 노예가 되었거나 새로운 질병으로 사망하여 급격히 줄었다. 아메리카 식민지는 식민지 통치국에 직접 지배를 받거나 영국과 네덜란드의 동인도 회사(1600년과 1602년에 각각 세워진)와 같은 무역 회사의 지배를 받았다. 처음에 무역로를 확보하려고 동원된 군인과 정착민은 곧 유럽의 식민지 제국을 설립했다. 또한 이들은 원주민을 계속해서 억압하고 착취하는 선봉자가 되었다.

△ **신대륙의 발견**
플랑드르계 독일인 출판업자인 테오도르 드 브리가 17세기 후반에 그린 판화로 크리스토퍼 콜럼버스가 아메리카 대륙에 도달한 모습을 담고 있다. 우화적 장면을 배경으로 유명한 탐험가를 묘사한 일련의 작품 중 일부분이다.

스페인의 아메리카 식민지

16세기 전반기에 스페인은 아메리카 대륙을 대부분 식민지로 만들었다.

1519년과 1533년 사이에 멕시코와 페루의 풍부한 토착 문화들을 지배했다.

이런 영향으로 스페인의 탐험가들은 아메리카의 더 넓은 영토를 장악하려고 했다.

이들은 아메리카에서 잇따른 독립 전쟁이 일어날 때까지 스페인령의 식민지 제국을 세웠다.

콜럼버스가 1492년에 아메리카 대륙에 도달한 이후 스페인은 처음에 카리브해 지역을 장악하는 데 힘을 쏟았다. 그러나 카리브해 지역은 이용할 자원이 거의 없었고 스페인 탐험가들이 조대한 질병과 노동력 착취로 원주민 인구가 감소했다. 스페인의 식민지 개척자들은 곧 아메리카 대륙으로 진출하기 시작했다. 1519-1521년에는 에르난 코르테스가 아즈텍 제국을 정복했고, 1531-1533년에는 프란시스코 피사로가 잉카 제국을 정복했다(158-159쪽 참조). 이런 정복은 아메리카 대륙에서 스페인의 천막을 완전히 바꿔 놓았다. 아즈텍와 잉카의 원주민은 곧 아메리카로 들어온 선교사들을 통해 기독교로 강제 개종을 해야 했고, 이들의 중심을 이루던 종교적 위계 구조는 해체되었다. 이런 부유하고 중앙집권적인 제국의 영토를 장악한 스페인

인은 아메리카 대륙 곳곳으로 탐험을 확대했다. 스페인 원정대는 1537-1543년에 콜롬비아와 베네수엘라까지 탐험했고 1540년대에는 북쪽으로 플로리다와 오늘날의 미국 남서쪽까지 진출했다.

스페인 사람들은 아메리카 대륙에 전염두와 같은 세로운 질병을 옮겨 왔다. 이런 질병으로 1600년에는 원주민이 이전 수준이 1/10까지 감소했다. 그 결과, 아메리카 대륙에는 16세기에 확산했던 플랜테이션 농장이나, 유럽 본국의 노예들이 아프리카에서 강제로 옮겨졌고, 유럽 정부의 이들의 독특한 식민지 사회는 스페인의 지배 세력이 독립 전쟁으로 전복되는 19세기 초까지 지속되었다.

토르데시야스 조약(1493-1529년)

스페인과 포르투갈은 항해와 탐험으로 해외 영토에 더 많은 식민지를 건설할 자신에 넘쳐 있었다. 1493년에 스페인의 요구에 따라 교황 알렉산드르 6세는 두 나라가 영유권을 주장할 영토 분쟁을 막기 위해 경계선을 나누는 직령을 발표했다. 그러나 포르투갈이 경력한 항의로 토르데시야스 조약(1494년)이 맺어졌다. 이 조약으로 경계선이 서쪽으로 이동했고 브라질은 포르투갈의 영역이 되었다. 또한 스페인과 포르투갈은 양측의 동아시아 식민지 경계선을 구분하기 위한 사라고사 조약(1529년)을 맺었다.

1529년 사라고사 조약의 경계선

1493년 교황 알렉산드르 6세 칙령의 경계선

1494년 토르데시야스 조약의 경계선

몰루카 제도

마드리드
리스본

카보베르데 제도

기호 보기
- 포르투갈의 관리 구역
- 스페인의 관리 구역

"나와 내 동료는 황금으로만 치료할 수 있는 마음의 병을 앓고 있다."

에르난 코르테스, 멕시코 정복자, 1520년경

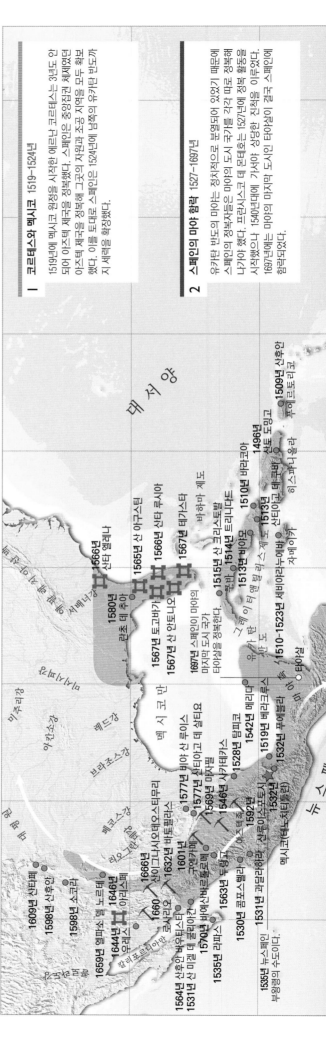

1 코르테스와 멕시코 1519-1524년

1519년에 멕시코 원정을 시작한 코르테스는 3년도 안 되어 아즈텍 제국을 정복했다. 스페인은 중앙집권 체제였던 아즈텍 제국을 정복해 그곳의 지원과 조공 지역을 모두 확보했다. 이를 토대로 스페인은 1524년에 남북의 유카탄 반도까지 세를 확장했다.

2 스페인의 마야 함락 1527-1697년

유카탄 반도의 마야는 정치적으로 분열되어 있었기 때문에 스페인이 정복하는 데 오랜 시간이 걸렸다. 스페인은 1527년에 각각 따로 정복해 나가야 했다. 프란시스코 데 몬테호는 1527년에 정복 활동을 시작했으나 1540년대에 가서야 상당한 진척을 이루었다. 1697년에는 마야의 마지막 도시인 타야살이 점령 스페인에 함락되었다.

1564년 산후안 바우티스타
1531년 산 미겔 데 쿨리아칸
1570년 비야산미게롤툴레

1535년 뉴스페인
부왕령의 수도이다.

1535년 과달라하라
1530년 콤포스텔라
1563년 두랑고
1546년 사카테카스
1569년 아가스
1577년 산 루이스 포토시
1577년 마야 산 루이스
1592년 산토도밍고
1601년
1532년 파누코
1528년 탐피코
1542년 메리다
1519년 베라크루스
1532년 코르도바
멕시코(테노치티틀란)

1609년 산타페
1598년 산후안
1598년 소코로
1604년 엘파소 델 노르테
1646년 이리스과
1659년 우렌시아
1660년
1666년
산이그나시오데오스티무리
1632년 비토팔라마

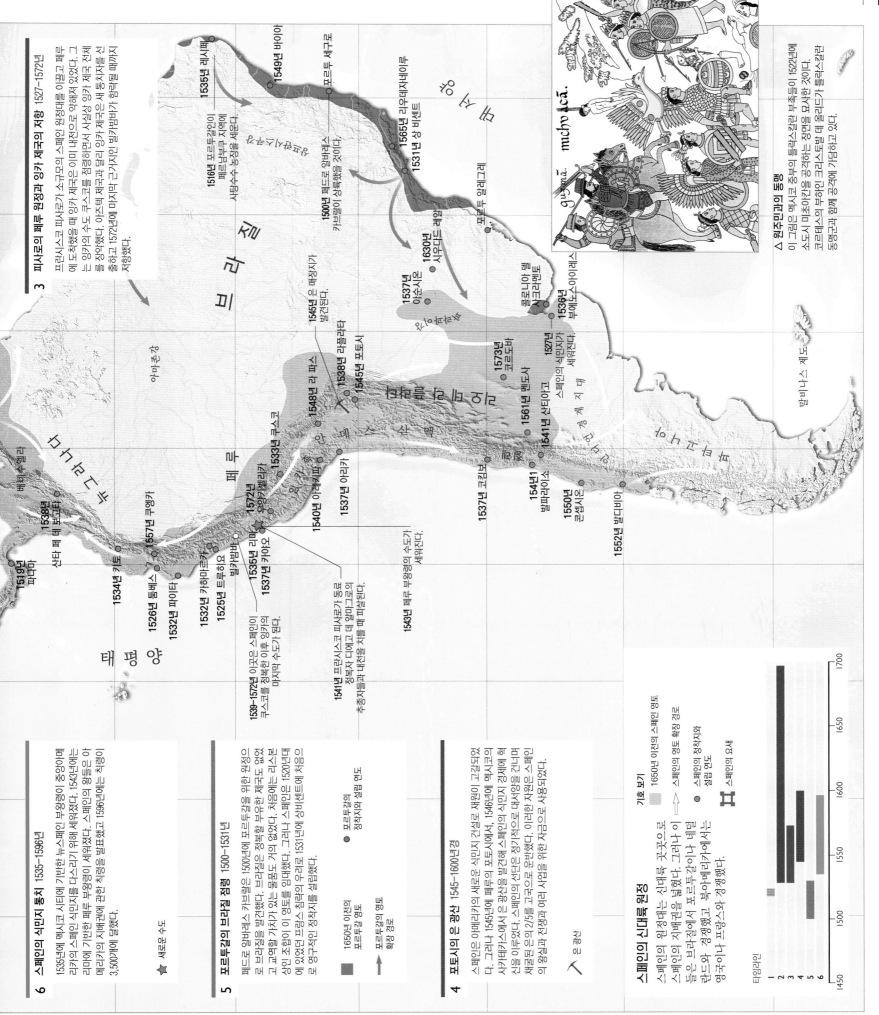

3 피사로의 페루 원정과 잉카 제국의 저항 1527–1572년

프란시스코 피사로가 소규모의 스페인 원정대를 이끌고 페루 제국에 도착했을 때 잉카 제국은 이미 내전으로 약해져 있었다. 그는 잉카의 수도 쿠스코를 점령하면서 사실상 잉카 제국 전체를 장악했다. 이즈텍 제국과 달리 잉카 제국은 세 동지를 선출하고 1572년에 마지막 근거지인 빌카밤바가 함락될 때까지 저항했다.

- **1535년 레시페**
- **1516년 포르투갈인이** 페르남부쿠 지역에 사탕수수 농장을 세운다.
- **1549년 바이아**
- 포르투 세구로
- **1565년 리우데자네이루**
- **1531년 상 비센트**
- 포르투 알레그레
- **1500년 페드로 알바레스** 카브랄이 상륙했을 것이다.
- **1630년** 사우다드 레알
- **1537년 이순시온**
- **1545년 은 매장지가** 발견된다.
- **1538년 라플라타**
- **1548년 라 파스**
- **1533년 쿠스코**
- **1545년 포토시**
- **1573년 코르도바**
- 콜로니아 델 사크라멘토
- **1536년** 부에노스아이레스
- **1527년** 스페인의 식민지가 세워진다.
- **1561년 멘도사**
- **1537년 아리카**
- **1540년 이키케**
- **1541년** 발파라이소
- **1537년 코킴보**
- **1550년** 콘셉시온
- **1541년 산티아고**
- **1552년 발디비아**
- **1543년 페루** 부왕령의 수도가 세워진다.
- **1541년 프란시스코 피사로가 동료** 정복자 디에고 데 알마그로의 추종자들과 내전을 치를 때 피살된다.
- **1539–1572년 이곳이 스페인이** 쿠스코를 정복한 이후 잉카의 마지막 수도가 된다.
- **1572년** 빌카밤바
- **1535년 리마**
- **1537년 카야오**
- **1532년 카하마르카**
- **1525년 트루히요**
- **1532년 파이타**
- **1526년 파이타**
- **1557년 쿠엥카**
- **1534년 키토**
- **1538년** 산타 페 데 보고타
- **1519년** 파나마
- 베베라쿠엘라
- **태평양**
- **대서양**
- **브라질**
- **페루**
- **아마존 강**
- **안데스 산맥**

원주민과의 동맹

이 그림은 멕시코 중부의 틀락스칼란 부족들이 1522년에 소도시 미초아칸을 공격하는 장면을 묘사한 것이다. 코르테스의 부하인 크리스토발 올리드가 틀락스칼란 동맹군과 함께 공격에 가담하고 있다.

6 스페인의 식민지 통치 1535–1596년

1535년에 멕시코 시티에 기반한 누에바에스파냐 부왕령이 중앙아메리카의 스페인 식민지를 다스리기 위해 세워졌다. 1543년에는 리마에 기반한 페루 부왕령이 세워졌다. 스페인의 왕들은 아메리카의 지배권에 관한 칙령을 발표했고 1596년에는 칙령이 3,500개에 달했다.

★ 새로운 수도

5 포르투갈의 브라질 점령 1500–1531년

페드로 알바레스 카브랄은 1500년에 포르투갈을 위한 원정에 브라질을 발견했다. 브라질은 정복할 부유한 제국도 없었고 교역할 가치가 있는 물품도 거의 없었다. 처음에는 리스본 상인 조합이 이 영토를 임대했고 1520년대에 있었던 프랑스 식민지가 우려로 1531년에 상비센트에 처음으로 영구적인 정착지를 설립했다.

- 포르투갈의 정착지와 설립 연도
- 1650년 이전의 포르투갈 영토
- 포르투갈의 영토 확장 경로

4 포토시의 은 광산 1545–1600년경

스페인은 아메리카의 새로운 식민지 건설로 부유해졌다. 그러나 1545년에 페루의 포토시에서, 1546년에 멕시코의 사카테카스에서 은 광산을 발견해 스페인이 식민지 경제에 획신을 이루어낸다. 스페인의 선단은 정기적으로 대서양을 건너 물 건너 은의 2/5를 고국으로 운반했다. 이러한 지원으로 스페인은 유럽과 전쟁과 여러 사업을 위한 자금으로 사용되었다.

⚒ 은 광산

스페인의 신대륙 원정

스페인의 원정대는 신대륙 곳곳으로 스페인의 지배권을 넓혔다. 그러나 이 땅은 브라질에서 은 포르투갈인이 대립란드와 경쟁했고 북아메리카에서는 영국이나 프랑스와 경쟁했다.

기호 보기

- 1650년 이전의 스페인 영토
- → 스페인의 영토 확장 경로
- ● 스페인의 정착지와 설립 연도
- ⚏ 스페인의 요새

타임라인	1450	1500	1550	1600	1650	1700
1						
2						
3						
4						
5						
6						

아메리카 대륙의 스페인 정복자들

스페인 사람들은 아메리카에 도달하고 25년도 안 되어
아메리카 대륙에서 거대한 식민지 제국을 다스렸다.
이들은 월등한 무기류, 자신들이 옮긴 질병,
토착민 제국의 정치적 약점 등을 이용하여
아메리카 대륙을 점령할 수 있었다.

△ 군인 출신의 탐험가
에르난 코르테스는 무자비한
군인으로 명성이 높았다.
베라크루스 도시를 건설한 이후
자신의 군대가 스페인으로 돌아가는
것을 막으려고 배를 불태웠다.

아메리카 대륙의 토착민들이 세운 멕시코의 아즈
텍 제국과 페루의 잉카 제국(148-149쪽 참조)은
매우 중앙집권적인 체제였다. 또한 두 제국은 각
각 테노치티틀란의 틀라토아니와 쿠스코의 사파
잉카를 숭상하는 엄격한 계급사회가 중심을 이루
었다. 이런 제국들은 14세기와 15세기에 정복을
통해 세력이 급속히 확장되었으나 이후에는 정복
한 부족이나 주변 부족들에 대한 지배력이 약해
졌다. 스페인 사람들이 1519년에 멕시코에 도달
하고 1531년에 페루에 도달했을 때 아즈텍과 잉
카 제국의 통치자들은 스페인 사람들의 위협을
과소평가했다.

스페인 사람들은 멕시코에서 반대 집단들과
동맹을 맺었고 페루에서는 잉카를 신속하고 무자비하게 공격하여 사파 잉카인 아
타우알파를 포로로 잡아 처형했다. 지도자를 잃은 아메리카 원주민의 제국은 곧
무너졌다. 여기에는 스페인인들을 통해 퍼진 전염병이 면역력이 없었던 원주민들
에게 미친 영향도 큰 요인이 되었다. 아메리카 대륙의 정복자로 알려진 침략자들
이 한번 들어서면 이들을 쫓아내기란 불가능했다. 소유지가 없는 야심 가득한 군
인들이 이베리아 반도에서 아메리카 대륙으로 끊임없이 들어왔다. 이런 군사 세력
들 때문에 스페인은 1540년대에서 1550년대까지 중앙아메리카의 마야 제국을
전복시켰고 북아메리카의 남쪽과 남아메리카의 아마존 지역까지 세력을 넓힐 수
있었다. 1545년에 페루에서 발견한 은을 재원으로 삼고 부왕령을 설치한 스페인
제국은 남아메리카를 다스리며 250년 이상 존속했다(156-157쪽 참조).

코르테스의 아즈텍 침략

1519년 11월
코르테스가
테노치티틀란을
처음 공격한다.

1520년 12월-1521년
8월 코르테스가
테노치티틀란을
다시 공격해
마침내 탈환한다.

1520년 5월 코르테스가
동료 정복자 판필로 데
나르바에스를 물리친다.

1519년 3월

유카탄
반도

1519년 2월
쿠바를 떠난다.

기호 보기
코르테스의
침략 경로

테노치티틀란   셈포알라

아즈텍   베라 크루스   타바스코
마야

스페인의 정복자 에르난 코르테스는 부하 600명을 이끌고 1519년
11월에 아즈텍의 수도 테노치티틀란을 침략해 틀라토아니(최
고 지배자) 몬테수마를 포로로 잡았다. 1520년 6월에 큰 손실을
입고 쫓겨난 스페인은 다시 돌아와 8개월 동안 테노치티틀란을
포위하고 함락하여 결국 아즈텍 제국을 무너뜨렸다.

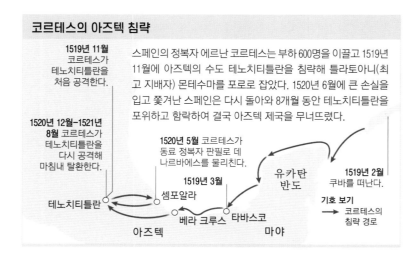

신전을 지키는 아즈텍 전사
16세기 아즈텍 필사본인 '아스카티틀란 문서'의 삽화에 서 보듯이, 아즈텍 전사들은 멕시코의 마지막 보루인 테노치티틀란의 중앙 신전(템플로 마요르)에서 스페인 침략자에 맞서 싸운다.

유럽의 북아메리카 식민지화

17세기 초에 유럽인들은 최초로 북아메리카에 식민지를 건설했다. 프랑스와 스페인은 왕실에 의존하여 식민지를 건설했고, 영국은 영국 경쟁 나라들보다 유리한 위치를 차지하면서 이들과 거리를 두고 식민지 건설에 나섰다. 이들은 아메리카에 정착한 뒤 질병을 옮겨 토착민의 인구를 감소시켰다.

1585년에는 월터 롤리 경이 북아메리카 최초의 영국 식민지로 로어노크를 세우려고 했으나, 이 식민지는 오래가지 못했다. 처음으로 성공을 거둔 영국 식민지는 1607년에 건설한 제임스타운이었다. 그로부터 100년 후, 영국인 약 20만 명이 신대륙으로 이주했고 영국의 식민지 수는 북아메리카에서 13개로 늘었다. 또한 유럽의 노예 상인들은 플랜테이션 농장의 노동력을 위해 노예 약 17만 5천 명을 강제로 아프리카에서 아메리카로 데려왔다. 프랑스의 식민지는 1608년에 퀘벡 캐나다 케베에 정착했고 세인트로렌스강 유역을 따라 시작했다. 이들은 북아메리카 식민지는 전체적으로 뉴프랑스로 알려져 있었다.

뉴올리언스까지 요새를 건설하여 영국과 경쟁을 벌이기 시작했다. 이 경쟁으로 1689년에는 프랑스와 영국이 식민지 전쟁을 벌였다. 한편, 스페인 사람들은 플로리다에 처음 세운 식민지를 더 이상 개척할 수 없었거나 1520년대에 시작한 아메리카 남서부의 탐험을 계속 이어갈 수 없었다. 아메리카에서의 유럽식 식민지 개척자들이 늘어날수록 토착민 세력의 권력 구조는 약해졌다. 자신들의 토론 되찾으려고 세우기 시작한 토착민 집단은 300년 가까이 독립 투쟁을 이어 갔다. 1700년대 중반에는 아메리카 식민지와 영국의 영향력이 점점 커지고 있었다.

기호 보기
■ 뉴잉글랜드 식민지
■ 중부 식민지
■ 체서피크 식민지
■ 남부 식민지
— 식민지 경계선

북아메리카의 13개 식민지

영국의 식민지 개척자들은 1607년(버지니아)과 1733년(조지아) 사이에 북아메리카 동부 해안을 따라 식민지 13개를 세웠다. 1750년에는 이들 식민지가 각각 독립된 자치 성격을 갖는 지역으로 발달했고 각각의 지방과 지배적인 무역 종류에 따라 흔히 식민지 4개가 하나의 지구로 나뉘었다.

2 뉴프랑스 1605–1718년

프랑스인은 1605년에 모두 로열에 정착지를 세운 다음 1608년에 퀘벡에 정착지(캐나다 식민지 내의 세인트로렌스강)를 따라 이어진 영토를 세웠다. 1629–1632년에 영국이 퀘벡을 점령했을 때는 스코틀랜드인이 노바스코샤 식민지를 세웠다. 프랑스인은 또한 미시시피강을 따라 이어진 영토를 차지하고 그곳을 루이지애나로 이름을 붙였다. 프랑스의 북아메리카 식민지는 전체적으로 뉴프랑스로 알려져 있었다.

→ 프랑스인의 이주 경로

1 스페인의 플로리다 식민지 1565–1718년

스페인은 1565년에 북아메리카 최초의 유럽 정착지인 플로리다 세인트오거스틴을 세웠다. 초기에는 스페인 정착민들이 정복할 제국과 금 광산이 있었던 멕시코와 페루에 식민지를 세우는 데 힘을 쏟았다. 이후 영국이 북쪽에 식민지를 늘리고 있었고 1718년에는 프랑스가 서쪽의 뉴올리언스에서 식민지를 건설하기 시작했기 때문에 스페인도 식민지 건설에 몰두했다.

↑ 스페인인의 이주 경로

3 영국인들의 아메리카 정착 1620년

1620년 12월, 메이플라워호를 탄 영국 정착민들이 종교의 자유를 찾아 아메리카 해안에 도달했다. 약 100명에 달하는 이들은 플로리다에 정착지를 세웠다. 영국 정착민들은 힘든 첫 겨울을 보내며 많은 사람을 잃었지만, 마사피 왕파노아그족의 도움으로 정착지에서 살아남을 수 있었다. 이후에는 수십 년에 걸쳐 정착 영국에서 더 많은 이주민이 건너와 아메리카 동부 해안 지역에 영국 식민지가 건설되었다.

→ 영국인의 이주 경로

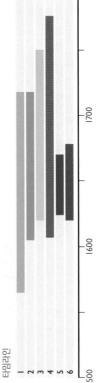

1750년의 북아메리카 식민지

1750년에 프랑스와 스페인 제국은 북아메리카의 영국보다 더 많은 식민지를 갖게 되었으나 경제적 한계 때문에 이주한 인구가 매우 적었다. 이와 대조적으로 북아메리카의 영국 식민지는 빠르게 성장하는 경제로 인해 영국의 이주민이 몰려들었다.

기호 보기
● 영국이나 스코틀랜드의 영토와 정착지
● 스페인의 정착지
● 프랑스의 영토와 정착지

1713년
위트레흐트조약으로 영국에 양도된다.

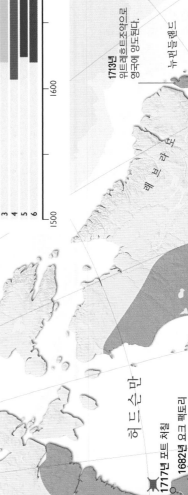

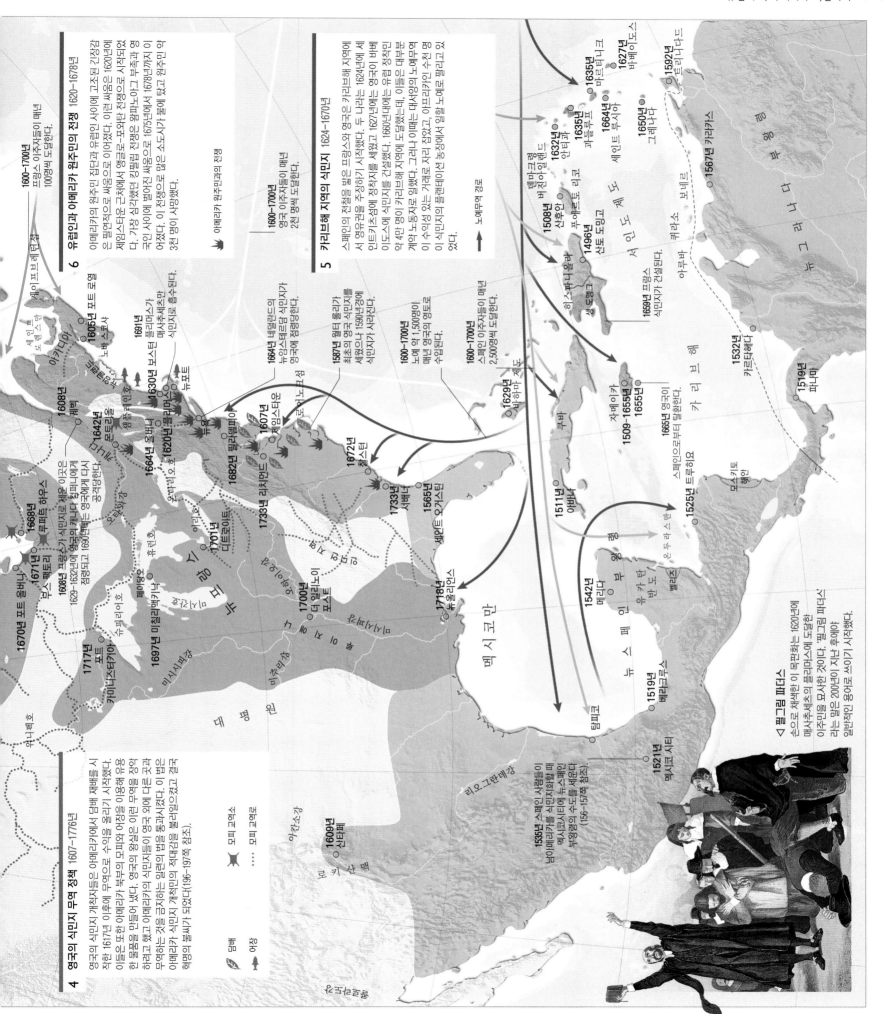

4 영국의 식민지 무역 정책 1607-1776년

영국의 식민지 개척자들은 아메리카에서 담배 재배를 시작한 1617년 이후에 무역으로 수익을 올리기 시작했다. 이들은 또한 아메리카 북부의 모피와 어장을 이용해 유용한 물품을 만들어 냈다. 영국의 왕실은 이런 무역을 장악하려고 했고 아메리카의 식민지들이 영국 외에 다른 곳과 무역하는 것을 금지하는 일련의 법을 통과시켰다. 이 법은 아메리카 식민지 개척자의 적대감을 불러일으켰고 결국 혁명의 불씨가 되었다(196~197쪽 참조).

담배 [담배 아이콘]
어장 [나무 아이콘]
모피 교역소 [X 아이콘]
모피 교역로 [점선]

6 유럽인과 아메리카 원주민의 전쟁 1620-1678년

아메리카의 원주민 집단과 유럽인 사이에 고조된 긴장감은 불가피하게 무력으로 싸움으로 이어졌다. 이런 싸움은 1620년에 제임스타운 근처에서 앵글로-포와탄 전쟁으로 시작되었다. 가장 심각했던 킹필립 전쟁은 왐파노아그 부족과 영국인 사이에 벌어진 싸움으로 1675년에서 1678년까지 이어졌다. 이 전쟁으로 많은 소도시가 불에 탔고 원주민 약 3천 명이 사망했다.

1600~1700년
영국 이주자들이 매년 2천 명씩 도달한다.

[화살표] 아메리카 원주민과의 전쟁

1600~1700년
프랑스 이주자들이 매년 100명씩 도달한다.

5 카리브해 지역의 식민지 1624-1670년

스페인의 전쟁을 벌은 프랑스와 영국은 카리브해 지역에서 영유권을 주장하기 시작했다. 두 나라는 1624년에 세 인트키츠섬에 정착지를 건설했다. 1627년에는 영국이 바베이도스에 식민지를 건설했다. 1660년대에는 유럽 정착민 약 4만 명이 카리브해 지역에 도달했는데, 이들은 대부분 계약 노동자로 일했다. 그러나 이때는 대서양의 노예무역이 우세성을 있는 거래로 자리 잡았고, 아프리카인 수천 명이 이 식민지의 플랜테이션 농장에서 일할 노예로 팔려가고 있었다.

[화살표] 노예무역 경로

▽ 필그림 파더스

손으로 채색한 이 목판화는 1620년에 매사추세츠주 플리머스에 도달한 이주민을 묘사한 것이다. '필그림 파더스'라는 말은 200년이 지난 후에야 일반적인 용어로 쓰이기 시작했다.

[지도 내 지명 및 연도 표기]

1670년 포트 올버니
1671년
1668년
뉴스 팩토리
루퍼트 하우스
세인트
로렌스 강
케이프브레턴섬

1717년
포트
카미니스티가야

1605년 포트 로열
노바스코샤
아카디아

1691년
플리머스가
매사추세츠만
식민지로 흡수된다.

1608년
퀘벡
1608년 프랑스인 식민자가 퀘벡을 캐나다 침략의 거점으로 점령되고 1690년대에는 영국에게 다시 공격당한다.

1642년
몬트리올
1630년 보스턴
1664년 올버니
1620년 플리머스
뉴욕

1664년 네덜란드의 뉴암스테르담 식민지가 영국에 점령된다.

1587년 월터 롤리가 최초의 영국 식민지를 세웠으나 1590년경에 식민지가 사라진다.

1607년
제임스타운

1682년 필라델피아
1733년 서배너
1565년 세인트오거스틴

1718년
뉴올리언스

1629년
바하마 제도

1632년
안티과
1635년
과들루프
마르티니크
1627년 바베이도스
1592년 트리니다드
1567년 카라카스

1508년
산후안
1496년 산토도밍고
1659년 프랑스 식민지가 건설된다.

1655년 영국이 일본한다.

1509-1655년
1665년 영국이 일본한다.
스페인으로부터 일본한다.

1542년
메리다

1519년
파나마

1511년
아바나

1532년
카르타헤나

1525년 스페인 트루히요

1519년
베라크루스

1521년
멕시코 시티

1535년에 스페인 식민자들이 남아메리카를 식민지화할 때 멕시코시티에 뉴스페인 부왕령의 수도를 세운다.(156~157쪽 참조)

1609년
산타페

리오그란데강
로키 산맥

메 시 코 만
카 리 브 해
서 인 도 제 도
멕 시 코 만
대 서 양
유 카 탄 반 도
온 두 라 스 만
벨리즈
모 스 키 토 해 안
파나마
쿠바
자메이카
푸에르토리코
에스파뇰라
그레나다
세인트루시아

누 에 바 스 페 인

미 시 시 피 강
미 시 시 피 강
슈피리어호
휴런호
미시간호
이리호
온타리오호
샹플랭호
오하이오강
미주리강
아칸소강
테네시강
오대호

신세계와 구세계의 교류

인간의 이주, 식량 작물이나 동물의 교환은
신석기 시대에 시작되었지만
생물학적 교환이 매우 파괴적인 영향을 끼친 계기는
유럽인들이 아메리카 대륙에 도달한 1492년부터였다.

농작물 재배는 기원전 11000년과 기원전 6000년 사이에 세계의 여러 지역에서 독자적으로 이루어졌다. 초기 농업의 토대가 된 '인류 최초의 농작물' 가운데 밀은 기원전 9500년경에 서아시아에서 대규모로 처음 경작되었다. 그로부터 1500년 후에는 벼가 동아시아에서 주요 작물로 등장했다. 한편, 아메리카 대륙의 농경 사회에서는 아프리카, 아시아, 유럽 등의 '구세계'에서 완전히 고립된 덕분에 전혀 다른 작물이 재배될 수 있었다.

유럽인들이 15세기 후반에 아메리카 대륙에 도달했을 때(154-155쪽 참조) 구세계와 신세계는 전례 없는 수준의 생물학적 교환이 이루어지기 시작했다. 이런 대륙 간의 교류는 '콜럼버스의 교환'이라고도 알려졌다. 밀, 벼, 돼지, 소, 말 등 구세계의 작물과 가축은 아메리카 대륙에 유입되었고 토마토, 옥수수, 감자, 카사바 등 신세계의 작물은 구세계로 전해졌다. 아메리카 대륙이 원산지인 담배와 모피는 매우 수익성이 좋은 물품으로 식민지 정착민의 재원이 되었다.

또한 아메리카 대륙의 식민지 개척은 원주민의 인구에 재앙을 초래했다. 구세계와 신세계 사이에 질병이 전파되었다. 유럽에는 매독이 들어왔고, 아메리카 대륙에는 유럽의 정착민이 천연두, 홍역, 독감 등의 질병을 옮겨 원주민의 인구가 급격히 감소했다. 그 결과, 식민지의 플랜테이션 농장 소유주들이 아프리카에서 노예를 강제로 데려왔고, 또 이런 강제 이주와 착취로 수천만 명에 이르는 사람들이 쫓겨나거나 사망했다.

아메리카 대륙의 말
원주민의 삶에 혁신을 이룬 동물

말은 15세기 후반에 아메리카 대륙에 다시 유입되었다. 크리스토퍼 콜럼버스가 두 번째 아메리카 대륙 원정에 말 25마리를 데려왔을 때였다. 1750년경에는 말들이 '대평원'으로 알려진 10개 주의 지역으로 이미 흩어져 있었고 그곳 사람들의 삶에 급격한 변화를 가져왔다. 대평원의 원주민은 어느 순간부터 말을 찾아내 그들의 주요 식량인 들소를 사냥하는 데 이용했다.

아메리카 원주민의 말 그림

4 담배 1528-1700년

아메리카 원주민이 종교의식에 주로 사용한 담배는 1528년에 스페인 탐험가들을 통해 유럽으로 전파되었다. 중독성 있는 담배가 인기를 끌자, 식민지 개척자들은 북아메리카에서 식민지를 확장할 자금을 마련하기 위해 담배를 교역했다. 1610년경부터는 영국의 식민지 개척자들이 북아메리카의 동부 해안을 따라 대규모의 담배 농장을 세웠다. 1700년대 초부터는 담배 농장 대부분이 노예 노동력을 이용해 이익을 극대화했다.

🪶 담배

북아메리카

태평양

남아메리카

1660년 버지니아의 체서피크만 지역이 세계 곳곳으로 연간 3,500만 달러 상당의 담배를 수출한다.

15-16세기 탐험가들이 말, 소, 양, 돼지 등 많은 가축을 아메리카 대륙으로 함께 데려간다.

1492년 콜럼버스가 카리브해 지역에 상륙하고 150년도 안 되어 아메리카 원주민 인구의 약 80-95%가 콜럼버스의 선원들이 처음 옮긴 새로운 질병으로 사망한다.

5 사탕수수 1492-1650년

사탕수수는 유럽을 통해 동남아시아에서 신대륙으로 전해졌다. 이 노동 집약적인 농작물은 브라질과 카리브해 지역에서 번성했고 1560년대에는 브라질이 유럽으로 사탕수수를 수출하는 주요 지역이 되었다. 질병으로 원주민의 인구가 줄어들자 1650년에 스페인과 포르투갈의 식민지 개척자들은 사탕수수 농장의 노동력을 위해 약 80만 명의 아프리카 노예 약 80만 명을 아메리카로 데려왔다.

🌾 사탕수수

6 아메리카 대륙에 퍼진 새로운 질병 1492-1600년

디프테리아, 홍역, 감기, 천연두 등 구세계의 질병이 스페인의 식민지 개척자를 통해 아메리카 대륙으로 퍼졌다. 1520년과 1600년 사이에는 멕시코와 페루에서 잇따른 전염병 유행으로 전체 원주민의 90%가 사망했다. 유럽에서는 콜럼버스의 선원들을 통해 신세계로부터 매독이 옮겨진 것으로 알려져 있다.

✳️ 구세계의 질병　　✳️ 신세계의 질병

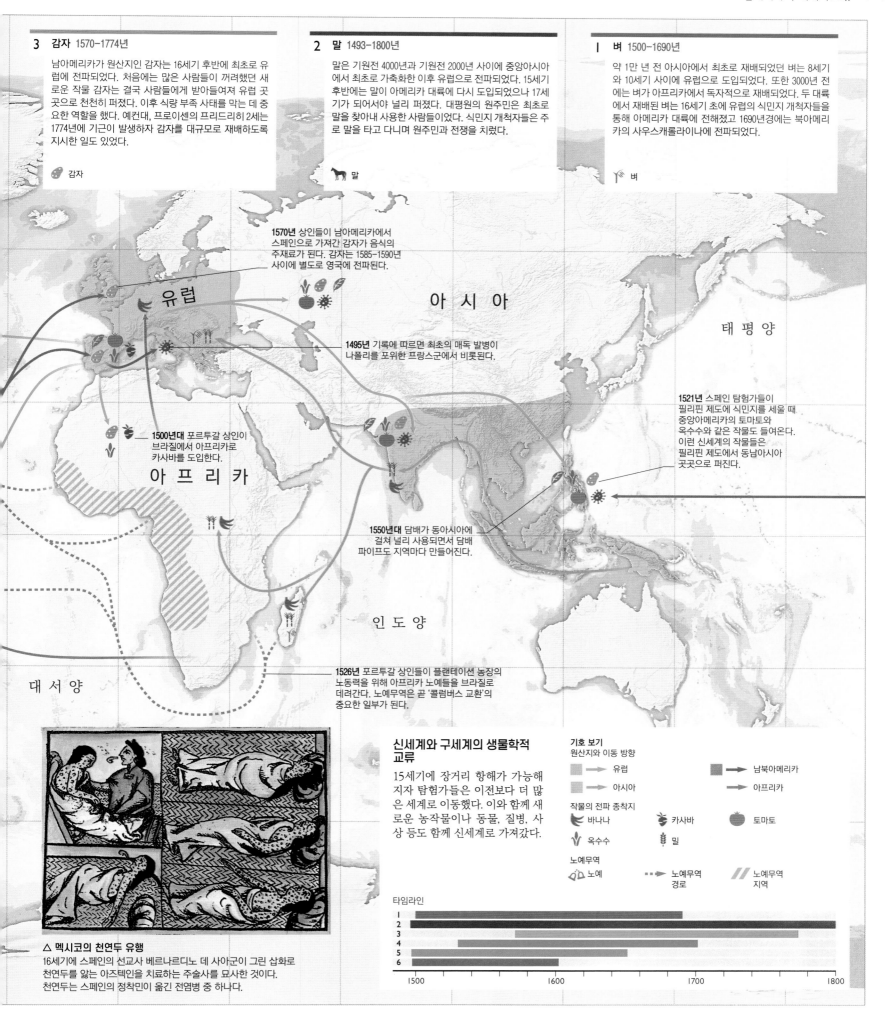

3 감자 1570–1774년

남아메리카가 원산지인 감자는 16세기 후반에 최초로 유럽에 전파되었다. 처음에는 많은 사람들이 꺼려했던 새로운 작물 감자는 결국 사람들에게 받아들여져 유럽 곳곳으로 천천히 퍼졌다. 이후 식량 부족 사태를 막는 데 중요한 역할을 했다. 예컨대, 프로이센의 프리드리히 2세는 1774년에 기근이 발생하자 감자를 대규모로 재배하도록 지시한 일도 있었다.

🎨 감자

2 말 1493–1800년

말은 기원전 4000년과 기원전 2000년 사이에 중앙아시아에서 최초로 가축화한 이후 유럽으로 전파되었다. 15세기 후반에는 말이 아메리카 대륙에 다시 도입되었으나 17세기가 되어서야 널리 퍼졌다. 대평원의 원주민은 최초로 말을 찾아내 사용한 사람들이었다. 식민지 개척자들은 주로 말을 타고 다니며 원주민과 전쟁을 치렀다.

🐎 말

1 벼 1500–1690년

약 1만 년 전 아시아에서 최초로 재배되었던 벼는 8세기와 10세기 사이에 유럽에 도입되었다. 또한 3000년 전에는 벼가 아프리카에서 독자적으로 재배되었다. 두 대륙에서 재배된 벼는 16세기 초에 유럽의 식민지 개척자들을 통해 아메리카 대륙에 전해졌고 1690년경에는 북아메리카의 사우스캐롤라이나에 전파되었다.

🌾 벼

유럽

아시아

태평양

1570년 상인들이 남아메리카에서 스페인으로 가져간 감자가 음식의 주재료가 된다. 감자는 1585–1590년 사이에 별도로 영국에 전파된다.

1495년 기록에 따르면 최초의 매독 발병이 나폴리를 포위한 프랑스군에서 비롯된다.

1521년 스페인 탐험가들이 필리핀 제도에 식민지를 세울 때, 중앙아메리카의 토마토와 옥수수와 같은 작물도 들여온다. 이런 신세계의 작물들은 필리핀 제도에서 동남아시아 곳곳으로 퍼진다.

1500년대 포르투갈 상인이 브라질에서 아프리카로 카사바를 도입한다.

아프리카

1550년대 담배가 동아시아에 걸쳐 널리 사용되면서 담배 파이프도 지역마다 만들어진다.

인도양

대서양

1526년 포르투갈 상인들이 플랜테이션 농장의 노동력을 위해 아프리카 노예들을 브라질로 데려간다. 노예무역은 곧 '콜럼버스 교환'의 중요한 일부가 된다.

△ 멕시코의 천연두 유행
16세기에 스페인의 선교사 베르나르디노 데 사아군이 그린 삽화로 천연두를 앓는 아즈텍인을 치료하는 주술사를 묘사한 것이다. 천연두는 스페인의 정착민이 옮긴 전염병 중 하나다.

신세계와 구세계의 생물학적 교류

15세기에 장거리 항해가 가능해지자 탐험가들은 이전보다 더 많은 세계로 이동했다. 이와 함께 새로운 농작물이나 동물, 질병, 사상 등도 함께 신세계로 가져갔다.

기호 보기
원산지와 이동 방향

■→ 유럽　　　　　■→ 남북아메리카
■→ 아시아　　　　→ 아프리카

작물의 전파 종착지

🌿 바나나　　🌱 카사바　　🍅 토마토
🌾 옥수수　　🌾 밀

노예무역

🐾 노예　　　▪▪▶ 노예무역 경로　　⫻ 노예무역 지역

타임라인

1　　　　　　　　　　　　　
2　　　　　　　　　　　　　　　　　
3　　　　　　　　　　　　　　
4　　　　　　　　　　　
5　　　　　　　　　
6　　　　

1500　　　　1600　　　　1700　　　　1800

르네상스

15세기 이탈리아에서 고전과 세속 학문에 관한 관심이 되살아나고
예술 활동이 전성기를 맞으면서 르네상스('재탄생') 시대가 열렸다.
이 운동은 곧 북유럽으로 확산되었고 유럽 문화의 지형을 바꾸어 놓았다.

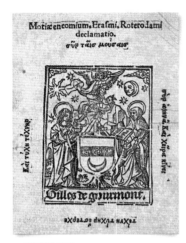

△ 대담한 풍자
데시데리위스 에라스무스의 1509년 작품
《우신예찬》은 동시대 가톨릭교회의 지나친
면을 조롱하고 더 순수하고 도덕적인
기독교로 돌아갈 것을 촉구한다.

로마 제국이 5세기에 멸망한 후 라틴어와 그리스어 문헌, 특히 법과 아리스토텔레스 철학을 다룬 저작이 11세기와 12세기에 재발견되었지만 고전 시대 작가들에 대한 지식은 쇠퇴했다. 하지만 이런 재부흥은 교회에 기반했고 성직자 교육을 위한 협소한 교육과정에 초점을 맞추었다. 14세기 이탈리아는 수십 개에 달하는 독립적인 도시 국가를 이루었다. 도시 국가의 대부분은 피렌체, 베네치아처럼 중세 말 무역과 산업이 성장하면서 부를 쌓은 시민들이 통치하는 공화국이었다. 군주나 가톨릭교회의 통제를 받지 않는 세속적 부의 성장은 서서히 후원자 계급의 형성으로 이어졌다. 후원자들은 교회에 대한 찬양보다는 자기 도시의 홍보에 더 관심이 있었다.

과거의 재발견

과거의 영광에 대한 인식은 로마제국을 위대하게 만든 지식을 재발견하려는 갈망으로 이어졌다. 포지오 브라치올리니와 같은 학자는 수도원의 고문서를 샅샅이 뒤져 새로운 문헌을 찾았다. 이를 통해 웅변가 키케로의 새로운 연설문 8개와 마루쿠스 피트루비우스 폴리오의 《건축 10서(Ten Books on Architecture)》를 찾았다. 브라치올리니는 교황의 비서로 일했지만 새로운 인문주의 운동의 일원이 되었다. 이 운동은 신만이 아니라 인간 본능을 학문의 중심에 놓고 교육에 대한 더 폭넓은 접근방식을 권장했다.

▷ 예술에 대한 후원
피렌체 화가 산드로 보티첼리는
피렌체를 통치하는 메디치 가문을 위해
'봄'을 뜻하는 〈프리마베라〉를 그렸다.
비너스, 미의 세 여신, 머큐리가 묘사된
이 그림은 르네상스 시기에 부유한
이탈리아 후원자들이 의뢰한
미술작품의 전형을 보여 준다.

예술 르네상스

인문주의와 함께, 수 세기 동안 거의 모든 학문의 언어였던 라틴어보다 모국어로 쓴 작품 활동에 새로운 관심이 생겨났다. 피렌체의 시인 단테 알리기에리는 이런 운동의 선구자였다. 그의 《신곡(Divine Comedy)》(1320년)은 사실상 이탈리아 문학

유럽의 재탄생

9세기와 12세기에 문화 부흥 시기가 있긴 했지만 15세기 이탈리아에서 시작된 르네상스는 미술, 문학, 교육, 정치와 같은 폭넓은 분야에서 놀라운 성취를 보였다. 르네상스의 첫 시작은 14세기 조토 디 본도네와 같은 화가들의 작품이었으며, 17세기까지 계속 영향력을 발휘했다. 하지만 이 운동의 핵심 사건들은 1400년경부터 시작해 125년 동안 일어났다.

1345년 이탈리아 작가 프란체스코 페트라르카(또는 페트라르크)가 로마 정치가이자 작가 키케로가 쓴 편지를 발견한다. 이 발견은 르네상스의 시작에 기여한 것으로 인정받는다.

1401년 피렌체 화가 로렌초 기베르티가 피렌체 성당의 세례당에 설치할 새로운 문 제작을 의뢰받는다.

문학
건축
교육
회화와 조각

1360년　　　1380년　　　1400년

1348-1353년 지오반니 보카치오가 이탈리아의 가장 위대한 초기 산문 작품 《데카메론(The Decameron)》을 쓴다.

1417년 브라치올리니가 고대 로마 철학자 루크레티우스의 《사물의 본성에 관하여(De Rerum Natura)》를 발견한다.

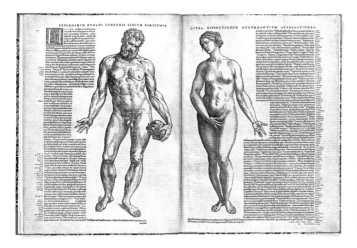

◁ **해부학의 혁명**
플랑드르 해부학자 안드레아스
베살리우스가 1543년에 출판한
《에피톰(Epitome)》의 삽화로
인체조직이 매우 상세히 묘사되어 있다.
그는 인체 연구에 대혁신을 가져왔다.

> "돈이 생기면 제일 먼저 그리스 저자들의
> 작품을 살 것이다. 그러고 나서 옷을
> 살 것이다."
>
> 데시데리위스 에라스무스, 네덜란드 학자, 1498년

어를 만들었다. 16세기 모국어 문학이 여러 국가에서 확실히 자리를
잡았고, 잉글랜드의 윌리엄 셰익스피어의 희곡, 프랑스의 미셸 드 몽테
뉴의 철학과 같은 작품이 만들어졌다. 네덜란드 학자 데시데리위스 에
라스무스는 비판적인 역사적 분석 방법을 선구적으로 개척하여 종교
적 미신에 대해 풍자적으로 공격하는 《우신예찬(In Praise of Folly)》
을 썼다. 이전에는 책 사본의 배포와 유럽의 대학교와 신학교에 대한
교회의 독점은 반대 의견을 억누르는 역할을 했지만, 부유한 사람들의
문해력이 높아지고 1450년대 인쇄술이 발명되면서 교회의 지배력이
느슨해졌다. 이것은 가톨릭 교리와 교회의 과도함에 의문을 제기하는
종교개혁을 길을 열었다. 15세기 이탈리아 도시 국가의 부유한 후원자
들이 자국의 도시에 새로운 학문을 보여 주는 구체적인 표지로 채우기
시작했다.

이탈리아 화가들은 14세기 초부터 새로운 기법을 실험하면서 더
신선하고 현실적인 접근법을 작품에 사용하려고 노력했다. 마사초와
같은 피렌체 화가들은 자연 풍경의 본질과 깊이를 묘사하는 전문적인
기술을 발전시켰고, 이어서 산드로 보티첼리, 레오나르도 다빈치, 라파
엘로 등의 화가들이 예술사에서 가장 위대한 작품을 만들었다.

조각가들은 미켈란젤로의 다비드 조각상과 같은 공공예술 작품을
만들었다. 이 조각상은 피렌체 시정부 청사 밖에 있다. 건축가들도 건
축 기술을 발전시켰다. 가장 두드러진 인물인 필리포 브루넬레스키는
역사상 가장 큰 석조 돔이 있는 피렌체의 두오모 성당을 설계했다.

르네상스 운동의 절정

이 운동은 급속히 확산되어 얀 반 에이크와 같은 플랑드르의 대가들,
루돌프 아그리콜라와 같은 독일 학자들이 이탈리아의 발전에 자
극받은 작품을 만들었다. 이 운동은 정치사상에도 영향을 미쳐
피렌체 출신 역사가 니콜로 마키아벨리는 가장 좋은 통치술을
연구한 여러 작품을 썼다. 16세기 후반 이탈리아의 부와 권력은
프랑스, 잉글랜드, 네덜란드 공화국과 같은 새로 떠오르는
국가들과 비교해 줄어들었고, 문화강국으로서 지위도
약해지면서 르네상스는 막을 내렸다.

▽ **건축의 걸작**
1296년에 건축이 시작된 피렌체의
두오모 대성당은 필리포 브루넬레스키가
성당의 돔 설계 경쟁에서 이긴
1418년에도 완성되지 않은 상태였다
그는 혁신적인 기술을 이용해 돔의 무게를
기둥 사이로 넓게 분산시켰다.

1423년 비토리노
다 펠트레가
만토바에 라틴어
문법학교를 세운다.

1440년 도나텔로가
메디치 궁전에
설치하기 위해 성서의
인물인 다윗의 조각상
제작을 의뢰받는다.

1455년 유럽 최초의 인쇄
책자인 《구텐베르크
성서(Gutenberg
Bible)》가 출판된다.

1480년 이탈리아
화가 피에로 델라
프란체스카가 외관
투시에 관한
논문을 쓴다.

1502년 포르투갈 극작가
질 비센트가 모국어로
쓴 운문 형태의 극을
최초로 공연한다.

1509–1511년
라파엘로가 바티칸
서명의 방에 설치할
프레스코화를
제작한다.

1510년경 도나토
브라멘테가 로마에
고전적인 신전 건축양식을
기초로 템피에토를
건축한다.

1519년 프랑스
프랑수아 1세가 상보르성을
르네상스 스타일로 짓도록
명령한다.

1440년 1460년 1480년 1500년 1520년 1540년

1436년
브루넬레스키가
피렌체 대성당의
돔을 완성한다.

1453년 콘스탄티노플의 몰락과
함께 많은 비잔티움 학자들이
이탈리아로 와서, 이전에 서구에
알려지지 않은 그리스 문헌을
전한다.

1495년 베네치아의
올더스 출판사가
아리스토텔레스의 모든 저작을
그리스어로 출판한다.

1517년 니콜로
마키아벨리가 공화정의
정치권력을 연구한
《로마사 논고(Discourses
on Livy)》를 출판한다.

1532년 프랑스 작가 프랑수아
라블레가 희극 소설
《가르강튀아 팡타그뤼엘
(La vie de Gargantua et de
Pantagruel)》을 쓴다.

식민지의 향신료 무역

유럽의 몇몇 국가들이 15세기 말에 유럽에서 인도로 가는 항로를 개척하면서
아프리카 사하라사막 이남 지역과 남아시아의 해변을 따라
요새화된 무역 중심지를 빠르게 구축했다.
이들 국가는 무역 중심지를 통해 유럽 시장에서 각광받은
향신료의 원산지에 접근할 수 있었다.

중세 시대에 육두구, 정향, 후추와 같은 아시아의 향신료는 육로를 통해 많은 상인의 손을 거쳐 유럽에 전달되어 매우 비싼 값에 거래되었다. 아프리카 해안을 따라 우회하는 유럽 탐험대의 목적은 무슬림이 통치하는 아시아 지역을 우회하여 향신료 원산지에 직접 접근하는 루트를 발견하는 것이었다. 이것은 아랍 상인들에 엄청난 타격을 주어 경제적 손실과 유혈사태를 유발했다.

1497-1498년에 바스쿠 다가마가 아프리카 주변 지역을 항해한 뒤 포르투갈 함대가 모잠비크(1505년), 고아(1510년), 호르무즈(1515년), 말라카(1511년)에 교역소를 세웠다. 스페인은 대부분 필리핀(1565년)에 소규모 교역소

를 세웠다. 포르투갈은 아폰수 드 알부케르크 총독의 지휘하에 인도양의 무역을 지배했지만 1609년 몰루카제도(나중에 향신료제도라고 알려졌다)에 교역소를 세운 네덜란드에 그 지위를 내주었다.

영국 역시 수익성이 높은 향신료 무역에 관심이 있었지만 몰루카 제도에서 네덜란드의 독점권을 깰 수 없어 인도로 관심을 돌렸다. 영국 동인도 회사는 1613년부터 인도에 여러 무역 근거지와 공장을 세웠고, 이는 18세기 대영 제국의 중심이 되었다.

> "육두구(nutmeg)는 감기로 인한 두통에 좋고 눈과 뇌를 편안하게 해 준다."
>
> 앤드루 보르드, 《건강 일기》에서, 1452년

1623년 암보이나 학살
폭력과 향신료 무역

1621년 네덜란드 동인도 회사(VOC)가 몰루카 제도의 섬을 완전히 장악해 이 지역에서만 재배되는 육두구, 말린 육두구 껍질, 정향, 후추와 같은 향신료 무역독점권을 확보했다. 1623년 2월 네덜란드 회사는 암보이나섬(지금의 암본)에 잠입해 항구를 장악하려던 영국 상인의 테러 계획을 막았다. 네덜란드인은 피고인(VOC가 고용한 일본인과 포르투갈 직원을 포함하여)을 체포해 그중 20명을 고문하고 네덜란드 통치권에 대한 반란 혐의로 처형했다.

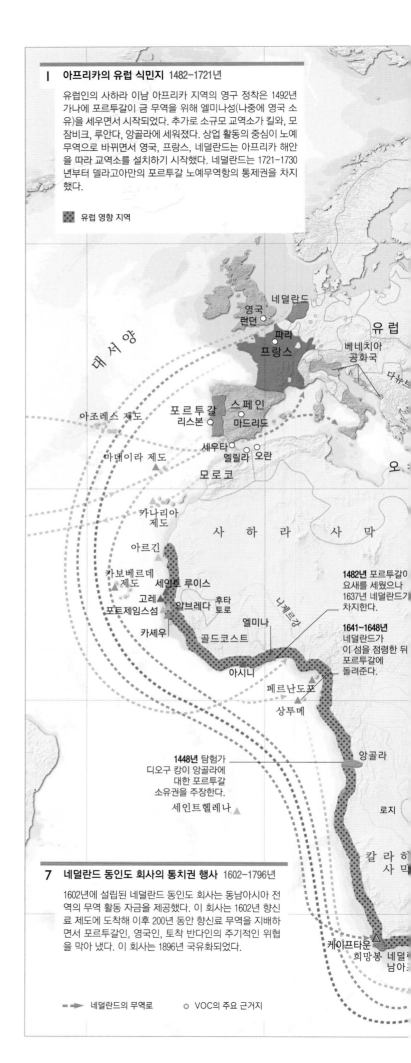

I 아프리카의 유럽 식민지 1482-1721년

유럽인의 사하라 이남 아프리카 지역의 영구 정착은 1492년 가나에 포르투갈이 금 무역을 위해 엘미나성(나중에 영국 소유)을 세우면서 시작되었다. 추가로 소규모 교역소가 킬와, 모잠비크, 루안다, 앙골라에 세워졌다. 상업 활동의 중심이 노예무역으로 바뀌면서 영국, 프랑스, 네덜란드는 아프리카 해안을 따라 교역소를 설치하기 시작했다. 네덜란드는 1721-1730년부터 델라고아만의 포르투갈 노예무역항의 통제권을 차지했다.

■ 유럽 영향 지역

네덜란드
영국 런던
유럽
파리 프랑스
베네치아 공화국
대서양
다뉴브
아조레스 제도
포르투갈 리스본
스페인 마드리드
마데이라 제도
세우타
멜릴라 오란
모로코
오
카나리아 제도
사 하 라 사 막
아르긴
카보베르데 제도
세인트 루이스
1482년 포르투갈이 요새를 세웠으나 1637년 네덜란드가 차지한다.
고레
알브레다 후타 토로
포트제임스섬
엘미나
1641-1648년 네덜란드가 이 섬을 점령한 뒤 포르투갈에 돌려준다.
카셰우
골드코스트
나제르강
아시니
페르난도포
상투메
1448년 탐험가 디오구 캉이 앙골라에 대한 포르투갈 소유권을 주장한다.
세인트헬레나
앙골라
로지
칼 라 하 리 사 막
케이프타운
희망봉 네덜란
남아

7 네덜란드 동인도 회사의 통치권 행사 1602-1796년

1602년에 설립된 네덜란드 동인도 회사는 동남아시아 전역의 무역 활동 자금을 제공했다. 이 회사는 1602년 향신료 제도에 도착해 이후 200년 동안 향신료 무역을 지배하면서 포르투갈인, 영국인, 토착 반다인의 주기적인 위협을 막아 냈다. 이 회사는 1896년 국유화되었다.

➡ 네덜란드의 무역로   ○ VOC의 주요 근거지

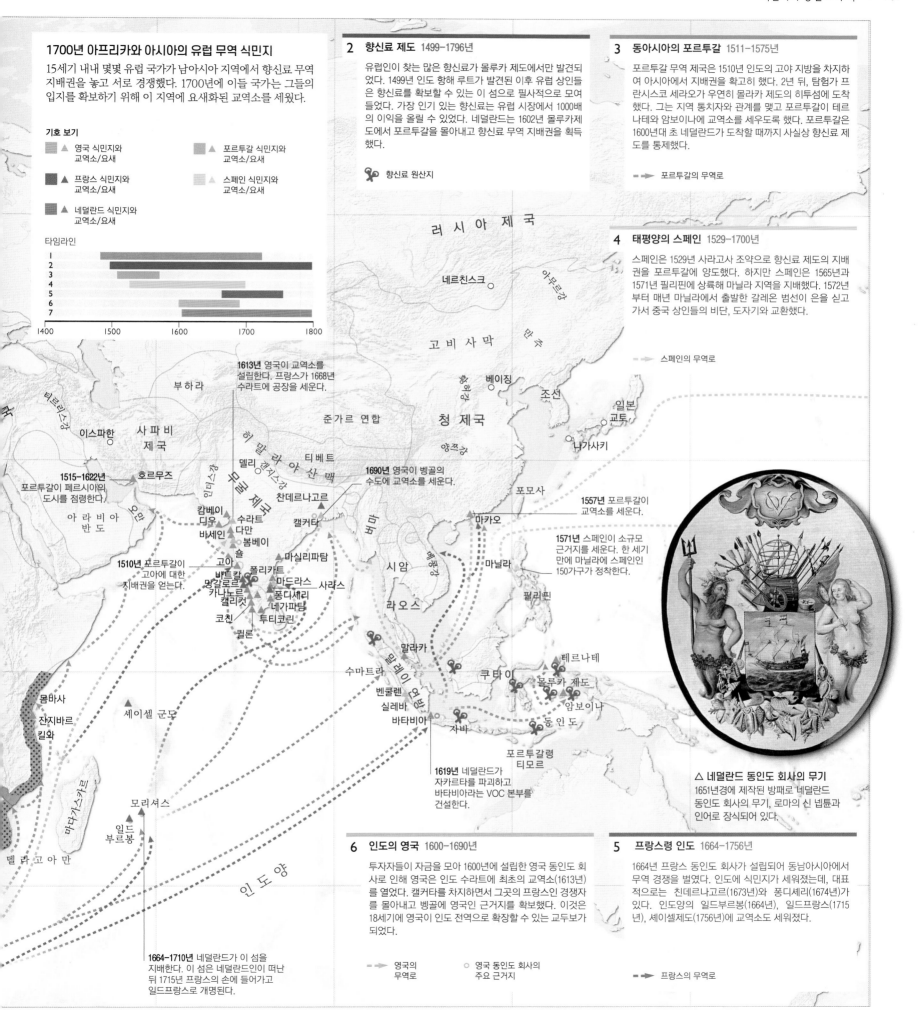

1700년 아프리카와 아시아의 유럽 무역 식민지

15세기 내내 몇몇 유럽 국가가 남아시아 지역에서 향신료 무역 지배권을 놓고 서로 경쟁했다. 1700년에 이들 국가는 그들의 입지를 확보하기 위해 이 지역에 요새화된 교역소를 세웠다.

기호 보기

- ▲ 영국 식민지와 교역소/요새
- ▲ 프랑스 식민지와 교역소/요새
- ▲ 네덜란드 식민지와 교역소/요새
- ▲ 포르투갈 식민지와 교역소/요새
- ▲ 스페인 식민지와 교역소/요새

타임라인

```
        1400   1500   1600   1700   1800
1
2
3
4
5
6
7
```

2 향신료 제도 1499–1796년

유럽인이 찾는 많은 향신료가 몰루카 제도에서만 발견되었다. 1499년 인도 항해 루트가 발견된 이후 유럽 상인들은 향신료를 확보할 수 있는 이 섬으로 필사적으로 모여들었다. 가장 인기 있는 향신료는 유럽 시장에서 1000배의 이익을 올릴 수 있었다. 네덜란드는 1602년 몰루카제도에서 포르투갈을 몰아내고 향신료 무역 지배권을 획득했다.

🌿 향신료 원산지

3 동아시아의 포르투갈 1511–1575년

포르투갈 무역 제국은 1510년 인도의 고야 지방을 차지하여 아시아에서 지배권을 확고히 했다. 2년 뒤, 탐험가 프란시스코 세라오가 우연히 몰라카 제도의 히투섬에 도착했다. 그는 지역 통치자와 관계를 맺고 포르투갈이 테르나테와 암보이나에 교역소를 세우도록 했다. 포르투갈은 1600년대 초 네덜란드가 도착할 때까지 사실상 향신료 제도를 통제했다.

‑‑► 포르투갈의 무역로

4 태평양의 스페인 1529–1700년

스페인은 1529년 사라고사 조약으로 향신료 제도의 지배권을 포르투갈에 양도했다. 하지만 스페인은 1565년과 1571년 필리핀에 상륙해 마닐라 지역을 지배했다. 1572년부터 매년 마닐라에서 출발한 갈레온 범선이 은을 싣고 가서 중국 상인들의 비단, 도자기와 교환했다.

‑‑► 스페인의 무역로

지도 내 표기

- 러시아 제국
- 네르친스크
- 고비 사막
- 청 제국
- 몽골
- 아무르강
- 황하
- 베이징
- 양쯔강
- 조선
- 일본 / 교토
- 나가사키
- 부하라
- 준가르 연합
- 티베트
- 히말라야 산맥
- 델리
- 사파비 제국
- 이스파한
- 티그리스강
- **1515–1622년** 포르투갈이 페르시아의 도시를 점령한다.
- 호르무즈
- 아라비아 반도
- 오만
- **1613년** 영국이 교역소를 설립한다. 프랑스가 1668년 수라트에 공장을 세운다.
- 무굴 제국
- 인더스강
- 캄베이 / 디우
- 수라트 / 다만
- 바세인
- 봄베이
- **1510년** 포르투갈이 고아에 대한 지배권을 얻는다.
- 고아
- 바튼칼
- 망갈로르
- 카나노르 / 캘리컷
- 코친
- 퀼론
- 숄
- 폴리카트
- 마드라스
- 퐁디셰리
- 네가파탐
- 투티코린
- 찬데르나고르
- **1690년** 영국이 벵골의 수도에 교역소를 세운다.
- 캘커타
- 마실리파탐
- 사라스
- 갠지스강
- 버마
- **1557년** 포르투갈이 교역소를 세운다.
- 마카오
- 포모사
- **1571년** 스페인이 소규모 근거지를 세운다. 한 세기 만에 마닐라에 스페인인 150가구가 정착한다.
- 마닐라
- 필리핀
- 시암
- 라오스
- 메콩강
- 몸바사
- 잔지바르
- 킬와
- 셰이셸 군도
- 수마트라
- 말레이 반도
- 말라카
- 쿠타이
- 벤쿨렌
- 실레바
- 바타비아
- 자바
- 테르나테
- 몰루카 제도
- 암보이나
- 동 인 도
- 포르투갈령 티모르
- 마다가스카르
- 델라고아 만
- 모리셔스
- 일드 부르봉
- 인도양

- **1619년** 네덜란드가 자카르타를 파괴하고 바타비아라는 VOC 본부를 건설한다.

- **1664–1710년** 네덜란드가 이 섬을 지배한다. 이 섬은 네덜란드인이 떠난 뒤 1715년 프랑스의 손에 들어가고 일드프랑스로 개명된다.

△ **네덜란드 동인도 회사의 무기**

1651년경에 제작된 방패로 네덜란드 동인도 회사의 무기, 로마의 신 넵튠과 인어로 장식되어 있다.

6 인도의 영국 1600–1690년

투자자들이 자금을 모아 1600년에 설립한 영국 동인도 회사로 인해 영국은 인도 수라트에 최초의 교역소(1613년)를 열었다. 캘커타를 차지하면서 그곳의 프랑스인 경쟁자를 몰아내고 벵골에 영국인 근거지를 확보했다. 이것은 18세기에 영국이 인도 전역으로 확장할 수 있는 교두보가 되었다.

‑‑► 영국의 무역로 ○ 영국 동인도 회사의 주요 근거지

5 프랑스령 인도 1664–1756년

1664년 프랑스 동인도 회사가 설립되어 동남아시아에서 무역 경쟁을 벌였다. 인도에 식민지가 세워졌는데, 대표적으로는 친데르나고르(1673년)와 퐁디셰리(1674년)가 있다. 인도양의 일드부르봉(1664년), 일드프랑스(1715년), 셰이셸제도(1756년)에 교역소도 세워졌다.

‑‑► 프랑스의 무역로

인쇄술

인쇄기의 발명은 지식 보급을 혁신했다.
이전에는 직접 손으로 힘들여 필사했던 책이
수백 권, 수천 권씩 인쇄되어 더 넓은 시장을 통해 유통되었다.

△ **오래된 인쇄물**
오래전에 인쇄된 책인 《금강반야바라밀경》의
한 페이지다. 이 책은 868년에 목판 인쇄술로
제작되었으며 1907년에 중국 서부 지역에서
발견되었다.

인쇄술은 새로운 기술이 아니었다. 목판 인쇄술은 동아시아에서 2세기부터 사용되었다. 이후 1041년 중국 발명가 필승이 활자(movable type)를 개발했다. 이를 통해 매번 새로운 활자를 만들지 않고 조합을 통해 빠르게 새로운 페이지를 만들 수 있었다. 세계에서 가장 오래된 금속활자본은 고려의 불교 인쇄물 《직지심체요절》(1377년)이다. 하지만 인쇄술의 결정적인 혁신은 1439년 독일 인쇄업자 요하네스 구텐베르크가 발명한 인쇄기였다. 나무 틀 안에 잉크를 칠한 금속활자를 배열한 뒤 그 위에 종이를 놓고 긴 레버와 나사를 이용해 압착하여 시간당 200페이지 이상을 정확하게 인쇄할 수 있었다.

더 폭넓은 서적 보급

1440년대 초, 구텐베르크는 독일 마인츠에 인쇄기를 설치했으며, 1455년 인쇄 역사상 가장 유명한 책 중 하나인 《42줄 성경(Forty-two-line Bible)》을 제작했다. 인쇄술이 빠르게 확산하여 1500년 약 60개 독일 도시에 인쇄기가 보급되었다. 또한 인쇄술은 1465년 이탈리아, 1470년 프랑스, 1476년 영국에 보급되었다. 이 기술을 통해 더 큰 판본의 책을 제작할 수 있었고, 르네상스(108-109쪽 참조) 시기 새로운 인본주의적 사상이 더 빨리 확산하는 데 기여했다. 장기적으로 인쇄판이 손으로 필사한 책보다 더 저렴해지면서 더 넓은 사회계층에 책이 보급되어 문해력 향상에 기여했다. 비록 알지 못했겠지만 구텐베르크는 지식 혁명을 촉발했다.

◁ **세계 최초의 신문**
세계 최초의 신문으로 추정되는
〈모든 저명하고 기억할 만한 뉴스 모음〉은
독일 발행인 요한 카롤루스가 1605년에
스트라스부르에서 인쇄했다.

> "이 책 《시편》은 기발한 발명품인 인쇄술을
> 이용해 제작되었다."

무스트와 쇼퍼가 인쇄한 《시편》에서, 1457년

종교개혁

로마 가톨릭교회의 관행에 대한 오랜 불만이
1517년 종교 분리로 이어지면서
개혁(프로테스탄트)교회가 유럽 전역에 생겨났다.
가톨릭 국가에서는 교황의 권위를 재천명하면서
적대적인 시기가 이어졌다.

1517년, 독일 아우구스티누스 수도원의 수사 마르틴 루터가 로마 가톨릭교회의 많은 관행을 비판하는 〈95개조 반박문〉을 작성했다. 가톨릭교회가 이에 적대적으로 대응하자 루터는 가톨릭 신학 체계를 거부하고 새로운 신학적 입장을 채택했다. 그를 지지하는 많은 사람이 개혁교회의 중심을 이루면서 독일의 여러 주로 확산되었다. 독일 제후국이 이 운동을 지지하기 시작하면서 일련의 종교 전쟁이 발생했다. 이런 전쟁 와중에 스위스의 칼뱅과 같은 더 급진적인 프로테스탄트 개혁가들이 등장했다. 한편 영국과 스웨덴의 왕들은 교황의 권위를 거부하거나 개

> "성서를 가진 단순한 평민이 성서가 없는
> 가장 강력한 교황보다 더 위대하다."
>
> 마르틴 루터, 1516년

신교회를 채택하면서 개혁교회가 지리적으로 점점 더 확산되었다. 1542년 가톨릭교회는 트렌트공의회에서 성직자 교육을 강화하고 미심쩍은 관행을 엄하게 단속했다. 1555년 평화협정이 아우크스부르크에서 체결되어 프로테스탄트에 대한 제한적인 종교적 관용이 허용되었지만 이 평화는 불안정했다. 1560년대 프랑스에서 새로운 종교 갈등이 발생하고, 다른 곳에서도 갈등이 끓어오르다가 1618년에 30년 전쟁(172-173쪽 참조)이 터졌다.

성 바르톨로메오 축일 대학살
프랑스 역사의 유혈 참사

1572년 8월 24일, 왕대비의 지시에 따라 프랑스의 샤를 9세가 파리의 위그노 개신교 지도자를 암살하라는 명령을 내렸다. 암살 대상자 중 한 사람인 위그노 지도자 해군 제독 가스파르 드 콜리니는 새벽 무렵 잔인하게 구타당해 침실 창문으로 던져졌다. 이 사건으로 광적인 많은 가톨릭교인들이 거리로 나가 프랑스 전역에서 개신교인 1만-2만 명을 학살했다.

유럽의 종교지도

1517년 마르틴 루터의 가톨릭교회 공격 이후 강력한 종교부흥 운동이 유럽 전역에서 일어났다. 독일과 스칸디나비아의 통치자들은 루터 신학에 따라 개신교회를 설립했다. 칼뱅주의는 네덜란드, 스코틀랜드, 동유럽에서 우세해졌고, 영국에는 영국 국교회가 등장했다.

기호 보기

- 1555년 가톨릭 다수파 지역
- 1570년경 신성 로마 제국의 국경
- 1555년 개신교 다수파 지역

타임라인

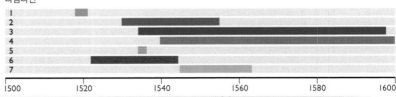

1 95개조 반박문 1517-1521년

1517년 10월 마르틴 루터는 〈95개조 반박문〉을 비텐베르크성 교회 문에 붙였다. 이 문서는 가톨릭에 대한 불만 95개를 기술하고 구원과 성찬 해석과 같은 주제에 대해 새로운 신학적 입장을 밝힌 것이었다. 이는 유럽 전역에서 엄청난 동요를 유발했으며, 1521년에 가톨릭교회는 그를 파문했다.

- 루터파의 탄생지
- 루터파의 확산
- 루터파 지역

2 가톨릭-개신교의 갈등 1530-1555년

1530년에 신성 로마 제국 황제 카를 5세가 모든 개신교회에 종교개혁을 중단하라고 명령하자, 1540년대와 1550년대에 일련의 전쟁이 발생했다. 결국 1555년 독일 아우크스부르크에서 평화협정이 체결되어 가톨릭교회는 개신교를 받아들이기로 합의했으나, 이는 개신교를 이미 받아들인 독일 주에만 해당되었다.

- 아우크스부르크 평화협정 체결 장소

3 프랑스의 종교 분쟁 1534-1598년

프랑수아 1세(재위 1515-47년)가 프랑스의 개신교를 탄압을 시도한 이후 1534년 종교 전쟁이 처음 발생했다. 1572년 성 바르톨로메오 축일에 위그노로 알려진 개신교인 수천 명이 파리에서 학살되었다. 1598년 이전에 위그노였던 앙리 4세(재위 1589-1610년)이 낭트 칙령을 발표해 프랑스의 개신교를 용인했다. 개신교인은 런던과 로마에서도 순교에 직면했다.

- 박해 장소
- 낭트 칙령
- 위그노 중심지

4 칼뱅주의 1540-1600년

프랑스인 신학자 장 칼뱅은 1540년대 제네바에서 개신교회를 세웠다. 그는 루터 신학보다 더 급진적인 신학을 제시하면서 하느님의 주권과 예정론을 강조했다. 칼뱅주의는 프랑스, 독일의 여러 주, 네덜란드, 스코틀랜드, 중앙 유럽의 여러 국가에서 빠르게 확산되었다.

- 칼뱅주의
- 칼뱅주의의 확산

대서양

포르투갈

리스본

스페인

세비야

5 영국 교회 1531-1534년

영국의 종교개혁은 헨리 8세(재위 1509-1547년)가 아내 아라곤의 캐서린과의 이혼 결정(가톨릭 법의 금지 행위)을 놓고 로마 교황청과 대립하면서 시작되었다. 그는 교황의 권위를 거부하고 1534년 수장령을 통해 영국 국교회를 세우면서 개신교를 영국에 받아들였다.

— 영국 국교회

6 스웨덴의 종교개혁 1523-1544년

루터파 사상이 스웨덴에 확산되자 구스타프 바사 왕(재위 1509-1547년)은 로마 가톨릭 안에서 국가 교회를 세우려고 노력했다. 하지만 1527년 개혁가 올라우스 페트리가 이끄는 베스테로스 의회 이후 가톨릭교회 자산은 몰수되었다. 1544년 스웨덴은 공식적으로 개신교 국가로 선포되었다.

✸ 베스테로스 의회 장소

7 반종교개혁 1545-1563년

1545-1563년 동안 세 차례 개최된 트렌트공의회는 가톨릭 개혁을 위한 중요한 회의였다. 로마 가톨릭교회는 교황의 수위권과 가톨릭의 핵심 교리를 그대로 유지했지만 성직자 교육을 개혁하고, 회개하는 자가 돈을 기부하면 죄를 용서받을 수 있다는 면죄부 판매와 같은 남용행위를 금지했다.

✸ 트렌트공의회 장소

1559년 칼뱅주의 개혁자 존 녹스가 스코틀랜드로 돌아와 그곳에서 종교개혁을 시작한다.

1527년 교회 회의가 수도원 재산을 몰수하여 가톨릭교회가 약화된다.

1521년 제국의회가 루터에게 그의 입장을 철회할 것을 명령하자 루터가 거부하고 도피한다.

1593년 스웨덴 교회가 루터교회가 되어 아우크스부르크 신앙고백을 채택한다.

1572년 성 바르톨로메오 축일에 벌어진 개신교인 학살로 프랑스에서 종교 분쟁이 악화된다.

1545년 가톨릭 공의회의 첫 회의에서 반종교개혁의 문을 연다.

1536년 프로테스탄트 종교개혁가 장 칼뱅이 《기독교 강요(Institutes of the Christian Religion)》를 출판한다.

1555년 아우크스부르크 평화협정에서 독일 각 주의 종교를 해당 주 통치자가 선택하도록 결정한다.

스코틀랜드
에든버러
아일랜드
더블린
요크
잉글랜드
런던
루앙
모
파리
낭트
오를레앙
트루아
부르쥬
꼬냑
리옹
보르도
톨루즈
아비뇽
엑스
사라고사
바르셀로나
발레아레스 제도
네덜란드
소독일 주연합
비텐베르크
보름스
취리히
스위스연방
제노바
사부아
밀라노
제노바
피렌체
교황령
로마
나폴리
사르디니아
함부르크
베를린
코펜하겐
스웨덴
베스테로스
스톡홀름
웁살라
리가
러시아
프로이센
폴란드-리투아니아
프라하
오스트리아
크라쿠프
아우크스부르크
트렌트
베네치아
헝가리
부다
데브레첸
트란실바니아
몰다비아
왈라키아
오스만 제국
베오그라드
북 해
유틀란트 반도
아드리아 해
지중해
프랑스

▷ **마르틴 루터**
독일 신학자 마르틴 루터는 16세기 유럽에서 개신교 종교개혁을 시작하여 기독교를 영구적으로 바꾸어 놓았다.

혼란에 빠지다
세바스티앙 브랑크스가 1620년에 그린 작품에서 보듯
이 30년 전쟁 동안 양측 병사의 광범위한 약탈과 노략
질이 만연했으며, 잔학 행위에 대한 직접적인 증언이
많이 남아 있다.

30년 전쟁

1618년에 발생한 30년 전쟁은
보헤미아의 소수파인 개신교인의 권리에 관한 분쟁이었다.
하지만 전쟁이 확산되면서 오스트리아, 바이에른,
신성 로마 제국의 가톨릭 통치자와 독일 개신교 제후 간의
전쟁으로 발전했고, 결국 몇몇 외국 열강과도 전쟁을 벌였다.

1555년 아우크스부르크 평화협정(170-171쪽 참조)은 신성 로마 제국 내의 각 통치자가 각자의 영토 내에서 가톨릭과 개신교 중에서 선택할 수 있다고 결정했다. 하지만 가톨릭교도와 개신교도 사이에 여전히 긴장이 존재했다.

스티리아 대공이자 열정적인 가톨릭 신자인 페르디난트가 개신교가 다수파인 보헤미아의 왕이 되면서 이 긴장은 1617년 마침내 끓어올랐다. 1618년 5월에 보헤미아 개신교인들은 종교적 자유에 위협을 느끼고 반란을 일으켰다. 당시 분출된 갈등은 대보헤미아 지역 전역으로 확산되었다. 스페인의 지원을 받은 제국 군대가 결국 백산 전투(1620년)에서 반란을 진압하여 가톨릭이 보헤미아 주의 종교가 되었다.

수년 동안 가톨릭 체제에 대한 불만이 증가하면서 주변의 개신교 주들이 신성 로마 제국과 전쟁을 벌였다. 먼저 덴마크(1625-1629년), 스웨덴(1630-1635년), 마지막으로 프랑스(1635-1648년)에서 전쟁이 일어났다. 프랑스는 가톨릭 국가이면서도 개신교 편에서 싸웠다.

30년 전쟁은 유럽 역사에서 가장 치열하고 파괴적인 전쟁 중 하나였고, 신성 로마 제국의 인구 2천-2천 5백만 명 중 1/3이 감소했다. 1648년에 마침내 평화협정이 체결되어 광범위한 개신교 차별과 유럽의 종교전쟁이 종식되었다.

▷ **스웨덴의 왕
(재위 1611-1632년)**
구스타프는 30년 전쟁 기간 스웨덴을 군사 강국으로 만들어 1631년에 브라이텐펠트 전투에서 제국 군대를 격파하고 (오른쪽), 독일과 보헤미아의 많은 지역을 침략했다. 1632년에 뤼첸 전투에서 그가 사망한 이후 스웨덴의 전진 속도가 더뎌졌다.

*"이 강도 같은 전쟁에서 벌어진 모든 일은
묘사조차 할 수 없는 지경이다."*

피터 틸레의 목격담

3 흐멜니츠키 봉기 1648-1657년

자포로지안 코사크족은 우크라이나에 기반을 둔 맹렬한 독립 군사조직이었다. 1648년에 코사크족 수령인 보흐단 흐멜니츠키가 폴란드의 전제정치에 분노한 우크라이나 농부를 끌어들여 반란을 일으켰다. 그는 우크라이나 전역에서 승리를 거두고 폴란드로 들어가 코사크족의 권리를 확보한 이후 키예프로 돌아가 코사크족 국가(헤트마나테)를 세웠다. 1654년에 그가 러시아의 보호를 받으려고 하자 폴란드-리투아니아 연방은 러시아와 전쟁을 벌였다.

✕ 주요 전투

⬖ 코사크족 주둔지

▨ 1649년 코사크족 국가

⬡ 코사크족의 다른 임시 통치지역

➡ 흐멜니츠키의 1648년 전쟁

2 폴란드-러시아 전쟁 1609-1618년

1598년, 러시아 후계자 계승 위기가 발생하자 1609년에 폴란드 왕 지그문트 3세 바사는 대담하게 전쟁을 선포했다. 연방 군대가 1609년에 스몰렌스크를 포위하고 1610년에는 모스크바로 들어갔지만 1612년에 후퇴했다. 그의 아들을 위해 러시아 차르국을 차지하려던 지그문트의 1617년 군사 행동은 역시 실패했다. 1618년에 데울리노 조약으로 양국 간 휴전이 이루어졌고, 연방의 영토가 확대되었다.

➡ 1602-1612년 폴란드-리투아니아 군사 행동

➡ 1617-1618년 폴란드-리투아니아 군사 행동

▪▪▪ 1618-1619년 데울리노 조약 당시 연방의 동쪽 국경선

1 연방의 설립 1569년

1569년 7월, 루블린 연합선언에서 폴란드 왕국과 리투아니아 대공국의 연합을 공식화했다. 양국은 1386년 이래로 야기에우워 왕조가 통치하고 있었다. 폴란드는 이 연합으로 영토를 대폭 확대해 리투아니아로부터 우크라이나를 확보하고 지배적인 파트너가 되었다. 이 연방의 군주는 왕이자 대공으로서 100만 km²의 영토를 통치했다.

▨ 1562년의 폴란드 왕국

▨ 1562년의 리투아니아 대공국

■ 폴란드 왕령

■ 1561-1585년 연방에 추가된 지역

■ 1569년 루블린 연합선언 이후 폴란드-리투아니아

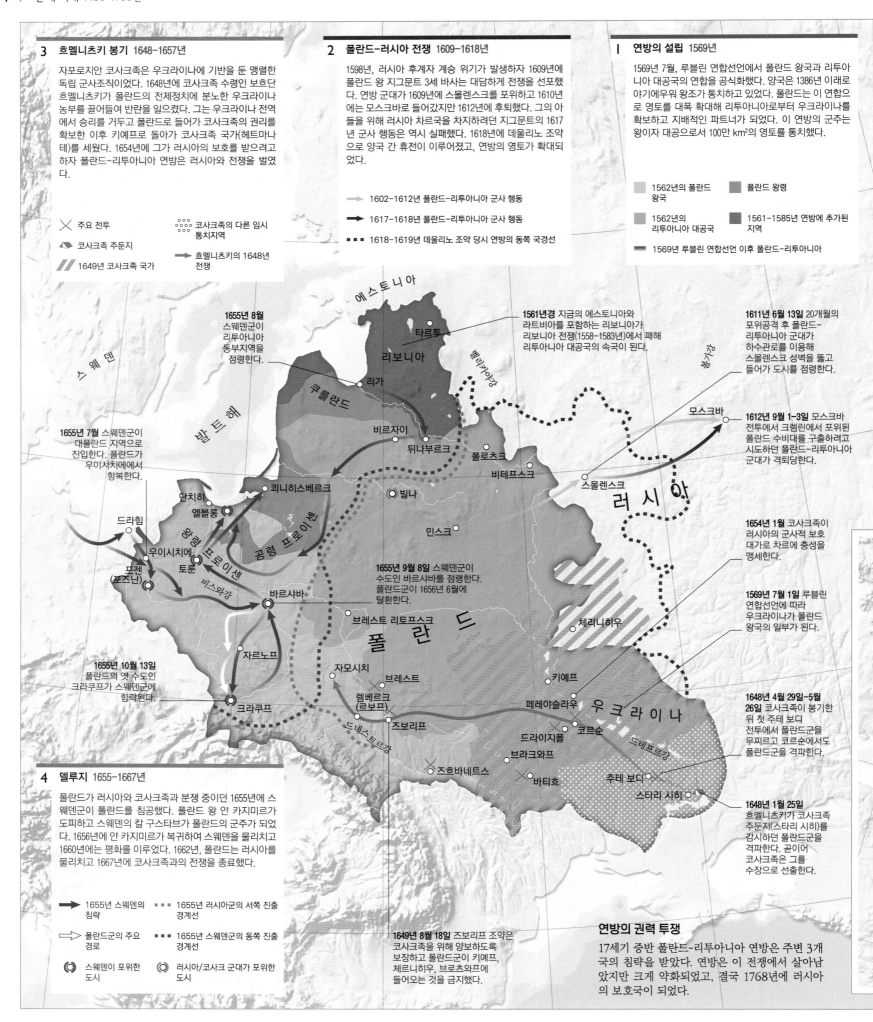

1655년 8월 스웨덴군이 리투아니아 동부지역을 점령한다.

1561년경 지금의 에스토니아와 라트비아를 포함하는 리보니아가 리보니아 전쟁(1558-1583년)에서 패해 리투아니아 대공국의 속국이 된다.

1611년 6월 13일 20개월의 포위공격 후 폴란드-리투아니아 군대가 하수관로를 이용해 스몰렌스크 성벽을 뚫고 들어가 도시를 점령한다.

1655년 7월 스웨덴군이 대폴란드 지역으로 진입한다. 폴란드가 우이시치에에서 항복한다.

1612년 9월 1-3일 모스크바 전투에서 크렘린에서 포위된 폴란드 수비대를 구출하려고 시도하던 폴란드-리투아니아 군대가 격퇴당한다.

1655년 9월 8일 스웨덴군이 수도인 바르샤바를 점령한다. 폴란드군이 1656년 6월에 탈환한다.

1654년 1월 코사크족이 러시아의 군사적 보호 대가로 차르에 충성을 맹세한다.

1569년 7월 1일 루블린 연합선언에 따라 우크라이나가 폴란드 왕국의 일부가 된다.

1655년 10월 13일 폴란드의 옛 수도인 크라쿠프가 스웨덴군에 함락된다.

1648년 4월 29일-5월 26일 코사크족이 봉기한 뒤 첫 주테 보디 전투에서 폴란드군을 무찌르고 코르순에서도 폴란드군을 격파한다.

4 델루지 1655-1667년

폴란드가 러시아와 코사크족과 분쟁 중이던 1655년에 스웨덴군이 폴란드를 침공했다. 폴란드 왕 안 카지미르가 도피하고 스웨덴의 칼 구스타브가 폴란드의 군주가 되었다. 1656년에 안 카지미르가 복귀하여 스웨덴을 물리치고 1660년에는 평화를 이루었다. 1662년, 폴란드는 러시아를 물리치고 1667년에 코사크족과의 전쟁을 종료했다.

➡ 1655년 스웨덴의 침략

⇨ 폴란드군의 주요 경로

⊙ 스웨덴이 포위한 도시

▪▪▪ 1655년 러시아군의 서쪽 진출 경계선

▪▪▪ 1655년 스웨덴군의 동쪽 진출 경계선

◉ 러시아/코사크 군대가 포위한 도시

1649년 8월 18일 즈보리프 조약은 코사크족을 위해 양보하도록 보장하고 폴란드군이 키예프, 체르니히우, 브로츠와프에 들어오는 것을 금지했다.

1648년 1월 25일 흐멜니츠키가 코사크족 주둔지(스타리 시히)를 감시하던 폴란드군을 격파한다. 곧이어 코사크족은 그를 수장으로 선출한다.

연방의 권력 투쟁

17세기 중반 폴란드-리투아니아 연방은 주변 3개국의 침략을 받았다. 연방은 이 전쟁에서 살아남았지만 크게 약화되었고, 결국 1768년에 러시아의 보호국이 되었다.

폴란드-리투아니아 연방

1569년에 건설된 폴란드-리투아니아 연방은 100년 이상
유럽에서 가장 크고 강력하며 인구가 많은 국가 중 하나가 되었다.
이 연방의 국경은 북으로 발트해에서부터 남으로 흑해 인근까지 이르렀다.

폴란드-리투아니아 연방은 혈연적으로 멀고 이질적인 민족들이 합쳐진 매우 자유롭고 관용적인 국가였다. 이 국가는 30년 전쟁 같은 종교 분쟁이 유럽을 갈라놓은 시기에도 대체로 자유를 존중했다. 하지만 이런 관용이 1648년부터 약해지기 시작했다. 절대군주제가 유럽의 지배적인 통치방식이었지만, 이 연방은 선출된 왕이 통치했으며 왕의 권한은 고위성직자, 관리, 귀족(슐라흐타)으로 구성된 입법부(세임)에 의해 엄격히 제한되었다.

1세기 동안 폴란드-리투아니아 연방은 동쪽으로는 러시아 차르, 북서쪽으로는 강력한 스웨덴 제국의 팽창주의적 야심을 막아냈다. 하지만 1648년부터 코사크족의 반란, 델루지(Deluge)로 알려진 스웨덴과 러시아와의 전쟁, 내부 소요가 연방을 치명적으로 약화시켜 주변 국가의 먹잇감이 되었다. 1760년대부터 폴란드-리투아니아 연방을 다시 살리려는 여러 시도가 있었지만 이는 연방의 종말을 앞당겼을 뿐이다. 1772-1795년까지 연방은 경쟁국에 의해 세 부분으로 갈라진 이후 역사 속으로 사라졌다.

폴란드와 리투아니아의 연합

폴란드-리투아니아 연방은 지금의 우크라이나, 리투아니아, 벨라루스, 폴란드 지역의 상당 부분을 영토로 삼았고, 최전성기에 인구는 1,200만 명을 웃돌았다. 하지만 1세기 후 이 연방은 '모든 루스인의 통치자'가 되려는 러시아 제국, 그리고 내부와 외부의 적에 직면했다.

타임라인

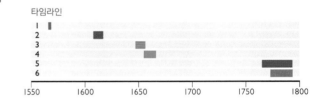

1550 1600 1650 1700 1750 1800

5 개혁과 반란 1768-1795년

1768년에 연방은 러시아의 보호국이 되어, 스타니슬라프 2세 포니아토프스키는 러시아 여제 예카테리나 2세에 의해 왕으로 책봉되었다. 그의 내부 개혁 시도는 여제의 위협에 봉착했고 그의 귀족들은 바르 동맹을 결성해 왕과 러시아 여제에 반발했다.

✕ 주요 전투   ⊞ 바르동맹에 포위된 요새

6 분할 1772-1795년

1772년 8월 5일 러시아, 오스트리아, 프로이센은 폴란드-리투아니아를 분할하는 조약을 체결하여 영토의 1/3을 빼앗았다. 폴란드가 저항하자 러시아와 프로이센이 침략하여 1793년에 2차 분할에 합의했다. 그들은 폴란드 장교 타데우시 코시치우슈코가 이끄는 반란을 진압하기 위해 다시 개입했고, 1795년에 나머지 영토를 러시아, 프로이센, 오스트리아가 분할했다.

■ 분할 전 폴란드-리투아니아

러시아의 병합 영토	프로이센의 병합 영토	오스트리아의 병합 영토
1772	1772	1772
1793	1793	1793
1795	1795	1795

리가
미타우
리투아니아
플라츠크
메멜
비테프스크
쾨니히스베르크
빌나
단치히
민스크
모길료프
엘블롱
서프로이센
스투비체 1768년
그로드노
월렌 1768년
크로니아 1770년
토룬
비스와강
바르샤바
브레스트리토프스크
포젠 (포즈난)
라돔
첸스토호바 1769년
루블린
볼히니아
서우크라이나
브레슬라우
키예프
드네프르강
크라쿠프
렘베르크 (르보프) 1768년
랑코로나 1768, 1771, 1772년
갈리시아
포돌리아
칩스
오코피 스위테이 트로시 1769년
카미에니크 포돌스키
바르 1768년 볼타
타르고비차

러시아
벨라루스강
볼가강
돈강

합스부르크 제국

1769년 2월 22일 바르 동맹이 알렉산드르 수보로프가 이끄는 러시아군을 물리친다.

1768년 2월 29일 왕에게 반기를 든 내부 적대자들이 바르에서 동맹을 결성한다.

△ 타데우시 코시치우슈코

엔지니어이자 군사 지도자인 코시치우슈코는 폴란드군을 이끌고 러시아군과 싸웠다. 이후 미국으로 건너가서 미국 혁명 전쟁에서 영국과 싸웠다.

폴란드-리투아니아의 종말

내전으로 분열되고, 러시아의 개입으로 약해진 폴란드-리투아니아 연방은 세 차례 분할을 거치면서 국가의 규모와 힘이 줄어들었다. 이 연방은 1795년에 사실상 사라졌다.

영국의 내전

1640년대와 1650년대 초, 절대 군주제를 추구하는 왕이 의회를 받아들이려고 시도하면서 영국은 부단한 일련의 전쟁에 휩싸였다. 그 결과, 짧은 기간 공화주의 혁명이 일어나 근대적인 정치집단들이 사회적, 정치적 개혁을 추진했다.

16세기에는 영국 군주들이 대부분의 조세에 대해 의회 승인을 구하는 것이 관례가 되었다. 찰스 1세는 1636-1637년에 프랑스, 스페인과의 전쟁, 1639-1640년에는 스코틀랜드와의 전쟁 관련된 비용을 지출해야 했다. 하지만 1640년까지 오래된 해군 조세인 선박세처럼 의회 승인이 필요 없는 방법이 존재했다. 1629년부터 1640년까지 찰스 1세가 의회를 소집하지 않자 왕이 의회를 없애려고 한다는 의구심을 불러일으켰다. 한편 전통적인 영국 교회 체제를 반대하는 급진적 성향의 청교도의 불길이 일고 있었다. 의회가 더 강력한 권력을 추구

하면서 왕과의 협상이 어려워졌고, 급기야 1642년에 왕당파와 의회파 사이에 전쟁이 벌어졌다.

제1차 내전에서 올리버 크롬웰이 이끄는 의회파 군대가 왕당파를 완전히 격파했다. 왕은 제2차 내전 시기에 스코틀랜드의 지원을 받아 공격했으나 실패했다. 찰스는 재판을 받아 처형되고 그의 아들 찰스 2세는 내전에서 패했다. 정치적 급진주의자들이 세운 잉글랜드 공화정부는 올리버 크롬웰이 호국경이 되어 잉글랜드 시기에 약간 후퇴하긴 했지만 1660년까지 지속되었다.

올리버 크롬웰
1599-1658년

올리버 크롬웰은 청교도 신자로 1628년에 하원 의원이 되었다. 그는 영국 내전에서 크게 두각을 나타냈고 1645년에 신모범군의 부사령관이 되었다. 금진주의 신식 군대는 사회적 지위가 아니라 개인의 능력에 초점을 맞추어 크게 성공을 거두었는데, 경우 장 기병에 기반하여 공격 속도를 크게 높였다. 크롬웰은 1650년에 의회파 군대의 사령관이 되었고 영국 공화정부 시기에 군주의 유사한 권한을 가진 호국경에 임명되어 금진주의의 부상을 유지했다. 그는 사형을 맞을 때까지 이 직책을 유지했다.

> "나는 썩어 없어질 왕국이 아니라 썩지 않은 왕국으로 갈 것입니다. 그곳에는 어떤 혼란도 없을 것입니다."
>
> 자형 직전 찰스 1세의 마지막 말, 1649년

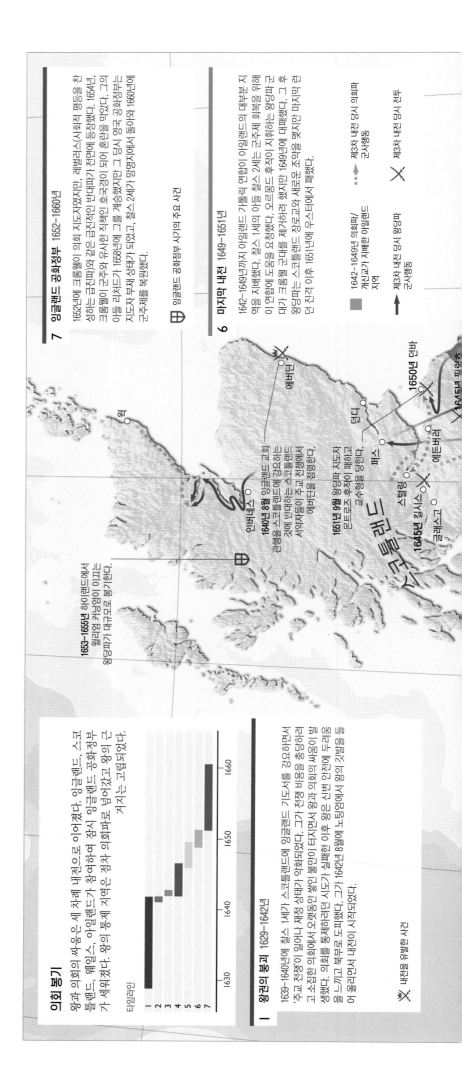

의회 봉기

타임라인

1 왕권의 붕괴 1629-1642년

1639-1640년에 찰스 1세가 스코틀랜드에 잉글랜드 기도서를 강요하면서 잉글랜드, 스코틀랜드, 웨일스, 아일랜드가 참여하는 잠시 잉글랜드 공화정부가 세워졌다. 그가 전쟁 비용을 충당하려고 소집한 의회에서 오랫동안 쌓인 불만이 터지면서 왕과 의회의 싸움이 발생했다. 의회를 통제하려던 시도가 실패한 이후 왕은 신변 안전에 두려움을 느끼고 북부로 도피했다. 그가 1642년 8월에 노팅엄에서 왕이 깃발을 들어 올리면서 내전이 시작되었다.

6 마지막 내전 1649-1651년

1642-1649년까지 찰스 1세가 아일랜드 대부분 지역을 지배했다. 찰스 1세의 아들 찰스 2세는 군주제 회복을 위해 이 연합에 도움을 청했다. 오믈롱드 후작이 지원하는 왕당파 군대가 크롬웰 군대를 마침내 이기려 했지만 1649년에 대패했다. 그 후 왕당파는 스코틀랜드 장로교와 새로운 조약을 맺자 마지막 내전이 이후 1651년에 우스터에서 패했다.

7 잉글랜드 공화정부 1652-1660년

1652년에 크롬웰이 의회 지도자였지만, 레벨러스(수평파)가 전면에 등장했다. 1654년, 크롬웰은 금진파와 같은 급진적인 반대파인 호국경이 되어 훈련을 맺었다. 그의 아들 리처드가 1658년에 그를 계승했지만 그 당시 영국 공화정부는 지도자 부재 상태가 되었고, 찰스 2세가 명명지에서 돌아와 1660년에 군주제를 복귀했다.

범례:
- 1642-1649년 의회파 지도자 군주제를 복원하다
- 개신교가 지배한 아일랜드 지역
- 잉글랜드 공화정부 시기의 주요 사건
- 제3차 내전 당시 의회파 군사행동
- 제3차 내전 당시 전투

지도 표기: 에버딘 · 1650년 던바 · 1651년 9월 · 1645년 필립호 · 인버네스 · 던디 · 퍼스 · 스털링 · 글래스고 · 에든버러 · 스코틀랜드 · 1640년 8월 잉글랜드 교회 · 1663-1655년 하이랜드

5 제2차 내전 1646-1649년

1646년, 찰스는 스코틀랜드에 투항했지만 의회파에 넘겨져 제1차 내전이 끝났다. 1647년에 왕이 비밀리에 스코틀랜드와 조약을 맺듯이 스코틀랜드군은 그를 위해 잉글랜드를 침략했다. 의회 군은 찰스가 신의 뜻이라는 강력한 신호였던 여러 중요한 전투에서 승리를 거두고 1648년에 프레스턴에서 왕당파 군대를 격파했다. 왕의 재판을 받고 처형되었다.

→ 제2차 내전 당시 왕당파 군사 행동
↑ 제2차 내전 당시 의회파 군사 행동
✕ 제2차 내전 당시 전투

4 청교도와 장로교 1643-1646년

많은 의회파들은 엄격한 개신교 교리로 청교도 신자였다. 스코틀랜드인은 대부분 또 다른 개신교 교리인 장로교 신자였다. 1643년에 의회 지도자들은 스코틀랜드에 도움을 요청하면서 그 대가로 영국 교회를 장로교 노선에 따라 개혁하기로 합의했다. 의회가 승리하자 이전의 왕당파 지역이 대부분이 함락되었다.

1643년 왕이 통제하는 지역
1643년 의회가 통제하는 지역
⊞ 1645년 왕과 의회가 통제한 지역 내 왕당파 근거지

---

2 1차 내전의 시작 1642년

1642년 10월, 에지힐에서 제1차 내전이 발생했지만 승패는 불분명했다. 의회파 군대나 왕당파 군대 어느 쪽에도 결정적인 지도자가 없었고, 왕은 전쟁의 초기 승패를 위해 옥스퍼드에서 런던으로 진격할 기회를 놓쳤다. 잉글랜드의 각 지역은 분열되어 어느 한쪽을 지지하게 되었다. 서부 지역 출신인 크롬웰은 초기에 왕당파로 서쪽 지역구의 의원이었다.

1642년 왕의 통제지역
1642년 의회의 통제지역
✕ 제1차 내전의 전투(1642-1646년)

3 왕당파의 재기 1643년

1643년에 왕당파가 부분적인 전투를 통해 전략적 성과를 거두었다. 랄프 홉튼 경이 1월에 브래독 다운 전투 이후 서부 지역에서 승리를 거두었고, 7월에는 왕당파가 브리스틀을 수중으로 넣었다. 북부 지역 역시 대부분 왕당파의 수중으로 들어갔다. 올리버 크롬웰이 지휘하던 동앵글리아 의회만이 의회파 군대에 참전했다.

1643년 왕의 통제지역
1643년 의회의 통제지역

▽ 교수대로 가는 길

1649년 1월 30일, 병사들에게 에워싸인 채 찰스 1세가 세인트제임스 궁원을 지나 처형장으로 걸어가고 있다.

지도 내 표기 (날짜별 사건)

1640년 8월 스코틀랜드 서약자들이 뉴번 전투 이후 뉴캐슬을 점령한다.

1644년 왕당파 사령관 루퍼트 왕자가 요크를 구하려고 했으나 패배한다.

1642년 8월 22일 왕이 왕의 깃발을 올리면서 내전이 사실상 열린다.

1646년 5월 찰스 1세가 스코틀랜드에 투항한다.

1648년 메이드스톤

1648년 콜체스터

1660년 5월 찰스 2세가 도착하여 다시 잉글랜드 왕이 된다.

1648년 도버

마스턴 무어 · 캐슬 볼턴 · 뉴캐슬 · 칼라일 · 센들리 · 에지힐(레이즈비) · 체스터 · 뉴어크 · 노팅엄 · 프레스턴 · 리즈 · 헐 · 요크

1648년 8월 17일 스코틀랜드 장로교-왕당파 군대가 패한다.

1651년 크롬웰이 워스터로 진군한다.

1642년 크롬웰의 제1차 내전의 대규모 전투가 승패 없이 끝난다.

1649년 레블러의 반란

텀블다운 · 1643, 1644년 뉴베리 · 1643년 제리힐

1640년 11월 찰스 1세가 장기 의회를 소집한다.

1642년 1월 찰스 1세가 반대자들을 체포하기 위해 하원 의사당으로 들어간다.

1649년 1월 찰스 1세가 처형된다.

1649년 4월 비숍게이트에 주둔한 병사가 레블러의 반란을 일으킨다.

도닝턴 캐슬 · 1643년 라운드어웨이 다운 · 1645년 랭포트 · 글로스터

1643년 랜스다운 · 브리스틀

1643년 왕당파 람프 홉튼 경이 승리를 거두고 대번으로 가는 길을 연다.

1655년 펜루독 대령이 이끄는 왕당파 봉기가 진압된다.

브래독 다운 1643년

1649년 크롬웰이 드로에다를 약탈하면서 잉글랜드 군대가 민간인 사상자를 대규모로 발생한다.

1648년 8월 25일 마지막 왕당파가 콜체스터 기세에서 항복한다.

1651년 찰스 2세를 지지하던 마지막 왕당파 군대가 우스터에서 패한 뒤 찰스 2세가 망명한다.

1643년 7월 왕당파 군대에 의해 함락된다.

1645년 9월 왕의 의회파에 항복한다.

클레어 · 1649년 런던데리 · 드로에다 · 더블린 · 라스민

1652년 잉글랜드 연합에 불충한 것으로 간주된 왕당파 군대와 아일랜드 지도자들이 추방당한다.

1649년 오르몬드 후작의 패배로 왕당파가 아일랜드에서 재기할 기회가 사라진다.

1650년 클론멜

1642년 아일랜드군이 라스코넬에서 잉글랜드 연합군을 격파하면서 크로가 왕당파 개신교의 근거지가 된다.

잉글랜드 · 웨일스 · 아일랜드 · 동 앵 글 리 아

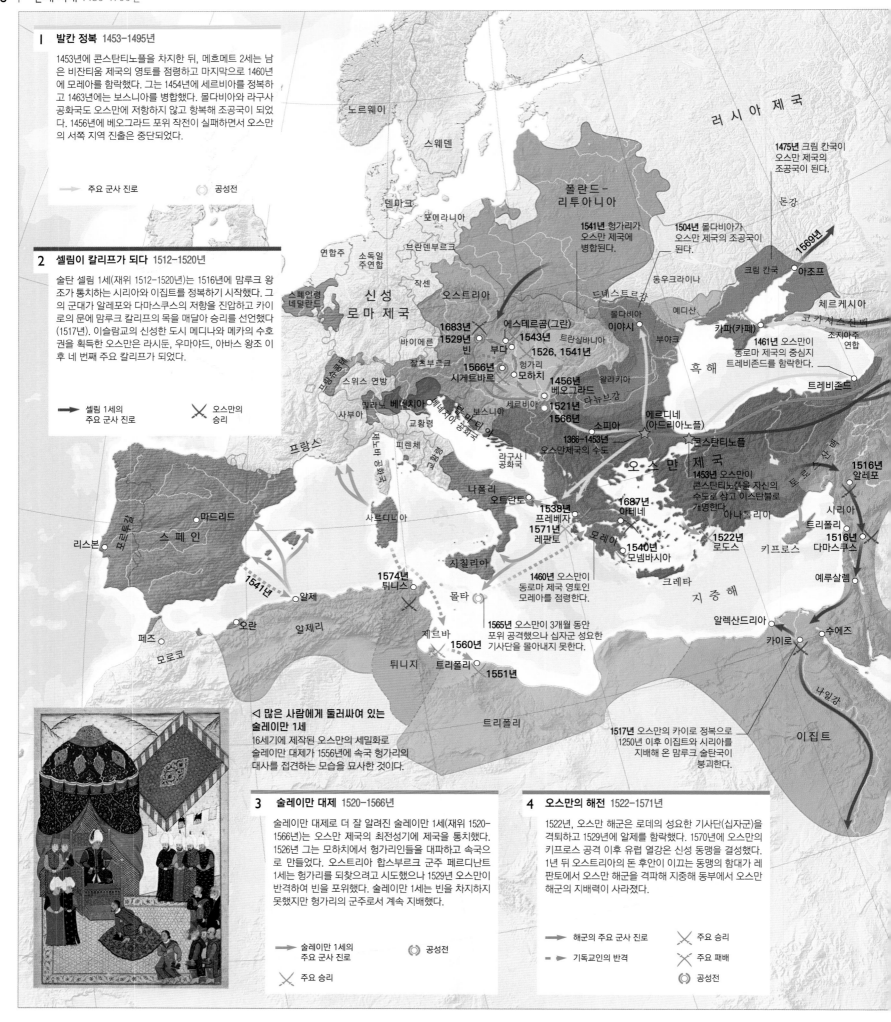

1 발칸 정복 1453-1495년

1453년에 콘스탄티노플을 차지한 뒤, 메흐메트 2세는 남은 비잔티움 제국의 영토를 점령하고 마지막으로 1460년에 모레아를 함락했다. 그는 1454년에 세르비아를 정복하고 1463년에는 보스니아를 병합했다. 몰다비아와 라구사 공화국도 오스만에 저항하지 않고 항복해 조공국이 되었다. 1456년에 베오그라드 포위 작전이 실패하면서 오스만의 서쪽 지역 진출은 중단되었다.

→ 주요 군사 진로   ◎ 공성전

2 셀림이 칼리프가 되다 1512-1520년

술탄 셀림 1세(재위 1512-1520년)는 1516년에 맘루크 왕조가 통치하는 시리아와 이집트를 정복하기 시작했다. 그의 군대가 알레포와 다마스쿠스의 저항을 진압하고 카이로의 문에 맘루크 칼리프의 목을 매달아 승리를 선언했다(1517). 이슬람교의 신성한 도시 메디나와 메카의 수호권을 획득한 오스만은 라시둔, 우마야드, 아바스 왕조 이후 네 번째 주요 칼리프가 되었다.

➡ 셀림 1세의 주요 군사 진로   ✕ 오스만의 승리

◁ 많은 사람에게 둘러싸여 있는 술레이만 1세
16세기에 제작된 오스만의 세밀화로 술레이만 대제가 1556년에 속국 헝가리의 대사를 접견하는 모습을 묘사한 것이다.

3 술레이만 대제 1520-1566년

술레이만 대제로 더 잘 알려진 술레이만 1세(재위 1520-1566년)는 오스만 제국의 최전성기에 제국을 통치했다. 1526년 그는 모하치에서 헝가리인들을 대파하고 속국으로 만들었다. 오스트리아 합스부르크 군주 페르디난트 1세는 헝가리를 되찾으려고 시도했으나 1529년 오스만이 반격하여 빈을 포위했다. 술레이만 1세는 빈을 차지하지 못했지만 헝가리의 군주로서 계속 지배했다.

➡ 술레이만 1세의 주요 군사 진로   ◎ 공성전
✕ 주요 승리

4 오스만의 해전 1522-1571년

1522년, 오스만 해군은 로데의 성요한 기사단(십자군)을 격퇴하고 1529년에 알제를 함락했다. 1570년에 오스만의 키프로스 공격 이후 유럽 열강은 신성 동맹을 결성했다. 1년 뒤 오스트리아의 돈 후안이 이끄는 동맹의 함대가 레판토에서 오스만 해군을 격파해 지중해 동부에서 오스만 해군의 지배력이 사라졌다.

➡ 해군의 주요 군사 진로   ✕ 주요 승리
⇢ 기독교인의 반격   ✕ 주요 패배
                      ◎ 공성전

오스만 제국의 확장

오스만 제국은 16세기와 17세기 동안 계속 확장했다. 술탄들은 쉬지 않고 전쟁을 벌여서 더 많은 영토를 확보했다. 제국의 쇠퇴를 알리는 첫 번째 신호는 1683년의 빈 정복 실패였다.

기호 보기

오스만 제국
- 1451년의 제국
- 1481년의 정복
- 1512-1520년 사이의 정복
- 1520-1566년 사이의 정복
- 1566-1639년 사이의 정복

다른 국가
- 오스트리아 합스부르크 영토
- 스페인 합스부르크 영토
- 속국들의 국경선

타임라인

1400 · 1500 · 1600 · 1700 · 1800

1 / 2 / 3 / 4 / 5 / 6 / 7

1578년 데르벤트

1588년 간자

1583년 바쿠

1554년 나흐츠반

타브리즈

칼디란

1514, 1534, 1555, 1585년

1514년

하마단

테헤란

사파비 제국

자그로스 산맥

티그리스강

1534년 바그다드

메소포타미아

유프라테스강

1538년 바스라

곰브룬

무스카트

1552년 해군 제독 피리 레이스의 지휘하에 오스만 함대가 포르투갈의 전초기지를 약탈한다.

바레인

오만

1534년 오스만군의 침략으로 사파비 왕조가 도시를 버리고 도피한다.

아라비아반도

메디나

메카

홍해

에티오피아

---

7 모레아 전쟁 1694-1699년

베네치아 공화국은 1684년에 모레아 정복 전쟁을 벌였다. 1687년에 펠로폰네소스반도를 차지한 이후 군대가 아테네로 진격했다. 이때 아크로폴리스 안에 주둔한 오스만 수비대에 박격포를 발사해 파르테논 신전이 크게 파괴되었다. 베네치아의 승리로 오스만 제국은 카를로비츠 조약을 체결해 모레아와 달마시아의 일부를 베네치아에 양도했다.

- 베네치아 공화국과 지배 영토
- ✕ 오스만의 패배

---

6 빈 공성전 1681-1683년

고위관료 카라 무스타파 파샤가 이끄는 오스만 군대가 1681년에 오스트리아를 공격하여 1682년에 헝가리 북부 지역을 점령하고 1683년 7월에는 빈 공성전을 벌였다. 기독교 국가들은 연맹을 결성해 폴란드의 왕 얀 소비에스키가 이끄는 군대를 파견했다. 그는 2개월 뒤 빈을 해방했다. 카라 무스타파는 패배로 인해 처형당했다.

- → 폴란드의 반격
- ✕ 오스만의 패배
- 폴란드-리투아니아

---

5 제국 통치 1566-1639년

1574년에 튀니스 함락으로 머그래브 동부 지역과 중앙 지역에 대한 오스만 제국의 지배가 확정되었다. 오스만은 사파비 제국의 서부 국경지역을 침략해 북부의 데르벤트(1578년), 바쿠(1583년)를 포함한 몇몇 도시를 차지했다. 술레이만 1세의 통치 이후 고위 관료와 하렘(술탄의 개인 가정) 사이의 권력 투쟁으로 술탄의 권위가 도전받고 제국이 약해졌다.

1517년 맘루크 술탄국을 상대로 오스만 제국이 승리한 이후, 메카의 샤리프 바라캇이 셀림 1세를 칼리프로 인정한다.

- → 주요 군사 행동
- ✕ 주요 승리
- ☆ 오스만 제국의 수도

오스만 제국의 통치

15세기는 오스만 제국이 팽창하던 시대였다. 오스만 제국의 통치 영역은 발칸, 시리아, 이집트로 확장되었다. 오스만이 최전성기 때 서부 유럽까지 진출하려고 시도하자 기독교 국가들은 동맹을 결성해 영토를 지켰다.

1453년, 비잔티움의 수도 콘스탄티노플을 함락한 오스만 제국은 근대의 주요 이슬람 국가로서 지위를 확고히 했다. 술탄 메흐메트 2세(재위 1444-1446년, 1451-1481년)는 계속해서 비잔티움의 나머지 지역과 발칸 북부, 아나톨리아 동부를 병합하고, 새로운 정복지에서 수입을 확보해 오스만 제국의 권력을 강화했다. 1481년에 오스만 제국은 이탈리아 남부의 오트란토를 공격해 서유럽에 충격을 주었지만 메흐메트가 1년 뒤 사망하여 이 군사 행동은 중단되었다.

계승자 바예지드 2세(재위 1481-1512년)는 발칸 지역에서 추가로 영토를 확보했으며 셀림 1세(재위 1512-1520년)는 이집트와 이슬람 성지를 정복해 칼리프의 권리를 요구하고 이슬람 통치자 사이에서 우월성을 주장했다. 술레이만 대제(재위 1520-1566년)는 제국의 최전성기에 제국을 통치했고 1526년에 헝가리를 침공했다. 합스부르크 통치자들은 끈질기게 저항했지만 대부분의 영토를 오스만 제국에 빼앗겼다.

16세기 중반, 내부 권력 투쟁으로 군인들의 지역 통치 권한이 더 커지고 정부 고위 관료들, 특히 총리가 권력을 잡으면서 오스만 제국의 권위가 쇠퇴하기 시작했다. 무라드 4세(재위 1623-1640년)와 메흐메트 4세(재위 1648-1687년)가 잠시 개혁을 시도했지만 대체로 효과가 없었다. 오스만 제국의 부실한 지도력은 1683년에 빈 공성전의 실패로 여실히 드러났고, 이 패배는 제국의 쇠퇴가 시작되었음을 드러냈다.

오스만 건축물
비잔티움의 영감

콘스탄티노플 정복 후 술탄 메흐메트 2세는 이전 비잔티움 제국 수도의 중심 건축물인 아야 소피아 성당을 이슬람 사원으로 바꾸었다. 이 건축물의 위엄은 위대한 오스만 건축가 시난에게 영감을 주었다. 그는 이스탄불의 쉴레이마니예 모스크(1558년)와 같이 높이 솟은 돔, 거대하고 개방적인 실내공간, 다수의 뾰족탑이 있는 이슬람 사원을 설계했다.

아야 소피아
16세기의 그림으로, 이슬람 사원으로 개조된 아야(聖) 소피아 성당을 보여 준다.

동양과 서양의 만남

15세기 유럽인들이 인도양에 도착한 이후 200년 동안
서구의 여행자, 재화, 사상이 점점 더 많이 아시아로 유입되기 시작했다.
그와 반대로 아시아와 그곳의 강력한 제국에 관한 정보 또한
유럽으로 서서히 알려졌다.

△ **무역의 중심지**
1665년에 제작된 그림으로 인도 벵골의 후글리에 있는 네덜란드 동인도 회사의 교역소에 휘날리는 네덜란드 국기를 보여 준다. 네덜란드 선박이 갠지스강을 항해하는 모습도 보인다.

15세기 말 이전에 아시아에 대한 유럽인들의 지식은 미미했다. 이 지식은 주로 베네치아 상인 마르코 폴로가 몽골 제국에 관해 전해 준 것이었다. 유럽인을 다시 아시아로 이끈 것은 요리 재료와 의료용으로 각광을 받은 육두구, 후추, 계피, 정향 같은 향신료를 얻으려는 바람이었다. 향신료는 비쌌고 중국, 무굴 제국, 오스만 제국이 통치하는 육로를 통해서만 얻을 수 있었다.

바다를 통해 아시아로

이탈리아 탐험가 크리스토퍼 콜럼버스가 인도와 중국에 가기 위해 1492년에 서쪽으로 대서양을 건너서 항해했다. 하지만 최종적으로 1498년에 인도 말라바르 해안의 캘리컷(오늘날의 코지코데)에 도착한 것은 아프리카를 돌아서 인도양으로 항해한 포르투갈 선장 바스쿠 다가마였다. 그 후 포르투갈인은 더 큰 군대를 이끌고 아시아로 가서 남아시아 곳곳에 여러 교역소를 세웠다. 1510년에 인도 고아, 1511년에 말레이반도의 말라카, 1512년에는 오늘날의 인도네시아 몰루카 제도에 세워졌다. 그로 인해 인도양에서 유럽 노예무역이 촉발되었고, 영국과 네덜란드의 정착민이 아시아에 도착하면서 노예무역량이 급속히 증가했다.

포르투갈인은 곧 다른 유럽 경쟁자, 특히 네덜란드인에게 근거지를 빼앗겼다. 네덜란드인은 1599년에 몰루카 제도를 잠식하기 시작했고, 영국인들은 1612년에 인도 수라트에 교역소를 세웠다. 이후 포르투갈은 중국 마카오에 교역소를 세웠고, 이곳에서부터 유럽 선교사와 상인이 중국과 일본으로 들어갔다. 중국에서 가톨릭 예수회 선교사들이 다양한 중국 관습을 받아들여 명나라의 북경에서 천주교회를 세웠다. 그들은 교인을 많이 얻지 못해서 1692년에야 기독교를 공식적으로 인정받았지만, 유럽의 천문학, 의학, 수학을 중국에 소개했다. 그와 반대로 《중국 도감(China Illustrata)》(1667년)과 같은 책을 통해 중국의 지식도 서양으로 전해졌다. 이 책은 최초로 유럽 독자를 위해 중국 문헌을 필사한 것이다.

◁ **적응주의 선교**
예수회 소속 아타나시우스 키르허의 《중국 도감》에 실린 삽화로, 마테오 리치(왼쪽)와 다른 기독교 선교사가 명 제국에서 받아들이기 쉽도록 중국식 예복을 입은 모습을 보여 준다.

선교사와 상인

바스쿠 다가마가 인도에 도착한 이후 포르투갈인은 남아시아와 동남아시아에 요새를 세웠다. 이때부터 상인과 선교사들이 아시아, 특히 인도, 일본, 중국으로 여행했다. 17세기 중반, 포르투갈인은 네덜란드인과 영국인으로 대부분 대체되었다. 그들의 선교활동은 포르투갈인보다 두드러지지 않았지만 상인들은 유럽의 사상을 아시아로 확산하고 아시아에 관한 지식을 서구로 전달하는 데 기여했다.

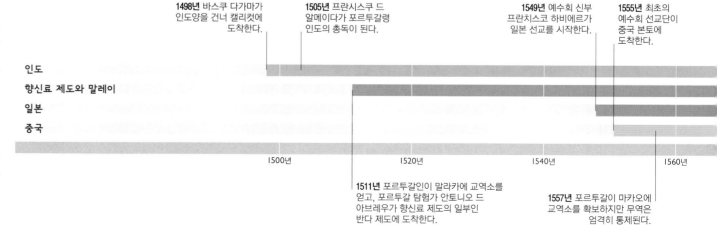

1498년 바스쿠 다가마가 인도양을 건너 캘리컷에 도착한다.

1505년 프란시스쿠 드 알메이다가 포르투갈령 인도의 총독이 된다.

1549년 예수회 신부 프란치스코 하비에르가 일본 선교를 시작한다.

1555년 최초의 예수회 선교단이 중국 본토에 도착한다.

인도

향신료 제도와 말레이

일본

중국

1500년　　　1520년　　　1540년　　　1560년

1511년 포르투갈인이 말라카에 교역소를 얻고, 포르투갈 탐험가 안토니오 드 아브레우가 향료 제도의 일부인 반다 제도에 도착한다.

1557년 포르투갈이 마카오에 교역소를 확보하지만 무역은 엄격히 통제된다.

◁ **외국인을 그린 그림**
일본에 도착한 포르투갈 탐험대를 묘사한
16-17세기의 그림이다. 외국인과 외국 주제를
전문적으로 묘사하는 일본 화풍인
난반 스타일을 보여 준다.

16세기에 일본은 내전으로 황폐화되었다. 1543년에 난파당한 포르투갈 선원 2명이 일본에 근대 무기를 소개하면서 내전의 유혈이 더 가중되었다. 예수회 신부 프란치스코 하비에르가 1549년에 선교부를 세웠고, 회심자 중 한 사람인 지방 영주 오무라 스미타다는 1571년에 포르투갈인에게 나가사키 지역을 제공했다. 그들은 이곳에서 무역 거래망을 넓혀 갔다.

유럽의 물품은 높은 평가를 받았고 포르투갈인이 구리 쟁반, 유화, 수채화를 일본인에게 소개했지만 1600년 이후 일본을 통치해 온 도쿠가와 막부는 기독교 회심자들이 늘어나는 것을 우려하기 시작했다. 다수의 로마 가톨릭교도가 포함된 1637년의 시마바라 반란이 마지막 결정타가 되었다. 기독교는 심한 탄압을 받았고 포르투갈인은 추방되었다. 그 뒤로 유럽인에게 허용된 유일한 접촉 창구는 네덜란드인이 운영하는 나가사키 연안의 교역소뿐이었다.

인도에서 무역과 외교

인도에서 영국인은 주요 권력 중심지에 접근함으로써 무역을 확대하려고 했는데, 인도 북부 지역의 핵심 권력은 무굴 왕조였다. 영국 동인도 회사가 1641년에 세인트 조지 요새(오늘날의 첸나이), 1690년에 윌리엄 요새(오늘날의 콜카타)를 확보했지만, 자원을 고갈시킬 수 있는 대규모 정치 활동은 피했다. 하지만 무역에는 지식이 필요했다. 1615-1618년까지 무굴 제국의 대사로 부임한 영국 외교관 토마스 로 경이 이끄는 대사관은 인도의 지형학, 관습, 정치에 관한 정보를 제공했다. 서구까지 여행한 인도인은 대체로 하인이나 상선에서 일하는 인도 출신의 선원이었고, 높은 지위의 인도인은 소수에 지나지 않았다.

그 당시 아시아와 유럽의 관계는 바뀌고 있었다. 그 후 1세기 동안 영국인은 인도의 많은 지역을 점령했고, 오스만 제국은 분열하기 시작했으며, 청 제국은 유럽인과의 무역에 의존하게 되었다. 그리고 일본은 외부 세계와 단절했다. 하지만 동양과 서양은 점차 세계화된 세상에서 불가분하게 얽히게 되었다.

▷ **위장된 신앙**
일본에서 만들어진 작은 상아 조각상으로,
동정녀 마리아를 불교의 자비의 여신
관음으로 묘사한 것이다. 1614년에 일본에서
기독교가 불법화되면서 이런 위장이
필요했다.

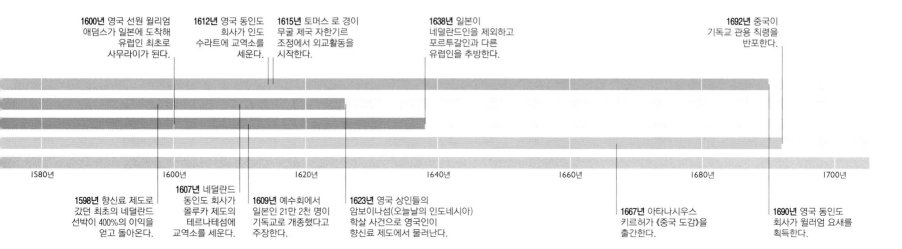

1600년 영국 선원 윌리엄 애덤스가 일본에 도착해 유럽인 최초로 사무라이가 된다.

1612년 영국 동인도 회사가 인도 수라트에 교역소를 세운다.

1615년 토머스 로 경이 무굴 제국 자한기르 조정에서 외교활동을 시작한다.

1638년 일본이 네덜란드인을 제외하고 포르투갈과 다른 유럽인을 추방한다.

1692년 중국이 기독교 관용 칙령을 반포한다.

| 1580년 | 1600년 | 1620년 | 1640년 | 1660년 | 1680년 | 1700년 |

1598년 향신료 제도로 갔던 최초의 네덜란드 선박이 400%의 이익을 얻고 돌아온다.

1607년 네덜란드 동인도 회사가 몰루카 제도의 테르나테섬에 교역소를 세운다.

1609년 예수회에서 일본인 21만 2천 명이 기독교로 개종했다고 주장한다.

1623년 영국 상인들의 암보이나섬(오늘날의 인도네시아) 학살 사건으로 영국인이 향신료 제도에서 물러난다.

1667년 아타나시우스 키르허가 《중국 도감》을 출간한다.

1690년 영국 동인도 회사가 윌리엄 요새를 획득한다.

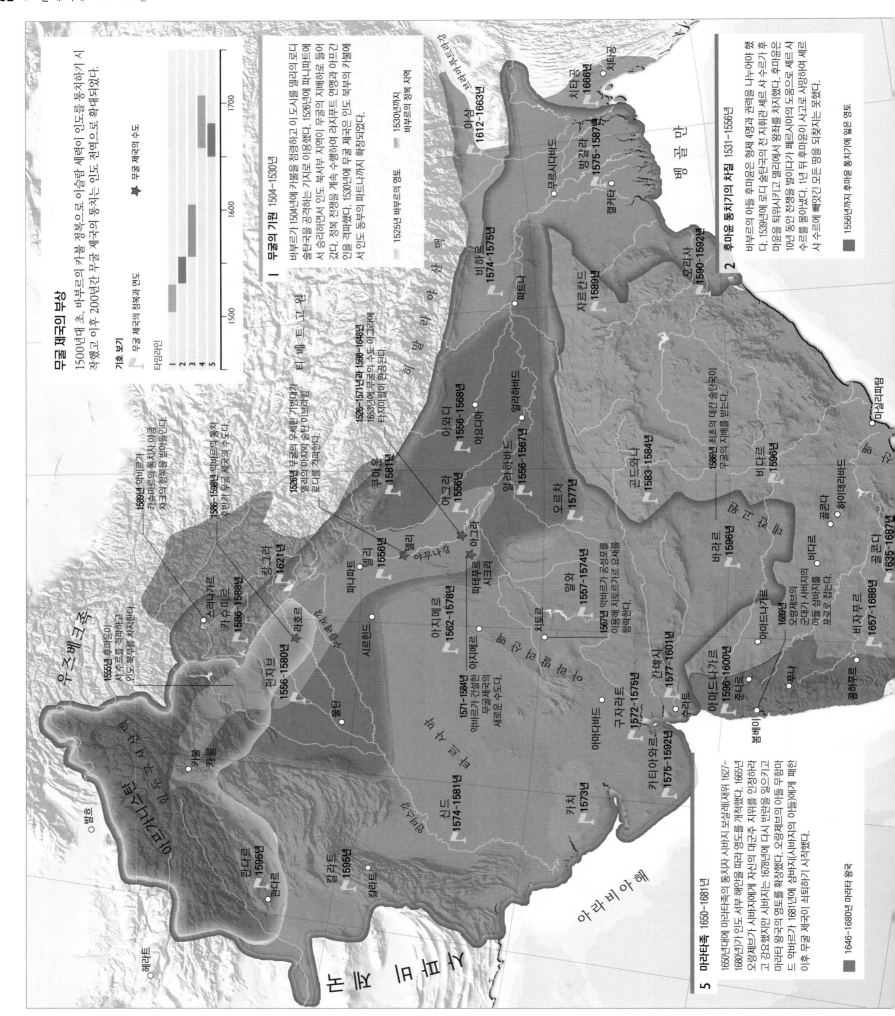

무굴 제국의 부상

1500년대 초, 바부르의 카불 정부으로 이슬람 세력이 인도를 통치하기 시작했고 이후 200년간 무굴 제국의 통치는 인도 전역으로 확대되었다.

기호 보기

★ 무굴 제국의 수도

🏯 무굴 제국의 정부와 연도

타임라인
1
2
3
4
5

1500   1600   1700

1 무굴의 기원 1504-1530년

바부르가 1504년에 카불 공을 점령하고 이 도시를 밸리의 로디 술탄국을 공격하는 기지로 이용했다. 1526년에 파니파트에 서 승리하면서 인도 북서부 지역이 무굴의 지배하로 들어 갔다. 정부 전쟁을 계속 수행하여 라지푸트 연맹과 아프간 인을 격파했다. 1530년에 무굴 제국은 인도 북부의 개믈에 서 인도 동부의 파트나까지 확장되었다.

1525년 바부르의 영토

1530년까지
바부르의 정부 지역

2 후마윤 통치기의 치질 1531-1556년

바부르의 아들 후마윤은 형제와 권력을 나누어야 했었 다. 1539년에 로디 술탄국의 전 지휘관 셰르 샤 수르가 후 마윤을 타파시키고 밸리에서 왕좌를 차지했다. 후마윤은 10년 동안 유사시기 밸리에서 도움으로 셰드 사 수르를 물리쳤다. 1년 뒤 후마윤이 사고로 사망하며 셰드 사 수르에게 빼앗긴 모든 영을 되찾지는 못했다.

1556년까지 후마윤 통치기에 잃은 영토

5 마라타족 1650-1681년

1650년대에 마라타족의 통치자 시바지 보살레(재위 1627-1680년)가 인도 서부 해안을 따라 영도를 개척했다. 1665년 오랑제브가 인도 서부지에게 자신의 대군주 지위를 인정하라 고 강요했지만 시바지는 1678년에 다시 반란을 일으키고 마라타 왕국의 영도를 확장했다. 오랑제브의 아들 무함마 드 악바르가 1681년에 셈바지(시바지의 아들)에게 패진 이후 무굴 제국이 쇠퇴하기 시작했다.

1646-1680년 마라타 왕국

인도의 무굴 제국

1520년, 중앙아시아 지역의 이슬람 집단 무굴족이 인도 북부에 제국을 건설했고 이후 150년 동안 영토를 확장하여 인도 대부분을 장악했다. 역대의 무굴 통치자들은 문화를 주도하여 타지마할과 델리의 붉은 요새 같은 웅장한 건축물을 비롯해 풍성한 유산을 남겼다.

1526년 몽골 전사 티무르의 후손 바부르는 델리의 로디 술탄을 격파하고 북부 인도를 정복하고 무굴 왕조를 세웠다. 통치 초기에 그는 추가적인 정복을 통해 제국의 영토를 두 배로 늘렸다. 그러나 바부르의 아들이자 계승자인 후마윤은 무굴의 영토를 경쟁자 셰르 샤 수리에게 빼앗겼다. 그는 15년 동안 망명 생활을 하다가 사파비 페르시아의 도움으로 권력을 회복하였지만 얼마 뒤에 1556년 사망했다. 제국의 미래를 확보하고 국경을 남쪽과 동쪽으로 확대하여 참 정비되고 통일된 권력을 수립한 사람은 후마윤의 아들 악바르(재위 1556-1605년)였다. 이

여서 2명의 무굴 통치자인 자한기르(재위 1605-1627년)와 샤 자한(재위 1628-1658년)은 훌륭한 정치를 펼쳐 제국의 황금시대를 이루었다. 웅대한 건축물에 대한 샤 자한의 열정은 아그라의 타지마할과 델리의 웅대한 모스크 자마 마스지드 건축으로 이어졌다. 오랑제브(재위 1658-1707년) 통치 기간에는 인도 남부까지 갔음이 전통했지만 그의 가혹한 종교정책으로 다수의 힌두교 통치자들의 신임을 잃었다. 그 결과 마라타족 반란 등 지역에서 반란이 일어나 제국의 구심선 이 훈란스러워지기 시작했다. 조금씩 장식하던 유럽 세력들이 이런 분열을 이용해 무굴 제국의 힘을 더 약화했다. 1800년대 초 무굴의 통치지역은 델리 인근 지역을 거의 넘지 못했다.

> "기적은 신앙이 있는 모든 신전에서 일어난다."
> 악바르 대제, 《악바르나마》에서, 1603년경

샤 자한과 뭄타즈
황제의 영원한 사랑

이 작은 그림은 무굴의 황제 샤 자한이 아내 뭄타즈 마할을 껴안고 있는 모습을 묘사한 것이다. 그는 뭄타즈를 개인적으로 더 소중하게 여겼다. 1631년에 뭄타즈가 출산 중에 사망하자 샤 자한은 크게 상심했고, 이듬해 사망하는 아내를 위해 아그라에 묘당 타지마할을 건설하라고 명령했다.

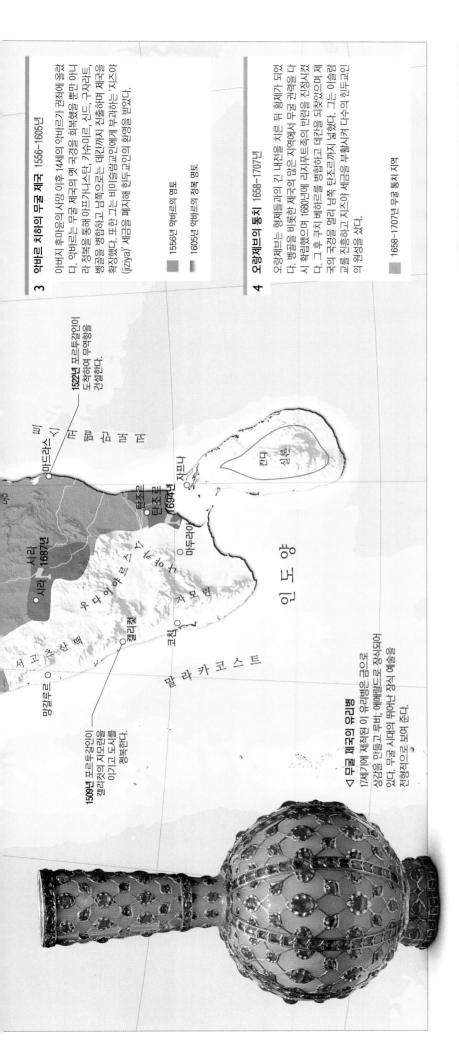

3 악바르 치하의 무굴 제국 1556-1605년

아버지 후마윤의 사망 이후 14세의 악바르가 권좌에 올랐다. 악바르는 무굴 제국의 옛 국경을 회복했을 뿐만 아니라 각 정복을 통해 이프가니스탄, 카슈미르, 신드, 구자라트, 벵골을 병합하고 남부로는 대칸까지 진출하며 제국을 확장했다. 또한 그는 비이슬람교인에게 부과하는 지즈야(jizya) 세금을 폐지하고 힌두교인의 환영을 받았다.

■ 1556년 악바르의 영토
■ 1605년 악바르의 영토

4 아우랑제브의 통치 1658-1707년

오랑제브는 형제들과의 긴 내전을 치른 뒤 황제가 되었다. 벵골을 비롯한 제국의 많은 지역에서 권력을 다시 확립했으며 1680년대 라지푸트의 반란을 진압시켰다. 그 후 주치 베히른을 병합하고 대간을 되찾았으며 제국의 국경을 역대 남쪽 탄조르까지 넓혔다. 그는 이슬람 교로 전통하고 지즈야 세금을 부활시켜 다수의 힌두교인의 반성을 샀다.

■ 1658-1707년 무굴 통치 지역

1522년 포르투갈인이 도착하여 무역항을 건설한다.

1509년 포르투갈인이 캘리컷의 자모린을 이기고 도시를 정복한다.

< **무굴 제국의 유리병**
17세기에 제작된 이 유리병은 금으로 상감을 만들고, 에메랄드로 장식되어 있다. 무굴 시대의 뛰어난 장식 예술을 전형적으로 보여 준다.

마드라스

시라 1687년

탄조르 1694년

자프나

칸디 왕국

인도 양

말라카 코스트

서고츠 산맥

마두라이

코친

캘리컷

망갈로르

정화 제독
명의 보물 원정대

명에서 청으로 교체되는 중국

명 왕조(1368-1644년)는 산업과 무역을 육성하고 중국의 경제와 기술을 부흥했다.

하지만 1506년부터 연이어 무기력한 통치자들이 명의 쇠퇴를 악화시켰다.

1620년대 기근 이후 전국에서 민란이 발생하자 한족이 아닌 여진족(나중에 만주족으로 알려짐)이 기회를 잡고 서북쪽에 몰린 명을 몰아내고 중국의 새로운 통치세력이 되었다.

명은 오래전에 진나라(78-79쪽 참조)가 제정한 제도에 따라 국가를 다스렸다. 명나라 시기 중국의 제조업은 꽃피웠고 해외무역도 촉진되었다. 영락제(재위 1403-1424년)는 난징을 대체한 새로운 수도인 북경에 자금성을 건설했다. 또한 중국의 무역 영향력을 아시아와 아프리카까지 확대했다. 이후의 황제들은 같은 비전을 공유하지 못해 명의 힘은 점차 쇠퇴했다. 선덕제(재위 1425-1435년)는 네라테하사를 세워 엄범 활동을 간소화함으로써 통치 부담을 줄였다. 명나라는 1449년에 어린 정통제(재위 1435-1449년, 1457-1464년)

가 몽골과 싸우는 과정에서 포로로 잡히는 바람에 큰 타격을 입었다. 명의 후반기는 조정 대신들이 전통적인 관료들을 대신하면서 파벌주의와 문란한 통치로 축발되어 명 제국의 몰락이 예고되었다.

1644년, 만주족이 북경을 점령했다. 조기에는 중국인 지배계급이 정부 체제에서 배제되자 반란이 일어났다. 그 이후 순치제(재위 1644-1661년)과 강희제(재위 1661-1722년) 통치기에 개혁을 통해 청나라가 안정되었다.

1 명의 황금시대 1368-1435년

명은 국내 상업과 해외무역을 활성화해 대체로 중국 동부 해안을 따라 주요 상업 중심지를 건설했다. 명은 도자기, 비단, 종이와 같은 제품을 수출했다. 이 시기에 국제무역망이 확대되면서 중국인이 동남아시아 전역의 여러 도시에 정착했다.

▲ 주요 무역 중심지

2 황제에서 포로로 1449-1457년

1449년에 정통제가 몽골과의 전투를 무모하게 지휘하다가 포로로 잡혔다. 그는 1년 뒤 석방되었지만 몇 년 지나 서아 황제로 복귀했다. 명 동지기 동안 몽골들 막기 위해 북쪽 변방을 강화하는 조치가 시행되었다. 만리장성이 확장되어 여러 수비대가 배치되었고 명에 1,200개가 주가되어 요새화되었다.

▲ 만리장성 수비대

3 명의 쇠퇴 1506-1620년

정덕제(재위 1506-1521년)는 성호정엄에 기초한 윤리제 개인 유교를 받아들였다. 하지만 그의 후계자 가정제(재위 1521-1567년)는 도교의 무사사임을 선호했다. 그 길제 국가 통치를 조정 대신에게 맡기고 제후 취향 문제를 소홀히 한 채 여가 활동과 호화로운 도교 의식에 몰두했다. 만력제(재위 1573-1620년) 때 명의 힘은 활씬 더 무기력해졌다.

→ 왜구 첨략

■ 왜구의 공격을 받은 지역

1405년부터 1433년까지 정화 제독은 무모하게 국가의 지원을 받아 '명 보물 원정대'를 일곱 차례 이끌고 인도양을 건넜다. 그는 200척이 넘는 함선과 선원 2만 7,800명으로 이루어진 함대와 함께 멀리 아라비아와 동아프리카까지 항해해 새로운 무역로를 개척하고 중국의 상업적 영향력을 확대했다.

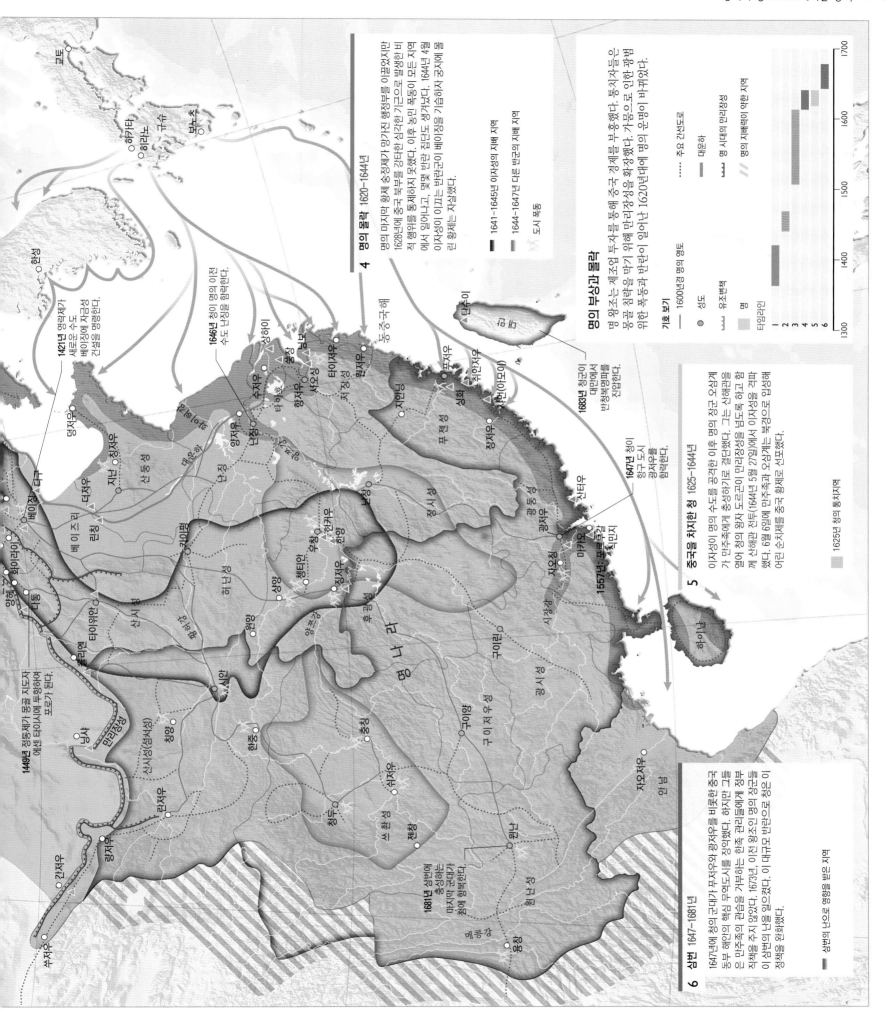

4 명의 몰락 1620~1644년

명의 마지막 황제 숭정제가 망가진 행정부를 이끌었지만 1628년에 중국 북부를 강타한 심각한 기근으로 발생한 비적 행각을 통제하지 못했다. 이후 농민 폭동이 모든 지역에서 일어나고, 몇몇 반란 집단도 생겨났다. 1644년 4월 이자성이 이끄는 반란군이 베이징을 기습하자 궁지에 몰린 황제는 자살했다.

- 1641~1645년 이자성의 지배 지역
- 1644~1647년 다른 반란의 지배 지역
- ✕ 도시 폭동

명의 부상과 몰락

명 왕조는 제ූ조와 조운 투자를 통해 중국 경제를 부흥했다. 통치자들은 몽골 침략을 막기 위해 만리장성을 확장했다. 가뭄으로 인한 광범위한 폭동과 반란이 일어난 1620년대에 명의 운명이 바뀌었다.

기호 보기
- ── 1600년경 명의 영토
- ● 성도
- ── 대운하
- ⋯⋯ 주요 건설도로
- ━ 유조변책
- 명 시대의 만리장성
- ▨ 명의 지배를 받는 지역
- ⫻ 명의 지배력이 약한 지역

타임라인
1 / 2 / 3 / 4 / 5 / 6
1300 · 1400 · 1500 · 1600 · 1700

5 중국을 차지한 청 1625~1644년

이자성이 명의 수도를 공격한 이후 명의 장군 오삼계가 만주족에게 충성하기로 결단했다. 그는 산해관을 열어 청의 왕자 도르곤이 만리장성을 남도록 하고 함께 산해관 전투(1644년 5월 27일)에서 이자성을 격파했다. 6월 6일에 만주족과 오삼계는 북경으로 입성해 어린 순치제를 중국 황제로 선포했다.

- ▨ 1625년 청의 통치지역

6 삼번 1647~1681년

1647년에 청의 군대가 푸저우와 광저우를 비롯한 중국 동부 해안의 핵심 무역도시를 장악했다. 하지만 그들은 만주족의 관습을 기부하는 한족 관리들에게 정부 직책 주지 않았다. 1673년, 이전 왕조의 명의 장군들 이 삼번에 난을 일으켰다. 이 대규모 반란으로 청원이 정책을 완화했다.

- ▬ 삼번의 난으로 영향을 받은 지역

도쿠가와 이에야스
1543-1616년

도쿠가와의 일본 통일

일본의 가장 강력한 두 가문 사이에 일어난 오닌 전쟁(1467-1477년) 이후 번주(지방 영주)들이 패권을 다투면서 일본은 약 100년 동안 내전 상태가 지속되었다.

연이어 사람들이 권력을 잡으면서 평화가 서서히 찾아왔지만, 최종적으로 장기적 안정을 회복하고 강력한 지배체제를 구축한 사람은 도쿠가와 이에야스였다. 그의 지배체제는 265년 동안 지속되었다.

일본의 강력한 호소카와 가문과 야마나 가문 사이의 갈등은 1467년에 아시카가 요시마사를 이어 누가 쇼군(일본의 군 최고사령관)이 될 것인가를 놓고 폭력적인 분쟁으로 발전했다. 그로 인한 오닌 전쟁이 10년 동안 이어져 수도인 교토가 파괴되었고 야마나 가문이 항복으로 끝났다.

두 가문의 전쟁이 현저히 약해지자 번주들이 권력을 잡을 기회를 노렸다. 정열적인 번주들이 패권을 놓고 서로 싸우면서 일본은 다시 혼란에 빠졌다.

"인생에서 강한 남자는 인내의 의미를 아는 사람이다."

도쿠가와 이에야스, 1대 도쿠가와 막부의 쇼군, 1616년

다. 약 100년 뒤 번주 오다 노부나가가 승기를 잡고 동맹을 결성해 15년간 이어진 전쟁에서 경쟁자를 물리쳤다. 하지만 일본의 새로운 지도자가 되는 마지막 시기인 1582년 6월, 노부나가는 부하 장수의 반란으로 자살했다.

노부나가의 파괴 동맹가 도요토미 히데요시는 그 후 8년 동안 전쟁을 벌여 가문의 권력을 장악하고 일본을 통일했다. 1598년에 히데요시가 죽자 미카와 동부(지금의 아치현)의 작은 오가키번의 성 숙자인 도쿠가와 이에야스는 이마가와 가문과 함께 군사 훈련을 시작했다. 그는 처음에는 오다 노부나가, 그다음에 도요토미 히데요시의 강력한 군대의 동맹을 맺어 독독으로 이웃하고 있던 호조 가문을 격파해 영지를 확장했다. 1603년에 히데요시가 사망한 뒤, 이에야스는 일본 황실의 쇼군이 되어 도쿠가와 막부를 세웠다.

쓰이에, 시마즈, 호조 가문을 점령하고 일본을 통일했다. 도쿠가와 이에야스(재위 1603-1605년)가 세키가하라(1600년)에서 결정적인 승리를 거두고 쇼군의 직위를 차지했다. 이에야스와 그의 후계자들은 지방 영주의 권한을 제한하는 엄격한 개혁을 시행했다. 또한 유럽인의 활동을 규슈의 항구 도시로만 제한하여 기독교인의 일본 점령 위협을 제거하는 등 도쿠가와 막부의 안정적 통치를 확보했다.

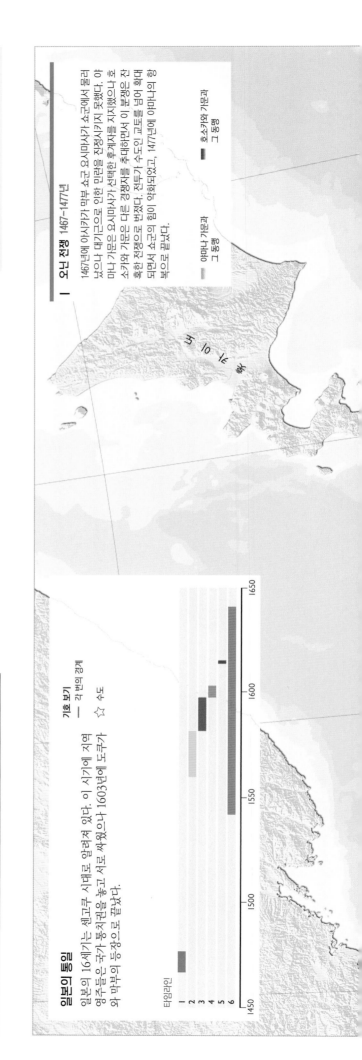

오닌 전쟁 1467-1477년

1467년에 아시카가 막부 쇼군 요시마사가 쇼군에서 물러 났으나 대기근으로 인한 민란을 진정시키지 못했다. 야마나 가문은 요시마사가 선택한 후계자를 지지했으나 호소카와 가문은 다른 경쟁자를 밀면서 이 분쟁은 전 충한 전쟁으로 번졌다. 전투가 수도인 교토를 넘어 확대되면서 쇼군의 힘이 약화되었고, 1477년에 야마나의 항복으로 끝났다.

범례
호소카와 가문과 그 동맹
야마나 가문과 그 동맹

일본의 통일

일본의 16세기는 센고쿠 시대로 알려져 있다. 이 시기에 지역 영주들은 국가 통치권을 놓고 서로 싸웠으나 1603년에 도쿠가와 막부의 등장으로 끝났다.

기호 보기
— 각 번의 경계
☆ 수도

타임라인
1
2
3
4
5
6

1450 1500 1550 1600 1650

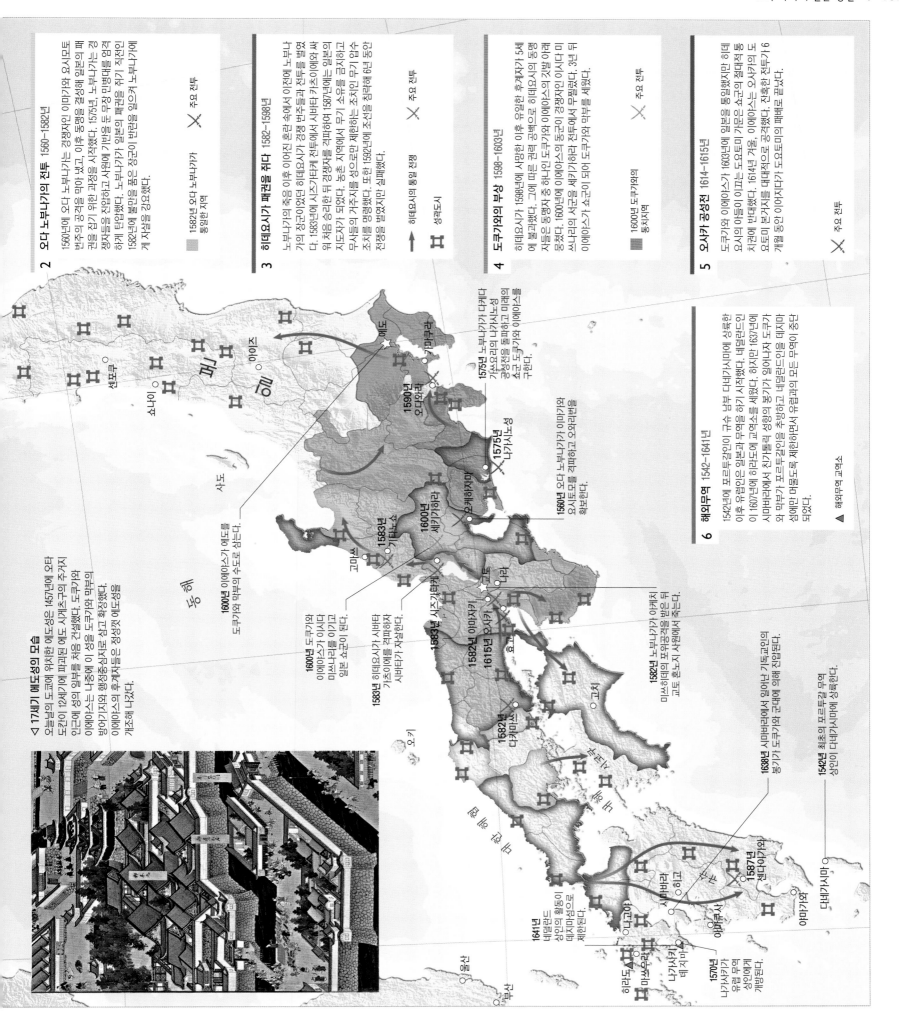

2 오다 노부나가의 전투 1560–1582년

1560년에 오다 노부나가는 경쟁자인 이마가와 요시모토의 공격을 막아 냈고, 이후 동맹을 결성해 일본의 패권을 쥐기 위한 과정을 시작했다. 1575년, 노부나가는 경쟁자들을 진압하고 사원에 기반을 둔 무장 반병대를 억압하게 탄압했다. 노부나가가 일본의 패권을 쥐기 직전인 1582년에 붕신들 중 장군이 반란을 일으켜 노부나가에게 자살을 강요했다.

■ 1582년 오다 노부나가가 통일한 지역   ✕ 주요 전투

3 히데요시가 패권을 쥐다 1582–1598년

노부나가의 죽음 이후 이어진 혼란 속에서 이전에 노부나가의 장군이었던 히데요시가 경쟁 변주들과 전투를 벌였다. 1583년에 시즈가타케 전투에서 시바타 가츠이에와 싸워 지금 승리한 뒤 경쟁자를 격파하여 1587년에는 일본의 지도자가 되었다. 동쪽 지역에서 무기 소유를 금지하고 무사들의 계주방을 성으로만 제한하는 조치인 무기 조치를 단행했다. 또한 1592년에 조선을 침략해 6년 동안 전쟁을 벌였지만 실패했다.

→ 히데요시의 통일 전쟁   城 성곽도시   ✕ 주요 전투

4 도쿠가와의 부상 1598–1603년

히데요시가 1598년에 사망한 이후 유럽인 휴게사가 5세에 불과했고, 그에 따른 권력 공백으로 히데요시의 동맹 지도들은 동맹자 중 하나인 도쿠가와 이에야스의 지방 아래 뭉쳤다. 1600년에 이에야스의 동군이 경쟁자인 이시다 미쓰나리의 서군을 세키가하라 전투에서 무찔렀다. 3년 뒤 이에야스가 쇼군이 되어 도쿠가와 막부를 세웠다.

■ 1600년 도쿠가와의 통치지역   ✕ 주요 전투

5 오사카 공성전 1614–1615년

도쿠가와 이에야스가 1603년에 일본을 통일했지만 히데요시의 아들이 이끄는 도요토미 가문은 쇼군의 절대적 통치권에 반대했다. 1614년 겨울, 이에야스는 오사카의 도요토미 본거지를 대대적으로 공격했다. 전투의 전투가 6개월 본거지인 이에지다가 도요토미에 패배로 끝났다.

✕ 주요 전투

6 해외무역 1542–1641년

1542년에 포르투갈인이 규슈 남부 다네가시마에 상륙한 이후 유럽인은 일본과 무역을 하기 시작했다. 네덜란드인 이후 1607년에 히라도에 교역소를 세웠다. 하지만 1637년에 시마바라에서 친가톨릭 성향이 봉기가 일어나자 도쿠가와 막부가 포르투갈인을 추방하고 네덜란드인을 데지마 섬에만 무역을 제한하면서 유럽과의 모든 무역이 중단되었다.

▲ 해외무역 교역소

◁ 17세기 에도성의 모습

오늘날의 도쿄에 위치한 에도성은 1457년에 오타 도칸이 12세기에 파괴된 에도 시케츠구의 주거지 인근에 성의 일부를 처음 건설했다. 도쿠가와 이에야스는 나중에 이 성을 도쿠가와 막부의 방어기지와 행정중심지로 삼고 확장했다. 이에야스의 후계자들은 정성껏 에도성을 개조해 나갔다.

스승과 제자
이탈리아 화가 티토 레시가 1892년에 그린 작품으로, 말년에
실명한 갈릴레오 갈릴레이(오른쪽)를 묘사한 것이다. 갈릴레
오와 함께 있는 그의 조수 빈첸조 비비아니는 1660년에 대포
의 섬광과 소리를 관찰해 음속을 계산했다.

과학혁명

16세기 중반부터 17세기 말까지
니콜라우스 코페르니쿠스, 갈릴레오 갈릴레이, 아이작 뉴턴 같은
과학자들이 자연과 우주의 작용에 관한 전통적인 시각을 뒤집는
혁명을 일으켰다.

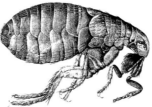

△ 미세 관찰
영국 박물학자 로버트 훅이
1665년 당시 최근에 발명된
현미경을 이용해 그린 벼룩의
모습이다. 현미경은 과학적 발견을
촉진하는 데 도움을 주었다.

1500년 이전 유럽 학자들의 활동은 대체로 프톨
레마이오스와 같은 고대 저자들의 책을 해석하
는 일에 한정되었다. 프톨레마이오스는 2세기에
천동설을 주장하는 천문학 저서를 남겼다. 1543
년, 프톨레마이오스의 이론에 의구심을 가진 니
콜라우스 코페르니쿠스는 지구가 태양 주위를
회전한다고 주장했다. 독일의 천문학자 요하네스
케플러는 코페르니쿠스의 주장을 개선했으며,
1619년에 행성 궤도가 원이 아니라 타원이라는
사실을 발견했다. 코페르니쿠스의 저서는 전통적
인 통설보다는 관찰에 기초해 이론을 제시하도
록 사람들을 자극했다. 1609-1610년에 이탈리아의 천문학자 갈릴레오 갈릴레이
는 새로 발명한 망원경을 이용해 목성 주위를 회전하는 위성 4개를 발견했다. 또
한 역학을 크게 발전시켜 낙하물의 가속도 법칙을 정립했다.

폭넓은 노력

의학 분야의 경우 직접적인 환자 관찰과 시신 해부를 통해 새로운 발견이 이어졌
다. 예컨대 영국의 의사 윌리엄 하비가 1628년에 인체의 혈액순환을 발견했다. 과
학혁명의 정점은 17세기 말에 영국의 수학자 아이작 뉴턴이 세 가지 운동 법칙과
중력 법칙을 발견한 일이었다. 이 법칙을 이용해 행성 궤도를 수학적으로 설명했
다. 그 후로 신학적 교리가 아니라 수학적 공식으로 우주를 설명하는 기계적 관점
이 확고하게 정립되었다.

세계 지도 제작

15-16세기에 이루어진 유럽
탐험가들의 항해는 지도제작
혁명을 불러일으켰다. 네덜란
드는 전문지식의 중심지가 되
었다. 1596년에 플랑드르의 지
도 제작자 게라드루스 메르카
토르가 새로운 투시법을 이용
해 세계 지도를 만들었다. 이
지도는 이후 몇 세기 동안 표
준이 되었다.

네덜란드 제국

네덜란드는 1568년에 스페인으로부터 독립을 주장하기 시작한
이후부터 국가적인 자부심과 번영의 시대가 이어졌다.
네덜란드 동인도 회사가 향신료 제도(166-167쪽 참조)의
지배권을 획득하고 해양 제국을 건설했다.

1568년에 스페인 통치에 대한 네덜란드의 반란이 일어났고, 초기에 북부의 주요
반란 지역들은 크게 파괴되었다. 이 지역들은 독립을 쟁취한 뒤 네덜란드 공화국
또는 연합주로 알려졌다. 네덜란드가 전쟁에서 회복되어 경제적 번영이 되찾고,
'섭정' 계급이 등장하자 예술과 학문 분야의 후원자도 늘어났다. 독립한 네덜란드
의 첫 1세기는 '황금시대'로 알려져 있다. 네덜란드 부의 많은 부분이 원주민 지
역의 식민지화와 착취, 뒤이은 노예무역에서 비롯되었다.

네덜란드 공화국은 초기 형태의 해상보험, 국영은행, 주식거래소와 함께 합자
회사를 처음 만들었다. 투자자들은 이 회사를 통해 위험과 이익을 똑같이 공유
했다. 가장 영향력이 큰 합자회사인 네덜란드 동인도 회사(VOC)는 1602년에 설
립되어 수익이 높은 아시아의 향신료 시장을 착취하기 시작했다. 이 회사는
1605년에 향신료 제도로도 알려진 몰루카 제도의 향신료 생산 중심지 암본을
점령했으며, 이곳은 1610-1619년까지 이 회사의 본부가 되었다. 네덜란드 동인
도 회사는 요새와 교역소 네트워크를 확대하여, 1660년대에 네덜란드는 남미의
수리남에서부터 케이프타운, 실론(지금의 스리랑카), 인도네시아 군도의 대부분
지역에 이르는 제국을 건설했다.

네덜란드 황금시대의 그림
독립 이후 미술

네덜란드 공화국의 부가 증가하면서
많은 부유한 상인 가문이 등장했고,
이들이 후원자 역할을 해 예술계의 발
전을 뒷받침했다. 종교적 주제에 관한
그들의 관심이 사라지자, 네덜란드의
선도적인 화가들은 역사화(렘브란트
판레인, 1606-1669년), 풍속화(요하네
스 베르메르, 1632-1675년), 풍경화(야
코프 만 로이스달, 1629-1682년), 초상
화(프란스 할스, 1582-1666년) 분야의
대가가 되었다.

가정생활을 표현한 그림
베르메르의 〈우유를 따르는 여인〉
(1658-1660년)은 많은 네덜란드
후원자가 선호했던 평화로운 가정의
모습을 묘사한 전형적인 작품이다.

네덜란드 제국

17세기 내내 네덜란드인은 제국을 확장했으며, 그 과정에서 스페인과 포르
투갈과 같은 기존의 탄탄한 유럽 제국과 경쟁해야 했다. 네덜란드는 인도
네시아 몰루카 제도를 비롯해 세계 곳곳에 많은 소유지를 보유했다. 몰루
카제도는 네덜란드가 향신료 무역을 지배하는 데 도움을 주었다.

기호 보기

- ●◆ 17세기 네덜란드 소유지 또는 네덜란드의
  일시 장악 지역
- ◆ 1700년 스페인 소유지
- ●◆ 1700년 다른 유럽 국가 소유지

타임라인

1
2
3
4

1550 1600 1650 1700 1750 1800 1850

캐나다

1625년 뉴암스테르담이
아메리카 동부 해안에 위치한
뉴네덜란드 지역의 수도가 된다.
1664년 영국이 뉴암스테르담을
차지하고 뉴욕으로 개명한다.
1667년 브레다 조약으로
뉴암스테르담을 영국에
양도한다.

**네덜란드
1613-1664년**

뉴암스테르담
(뉴욕)

**네덜란드
1655-1664년**
제임스타운

1665년 네덜란드가
뉴스웨덴을 점령한다.

뉴스페인 부왕령

서인도
제도

태 평 양

차메이카

에세퀴보
데메라라
**네덜란드
1632-1676년**
버비스
수리남

네덜란드의 독립

1568년, 스페인령 네덜란드에 대한 합스부르크가의 통치에 저항하는 네
덜란드인의 반란이 일어났다. 주로 개신교인이 거주하는 북부의 7개 지
역이 80년 만에 독립을 이루어 네덜란드 공화국(또는 연합주)을 수립했
다. 나중에 벨기에와 룩셈부르크가 된 남부 지방은 처음에는 반란에 가
담했지만 이후 스페인에 항복했다.

기호 보기

- 1648년 네덜란드 공화국
- 스페인령 네덜란드
- 리에 주교령
- 신성 로마 제국

1575년에 레이던대학교가
설립되어 과학과 기술
분야의 세계적인 연구자를
많이 양성한다.

리마

링엔

북 해

조 이 데 르 해

올덴잘

레이던

암스테르담

위트레흐트

흐룬로

신 성 로 마
제 국

1579년 7개 북부 지역이
위트레흐트 동맹을 맺고
힘을 모아 스페인 통치에
저항한다.

**네 덜 란 드
공 화 국
1648년**

뫼르스

앤트워프

쾰른

브뤼셀

마스트리히트

스 페 인 령
네 덜 란 드

리 에 주 교 령

라인강

1 네덜란드의 경제와 정치 1602-1700년

해외무역 원정대의 자금을 지원하기 위해 1602년에 암스테르담 주식거래소, 1609년에 암스테르담 은행이 설립되었다. 두 기관은 외국 경쟁자보다 훨씬 더 낮은 이자율로 투자금과 대출금을 제공했다. 요한 판 올덴바르네펠트(1547-1619년)와 요한 드 위트(1625-1672년)는 유능한 지도력을 발휘해 신생 네덜란드 공화국의 정치를 안정시켰다.

2 네덜란드 동인도 회사 1602-1799년

네덜란드 동인도 회사(VOC)는 투자자들이 650만 플로린을 투자해 1602년에 설립되었으며 암스테르담에서 이사 17명이 경영했다. 1619년, VOC는 자바에 근거지를 확보했으며, VOC의 동인도 지역 총독의 강력한 지시로 향신료 제도에 있던 포르투갈인을 몰아내고 1799년까지 인도네시아 군도를 지배했다.

☆ VOC 본사

3 아프리카의 네덜란드인 1592-1814년

네덜란드인의 서아프리카 항해는 1592년에 시작되었다. 여러 차례 엘미나 점령을 시도한 뒤 마침내 1637년에 성공했다. 1612년, 이곳에 포르투나소를 세워 네덜란드 골드코스트의 수도로 삼았다. 1640년대에 네덜란드는 앙골라의 포르투갈 근거지를 위협했고, 1652년에는 아프리카 남단 케이프타운에 소규모 근거지를 세웠다. 케이프타운은 상당히 많은 네덜란드인 정착민을 받아들였고 1814년까지 네덜란드가 지배했다.

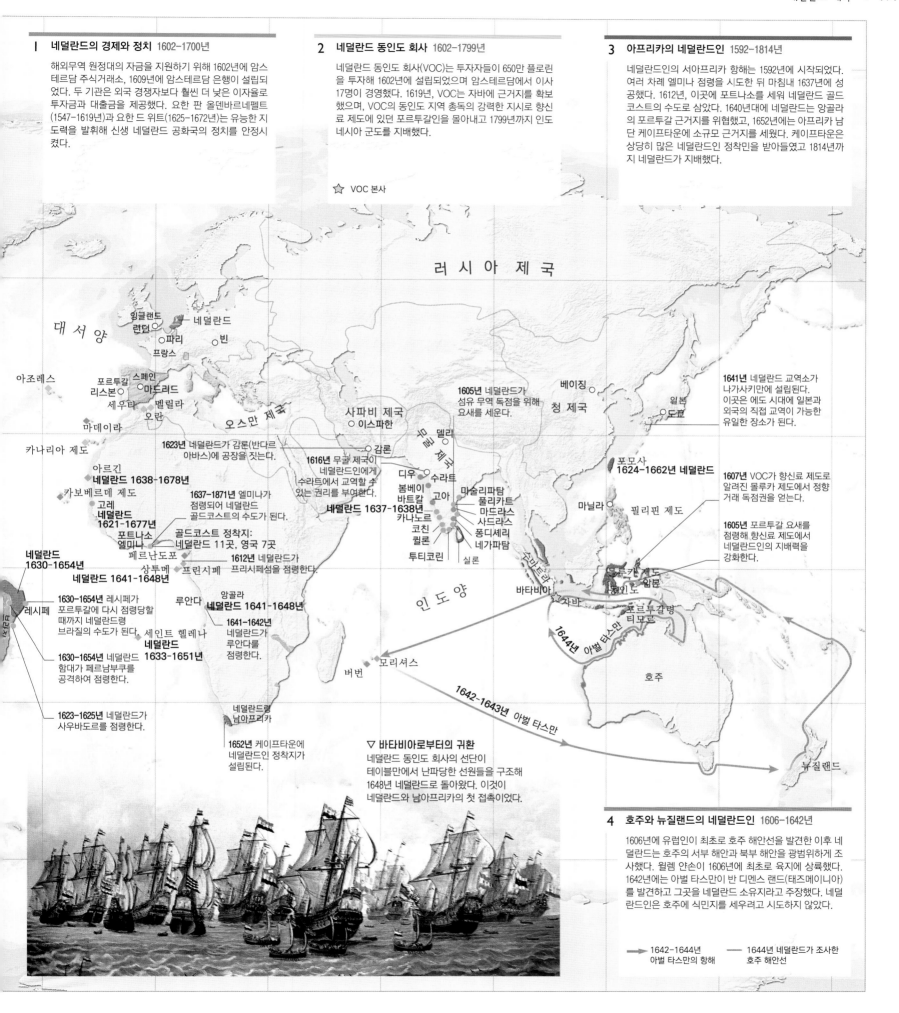

4 호주와 뉴질랜드의 네덜란드인 1606-1642년

1606년에 유럽인이 최초로 호주 해안선을 발견한 이후 네덜란드는 호주의 서부 해안과 북부 해안을 광범위하게 조사했다. 윌렘 얀손이 1606년에 최초로 육지에 상륙했다. 1642년에는 아벌 타스만이 반 디멘스 랜드(태즈메이니아)를 발견하고 그곳을 네덜란드 소유지라고 주장했다. 네덜란드인은 호주에 식민지를 세우려고 시도하지 않았다.

▷ 바타비아로부터의 귀환
네덜란드 동인도 회사의 선단이 테이블만에서 난파당한 선원들을 구조해 1648년 네덜란드로 돌아왔다. 이것이 네덜란드와 남아프리카의 첫 접촉이었다.

→ 1642-1644년 아벌 타스만의 항해
— 1644년 네덜란드가 조사한 호주 해안선

혁명과 산업

1700년부터 1850년까지 새로운 과학과 사상의 영향으로
세계의 많은 지역에서 혁신이 일어났다.
그중 가장 큰 혁신은 아마도 산업혁명일 것이다.

혁명의 시대

많은 이들은 1700년부터 1850년까지 기간을
제국주의, 산업주의, 민족국가, 계몽주의, 낭만주의, 민족주의 시대라고 부른다.
이 혁명의 시기에는 그 밖에 더 많은 것이 등장하면서 근대 세계가 형성되었다.

▽ 승패를 결정지은 마지막 전투
7년 전쟁 중 결정적인 해전에서 영국은
1758년 7월에 프랑스의 루이부르
(오늘날의 캐나다 지역) 요새를
점령했다. 이 승리로 이듬해 프랑스의
북미 지역 수도인 퀘벡을 차지했다.

세계 역사에서 이 시기의 근본적이고 지배적인 힘은 성장이었다. 세계 인구가 급성장하고 다양한 혁신이 이루어지면서 생산성, 무역, 경제, 도시화, 농업, 산업, 문해력, 대중매체, 기술 등이 발전했다. 그 결과 최종적으로 어떤 제국은 팽창하고 다른 제국은 무너졌다. 급격한 성장에

대응하기 위해 다양한 정치체제와 제도가 시도되었고 때로 실패하기도 했다. 일부 국가는 번성했지만 경제와 인간의 삶에 야만적인 결과가 초래되었다. 예컨대 영국은 노예무역을 이용해 세계 자원을 착취했고 미국은 더 멀리 북미 대륙 깊숙이 영토를 확장했다 (266-267쪽 참조). 동아시아와 서유럽에 이르기까지 여러 국가에서는 제국주의의 압박에 제대로 대응하지 못해 혁명이 일어났고 이는 장기적인 영향을 미쳤다.

△ 보스턴 차 사건
1773년에 미국인들이 영국의 통치에
항의하며 홍차 상자를 모두 바다에
갖다 버린 보스턴 차 사건이 발생했다.
이것은 그 사건에서 유일하게 남은 차
상자다.

세계를 개조하기

18세기 초에는 여러 방면에서 변화가 일어났다. 아메리카, 아시아, 호주, 뉴질랜드에 정착한 유럽인들은 농업, 산업, 기술 분야의 혁신을 통해 이 지역의 식민지화를 촉진했다. 식민지화는 현지인에게 끔찍한 영향을 미쳤다. 예컨대, 미국은 원주민의 영토를 병합했고 호주에서는 원주민에 대한 집단학살이 자행되었다. 기술 발전은 전쟁의 규모와 사망률을 증가시켰다. 유럽에서 나폴레옹이 일으킨 전쟁(214-217쪽 참조)에서는 대규모 군대가 동원되었고, 뉴질랜드에서는 머스킷 총이 전통적인 마오리족의 전쟁 양상을 크게 바꾸었다. 인도에서는 소규모 유럽

연결망의 증가

세계 곳곳이 서로 연결되면서 인구가 증가하고 교통과 통신이 더 편리해졌다. 그 결과 사람들의 이동이 늘고, 세계 경제 규모가 바뀌고, 세계적인 갈등을 포함한 국내 및 국가 간의 정치적 변화가 생겨났다. 또한 이 시기는 자연에 대한 지식이 비약적으로 증가해서 자연을 통제하고 이용하는 능력도 커졌다.

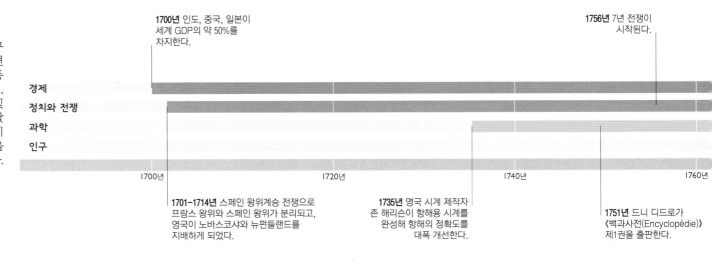

1700년 인도, 중국, 일본이
세계 GDP의 약 50%를
차지한다.

1756년 7년 전쟁이
시작된다.

경제

정치와 전쟁

과학

인구

1700년   1720년   1740년   1760년

1701-1714년 스페인 왕위계승 전쟁으로
프랑스 왕위와 스페인 왕위가 분리되고,
영국이 노바스코샤와 뉴펀들랜드를
지배하게 되었다.

1735년 영국 시계 제작자
존 해리슨이 항해용 시계를
완성해 항해의 정확도를
대폭 개선한다.

1751년 드니 디드로가
《백과사전(Encyclopédie)》
제1권을 출판한다.

◁ **유혈 혁명**
18세기에 제작된 동판화로, 1789년 7월 14일에 벌어진 바스티유 습격 당시 프랑스 혁명가들이 살해한 수비대의 머리를 들고 가는 모습을 묘사한 것이다. 이는 프랑스 혁명의 가장 상징적인 사건이다.

군대가 더 큰 규모의 현지 군대와 싸워 이겼다. 아프리카에서는 노예무역을 하는 제국들이 새로운 무기와 서구의 노예 수요 덕분에 번영했다.

세계에 미친 영향

18세기에는 최초로 세계적인 대전이 일어났다. 유럽 열강 사이에 벌어진 7년 전쟁(198-199쪽 참조)은 북아메리카 지역에서부터 동남아시아 지역까지 세계 곳곳으로 확산했다. 무역과 금융 네트워크가 세계 곳곳으로 확장됨에 따라 모든 곳에 영향을 미쳤다. 예를 들면, 미국 중서부 지역의 경우 미국 동서 해안을 연결하는 철도를 건설해 경제가 성장했지만 아메리카 원주민의 생활방식을 유지하는 데 필요한 버펄로가 전멸했다. 아프리카 전역은 노예무역으로 인구가 감소했다. 남아시아에서는 영국 제국주의가 현지의 경제와 무역을 완전히 파괴했다. 중국에서는 통화와 상품 무역 때문에 아편 전쟁이 발생했고 호주는 식민지 토지 강탈로 인해 원주민 인구가 크게 감소했다.

이런 엄청난 변화는 필연적으로 근본적인 정치적 결과를 초래했다. 유럽과 아메리카 지역에서 증가한 중산층과 장인 계층은 필요한 경우 혁명을 통해 변화를 계속 요구했다. 그 결과 1799-1850년 동안 수많은 혁명이 일어났다. 18세기에 미국독립전쟁과 프랑스 혁명, 19세 초에는 남미 지역의 민족주의적 정치 혁명이 발생했다. 가장 큰 격변은 중국에서 일어났다. 19세기의 중국은 세계의 경제적, 기술적, 정치적 변화에 대응하지 못하면서 끊임없이 불안정했다.

1850년에 세계는 전체적으로 부가 엄청나게 늘어났지만 어느 때보다 불평등도 커졌다. 정치, 사회, 문화의 놀라운 발전과 더불어 혁명, 독립운동, 해방운동, 계몽운동, 과학혁명이 일어났지만 전 세계 인구는 더 비참해졌다. 산업, 무역, 기술, 문화 분야의 성과들은 착취, 노예제, 집단학살, 불의의 토대 위에 세워졌다.

▷ **미래의 지도**
루이스와 클라크의 탐험(1804-1806년)을 통해 작성된 이 지도는 정착민이 북아메리카 지역을 개척하는 데 도움을 주었지만 아메리카 원주민에게 필요한 자연환경을 완전히 바꾸었다.

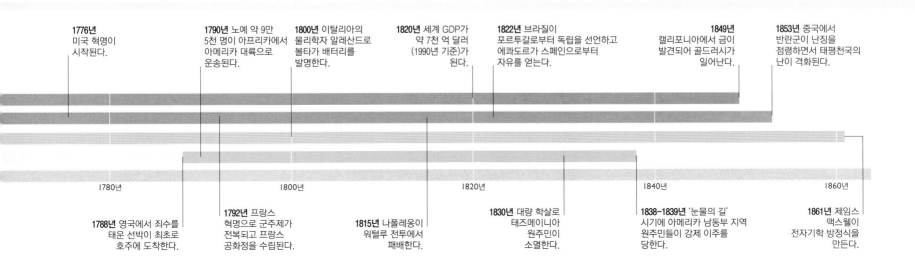

1776년
미국 혁명이 시작된다.

1790년 노예 약 9만 5천 명이 아프리카에서 아메리카 대륙으로 운송된다.

1800년 이탈리아의 물리학자 알레산드로 볼타가 배터리를 발명한다.

1820년 세계 GDP가 약 7천 억 달러(1990년 기준)가 된다.

1822년 브라질이 포르투갈로부터 독립을 선언하고 에콰도르가 스페인으로부터 자유를 얻는다.

1849년 캘리포니아에서 금이 발견되어 골드러시가 일어난다.

1853년 중국에서 반란군이 난징을 점령하면서 태평천국의 난이 격화된다.

1780년 · 1800년 · 1820년 · 1840년 · 1860년

1788년 영국에서 죄수를 태운 선박이 최초로 호주에 도착한다.

1792년 프랑스 혁명으로 군주제가 전복되고 프랑스 공화정을 수립된다.

1815년 나폴레옹이 워털루 전투에서 패배한다.

1830년 대량 학살로 태즈메이니아 원주민이 소멸한다.

1838-1839년 '눈물의 길' 시기에 아메리카 남동부 지역 원주민들이 강제 이주를 당한다.

1861년 제임스 맥스웰이 전자기학 방정식을 만든다.

1 프랑스의 식민지 경영 1700~1750년

프랑스 식민지 정착민은 미국 남부의 미시시피강 삼각주 에서부터 북동부 해안지대에 이르는 광대한 땅을 차지했 다. 이 여 주로 모피 무역에 종사했다. 1750년, 영국이 대조만 지역에 인접한 중서부 지역을 잠식하면서 긴장감이 높아 지자 프랑스는 여러 요새를 세웠다. 프랑스인 영국이 우 해에 맞서기 위해 원주민 와이언도트족(휴런족), 아니 슈나베족(오타와족)과 우호적인 관계를 맺었다.

2 앤 여왕 전쟁 1702~1713년

프랑스 식민지 정착민은 여러 토착 부족들과 동맹을 맺고 뉴잉글랜드 식민지에 여섯 차례 부족이 급습했다. 이에 대한 북복개정에서 영국군 프랑스 식민지 아카디아에 있는 해 상적인 프랑스 요새인 포트로열을 점령했다. 이 전쟁 이 후 1713년의 위트레흐트 조약으로 아카디아 본토, 허드슨 만, 뉴 펀들랜드가 영국에 양도되었다. 아카디아의 일부 지역은 1629~1632년 동안, 잠시 스코틀랜드 식민지였기 때문에 노바스코샤로 개칭되었다(160쪽 참조).

3 하우데노사우니 연맹 1600~1779년

1722년, 유럽 정착민에 의해 카롤리나스로 쫓겨난 스카루 렌족(투스카로라)이 뉴욕주 북부 지역의 여섯 번째 부족이 되었다. 이들은 한동안 자신의 영토를 성공적으로 지켜 냈으나 1779년 에 미국 군대가 그들의 정착지와 작물을 조직적으로 파괴 했다.

■ 하우데노사우니 연맹의 영토

4 젱킨스의 귀 전쟁 1739~1748년

사우스캐롤라이나와 플로리다 사이의 명을 두고 벌인 스 페인과 영국의 군사적 충돌이 1세기 동안 지속되었다. 하 지만 영국의 해군 장교 로버트 젱킨스가 스페인 해안 경 비대가 그의 참선을 약탈하고 자기 귀를 잘랐다고 주장하 면서(그는 의회에 증거로 제출했다) 이 적대관계는 새로 운 국면으로 전개되었다. 그로 인해 스페인과 영국 전쟁 이 벌어져 영국 조지 왕 전쟁과 합쳐졌다.

→ 스페인의 군사 행동
→ 영국의 군사 행동

5 조지 왕 전쟁 1744~1748년

1744년에 프랑스와 영국은 오스트리아 왕위계승 전쟁을 벌였다. 조지 왕 전쟁은 북아메리카 지역에서 벌어진 프 랑스와 영국의 전투를 일컫는 말이다. 이 전쟁으로 영국 계 아메리카 대륙 식민지 정착민이 케이프 브레턴섬의 루 이부르 요새를 차지했지만, 하지만 1748년에 체결된 평화조 약에 따라 영국이 루이부르 요새를 프랑스에 반환하자 아 메리카 대륙 식민지 정착민들은 이 조치에 격분했다.

→ 프랑스의 군사 행동
→ 영국의 군사 행동
✕ 주요 전투

6 프랑스-인디언 전쟁 1756~1762년

프랑스가 군사 자원을 유럽에 집중하고 있어 영국 식민 지 정착민은 유리한 상황에서 프랑스 식민지 정착민과 전쟁을 시작했다(198쪽 참조). 루이부르 요새(1759년), 퀘 벡(1760년), 나이아가라 요새(1759년), 몬트리올(1760년) 에서 영국이 결정적인 승리를 거두면서 프랑스는 북아메 리카 지역의 영토를 잃었다. 이윽고 프랑스는 루이지애나를 비밀조약을 통해 스페인에 넘겨주었다(1762년).

→ 프랑스의 군사 행동
✕ 주요 전투

▲ 보스턴 차 사건
'홍차법'과 차에의 세금을 부과하는 '인지세법' 등 새로 도입된 영국 법에 대응하기 위해 아메리카 애국주의자 무리들이 영국 동인도 회사의 선박에 실린 수천 상자를 부수고 바다에 버렸다.

(지도 내 라벨: 프랑스 무역항 ▲, 프랑스 요새 ☒, 프랑스 군사 행동, 프랑스와 동맹 부족의 군사 행동, 영국의 군사 행동)

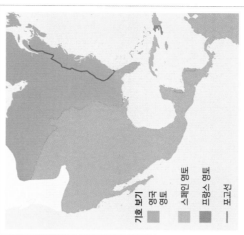

기호 보기
- 영국 영토
- 스페인 영토
- 프랑스 영토
- 포교선

1763년의 북아메리카

프랑스-인디언 전쟁(1754-1760년)에서 영국이 승리해 프랑스로부터 미시시피강 동쪽 일대를 빼앗으면서 북아메리카 지도는 크게 바뀌었다. 한편 스페인은 누아성에나에 대한 명목상의 지배권을 획득하고 플로리다를 영국에 양도했다. 영국 정부는 인디언 부족을 달래기 위해 1763년에 포고선을 만들어 식민지 정착민이 애팔래치아산맥을 넘어 정착하는 것을 금지했다.

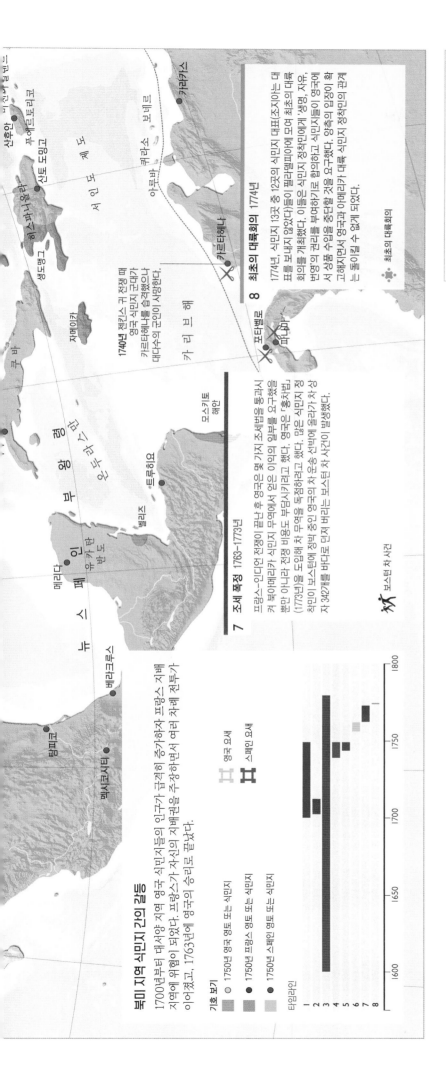

북미 지역 식민지 간의 갈등

1700년부터 대서양 지역 영국 식민지들의 인구가 급격히 증가하자 프랑스 지배 지역에 위협이 되었다. 프랑스가 자신의 지배권을 주장하면서 여러 차례 전투가 이어졌고, 1763년에 영국의 승리로 끝났다.

기호 보기
- ○ 1750년 영국 영토 또는 식민지
- ● 1750년 프랑스 영토 또는 식민지
- ● 1750년 스페인 영토 또는 식민지

Ⅱ 영국 요새
Ⅱ 스페인 요새

타임라인
1600 1650 1700 1750 1800

7 조세 폭정 1763-1773년

프랑스-인디언 전쟁이 끝난 후 영국은 몇 가지 조세법을 통과시켜 북아메리카 식민지 무역에서 얻은 이익의 일부를 요구했을 뿐만 아니라 전쟁 비용도 부담시키려고 했다. 영국은 '홍차법 (1773년)'을 도입해 차 무역을 독점하기도 했다. 많은 식민지 정착민이 보스턴에 정박 중인 영국의 차 운송 선박에 올라타 차 상자 342개를 바다로 먼저 버리는 보스턴 차 사건이 발생했다.

📛 보스턴 차 사건

8 최초의 대륙회의 1774년

1774년, 식민지 13곳 중 12곳의 식민지 대표(조지아는 대표를 보내지 않았다)들이 필라델피아에 모여 최초의 대륙 회의를 개최했다. 이들은 식민지 정착민에게 '생명, 자유, 재산'의 권리를 부여하기로 합의하고 식민지들이 영국에서 상품 수입을 중단할 것을 요구했다. 양측의 입장이 확고해지면서 영국과 아메리카 대륙 식민지 정착민의 관계는 돌이킬 수 없게 되었다.

✂ 최초의 대륙회의

1740년 젠킨스 귀 전쟁 때 영국 식민지 군대가 카르타헤나를 습격했으나 대다수의 군인이 사망했다.

북아메리카 쟁탈전

18세기 전반기에 북아메리카는 프랑스, 영국, 스페인 제국주의의 각축장이 되었다. 영국이 결국 승리했지만 그 대가로 아메리카 대륙 식민지 정착민의 마음에 혁명의 씨앗이 뿌려졌다.

1750년 영국의 북아메리카 식민지 정착민은 120만 명에 달했으며, 아메리카 대륙에 살고 있는 프랑스 식민지 정착민 6만 5천 명. 스페인 정착민 약 2만 명보다 훨씬 더 많았다.

이와 반대로 아메리카 대륙 원주민은 주춤. 대량 학살. 유럽 지역의 풍토병에 유린되면서 급격히 감소했다. 예컨대. 애팔래치아 동부 지역의 원주민 인구는 유럽인의 식민지가 시작될 당시에 약 12만 명에서 1759년에는 2만 명으로 줄었다. 원주민 부족은 단합하지 못한 채로 유럽의 새로운 유입자에 대항하려고 노력했다. 프랑스는 자신의 영향력 확대를 위해 모피 무역을 맺어 대서양 지역에서 영국의 정착지를 단계적으로 배제하려고 원주민과 동맹을 맺었다. 이 전략으로 소규모 충돌이 일어났지만 영국 식민지의 확장을 막으려고 했다. 이 전략으로 소규모 충돌이 일어났지만 영국 식민지의 확장을 막으려고 했다.

민지의 영토 확장을 막지 못했다. 영국 정착민은 북동 지역에서 프랑스 정착민을 옭아내고 그들의 남부 확장을 방해할 목적이 있는 스페인의 전초 기지를 파괴했다. 이 갈등은 프랑스-인디언 전쟁(7년 전쟁)의 일부, 198-199쪽 참조)에서 절정에 달했다. 막대한 비용이 소요된 이 전쟁은 영국이 승리하면서 아메리카 대륙에서 프랑스 식민지는 거의 사라졌다. 하지만 전쟁의 여파로 영국 정부는 전쟁 비용을 부과해야 했다. 이는 멀리 떨어진 영국으로부터 부당하게 취급당한다고 생각하던 식민지 정착민이 분노를 너무 부추겼다.

민지의 영토 확장을 맞지 못했다. 영국 정착민은 북동 지역의 프랑스 정착민을 쫓아내고 그들의 남부 확장을 방해할 목적이 있는 스페인의 전초 기지를 파괴했다. 이 갈등은 프랑스-인디언 전쟁(7년 전쟁의 일부, 198-199쪽 참조)에서 절정에 달했다. 막대한 비용이 소요된 이 전쟁은 영국이 승리하면서 아메리카 대륙에서 프랑스 식민지는 거의 사라졌다. 하지만 전쟁의 여파로 영국 정부는 전쟁 비용을 부과해야 했다. 이는 멀리 떨어진 영국으로부터 부당하게 취급당한다고 생각하던 식민지 정착민의 분노를 너무 부추겼다.

7년 전쟁

식민지 지배권을 두고 영국과 프랑스가 갈등을 벌이면서
양측은 모두 동맹을 끌어들였다.
북아메리카에서 인도, 카리브해부터 러시아에 이르기까지
전쟁이 확대되면서 최초로 세계적 규모의 전쟁이 되었다.

7년 전쟁은 영국, 프로이센, 하노버로 구성된 동맹과 프랑스, 오스트리아, 스웨덴, 작센, 러시아, 스페인으로 이루어진 동맹 간의 전쟁이다. 이 전쟁은 상업적 경쟁과 제국주의 경쟁, 그리고 프로이센과 오스트리아의 적대관계에서 비롯되었다. 프랑스가 합스부르크 오스트리아, 그리고 러시아와의 오랜 적대관계를 끝낸 뒤 대동맹을 맺자, 프로이센은 적들에게 둘러싸인 것을 알고 1756년 8월에 작센을 선제공격했다. 영국은 프로이센과 동맹을 맺었지만 주요 목적은 상업적 경쟁상대인 프랑스를 누르는 것이었기 때문에 프랑스 해군과 프랑스의 해외 식민지, 특히 북아메리카 식민지를 집중 공격했다. 프랑스는 유럽 지역 문제에 몰두했기 때문에 식민지에 투입할 자원이 거의 없어 북아메리카, 카리브해, 서아프리카, 인도에서 상당한 손실을 입었다(230-231쪽 참조). 여러 대륙에서 동시에 벌어진 7년 전쟁은 1763년에 종료되었고 영국은 세계 최대의 제국주의 국가가 되었다. 이 전쟁의 여파로 북아메리카 지역 원주민은 피난민이 되어 식량 부족에 시달리고 영국에게 보복당했다.

> "프랑스는 영국의 적이지만 프랑스가 먼저
> 군사력을 투입해 싸울 대상은 독일이다."
>
> 윌리엄 핏, 영국 수상, 1762년

식민지 지배

프랑스, 영국, 스페인 등 유럽 열강은 7년 전쟁을 통해 북아메리카 지역에서 군사력을 시험했다. 그들이 식민지 지배권을 얻기 위해 유럽과 식민지, 두 개의 전선에서 벌인 전쟁으로 자원과 식민지 정착민의 충성심이 고갈되었다.

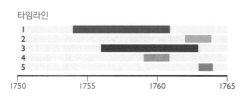

타임라인

| | 1750 | 1755 | 1760 | 1765 |

기호 보기

- ⚐ 영국 요새
- ⚑ 프랑스 요새
- ⚑ 스페인 요새
- ⚓ 영국 해군 기지
- ⚓ 프랑스 해군 기지
- ⚓ 스페인 해군 기지
- 영국 소유지
- 프랑스 소유지
- 스페인 소유지

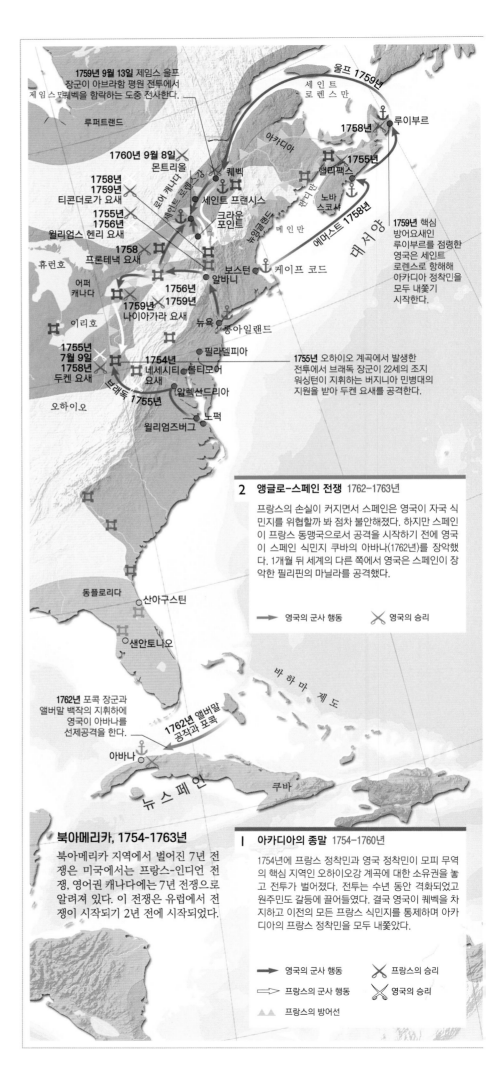

2 앵글로-스페인 전쟁 1762-1763년

프랑스의 손실이 커지면서 스페인은 영국이 자국 식민지를 위협할까 봐 점차 불안해졌다. 하지만 스페인이 프랑스 동맹국으로서 공격을 시작하기 전에 영국이 스페인 식민지 쿠바의 아바나(1762년)를 장악했다. 1개월 뒤 세계의 다른 쪽에서 영국은 스페인이 장악한 필리핀의 마닐라를 공격했다.

➡ 영국의 군사 행동   ✕ 영국의 승리

북아메리카, 1754-1763년

북아메리카 지역에서 벌어진 7년 전쟁은 미국에서는 프랑스-인디언 전쟁, 영어권 캐나다에는 7년 전쟁으로 알려져 있다. 이 전쟁은 유럽에서 전쟁이 시작되기 2년 전에 시작되었다.

아카디아의 종말 1754-1760년

1754년에 프랑스 정착민과 영국 정착민이 모피 무역의 핵심 지역인 오하이오강 계곡에 대한 소유권을 놓고 전투가 벌어졌다. 전투는 수년 동안 격화되었고 원주민도 갈등에 끌어들였다. 결국 영국이 퀘벡을 차지하고 이전의 모든 프랑스 식민지를 통제하며 아카디아의 프랑스 정착민을 모두 내쫓았다.

➡ 영국의 군사 행동   ✕ 프랑스의 승리
⇨ 프랑스의 군사 행동   ✕ 영국의 승리
▲▲ 프랑스의 방어선

3 프로이센의 침략 1756-1762년

프로이센의 프리드리히 2세가 작센을 침략하자 오스트리아와 그 동맹국은 모든 전선에서 응전했다. 하지만 프로이센은 영국의 지원 덕분에 특히 1757년에 프랑스군과 싸운 로이텐 전투를 비롯하여 초기에 여러 차례 승리를 거두었다. 그러나 1759년 쿠너스도르프 전투에서 오스트리아와 러시아의 군대에 의해 심각한 타격을 입었다. 러시아가 추가로 진격할 경우 프로이센의 운명이 위태로웠으나 러시아의 전쟁광 엘리자베타 여제의 죽음으로 프로이센이 살아남았다.

■ 프로이센과 동맹국
✕ 프로이센과 동맹국의 승리
■ 오스트리아와 동맹국
✕ 오스트리아와 동맹국의 승리
→ 오스트리아와 동맹국의 초기 군사 진로

유럽, 1756-1763년

유럽의 7년 전쟁이 유럽 중앙과 동부의 육지와 서유럽의 바다에서 벌어진다.

1759년 영국 해군이 키브롱만 해전 (그리고 라고스 해전)에서 승리해 해양 지배권을 확보한다.

1762년 표트르 3세가 러시아 황제로 즉위하자 러시아와 프로이센 사이에 평화가 찾아온다.

1763년 후베르투스부르크 조약으로 전쟁 이전의 기존 상태로 돌아가고 프로이센이 강대국으로 부상한다.

1760년 프로이센이 레그니차 전투와 토르가우 전투에서 승리하면서 오스트리아에 대한 위협이 줄어든다.

러시아
스웨덴
발트해
폴란드-리투아니아
북해
1761년 콜베르크 단치히
프로이센 프로이센
하노버 베를린 1758년 조른도르프
작센 1759년 쿠너스도르프 레그니차
1756년 피르나 1757년 로이텐
1756년 로보시체 1758년 호흐키르히
1757년 프라하 1757년 콜린
1757년 볼랄
헝가리
오스트리아
아드리아해
다뉴브강
밀라노
만토바
토스카나
코르시카

대영 제국
아일랜드
플리머스 포츠머스 런던 채텀
1758년 하우와 블라이
셰르부르
브레스트
호키 상말로 파리
키브롱만 1763년 파리 조약
1761년 케펠 로슈포르
1757년 호키와 모돈트
프랑스
페롤
코루냐
포르투
대서양
포르투갈
리스본 마드리드
스페인
759년 라고스 카디스 카르타헤나 지브롤터
1782년
툴롱
1756-1768년 프렌리 ✕ 1756년

4 영국의 봉쇄 1759-1761년

프랑스는 영국을 침공할 계획이었다. 하지만 프랑스 함대는 1759년에 포르투갈 앞바다 라고스(8월 19-28일)와 브리타니 앞바다 키브롱(11월 20일)에서 패배해 심각한 타격을 입은 상태였고, 영국 해군은 식민지로 가는 프랑스 보급로를 봉쇄해 피해를 주었다. 이러한 해전 승리를 통해 영국은 여러 식민지 정복전에서 프랑스보다 유리한 위치를 차지할 수 있었다.

✕ 영국의 승리
→ 영국 해군의 군사 진로
✕ 프랑스의 승리
→ 프랑스 해군의 군사 진로

5 파리평화조약 1763년

파리 평화조약은 프랑스의 제국주의와 식민지 야심이 끝났고 영국이 세계 제국으로 등장했음을 확실히 보여 주었다. 이 전쟁의 여파로 막대한 전쟁 부채에 시달리는 영국은 북아메리카 지역 식민지로부터 재정 수입을 확보하려고 시도했지만 많은 반발에 부딪혔고 결국 혁명으로 이어졌다.

🤝 파리조약

△ 노익장 프리츠
프로이센의 프리드리히 2세가 7년 전쟁에서 어렵게 승리를 거두고 쓰러진 장교에게 훈장을 주는 장면을 묘사한 그림이다. 독일에서 '노익장 프리츠(old Fritz)'라는 애칭을 얻었다.

농업혁명

전통적으로 '농업혁명'이란 용어는 18세기 초부터 19세기 중반까지 이루어진
농업 생산성의 급격한 증가와 관련된다.
농업혁명은 주로 영국에서 시작되었고 이후 유럽 전역, 미국, 그 외 지역으로 확산했다.

△ 바다를 메운 새로운 간척지
1705년의 이 그림은 간척지의 영향을
가장 극적으로 보여 준다. 네덜란드는
댐과 수로를 이용해 이전에 해수면보다
낮았던 땅에서 물을 빼서 국토를
확장했다.

18세기 초부터 혁신적인 영국 농부들은
세계의 다른 지역, 특히 저지대 국가(오늘
날의 벨기에와 네덜란드)로부터 농사법,
작물, 기술을 도입해 농업 생산성을 비약
적으로 발전시켰다. 1750년부터 1850년까지 영국의 곡물 생산성이
3배 증가하여 오랫동안 유지되었던 인구 수준을 훨씬 넘어서는 인구
증가를 뒷받침했다. 관련된 많은 농사법과 아이디어가 유럽 대륙에서
가져온 것이었지만 1815년에 영국의 농업 생산성은 다른 유럽 국가보
다 훨씬 더 높았다. 19세기 농업의 혁신은 세계의 선진 국가로 확산했
다. 농업혁명의 네 기둥은 씨앗 파종기와 기계화와 같은 농업 기술, 윤
작, 가축 생산성 개선을 위한 선택적 육종, 인클로저와 개간 등 토지이
용 방식의 변화였다.

▷ 파종기
비교적 단순한 파종기를 이용하면
일정한 깊이, 간격, 줄을 따라 파종할 수
있어 농업 생산성이 개선되었다.

혁신과 기계화

1701년, 영국 농부이자 농학자인 제스로 툴은 개선된 파종기를 개발
했다. 이 장비를 이용하면서 줄지어 종자를 심고 잡초를 제거하고 작
물을 관리할 수 있어 노동 효율성이 증가했다. 처음에는 잘 수용되지
않았지만 이 파종기는 토지와 노동의 생산성을 크게 개선하는 기술의
잠재력을 보여 주는 상징이 되었다. 미국에서는 사이러스 매코믹이 수
확기라는 기계를 개발했다. 1840년에 수확기를 사용해 낫을 이용하는
경우보다 하루에 12.5배 더 많은 밀을 수확했다.

수확량 증가의 또 다른 요인은 수확량이 적은 호밀 대신 다수확 밀
이나 보리처럼 새로운 작물이나 성가신 잡초를 제거하지 않고도 기를
수 있는 순무나 뿌리채소를 심는 것이었다. 하지만 가장 큰 요인은 일
차적으로 생산량을 제한하는 요소인, 작물에 필요한 토양 내 질소 수
준을 개선했기 때문이었다. 저지대 국가들의 농부들은 생물학에 대한
지식이 없었지만 콩과 식물과 클로버와 같은 작물이 토양의 비옥도를
개선해 토지 휴경을 줄일 수 있다는 사실을 발견했다. 이런 식물을 이
용하면 뿌리혹박테리아가 대기 중 질소를 고정하거나 흡수해서 땅을
비옥하게 하는 동시에 유용한 식량과 사료를 생산할 수 있다.

농사법의 변화

한편 가축 사육 방법의 변화(예컨대, 목초지 사육 대신 축사 사육)로
인해 비료로 사용할 퇴비를 모을 수 있었다. 아울러 이런 혁신을 통해
1700-1800년 사이에 밀 수확량이 약 1/4, 이후 1800-1850년 사이

농업혁명의 주요 동력

다수확 작물과 윤작 도입, 환금성
특용작물의 경제적 영향은 농업혁
명의 일차적인 동력이었다. 다른 요
인으로는 새로운 가축 품종과 가
축 운송 방법이 있다. 구대륙에서
토지 이용방식이 크게 바뀌고 있
을 때 신대륙에서는 새로 개척한
토지가 경작되었다. 도시와 농촌의
인구 변화로 노동력이 변화되었지
만 새로운 기술 덕분에 생산성이
크게 증가했다.

1700년 1604년에 시작된 과정이 계속되어
20세기 초까지 지속된다. 영국 의회는
수많은 인클로저 법령을 통과시켜 토지 소유권을
강화한다.

1755년 로버트
베이크웰이 뉴레스트
양을 육종한다.

| 토지 |
| 기술 |
| 가축 |
| 작물 |
| 노동력 |

1700년   1720년   1740년   1760년   1780년

1701년 제스로 툴이
파종기를 개발한다.

1788년 스코틀랜드 기계공학자
앤드류 메이클이 탈곡기에 대한
특허를 얻는다.

◁ **베이크웰이 개발한 레스터 품종의 양**
이 판화에 묘사된 디슐리 또는 뉴레스터
양은 로버트 베이크웰이 생산성이 더 높은
가축을 만들기 위해 광범위한 선택적 육종
프로그램으로 개량한 품종 중 하나다.

에 1/2이 각각 증가했다. 결국 과학적 지식은 그동안 경험적 지혜로만 알았던 사실, 즉 질소가 핵심적인 비료 성분이라는 것을 밝혀냈다. 19세기 중반부터 바닷새 분변의 퇴적물인 구아노와 같은 자원의 수입이 중요해졌다.

사료작물의 재배와 생산이 개선되면서 가축 사육이 증가했고, 선택적 육종을 통해 더 높은 생산성을 가진 품종이 개발되었다. 양모로 이름난 메리노 품종과 같은 양은 1807년부터 호주 농업을 완전히 바꾸어 놓았다. 그 결과 1850년대 호주에는 39개 품종의 양이 사육되었다.

영국은 버려진 땅이나 공유지에 울타리를 쳐서 사유지로 만드는 인클로저를 통해 토지를 더 집약적으로 농업에 활용했다. 예컨대 숲의 나무를 제거하거나 고지대의 초원을 개간하거나 소택지를 메워 간척했다. 17세기 중반부터 19세기까지 영국 농토의 약 1/3이 인클로저의 영향을 받았다. 이전에 초지였던 땅이 경작 가능한 토지가 되었고, 여기에는 특히 윤작방식으로 사료작물을 심었다. 길게 구획을 나누어 윤작하면 잡초가 자랄 수 있는 휴경을 하지 않아도 되었다.

농업혁명은 산업혁명(218-219쪽 참조)의 기초를 놓았다. 농업혁명은 아주 높은 인구 성장을 뒷받침하고 토지와 노동자의 생산성을 증가시켰다. 아울러 농업과 농촌지역의 노동 수요를 감소시키고 도시와 산업 노동자를 증가시켰다.

△ **퇴비 뿌리기**
즐거운 농촌 광경을 담은 이 광고는
바닷새 분변의 퇴적물로 만든
구아노 퇴비의 사용을 장려하고 있다.

> *"농업은 국가에 부를 제공할 뿐만 아니라 국가의 유일한 부다."*
>
> 새뮤얼 존슨, 영국 수필가, 1709-1784년

1800년 노포크의 '4윤작법'이 울타리를 친 영국 농장의 표준이 된다.

1815년 미국 남부에서 최고의 환금작물로 면화가 담배를 대체한다.

1863년 노예해방 선언으로 미국의 모든 노예에게 자유가 선포된다. 하지만 노예제가 매우 부당한 소작제도로 대체된다.

1871년 잉글랜드 경작 토지의 단 4%만이 휴경지가 되지만 1700년에는 20%에 달했다.

1860-1910년 미국의 농장이 200만 개에서 600만 개로 3배 증가하고, 농장 용지는 1만 6천 km²에서 3만 5,200 km²로 2배 이상 증가한다.

1800년   1820년   1840년   1860년   1880년   1900년   1920년

1807년 10월 포고령으로 프로이센의 농노제가 폐지된다. 서유럽의 농노제는 이미 중세 시대에 대부분 사라졌지만 러시아에서는 1861년까지 유지된다.

1837년 사이러스 맥코믹이 수확기에 대한 특허를 얻는다.

1867년 조지프 매코이가 텍사스 애빌린에서 시카고 도축장까지 소를 배로 운송하여 '소고기 붐'을 촉발한다.

1874년 스코틀랜드 농학자 패트릭 셰리프가 개발한 네모 형태의 다수확 밀이 덴마크에 도입되어 이후 점차 유럽 전역으로 확산된다.

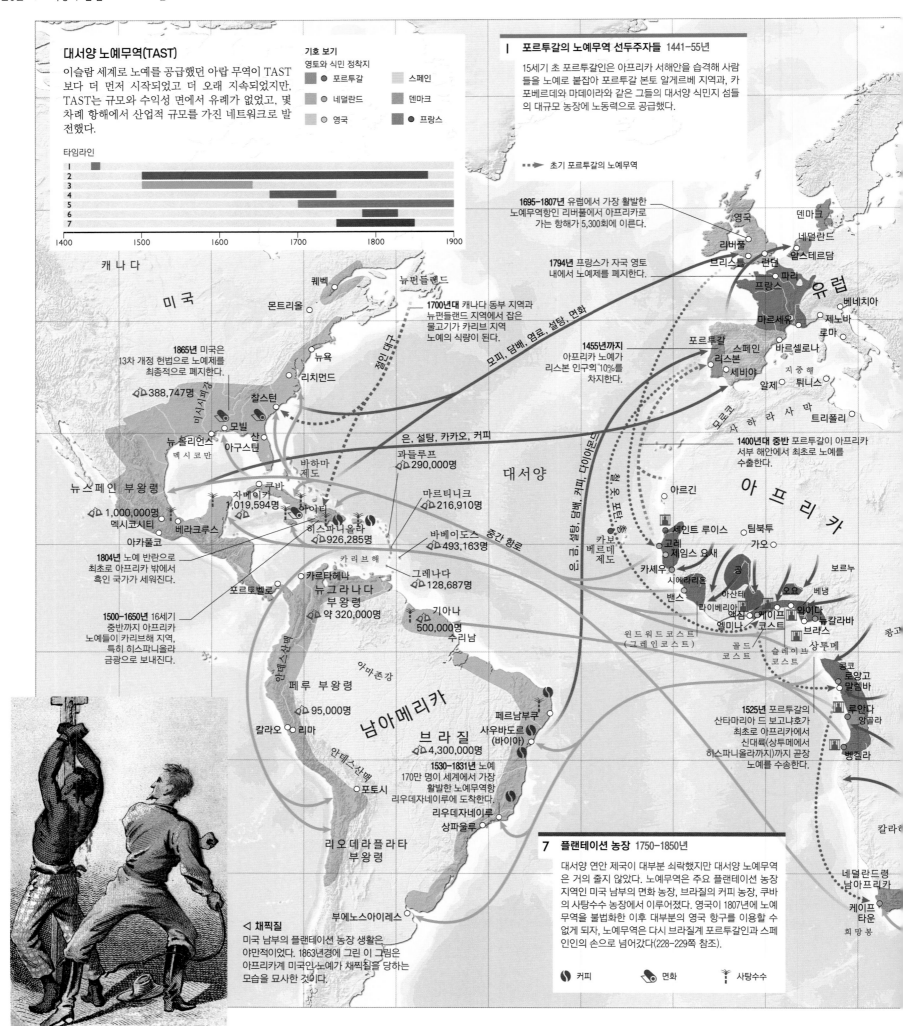

대서양 노예무역(TAST)

이슬람 세계로 노예를 공급했던 아랍 무역이 TAST 보다 더 먼저 시작되었고 더 오래 지속되었지만, TAST는 규모와 수익성 면에서 유례가 없었고, 몇 차례 항해에서 산업적 규모를 가진 네트워크로 발전했다.

기호 보기
영토와 식민 정착지
- 포르투갈
- 네덜란드
- 영국
- 스페인
- 덴마크
- 프랑스

타임라인

1 2 3 4 5 6 7

1400 1500 1600 1700 1800 1900

I 포르투갈의 노예무역 선두주자들 1441–55년

15세기 초 포르투갈인은 아프리카 서해안을 습격해 사람들을 노예로 붙잡아 포르투갈 본토 알게르베 지역과, 카포베르데와 마데이라와 같은 그들의 대서양 식민지 섬들의 대규모 농장에 노동력으로 공급했다.

----▶ 초기 포르투갈의 노예무역

1695–1807년 유럽에서 가장 활발한 노예무역항인 리버풀에서 아프리카로 가는 항해가 5,300회에 이른다.

1794년 프랑스가 자국 영토 내에서 노예제를 폐지한다.

1700년대 캐나다 동부 지역과 뉴펀들랜드 지역에서 잡은 물고기가 카리브 지역 노예의 식량이 된다.

모피, 담배, 염료, 설탕, 면화

1455년까지 아프리카 노예가 리스본 인구의 10%를 차지한다.

1865년 미국은 13차 개정 헌법으로 노예제를 최종적으로 폐지한다.

388,747명

1400년대 중반 포르투갈이 아프리카 서부 해안에서 최초로 노예를 수출한다.

은, 설탕, 카카오, 커피

1804년 노예 반란으로 최초로 아프리카 밖에서 흑인 국가가 세워진다.

1500–1650년 16세기 중반까지 아프리카 노예들이 카리브해 지역, 특히 히스파니올라 금광으로 보내진다.

과들루프 290,000명

자메이카 1,019,594명

마르티니크 216,910명

히스파니올라 926,285명

바베이도스 493,163명

멕시코시티 1,000,000명

그레나다 128,687명

뉴 그라나다 부왕령 약 320,000명

기아나 500,000명

페루 부왕령 95,000명

1525년 포르투갈의 산타마리아 드 보고냐호가 최초로 아프리카에서 신대륙(상투메에서 히스파니올라까지)까지 곧장 노예를 수송한다.

브라질 4,300,000명

1530–1831년 노예 170만 명이 세계에서 가장 활발한 노예무역항 리우데자네이루에 도착한다.

◁ 채찍질

미국 남부의 플랜테이션 농장 생활은 야만적이었다. 1863년경에 그린 이 그림은 아프리카계 미국인노예가 채찍질을 당하는 모습을 묘사한 것이다.

7 플랜테이션 농장 1750–1850년

대서양 연안 제국이 대부분 쇠락했지만 대서양 노예무역은 거의 줄지 않았다. 노예무역은 주요 플랜테이션 농장 지역인 미국 남부의 면화 농장, 브라질의 커피 농장, 쿠바의 사탕수수 농장에서 이루어졌다. 영국이 1807년에 노예 무역을 불법화한 이후 대부분의 영국 항구를 이용할 수 없게 되자, 노예무역은 다시 브라질계 포르투갈인과 스페인인의 손으로 넘어갔다(228–229쪽 참조).

커피   면화   사탕수수

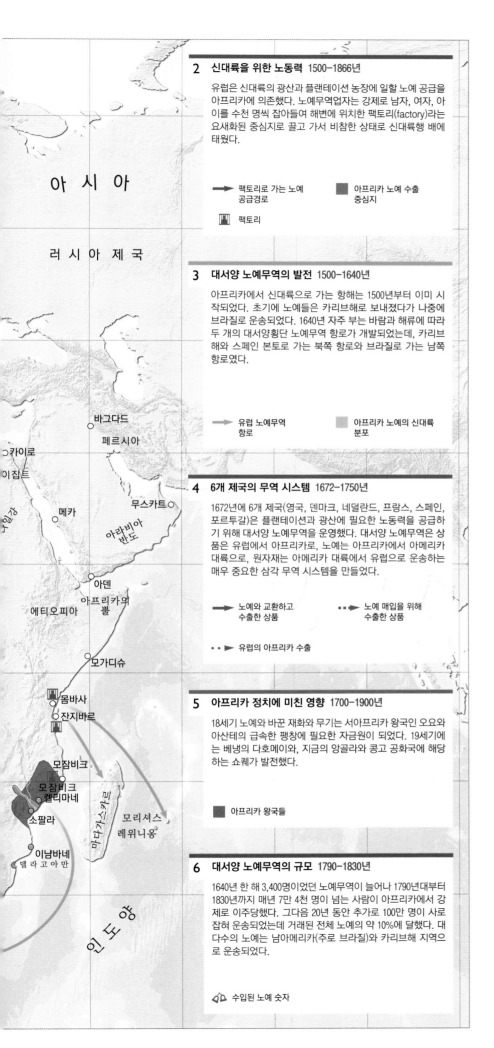

2 신대륙을 위한 노동력 1500-1866년

유럽은 신대륙의 광산과 플랜테이션 농장에 일할 노예 공급을 아프리카에 의존했다. 노예무역업자는 강제로 남자, 여자, 아이를 수천 명씩 잡아들여 해변에 위치한 팩토리(factory)라는 요새화된 중심지로 끌고 가서 비참한 상태로 신대륙행 배에 태웠다.

→ 팩토리로 가는 노예 공급경로
⬛ 아프리카 노예 수출 중심지
🏭 팩토리

3 대서양 노예무역의 발전 1500-1640년

아프리카에서 신대륙으로 가는 항해는 1500년부터 이미 시작되었다. 초기에 노예들은 카리브해로 보내졌다가 나중에 브라질로 운송되었다. 1640년 자주 부는 바람과 해류에 따라 두 개의 대서양횡단 노예무역 항로가 개발되었는데, 카리브해와 스페인 본토로 가는 북쪽 항로와 브라질로 가는 남쪽 항로였다.

→ 유럽 노예무역 항로
⬛ 아프리카 노예의 신대륙 분포

4 6개 제국의 무역 시스템 1672-1750년

1672년에 6개 제국(영국, 덴마크, 네덜란드, 프랑스, 스페인, 포르투갈)은 플랜테이션과 광산에 필요한 노동력을 공급하기 위해 대서양 노예무역을 운영했다. 대서양 노예무역은 상품을 유럽에서 아프리카로, 노예는 아프리카에서 아메리카 대륙으로, 원자재는 아메리카 대륙에서 유럽으로 운송하는 매우 중요한 삼각 무역 시스템을 만들었다.

→ 노예와 교환하고 수출한 상품
⇢ 노예 매입을 위해 수출한 상품
•• ► 유럽의 아프리카 수출

5 아프리카 정치에 미친 영향 1700-1900년

18세기 노예와 바꾼 재화와 무기는 서아프리카 왕국인 오요와 아산테의 급속한 팽창에 필요한 자금원이 되었다. 19세기에는 베냉의 다호메이와, 지금의 앙골라와 콩고 공화국에 해당하는 쇼퀘가 발전했다.

⬛ 아프리카 왕국들

6 대서양 노예무역의 규모 1790-1830년

1640년 한 해 3,400명이었던 노예무역이 늘어나 1790년대부터 1830년까지 매년 7만 4천 명이 넘는 사람이 아프리카에서 강제로 이주당했다. 그다음 20년 동안 추가로 100만 명이 사로잡혀 운송되었는데 거래된 전체 노예의 약 10%에 달했다. 대다수의 노예는 남아메리카(주로 브라질)와 카리브해 지역으로 운송되었다.

◁◁▷ 수입된 노예 숫자

대서양 노예무역

대서양 노예무역은 국제무역 시스템으로 1,250만 명이 강제로 신대륙으로 운송되었고 그 과정에서 약 200만 명이 희생당한 비극이었다. 이런 노예무역은 세계 경제와 관련 국가들을 크게 바꾸어 놓았다.

15세기 유럽 일부 지역, 특히 이베리아와 이탈리아에는 노예제가 이미 발전해 있었는데 동유럽과 아프리카 사람을 노예로 삼았다. 신대륙의 식민지화와 개발이 진행되자 노동 수요 급증으로 최초로 대규모의 세계 무역 시스템이 발전했다. 이 시스템은 유럽의 재화와 아프리카의 노예를 교환하고, 노예를 신대륙으로 강제 운송하여 노예 노동을 통해 원재료를 생산한 뒤 다시 유럽으로 보내는 삼각 네트워크였다.

이 무역은 엄청난 수익을 발생시켜 서구 자본주의 전체 시스템을 지탱할 정도였다. 가장 많은 수익을 올리는 일부 국가들이 노예 거래를 금지하려고 노력했지만 노예는 19세기 초까지 대량으로 거래되었다. 노예무역은 노예 수출 지역과 수입 지역의 인구와 발전에 아주 큰 영향을 미쳤고 사상 최대 규모의 강제 이주였다. 노예무역은 대단히 잔혹한 행위였으며 그 영향에 대해서는 오늘날까지도 밝혀진 것이 거의 없다.

> *"비명과 신음 소리로 거의 상상할 수도 없는 공포의 도가니가 되었다."*
>
> 해방 노예 아프리카인 올라우다 에키아노, 1789년

중간 항로
여정과 목적지

대서양을 횡단하는 여정은 삼각 무역의 '중간' 다리 역할을 했기 때문에 중간 항로라고 불렸다. 이전에 바다를 본 적이 없는 대부분의 노예는 6-8주 또는 때로 기후 조건이 나쁠 때는 13주 동안 족쇄를 차고 갇힌 채 매우 빽빽하게 태워져 운송되었다. 질병, 살인, 자살이 빈번했고 노예의 20%가 항해 중 사망했다.

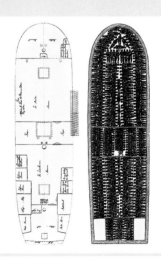

극도로 혼잡한 노예 운송
참혹한 갑판 평면도를 통해 노예선 선창에 노예가 상상하기 힘들 정도로 빽빽하게 실려 수송되었음을 알 수 있다.

미국 혁명

미국 독립 전쟁으로도 알려진 미국 혁명은
영국과 아메리카 지역의 영국 식민지 간에 고조되던 긴장이
정점에 이른 사건이었다. 이 전쟁은 (독립을 원하는) 애국파와
(영국 왕에 충성하는) 왕당파 간의 싸움으로 전개되었고
그 결과 북아메리카에 새로운 국가가 건설되었다.

영국은 전쟁 부채를 상환하고 서부 미개척지를 확보하며, 아메리카 원주민으로부터 식민지 정착민을 보호한다는 명목으로 13개 식민지에 더 많은 세금을 부과하려고 했다. 하지만 이들 식민지는 영국 의회에 어떠한 직접적인 대표성도 인정받지 못했던 탓에 이 억압적인 과세에 분노했다. 자유와 정의라는 계몽주의 사상으로 불타는 많은 식민지 정착민은 멀리 떨어져 있는 영국 의회의 조치에 저항했고, 1773년에 보스턴 차 사건과 같은 반항적인 사건을 일으키고, 1774년에는 대륙회의를 소집해 자치권과 자유를 요구했다.

1775년 4월, 매사추세츠 렉싱턴에서 첫 총성이 울리면서 애국파와 영국군의 긴장이 고조되었고 이는 전쟁으로 격화되었다. 이 전쟁은 혁명이라기보다는 내전에 더 가까웠다. 많은 식민지 정착민은 영국 왕에게 충성했고 왕당파 민병대는 영국군의 상당한 부분을 차지했다. 북부 지역에서 조지 워싱턴의 애국파 군대를

진압하기 위한 영국의 노력은 지지부진했지만, 애국파는 캐나다에서 온 군대를 격퇴하는 등 매우 상징적인 주요 전투에서 승리했다. 그로 인해 프랑스가 애국파 편에서 이 전쟁에 참여했다. 영국이 남쪽에서 공격을 시작해 찰스턴에서 압도적인 승리를 거두자 미국 혁명은 위기에 빠진 것 같았다. 하지만 서서히 애국파에 유리한 상황으로 바뀌었고 영국은 본토에서 멀리 떨어진 곳에서 치르는 전쟁에 부담을 느끼기 시작했다. 대서양을 건너 명령, 군대, 보급품을 전달하는 데 몇 달이 걸렸다. 프랑스 함대가 1781년에 영국 해군 지원군을 격퇴하고, 워싱턴과 프랑스 동맹국이 영국군 사령관 찰스 콘월리스가 이끄는 영국군을 요크타운에서 포위하자 영국은 어쩔 수 없이 평화조약을 맺었다.

토머스 제퍼슨
1743-1826년

버지니아 출신으로 법률가이자 플랜테이션 농장 소유주인 토머스 제퍼슨은 1774년에 미국 독립 옹호 문서인 〈식민지 영국인의 권리에 대한 핵심적인 견해〉를 발표하면서 애국파 운동의 가장 뛰어난 지식인 중 한 사람이 되었다. 독립선언서 작성 요청을 받고 나서 작성된 초안은 사소한 수정을 거쳐 1776년에 채택되었다. 토머스 제퍼슨은 민주당을 창당하고 제3대 미국 대통령을 역임하면서 미국 영토의 중요한 확장 과정을 관리했다.

독립선언
토머스 제퍼슨이 독립선언서를 의회에 제출한다.

승리와 패배

미국 독립 전쟁은 주요한 세 단계로 이루어졌다. 북부 지역 단계에서 영국은 결정적인 승리를 거두지 못했다. 남부 지역 단계에서는 초기 영국의 승리는 서서히 역전되었다. 중앙 지역 단계에서 영국은 결국 패배했다.

기호 보기

이동과 날짜, 지도자 이름
→ 영국   → 프랑스   → 애국파

승리한 전투
✕ 영국   ✕ 프랑스   ✕ 미국

✕ 승패가 모호한 전투

⬚ 요새   -- 1775년 13개 식민지   ··· 주 경계선

타임라인
1
2
3
4

1770   1780   1790

1779년 2월 애국파 지휘관 조지 클라크가 170명을 이끌고 빈센즈에 있는 영국 요새를 포위한다.

1778년 10월 해밀턴

일리노이강
워배쉬강

세인트루이스   카스카스키아
빈센즈 ✕
카호키아
해로즈버
오하이오강

4 국가의 탄생 1782-1783년

영국은 미국 땅에서 현실적으로 전쟁을 지속할 수 없다는 것을 깨닫자 어쩔 수 없이 미국 독립을 인정했다. 파리 조약을 통해 미국은 멀리 서쪽으로는 미시시피강까지 이르는 오대호와 광대한 영토에 대한 지배권을 획득했다. 이 조약은 1783년 9월 3일에 공식적으로 조인되었으며 몇 개월 뒤 대륙회의에서 승인되었다.

▬ 1783년 미국 국경

3 영국의 패배 1781년

전쟁의 마지막 단계에서 초점은 중앙 지역으로 옮겨 갔다. 영국이 막대한 희생을 치르고 여러 차례 승리를 얻었지만 1781년 중반부터 프랑스 해군이 이 전쟁에 결정적으로 개입했다. 워싱턴과 프랑스군 장군 로샹보가 협력해 요크타운에 주둔한 찰스 콘월리스 장군 휘하의 영국 원정군을 포위하자 콘월리스 장군이 항복했다.

◎ 요크타운 공성전

1777년 10월 영국 장군 버고인은 캐나다에서 남쪽으로 진군해 반역을 일으킨 북부 식민지를 진압하려 했지만 새러토가 전투에서 대패한다.

1776년 12월 워싱턴은 뉴욕과 그 주변 지역에서 여러 차례 패배한 뒤 델라웨어강을 건너가 상징적인 승리를 거둔다.

1781년 3월 영국이 엄청난 희생을 치르고 승리한다.

1763년 10월 영국은 포고선을 발표해 식민지 정착민이 선 너머 서쪽 지역 출입을 금지하고, 추가로 미 대륙 원주민 땅으로 확장하지 못하게 된다.

1781년 1월 카우펜스에서 애국파가 승리한다.

1780년 3-5월 영국이 찰스턴에서 대승을 거두자 애국파들은 남부 지역을 잃을 위험에 처한다.

1778년 11월 수많은 함선에 피해를 준 거센 태풍이 지나간 뒤, 프랑스 해군 제독 샤를 엑토르 데스탱이 서인도 제도로 출발해 애국파에 큰 손실을 끼친다.

1775년 6월 애국파는 보스턴 근처에서 벌어진 맹렬한 벙커힐 전투에서 자신의 결의를 보여 준다. 그로 인해 영국은 보스턴을 떠날 수밖에 없었다.

1 북부 지역 전쟁 1775-1780년

미국 애국파는 경험 많은 영국군과 맞닥뜨렸지만 매사추세츠의 초기 전투에서 그들의 패기를 보여 주었다. 조지 워싱턴 장군은 전투 경험이 없는 애국파 군대를 이끌고 힘든 군사 작전을 펼쳐 북부 지역에서 결정적인 패배 없이 교착 상태에 이르게 했으며, 트렌턴 전투(1776년)와 새러토가 전투(1777년)에서 승리를 거두어 군대의 사기를 높였다.

■ 북부 지역 식민지

2 남부 지역 전쟁 1778-1781년

1778년, 영국은 남부 지역에서 새로운 전선을 구축했고 1780년에 찰스턴을 함락하며 중요한 승리를 거두었다. 하지만 애국파는 항복을 거부했고 상황은 서서히 왕당파에 불리하게 바뀌었다. 1781년 1월, 애국파는 사우스캐롤라이나 카우펜스에서 승리했는데, 이 전투는 애국파가 영국의 남부 지역 전략에 대응할 수 있음을 입증했다.

■ 남부 지역 식민지

1781년 10월 콘월리스가 요크타운에서 항복해 사실상 전쟁이 끝나고 미국이 영국으로부터 독립한다.

1781년 9월 프랑스 함대가 케이프 전투에서 영국 함대를 격퇴하자 콘월리스가 해군 지원을 받지 못한 채 요크타운에서 포위된다.

▽ 승리를 향하여
1776년 성탄절에 워싱턴의 애국파 군대가 델라웨어강을 건너 트렌턴을 급습했다. 1851년에 이매뉴얼 로이체가 이날을 기념해 그린 작품이다.

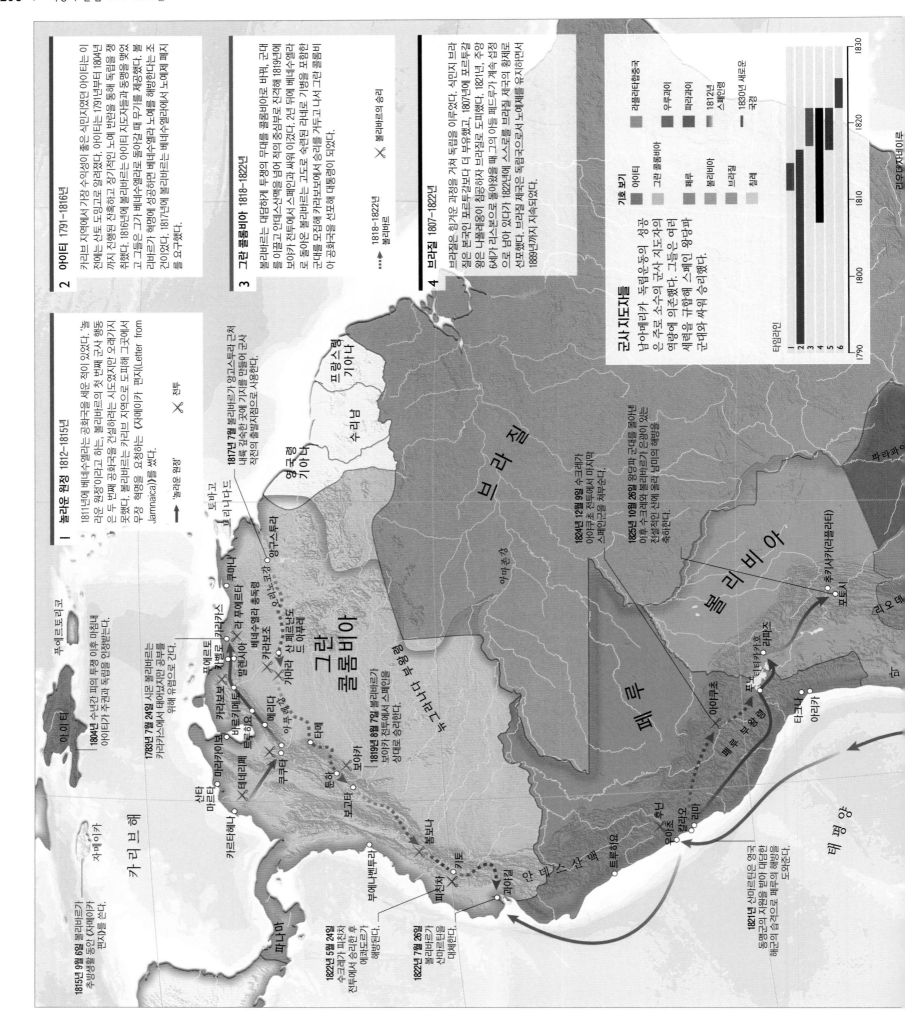

2 아이티 1791-1816년

카리브 지역에서 가장 수익성이 좋은 식민지였던 아이티는 이전에는 산토 도밍고로 알려졌다. 아이티는 1791년부터 1804년까지 진행된 전쟁으로 장기적인 노예 반란을 통해 독립을 쟁취했다. 1816년에 볼리바르는 아이티 대통령과 동맹을 맺었고 그들은 그가 베네수엘라로 돌아갈 때 무기를 제공했다. 볼리바르가 혁명에 성공하면 베네수엘라 노예를 해방하겠다는 조건이었다. 1817년에 볼리바르는 베네수엘라에서 노예제 폐지를 요구했다.

1 놀라운 원정 1812-1815년

1811년에 베네수엘라는 공화국을 세운 적이 있었다. '놀라운 원정'이라고 하는, 볼리바르의 첫 번째 군사 행동은 두 번째 공화국을 건설하려는 시도였지만 오래가지 못했다. 볼리바르는 가입 지역으로 도피해 그곳에서 무장 혁명을 요청하는 《자메이카 편지(Letter from Jamaica)》를 썼다.

→ '놀라운 원정'   ✕ 전투

3 그란 콜롬비아 1818-1822년

볼리바르는 대담하게 무패를 콜롬비아로 바꿔, 군대를 이끌고 안데스산맥을 넘어 적의 중심부로 진격해 1819년에 보야카 전투에서 스페인과 싸워 이겼다. 2년 뒤에 베네수엘라로 돌아온 볼리바르는 고도로 숙련된 대대로 기병을 포함한 군대를 모집해 카라보보에서 승리를 거두고 나서 그란 콜롬비아 공화국을 선포해 대통령이 되었다.

⋯▶ 1818-1822년 볼리바르   ✕ 볼리바르의 승리

4 브라질 1807-1822년

브라질은 흔치 않은 과정을 거쳐 독립을 이루었다. 식민지 브라질은 본국인 포르투갈보다 더 부유했다. 1807년에 포르투갈 왕은 나폴레옹이 침공하자 브라질로 도피했다. 1821년, 주앙 6세가 리스본으로 돌아왔을 때 그의 아들 페드루가 계속 섭정으로 남아 있다가 1822년에 브라질 스스로를 브라질 제국의 황제로 선포했다. 브라질 제국은 독립국으로서 노예제를 유지하면서 1889년까지 지속되었다.

군사 지도자들

남아메리카 독립운동의 성공은 주로 소수의 군사 지도자의 역량에 의존했다. 그들은 여러 세력을 규합해 스페인 왕당파 군대와 싸워 승리했다.

기호 보기

- 라틴아메리카중국
- 우루과이
- 파라과이
- 1812년 스페인령
- 1830년 새로운 국경

1 아이티
2 그란 콜롬비아
3 페루
4 볼리비아
5 브라질
6 칠레

타임라인   1790 1800 1810 1820 1830

1815년 9월 6일 볼리바르가 추방생활 이후 마침내 《자메이카 편지》를 쓴다.

1804년 수년간 피의 투쟁 이후 아이티가 주권과 독립을 인정받는다.

1783년 7월 24일 시몬 볼리바르는 카라카스에서 태어났지만 공부를 위해 유럽으로 간다.

1822년 5월 24일 수크레가 피친차 전투에서 승리한 후 에콰도르가 해방된다.

1822년 7월 26일 볼리바르가 산마르틴을 대체한다.

1817년 7월 볼리바르가 앙고스투라 근처 내륙 감숙한 곳에 기지를 만들어 작전의 출발지점으로 사용한다.

1819년 8월 7일 볼리바르가 보야카 전투에서 스페인군을 상대로 승리한다.

1824년 12월 9일 아야쿠초 전투에서 마지막 스페인군을 처부순다.

1825년 10월 26일 앙담파 군대를 몰아낸 이후 수크레와 볼리바르가 은광이 있는 전설적인 산에 올라 남미의 해방을 축하한다.

1821년 산마르틴은 영국 동맹군의 지원을 받아 대담한 해군의 수적 승리로 페루의 해방을 도와준다.

푸에르토리코   아이티   파나마   자메이카   카리브 해   영국령 기아나   프랑스령 기아나   수리남   카르타헤나   산타 마르타   마라카이보   바랑키야   쿠마나   바르셀로나   카라카스   앙구스투라   바르보   마투린   메리다   트루히요   쿠쿠타   바르키시메토   보고타   툰하   보야카   오리노코강   아마존강   그란 콜롬비아   누에바 그라나다   페루   볼리비아   브라질   안데스 산맥   태평양   과야킬   키토   피친차   리마   카야오   우인초   이카   피스코   트루히요   아리카   타크나   포토시   추키사카(라플라타)   리오 데   파라과이

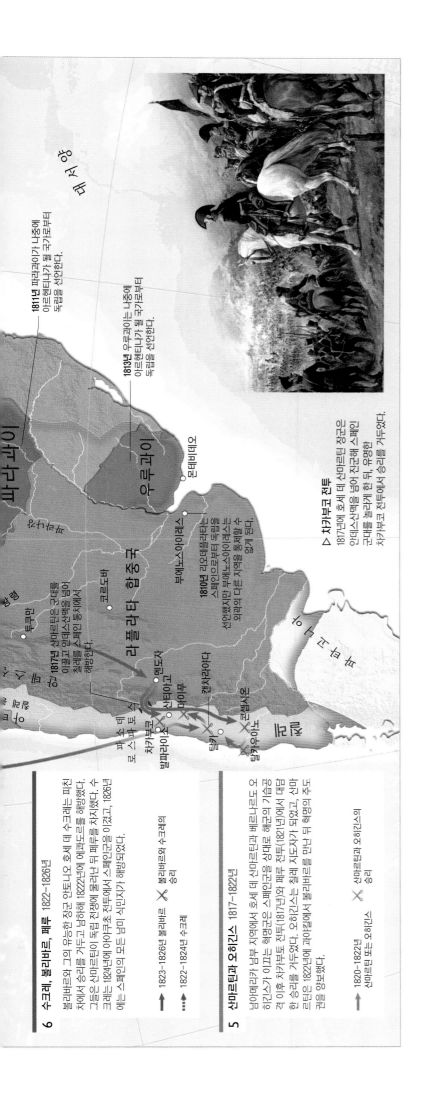

6 수크레, 볼리바르, 페루 1822-1826년

볼리바르도 그의 유능한 장군 안토니오 호세 데 수크레의 피견 치에서 승리를 거두고 남하에 1822년에 에콰도르를 해방했다. 그들은 산마르틴의 독립 전쟁에 볼리바르 파를 차지했다. 1826년 에는 스페인의 모든 남미 식민지가 해방되었다.

→ 1823-1826년 볼리바르

✕ 1823-1826년 볼리바르의 승리

✕ 1822-1824년 수크레

5 산마르틴과 오히긴스 1817-1822년

남아메리카 남부 지역에서 호세 데 산마르틴과 베르나르도 오 히긴스가 이끄는 혁명군은 스페인군을 상대로 해군의 기습공 격 이후 치카부코 전투(1817년)와 마이푸 전투(1821년)에서 대 한 승리를 거두었다. 오히긴스는 칠레 지도자가 되었고, 산마 르틴은 1822년에 과야킬에서 볼리바르를 만난 뒤 혁명의 주도 권을 양보했다.

→ 1820-1822년 산마르틴 또는 오히긴스

✕ 산마르틴과 오히긴스의 승리

1811년 파라과이가 될 국가로부터 독립을 선언한다.

1813년 아르헨티나가 될 국가로부터 독립을 선언한다.

△ 차카부코 전투

1817년에 호세 데 산마르틴 장군은 안데스산맥을 넘어 진군해 스페인 군대를 놀라게 한 뒤, 유명한 차카부코 전투에서 승리를 거두었다.

시몬 볼리바르
1783-1830년

남아메리카의 독립

남아메리카가 머리 떨어진 이베리아반도의 통치자로부터 독립하는 과정은 주로 (남아메리카에서 태어난) 크리올 엘리트에 의해 추진되었고, 카리스마가 있는 역동적이고 현실적인 몇몇 장군에 의해 행동으로 옮겨졌다. 스페인 식민지의 경우 독립투쟁이 북부에서 붙어하게 시작된 이후 남부에서 북부에 이르는 남아메리카 대륙이 스페인 통치로부터 해방되었고, 브라질은 독자적인 독립의 길을 겪었다.

19세기 초 남아메리카는 정치적, 경제적, 인종적 긴장이 고조되고 있었다. 이베리 아 대륙에서 태어난 사람으로서 주로 권력을 플벤테이션 농장과 부를 지배했다. 그러나 반반적인 정치권력을 무역과 산업을 제한하는 마나먼 이베리 아반도에 있는 황실의 권력을 대변했다. 크리올은 이런 통치에 분노했지만 학명의 절과를 두려워했다. 그들이 두려움은 프랑스 식민지였던 신대륙에서 유일한 개 노예반란의 성공한 아이티를 보고 더 커졌다.

스페인과 포르투갈과 그들의 식민지 간의 연결이 단절되었고, 학명이 도화선에 불이 붙었다.

초기에 공화국의 독립 시도는 스페인이 식민지를 되찾으려는 군사적인 행동을 유발했다. 1815년에 스페인은 베네수엘라와 누그라나다에서 왕정 통치를 복원했다. 볼리바 르가 자메이카와 아이티로 도피했지만 독립의 원동력은 사그라지지 않았다. 남부 지역에서 산마르틴이 칠레와 페루를 해방했고, 북부 지역에서는 볼리바르와 그의 부하 수크레가 콜롬비아와 에콰도르를 해방해 1824년 12월에 왕당파 군대를 남 미에서 영구히 물리쳤다.

남아메리카 독립운동에서 가장 유명한 지도자인 볼리바르는 카라카스(오늘날의 베네수엘라)의 부유한 가정에서 태어났다. 그는 유럽에서 지내면서 자유사상을 받아들이고 학명의 열정이 가득한 채 남아메리카로 돌아왔다. 뛰어난 군사 전략가인 그는 왕당파 군대와의 여러 주요 전투에서 승리했지만 독립 이후 남아메리카 통일의 꿈은 실현하지 못했다.

계몽운동

17세기 중반에서 19세기 초까지 이어진 시기에
계몽운동 사상가들은 미신 대신에 이성을 옹호하면서
과학, 예술, 정치학, 경제학, 종교학을
크게 발전시켰다.

△ 계몽 전제군주
34년간의 통치기에 러시아를
근대화하고 확장한 예카테리나
여제는 계몽사상을 옹호하고 여성
교육을 발전시켰다.

'이성의 시대'로도 알려진 계몽 시대는 서구 세계 곳곳에서 꽃피었고 미신이나 교파주의 대신 합리주의와 종교적 관용을 주창했다.

독일의 계몽운동은 철학적, 문학적 운동으로 나타나 동유럽의 문학과 철학을 활성화하는 데 도움을 주었다. 프랑스에서 이 운동은 문학자, 과학자, 철학자를 비롯한 지식인과 관련되었다. 특히 르네 데카르트를 필두로 볼테르, 장 자크 루소가 유명했다. 그들의 사상은 사회적 변화를 일으켜 불평등과 불의를 극복하려는 욕구와 합리주의를 결합했다. 이성, 종교적 관용, 입헌 정치에 대한 신념을 근거로 프랑스의 독단적인 교회와 절대 왕정을 비판했다. 그들의 저서는 프랑스 혁명의 지적 토대를 제공했으며 미국 헌법 입안자에게 영감을 주었다.

영국의 계몽운동에는 존 로크와 토머스 페인과 같은 사상가들이 활약했다. 그들은 메리 울스턴크레프트와 같은 작가는 물론이고 시인들에게 영향을 미쳤고, 스코틀랜드 계몽운동은 1750-1800년에 데이비드 흄과 애덤 스미스와 같은 작가에 힘입어 에든버러를 중심으로 활발했다. 이성의 시대는 문학의 사실주의와 소설의 발달을 촉진했을 뿐만 아니라 18세기 후반에 일어난 예술과 문학운동(222-223쪽 참조)인 낭만주의라는 문화적 반동도 일으켰다.

합리주의 사상의 확장

유럽에서 '합리주의자의 중심지'는 스톡홀름에서 리스본, 더블린에서 상트페테르부르크까지 다양했다. 미국에서는 보스턴, 필라델피아를 들 수 있다. 이런 중심지 간의 교류 증가로 인해 사상이 급속하게 교류되었고, 이는 국제무역 발전을 반영했다.

기호 보기
● 계몽운동
  중심지

에든버러 스톡홀름
더블린 상트페테르부르크
런던 코펜하겐
  암스테르담
파리 베를린
  빈
리스본

볼테르 공부
1755년에 파리 살롱에 참석한 손님 중에 드니 디드로
와 장 르 롱 달랑베르도 있었다. 이 철학자들은 볼테르
흉상 앞에 모여 천재성과 이성이 맹목적인 힘과 야만
을 이기는 내용을 담은 그의 희극이 낭독되는 것을 들
었다.

아메리카 원주민의 운명

북아메리카 전역의 원주민 사회는 미국과의 직접적인 접촉 이전에 이미 큰 변화를 겪고 있었다. 하지만 아메리카 대륙의 서부 지역으로 팽창하는 것이 자신의 운명이라고 믿은 신생 국가의 확신이 커지면서 극적인 변화를 일으켰다. 그로 인해 아메리카 대륙에서 1세기 동안 야만적인 갈등이 발생하고 원주민이 거의 멸절되었다.

1783년, 미국은 독립 국가가 되어 영국이 부과한 정착지 제한을 더 이상 받지 않았다. 이러한 새로운 자유는 미국 정착민에게 자신들이 아메리카 대륙의 당연한 상속자라는 신념을 고무했고, 서부 지역으로 확장을 추구하는 '명백한 운명'(아래 내용 참조)이라는 강력한 용어가 생겨났다.

1790년에 정착민 약 50만 명이 최초의 13개 주보다 더 서쪽에 있는 지역을 식민지로 만들었다(160-161쪽 참조). 이후 50년 동안 팽창이 더 빨라지면서 탐험자들이 마차를 타고 서부 지역으로 위험을 무릅쓰고 나아가거나, 배를 타고 태평양 해안으로 가서 골드러시에 합류했다. 초기의 식민지인은 특히 철도가 마차를 대체한 이후 이주민이 서부 해안에 정착하도록 길을 열었다. 1860년에 정착민 약 1,600만 명이 애팔래치아산맥 서쪽으로 이주하여 정착했다. 그들의 이주로 인해 대초원과 서부 지역에 살던 원주민 약 25만 명이 쫓겨나고 권리를 박탈당했다.

19세기에는 유럽계 미국인의 팽창에 맞서 자기 땅을 지키려는 원주민 집단과 수많은 전쟁을 벌였지만 저항은 결국 진압되었다. 1890년에 전쟁에서 살아남은 원주민이 고향에서 강제로 쫓겨나 보호구역이라는 특별히 지정한 장소로 집단 이주되었다. 보호구역은 모두 합해서 미국 전체 면적의 2%에 불과했다.

> "크든 작든 그들을 모두 죽여라. 서캐를 놔두면 이가 되는 법이다."
>
> 존 치빙턴, 미군 대령, 1864년

명백한 운명
신념과 식민지화

1845년에 만들어진 '명백한 운명'이라는 용어는 아메리카 대륙 전체에 정착되어 '문명화'할 신성한 권리가 있다는 미국 정착민의 신념을 나타냈다. 서부 지역의 땅과 기회에 대한 갈망이 미국 식민지화의 오랜 특징이었지만, 미국 독립 이후 이는 서부 지역으로의 대량 이주를 추동하는 유럽인의 권리로 발전했다. 존 가스트는 〈미국인의 전진〉(1872년)이라는 그림에서 미국을 상징하는 화신인 컬럼비아가 정착민을 서부로 인도하는 모습을 묘사한다. 컬럼비아는 전선을 이어가는데 이것은 정착민이 서부에 '빛'을 가져다주는 것을 나타낸다.

대초원 길 1821-1861년

정착민은 정착지를 만들기 위해 소가 끄는 마차 행렬을 조직해 대초원을 가로질러 서부로 가는 새로운 길을 개척했다. 예컨대, 1843년에 정착민 약 1천 명이 오리건 길을 따라 힘든 여행을 했다. 모르몬과 같은 다른 집단은 종교적 박해를 피해 자신의 공동체를 세우려고 모르몬 길을 개척했다.

이주자의 경로
━━ 캘리포니아 경로
▪▪▪ 모르몬 경로
●●●● 오리건 경로

남부 이주자의 경로
── 산타페 경로
─ ─ 남부 경로

올림피아
1866년 시애틀
포트랜드
1856년 캐스케이드
살렘
1858년 왈라 왈라
1858년 스텝토 부테
1877년 클리어 워터
헬레나
1873년 옐로스톤
1856년 버치 크리크
1841년 최초의 마차 행렬이 오리건 길을 따로 도착한다
1877년 빅 홀
1876년 리틀 빅혼
버지니아 시티
1855년 그레이브 크리크
1878년 화이트버드 크리크
1877년 스틴 마운틴스
보이시
1873년 페터맨의 패배
1856년 빅 메도우스
1866 오위하 포크
1867년 핏 리버
1863년 베어 리버
1860년 피라미드 레이크
새크라멘토
1860년 트러키
솔트레이크시티
샤이안
1847년 모르몬들이 솔트레이크시티에 도착해 정착한다
카슨시티
1879년 미커 에이전시
덴버
샌프란시스코
몽고메리
산타바버라
1864년 캐년 드 첼리
산타페
로스앤젤레스
1824년 2천 명이 넘는 정착민이 산타페 길을 통해 텍사스에 도착한다
샌디에이고
피닉스
1872년 스컬 케이브
투손
엘패소
대평원
미주리강
콜로라도강
태평양

미국의 확장, 1783-1890년

원주민 거주 지역에 대한 미국의 토지 소유권 주장은 독립 전쟁(1775-1783년) 이후 본격화되어 100년 동안 끔찍한 전쟁이 이어졌다. 이 전쟁으로 원주민이 대량 살상되어 약 30만 명으로 줄었고, 1890년에 대다수 원주민은 보호구역으로 옮겨졌다.

기호 보기
- 1850년 원주민 지역
- 1880년 원주민 지역
- 1890년 보호구역

타임라인
1
2
3
4
5
6
7

1750 — 1800 — 1850 — 1900

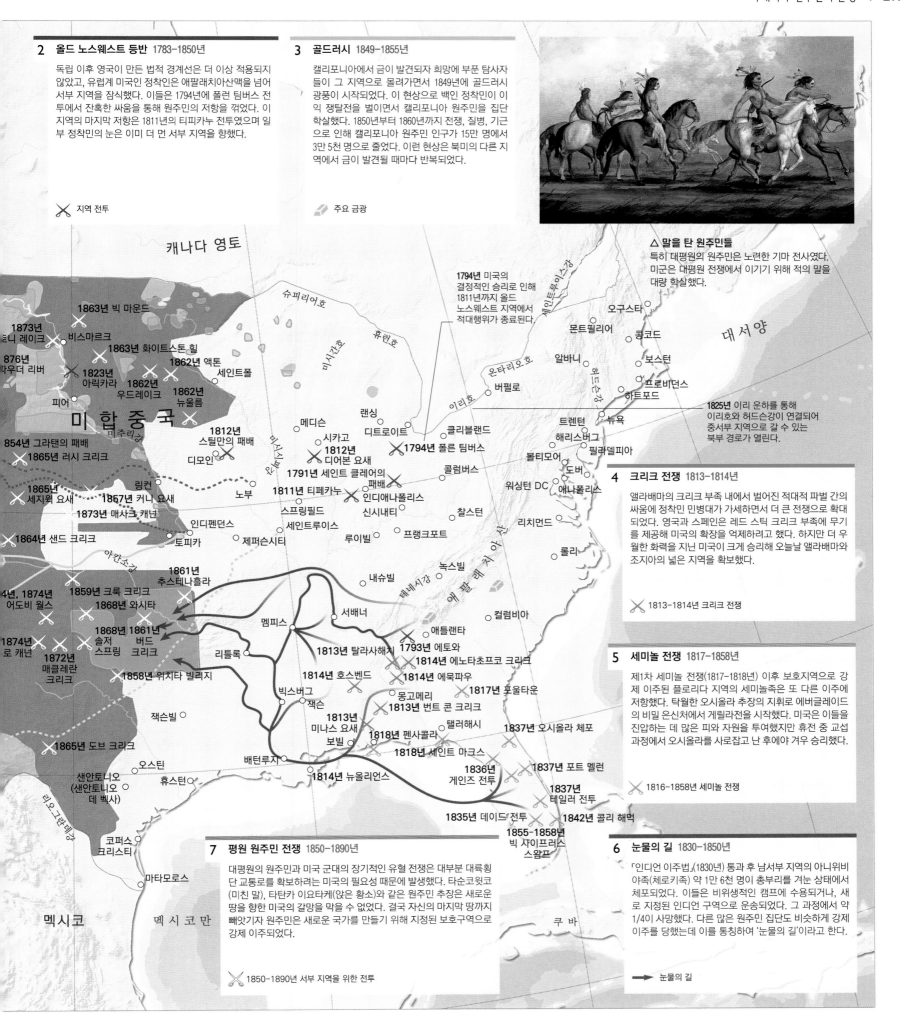

2 올드 노스웨스트 등반 1783-1850년

독립 이후 영국이 만든 법적 경계선은 더 이상 적용되지 않았고, 유럽계 미국인 정착인은 애팔래치아산맥을 넘어 서부 지역을 잠식했다. 이들은 1794년에 폴런 팀버스 전투에서 잔혹한 싸움을 통해 원주민의 저항을 꺾었다. 이 지역의 마지막 저항은 1811년의 티페카누 전투였으며 일부 정착민의 눈은 이미 더 먼 서부 지역을 향했다.

✕ 지역 전투

3 골드러시 1849-1855년

캘리포니아에서 금이 발견되자 희망에 부푼 탐사자들이 그 지역으로 몰려가면서 1849년에 골드러시 광풍이 시작되었다. 이 현상으로 백인 정착민이 이익 쟁탈전을 벌이면서 캘리포니아 원주민을 집단 학살했다. 1850년부터 1860년까지 전쟁, 질병, 기근으로 인해 캘리포니아 원주민 인구가 15만 명에서 3만 5천 명으로 줄었다. 이런 현상은 북미의 다른 지역에서 금이 발견될 때마다 반복되었다.

🪨 주요 금광

△ **말을 탄 원주민들**

특히 대평원의 원주민은 노련한 기마 전사였다. 미군은 대평원 전쟁에서 이기기 위해 적의 말을 대량 학살했다.

4 크리크 전쟁 1813-1814년

앨라배마의 크리크 부족 내에서 벌어진 적대적 파벌 간의 싸움에 정착민 민병대가 가세하면서 더 큰 전쟁으로 확대되었다. 영국과 스페인은 레드 스틱 크리크 부족에 무기를 제공해 미국의 확장을 억제하려고 했다. 하지만 더 우월한 화력을 지닌 미국이 크게 승리해 오늘날 앨라배마와 조지아의 넓은 지역을 확보했다.

✕ 1813-1814년 크리크 전쟁

5 세미놀 전쟁 1817-1858년

제1차 세미놀 전쟁(1817-1818년) 이후 보호지역으로 강제 이주된 플로리다 지역의 세미놀족은 또 다른 이주에 저항했다. 탁월한 오시올라 추장의 지휘로 에버글레이드의 비밀 은신처에서 게릴라전을 시작했다. 미국은 이들을 진압하는 데 많은 피와 자원을 투여했지만 휴전 중 교섭 과정에서 오시올라를 사로잡고 난 후에야 겨우 승리했다.

✕ 1816-1858년 세미놀 전쟁

7 평원 원주민 전쟁 1850-1890년

대평원의 원주민과 미국 군대의 장기적인 유혈 전쟁은 대부분 대륙횡단 교통로를 확보하려는 미국의 필요성 때문에 발생했다. 타순코윗코(미친 말), 타탄카 이요타케(앉은 황소)와 같은 원주민 추장은 새로운 땅을 향한 미국의 갈망을 막을 수 없었다. 결국 자신의 마지막 땅까지 빼앗기자 원주민은 새로운 국가를 만들기 위해 지정된 보호구역으로 강제 이주되었다.

✕ 1850-1890년 서부 지역을 위한 전투

6 눈물의 길 1830-1850년

『인디언 이주법』(1830년) 통과 후 남서부 지역의 아니위야족(체로키족) 약 1만 6천 명이 총부리를 겨눈 상태에서 체포되었다. 이들은 비위생적인 캠프에 수용되거나, 새로 지정된 인디언 구역으로 운송되었다. 그 과정에서 약 1/4이 사망했다. 다른 많은 원주민 집단도 비슷하게 강제 이주를 당했는데 이를 통칭하여 '눈물의 길'이라고 한다.

➡ 눈물의 길

지도 지명 및 전투

캐나다 영토

슈피리어호

1794년 미국의 결정적인 승리로 인해 1811년까지 올드 노스웨스트 지역에서 적대행위가 종료된다.

1863년 빅 마운드
1873년 ᄆ니 레이크 ✕ 비스마르크
1863년 화이트스톤 힐
876년 우더 리버
1862년 액톤 ✕ 세인트폴
1823년 아릭카라
1862년 우드레이크
1862년 뉴울름
피어
미 합 중 국
854년 그라탄의 패배
1812년 스틸만의 패배
디모인
1865년 러시 크리크
링컨
1865년 세지윅 요새
1857년 커니 요새
1873년 매사크 캐넌
1864년 샌드 크리크
인디펜던스
토피카
1861년 추스테나흘라
1859년 크룩 크리크
4년, 1874년 어도비 월스
1868년 와시타
1868년 버드 크리크
1861년 솔저 스프링
1874년 로 캐넌
1872년 매클레란 크리크
1858년 위치타 빌리지
1865년 도브 크리크
오스틴
샌안토니오(샌안토니오 데 벡사)
코퍼스 크리스티
마타모로스
멕시코

오구스타
몬트필리어 ᄋ 콩코드
알바니 ᄋ 보스턴
프로비던스
하트퍼드
버펄로
온타리오호
이리호
트렌턴 ᄋ 뉴욕
해리스버그
필라델피아
1825년 이리 운하를 통해 이리호와 허드슨강이 연결되어 중서부 지역으로 갈 수 있는 북부 경로가 열린다.
볼티모어
도버
워싱턴 DC
애나폴리스
리치먼드
롤리
녹스빌
컬럼비아
애틀랜타
찰스턴

휴런호
미시간호
매디슨
랜싱
시카고
디트로이트
클리블랜드
1794년 폴런 팀버스
콜럼버스
1812년 디어본 요새
1791년 세인트 클레어의 패배
1811년 티페카누
인디애나폴리스
스프링필드
신시내티
세인트루이스
루이빌
프랭크포트
노부
제퍼슨시티
내슈빌
테네시강
멤피스
서배너
리틀록
1813년 탈라사해치
1793년 에토와
1814년 에노타초프코 크리크
1814년 호스벤드
1814년 에무파우
빅스버그
잭슨
1817년 포울타운
몽고메리
1813년 번트 콘 크리크
1813년 미나스 요새
탤러해시
모빌
1818년 펜사콜라
1837년 오시올라 체포
1818년 세인트 마크스
1836년 게인즈 전투
1837년 포트 멜런
1837년 테일러 전투
1835년 데이드 전투
1842년 콜리 해먹
1855-1858년 빅 샤이프러스 스왐프
1814년 뉴올리언스
배턴루지
잭슨빌
휴스턴

쿠 바
멕시코 만
대 서 양

프랑스 혁명

프랑스 혁명은 유럽 전역의 전쟁으로 확산된 일련의 혁명이었다.
3개의 혁명 세력이 모두 프랑스 국가 형성의 동력이 되었다.
헌법을 바꾼 진보적인 귀족과 부르주아 운동,
파리 거리의 혁명 대중, 프랑스 전역에서 일어난
농민들의 소작쟁의 운동이 그것이다.

1789년, 루이 16세가 프랑스의 막대한 부채를 완화하기 위한 재정개혁을 위해 175년 만에 처음으로 삼부회를 소집했다. 삼부회는 구체제의 대표자 회의로서 성직자(제1신분), 귀족(제2신분), 평민(제3신분)으로 구성되었다. 1789년 5월에 다수를 차지하는 제3신분이 더 많은 투표권을 요구했다. 이 요구가 거절되자 그들은 삼부회에서 이탈해 국민의회를 만들었고, 이것은 큰 변화의 시기를 유발했다. 입헌군주제가 탄생하고 인권 선언문 초안이 만들어져 모든 인간의 개인적, 집단적 권리를 명확히 밝혔다.

국민의회에서 비롯된 의회는 새로운 헌법과 봉건제 폐지와 같은 다른 주요한 개혁을 힘들게 통과시켰다. 로베스피에르, 마라, 당통이 이끄는 자코뱅파와 지롱드파의 파벌 싸움이 의회를 지배했다. 프랑스의 주변국은 혁명 사상이 전파될 것이라는 위협을 느끼고 이에 대항하는 반동 연합전선을 만들었다. 프랑스 내부의 반동 봉기와 외부의 적대적인 군대가 사방에서 압박하자 혁명가들은 공포에 빠졌다. 혁명은 공포 정치로 알려진 극단적인 2단계로

서서히 빠졌다. 1794년 7월, 자코뱅파는 테르미도르 쿠데타로 전복되었다. 그 결과 혁명의 3단계로, 1795년 10월에 더 온건한 총재 정부(Directory)가 수립되어 1단계의 자유주의적, 헌법적 가치를 회복하려고 시도했다. 하지만 1799년 11월에 적군이 다시 공화정의 존속을 위협했다. 전통적인 관점은 나폴레옹 보나파르트가 최고 집정관이 되기 위해 꾸민 쿠데타로 인해 프랑스 혁명이 끝나고 나폴레옹 시대가 시작된 것으로 본다.

프랑스 인권 선언
혁명의 원칙

'인간과 시민의 권리 선언'이라는 명칭의 성명서로, 인민의 주권과 '자유, 평등, 형제애'라는 혁명의 원칙을 확고히 밝히고 있다. 루이 16세는 1791년의 헌법에서 마지못해 이것을 받아들였다. 이 그림은 국민방위대 장교가 협약의 제단 앞에서 충성 서약을 맹세하는 모습이다.

프랑스 혁명, 1789-1795년

기호 보기
■ 1789년 프랑스 영토

모든 사람이 혁명을 받아들인 것은 아니었다. 반혁명 세력이 많이 나타났지만 진압되었다. 프랑스는 혁명 사상을 확산하기 위해 전쟁을 시작했고, 1796년에 나폴레옹은 이탈리아와의 전쟁에서 승리하면서 권력의 발판을 마련했다.

타임라인

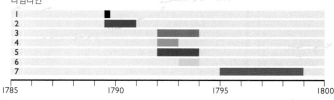

1785　1790　1795　1800

2 국민의회 1789-1791년

국민의회는 봉건제를 폐지하고 프랑스 인권 선언을 채택하고 새로운 입헌군주제를 선언했다. 1791년에 왕이 파리에서 도피하다가 체포되고, 7월 17일에 국민방위대가 파리의 군중에게 발포해 최대 50명이 사망한 '마르스 광장 학살'에 대해 온건파들에게 비난이 쏟아지자 대중들의 감정이 더욱 끓어올랐다.

☠ 학살

3 해외로 확산된 소요사태 1792-1794년

충격이 유럽 곳곳으로 번져 혁명적 기운과 혁명 반대파가 생겼다. 오스트리아령 네덜란드가 반란을 일으켜 벨기에라는 독립 국가를 선언했고, 주변의 군주제 국가들이 프랑스 군주제 회복을 위해 1차 연합체를 만들었다. 혁명 전쟁이 시작되자 프랑스는 오스트리아, 프로이센 그리고 대부분의 주변 국가와 전쟁을 벌였다. 프랑스 내부에서 공포심이 최고조에 이르렀고 혁명은 더 극단적으로 바뀌었다.

⚔ 프랑스의 승리　　⚔ 프랑스의 패배

→ 1792-1794년 프랑스군의 공격

┅► 1792-1794년 연합군의 공격

■ 1792-1797년 프랑스의 합병 지역

4 공화정 1792-1793년

루이 16세가 프로이센과 연합할 것을 두려워한 파리 시민들은 튈르리 궁전을 습격해 왕실 가족을 감금했다. 군주제가 폐지되고 공화정과 새로운 연호가 선포되었다. 자코뱅파가 권력을 잡아 1792년에 혁명 이념의 확산을 옹호하는 우애 칙령을 공포했으며 1793년에는 왕을 처형했다.

5 국민 총동원령 1792-1794년

대대적인 무장 군인 징집이 시작되자 반혁명 세력들이 방데와 다른 여러 곳에서 봉기했다. 영국이 툴롱에 상륙할 위험이 대두되자 자코뱅파는 1793년에 국민 총동원령을 발표했다. 방데 봉기는 잔인하게 진압되었고 외국 군대도 격퇴되었다.

⫻ 반혁명 중심지　　 방데 전투

● 브레스트

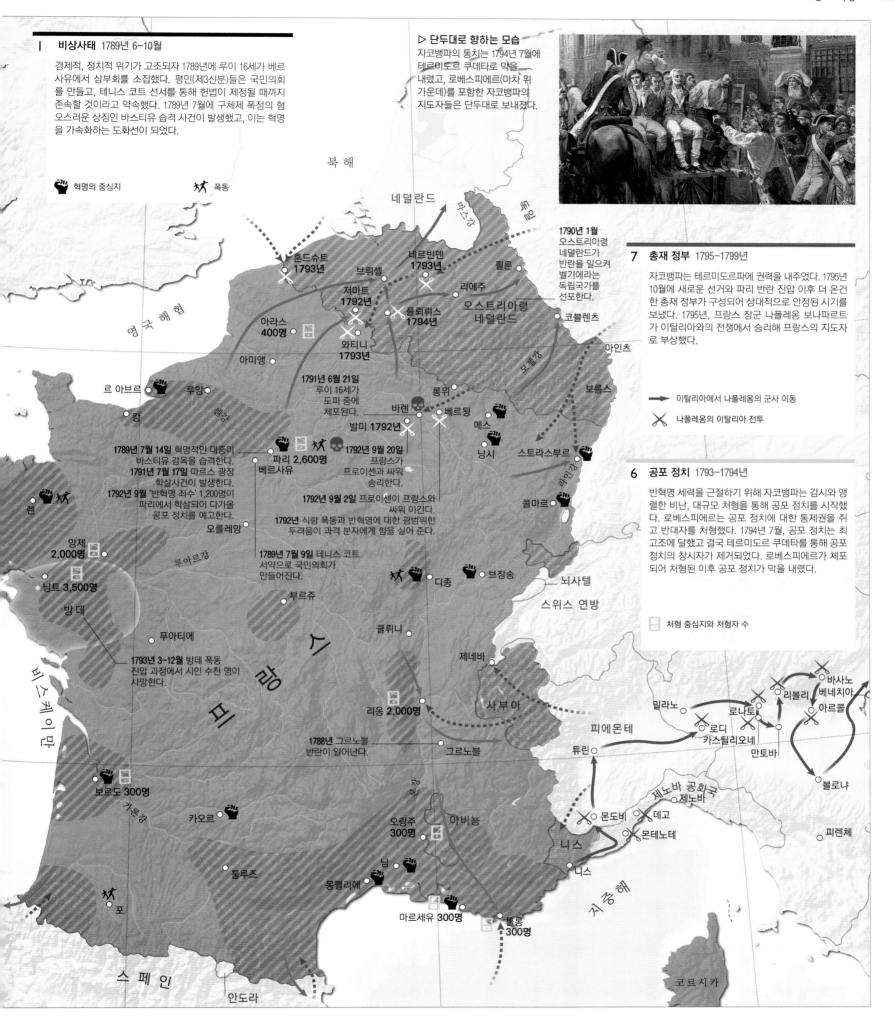

비상사태 1789년 6-10월

경제적, 정치적 위기가 고조되자 1789년에 루이 16세가 베르사유에서 삼부회를 소집했다. 평민(제3신분)들은 국민의회를 만들고, 테니스 코트 선서를 통해 헌법이 제정될 때까지 존속할 것이라고 약속했다. 1789년 7월에 구체제 폭정의 혐오스러운 상징인 바스티유 습격 사건이 발생했고, 이는 혁명을 가속화하는 도화선이 되었다.

✊ 혁명의 중심지   🏃 폭동

▷ 단두대로 향하는 모습
자코뱅파의 통치는 1794년 7월에 테르미도르 쿠데타로 막을 내렸고, 로베스피에르(마차 위 가운데)를 포함한 자코뱅파의 지도자들은 단두대로 보내졌다.

7 총재 정부 1795-1799년

자코뱅파는 테르미도르파에 권력을 내주었다. 1795년 10월에 새로운 선거와 파리 반란 진압 이후 더 온건한 총재 정부가 구성되어 상대적으로 안정된 시기를 보냈다. 1795년, 프랑스 장군 나폴레옹 보나파르트가 이탈리아와의 전쟁에서 승리해 프랑스의 지도자로 부상했다.

➡ 이탈리아에서 나폴레옹의 군사 이동

✂ 나폴레옹의 이탈리아 전투

6 공포 정치 1793-1794년

반혁명 세력을 근절하기 위해 자코뱅파는 감시와 맹렬한 비난, 대규모 처형을 통해 공포 정치를 시작했다. 로베스피에르는 공포 정치에 대한 통제권을 쥐고 반대자를 처형했다. 1794년 7월, 공포 정치는 최고조에 달했고 결국 테르미도르 쿠데타를 통해 공포 정치의 창시자가 제거되었다. 로베스피에르가 체포되어 처형된 이후 공포 정치가 막을 내렸다.

⊞ 처형 중심지와 처형자 수

지도 내 지명 및 표기

북 해
네덜란드
혼드슈트 1793년
브뤼셀
저마트 1792년
네르빈덴 1793년
쾰른
리에주
아라스 400명
플뢰뤼스 1794년
오스트리아령 네덜란드
와티니 1793년
아미앵
코블렌츠
마인츠
영국 해협
1791년 6월 21일 루이 16세가 도피 중에 체포된다.
롱위
모젤강
르 아브르
루앙
바렌
베르됭
보름스
센강
발미 1792년
메스
1789년 7월 14일 혁명적인 대중이 바스티유 감옥을 습격한다.
1791년 7월 17일 마르스 광장 학살사건이 발생한다.
1792년 9월 '반혁명 죄수' 1,200명이 파리에서 학살되어 다가올 공포 정치를 예고한다.
파리 2,600명
베르사유
1792년 9월 20일 프랑스가 프로이센과 싸워 승리한다.
낭시
스트라스부르
렌
오를레앙
1792년 9월 2일 프로이센이 프랑스와 싸워 이긴다.
1792년 식량 폭동과 반혁명에 대한 광범위한 두려움이 과격 분자에게 힘을 실어 준다.
콜마르
앙제 2,000명
1789년 7월 9일 테니스 코트 서약으로 국민의회가 만들어진다.
디종
브장송
낭트 3,500명
부르주
뇌샤텔
방데
푸아티에
클뤼니
스위스 연방
1793년 3-12월 방데 폭동 진압 과정에서 시민 수천 명이 사망한다.
제네바
리옹 2,000명
사부아
밀라노
바사노
베네치아
1788년 그르노블 반란이 일어난다.
그르노블
피에몬테
로나토
리볼리
아르콜
보르도 300명
로디
카스틸리오네
만토바
튀린
볼로냐
카오르
오랑주 300명
아비뇽
제노바 공화국
제노바
몽도비
데고
툴루즈
님
니스
몬테노테
피렌체
포
몽펠리에
니스
마르세유 300명
툴롱 300명
지중해
스페인
안도라
코르시카
가론강
루아르강
피레네
비스케이 만

1790년 1월 오스트리아령 네덜란드가 반란을 일으켜 벨기에라는 독립국가를 선포한다.

I 해전 1794-1805년

프랑스 혁명전쟁(212-213쪽 참조) 이후 영국의 제해권은 나폴레옹에게 지속적인 골칫거리였 다. 카리브해와 덴마크와 같은 광대한 지역에 이르는 영국의 활동은 영국 해군의 우월성을 확인해 주었고, 결정적인 트라팔가 전투를 통해 바다를 지배하려는 프랑스의 야심은 끝났다.

→ 프랑스군   ✕ 프랑스의 승리

⇢ 영국군   ✕ 영국의 승리

1798년 프랑스는 영국에 대항하는 아일랜드 반란을 일으키려고 했지만 상륙에 실패한다.

1801년, 1807년 영국군이 덴마크 해군이 나폴레옹의 강력한 동맹이 되는 것을 막기 위해 코펜하겐을 두 차례 포격한다.

1807년 프로이센이 프리트란트 전투에서 제4차 대프랑스 동맹이 패배한 뒤 틸지트에서 굴욕적인 조약에 마지못해 서명한다.

1805년 8월, 나폴레옹은 불로뉴에서 영국을 침공하려는 계획을 포기하고 그의 대육군을 오스트리아 울름으로 이동시킨다.

1805년 7월 영국 해군 제독 호레이쇼 넬슨은 빌누브가 지휘하는 프랑스 해군을 격파하고, 카리브해의 프랑스 함대를 능숙하게 압도한다.

1794년 6월 1일 영국은 이른바 '영광스러운 6월 1일'에 (미국에서 오는 곡물 수송선을 보호하는) 프랑스 함대와 싸워 승리한 뒤 오랫동안 프랑스 해군을 항구 안에 봉쇄한다.

1805년 9월 넬슨은 트라팔가 해전에서 프랑코-스페인 함대를 공격한다.

1801년 프랑스가 취리히와 호엔린덴 전투에서 승리한 뒤 오스트리아가 평화조약을 체결한다.

1799년 취리히

1799년 12월 나폴레옹은 한겨울에 군대를 이끌고 알프스산맥의 그랑생베르나르 고개를 넘어 제노바를 포위하고 있던 오스트리아인을 습격한다.

1800년 호엔린덴

1806년 10월 14일 예나-아우어슈테트

1806년 10월 나폴레옹이 예나-아우어슈테트 전투에서 프로이센군을 격파한 후 베를린을 점령한다.

1807년 프리트란트

1807년 아일라우

1805년 12월 2일 프랑스군 아우스테를리츠 전투에서 승리한 뒤, 오스트리아와 평화조약을 맺는다.

1800년 6월 14일 마렝고

1797년 스페인 함대가 영국에 의해 세인트빈센트곶을 탈취당한 뒤 영국의 침공 때 프랑스와 동맹을 맺는다.

1805년 10월 21일 영국 해군이 스페인과 동맹을 맺은 프랑스 함대와 싸워 결정적인 승리를 거두고, 영국의 영웅 넬슨 제독이 치명적인 부상을 당한다.

1798년 6월 12일

노르웨이 / 스웨덴 / 북 해 / 발트 해 / 영국 / 아일랜드 / 스페인 / 포르투갈 / 프랑스 / 모로코 / 알제리 / 지중해 / 아드리아해 / 이오니아 제도 / 시칠리아

킬랄라만 · 에든버러 · 더블린 · 밴트리만 · 브리스틀 · 런던 · 불로뉴 · 브레스트 · 루앙 · 아미앵 · 파리 · 브뤼셀 · 스트라스부르 · 뤼네빌 · 올름 · 보르도 · 제네바 · 스위스 연방 · 밀라노 · 튀린 · 제노바 · 칸 · 니스 · 마르세유 · 툴롱 · 비고르 · 코루나 · 산탄데르 · 사라고사 · 마드리드 · 탈라베라 · 바다호스 · 세비야 · 발렌시아 · 바르셀로나 · 카르타헤나 · 카디스 · 트라팔가 · 지브롤터(영국령) · 탕헤르 · 알제 · 스톡홀름 · 코펜하겐 · 뤼베크 · 함부르크 · 브레멘 · 하노버 · 베를린 · 작센 · 뮌헨 · 바이에른 · 보헤미아 · 프라하 · 모라비아 · 크라쿠프 · 쾨니히스베르크 · 단치히 · 틸지트 · 오스트리아 · 빈 · 레오벤 · 헝가리 · 부다 · 페스트 · 아우스테를리츠 · 베오그라드 · 라구사 · 모스타르 · 몬테네그로 · 볼로냐 · 피렌체 · 토스카나 · 엘바 · 코르시카 · 교황령 · 로마 · 나폴리 · 나폴리-시칠리아 왕국 · 사르디니아 왕국 · 팔레르모 · 튀니스 · 몰타 · 바타비아 공화국 · 하노버 · 스웨덴령 포메라니아 · 프로이센 · 베네치아 · 그랑생베르나르 고개

나폴레옹의 성공

1794-1809년 나폴레옹은 계속 성공을 거두면서 프랑스 지도자로 부상해 전 유럽에 영향력을 확대했다. 1802년에 프랑스는 자국의 오래된 국경선을 넘어 멀리 가지 못했지만 곧 제국이 되었다.

기호 보기

▆ 1802년의 프랑스   — 1802년의 국경선   ▬ 신성 로마 제국의 국경선

타임라인

	1790	1795	1800	1805	1810	1815
1						
2						
3						
4						

2 이집트 원정 1798-1801년

나폴레옹은 이집트를 통제하기 시작했고, 이는 아마도 인도를 넘어 영국의 이익을 위협했을 것이다. 그는 넬슨 제독의 함대를 피해 이집트에 상륙했고, 오스만 술탄 치하에서 이집트를 통치하던 맘루크 왕조와의 피라미드 전투에서 승리해 카이로를 점령했다.

→ 프랑스군   ✕ 프랑스의 승리

⇢ 영국군   ✕ 영국의 승리

3 제2차 대프랑스 동맹 전쟁 1799-1802년

1799년, 나폴레옹이 이집트에 있을 때 대프랑스 동맹국이 프랑스를 공격했다. 러시아는 이탈리아 에서 프랑스를 공격하고, 오스트리아는 프랑스인 을 라인강 너머로 몰아냈다. 나폴레옹이 이집트에 서 돌아와 군사 쿠데타를 일으켜 '최고 집정관'이 되고 나서 이탈리아 북부 지역의 위기를 해결했다.

→ 프랑스군   ✕ 프랑스의 승리

나폴레옹의 제국, 1812년

나폴레옹의 최전성기인 1812년, 유럽 지역 대부분을 지배했고, 영국만이 나폴레옹과 계속 싸웠다.

기호 보기

- 프랑스 제국
- 프랑스의 속국
- 독립적인 동맹국
- 나폴레옹과 전쟁을 벌인 국가

4 제3차와 제4차 대프랑스 동맹 전쟁 1805–1807년

오스트리아가 영국이 후원하는 대프랑스 동맹에 가입했다. 이 동맹에는 이미 러시아, 스웨덴, 나폴리왕국이 가입해 있었다. 심각한 패배 이후 오스트리아는 프랑스, 러시아와 평화조약을 체결하고 폴란드로 물러났다. 프랑스는 신성 로마 제국의 여러 제후국을 가입시켜 라인 연합을 만들어 속국으로 삼았다.

→ 프랑스군
✕ 프랑스의 승리

1798년 오스만 술탄이 나폴레옹의 이집트 침공에 대항해 성전을 선포한다.

1799년 3월 나폴레옹은 해전 패배에도 굴하지 않고 아크레에서 영국제 총기를 지원받아 저항하는 오스만인을 향해 진격해 포위한다.

1798년 8월 넬슨은 나일 해전에서 프랑스 함대를 격파해 나폴레옹의 이집트 원정에 큰 타격을 준다.

1798년 7월 21일 나폴레옹이 이집트 맘루크 통치자들과 싸워 이기고 카이로를 점령한다.

1799년 4월 나폴레옹이 이집트로 후퇴하던 도중 자파 전투에서 승리한다.

물다비아
왈라키아
부쿠레슈티
바르나
콘스탄티노플
스미르나
크레타
키프로스
베이루트
다마스쿠스
아크레
자파
가자
예루살렘
알렉산드리아
이집트
카이로
아스완 방향

◁ **인간과 신화**
자크루이 다비드가 알프스산맥을 횡단하는 나폴레옹을 묘사한 기마 초상화(1800–1801년)로 지도자의 고전적인 영웅 이미지가 훌륭하게 담겨 있다.

나폴레옹의 진군

나폴레옹은 이탈리아에서 오스트리아군과 맞서 뜻밖의 대담한 군사 작전(1796–1797년)으로 프랑스 혁명군 지도자로서 확고한 명성을 얻었다. 1804년의 프랑스 공화정 혁명 이후 10년 만에 스스로 황제 자리에 올랐고 1809년에 유럽 중앙 지역을 완전히 지배했다.

프랑스 혁명 전쟁의 혼란 속에서 나폴레옹 보나파르트는 젊고 야심 찬 장군으로 부상했다. 그는 초기에 오스트리아 군대와 사르디니아 왕국을 이탈리아 북부에서 몰아내는 놀라운 성과를 올렸다(1796–1797년). 오스트리아군은 빈으로 퇴각했고 이탈리아 북부는 프랑스의 지배를 받게 되었다. 1809년에 나폴레옹은 네덜란드 남부지역(바타비아), 라인강 서쪽 지역, 이탈리아의 넓은 지역을 프랑스 영토로 병합하고, 라인 연합과 같은 프랑스의 속국을 만들었다. 그는 가문 사람들을 유럽 곳곳의 통치자로 세웠고 오스트리아 출신 마리 루이즈와 결혼했으며, 프로이센과 오스트리아를 강압적으로 동맹국으로 만들었다.

영국은 시종일관 나폴레옹과 전쟁을 벌였다. 해군력의 우위를 확실히 확보해 이집트와 중동 지역에 대한 나폴레옹의 야심을 좌절시켰다. 그에 대한 보복으로 나폴레옹은 대륙 봉쇄령이라는 무역 봉쇄 정책으로 영국을 고립시키려 했다. 하지만 포르투갈에서부터 러시아에 이르기까지 유럽 전체에 봉쇄 정책을 강요할 수 없었기 때문에 영국의 무역을 붕괴하려는 목표는 실패했다.

> *"전쟁에서는 단 한 번의 좋은 기회가 있다. 그것을 붙잡는 것은 위대한 예술이다!"*
>
> 나폴레옹 보나파르트, 1804년

나폴레옹 보나파르트
1792–1821년

나폴레옹은 프랑스 혁명기에 크게 주목받았고 여러 전쟁에서 성공을 거두었다. 그는 교황이 지켜보는 가운데 나폴레옹 1세로 황제 자리에 올라 1804–1814년 동안 통치했고, 1815년에 다시 황제가 되었다(216–217쪽 참조). 나폴레옹은 10여 년 동안 유럽과 세계를 지배했고, 나폴레옹 전쟁 때 대프랑스 동맹에 맞서 프랑스를 이끌었다. 그는 대부분의 전쟁과 상당히 많은 전투에서 승리해 유럽 대륙을 통치하는 제국을 세웠으나 1815년에 완전히 붕괴되었다.

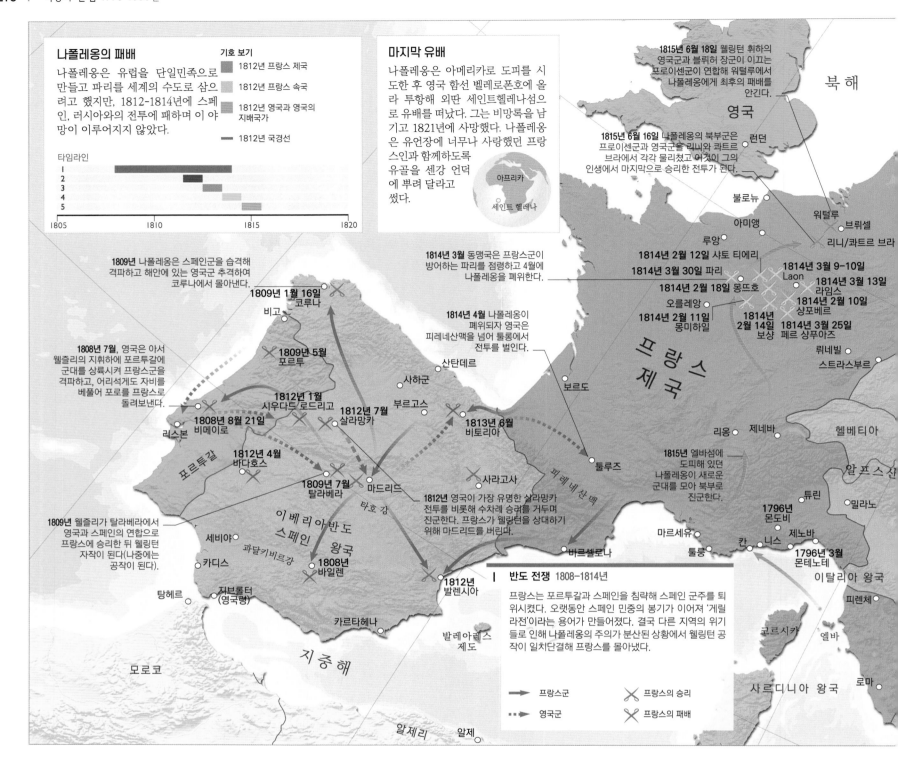

나폴레옹의 패배

나폴레옹은 유럽을 단일민족으로 만들고 파리를 세계의 수도로 삼으려고 했지만, 1812-1814년에 스페인, 러시아와의 전투에 패하며 이 야망이 이루어지지 않았다.

기호 보기

■ 1812년 프랑스 제국
■ 1812년 프랑스 속국
■ 1812년 영국과 영국의 지배국가
— 1812년 국경선

타임라인

1805 · 1810 · 1815 · 1820

마지막 유배

나폴레옹은 아메리카로 도피를 시도한 후 영국 함선 벨레로폰호에 올라 투항해 외딴 세인트헬레나섬으로 유배를 떠났다. 그는 비망록을 남기고 1821년에 사망했다. 나폴레옹은 유언장에 너무나 사랑했던 프랑스인과 함께하도록 유골을 센강 언덕에 뿌려 달라고 썼다.

아프리카 / 세인트 헬레나

1815년 6월 18일 웰링턴 휘하의 영국군과 블뤼허 장군이 이끄는 프로이센군이 연합해 워털루에서 나폴레옹에게 최후의 패배를 안긴다.

북해

영국

1815년 6월 16일 나폴레옹의 북부군은 프로이센군과 영국군을 리니와 콰트르 브라에서 각각 물리쳤고 이것이 그의 인생에서 마지막으로 승리한 전투가 된다.

런던

1809년 나폴레옹은 스페인군을 습격해 격파하고 해안에 있는 영국군 추격하여 코루나에서 몰아낸다.

1814년 3월 동맹국은 프랑스군이 방어하는 파리를 점령하고 4월에 나폴레옹을 폐위한다.

불로뉴 / 워털루 / 브뤼셀

아미앵 / 리니/콰트르 브라

루앙

1809년 1월 16일 코루나

비고

1814년 2월 12일 샤토 티에리
1814년 3월 30일 파리

1814년 3월 9-10일 Laon
1814년 3월 13일 라임스
1814년 2월 10일 샹포베르

1814년 2월 18일 몽뜨호
오를레앙
1814년 2월 11일 몽미라일
1814년 2월 14일 보상
1814년 3월 25일 페르 샹무아즈

1808년 7월, 영국은 아서 웰즐리의 지휘하에 포르투갈에 군대를 상륙시켜 프랑스군을 격파하고, 어리석게도 자비를 베풀어 포로를 프랑스로 돌려보낸다.

뤼네빌
스트라스부르

1809년 5월 포르투

1812년 1월 시우다드 로드리고

1812년 7월 살라망카

1808년 8월 21일 비메이로

리스본

포르투갈

1812년 4월 바다호스

1809년 7월 탈라베라

마드리드

타호 강

사하군

부르고스

산탄데르

보르도

프랑스 제국

1813년 6월 비토리아

1812년 영국이 가장 유명한 살라망카 전투를 비롯해 수차례 승리를 거두며 진군한다. 프랑스가 웰링턴을 상대하기 위해 마드리드를 버린다.

사라고사

1814년 4월 나폴레옹이 폐위되자 영국은 피레네산맥을 넘어 툴롱에서 전투를 벌인다.

피레네 산맥

툴루즈

리옹

제네바

헬베티아

알프스산맥

1815년 엘바섬에 도피해 있던 나폴레옹이 새로운 군대를 모아 북부로 진군한다.

튜린

밀라노

1796년 몬도비

제노바

1796년 3월 몬테노테

1809년 웰즐리가 탈라베라에서 영국과 스페인의 연합으로 프랑스에 승리한 뒤 웰링턴 자작이 된다(나중에는 공작이 된다).

이베리아반도 스페인 왕국

세비야

과달키비르강

카디스

1808년 바일렌

1812년 발렌시아

마르세유

툴롱

바르셀로나

칸 / 니스

이탈리아 왕국

피렌체

탕헤르

지브롤터 (영국령)

카르타헤나

발레아레스 제도

코르시카

엘바

반도 전쟁 1808-1814년

프랑스는 포르투갈과 스페인을 침략해 스페인 군주를 퇴위시켰다. 오랫동안 스페인 민중의 봉기가 이어져 '게릴라전'이라는 용어가 만들어졌다. 결국 다른 지역의 위기들로 인해 나폴레옹의 주의가 분산된 상황에서 웰링턴 공작이 일치단결해 프랑스를 몰아냈다.

→ 프랑스군   ✕ 프랑스의 승리
⇢ 영국군   ✕ 프랑스의 패배

모로코

지중해

사르디니아 왕국

로마

알제리 / 알제

나폴레옹의 몰락

나폴레옹은 유럽 지배를 시도하는 과정에서 유럽 대륙의 동쪽 끝과 서쪽 끝까지 진출했다. 스페인, 포르투갈, 러시아 지배에 실패한 이후 중앙 유럽 국가로 구성된 동맹을 상대로 싸웠지만 패배했다. 나폴레옹은 처음에는 엘바섬으로 추방되었다가 나중에 대서양의 머나먼 세인트헬레나섬으로 유배되었다.

1806-1807년, 나폴레옹이 프로이센과 제4차 대프랑스 동맹 전쟁에서 승리하면서(214-215쪽 참조) 유럽에 대한 그의 지배권이 확고한 것처럼 보였다. 하지만 영국은 프랑스와 평화조약을 맺지 않아 안심할 수 없었다. 그가 영국을 굴복시키려고 만든 무역 봉쇄전략인 대륙 봉쇄령이 성공하려면 스페인, 포르투갈, 러시아의 협력이 필요했다. 스페인 국왕은 이에 호의적이었지만 프랑스군이 1807년에 포르투갈을 침략하여 굴복시켰다. 곧이어 스페인 왕도 교체하고 스페인을 직접 지배했다.

1809년 5월, 마드리드에서 일어난 민중 봉기가 스페인 전역으로 확산해 게릴라전이 시작되었다. 이것은 나폴레옹의 '스페인 궤양'으로 알려졌다. 나폴레옹은 여러 사안을 초기부터 직접 처리하고 영국을 스페인에서 쫓아냈으나 오스트리아의 새로운 선전포고로 주의가 분산되었다. 그는 바그람 전투에서 오스트리아를 격파했지만 막대한 피해를 당했고, 그로 인해 유럽을 통치하는 비용이 급증했다.

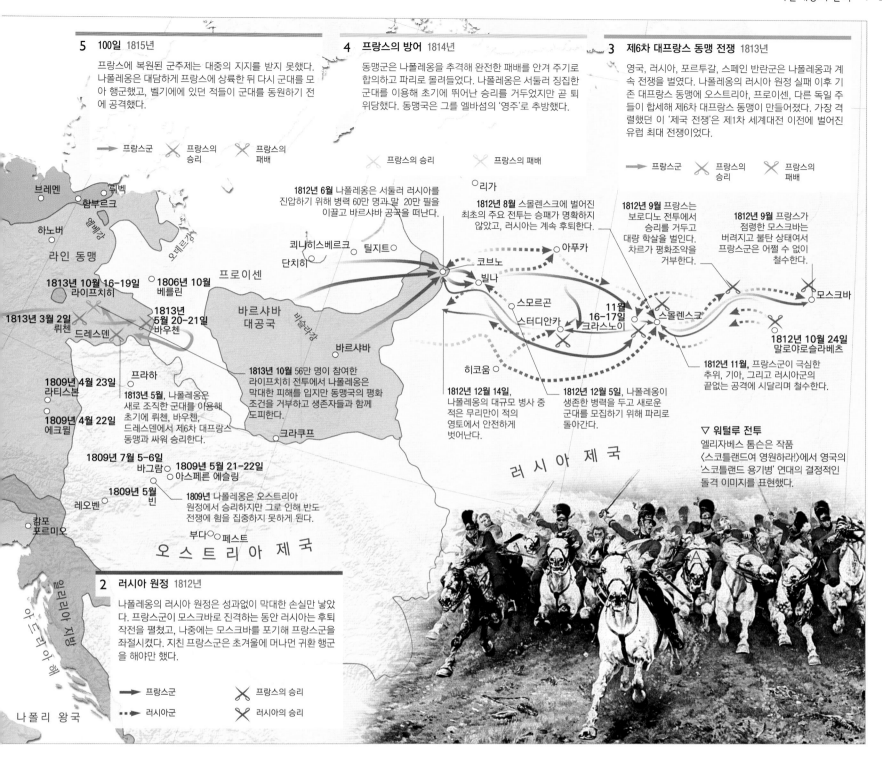

5 100일 1815년

프랑스에 복원된 군주제는 대중의 지지를 받지 못했다. 나폴레옹은 대담하게 프랑스에 상륙한 뒤 다시 군대를 모아 행군했고, 벨기에에 있던 적들이 군대를 동원하기 전에 공격했다.

→ 프랑스군   ✕ 프랑스의 승리   ✕ 프랑스의 패배

4 프랑스의 방어 1814년

동맹군은 나폴레옹을 추격해 완전한 패배를 안겨 주기로 합의하고 파리로 몰려들었다. 나폴레옹은 서둘러 징집한 군대를 이용해 초기에 뛰어난 승리를 거두었지만 곧 퇴위당했다. 동맹국은 그를 엘바섬의 '영주'로 추방했다.

✕ 프랑스의 승리   ✕ 프랑스의 패배

3 제6차 대프랑스 동맹 전쟁 1813년

영국, 러시아, 포르투갈, 스페인 반란군은 나폴레옹과 계속 전쟁을 벌였다. 나폴레옹의 러시아 원정 실패 이후 기존 대프랑스 동맹에 오스트리아, 프로이센, 다른 독일 주들이 합세해 제6차 대프랑스 동맹이 만들어졌다. 가장 격렬했던 이 '제국 전쟁'은 제1차 세계대전 이전에 벌어진 유럽 최대 전쟁이었다.

→ 프랑스군   ✕ 프랑스의 승리   ✕ 프랑스의 패배

2 러시아 원정 1812년

나폴레옹의 러시아 원정은 성과없이 막대한 손실만 낳았다. 프랑스군이 모스크바로 진격하는 동안 러시아는 후퇴 작전을 펼쳤고, 나중에는 모스크바를 포기해 프랑스군을 좌절시켰다. 지친 프랑스군은 초겨울에 머나먼 귀환 행군을 해야만 했다.

→ 프랑스군   ✕ 프랑스의 승리   ┄┄ 러시아군   ✕ 러시아의 승리

▽ 워털루 전투

엘리자베스 톰슨은 작품 〈스코틀랜드여 영원하라!〉에서 영국의 '스코틀랜드 용기병' 연대의 결정적인 돌격 이미지를 표현했다.

영국의 설득으로 대륙 봉쇄령을 거부하는 러시아에 협력을 요구했을 때 나폴레옹의 계획은 더 심하게 틀어졌다. 1812년에 그는 막대한 군대를 이끌고 러시아를 침공했지만 몹시 지치고 수척한 소수의 생존자와 함께 퇴각했다. 다른 유럽 열강도 기회를 틈타 최대 규모의 대프랑스 동맹을 결성해 파리까지 추격하고 마침내 그를 추방했다. 나폴레옹은 유배지에서 탈출해 워털루에서 마지막으로 일진일퇴의 전쟁을 벌였지만 그의 시대는 끝났다.

> "나는 전장에서 나폴레옹의 존재가 병력 4만 명과 맞먹는 효과가 있다고 말하곤 했다."
>
> 아서 웰즐리, 웰링턴 공작, 1831년

웰링턴 공작
1769-1852년

아일랜드 태생으로 나중에 웰링턴 공작이 되는 아서 웰즐리는, 인도의 마이소르 왕국과 마라타스인(마하라슈트라국의 사람들)과의 전쟁에서 처음 두각을 나타냈다. 그는 반도 전쟁에서 승리해 영국의 국가 영웅이 되었고, 1815년에 나폴레옹과 싸운 워털루 전투에서 지도자 역할을 성공적으로 수행해 지위가 올라갔다. 대체로 신중한 장군이었지만 1812년의 살라망카 전투에서 보듯이 대담한 공격도 수행했다. 그는 필요한 위험만 감수하는 것으로 알려졌다.

△ 노동과 기계
미국 발명가 엘리 휘트니의 조면기를
광고하는 이 판화는 남자 노예와 여자
노예가 일하는 모습을 묘사한다.
산업혁명은 강제 노예노동에 의존했다.

산업혁명

산업화는 적어도 수천 년 전 농업이 시작된 이후로
세계 경제사에 가장 큰 충격을 주었다.
18세기 말에 시작된 산업화 과정은 세계를 재편하는 지대한 결과를 가져왔다.

18세기 말 이전, 서구 세계의 경제는 거의 변화가
없었다. 인구 증가에 따라 정기적으로 경제가 확장
되기도 했지만 경제가 감당할 수준을 넘어 인구가
증가하면 기아, 질병, 전쟁이 초래되었고 그 결과 인구 감소와 경제 축
소가 뒤따랐다.

하지만 18세기 말부터 경제는 이런 덫에서 빠져나와 계속 성장하기
시작했다. 달라진 점은 경제 효율성이 계속 향상하기 시작했다는 것이
다. 산업혁명이라는 이런 근본적인 변화는 영국에서 시작되어 차츰 다
른 세계로 확산했다.

산업혁명은 하나의 사건이 아니라 여러 시기에 다양한 지역에서 다
양한 경제 분야에서 조금씩 일어난 일련의 변화였다. 이런 변화 중 일
부는 18세기보다 훨씬 이전에 이미 시작되었다. 예컨대, 13세기부터
물방아 기술 덕분에 모직물 제조에 작은 혁명이 시작되었다.

노동, 원료, 기술

산업혁명은 인구 증가에 의해 뒷받침되고, 농업 효율성과 생산량이 극
적으로 증가한 농업혁명(200-201쪽 참조) 덕분에 가능했다. 또 다른
요인은 노예제였다. 신대륙의 노예 노동으로 인해 면화 생산이 폭발적
으로 증가해 이 시대의 섬유 산업의 발전, 설탕, 담배, 그 외 다른 원재
료의 대량 생산이 가능했다. 여기서 발생한 이익을 통해 유럽, 나중에
는 미국의 금융 역량이 확대되어 자본 투자가 가능해지면서 가내수공
업이 세계적 산업으로 탈바꿈했다.

산업혁명은 또한 기술 변화에 힘입었다. 증기기관의 발명으로 직물
공장과 다른 공장의 기계의 동력이 공급되었다. 하지만 이런 기계는 남
자보다 임금을 훨씬 더 적게 받는 여성과 아이들이 대부분 작동했고,
이 과정에서 안전사고, 호흡기 질환, 청각 질환, 사망 사고를 유발했다.
여성들은 직업 재해로부터 적절하게 보호받지 못했다. 증기기관에 필
요한 석탄 수요가 증가하자 이를 위해 석탄 채굴 기술이 개선되었고,
처음에는 운하, 나중에는 철도를 통해 운송 수단도 향상되었다.

▽ 움직이는 북(shuttle)
영국의 존 케이가 1733년에 발명한
이 북은 베틀에서 앞뒤로 실을 이동시켜
직조에 필요한 노동력을 절반으로
줄였다.

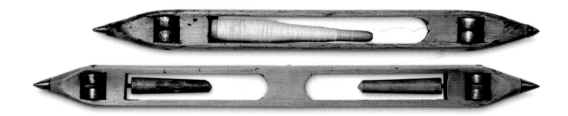

산업화의 요인

산업혁명은 복잡한 요인과 관련이
있다. 인구 증가와 분포가 원료의
공급과 상품 수요에 영향을 미쳤
다. 이것은 금융 발전으로 이어져
산업에 필요한 자본을 공급했다.
새로운 소재와 사회적, 경제적 요
구의 증가에 힘입어 통신, 동력, 교
통 분야에 혁신이 일어나 획기적인
생산성 증가로 이어졌다.

금융

인구통계

혁신

무역

교통

1694년 잉글랜드 은행이
설립되어 대부분의
중앙은행의
모델이 된다.

1750년 약 7억 1,500만 명이었던 세계 인구가
대부분 남아시아와 동아시아에 집중되어 있었지만
다음 세기 동안 유럽과 아메리카 대륙의 인구
성장으로 약 두 배로 증가한다.

1690년   1710년   1730년   1750년

1720년 남미 무역독점권을
획득한 영국의 남해회사에 대한
투기 열풍으로 금융위기가
초래된다.

◁ 바튼 수도교
석탄 수송용 운하망의 일부 시설인 수도교가
완공되자 브리지워터 공작인 프랜시스 에거턴은
많은 돈을 벌었다. 이 수도교 덕분에 애거턴의
광산에서 시장까지 매우 낮은 비용으로 원료를
수송하게 되었다.

세계적 현상

산업혁명은 영국에서 시작되었지만 얼마 지나지 않아 유럽과 아메리카
로 확산했다. 미국의 경우 철강업과 조선업이 처음으로 이런 혁신적인
변화를 겪었다. 유럽에서는 벨기에, 프로이센이 산업혁명을 선도했고,
프랑스는 프랑스 혁명 탓에 초기에는 발전이 지체되었다. 1870년대에
독일이 통일되면서 새로운 산업화의 물결이 일어났고, 1900년에는 독
일과 미국의 산업 생산량이 영국을 앞질렀다.

산업화의 결과

교통 발달로 더 이상 공장을 원료 생산지 근처에 지을 필요가 없어졌
다. 공장이 도시에 건설되면서 도시 인구가 급속히 증가했다. 1800년
에 유럽에서 28개 도시의 인구가 10만 명이 넘었고 1848년에는 그런
도시가 45개가 되었다. 하지만 도시 노동자의 삶은 매우 열악했다. 임
금과 생활 수준은 매우 낮고 주거시설도 지저분했다. 특히 산업혁명 초
기에 불평등이 증가했다.

산업혁명이 진행되면서 새로운 무역 형태가 등장했다. 교통 발달에

> "산업화 과정은
> 불가피한 고통이다."
>
> E. P. 톰슨, 영국 역사가, 《영국 노동계급의 형성》에서, 1963년

전신과 같은 통신 기술 발명이 더해지면서 세계 무역이 증가했다. 원재
료가 더 값싸게 조달되고 완제품 시장이 확대되면서 무역을 통해 추가
적인 성장이 이루어졌다. 산업혁명은 지금도 다양한 결과를 낳고 있다.
특히, 지금 우리가 겪고 있는 기후 변화는 산업화 초기 석탄과 같은 화
석 연료 사용 증가에서 시작되었다.

▽ 베세머 전로
베세머 제강법은 독일 에센의 크루프
제철소에 설치된 것처럼 거대한
용광로를 이용해 유럽의 산업 생산량을
크게 늘렸다.

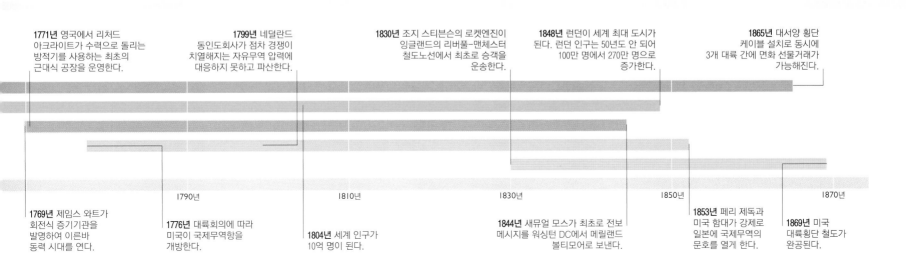

1771년 영국에서 리처드
아크라이트가 수력으로 돌리는
방적기를 사용하는 최초의
근대식 공장을 운영한다.

1799년 네덜란드
동인도회사가 점차 경쟁이
치열해지는 자유무역 압력에
대응하지 못하고 파산한다.

1830년 조지 스티븐슨의 로켓엔진이
잉글랜드의 리버풀-맨체스터
철도노선에서 최초로 승객을
운송한다.

1848년 런던이 세계 최대 도시가
된다. 런던 인구는 50년도 안 되어
100만 명에서 270만 명으로
증가한다.

1865년 대서양 횡단
케이블 설치로 동시에
3개 대륙 간에 면화 선물거래가
가능해진다.

1769년 제임스 와트가
회전식 증기기관을
발명하여 이른바
동력 시대를 연다.

1790년

1776년 대륙회의에 따라
미국이 국제무역항을
개방한다.

1810년

1804년 세계 인구가
10억 명이 된다.

1830년

1844년 새뮤얼 모스가 최초로 전보
메시지를 워싱턴 DC에서 메릴랜드
볼티모어로 보낸다.

1850년

1853년 페리 제독과
미국 함대가 강제로
일본에 국제무역의
문호를 열게 한다.

1870년

1869년 미국
대륙횡단 철도가
완공된다.

제임스 와트
1736-1819년

1736년에 스코틀랜드 그리녹에서 태어났다. 발명가이자 엔지니어인 제임스 와트는 증기기관 기술을 개선한 사람으로 주로 기억된다. 와트는 별도의 압축실을 만들어 증기관실을 방지해 토머스 뉴커먼이 1712년에 개발한 증기기관을 더 효율적으로 만들었다. 와트는 자신의 발명을 1769년에 특허 등록했다.

영국의 산업

18세기 말에 영국에서 시작된 산업혁명은 산업을 급속하게 발전시켰고, 그 결과 정치, 사회, 경제가 변모되었다. 영국에서 많은 기술이 진보하면서 기계화, 도시화, 자본주의가 발전하고 석탄, 철강과 같은 산업이 성장했다.

다양한 요인이 영국 산업혁명의 시작과 급속한 진행에 기여했다. 한 가지 중요한 원인은 농업 방식을 개선한 농업혁명(200-201쪽 참조)이었다. 농업생산의 효율성이 더 개선되어 영국은 더 많은 노동력을 유지할 수 있었다. 토지 경작에 필요한 노동자가 줄어들면서 많은 사람이 도시로 이동해 새로운 공장에서 일자리를 찾을 수 있었다. 국가가 세계 무역에 의존하면서 영국 정부는 지식재산권 보호법 도입과 같이 이 상업적 혁신을 촉진하기 위한 정책을 시행했다. 영국의 지리적 위치는 다른 세계와 소통하고 무역을 가능하게 하는 중요한 요인이었다. 또한 영국은 제분소와 공장을 돌릴 수 있는 수자원, 에너지를 연료를 얻을 수 있는 석탄, 철을 만들 수

있는 철광석과 같은 자연 자원이 풍부했고, 이런 자원은 꼭 필요한 것이었다. 이런 요인과 함께, 점점 늘어나는 부유한 중산층이 자금에 기반하여 18세기와 19세기 초에 여러 중요한 기술 혁신이 이루어져 많은 산업 공정이 획기적으로 개선되었다. 19세기 말에 영국은 압도적인 농촌 사회에서 도시 사회로 크게 변모했고 일상생활이 거의 모든 측면에서 바뀌었다.

1 면직물 산업 1700-1790년

영국의 세계적 영토 확장과 식민지의 노예 노동력을 통해 면 원료를 생산했고 면 생산량이 크게 증가했다. 이를 통해 새로운 대규모 시장 상품인 면직물을 제조할 수 있게 되었다. 리처드 아크라이트는 여러 혁신을 경험하고, 특히 증기 엔진을 작용해 최초로 근대적인 방직 공장을 만들어 전례없는 수준의 생산성을 달성했다. 면직은 기계화가 느리게 진행되던 모직 산업의 위협을 제공했다.

- 1870년 방직 공장
- 1870년 모직 생산
- ↑ 북아메리카와 인도에서 면화 수입

2 증기기관 1712-1802년

증기기관은 고도로 생산적인 공장을 움직이는 에너지를 공급했기 때문에 산업혁명의 핵심기술이었다. 영국 엔지니어 토머스 뉴커먼이 만든 조악한 증기기관이 몇몇 광산에 동력을 공급했지만 1770년대에 제임스 와트의 증기기관이 개선으로 새로운 증기기관 시대가 열렸다. 와트의 증기기관을 사용해 더 많은 곳에서 석탄을 채굴하고 공장, 증기선, 철도의 동력원으로 사용했다.

- ⚙ 증기기관의 중요한 발전

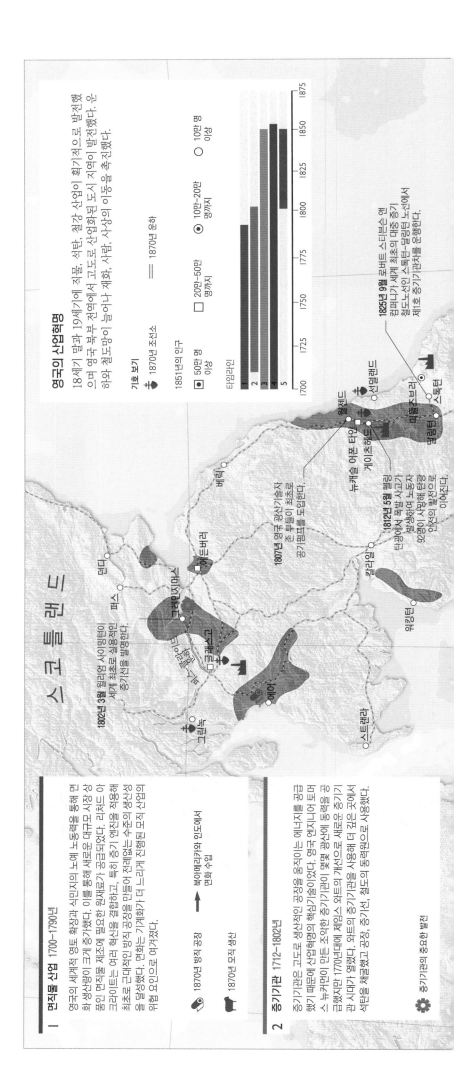

영국의 산업혁명

18세기 말과 19세기에 직물, 석탄, 철강 산업이 획기적으로 발전했으며 영국 북부 전역에서 증기로 가동되는 고도로 산업화된 도시 지역이 발전했다. 운하와 철도망이 늘어나 재화, 서비스, 사람, 사상의 이동을 촉진했다.

기호 보기
- 1870년 조선소
- 1870년 운하

1851년의 인구
- 50만 명 이상
- 20만~50만 명까지
- 10만~20만 명까지
- 10만 명 이상

타임라인 1 2 3 4 5

1700 1725 1750 1775 1800 1825 1850 1875

스코틀랜드

1802년 3월 윌리엄 사이밍턴이 세계 최초로 실용적인 증기선을 발명한다.

1807년 영국 광산기술자 조 틀들이 최초로 공기펌프를 도입한다.

1812년 5월 펠링 탄광에서 폭발 사고가 발생하여 노동자 92명이 사망한 탄광 안전의 발전으로 이어진다.

1825년 9월 로버트 스티븐슨 엔 컴퍼니가 세계 최초의 대중 증기 철도노선인 스톡턴-달링턴 노선에서 제1호 증기기관차를 운행한다.

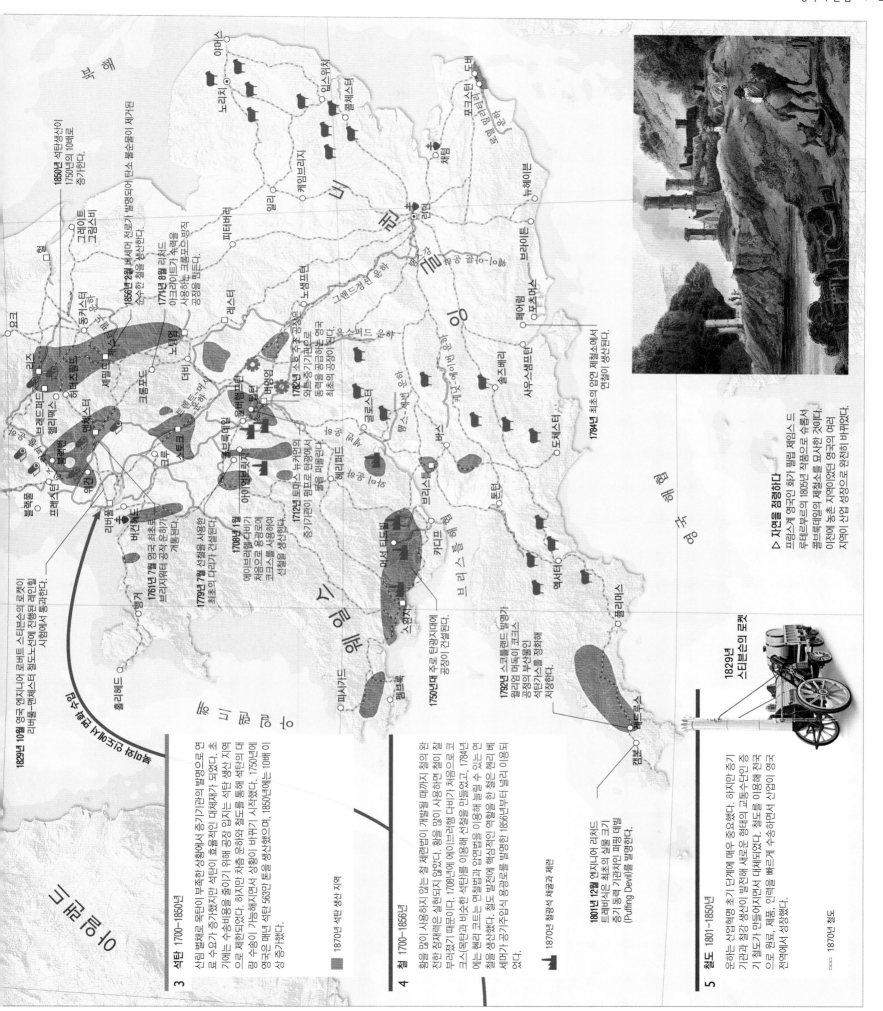

아 일 랜 드 해

1829년 10월 영국 엔지니어 로버트 스티븐슨의 로켓이 리버풀–맨체스터 철도노선에 진행된 레인힐 시험에서 통과한다.

1850년 석탄생산이 1750년의 10배로 증가한다.

1856년 2월 베세머 전로기 발명되어 탄소 불순물이 제거된 순수한 철을 생산한다.

1771년 8월 리처드 아크라이트가 수력을 사용하는 크롬포드 방직 공장을 만든다.

1782년 소호 주조 공장은 와트의 증기기관으로 동력을 공급받는 영국 최초의 공장이 된다.

1784년 최초의 압연 제철소에서 연철이 생산된다.

1712년 토머스 뉴커먼의 증기기관이 댐프로 탄광에서 물을 퍼올린다.

1708년 1월 에이브러햄 다비가 처음으로 용광로에 코크스를 사용하여 선철을 생산한다.

1761년 7월 영국 최초 브리지워터 운하가 개통된다.

1779년 7월 선철을 사용한 최초의 다리가 건설된다.

1750년대 주로 탄광지대에 공장이 건설된다.

1792년 스코틀랜드 크로스 월리엄 머독이 공장의 부산물인 석탄가스를 정제화해 지정한다.

△ **자연을 정복하다**
프랑스계 영국인 화가 필립 제임스 드 루테르부르의 1805년 작품으로 슈롭서 콜브룩데일의 제철소를 묘사한 것이다. 이전에 농촌 지역이었던 영국의 여러 지역이 산업 성장으로 완전히 바뀌게 되었다.

1829년 스티븐슨의 로켓

---

3 석탄 1700~1850년

산림 벌채로 목탄이 부족한 상황에서 증기기관의 발명으로 연료 수요가 증가했지만 석탄이 목탄을 대체하지 못하고 초기에는 수송비용을 줄이기 위해 공장 입지는 석탄 생산 지역으로 제한되었다. 하지만 처음 석탄을 통해 석탄이 대량 수송이 가능해지면서 상황이 바뀌기 시작했다. 1750년에는 영국은 매년 석탄 563만 톤을 생산했으며, 1850년에는 10배 이상 증가했다.

■ 1870년 석탄 생산 지역

4 철 1700~1856년

철을 많이 사용하지 않는 철 제련법이 개발될 때까지 철의 이용은 전하 정체적인 실정되지 않았다. 철을 많이 사용하면 철이 잘 부러졌기 때문이다. 1708년에 에이브러햄 다비가 처음으로 코크스(목탄과 비슷한 석탄)를 이용해 선철을 만들었고, 1784년에는 헨리 코트는 연철법과 압연법을 이용해 늘릴 수 있는 연철을 생산했다. 철로 발전의 해상작인 역할을 한 것은 헨리 베세머가 공기주입식 용광로를 발명한 1856년부터 널리 이용되었다.

▮ 1870년 철광석 제련소 제련

1801년 12월 엔지니어 리처드 트레비식은 최초의 실물 크기 증기 동력 기관차인 퍼핑 데빌(Puffing Devil)을 발명한다.

5 철도 1801~1850년

운하는 산업혁명 초기 단계에 매우 중요했다. 하지만 증기 기관과 철길 생산이 발전해 새로운 형태의 교통수단인 증기 철도가 만들어지면서 새로운 대체되었다. 철도를 이용해 전국으로 원료, 제품, 인력을 빠르게 수송하면서 산업이 영국 전역에서 성장했다.

═══ 1870년 철도

낭만주의와 민족주의

낭만주의와 민족주의는 밀접하게 관련된 문화적, 정치적 운동으로서 18세기 말부터 20세기 초까지 서구 세계 전역으로 확산했다. 이 운동들은 이성과 세계주의보다는 감정과 애국주의를 강조했다.

△ 초기 낭만시
낭만주의와 민족주의의 초기 주요 주창자인 윌리엄 블레이크는 1794년에 발표한 시집 《경험의 노래(Songs of Experience)》의 표지 글과 삽화를 직접 만들고 인쇄했다.

낭만주의는 18세기 말에 시작해 미술, 문학, 음악, 연극, 정치에 영향을 미친 문화 운동이었다. 이것은 계몽운동(208-209쪽 참조)의 합리주의에 대한 반발이었으며 상상력과 감정의 우위성을 주장했다. 낭만주의자는 자연, 그리고 자연과 인간 정신의 관계에 매료되었다. 그들은 땅과 그곳에 사는 사람들이 특별한 연대감을 가지며, 그에 따른 민족 문화와 전설에 대한 낭만적 열정을 공유한다는 신념을 갖게 되었다.

낭만주의는 새로운 민족주의 운동의 원동력이 되었다. 이 운동은 민족 국가가 정치, 문화, 언어, 역사의 본질적인 단위라고 선언했다. 오스트리아-헝가리 제국과 같이 무질서하게 확장된 왕조들과 상반된 민족정신에 대한 열망은 더 많은 시민권을 요구하는 자유주의적 열망과 밀접한 관련을 맺었다.

낭만적 민족주의와 문화

문화는 낭만적 민족주의를 선도했다. 문화는 사람들을 통합하는 전통적인 전설과 예술을 높이 평가하고 새로운 문화를 만들었다. 작가들은 민간 설화를 수집하고, 문학, 드라마, 민족 서사시 형태로 자신의 이야기를 썼다. 화가는 특징적인 장면을 포착하거나 민족주의적 우화를 표현하려고 노력했다. 작곡가들은 민요와 민속춤을 자신의 음악에 포함해 사람들을 고취하는 새로운 국가(國歌)를 작곡했다. 그들의 최대 목표는 독일 작곡가 리하르트 바그너의 이른바 '민족의 영혼을 위한 종합예술 작품'을 만드는 것이었다.

낭만적 민족주의는 20세기 초의 세계 질서를 형성했다. 이 운동은 유럽에서 독립 국가의 탄생에 기여했고, 아울러 민족 정체성 지상주의를 주장하는 대중운동을 탄생시켰다. 예컨대 독일에서는 독일 민족이 다른 민족보다 인종적으로 더 우월하다는 개념이 나치주의 탄생에 기여했다.

◁ 영향력 있는 작곡가
리하르트 바그너의 오페라 작품 〈니벨룽겐의 반지〉는 독일 전설에 기초한 것으로 낭만주의의 최고봉으로 여겨진다. 독일 민족주의자들은 이 작품을 잠재적인 건국 신화로 받아들였다.

혁명적인 열정
프랑스 화가 외젠 들라크루아의 작품 〈민중을 이끄는 자유의 여신〉(1830년)은 그가 목격한 봉기에 기반하여 낭만적 민족주의를 나타낸 대표적인 그림이다. 자유주의적이고 민족주의적인 열망의 혁명적인 힘을 표현한다.

1848년의 혁명들

유럽 지배계층이 근대화, 곧 더 많은 자유를 향한 부유 계층의 열망과
민족의 권리 요구에 부응하지 못하자 불만이 커졌다.
1848년에 긴장이 폭발하여 여러 봉기와 반란이 유럽 전역을 휩쓸었고,
그에 반대하는 피비린내 나는 반동이 일어났다.

나폴레옹의 전쟁(214-217쪽 참조) 이후 개최된 1815년에 개최된 빈 의회의 목표는 유럽의 영구적인 평화 정착이었다. 나폴레옹의 프랑스를 굴복시킨 열강의 정치가들이 유럽의 국경을 어떻게 다시 그을 것인지 결정하기 위해 빈에 모였다. 최종 합의문의 내용은 본질적으로 보수적이었다. 프랑스에서 일어난 민족주의 운동이 유럽의 옛 질서를 흔들었고 30년 동안 성공을 거두었기 때문에 합의문은 정당하고 필수적인 정치적, 문화적 단위로서의 민족 개념을 중심에 둔 운동인 민족주의를 근절하려고 했다.

하지만 빈 회의 이후 중대한 변화가 수년 동안 지속되었고, 심지어 가속화되었다. 유럽 인구는 1800년 이후 50% 증가했고, 급속하게 도시화되어 인구가 10만 명 이상인 도시가 1800년에 28개에서 1848년에 45개로 늘었다. 정치 분야에서는 프로이센, 러시아, 특히 오스트리아를 비롯한 신성 동맹 제국들이 존속되면서 특히 독일, 폴란드, 이탈리아에서 깨어난 민족주의적 열정이 억압되고 좌절되었다.

사회적, 경제적 변화로 인해 중산층이 급격하게 증가했다. 이러한 변화는 자유주의적 열정을 키워 변화의 욕구를 강화하고 더 많은 대의권과 민족자결권을 포함한 자유를 요구했다.

유럽의 국경선과 관련하여 오스만 제국의 붕괴는 민족자결권에 대한 발칸 지역의 열망을 자극했다. 세르비아인은 1817년, 그리스인은 1821년에 각각 자치권을 획득했다(272-273쪽 참조). 나폴레옹 시대에 유럽을 진동시켰던 혁명의 열정이 한 번 더 휘몰아쳤다. 더 자유로운 정치 질서에 대한 요구가 커지면서 유럽의 많은 지역은 불꽃을 기다리는 화약고와 같았다.

미래를 위한 씨 뿌리기
1848년 혁명들의 중요한 의미

1848년 혁명들은 실패, 가혹한 탄압, 자유주의자의 환멸로 끝났지만 중대한 유산도 남겼다. 이들 혁명은 다양한 정치집단을 형성했고, 농노제와 봉건제의 폐지를 가속화했다. 또한 대중들의 정치적 자각을 자극했다. 광범위한 민족주의의 꿈을 잠시 억누를 수 있었지만 완전히 잠재울 수는 없었다. 이탈리아와 독일은 1871년에 통일되었다(270-271쪽 참조). 1860년의 이 작품에는 민족주의적 분위기가 담겨 있다. 게르마니아가 라인강을 지키려고 방패와 검을 잡고 있다.

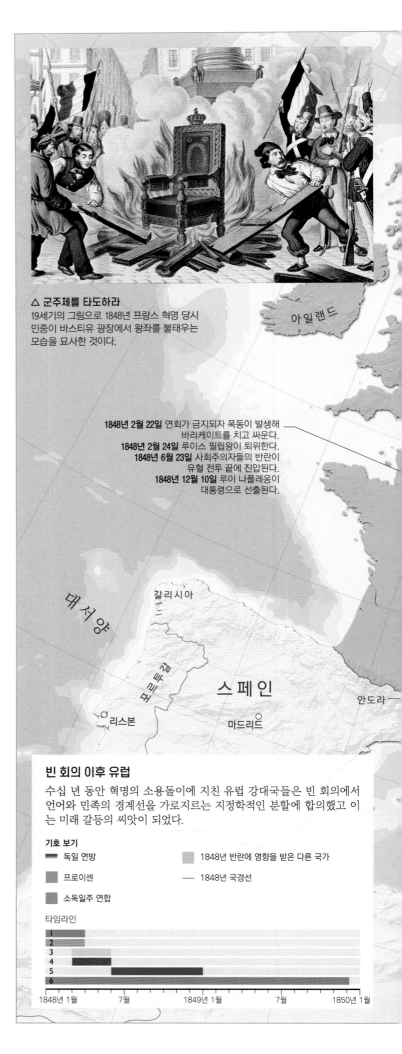

△ 군주제를 타도하라
19세기의 그림으로 1848년 프랑스 혁명 당시 민중이 바스티유 광장에서 왕좌를 불태우는 모습을 묘사한 것이다.

아일랜드

1848년 2월 22일 연회가 금지되자 폭동이 발생해 바리케이트를 치고 싸운다.
1848년 2월 24일 루이스 필립왕이 퇴위한다.
1848년 6월 23일 사회주의자들의 반란이 유혈 전투 끝에 진압된다.
1848년 12월 10일 루이 나폴레옹이 대통령으로 선출된다.

대서양

갈리시아

피레네산맥

스페인

안도라

리스본

마드리드

빈 회의 이후 유럽

수십 년 동안 혁명의 소용돌이에 지친 유럽 강대국들은 빈 회의에서 언어와 민족의 경계선을 가로지르는 지정학적인 분할에 합의했고 이는 미래 갈등의 씨앗이 되었다.

기호 보기

■ 독일 연방		■ 1848년 반란에 영향을 받은 다른 국가
■ 프로이센		— 1848년 국경선
■ 소독일주 연합		

타임라인

1
2
3
4
5
6

1848년 1월   7월   1849년 1월   7월   1850년 1월

1 프랑스와 시칠리아의 혁명 발발 1848년 1-3월

시칠리아 팔레르모에서 스페인 보르본 왕가 출신 페르디난도 2세에 대항해 반란이 일어났고, 곧 나폴리까지 확산했다. 프랑스의 루이 필리프 왕이 집회를 탄압하자 파리에서 폭동이 일어났다. 진압군이 군중을 향해 발포하고 루이 필리프는 도피한 뒤 제2공화국이 선포되었다. 노동자가 가두 시위에 나서면서 프랑스 전역에서 불만이 분출되었다.

🚩 민족주의 혁명 　　　 ✊ 군주의 폐위

⚒ 공화주의 혁명

2 혁명의 확산 1848년 1-3월

혁명의 열정은 이탈리아 전역으로 퍼졌다. 밀라노 사람들이 봉기해 라데츠키 원수가 지휘하는 오스트리아 병사들을 도시 밖으로 몰아내고, 피에몬테 왕 샤를 알베르토에게 보호해 달라고 호소했다. 베네치아는 스스로 공화정을 선포하고 트레비조와 우디네를 비롯한 주변의 많은 도시의 지지를 받았지만 파르마는 반역을 일으켰다. 샤를 알베르트는 오스트리아에 전쟁을 선포했지만 동맹군이 없어 이기지 못했다.

🚩 민족주의 혁명 　　　 ✊ 공화주의 혁명

3 독일 민족의 통일 1848년 3-5월

1월에 덴마크의 크리스티안 8세의 사망으로 슐레스비히홀슈타인 문제(270-271쪽 참조)가 촉발되어 자유주의적인 헌법 아래 통일을 요구하는 범게르만 민족주의가 분출되었다. 베를린과 프랑크푸르트의 민족주의 의회는 프로이센 왕에게 독일 통일을 요구했으며, 독일 연방 전역에서 봉기가 발생했다.

🚩 민족주의 혁명 　　　 ✊ 군주의 폐위

4 불확실한 기득권 세력의 운명 1848년 3-5월

기득권 세력의 운명은 기득권을 지키려는 반혁명 세력의 힘에 좌우되었다. 빈에서 발생한 혁명으로 외무부 장관 메테르니히가 사임하고 황제가 도피한 이후 자유주의적 헌법이 승인되었다. 제국 군대가 프라하의 범슬라브회의를 진압했지만 헝가리의 민족주의적 봉기를 막지 못했다.

🚩 민족주의 혁명 　　　 👑 기득권 세력의 승리

✊ 군주의 폐위

5 반혁명의 득세 1848년 6-12월

반혁명 세력이 정치적 추세를 바꾸었다. 프랑스에서 반혁명 성향의 의회가 새로 선출되었다. 그 결과 리모주와 다른 지역에서 폭동이 발생했으며, 파리에서 발생한 사회주의자들의 봉기는 유혈 진압되었다. 제국 군대는 6월에 빈을 진압했지만 헝가리인의 봉기를 진압하지 못했다. 이탈리아에서는 오스트리아군이 7월에 쿠스토차의 피에몬테인을 진압했다.

👑 기득권 세력의 승리

6 공화주의의 패배 1848-1849년

프로이센 왕이 독일을 그의 주도하에 통일하라는 주변의 요구를 거부한 뒤, 라인란트와 독일 남부 지역에서 일어난 공화주의자의 봉기는 진압되었다. 가리발디가 공화정을 선포한 로마는 한 달 동안 유지되었지만 루이 나폴레옹을 왕으로 선출한 프랑스가 파견한 군대에 패배했다. 베네치아와 토스카나에 있던 공화주의자 전초기지도 헝가리인의 봉기와 마찬가지로 진압되었다.

👑 기득권 세력의 승리 　　　 ✊ 공화주의 혁명

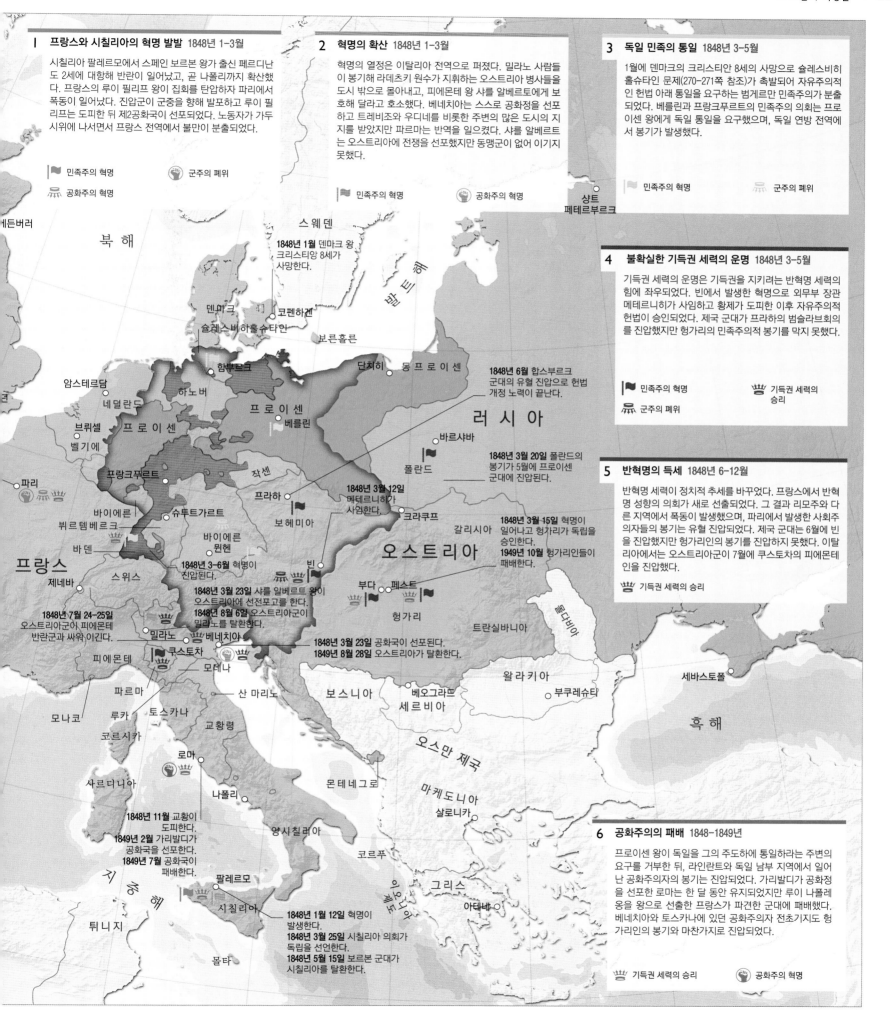

에든버러

북 해

스웨덴

발트 해

1848년 1월 덴마크 왕 크리스티앙 8세가 사망한다.

덴마크

코펜하겐

슐레스비히홀슈타인

보른홀름

샹트 페테르부르크

암스테르담

함부르크

하노버

단치히

동 프 로 이 센

네덜란드

브뤼셀

벨기에

프 로 이 센

베를린

러 시 아

바르샤바

폴란드

1848년 3월 20일 폴란드의 봉기가 5월에 프로이센 군대에 진압된다.

파리

프랑크푸르트

작센

1848년 3월 12일 메테르니히가 사임한다.

프라하

보헤미아

크라쿠프

바이에른

슈투트가르트

뷔르템베르크

바덴

바이에른 뮌헨

빈

갈리시아

오스트리아

1848년 3월 15일 혁명이 일어나고 헝가리가 독립을 승인한다.

1949년 10월 헝가리인들이 패배한다.

프랑스

제네바

스위스

1848년 3-6월 혁명이 진압된다.

1848년 3월 23일 샤를 알베르트 왕이 오스트리아에 선전포고를 한다.
1848년 8월 6일 오스트리아군이 밀라노를 탈환한다.

부다 페스트

헝가리

트란실바니아

1848년 6월 합스부르크 군대의 유혈 진압으로 헌법 개정 노력이 끝난다.

1848년 7월 24-25일 오스트리아군이 피에몬테 반란군과 싸워 이긴다.

밀라노

쿠스토차

베네치아

모데나

1848년 3월 23일 공화국이 선포된다.
1849년 8월 28일 오스트리아가 탈환한다.

피에몬테

파르마

산 마리노

보스니아

베오그라드

세르비아

왈라키아

부쿠레슈티

세바스토폴

몬테네그로

모나코

루카

토스카나

교황령

코르시카

로마

마케도니아

살로니카

흑 해

사르디니아

나폴리

오스만 제국

1848년 11월 교황이 도피한다.
1849년 2월 가리발디가 공화국을 선포한다.
1849년 7월 공화국이 패배한다.

양시칠리아

코르푸

그리스

아테네

지 중 해

팔레르모

시칠리아

1848년 1월 12일 혁명이 발생한다.
1848년 3월 25일 시칠리아 의회가 독립을 선언한다.
1848년 5월 15일 보르본 군대가 시칠리아를 탈환한다.

튀니지

몰타

👑 기득권 세력의 승리 　　　 ✊ 공화주의 혁명

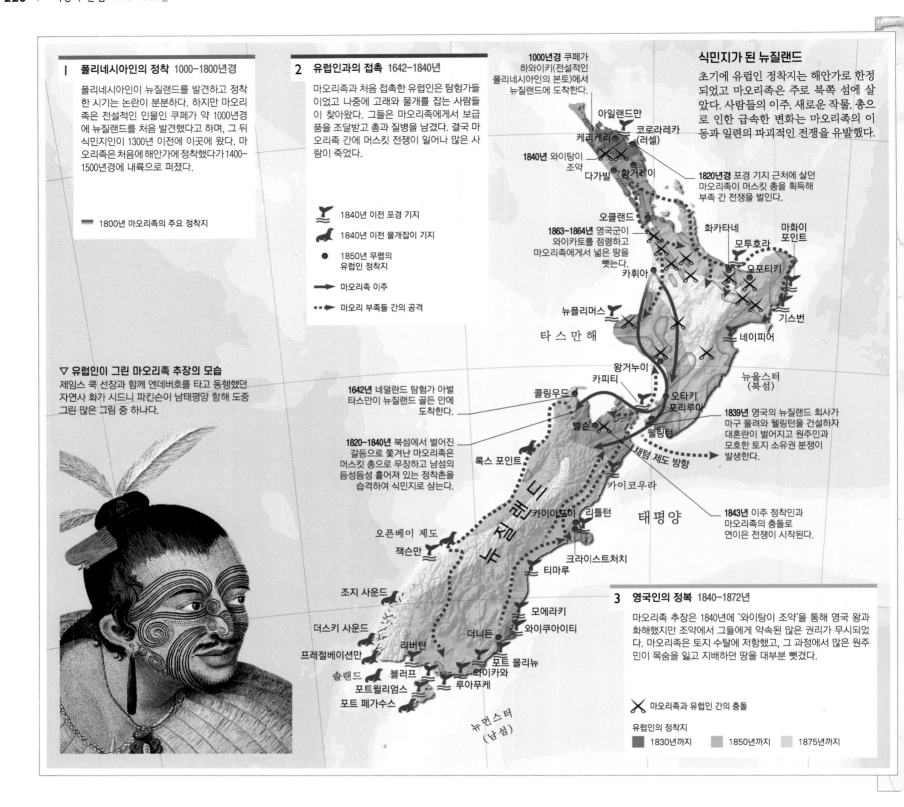

1 폴리네시아인의 정착 1000-1800년경

폴리네시아인이 뉴질랜드를 발견하고 정착한 시기는 논란이 분분하다. 하지만 마오리족은 전설적인 인물인 쿠페가 약 1000년경에 뉴질랜드를 처음 발견했다고 하며, 그 뒤 식민지인이 1300년 이전에 이곳에 왔다. 마오리족은 처음에 해안가에 정착했다가 1400-1500년경에 내륙으로 퍼졌다.

━━ 1800년 마오리족의 주요 정착지

2 유럽인과의 접촉 1642-1840년

마오리족과 처음 접촉한 유럽인은 탐험가들이었고 나중에 고래와 물개를 잡는 사람들이 찾아왔다. 그들은 마오리족에게서 보급품을 조달받고 총과 질병을 남겼다. 결국 마오리족 간에 머스킷 전쟁이 일어나 많은 사람이 죽었다.

🐋 1840년 이전 포경 기지

🦭 1840년 이전 물개잡이 기지

● 1850년 무렵의 유럽인 정착지

➡ 마오리족 이주

⇢ 마오리 부족들 간의 공격

▽ 유럽인이 그린 마오리족 추장의 모습

제임스 쿡 선장과 함께 엔데버호를 타고 동행했던 자연사 화가 시드니 파킨슨이 남태평양 항해 도중 그린 많은 그림 중 하나다.

1642년 네덜란드 탐험가 아벌 타스만이 뉴질랜드 골든 만에 도착한다.

1820-1840년 북섬에서 벌어진 갈등으로 쫓겨난 마오리족은 머스킷 총으로 무장하고 남섬의 듬성듬성 흩어져 있는 정착촌을 습격하여 식민지로 삼는다.

식민지가 된 뉴질랜드

초기에 유럽인 정착지는 해안가로 한정되었고 마오리족은 주로 북쪽 섬에 살았다. 사람들의 이주, 새로운 작물, 총으로 인한 급속한 변화는 마오리족의 이동과 일련의 파괴적인 전쟁을 유발했다.

1000년경 쿠페가 하와이키(전설적인 폴리네시아인의 본토)에서 뉴질랜드에 도착한다.

1820년경 포경 기지 근처에 살던 마오리족이 머스킷 총을 획득해 부족 간 전쟁을 벌인다.

1863-1864년 영국군이 와이카토를 점령하고 마오리족에게서 넓은 땅을 뺏는다.

1839년 영국의 뉴질랜드 회사가 마구 몰려와 웰링턴을 건설하자 대혼란이 벌어지고 원주민과 모호한 토지 소유권 분쟁이 발생한다.

1843년 이주 정착민과 마오리족의 충돌로 연이은 전쟁이 시작된다.

3 영국인의 정복 1840-1872년

마오리족 추장은 1840년에 '와이탕이 조약'을 통해 영국 왕과 화해했지만 조약에서 그들에게 약속된 많은 권리가 무시되었다. 마오리족은 토지 수탈에 저항했고, 그 과정에서 많은 원주민이 목숨을 잃고 지배하던 땅을 대부분 뺏겼다.

✕ 마오리족과 유럽인 간의 충돌

유럽인의 정착지

■ 1830년까지 ■ 1850년까지 ■ 1875년까지

지명: 아일랜드만, 케리케리, 코로라레카(러셀), 1840년 와이탕이 조약, 다가빌, 황거레이, 오클랜드, 화카타네, 마화이 포인트, 모투호라, 오포티키, 카휘아, 뉴플리머스, 기스번, 네이피어, 타스만 해, 왕거누이, 카피티, 뉴울스터(북섬), 콜링우드, 오타키, 포리루아, 넬슨, 웰링턴, 채텀 제도 방향, 록스 포인트, 카이코우라, 뉴질랜드, 카이아포이, 리틀턴, 태평양, 오픈베이 제도, 잭슨만, 크라이스트처치, 티마루, 조지 사운드, 모에라키, 더스키 사운드, 와이쿠아이티, 더니든, 프레절베이션만, 리버턴, 포트 몰리뉴, 솔랜드, 블러프, 와이카와, 포트윌리엄스, 루아푸케, 포트 페가수스, 뉴먼스터(남섬)

뉴질랜드와 호주

유럽인은 경제적 이용과 제해권 확보에서
고래잡이와 범죄자 유배에 이르는 다양한 동기로
뉴질랜드와 호주에 식민지를 세웠다.
유럽인의 정착으로 원주민은 전쟁, 질병, 대량 학살을 겪었다.

지금은 호주로 알려진 땅에 사람이 정착한 시기는 현생 인류(18-19쪽 참조) 초기부터다. 그 후 다른 대륙과 떨어진 호주와 그 인근의 뉴질랜드는 상대적으로 문화적으로 고립되었다. 아마 인간이 지구에서 마지막으로 정착한 곳일 것이다.

기술 수준의 발달과 유럽 열강, 특히 영국의 영토 욕심 때문에 호주와 뉴질랜드는 18세기와 19세기에 완전히 바뀌었다. 서구 열강에는 미지의 이 지역이 온갖 유형의 식민지와 제국주의의 환상을 그릴 수 있는 빈 캔버스 같았다. 하지만 여기에는 다양한 문화와 사회가 존재했다. 유럽인은 물개와 고래를 잡는 기지를 설치하면서 뉴질랜드에 들어왔다. 그들은 이 기지에서 자원을 포획하고 배를 수선하고 물품을 재보급받았다. 유럽인이 호주에 정착한 것은 영국과 아일랜드의 죄수를 범죄자 식민지로 수송하면서 시작되었다. 영국은 기후에 적응하기 쉬운

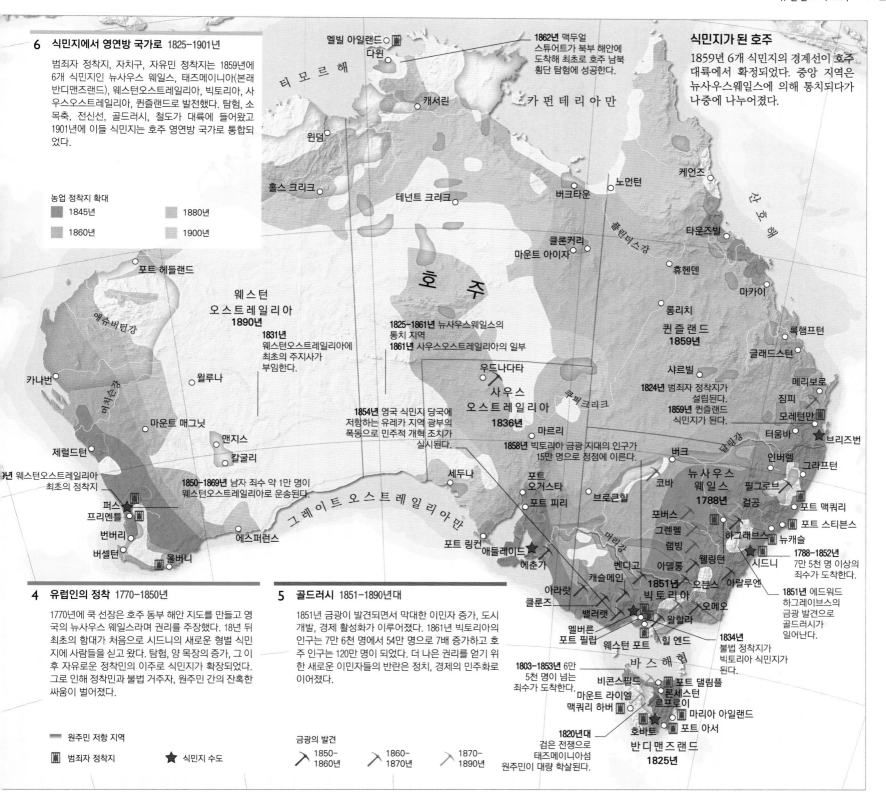

6 식민지에서 영연방 국가로 1825-1901년

범죄자 정착지, 자치구, 자유민 정착지는 1859년에 6개 식민지인 뉴사우스 웨일스, 태즈메이니아(본래 반디맨즈랜드), 웨스턴오스트레일리아, 빅토리아, 사우스오스트레일리아, 퀸즐랜드로 발전했다. 탐험, 소목축, 전신선, 골드러시, 철도가 대륙에 들어왔고 1901년에 이들 식민지는 호주 영연방 국가로 통합되었다.

농업 정착지 확대
- 1845년
- 1860년
- 1880년
- 1900년

식민지가 된 호주

1859년 6개 식민지의 경계선이 호주 대륙에서 확정되었다. 중앙 지역은 뉴사우스웨일스에 의해 통치되다가 나중에 나누어졌다.

1862년 맥두얼 스튜어트가 북부 해안에 도착해 최초로 호주 남북 횡단 탐험에 성공한다.

웨스턴 오스트레일리아 1890년

1831년 웨스턴오스트레일리아에 최초의 주지사가 부임한다.

1825-1861년 뉴사우스웨일스의 통치 지역
1861년 사우스오스트레일리아의 일부

사우스 오스트레일리아 1836년

1854년 영국 식민지 당국에 저항하는 유레카 지역 광부의 폭동으로 민주적 개혁 조치가 실시된다.

1858년 빅토리아 금광 지대의 인구가 15만 명으로 정점에 이른다.

퀸즐랜드 1859년

1824년 범죄자 정착지가 설립된다.
1859년 퀸즐랜드 식민지가 된다.

...년 웨스턴오스트레일리아 최초의 정착지

1850-1869년 남자 죄수 약 1만 명이 웨스턴오스트레일리아로 운송된다.

뉴 사우스 웨 일 스 1788년

1788-1852년 7만 5천 명 이상의 죄수가 도착한다.

1851년 에드워드 하그레이브스의 금광 발견으로 골드러시가 일어난다.

1834년 불법 정착지가 빅토리아 식민지가 된다.

1851년 빅토리아

1803-1853년 6만 5천 명이 넘는 죄수가 도착한다.

1820년대 검은 전쟁으로 태즈메이니아섬 원주민이 대량 학살된다.

반 디 맨 즈 랜 드 1825년

4 유럽인의 정착 1770-1850년

1770년에 쿡 선장은 호주 동부 해안 지도를 만들고 영국의 뉴사우스 웨일스라며 권리를 주장했다. 18년 뒤 최초의 함대가 처음으로 시드니의 새로운 형벌 식민지에 사람들을 싣고 왔다. 탐험, 양 목장의 증가, 그 이후 자유로운 정착민의 이주로 식민지가 확장되었다. 그로 인해 정착민과 불법 거주자, 원주민 간의 잔혹한 싸움이 벌어졌다.

- 원주민 저항 지역
- 범죄자 정착지
- ★ 식민지 수도

5 골드러시 1851-1890년대

1851년 금광이 발견되면서 막대한 이민자 증가, 도시 개발, 경제 활성화가 이루어졌다. 1861년 빅토리아의 인구는 7만 6천 명에서 54만 명으로 7배 증가하고 호주 인구는 120만 명이 되었다. 더 나은 권리를 얻기 위한 새로운 이민자들의 반란은 정치, 경제의 민주화로 이어졌다.

금광의 발견
- 1850-1860년
- 1860-1870년
- 1870-1890년

지역을 이용하기 위해 작물, 가축, 총기류를 본국에서 가져와서 식민지를 빠르게 확대했다. 새로운 정착민이 늘면서 토지 수요도 증가했다. 원주민은 어쩔 수 없이 집과 거주지를 지켜야 했다. 피비린내 나는 전쟁이 일어나 호주 원주민과 토레스 해협 섬 주민 1만 명이 대량 학살되었다. 뉴질랜드에서는 유럽인 정착민과 마오리족 간의 전쟁이 10년 동안 이어졌다.

유럽인의 식민지 건설

유럽인의 뉴질랜드와 호주 정착은 18세기 말과 19세기 초에 서서히 시작되었지만 19세기 중반에 급격히 가속화되었다. 정착민들은 농업을 위해 불법으로 원주민의 땅을 빼앗고 착취, 추방, 대량 학살을 저질렀다.

타임라인

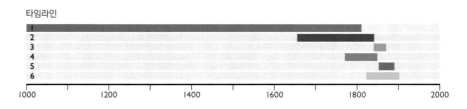

노예제 폐지

유럽 열강들을 세계적인 강대국으로 발전하게 만든 경제 성장은
주로 노예제 덕분이었다.
그러나 18세기부터 노예를 거래하는 세계 노예무역을 폐지하는
기나긴 과정이 시작되었다.

△ **노예제 폐지 운동**
이 상징이 나타내는 영국의
노예제폐지협회는 노예제 폐지
운동의 중요한 세력이었다.

노예제 폐지 운동은 노예무역을 금지하는 도덕적, 사
회적, 정치적 캠페인이었다. 이것은 노예해방 운동과
관련이 있지만 달랐다. 노예제 폐지는 개신교 단체인
퀘이커에서 처음 시작되었다. 그들은 1787년에 영국
에서 노예무역폐지위원회를 설립했다.

해리엇 터브먼과 프레더릭 더글러스와 같은 흑인
노예제 폐지론자가 이 운동의 중요한 역할을 했다.
북미, 남미, 카리브해 지역에서 노예들의 봉기가 일어
났고 가장 성공적인 봉기는 1791-1804년에 일어난
아이티 반란이었다. 노련한 선전술 활용, 복음주의적
기독교 단체와 여성 단체와의 연대 덕분에 노예제 폐

지 운동이 더 강력해졌다. 1807년에 노예제가 영국 의회법으로 폐지되었고, 뒤이
어 프랑스, 스페인, 포르투갈과 같은 유럽 국가도 폐지했지만 노예제 관행은 많은
식민지에서 지속되었다.

노예제 폐지법은 미국 북부 주들에서 노예해방 운동을 유발했으며 제2차 대각
성운동과 같은 종교적 부흥 운동과 '도주 노예' 법에 대한 유권자의 분노에 의해
촉진되었다. 미국에서 노예제 폐지 찬성파와 반대파 간의 과격한 대응이 발생하면
서 노예제 논쟁이 남북전쟁으로 비화되었다(176-177쪽 참조).

전 세계의 노예제 폐지

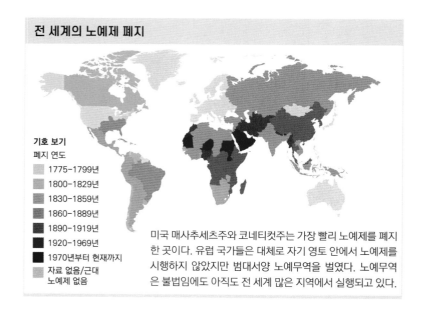

기호 보기
폐지 연도
- 1775-1799년
- 1800-1829년
- 1830-1859년
- 1860-1889년
- 1890-1919년
- 1920-1969년
- 1970년부터 현재까지
- 자료 없음/근대
  노예제 없음

미국 매사추세츠주와 코네티컷주는 가장 빨리 노예제를 폐지
한 곳이다. 유럽 국가들은 대체로 자기 영토 안에서 노예제를
시행하지 않았지만 범대서양 노예무역을 벌였다. 노예무역
은 불법임에도 아직도 전 세계 많은 지역에서 실행되고 있다.

부아카이만의 의식(Cérémonie du Bois-Caïman)
아이티 화가 안드레 노르밀의 작품으로 아이티 건국 신화의 일부가 된 전설적인 부두교 의식을 묘사한 것이다. 이 섬나라는 역사상 노예가 반란을 일으켜 성공을 거둔 소수 지역 중 하나다.

인도와
영국 식민주의

제국주의적 권리를 주장하는 법인인 영국 동인도 회사는
처음에 인도 남동부 지역과 벵골 지역의 지배권을 확보한 뒤
인도 전역으로 통제권을 확대하여 기만, 무자비, 거만을 통해
영토를 정복하고 충성 서약을 받아 냈다.
결국 인도의 대부분 지역이 동인도 회사의 지배하에 들어갔다.

유럽 국가들은 16세기부터 인도와 무역을 했으며 17세기 말에는 5개 유럽 국가가 인도에 무역항을 갖고 있었다. 그중 상업 조직인 영국 동인도 회사는 1600년에 최초로 동남아시아 몰루카 제도(또는 향신료 제도)의 무역 허가를 받았다. 네덜란드에 의해 쫓겨난 영국 동인도 회사는 무굴 제국과 무역 양해 조약을 맺고 남아시아 지역에서 직물과 향신료 무역에 집중했다.

무굴 제국(182-183쪽 참조) 시기에 인도는 정교한 정치제도를 갖고 있었고, 강력한 군대와 경제적 부와 인구는 유럽 국가를 능가했다. 하지만 18세기에 무굴 제국의 붕괴로 제후국과 연방, 작은 왕국이 생겨났다. 통일된 중심 세력이 부재한 상황에서 제국주의적이고 상업주의적인 유럽 열강이 인도를 착취할 기회를 잡았고 일반 사람들을 가난으로 몰아갔다. 동인도 회사는 자체 군사력을 키워 외국인 경쟁자와 때로 적대적인 인도인과 맞서 자신의 이익을 강화하고 보호했다. 그 후 약 100년 동안 이 회사는 외교, 뇌물, 무력을 함께 활용하고 노예 노동에 의존하는 방법으로 인도의 많은 지역을 약탈하고 지배권과 무역을 장학하며 권력을 확대했다.

동인도 회사는 자신의 힘을 강화하는 과정에서 프랑스, 마이소르의 술탄, 마라타 동맹, 시크 왕국, 아프간인과 같은 무서운 적대자와 만났다. 이 회사는 항상 승리하진 못했지만 끈질기게 싸워서 결국 인도 전역을 차지했다. 하지만 유혈 반란(250-251쪽 참조)의 여파로 동인도 회사는 사실상 1858년에 무너졌다. 이 회사의 소유권과 군대는 영국 정부에 인도되었고, 이로써 인도에서 영국의 직접적인 식민 통치가 시작되었다.

로버트 클라이브 경
1725-1774년

인도의 클라이브로 흔히 알려진 로버트 클라이브는 영국 동인도 회사가 인도 지역에서 저지른 폭력과 부패 행위의 중심적인 역할을 하면서 명예와 부를 얻었다. 1757년에 플라시에서 프랑스와 무굴의 연합 군대와 싸워 승리한 유명한 전투를 비롯해 몇 차례 유혈 군사 작전을 이끈 이후 벵골 총독을 두 차례 역임했다(1758-1760년, 1765-1767년). 그는 1767년에 잉글랜드로 돌아가서 7년 뒤 런던에서 자살로 사망한 것으로 추정된다.

동맹과의 만남
플라시 전투 후 로버트 클라이브는 미르 자파르와 만났다. 미르 자파르는 이 전투에서 클라이브를 지원했고 그에 대한 보답으로 벵골의 통치자가 되었다.

I 프랑스가 영국의 패권을 위협하다 1740-1746년

네덜란드와 프랑스는 각자 자신의 인도 회사를 세우고 패권을 놓고 영국과 경쟁했다. 1741년에 콜라첼에서 트래번코르 토호국 군대에 패배한 뒤 네덜란드의 야심은 끝났지만, 1746년에 프랑스는 영국과의 전투에 승리하여 마드라스를 차지했다. 그 후 인도군과 싸워 승리해 인도 대륙에서 유럽의 군사적 패권을 확립했다.

✕ 전투　　　● 프랑스 식민지

아프가니스탄

1876년
발루치스탄

카라치

영국 영토의 확장

19세기 초부터 인도 남동부 지역과 북동부 지역을 지배했던 영국은 보호국과 속국 네트워크를 이용해 중앙 지역과 서부 지역을 서서히 점령해 통치 영역을 확대했다.

기호 보기

■ 1805년 영국 영토	■ 1857년까지 영국 점령지　**1856** 영국의 점령 연도
■ 1838년까지 영국 점령지	■ 대공국 또는 보호국

타임라인
```
1
2
3
4
5
6
   1750        1800        1850
```

6 동인도 회사의 붕괴 1839-1857년

이 회사가 인도 북서부 지역으로 지배권을 확장하면서 펀자브와 아프가니스탄 지역에서 전투가 연이어 벌어졌다. 1856년에 이 회사가 아우드를 병합한 이후 1857년에 반란이 일어나자, 결국 영국 정부가 인도를 직접 통치하게 되었다. 동인도 회사의 시대가 끝나고 영국령 인도 제국이 시작되었다.

✕ 전투

5 마라타 전쟁 1775-1818년

영국과 힌두 군주들의 마라타 연맹 사이에 일어난 세 차례 전쟁(1775-1782년, 1803-1805년, 1817-1818년)은 사실상 인도의 지배권을 두고 영국과 싸운 마지막 전쟁이었다. 마이소르 전쟁과 마찬가지로 영국은 때로 굴욕적인 패배를 당하기도 했지만 마침내 승리를 거두면서 동인도 회사의 지배권을 점점 확장하고 강화했다.

━ 1785년 마라타의 영토　　 ✕ 전투

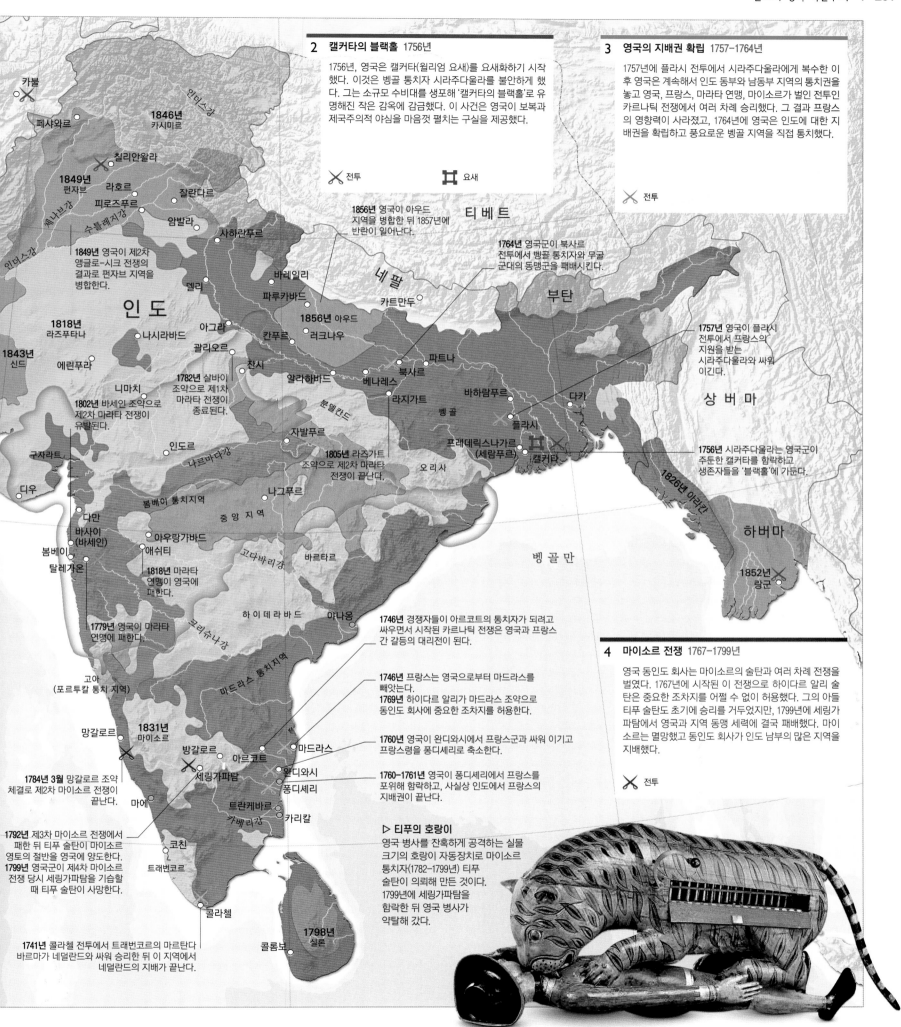

2 캘커타의 블랙홀 1756년

1756년, 영국은 캘커타(윌리엄 요새)를 요새화하기 시작했다. 이것은 벵골 통치자 시라주다울라를 불안하게 했다. 그는 소규모 수비대를 생포해 '캘커타의 블랙홀'로 유명해진 작은 감옥에 감금했다. 이 사건은 영국이 보복과 제국주의적 야심을 마음껏 펼치는 구실을 제공했다.

⚔ 전투   ⯑ 요새

3 영국의 지배권 확립 1757-1764년

1757년에 플라시 전투에서 시라주다울라에게 복수한 이후 영국은 계속해서 인도 동부와 남동부 지역의 통치권을 놓고 영국, 프랑스, 마라타 연맹, 마이소르가 벌인 전투인 카르나틱 전쟁에서 여러 차례 승리했다. 그 결과 프랑스의 영향력이 사라졌고, 1764년에 영국은 인도에 대한 지배권을 확립하고 풍요로운 벵골 지역을 직접 통치했다.

⚔ 전투

카불

페샤와르

1846년
카시미르

칠리안왈라

1849년
펀자브   라호르   잘란다르

피로즈푸르

암발라

수틀레지강

1849년 영국이 제2차 앵글로-시크 전쟁의 결과로 펀자브 지역을 병합한다.

사하란푸르

1856년 영국이 아우드 지역을 병합한 뒤 1857년에 반란이 일어난다.

티 베 트

1764년 영국군이 북사르 전투에서 벵골 통치자와 무굴 군대의 동맹군을 패배시킨다.

네 팔

바레일리

부 탄

인 도

델리

파루카바드

카트만두

1818년
라즈푸타나

아그라

1856년 아우드

러크나우

칸푸르

1757년 영국이 플라시 전투에서 프랑스의 지원을 받는 시라주다울라와 싸워 이긴다.

나시라바드

괄리오르

파트나

1843년
신드

에린푸라

니마치

1802년 바세인 조약으로 제2차 마라타 전쟁이 유발된다.

1782년 살바이 조약으로 제1차 마라타 전쟁이 종료된다.

잔시

알라하바드

베나레스

북사르

라지가트

벵 골

바하람푸르

다카

상 버 마

분델칸드

자발푸르

1805년 라즈가트 조약으로 제2차 마라타 전쟁이 끝난다.

플라시

1756년 시라주다울라는 영국군이 주둔한 캘커타를 함락하고 생존자들을 '블랙홀'에 가둔다.

구자라트

인도르

프레데릭스나가르
(세람푸르)

캘커타

디우

1826년 이라크

다만

나그푸르

오 리 사

바사이
(바세인)

봄베이 통치지역

아우랑가바드

중 앙 지 역

벵 골 만

봄베이

애쉬티

나르마다강

하 버 마

탈레가온

1818년 마라타 연맹이 영국에 패한다.

바르타르

고다바리강

1852년
랑군

1779년 영국이 마라타 연맹에 패한다.

크리슈나강

하 이 데 라 바 드

야나옹

1746년 경쟁자들이 아르코트의 통치자가 되려고 싸우면서 시작된 카르나틱 전쟁은 영국과 프랑스 간 갈등의 대리전이 된다.

고아
(포르투칼 통치 지역)

마드라스 통치지역

4 마이소르 전쟁 1767-1799년

영국 동인도 회사는 마이소르의 술탄과 여러 차례 전쟁을 벌였다. 1767년에 시작된 이 전쟁으로 하이다르 알리 술탄은 중요한 조차지를 어쩔 수 없이 허용했다. 그의 아들 티푸 술탄도 초기에 승리를 거두었지만, 1799년에 세링가파탐에서 영국과 지역 동맹 세력에 결국 패배했다. 마이소르는 멸망했고 동인도 회사가 인도 남부의 많은 지역을 지배했다.

1746년 프랑스는 영국으로부터 마드라스를 빼앗는다.
1769년 하이다르 알리가 마드라스 조약으로 동인도 회사에 중요한 조차지를 허용한다.

망갈로르

1831년
마이소르

방갈로르

아르코트

1760년 영국이 완디와시에서 프랑스군과 싸워 이기고 프랑스령을 퐁디셰리로 축소한다.

마드라스

1784년 3월 망갈로르 조약 체결로 제2차 마이소르 전쟁이 끝난다.

세링가파탐

완디와시

퐁디셰리

마에

1760-1761년 영국이 퐁디셰리에서 프랑스를 포위해 함락하고, 사실상 인도에서 프랑스의 지배권이 끝난다.

⚔ 전투

1792년 제3차 마이소르 전쟁에서 패한 뒤 티푸 술탄이 마이소르 영토의 절반을 영국에 양도한다.
1799년 영국군이 제4차 마이소르 전쟁 당시 세링가파탐을 기습할 때 티푸 술탄이 사망한다.

트란케바르

카베리강

카리칼

▷ 티푸의 호랑이

영국 병사를 잔혹하게 공격하는 실물 크기의 호랑이가 자동장치로 마이소르 통치자(1782-1799년) 티푸 술탄이 의뢰해 만든 것이다. 1799년에 세링가파탐을 함락한 뒤 영국 병사가 약탈해 갔다.

코친

트래번코르

콜라첼

1798년
실론

1741년 콜라첼 전투에서 트래번코르의 마르탄다 바르마가 네덜란드와 싸워 승리한 뒤 이 지역에서 네덜란드의 지배가 끝난다.

콜롬보

아편 무역
중국의 중독, 영국의 경제적 이익

양귀비를 재배하여 인도의 공장에서 양귀비 열매를 얻었다(아래 그림). 유사 정부인 영국 동인도 회사가 생산하고 가공한 이편은 개인 상인을 통해 중국에 수출하는 방식으로 영국은 이 불법적인 무역에서 직접 판매하지 않을 수 있었다. 이편 상자는 광저우 앞의 수상 창고에 하역되었다. 이곳에서 중국인 밀수업자들은 이편과 은을 교환해 강 상류로 운송했고, 이 과정에서 정부 규제를 피하기 위해 뇌물을 제공해 부패가 확산되었다.

아편 전쟁

1800년대 초에 주로 영국에 의해 중국으로 불법 수입된 아편은
결국 외국 무역에 대한 저항의 붕괴를 일으켰다. 중국 통치자인 청 왕조는
자신의 항구를 과신했고, 영국은 '무력 외교'를 이용해 강제로 국제무역의 문호를 열게 했다.

중국의 청 왕조는 무역을 외국의 수요에 제공하는 호의로 받아들였다. 반대로 영국은 무역을 국제관계의 해심이며 그들의 시민지를 차성하는 방법으로 생각했다. 구체적으로 영국은 그들의 인도 식민지를 이용해 이편을 언으려고 노력하던 중 아편을 그 해결책으로 보았다. 인도에서 생산된 수익성이 높은 작물인 아편을 중국에 팔아 은을 확보한 다음, 문장 영국 국내 시장에서 귀중한 상품인 차와 교환했다. 이런 시업 방식이 유 일한 문제점은 중국에서 아편 판매가 불법이라는 것이었다. 아 편 무역은 영향난 부패와 거대한 지하경제의 원인이 되었고, 동시에 인플레이션은 청나라의 통화 문제를 악화했다. 긴 장이 고조되어 중국과 영국 간의 대립으로 이어졌고 이

기회를 이용했다.

이후의 '무력 외교'에서 청나라는 두 차례 전쟁에서 패하고 '불평등 조약'으로 알려진 가혹한 양보를 할 수밖에 없었다. 영 국이 이런 착취는 중국으로의 문호를 일부에 지속적인 굴욕감을 주었다. 오늘날까지도 중국과의 서구 열강의 관계에 영향을 미치고 있다. 청 왕조는 권위가 무너져 통치권이 약화되었고 여러 차례 대규모 반란이 일어나 혼란에 빠진 이후 결국 멸망했다. (258-259쪽 참조).

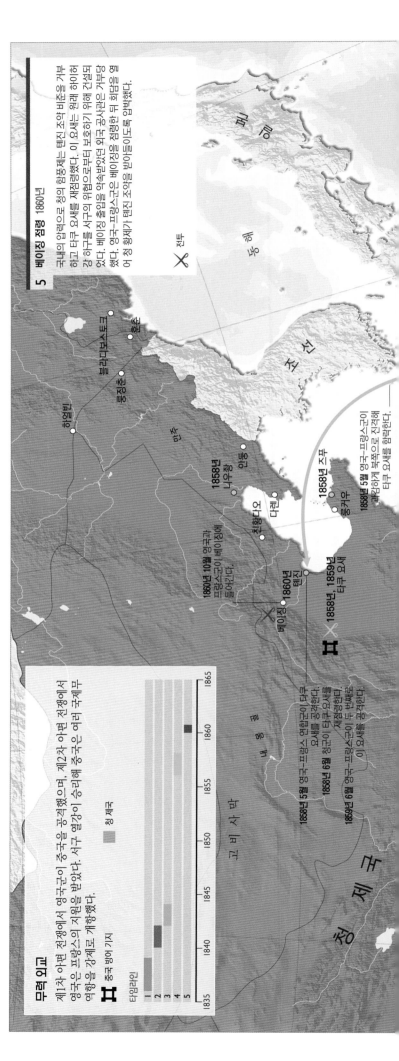

무역 외교
제1차 아편 전쟁에서 영국군이 중국을 공격했으며, 제2차 아편 전쟁에서 영국은 프랑스의 지원을 받았다. 서구 열강이 승리해 중국으로 여러 국제무 역항을 강제로 개항했다.

5 베이징 점령 1860년

국내의 압력으로 청의 함풍제는 톈진 조약 비준을 거부 하고 타쿠 요새를 재정령했다. 이 요새는 1년에 하이허 강 하구를 서구의 위협으로부터 보호하기 위해 건설마 있다. 베이징 출입을 약속받았던 외국 공사진은 거부당 했다. 영국-프랑스군은 베이징을 점령한 뒤 회담을 열 어 청 황제가 톈진 조약을 받아들이도록 압박했다.

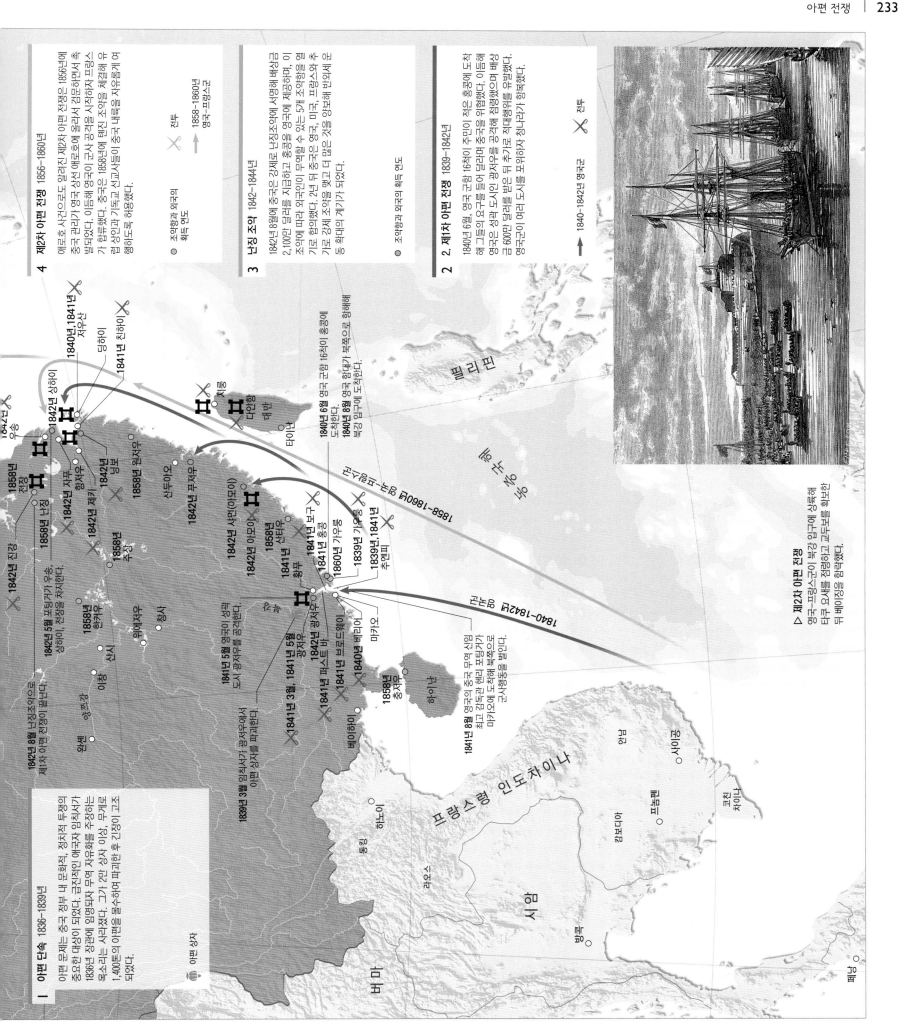

1 아편 단속 1836~1839년

아편 문제는 중국 정부 내 문화적, 정치적 투쟁의 중요한 대상이 되었다. 금전적인 애국자 임칙서가 1836년 청원에 임명되자 무역 자유화를 주창하는 목소리는 사라졌다. 그가 2만 상자 이상, 무게로 1,400톤의 아편을 몰수하여 파괴한 후 긴장이 고조되었다.

○ 아편 상자

4 제2차 아편 전쟁 1856~1860년

애로호 사건으로도 알려진 제2차 아편 전쟁은 1856년에 중국 관리가 영국 상선 애로호에 올라와 검문하면서 촉발되었다. 이듬해 영국이 군사 공격을 시작하자 프랑스가 가담했다. 중국은 1858년에 톈진 조약을 체결해 유럽 상인과 기독교 선교사들이 중국 내륙을 자유롭게 여행하도록 허용했다.

● 조약항과 외국의 획득 연도

✕ 전투

→ 1858~1860년 영국-프랑스군

3 난징 조약 1842~1844년

1842년 8월에 중국은 강제로 난징조약에 서명해 배상금 2,100만 달러를 지급하고 홍콩을 영국에 제공하며, 이 조약에 따라 외국인이 무역할 수 있는 5개 조약항을 열기로 합의했다. 2년 뒤 중국은 영국, 미국, 프랑스와 추가로 강제 조약을 맺고 더 많은 것을 양보해 반외세 운동 확대의 계기가 되었다.

● 조약항과 외국의 획득 연도

2 제1차 아편 전쟁 1839~1842년

1840년 6월, 영국 군함 16척이 주민이 작은 홍콩에 도착해 그들의 요구를 들어 달라며 중국을 위협했다. 이듬해 영국이 성벽 도시인 광저우를 공격해 점령했으며 배상금 600만 달러를 받은 뒤 추가로 적대행위을 유발했다. 영국군이 여러 도시를 포위하자 청나라가 항복했다.

→ 1840~1842년 영국군

✕ 전투

△ 제2차 아편 전쟁

영국-프랑스군이 북강 입구에 상륙해 타쿠 요새를 점령하고 교두보를 확보한 뒤 베이징을 함락한다.

진보와 제국

제국주의의 높은 파도가 1850-1914년에 세계를 뒤덮었지만
세계의 강대국들은 세계대전을 향한
멈출 수 없는 길을 걸었다.

도시와 산업

산업화는 19세기에 모든 삶의 영역을 바꾸었다.
생활 여건, 교통, 통신에 영향을 미쳤고 공공보건, 정치, 사람들의 태도를 형성하는 데도 기여했다.
하지만 환경 오염, 소득 불평등, 인구 과밀화도 유발했다.

△ 불평등한 세계
많은 도시에서 빈곤이 만연했다.
1900년에 찍은 이 사진은 파리
판자촌의 아동의 모습을 보여 준다.

산업화는 19세기 전반기에 세계적인 현상이 되었다. 18세기부터 19세기 초까지 이루어진 산업 발전은 주로 영국에 혜택을 주었지만(218-221쪽 참조), 석탄, 철과 강철에 기초한 중공업의 발전과 19세기 중반의 교통 혁명은 전 세계를 완전히 바꾸어 놓았다.

서구 유럽, 일본, 러시아, 미국은 1879년부터 급속하게 산업화되기 시작하면서 사회, 문화, 인구 측면에서 엄청난 변화를 겪었다. 토지 개혁과 화학 비료, 철제 농기구, 증기 동력 기계 이용 등 근대 농사법으로 더 많은 인구를 부양할 수 있게 되면서 세계 인구가 증가했다. 농업의 효율성이 개선되면서 어쩔 수 없이 농촌 사람들은 일자리와 기회를 찾아 새롭게 산업화된 도시로 이동해야 했다. 1800년에는 세계 인구의 5%가 도시 지역에서 살았지만 1925년에 이 수치는 20%에 이르렀고, 유럽, 미국과 같은 산업화된 지역은 인구의 71.2%가 도시에 살았다. 수많은 사람이 바다를 항해하는 증기선이 제공하는 더 나은 운송 수단을 이용해 답답한 노동과 생활 조건을 뒤로 한 채 해외로 이민을 떠났다(244-245쪽 참조). 미국, 캐나다, 남아프리카, 호주에서 황금을 찾으려고 이동한 이민자들 덕분에 거의 모든 통화를 금으로 교환할 수 있는 세계가 탄생했다. 화폐 발행량을 금 보유량과 연동하는 통화제도인 금본위제는 국제무역을 촉진하고 새로운 산업 제품시장을 유발하고 금융을 안정시켰다. 산업화로 부유해진 사람들은 새로운 투자 분야를 찾았고 이는 제국주의의 물결로 이어졌다. 유럽 국가들은 아프리카를 분할했고, 오래된 중국 제국은 존속의 위협을 받았으며, 남미는 영국과 미국의 영향력 아래 놓였다.

근대 도시

19세기에 사회는 다양한 양상으로 발전했다. 산업화는 부유한 사람과 가난한 사람의 격차를 키우면서도 변호사, 의사, 기업가, 상인, 공무원, 판매원, 사무원을 포함하는 중산층을 탄생시켰다. 거부들은 산업과 투자 덕분에 부유해졌지만 빈곤, 오염 그리고 이질, 결핵, 구루병, 콜레라 등 질병이 만연했다. 사람들은 오랜 시간 동안 위험한 근로 조건에서 일했다. 특히 8세부터 노동시장으로 내몰린 아동의 근로 조건은더 열악했다. 하지만 도시는 이런 불평등과 싸웠고 산업 도시들의 병폐를 일부 해결할 수 있는 수단을 제공했다. 농촌과 타국에서 온 이주자들은 사회계층과 민족적 배경이 융합되는 용광로 안으로 들어갔다. 사회적, 종교적 금기는 무너지고 사상 교류를 통해 사회변화 운동이 일어났다. 다양한 노동조합이 생겨나 더 나은 임금과 근로 조건을 위해 싸웠다. 남자와 여자의 동등한 참정권 요구도 증가하기 시작했

△ 새로운 지평
1906년에 찍은 사진으로, 새롭고 더 나은 삶을 찾아 미국으로 떠난 이민자들이 미국의 첫 관문인 엘리스섬에 접근하는 애틀랜틱호의 갑판에 모여 있는 모습이다. 3등석 승객은 건강과 법적 검사를 통과할 때까지 엘리스섬에 머문다.

산업 시대의 도시

19세기 기술 발전으로 세계 인구는 규모와 분포 면에서 엄청난 변화를 겪었다. 산업화된 서구인의 삶은 농촌생활에서 도시생활로 바뀌었다. 유럽은 도시의 수와 규모 면에서 최초로 아시아를 추월했다. 특히 유럽에서 인구가 급격히 증가했다. 유럽의 급증한 도시 인구는 근대 교통 발달 덕분에 고층 빌딩이 가득한 미국 도시로 쉽게 이동할 수 있었다.

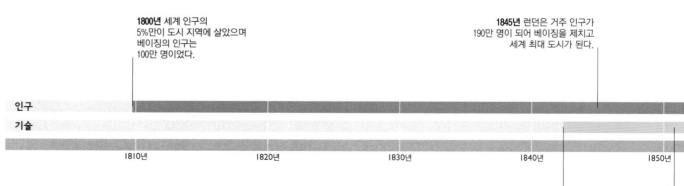

1800년 세계 인구의 5%만이 도시 지역에 살았으며 베이징의 인구는 100만 명이었다.

1845년 런던은 거주 인구가 190만 명이 되어 베이징을 제치고 세계 최대 도시가 된다.

인구

기술

1810년 | 1820년 | 1830년 | 1840년 | 1850년

1843년 증기선이 최초로 대서양을 횡단한다. 1907년에 불과 4.5일 만에 대서양을 횡단한다.

1850-1870년 유럽의 철도노선이 1850년 2만 4천 km에서 1870년 10만 3천 km로 증가한다.

◁ **위생**
영국 토목기술자 조지프 윌리엄 바잘게트 경(위 오른쪽)이 런던 하수도 건설사업을 시찰한다. 그의 위생 시스템은 세계 도시들의 공공보건을 혁신했다.

다. 부유한 자선가들과 구세군과 같은 기독교 단체들이 도시 사람들의 육체적, 영적 필요를 충족하려고 애쓰면서 자선기관은 급증했다. 빈곤에 대한 더 깊은 이해와 정치적 행동주의가 결합하면서 20세기에 가장 발달한 산업 국가인 독일과 영국이 노인과 환자들을 돌보는 복지제도를 시작했다.

이때부터 산업 기술과 산업으로 창출된 부를 이용해 도시 생활의 실제적인 문제에 대처하기 시작했다. 철근 공법을 이용해 초고층 아파트와 업무 빌딩이 건설되었다. 철골구조 건축을 통해 사무실과 숙소를 고층으로 빠르게 건설하여 제한된 공간을 충분히 활용했다. 철제 탱크와 증기 동력 양수장을 비롯한 근대 위생 시설이 발전하면서 도시 거주자들을 콜레라와 같은 질병의 공포에서 구했다. 지하철을 통해 노동자들이 도시 전역으로 빠르게 이동할 수 있게 되었고, 철도망 연결을 통해 도심을 벗어나 교외 지역으로 거주할 수 있게 되었다. 19세기의 기술 변화는 그 속도와 범위가 유례가 없을 정도로 빠르고 넓었으며, 20세기의 통신 혁명조차도 산업화가 근대 사회에 미친 영향에 비할 바는 아니었다.

△ **골드러시**
1900년의 대통령 선거 포스터로, 미국 대통령 윌리엄 매킨리가 금본위제 시대의 번영을 축하하며 금화 위에 들려 있는 모습을 보여 준다.

"인류의 가장 위대한 산업화의 물결은 바로 이 썩은 하수구에서 탄생했습니다…"

프랑스 역사가 알렉시스 드 토크빌,
《잉글랜드와 아일랜드 여행기》에서, 1835년

1850-1900년 유럽 인구가 1850년 2억 600만 명에서 1900년 2억 9,100만 명으로 41% 증가한다.

1875년 런던의 근대 하수도 시스템이 완공되어 공중보건을 혁신한다.

1900년에는 불과 530만 명이었던 미국 인구가 1990년에 7,620만 명이 된다.

1925년 대규모 이민 덕분에 뉴욕이 세계 최대 도시가 되어 인구가 500만 명이 넘는다.

| 1860년 | 1870년 | 1880년 | 1890년 | 1900년 | 1910년 | 1920년 |

1858년
대서양횡단 전신케이블이 최초로 부설된다.

1863년 세계 최초로 런던 지하철이 개통된다.

1875년 런던이 세계 최초로 400만 명이 거주하는 도시가 된다.

1855-1885년 영국 발명가 헨리 베세머와 영국인 금속공학자 시드니 길크리스트 토머스가 철강 생산방법을 혁신한다. 1885년에 철골구조 고층빌딩이 최초로 시카고에 건설된다.

1913년 세계 연간 철강생산량이 3,800만 톤에 이른다.

1927년 세계 인구가 120년 만에 20억 명에 이른다.

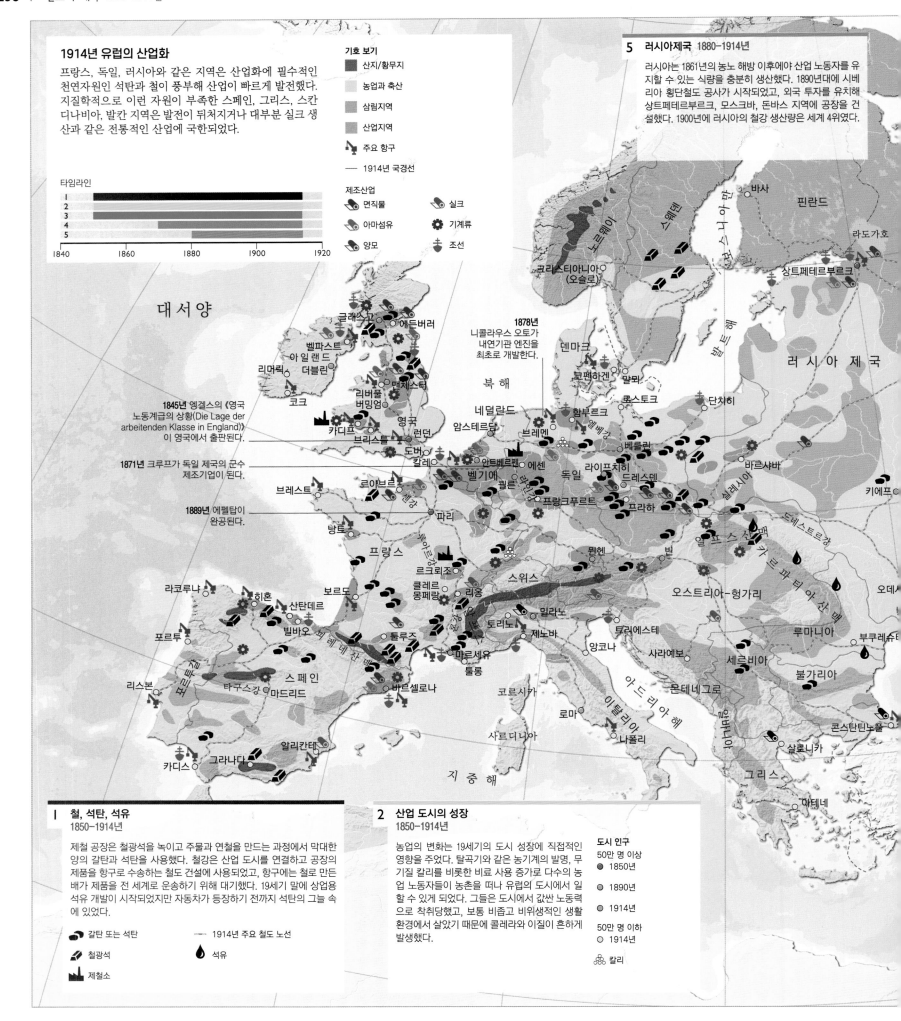

1914년 유럽의 산업화

프랑스, 독일, 러시아와 같은 지역은 산업화에 필수적인 천연자원인 석탄과 철이 풍부해 산업이 빠르게 발전했다. 지질학적으로 이런 자원이 부족한 스페인, 그리스, 스칸디나비아, 발칸 지역은 발전이 뒤처지거나 대부분 실크 생산과 같은 전통적인 산업에 국한되었다.

기호 보기
- 산지/황무지
- 농업과 축산
- 삼림지역
- 산업지역
- 주요 항구
- 1914년 국경선

제조산업
- 면직물
- 아마섬유
- 양모
- 실크
- 기계류
- 조선

타임라인
1
2
3
4
5

1840 1860 1880 1900 1920

1878년 니콜라우스 오토가 내연기관 엔진을 최초로 개발한다.

1845년 엥겔스의 《영국 노동계급의 상황(Die Lage der arbeitenden Klasse in England)》이 영국에서 출판된다.

1871년 크루프가 독일 제국의 군수 제조기업이 된다.

1889년 에펠탑이 완공된다.

5 러시아제국 1880-1914년

러시아는 1861년의 농노 해방 이후에야 산업 노동자를 유지할 수 있는 식량을 충분히 생산했다. 1890년대에 시베리아 횡단철도 공사가 시작되었고, 외국 투자를 유치해 상트페테르부르크, 모스크바, 돈바스 지역에 공장을 건설했다. 1900년에 러시아의 철강 생산량은 세계 4위였다.

1 철, 석탄, 석유
1850-1914년

제철 공장은 철광석을 녹이고 주물과 연철을 만드는 과정에서 막대한 양의 갈탄과 석탄을 사용했다. 철강은 산업 도시를 연결하고 공장의 제품을 항구로 수송하는 철도 건설에 사용되었고, 항구에는 철로 만든 배가 제품을 전 세계로 운송하기 위해 대기했다. 19세기 말에 상업용 석유 개발이 시작되었지만 자동차가 등장하기 전까지 석탄의 그늘 속에 있었다.

- 갈탄 또는 석탄
- 철광석
- 제철소
- 1914년 주요 철도 노선
- 석유

2 산업 도시의 성장
1850-1914년

농업의 변화는 19세기의 도시 성장에 직접적인 영향을 주었다. 탈곡기와 같은 농기계의 발명, 무기질 칼리를 비롯한 비료 사용 증가로 다수의 농업 노동자들이 농촌을 떠나 유럽의 도시에서 일할 수 있게 되었다. 그들은 도시에서 값싼 노동력으로 착취당했고, 보통 비좁고 비위생적인 생활 환경에서 살았기 때문에 콜레라와 이질이 흔하게 발생했다.

도시 인구

50만 명 이상
- 1850년
- 1890년
- 1914년

50만 명 이하
- 1914년

- 칼리

4 독일의 부상 1870–1914년

독일은 1871년에 통일을 이룬 이후 빠르게 발전했다. 비스마르크 수상의 경제정책 덕분에 안정적인 투자환경이 조성되었고, 프랑스-프로이센 전쟁(1870-1871년) 이후 프랑스에서 온 정착민이 경제 발전에 큰 도움을 주었다. 루르 계곡의 풍부한 석탄은 철강, 화학, 전기 산업을 발전시키는 원동력이 되었다.

1905년 1월 모스크바가 열악한 노동 환경과 생활 여건, 러시아 정치개혁의 부재에 항의하는 파업자로 마비된다.

1869년 영국 기업가 좁 휴즈가 도네츠크 회사를 설립하고 이 지역에 여러 제철소와 탄광을 개발한다.

△ **세계박람회**
1900년에 개최된 파리 세계박람회 홍보 포스터로 시베리아 횡단철도와 같은 산업화된 세계의 성과를 자랑스럽게 표현하고 있다.

1890년대 아제르바이잔에 설립된 브라노벨은 세계 최대 석유생산 기업이 된다.

3 뒤떨어진 남부 유럽
1850–1914년

19세기에 남부 유럽에서는 정치, 지하자원, 빈곤이 불리하게 작용했다. 스페인은 영세농업 의존과 기업가 정신에 대한 문화적 반감 탓에 광산업과 철강 산업이 발전하지 못했다. 이탈리아는 철광석과 석탄 부족으로 산업화가 어려웠다. 19세기 말에 수력발전이 도입되면서 산업이 상당히 발전했지만 이탈리아 북부 지역에만 한정되었다.

유럽의 산업화

1850년부터 산업화의 독보적인 리더로서 영국의 지위는 다른 국가들, 특히 미국과 독일이 근대화되기 시작하면서 위협받았다. 두 번째로 산업혁명을 거친 이런 국가들은 세계를 변화시킬 기술을 선도적으로 개척했다.

1851년, 영국 산업의 성과를 전시하는 대영 박람회가 런던 하이드 파크 수정궁에서 개최되었다. 이는 그 당시 영국 산업의 우월성을 가장 잘 보여 주는 행사였다. 영국의 성공은 섬유 산업의 기계화와 철강 산업의 주도권에 기초한 것이었다. 하지만 1850년에 유럽 북부의 많은 국가가 영국을 따라잡았다. 그들은 공장을 건설하고 석탄과 철광석과 같은 광물 자원의 활용 기술을 발전시켰다. 19세기 후반기에는 독일, 미국, 러시아, 일본의 사회적, 정치적 변화로 인해 새로운 산업화의 불길이 타올랐고, 산업의 중심이 그쪽으로 이동했다. 1879년부터 1914년까지 세계 산업생산량은 놀라운 속도로 증가했다. 석탄 생산량은 650%, 철강 생산량은 2500%, 증기 엔진 용량은 350% 이상 각각 증가했다.

제2차 산업혁명은 공학과 과학 분야에 중대한 혁신을 일으켰다. 내연기관 엔진, 석유, 통신 기술, 군사 무기, 화학이 큰 역할을 담당했다. 또한 서구의 부유한 국가들이 투자와 산업 지식의 통제를 통해 영향력을 확대할 새로운 기회를 갖게 되었다. 하지만 19세기 말에 선진국들은 고등교육을 받고 더 나은 생활 환경과 노동 조건을 요구하는 도시의 노동 계층과 씨름해야 했다.

제국과 산업화

많은 국가의 산업화 속도는 식민지에서 얻는 이익에 따라 결정되었다. 남미 지역에서 유럽인들의 투자는 커피와 고기 수출을 촉진하는 철도와 조선소를 건설하는 데 도움이 되었다. 원재료 산지이면서 영국 산업 제품의 시장 역할을 했던 인도에서 영국은 산업화를 통해 거의 이익을 보지 못했다고 생각했다.

기호 보기
■ 1914년경 주요 산업 지역
⚙ 중공업
⚒ 철과 강철
🧵 섬유 생산

사회주의와 무정부주의

자원과 생산의 공동 소유를 주장하는 사회주의 사상은 그 역사가 길다. 하지만 사회주의는 1840년대에 정치 이론으로 발전했다. 이 사상은 무정부주의라는 변종을 포함하여 몇 가지 형태로 전 세계에 확산되었다.

△ **사회주의의 아버지들**
카를 마르크스(왼쪽)와 프리드리히 엥겔스의 동상이 독일 베를린 공원 내 마르크스-엥겔스 광장에 세워져 있다.

1848년, 독일의 사상가 카를 마르크스와 프리드리히 엥겔스는 《공산당 선언》을 발표했다. 그들은 노동자가 필연적으로 자본가에 대항해 혁명을 일으켜 생산과 자원을 공동으로 소유하고 관리하는 공산주의로 나아갈 것이라고 주장했다.

이 사상은 급속히 퍼졌다. 1864년에 런던 회합에서 제1차 인터내셔널이라는 영향력 있는 노동 단체연맹이 설립되었다. 1871년, 파리 코뮌은 비록 단명했지만 세계 최초의 사회주의 정부를 만들었다. 그리고 1872년에 사회주의자들은 그들의 목표를 달성하는 방법을 두고 분열했다. 온건파는 의회제도 내에서 활동하는 정당을 발전시켰지만 급진파는 정부가 불필요하다고 주장하는 무정부주의로 바뀌었다. 무정부주의는 다양한 양상을 띠었다. 평화적인 방법에 호소하거나 테러와 연관되기도 했다. 1900년대 초에 무정부주의자들은 몇몇 서구 도시에서 폭탄테러를 저지르고 이탈리아의 국왕 움베르토 1세와 미국 대통령 윌리엄 매킨리를 암살했다.

혁명의 길

블라디미르 레닌이 노동자에게 공산주의로 인도할 혁명 정당이 필요하다고 제안하면서 사회주의는 또 다른 길을 걸었다. 1922년, 러시아는 소비에트사회주의공화국연방(USSR)을 건설했고, 이는 1991년에 결국 무너졌다.

△ **대통령 암살**
대통령 윌리엄 매킨리가 1901년 9월 6일에 뉴욕 버펄로에서 열린 범아메리카 박람회에서 방문객과 인사를 나눌 때 무정부주의자 리언 촐코츠가 그를 저격하는 장면을 묘사한 그림이다.

파리의 '피의 일주일'
1871년 5월 24일에 프랑스 국민위병이 파리 코뮌 본부를 향해 발포한 이후 불타는 파리를 묘사한 그림이다. 2만 명이 넘는 코뮌 지지자가 '피의 일주일' 동안 사망했다.

1 운하 건설 1825-1914년

산업혁명은 운하 건설 붐을 일으켰다. 운하 건설을 통해 수천 킬로미터의 새로운 내륙 수로가 만들어져 세계 무역 운송 기간이 대폭 축소되었다. 파나마 운하와 수에즈 운하는 공학에서 대단한 업적이었지만 값비싼 대가를 치렀다. 파나마 운하는 건설비용이 3억 7,500만 달러, 건설 과정에서 5천 명이 넘는 노동자가 사망했고, 수에즈 운하는 건설비용 1억 달러, 노동자 12만 명이 사망했다.

▬▬ 주요 운하

2 전신 1844-1914년

전신을 통해 수백 킬로미터 멀리 떨어진 곳에 메시지를 보내는 것이 가능해졌다. 새로운 해저 전신 케이블은 세계의 통신을 혁신했다. 대양에 설치된 최초의 해저 전신선은 유럽에서 미국으로 메시지를 보내는 시간을 며칠에서 몇 시간으로 감소시켰다. 최초의 전신선은 수신 능력이 낮아 1분에 0.1단어가 전송되었다. 해저 케이블로 세계가 곧 연결되었다.

―― 해저 전신 케이블 경로

3 도시의 대중교통 1863-1914년

1863년 1월, 런던은 세계 최초로 지하철을 운행하는 도시가 되었다. 이 지하철은 첫날에만 3만 8천 명을 수송했고 런던 지하철의 성공으로 다른 도시들의 지하철 건설이 촉발되었다. 지하철을 통해 도시 간에 더 많은 노동자를 수송하는 효율적인 교통 시스템이 도입되면서 경제가 더 활성화되었다.

🚇 지하철 시스템

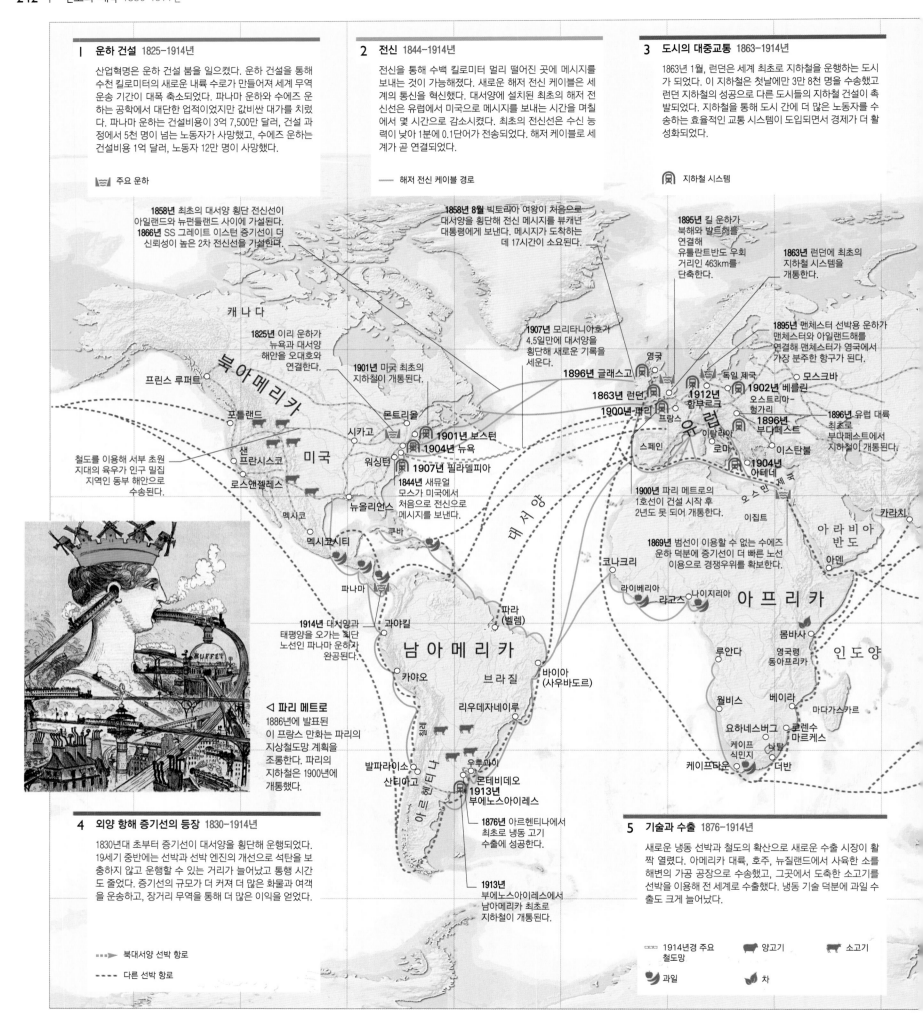

1858년 최초의 대서양 횡단 전신선이 아일랜드와 뉴펀들랜드 사이에 가설된다.
1866년 SS 그레이트 이스턴 증기선이 더 신뢰성이 높은 2차 전신선을 가설한다.

1858년 8월 빅토리아 여왕이 처음으로 대서양을 횡단하는 전신 메시지를 뷰캐넌 대통령에게 보낸다. 메시지가 도착하는 데 17시간이 소요된다.

1895년 킬 운하가 북해와 발트해를 연결해 유틀란트반도 우회 거리인 463km를 단축한다.

1863년 런던에 최초의 지하철 시스템을 개통한다.

1825년 이리 운하가 뉴욕과 대서양 해안을 오대호와 연결한다.

1907년 모리타니아호가 4.5일만에 대서양을 횡단해 새로운 기록을 세운다.

1895년 맨체스터 선박용 운하가 맨체스터와 아일랜드해를 연결해 맨체스터가 영국에서 가장 분주한 항구가 된다.

1901년 미국 최초의 지하철이 개통된다.

1896년 글래스고

1912년 함부르크

1902년 베를린 오스트리아-헝가리

1896년 유럽 대륙 최초로 부다페스트에서 지하철이 개통된다.

1863년 런던
1900년 파리

1896년 부다페스트

철도를 이용해 서부 초원 지대의 육우가 인구 밀집 지역인 동부 해안으로 수송된다.

프린스 루퍼트
포틀랜드
샌프란시스코
로스앤젤레스

1901년 보스턴
1904년 뉴욕
1907년 필라델피아

1844년 새뮤얼 모스가 미국에서 처음으로 전신으로 메시지를 보낸다.

캐나다
북아메리카
미국
몬트리올
시카고
워싱턴
뉴올리언스
멕시코

영국
독일 제국
모스크바
프랑스
이탈리아
로마
이스탄불
스페인
유럽
1904년 아테네
오스만 제국
이집트

1900년 파리 메트로의 1호선이 건설 시작 후 2년도 못 되어 개통한다.

1869년 범선이 이용할 수 없는 수에즈 운하 덕분에 증기선이 더 빠른 노선 이용으로 경쟁우위를 확보한다.

카라치
아라비아 반도
아덴

멕시코시티
쿠바

대서양

코나크리
라이베리아
라고스
나이지리아
아프리카

몸바사
인도양

1914년 대서양과 태평양을 오가는 최단 노선인 파나마 운하가 완공된다.

과야킬
파라 (벨렘)

남아메리카
브라질
바이아 (사우바도르)

루안다
영국령 동아프리카
월비스
베이라

파나마

카야오
리우데자네이루

요하네스버그
로렌수 마르케스
케이프 식민지
나탈
더반
케이프타운
마다가스카르

◁ 파리 메트로
1886년에 발표된 이 프랑스 만화는 파리의 지상철도망 계획을 조롱한다. 파리의 지하철은 1900년에 개통했다.

발파라이소
산티아고
우루과이
몬테비데오
1913년 부에노스아이레스

1876년 아르헨티나에서 최초로 냉동 고기 수출에 성공한다.

1913년 부에노스아이레스에서 남아메리카 최초로 지하철이 개통된다.

4 외양 항해 증기선의 등장 1830-1914년

1830년대 초부터 증기선이 대서양을 횡단해 운행되었다. 19세기 중반에는 선박과 선박 엔진의 개선으로 석탄을 보충하지 않고 운행할 수 있는 거리가 늘어났고 통항 시간도 줄었다. 증기선의 규모가 더 커져 더 많은 화물과 여객을 운송하고, 장거리 무역을 통해 더 많은 이익을 얻었다.

▶▶▶ 북대서양 선박 항로

---- 다른 선박 항로

5 기술과 수출 1876-1914년

새로운 냉동 선박과 철도의 확산으로 새로운 수출 시장이 활짝 열렸다. 아메리카 대륙, 호주, 뉴질랜드에서 사육한 소를 해변의 가공 공장으로 수송했고, 그곳에서 도축한 소고기를 선박을 이용해 전 세계로 수출했다. 냉동 기술 덕분에 과일 수출도 크게 늘어났다.

▬▬ 1914년경 주요 철도망
🐑 양고기
🐄 소고기
🍂 과일
🍃 차

발전의 영향

조선, 전신, 대중교통, 운하 건설, 철도, 냉동 분야의 기술 발전은 19세기 경제 혁명에 기여하여 세계 무역체계 구축에 도움을 주었다.

타임라인

	1820	1840	1860	1880	1900	1920

1
2
3
4
5

러 시 아 제 국

아 시 아

중국

블라디보스토크

도쿄

상하이

1866년 증기선 아가멤논이 단 한 번의 기착으로 런던-중국 항해에 성공했으며, 같은 노선의 범선보다 훨씬 속도가 빨랐다.

버마

캘커타

홍콩

마닐라

태 평 양

1870년 싱가포르-호주 북부의 다윈을 연결하는 케이블이 부설되면서 영국과 영국의 가장 먼 영토를 잇는 전신이 완성된다.

싱가포르

다윈

브룸

호 주

브리즈번

퍼스

애들레이드

멜버른

시드니

오클랜드

네이피어

뉴질랜드

더니든

1880년 냉동 소고기와 양고기가 호주에서 런던까지(2만 4천 km) 성공적으로 운송된다.

1879년 더니든호가 최초로 뉴질랜드에서 런던까지 냉동 고기를 성공적으로 운송한다.

교통과 통신

19세기에 교통과 통신이 크게 발전했다.
이런 발전을 통해 도시의 생산성이 개선되고 대륙 간 통신 속도가 빨라졌으며, 무역 이익이 증가하여 세계가 크게 바뀌었다.
냉동시설과 철도의 발전은 새로운 수출 기회를 제공했다.

기술 발전으로 세계가 더 좁아졌다. 오랜 세월 전 세계에서 장거리를 항해했던 범선은 더 많은 화물을 더 빨리 운송할 수 있는 증기선으로 대체되고 더 큰 이익이 창출되었다. 1830년대에 증기선이 대서양을 횡단하는 데 17일이 걸렸다. 지속적인 증기기관 개선으로 그 속도가 더 빨라져서 1910년에는 대서양횡단 시간이 5일로 줄어들었다. 19세기와 20세기 초에 대규모 운하가 건설된 덕분에 아프리카 희망봉과 남미 대륙 끝부분을 돌아가는 악명 높은 긴 항로를 이용하지 않게 되었다. 항해 위험이 줄어들면서 보험료가 낮아지고 이익이 더욱 증가했다. 19세기 말 가장 멀리 떨어진 지역도 세계 경제에 참여하게 되었다. 냉동 기술이 발전하면서

멀리 떨어진 뉴질랜드산 냉동 소고기와 양고기, 남아프리카와 중앙아메리카의 과일이 바다를 건너 유럽과 북미 산업 도시의 배고픈 노동자들에게 공급되었다. 전신과 대규모 운송시스템 덕분에 도시의 상거래 유통이 원활하게 돌아갔다.

> "쿠나드 여객선과 전신은 우리 사이에 강력한 정신이 작용하고 있다는 신호다."
>
> 찰스 킹즐리, 소설 《누룩》에서, 1851년

새뮤얼 모스
1791-1872년

새뮤얼 모스는 1791년에 매사추세츠주에서 태어나 화가로 성공했다. 그는 유럽에서 고향으로 귀환하는 배에서 새로 발명된 전자석에 관해 듣고 1830년대에 전신 기술을 개선하려고 연구하기 시작했다. 모스의 설계는 한 가닥의 전신선을 이용해 메시지를 보내는 것이었다. 그는 짧거나 긴 전기 신호를 이용해 문자를 나타내는 '모스 부호'라는 인코딩 시스템을 만들었다. 이 신호는 전선을 통해 전자석에 의해 움직이는 바늘에 전해져 움직이는 종이 테이프에 기록되었다. 그는 1844년에 미국 최초의 전신선을 개통했다.

대규모 이주

19세기에 수많은 사람이 안정, 자유, 일자리를 찾아서
고국을 떠났다. 그들이 구세계인 러시아, 유럽, 중국, 인도를
떠나면서 아메리카와 호주 대륙의 여러 신생 국가에서
인구가 급증했다.

산업혁명이 유발한 정치적, 사회적, 경제적 변화와 새로운 대중교통 발달로 19세기에 엄청난 이주 현상이 발생했다. 이주민은 산업화, 과잉 인구, 박해의 영향으로 더 나은 삶을 찾아 이동했다. 기계화된 새로운 산업은 이전과 다른 차원의 노동력이 필요했다. 유럽, 인도, 중국에서 경제적 곤경을 피해 떠난 이주자들이 노동력의 공급원이 되었다. 중앙 유럽과 러시아 제국의 정치적 격변과 반유대주의 때문에 떠날 수밖에 없었던 사람들 8천만 명 이상이 19세기와 20세기 초에 이주했다.

수많은 사람이 급격하게 산업화되는 미국의 해안 지역으로 향했고, 새로운 정착민은 원주민의 땅을 차지했다. 남미의 신흥 경제국가는 남유럽에서 수백만 명을 끌어들였고, 부를 찾는 수십만 명이 호주, 캐나다, 남아프리카의 골드러시 지역으로 이주했다. 수많은 사람이 그렇게 먼 곳까지 이동할 수 있었던 것은 철도, 더 빠르고 안전한 선박, 파나마 운하와 수에즈 운하를 통과하는 새로운 항로 등 산업혁명이 가져온 발전 덕분이었다.

▷ **영국과의 마지막 이별, 1855년**
영국 화가 포드 매덕스 브라운의 작품으로, 호주의 불확실한 금광 지역으로 이주하는 사람들의 불안한 얼굴을 표현한 그림이다.

아메리칸 드림 1800-1914년

19세기에 북미로 이주한 5천만이 넘는 사람 중 대다수는 미국으로 갔다. 사람들이 '자유민의 땅'이 제공하는 경제적 기회, 정치적, 종교적 자유를 찾아 계속해서 고국을 떠났다. 이들은 초기에는 독일, 스칸디나비아, 영국, 아일랜드 등 북유럽 출신자였지만, 1880년부터 남부 유럽 출신, 특히 이탈리아 이민자들이 대규모로 도착했다.

아메리칸 드림 1800-1914년

19세기에 북미로 이주한 5천만이 넘는 사람 중 대다수는 미국으로 갔다. 사람들이 '자유민의 땅'이 제공하는 경제적 기회, 정치적, 종교적 자유를 찾아 계속해서 고국을 떠났다. 이들은 초기에는 독일, 스칸디나비아, 영국, 아일랜드 등 북유럽 출신자였지만, 1880년부터 남부 유럽 출신, 특히 이탈리아 이민자들이 대규모로 도착했다.

캐나다

1860-1920년 500만 명이 넘는 유럽 이민자가 캐나다로 이주한다.

1882년 미국은 중국인 배제법을 통과시켜 중국인 이주자를 막는다.

밴쿠버

캐나다패시픽 노선 1885년

도던패시픽 노선 1869년

샌프란시스코

센트럴패시픽 노선 1883년

퀘벡

핼리팩스

뉴욕

보스턴

로스앤젤레스

미국

뉴올리언스

북아메리카

쿠바

멕시코시티

멕시코

자메이카 푸에르토리코

파나마 운하 **1914년**

벨렘

남아메리카

1850-1880년 중국인 노동자 수만 명이 페루에 와서 구아노, 설탕, 면화 산업에서 일한다.

리마

브라질

리우데자네이루

1888년 브라질에서 노예제가 폐지되어 대규모 이주자의 유입을 촉발한다.

발파라이소

우루과이 몬테비데오

부에노스아이레스

아르헨티나

유대인 이주(1880-1914년)

19세기에 러시아의 세계 최대 유대인 집단에 대한 박해가 일어났다. 1881년에 알렉산드르 2세가 암살된 이후 수년에 걸친 정부의 제제가 시행되었다. 유대인은 대규모로 러시아를 떠나 성지인 팔레스타인으로 갔고, 일부 유대인은 서유럽으로 이주하기도 했다.

러시아 제국

바르샤바

모스크바

베를린

오데사

만주

캐나다 ● 105,000명

뉴욕

미국 ● 200만 명

오스만 제국

중국

팔레스타인 ● 70,000명

중앙아메리카와 남아메리카 ● 14,000명

모로코

인도

브라질

아프리카

인도양

부에노스아이레스

남아프리카 ● 43,000명

아르헨티나 113,000명

케이프타운

기호 보기

▢ 러시아 제국의 유대인 주요 밀집 거주 지역

▢ 유대인 이주 지역

▢ 주요 유대인 이주 지역

◯ 관문 도시

➤ 유대인 이주 경로

● 1880-1914년 유대인 이민자 수

2 계약직 노동 1833-1920년

1833-1920년에 인도인 수백만 명이 계약직 노동자로서 다양한 유럽 식민지로 이주해 여행 경비와 적은 임금을 받으며 3-5년 동안 일했다. 대략 1852년부터 1900년까지 적어도 중국인 230만 명이 비슷한 조건으로 북아메리카, 호주, 뉴질랜드, 동남아시아 지역으로 이주했다. 이곳에서 그들은 광산과 철도 건설 현장에서 가혹하게 착취당했다.

3 황금 열풍 1849년, 1851년, 1886년, 1896년

19세기에 금이 발견되면서 수십만 명이 여러 대륙으로 앞다투어 몰려갔다. 그들이 부를 얻는 과정에서 원주민에게 폭력을 저지르고 질병이 퍼졌다. 1849년 캘리포니아, 1886년 남아프리카, 1896년 유콘과 클론다이크에 황금 열풍이 불었다. 호주에서는 빅토리아주 밸러렛과 벤디고에 금이 발견된 1851년 이후 10년 동안 이주 인구가 3배 증가했다.

4 라틴아메리카 1850-1953년

1850년대부터 스페인인, 포르투갈인, 이탈리아인 수백만 명이 유럽인 우대 제안에 따라 남아메리카로 왔다. 그들은 주로 그 당시 유럽의 자본과 투자가 풍부해 급속도로 도시 경제가 성장했던 브라질, 우루과이, 아르헨티나로 향했다. 1872년부터 1953년 사이에 브라질은 이민자 500만 명을 받아들였다.

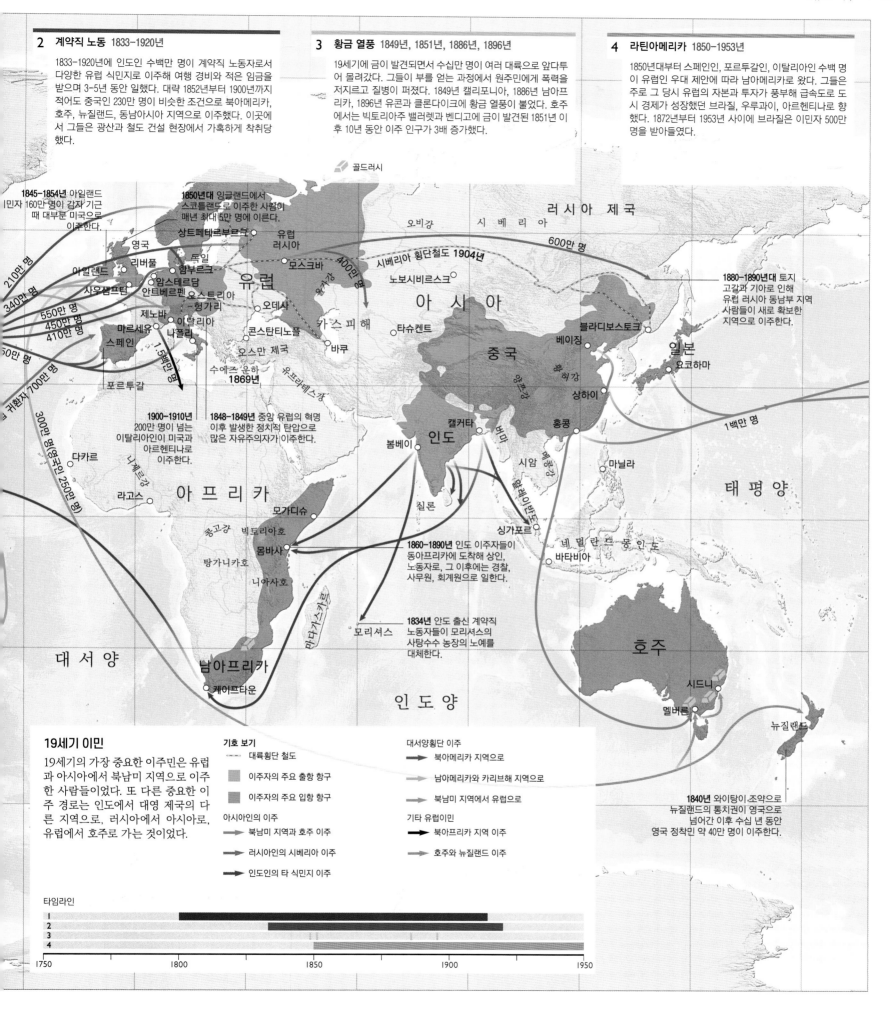

19세기 이민

19세기의 가장 중요한 이주민은 유럽과 아시아에서 북남미 지역으로 이주한 사람들이었다. 또 다른 중요한 이주 경로는 인도에서 대영 제국의 다른 지역으로, 러시아에서 아시아로, 유럽에서 호주로 가는 것이었다.

기호 보기

- ⸺⸺ 대륙횡단 철도
- 이주자의 주요 출항 항구
- 이주자의 주요 입항 항구

아시아인의 이주

- → 북남미 지역과 호주 이주
- → 러시아인의 시베리아 이주
- → 인도인의 타 식민지 이주

대서양횡단 이주

- → 북아메리카 지역으로
- → 남아메리카와 카리브해 지역으로
- → 북남미 지역에서 유럽으로

기타 유럽이민

- → 북아프리카 지역 이주
- → 호주와 뉴질랜드 이주

타임라인

1750 — 1800 — 1850 — 1900 — 1950

제국주의 시대

19세기에는 제국주의 세력이 전 세계를 재편했다.
제국주의 국가들은 해외 지역에 대한 지배권을 확보해 귀중한 천연자원을 얻고
인구 증가에 따른 거주지를 확보하면서 경쟁적인 세계에서 국력을 키우려고 했다.

△ 식민지 약탈
동시대의 만화들은 종종 제국주의의
약탈적 속성을 풍자했다. 1885년의 이
미국 만화는 독일, 영국, 러시아가
아프리카와 아시아를 집어삼키는 모습을
묘사한다.

19세기 중반, 유럽 국가의 해외 확장에 획기적인 변화가 일어났다. 수 세기 동안 유럽인들의 해외 활동은 주로 무역과 정기 기항지 확보를 통해 동양의 부를 유럽으로 가져오는 것이었다. 하지만 이런 방식이 1870년대에 바뀌었다. 모든 국가가 앞다투어 새로운 영토를 병합해 기존 식민지에 대한 지배권을 강화했고, 신생 국가들은 기존 식민지 강대국과 경쟁했다. 1900년의 세계는 대부분 제국주의적 행태를 보였고 이로써 제1차 세계대전의 무대가 마련되었다.

제국주의를 추구한 이유

식민주의에서 제국주의로의 변화는 주로 막대한 원재료가 필요한 산업화에 의해 시작되고 촉진되었다(238-239쪽 참조). 제국주의는 강력한 국가가 다른 국가로부터 원재료, 노동력, 토지에 대한 지배력을 확보하고 원주민의 산업과 문화를 파괴한다는 뜻이었다.

식민지는 자원을 약탈하고 막대한 부를 원하는 국가에 이상적인 장소였고, 주로 영국과 프랑스가 자국의 늘어나는 인구를 위해 땅을 점령했다. 많은 국가가 '강대국'이 되려는 욕구 때문에 팽창에 나섰다. 유럽 국가들은 자신의 위상을 다시 내세우거나 새로운 정체성을 만들기 위해 열정적으로 노력했다. 영국은 미국 식민지를 잃은 뒤 자신의 지위를 회복하길 원했고, 프랑스는 힘을 다시 키우길 원했다. 러시아는 동쪽의 약해진 청 제국으로 계속 진출했다. 1860년대부터 독일, 이탈리아, 미국과 같은 신생 국가들은 세계열강이 되기를 원했다. 수 세기 동안의 고립 상태에서 등장한 일본 역시 부족한 자원과 거주지를 확보하려고 노력했고, 또한 자국이 제국주의에 취약하다는 것을 힘들게 깨달았다.

제국주의의 경제적, 정치적 특징 외에도 서구 백인들은 자신이 더 우월하다는 신념을 갖고 있었다. 과학자들이 찰스 다윈의 진화론을 인류에 적용하면서 서구 사회의 '발전된' 상태가 제국주의를 정당화하는 데 이용되었다. 많은 서양인이 원주민 문화를 기독교화하는 것이 자신들의 도덕적 의무라고 느꼈다. 이런 태도는 키플링이 1899년에 발표한 시 〈백인들의 짐(The White Man's Burden)〉에 분명하게 요약되어 있다. 이 시는 미국인이 필리핀을 식민지화하라고 간곡하게 요청했다. 또한 백인들이 유색 민족 또는 '타민족'을 통치해 경제적, 문화적, 사회적 진보를 일으켜야 할 도덕적 의무에 대해 언급했다.

제국 건설

19세기에 거대한 제국들이 건설된 것은 주로 산업혁명이 가져온 발전 덕분이었다. 말라리아 치료제인 키니네의 발견과 같이 근대 의학 덕분에 유럽은 그 어느 때보다 열대 질병이 만연한 지역으로 진출할 수 있었다. 또한 철도, 전신선과 같은 근대 교통과 통신 수단 덕분에 매우 넓

◁ 제국주의에 대한 저항
줄루족 추장 케취와요 캄판데가 1897년에
전사들을 이끌고 영국과 싸웠다. 영국의
입장에서 그의 패배는 영국 식민지 이익을
위협하는 주요 요인이 해소된 것이었다.

제국주의 세계

전 세계에서 제국주의의 활동 방식은 다양했다. 아프리카의 식민지화에는 거의 모든 주요 유럽 국가들이 참여했다. 이들은 아프리카 지역들의 기존 관계를 무시하고 아프리카를 침략해 분할했고, 인도와 동남아시아는 주로 영국과 프랑스가 각각 지배했다. 부패한 청 제국은 일본과 러시아에 손쉬운 먹잇감이 되었다. 영국과 미국은 남미 지역에 영향력을 행사하면서 팽창주의적 야심을 드러냈다.

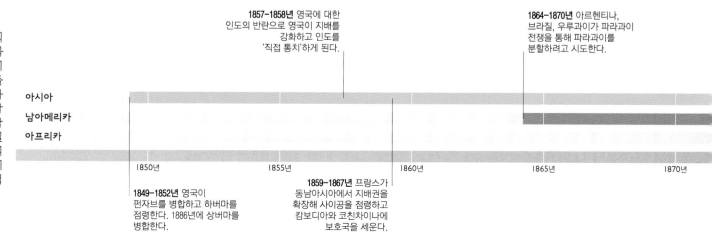

1857-1858년 영국에 대한 인도의 반란으로 영국이 지배를 강화하고 인도를 '직접 통치'하게 된다.

1864-1870년 아르헨티나, 브라질, 우루과이가 파라과이 전쟁을 통해 파라과이를 분할하려고 시도한다.

아시아
남아메리카
아프리카

1850년 　1855년 　1860년 　1865년 　1870년

1849-1852년 영국이 펀자브를 병합하고 하버마를 점령한다. 1886년에 상버마를 병합한다.

1859-1867년 프랑스가 동남아시아에서 지배권을 확장해 사이공을 점령하고 캄보디아와 코친차이나에 보호국을 세운다.

은 지역을 통제할 수 있었다. 새롭제 기계화된 무기 덕분에 현지인의 저항을 억압할 수 있었고, 제국주의에는 자주 야만적인 행위가 동반되었다.

직접적으로 식민지가 되지 않은 국가도 제국주의 국가의 영향 아래 놓였다. 예컨대 남미 지역에서 미국과 영국의 영향력은 정치적, 경제적 간섭을 통해 이루어졌다. 제국주의 국가들은 문화적 영향력을 통해 자신들의 생활방식과 열망을 식민지와 그 외 다른 지역에 주입했다.

> "나는 반제국주의자다.
> 미국이 다른 나라를 짓밟는 것을
> 반대한다."
>
> 마크 트웨인, 작가, 〈뉴욕 헤럴드〉, 1900년

▽ 군사력
일본은 러시아-일본 전쟁 시기인 1905년 동해 해전에서 러시아의 발트 함대를 파괴했다. 이 승리는 일본의 군사력과 제국주의적 힘이 증가하고 러시아가 약해졌음을 입증했다.

1876년 빅토리아 여왕이 인도 황제로 선포된다.

1884-1899년 독일이 태평양의 여러 지역을 합병한 뒤 독일령 뉴기니를 세운다.

1889-1896년 이탈리아가 에리트레아에 최초의 식민지를 세우지만 아두와 전투에서 메넬릭 2세의 군대에 패해 아비시니아에서 물러난다.

1895년 프랑스는 8개 지역이 포함된 프랑스령 서아프리카 연합을 세운다.

1895-1898년 영국령 가이아나와 베네수엘라 간의 국경 분쟁으로 미국이 이 지역에 개입한다.

1904-1905년 일본이 러시아와 싸워 승리하면서 최초로 유럽의 강대국을 패배시킨 비유럽 국가가 된다.

1875년 1880년 1885년 1890년 1895년 1900년 1905년

1876년 벨기에 국왕 레오폴드 2세가 콩고를 식민지화로 만들면서 아프리카 쟁탈전이 시작된다.

1884-1886년 독일이 남서아프리카의 일부인 오늘날의 토고와 카메룬을 차지한다. 독일은 동아프리카를 영국과 공유하기로 합의한다.

1894-1895년 일본이 중국 랴오둥반도를 지배하고 포모사(지금의 대만)을 합병한다.

1898년 스페인-미국 전쟁에서 미국이 승리해 쿠바와 푸에르토리코를 지배한다.

1899-1902년 제2차 영국-보어 전쟁으로 영국이 남아프리카를 지배하고 1910년에 영국령 남아프리카 연방을 설립할 토대가 놓인다.

새로운 제국주의

19세기에는 전쟁에서 벗어나 제2차 산업혁명의 물결에
편승하는 제국주의가 나타났다.
새로운 국가들이 등장하면서 유럽 열강들은
아프리카, 태평양, 남아시아의 땅을 대부분 수탈했다.

1830년, 유럽 국가들의 식민지가 축소되었다. 프랑스, 영국, 스페인은 혁명의 물결 속에서 아메리카 대륙에서 물러났다. 북아시아와 중앙아시아의 광대한 땅을 소유한 러시아 제국과 캐나다, 호주, 인도를 차지한 영국만이 상당한 영토를 유지했다. 하지만 새로운 제국주의 활동과 형태가 등장할 수 있는 여건이 조성되었다.

영국은 신중하게 시작했다. 영국이 획득한 영토 중 많은 지역, 이를테면 싱가포르(1819년), 말라카(1824년), 홍콩(1842년), 나탈(1843년), 하버마(1852년)는 동인도로 가는 무역 루트를 확보하고 인도에서 영국의 지위를 보호하기 위한 것이었다. 프랑스는 알제리(1830년대), 남태평양의 타히티와 마르키즈 제도(1840년대)를 장악하고 인도차이나(1858-1859년)에 교두보를 확보했다.

1870년에 유럽인은 아직 아프리카 내륙까지 들어가지 못했고, 인도차이나와 중국의 대부분에는 손도 대지 못했다. 그러나 이런 상황은 1880년 이후까지 지속되지 못했다. 제2차 산업혁명으로 원자재와 시장에 대한 강력한 수요가 발생했기 때문이다. 미국과 일본도 그랬듯이 당시 독일과 이탈리아가 통일되면서 기존의 식민지 열강에 열심히 도전장을 내밀었다. 19세기의 마지막 20년 동안 유럽 국가들은 아프리카의 거의 모든 지역을 분할하고, 아시아에서는 프랑스, 영국, 러시아, 일본이 허약한 청 왕조를 위협해 중국 내륙으로 영향력을 확대했다. 1880-1914년 동안 유럽은 해외 영토를 2,070만 km²를 추가했고 영국과 프랑스는 5억 명 이상을 통치했다.

저항의 극복
식민지에서 사용된 무력과 속임수

식민지 주민들은 종종 억압자에게 저항했다. 예컨대 인도차이나에서 프랑스는 1883-1913년 동안 식민지 주민과 게릴라 전투를 치렀다. 저항에 대한 대응으로 야만적 행위가 벌어졌다. 1904년에 일어난 남서아프리카의 헤레로족 봉기는 독일 식민주의자들의 대량 학살로 끝났다. 하지만 속임수도 자행되었다. 세실 로즈는 1888년에 로벤굴라왕을 속여 마타벨렐란드의 광산 채굴권에 서명해 양도하게 했다.

마타벨레족과 세실 로즈
영국 케이프 식민지의 수상 세실 로즈가
마타벨레족과 대면하는 장면이다.

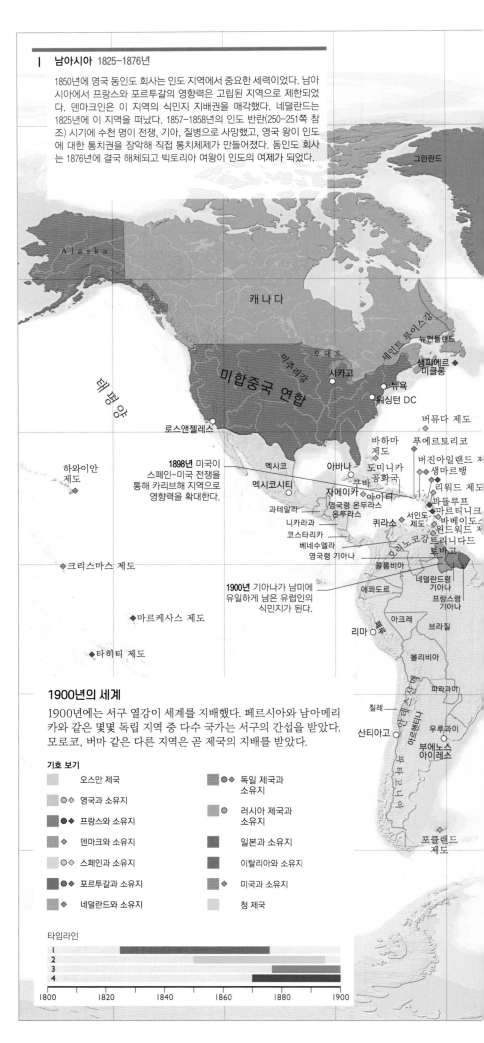

| 남아시아 1825-1876년

1850년에 영국 동인도 회사는 인도 지역에서 중요한 세력이었다. 남아시아에서 프랑스와 포르투갈의 영향력은 고립된 지역으로 제한되었다. 덴마크인은 이 지역의 식민지 지배권을 매각했다. 네덜란드는 1825년에 이 지역을 떠났다. 1857-1858년의 인도 반란(250-251쪽 참조) 시기에 수천 명이 전쟁, 기아, 질병으로 사망했고, 영국 왕이 인도에 대한 통치권을 장악해 직접 통치체제가 만들어졌다. 동인도 회사는 1876년에 결국 해체되고 빅토리아 여왕이 인도의 여제가 되었다.

1898년 미국이 스페인-미국 전쟁을 통해 카리브해 지역으로 영향력을 확대한다.

1900년 기아나가 남미에 유일하게 남은 유럽인의 식민지가 된다.

1900년의 세계

1900년에는 서구 열강이 세계를 지배했다. 페르시아와 남아메리카와 같은 몇몇 독립 지역 중 다수 국가는 서구의 간섭을 받았다. 모로코, 버마 같은 다른 지역은 곧 제국의 지배를 받았다.

기호 보기

오스만 제국	독일 제국과 소유지
영국과 소유지	러시아 제국과 소유지
프랑스와 소유지	일본과 소유지
덴마크와 소유지	이탈리아와 소유지
스페인과 소유지	미국과 소유지
포르투갈과 소유지	청 제국
네덜란드와 소유지	

타임라인

1800 1820 1840 1860 1880 1900

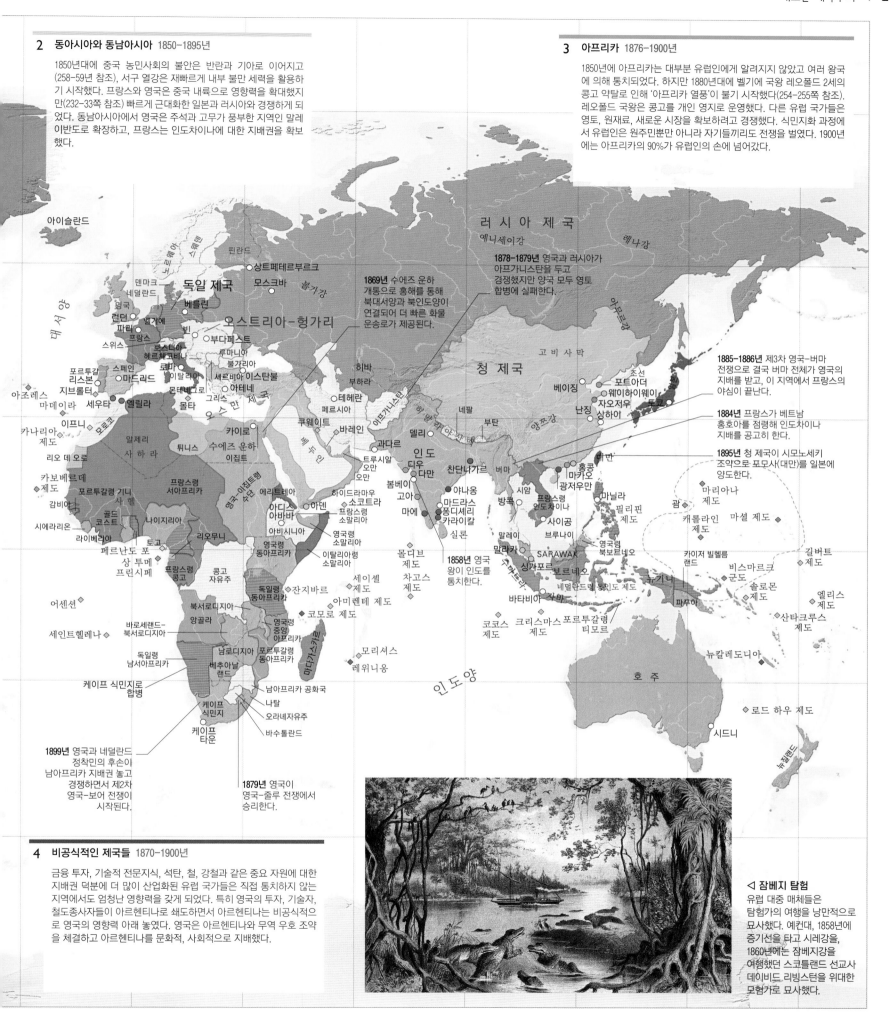

2 동아시아와 동남아시아 1850–1895년

1850년대에 중국 농민사회의 불안은 반란과 기아로 이어지고 (258–59쪽 참조), 서구 열강은 재빠르게 내부 불만 세력을 활용하기 시작했다. 프랑스와 영국은 중국 내륙으로 영향력을 확대했지만(232–33쪽 참조) 빠르게 근대화한 일본과 러시아와 경쟁하게 되었다. 동남아시아에서 영국은 주석과 고무가 풍부한 지역인 말레이반도로 확장하고, 프랑스는 인도차이나에 대한 지배권을 확보했다.

3 아프리카 1876–1900년

1850년에 아프리카는 대부분 유럽인에게 알려지지 않았고 여러 왕국에 의해 통치되었다. 하지만 1880년대에 벨기에 국왕 레오폴드 2세의 콩고 약탈로 인해 '아프리카 열풍'이 불기 시작했다(254–255쪽 참조). 레오폴드 국왕은 콩고를 개인 영지로 운영했다. 다른 유럽 국가들은 영토, 원재료, 새로운 시장을 확보하려고 경쟁했다. 식민지화 과정에서 유럽인은 원주민뿐만 아니라 자기들끼리도 전쟁을 벌였다. 1900년에는 아프리카의 90%가 유럽인의 손에 넘어갔다.

지도 내 주요 표기

러시아 제국
에니세이강
레나강
핀란드
상트페테르부르크
모스크바
독일 제국
베를린
덴마크
네덜란드
영국
런던
파리
벨기에
프랑스
스위스
오스트리아-헝가리
빈
부다페스트
보스니아-헤르체고비나
루마니아
스페인
마드리드
로마
이탈리아
불가리아
세르비아 이스탄불
몬테네그로
그리스
아테네
오스만 제국
몰타
포르투갈
리스본
지브롤터
세우타
멜릴랴
모로코
이프니
알제리
튀니스
사하라
수에즈 운하 이집트
카이로
아조레스
마데이라
카나리아 제도
리오 데 오로
카보베르데 제도
감비아
포르투갈령 기니
골드 코스트
시에라리온
라이베리아
페르난도 포
상 투메 프린시페
어센션
세인트헬레나
프랑스령 서아프리카
사헬
나이지리아
토고
리오무니
프랑스령 콩고
콩고 자유주
독일령 동아프리카
앙골라
북서로디지아
바로체랜드-북서로디지아
남로디지아
독일령 남서아프리카
베추아날랜드
케이프 식민지로 합병
케이프 식민지
케이프타운
바수톨란드
남아프리카 공화국
나탈
오라녜자유주

테헤란
페르시아
히바
부하라
쿠웨이트
바레인
아프가니스탄
과다르
오만
트루시알 오만
하드라마우트
소코트라
아덴
프랑스령 소말리아
아디스아바바
아비시니아
영국령 소말리아
이탈리아령 소말리아
에리트레아
영국-이집트령 수단
잔지바르
영국령 동아프리카
영국령 중앙 아프리카
포르투갈령 동아프리카
코모로 제도
모리셔스
레위니옹
마다가스카르
세이셸 제도
아미렌테 제도
델리
인도
다우
다만
봄베이
고아
마에
마드라스
퐁디셰리
카라이칼
찬단나가르
야나옹
실론
몰디브 제도
차고스 제도
네팔
부탄
청 제국
고비 사막
베이징
자오저우
웨이하이웨이
포트아더
조선
도쿄
난징
상하이
타이완
버마
시암
방콕
프랑스령 인도차이나
광저우완
마카오
홍콩
하노이
사이공
말라카
싱가포르
SARAWAK
브루나이
영국령 북보르네오
보르네오
네덜란드령 동인도 제도
바타비아
자바
코코스 제도
크리스마스 제도
포르투갈령 티모르
마닐라
필리핀 제도
괌
마리아나 제도
캐롤라인 제도
마셜 제도
카이저 빌헬름 랜드
비스마르크 군도
뉴기니
파푸아
솔로몬 제도
길버트 제도
엘리스 제도
산타크루스 제도
뉴칼레도니아
로드 하우 제도
시드니
호주
뉴질랜드

연표 주석

1869년 수에즈 운하 개통으로 홍해를 통해 북대서양과 북인도양이 연결되어 더 빠른 화물 운송로가 제공된다.

1878–1879년 영국과 러시아가 아프가니스탄을 두고 경쟁했지만 양국 모두 영토 합병에 실패한다.

1885–1886년 제3차 영국-버마 전쟁으로 결국 버마 전체가 영국의 지배를 받고, 이 지역에서 프랑스의 야심이 끝난다.

1884년 프랑스가 베트남 홍호아를 점령해 인도차이나 지배를 공고히 한다.

1895년 청 제국이 시모노세키 조약으로 포모사(대만)를 일본에 양도한다.

1858년 영국 왕이 인도를 통치한다.

1899년 영국과 네덜란드 정착민의 후손이 남아프리카 지배권 놓고 경쟁하면서 제2차 영국-보어 전쟁이 시작된다.

1879년 영국이 영국-줄루 전쟁에서 승리한다.

4 비공식적인 제국들 1870–1900년

금융 투자, 기술적 전문지식, 석탄, 철, 강철과 같은 중요 자원에 대한 지배권 덕분에 더 많이 산업화된 유럽 국가들은 직접 통치하지 않는 지역에서도 엄청난 영향력을 갖게 되었다. 특히 영국의 투자, 기술자, 철도종사자들이 아르헨티나로 쇄도하면서 아르헨티나는 비공식적으로 영국의 영향력 아래 놓였다. 영국은 아르헨티나와 무역 우호 조약을 체결하고 아르헨티나를 문화적, 사회적으로 지배했다.

◁ **잠베지 탐험**
유럽 대중 매체들은 탐험가의 여행을 낭만적으로 묘사했다. 예컨대, 1858년에 증기선을 타고 시레강을, 1860년에는 잠베지강을 여행했던 스코틀랜드 선교사 데이비드 리빙스턴을 위대한 모험가로 묘사했다.

저항과 영국의
인도 통치

1857년부터 1858년 사이에 인도군이 반란을 일으켜
영국을 인도에서 몰아내려고 했다.
그러자 영국은 지배력을 강화하여 빅토리아 여왕이 인도를
직접 통치하는 체제를 만들었다.

1850년대에 영국이 인도에서 새로운 법률과 개혁, 서구적 가치를 시행하려고 하자 이에 반대하는 소요사태가 점점 증가했다. 인도인들은 영국의 팽창주의에 의해 착취당하고 기독교 강제 개종을 두려워했다. 또한 영국이 인도의 전통문화를 없애려고 한다고 의심했다.

1857년, 영국이 고용한 세포이(인도 병사) 사이에 입으로 개봉해야 하는 신형 엔필드 소총의 탄약에 소나 돼지의 기름을 발랐다는 소문이 퍼졌다. 이것은 소가 신성하다고 믿는 힌두교인과 돼지가 부정하다고 믿는 이슬람교인을 모두 모욕하는 것이었다. 영국의 설득에도 불구하고 세포이는 탄창 사용을 거부하고 족쇄를 찬 채로 투옥되었다. 그러자 그들의 동료들이 폭동을 일으켰고 곧 전면적인 반란으로 이어져 벵골, 아우드, 그리고 북서 지역으로 확대되었고, 나나 사힙, 잔시 왕국의 여왕 락슈미 바이와 같은 지방 통치자들이 영국을 몰아내려고 했다.

양측이 모두 잔학한 행위를 일삼고 있던 1858년 말에 영국이 저항을 진압하는 데 성공했다. 인도에서 영국의 위치는 완전히 바뀌었다. 동인도 회사는 사라지고 무굴 왕조의 마지막 통치자 바하두르 샤 자파르는 반역죄로 재판받고 추방되었다. 그 결과 영국이 인도를 직접 통치하는 길이 열려 마침내 영국령 인도가 탄생했다.

△ **엔필드 소총의 탄창**
신형 엔필드 소총 탄창에 바른 기름에 관한 소문이 인도 세포이들의 반란에 불을 당겼다. 세포이 반란은 광범위한 인도 지역의 반란으로 발전했다.

1857-1858년의 반란

반란이 메러트부터 시작해 곧 인도 전역의 다른 세포이 부대와 일반 대중에게로 퍼졌다. 일부 토호국은 중립을 지키거나 영국에 충성했지만 다른 토호국은 반란의 기회로 삼았다. 반란은 대체로 인도 북부 지역을 중심으로 일어났다.

펀자브
메러트
북서 지역
러크나우
아우드
네팔
델리
카운포르
인 도
하이데라바드
마드라스

기호 보기
🔲 영국령 인도   ◯ 인도군 반란 지역
🔲 토호국
── 반란 영향 지역   🌿 주요 반란 중심지

러크나우의 공성전
러크나우에 있는 차타 만질 궁전은 영국 행정본부 또는 주거지로 사용되었다. 이 궁전은 몇 달 동안 반란군에게 포위되었고 결국 1858년 3월에 영국에 의해 무너졌다.

△ 페트로파블롭스키 전함의 침몰
러시아는 만주와 대한제국에 대한
제국주의적 지배를 놓고 경쟁하는 과정에서
일본과 충돌했다. 그림에서 묘사한
페트로파블롭스키 전함은 1904년에 러일
전쟁에서 파괴되었다.

1854-1855년 세바스토폴 공성전으로
흑해 지역에서 영토를 확장하려는
러시아의 노력이 끝난다.

1 시베리아 정복 1600-1812년

러시아는 처음으로 북극해에서 태평양으로 나가는 해
로를 찾으려고 했다. 이 노력이 실패하자 태평양 접근
성을 확보하고 토지, 광물, 모피 무역에 대한 지배권을
얻기 위해 시베리아를 점령했다. 군사적 공격, 대규모
학살, 러시아인 사냥꾼과 무역상들이 퍼뜨린 질병으로
원주민들이 진압되었다. 1650년 러시아는 아시아 북부
지역 전체를 식민지로 만들었다. 그 후 러시아는 북아
메리카까지 진출하여 알래스카(1784년), 캘리포니아
(1812년)에 식민지를 세웠다.

2 서쪽으로 확장 1768-1815년

수 세기 동안 스웨덴 제국과 폴란드-리투아니아 연합
은 러시아의 서쪽 영토를 제한했다. 하지만 이반 5세와
표트르 대제의 군사 개혁으로 1795년에 폴란드와 리투
아니아의 상당 부분을 제국에 편입했다. 핀란드 전쟁
(1808-1809년)에서 러시아가 스웨덴과 싸워 승리한 덕
분에 핀란드 대공국을 확보했다. 나폴레옹 전쟁(1803-
1815년) 이후 폴란드 영토의 재조정으로 러시아 제국의
서쪽 경계가 최종적으로 정해졌다.

3 흑해와 크림반도 1768-1856년

예카테리나 대제 때 러시아는 흑해로 진출하여 러시
아-튀르크 전쟁(1768-74년)에서 오스만 제국으로부터
크림 칸국의 독립을 확보한 뒤 1783년에 이 지역을 병
합했다. 1815년, 러시아는 흑해 북부 연안 전체에 대한
지배권을 확보해 마침내 부동항을 갖게 되었다. 하지
만 발칸 지역을 점령하려는 러시아의 시도는 크림 전쟁
(1853-1856년) 이후 곧장 무산되었다.

⚓ 러시아의 새로운 항구

4 중앙아시아와 '위대한 게임' 1830-1895년

러시아는 남쪽으로 이동하고 영국이 인도의 세력 근거지에
서 북쪽으로 이동함에 따라 '위대한 게임'으로 알려진 정치
적, 외교적 대결이 벌어졌다. 양측은 아프가니스탄과 그 주변
국에서 자신의 영향력을 확대하려고 했다. 결국 아프가니스
탄이 완충 지역이 되었지만 러시아는 부하라, 히바, 사마르칸
트 등 중요한 지역을 병합했다.

🚩 '위대한 게임' 시기 러시아의
합병 지역

⬛ 아프가니스탄

5. 러시아와 만주 1858-1914년

1858년부터 약해진 청 제국은 이전의 네르친스크 조약(1689
년)에서 제외되었던 만주 외곽 지역을 러시아에 양도했다.
러시아는 비교적 얼지 않는 항구인 블라디보스토크를 건설
하고 1898년에 중국으로부터 랴오둥반도를 임대해 포트아
더라는 부동항을 확보했다. 중국에 대한 일본의 야욕이 커지
는 것에 놀란 러시아는 만주 남부 지역을 점령하지만 러일
전쟁(1904-1905년)에서 패배하고 이 지역에 대한 제국주
의적 야심을 포기했다.

⚓ 러시아의 새로운 항구

1808년 러시아가 프랑스와 틸지트 조약을
맺고 공동의 적인 스웨덴을 공격하고
핀란드를 병합한다.

스웨덴

세베르나야
제믈랴

발트 해

바렌츠 해

노바야 제믈랴

핀란드

폴란드-리투아니아 연방

성트페테르부르크

1709년 폴타바 전투에서 스웨덴의 패배로
동유럽에 대한 러시아의 패권이 시작된다.

모스크바

폴타바

크림 칸국

세바스토폴

흑 해

19세기 러시아가 페르시아
제국의 코카서스 지역을
정복한다.

우랄스크

카잔

사마라

예카테린부르크

우랄 산 맥

오비 강

토볼스크

예니세이스크

1594년
수르구트

1587년
토볼스크

1716년
옴스크

러 시 아

1619년
예니세이스크

1604년
톰스크

1628년
크라스노야르스크

1743년
오렌부르크

1730년

아스트라칸

볼가 강

1734년

1731년

옴스크

톰스크

코카서스 산맥

바쿠

우랄스크

카스피 해

투르가이

아크몰리스크

이르티시 강

1718년
세미팔라틴스크

세미팔라틴스크
1864년

1912-1921년
우리 양카이

1824년

아랄 해

시르다리야 강

1824년

트랜스카스피해

히바

히바

1873년

1873년

1854년

발하슈 호

1871년
세미레치예

아슈하바트

부하라

시르다리야

1864년

타슈켄트

알타이 산 맥

테헤란

사마르칸트

1868-70년
사마르칸트

투르키스탄
페르가나

1871-1881년
일리

1895년 파미르국경위원회의
협약에서 아프가니스탄과
러시아 제국 간의 경계를 정한다.

몽골

페르시아

부하라

1868년
부하라

파미르고원

톈산산맥

타클라마칸 사막

아프가니스탄

1895년

카불

힌두쿠시 산맥

파미르 고원

히말라야 산맥

신장

인도

티베트

청 제국

1784년
알래스카

랭겔   베링 해협

1728년 표트르 대제의 명령으로 비투스
베링이 나중에 베링 해협으로 알려질
곳을 향해한다. 하지만 안개 탓에
알래스카를 발견하지 못한다.

북 극 해

뉴시베리아
제도

1733-1742년 대북방 원정을 통해
시베리아의 북극 해안선과
북아메리카 일부 지역에 대한
지도가 작성된다.

레나강

1697-1732년
캄차카

1649년 러시아가 태평양
해안에 도달한다.

1649년
오호츠크

1632년
야쿠츠크

1740년
페트로파블로프스크

쿠쿠츠크

오 호 츠 크 해

해안지역

1853-1875년
북사할린

1858년
아무르

사할린

1854-1875년
쿠릴열도

1875-1905년
남사할린

이칼호

란스바이칼

블라고베셴스크

1900-1905년 만주

1658년
네르친스크

치타

태 평 양

1689년 네르친스크 조약으로
동아시아 지역에 대한
러시아의 영향력에
동의한다.

하바로프스크

1860년
우수리강

1860년
블라디보스토크

랴오둥 지역

베이징

1898-1905년
포트아더

1910년 대한제국

러시아 제국의 확장

1600년부터 러시아는 영토를 확장하기 시작했다.
시베리아를 정복하고 북아메리카에 도달했으며
중앙아시아 깊숙이 진출해 흑해 지역에 거점을 마련했다.
19세기에는 거대한 러시아 제국이
유럽을 불안하게 만들기 시작했다.

1600년부터 러시아의 차르 통치지역은 동쪽으로 우랄산맥에서부터 서쪽으로 폴란드-리투아니아 연방 끝까지 확대되었다. 하지만 러시아는 사실상 내륙국이었다. 북극해는 항상 얼어붙었고 발트해는 러시아의 적인 스웨덴이 장악했다. 그 결과, 이후 400년 동안 러시아의 확장은 대부분 프랑스와 영국의 해군과 경쟁할 함대가 기항하고 국제무역이 가능한 부동항을 찾기 위한 것이었다.

러시아는 정복을 통해 시베리아를 장악했지만 제국의 성장은 주로 자연스러운 확대 과정을 통해 이루어졌다. 러시아 이주자들이 점유한 영토가 서서히 러시아제국으로 편입되었고, 폴란드-리투아니아 연방, 중앙아시아의 오스만 제국, 중국의 청 제국 등 기존의 강대국이 약화되면서 러시아가 그 지역을 차지했다. 발칸 지역, 만주, 아프가니스탄 북부에서 러시아의 공격적인 확장은 다양한 수준의 성공을 거두었고, 결국 러시아 제국의 국경은 다른 제국주의 열강에 의해 규정되었다.

> *"러시아의 유일한 두 가지 동맹은 러시아의*
> *육군과 해군 함대다.*
>
> 알렉산드르 2세, 러시아 황제, 1890년경

이반 4세 바실리예비치
1530-1584년

1533-1547년 동안 모스크바 대공이었던 이반 4세 바실리예비치('끔찍한 이반'으로도 알려짐)은 1547년에 최초로 러시아의 차르가 되었다. 야만적인 전제군주였던 그의 통치는 러시아 제국의 시작으로 간주된다. 그가 러시아의 귀족을 누르고 전제정치를 펼치며 중앙 정부가 영토를 통합하기 시작했기 때문이다. 1584년에 사망할 때 이반은 러시아 대공국 영토뿐만 아니라 카잔, 아스트라한, 시베리아의 일부 지역을 정복해 유럽과 아시아의 많은 지역을 아우르는 거대한 제국의 기초를 놓았다.

러시아의 아시아 지역 확장, 1600-1914년

러시아는 단계적으로 영토를 확보해(볼드체는 합병 연도). 아시아 북부 지역 전체로 확장했다. 이후 폴란드 발트해 지역과 남쪽으로 중앙아시아로 진출했고 중국의 일부 지역, 아프가니스탄과 페르시아 국경 지역까지 나아갔다.

기호 보기

- 1600년경 러시아 제국
- 1600-1725년 합병 지역
- 1726-1855년 합병 지역
- 1856-1876년 합병 지역
- 1877-1914년 합병 지역
- 일시적 합병 지역과 연도
- 1914년 러시아의 영향권
- 1891-1917년 시베리아 횡단철도 건설
- 1914년 국경

타임라인

	1600	1700	1800	1900
1				
2				
3				
4				
5				

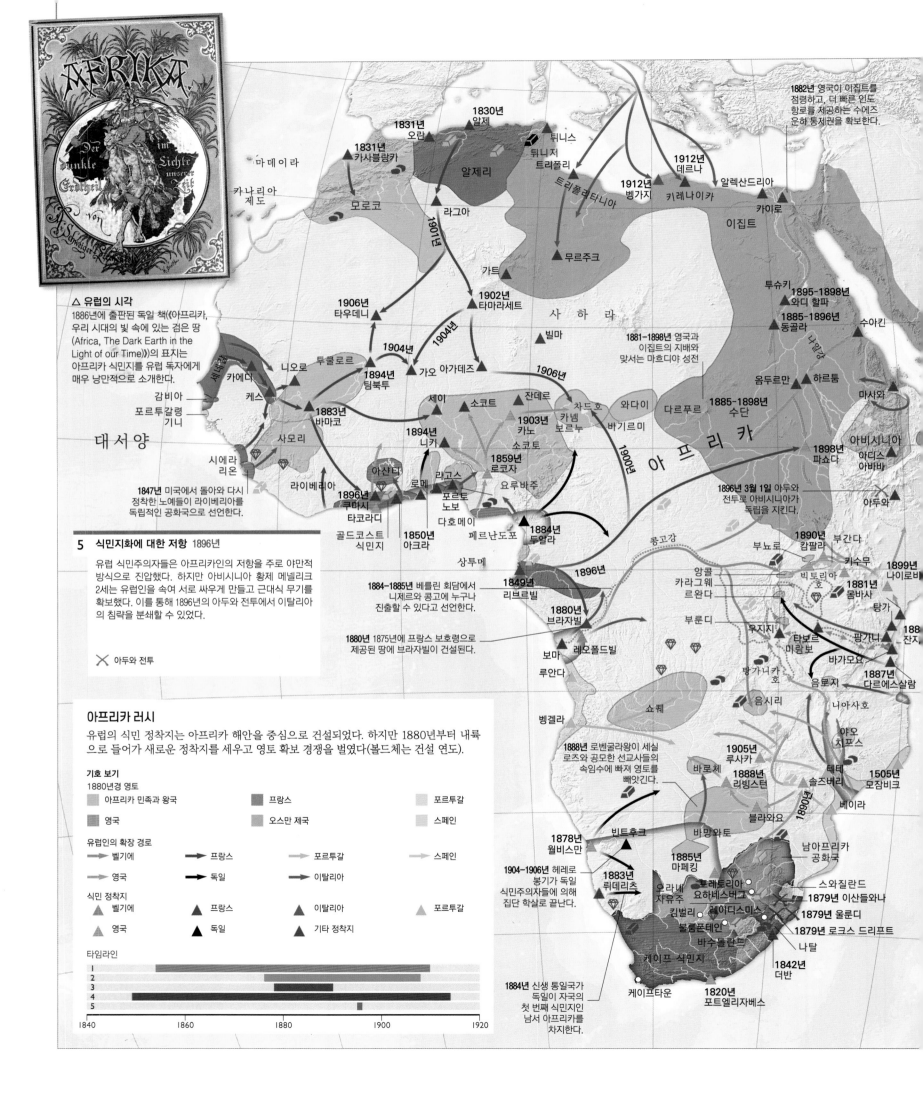

△ **유럽의 시각**
1886년에 출판된 독일 책(《아프리카, 우리 시대의 빛 속에 있는 검은 땅(Africa, The Dark Earth in the Light of our Time)》)의 표지는 아프리카 식민지를 유럽 독자에게 매우 낭만적으로 소개한다.

5 식민지화에 대한 저항 1896년
유럽 식민주의자들은 아프리카인의 저항을 주로 야만적 방식으로 진압했다. 하지만 아비시니아 황제 메넬리크 2세는 유럽인을 속여 서로 싸우게 만들고 근대식 무기를 확보했다. 이를 통해 1896년의 아두와 전투에서 이탈리아의 침략을 분쇄할 수 있었다.

✕ 아두와 전투

아프리카 러시
유럽의 식민 정착지는 아프리카 해안을 중심으로 건설되었다. 하지만 1880년부터 내륙으로 들어가 새로운 정착지를 세우고 영토 확보 경쟁을 벌였다(볼드체는 건설 연도).

기호 보기
1880년경 영토
- ■ 아프리카 민족과 왕국
- ▨ 영국
- ■ 프랑스
- ■ 오스만 제국
- ■ 포르투갈
- ■ 스페인

유럽인의 확장 경로
- → 벨기에
- → 영국
- → 프랑스
- → 독일
- → 포르투갈
- → 이탈리아
- → 스페인

식민 정착지
- ▲ 벨기에
- ▲ 영국
- ▲ 프랑스
- ▲ 독일
- ▲ 이탈리아
- ▲ 기타 정착지
- ▲ 포르투갈

타임라인
1 / 2 / 3 / 4 / 5
1840 1860 1880 1900 1920

지도 주석:
1882년 영국이 이집트를 점령하고, 더 빠른 인도 항로를 제공하는 수에즈 운하 통제권을 확보한다.

1881-1898년 영국과 이집트의 지배와 맞서는 마흐디야 성전

1847년 미국에서 돌아와 다시 정착한 노예들이 라이베리아를 독립적인 공화국으로 선언한다.

1884-1885년 베를린 회담에서 니제르와 콩고에 누구나 진출할 수 있다고 선언한다.

1880년 1875년에 프랑스 보호령으로 제공된 땅에 브라자빌이 건설된다.

1896년 3월 1일 아두와 전투로 아비시니아가 독립을 지킨다.

1888년 로벤굴라왕이 세실 로즈와 공모한 선교사들의 속임수에 빠져 영토를 빼앗긴다.

1904-1906년 헤레로 봉기가 독일 식민주의자들에 의해 집단 학살로 끝난다.

1884년 신생 통일국가 독일이 자국의 첫 번째 식민지인 남서 아프리카를 차지한다.

지명 레이블:
마데이라 / 카나리아 제도 / 모로코 / 카사블랑카 1831년 / 오란 1831년 / 알제 1830년 / 알제리 / 튀니스 / 튀니지 / 트리폴리 / 트리폴리타니아 / 데르나 1912년 / 벵가지 1912년 / 키레나이카 / 알렉산드리아 / 카이로 / 이집트 / 무르주크 / 가트 / 빌마 / 타마라세트 1902년 / 타우데니 1906년 / 사하라 / 투슈키 / 와디 할파 1895-1898년 / 동골라 1885-1896년 / 수아킨 / 옴두르만 / 하르툼 / 마사와 / 다르푸르 / 수단 1885-1898년 / 아비시니아 / 아디스 아바바 1898년 파쇼다 / 아두와 / 니제르강 / 카에디 / 감비아 / 포르투갈령 기니 / 케스 / 니오로 / 투쿨로르 / 가오 / 팀북투 1894년 / 아가데즈 / 세이 / 소코트 / 잔데로 / 차드호 / 와다이 / 바기르미 / 카넴 보르누 1903년 / 카노 / 소코토 / 대서양 / 시에라리온 / 사모리 / 바마코 1883년 / 라이베리아 / 니카 1894년 / 로코자 1859년 / 요루바주 / 쿠마시 1896년 / 아산티 / 로메 / 라고스 / 포르토 노보 / 다호메이 / 타코라디 / 골드코스트 식민지 / 아크라 1850년 / 페르난도포 / 두알라 1884년 / 상투메 / 리브르빌 1849년 / 콩고강 / 부뇨로 / 부간다 / 캄팔라 1890년 / 키수무 / 나이로비 1899년 / 빅토리아호 / 몸바사 1881년 / 탕가 / 팡가니 / 잔지 / 앙콜 / 카라 그웨 / 르완다 / 부룬디 / 우지지 / 타보르 마람보 / 바가모요 / 다르에스살람 1887년 / 음료지 / 탕가니카호 / 음시리 / 니아사호 / 쇼퀘 / 벵겔라 / 루안다 / 보마 / 레오폴드빌 / 브라자빌 1880년 / 야오 치프스 / 테테 / 솔즈베리 1905년 루사카 / 모잠비크 1505년 / 베이라 / 리빙스턴 1888년 / 바로체 / 블라와요 / 바망와토 / 비트후크 / 월비스만 1878년 / 마페킹 1885년 / 뤼데리츠 1883년 / 오라녜 자유주 / 프레토리아 / 요하네스버그 / 킴벌리 / 레이디스미스 / 블룸폰테인 / 바수톨란드 / 남아프리카 공화국 / 스와질란드 / 1879년 이산들와나 / 1879년 울룬디 / 1879년 로크스 드리프트 / 나탈 / 더반 1842년 / 케이프 식민지 / 케이프타운 / 포트엘리자베스 1820년 / 바수톨란드

1901년 / 1902년 / 1904년 / 1906년 / 1900년 / 1890년 / 1896년 / 1883년

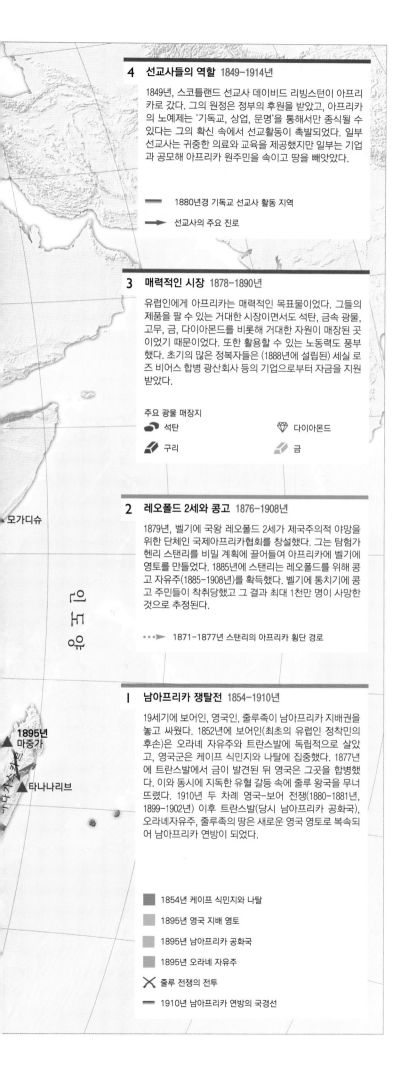

4 선교사들의 역할 1849-1914년

1849년, 스코틀랜드 선교사 데이비드 리빙스턴이 아프리카로 갔다. 그의 원정은 정부의 후원을 받았고, 아프리카의 노예제는 '기독교, 상업, 문명'을 통해서만 종식될 수 있다는 그의 확신 속에서 선교활동이 촉발되었다. 일부 선교사는 귀중한 의료와 교육을 제공했지만 일부는 기업과 공모해 아프리카 원주민을 속이고 땅을 빼앗았다.

— 1880년경 기독교 선교사 활동 지역

→ 선교사의 주요 진로

3 매력적인 시장 1878-1890년

유럽인에게 아프리카는 매력적인 목표물이었다. 그들의 제품을 팔 수 있는 거대한 시장이면서도 석탄, 금속 광물, 고무, 금, 다이아몬드를 비롯해 거대한 자원이 매장된 곳이었기 때문이었다. 또한 활용할 수 있는 노동력도 풍부했다. 초기의 많은 정복자들은 (1888년에 설립된) 세실 로즈 비어스 합병 광산회사 등의 기업으로부터 자금을 지원받았다.

주요 광물 매장지

◗ 석탄   ◆ 다이아몬드

◢ 구리   ◢ 금

2 레오폴드 2세와 콩고 1876-1908년

1879년, 벨기에 국왕 레오폴드 2세가 제국주의적 야망을 위한 단체인 국제아프리카협회를 창설했다. 그는 탐험가 헨리 스탠리를 비밀 계획에 끌어들여 아프리카에 벨기에 영토를 만들었다. 1885년에 스탠리는 레오폴드를 위해 콩고 자유주(1885-1908년)를 확득했다. 벨기에 통치기에 콩고 주민들이 착취당했고 그 결과 최대 1천만 명이 사망한 것으로 추정된다.

●●●▶ 1871-1877년 스탠리의 아프리카 횡단 경로

1 남아프리카 쟁탈전 1854-1910년

19세기에 보어인, 영국인, 줄루족이 남아프리카 지배권을 놓고 싸웠다. 1852년에 보어인(최초의 유럽인 정착민의 후손)은 오라녜 자유주와 트란스발에 독립적으로 살았고, 영국군은 케이프 식민지와 나탈에 집중했다. 1877년에 트란스발에서 금이 발견된 뒤 영국은 그곳을 합병했다. 이와 동시에 지독한 유혈 갈등 속에 줄루 왕국을 무너뜨렸다. 1910년 두 차례 영국-보어 전쟁(1880-1881년, 1899-1902년) 이후 트란스발(당시 남아프리카 공화국), 오라녜자유주, 줄루족의 땅은 새로운 영국 영토로 복속되어 남아프리카 연방이 되었다.

■ 1854년 케이프 식민지와 나탈

■ 1895년 영국 지배 영토

■ 1895년 남아프리카 공화국

■ 1895년 오라녜 자유주

✕ 줄루 전쟁의 전투

— 1910년 남아프리카 연방의 국경선

아프리카의 식민지화

1880년에 소수의 유럽 식민지가 아프리카 해안선을 점령했다. 아프리카 북부의 많은 지역은 공식적으로 오스만 제국의 영토였지만 아프리카는 대부분 외부 세력의 직접 통치에서 자유로웠다. 1914년에 이 대륙의 90%가 7개국에 의해 식민지화되었고 각국은 자원 확보와 제국 건설에 열중했다.

19세기에 유럽의 힘의 균형이 바뀌면서 아프리카에 지속적인 결과를 낳았다. 민족주의적, 자유주의적, 상업적 이해관계가 식민지 열풍으로 수렴되었다. 스페인과 포르투갈은 미국 식민지를 잃은 뒤 아프리카에서도 영향력을 상실했지만, 영국과 프랑스는 나폴레옹 전쟁 이후 제국을 세울 준비가 되어 있었다. 민족 통일을 갓 이룬 이탈리아와 독일은 국제적 입지를 높이려고 했다. 아프리카 탐험가들이 다이아몬드, 금, 구리, 석탄에 대해 보고하면서 유럽의 기업들을 자극했다. 벨기에 국왕 레오폴드 2세가 콩고를 차지했다는 소식이 유럽에 전해지자 아프리카 내륙에 식민지를 만들려는 경쟁이 시작되었다.

식민주의자 간의 경쟁은 갈등 직전으로 이어져 분쟁을 해결하고 토지분할 규칙을 정하기 위해 베를린 회의(1884-1885년)가 소집되었다. 식민지 과정에서 선교사, 기업, 군대가 역할을 했지만 산업혁명에서 비롯된 기술과 과학의 발전도 기여했다. 증기선과 효과적인 말라리아 치료법 발견 덕분에 유럽인은 깊숙한 내륙으로 들어갈 수 있었다. 아프리카 사람들의 무기는 후장식 소총과 비교가 되지 않았고 20년도 못 되어 아프리카 대륙은 주민들의 천연자원, 복지, 전통은 거의 무시된 채 유럽 열강에 의해 분할되었다.

기호 보기

■ 벨기에
■ 영국
■ 프랑스
■ 독일
■ 이탈리아
■ 포르투갈
■ 스페인
■ 명목상 오스만 제국 영토이나 실제 영국 지배 지역
— 1914년 국경

1914년의 아프리카

1914년, 유럽 식민주의자들이 아프리카를 대부분 차지했다. 아비시니아와 라이베리아와 같은 소수 지역만 독립을 유지했다. 라이베리아는 1821년 이전에 노예였던 아프리카계 미국인을 위해 만든 정착지였으며 1847년에 미국으로부터 독립을 선언했다.

외국 열강의 중국 침략

19세기 중반에 중국의 청 제국은 내부 분쟁뿐만 아니라
외국 열강으로부터 압력을 받고 있었다.
늘어가는 외세 지배에 대한 분노가 의화단 사건으로 분출되었지만
외국의 연합군에 의해 신속하게 진압되었다.
그에 따른 전쟁 배상금은 청나라에 심각한 타격을 주었다.

청나라는 200년 동안 중국을 통치하면서 경제적으로 풍요로운 거대한 제국을 만들었다. 외국 무역상들은 유일하게 광둥(오늘날의 광저우) 항구만 이용할 수 있었고, 추가적인 개항 요구는 무시되었다.

서구 상인들은 관리에게 뇌물을 주고 물품 구매 비용을 아편으로 지불했고, 이것은 중국 경제에 큰 피해를 주고 아편 중독이 증가했다. 제1차 아편 전쟁(232-233쪽 참조) 결과 청나라는 홍콩과 다른 항구들을 영국에 제공했고, 이후 수십 년 동안 청 제국의 일부 영토가 영국, 프랑스, 러시아, 독일, 일본, 미국의 통치를 받게 되었다.

△ 케텔러 남작 암살
독일 외교관 클레멘스 폰 케텔러가
의화단원으로 의심되는 소년을 구타하고
총격한 사건에 대한 보복으로 1900년 6월
20일에 베이징에서 살해되었다. 암살범은
나중에 참수형을 당했다.

의화단의 반란

1900년에 많은 중국인이 외국의 무역 통제와 기독교 선교활동에 분노하여 의화단이라는 비밀단체에 가입했다. 흔히 '권비(Boxers)'라고 알려진 의화단원은 서양인과 중국인 기독교인을 공격하기 시작했다.

1900년 5월, 청군과 의화단원이 베이징의 외국 공관을 포위하여 공격했다. 8개 연합국은 55일간의 공성전을 물리치고 전쟁 배상금을 요구했다. 외국 세력 격퇴 실패와 국내 반란이 겹치면서 청 왕조는 외국 열강의 추가 침략과 혁명 사상의 확산을 막지 못했다. 1912년에 마지막 황제가 퇴위하고 중국은 공화정이 되었다.

△ 베이징 의정서
의화단을 물리친 뒤 외국 열강은 베이징 의정서(1901년)에서 의화단 봉기에 참여한 관리를
처벌하고 3억 3천만 달러의 배상금을 지불하며 외국 군대의 베이징 주둔을 요구했다.

황궁 습격
1900년 8월 14일, 영국군, 미국군, 일본군을 포함한 연합군이 베이징의 황궁을 봉쇄해 방어하던 청군과 의화단 반군을 공격해 승리했다.

청의 몰락

세계에서 가장 부유하고 인구가 많았던 중국의 청은
세계 무대에서 서구 열강과 경쟁하는 주요 국가였다.
하지만 1800년 중반부터 오랫동안 쇠퇴의 길을 걸었다.
반란과 내전에 시달리고 외국의 군사적 행동에 패배하면서
계속 영토를 내주었다.

청 왕조는, 중국 대륙을 장악하고 여러 강력한 황제(184~185쪽 참조) 아래 중앙아시아를 정복하면서 영토를 확장한 만주족이 세운 나라다. 하지만 근대화에 실패하면서 19세기에 중국을 괴롭혔던 여러 문제들이 악화되었다. 여기에는 인구 증가와 잦은 기근의 위협이 포함되었고, 화폐 공급 문제, 대외 무역에 대한 경제 개방 실패뿐만 아니라 무역 자유화를 원하고 어쩌면 중국을 갈망하는 외국의 기술과 군사력을 따라잡는 데 실패한 것도 해당되었다 (256-257쪽 참조).

아편 전쟁(232-233쪽 참조)의 결과로 당한 굴욕으로 청나라와 중앙 정부의 권위는 심각한 손상을 입었다. 그에 따른 권력의 공백 속에서 부패와 밀수가 팽배했고, 다양한 문화적, 정치적, 경제적 과제를 주장하는 지역 지도자와 하급 귀족의 조직인 '비밀 결사'가 생겨났다. 반란의 위협이 계속 이어지면서 청나라에 저항하는 대중 운동이 활발해졌다. 이런 격렬한 분위기에서 역사상 최대 규모의 내전이 촉발했고 결국 청 왕조와 수천 년에 걸친 제국 통치는 막을 내렸다.

> "백성의 눈이 곧 하늘의 눈이다. 백성의 귀가
> 곧 하늘의 귀다. … 중국은 약하니 우리가 의지할 수 있는
> 것은 백성의 마음뿐이다."
>
> 의화단 사건 당시의 서태후, 1899-1901년

푸이
1906-1967년

중국의 마지막 황제는 20세기의 중국 역사 속에서 파란만장한 삶을 살았다. 푸이는 1908년에 불과 2세 나이에 황제가 되었지만 1912년에 신해혁명의 결과로 강제로 퇴위당했다. 1917년, 군벌에 의해 잠시 꼭두각시 황제로 복권되었다가 1934년에 일본에 의해 다시 퇴위당했다. 나중에 소련에 사로잡혔다가 제2차 세계대전 이후 중국 공산주의자들에게 넘겨져 일반 시민으로 재교육을 받고 1967년에 베이징에서 사망했다.

어린 시절의 푸이 황제
푸이의 3세 시절 모습이다. 푸이는
서태후에 의해 선통제로 선포되었다.

△ **태평천국의 난 진압을 위해 행진하는 황군**
태평천국의 난을 진압하기 위해 행진하는 황군을 묘사한 그림이다.
이 반란으로 시작된 내전은 세계 역사에서 규모가 큰 전쟁 중 하나다.

1 태평천국의 난 1844-1853년

기독교 영향을 받은 종교인인 홍수전은 1840년대 광시 지역에서 광신적인 종교집단을 만들었다. 그는 새로운 왕국인 태평천국을 선포하고 스스로 천왕의 자리에 올랐다. 그의 반군은 황군의 공격을 물리친 후 난징을 수도로 삼았다.

⟹ 1850-1853년 난징으로 가는 홍수전의 경로

칭하이 성

2 태평천국 1853-1860년

태평천국은 청 왕조에 도전했지만 내분과 군사 원정 실패로 동력을 잃었다. 1856년 태평천국의 최고 군사 지도자들 간의 불화로 3명 중 2명이 살해되자 마지막 한 사람이 많은 군사와 함께 도망쳤다. 1860년 태평천국의 상하이 점령 시도는 서구인이 훈련과 지휘를 하는 청나라의 '상승군'에 의해 좌절되었다.

■ 1861년경 반란군의 지배 지역
➡ 1853-1855년 북부지역 전투의 실패

제국 통치의 종말

청 왕조는 1840년대부터 힘이 크게 쇠퇴하기 시작했고 봉기가 계속 이어져 1911-1912년에 청 제국의 통치가 끝났다.

기호 보기
■ 1850년 청 제국

타임라인

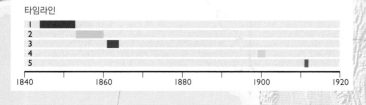

3 태평천국의 몰락 1861-1864년

1861년 10월, 후난군(청을 위해 싸우는 지방민병대)이 안칭을 점령하면서 혁명의 대의가 꺾였다. 1862년에 청의 증국번 장군이 난징을 포위하고 1864년 7월에 함락하자 태평천국이 몰락했다. 사상 최대 규모인 이 전쟁으로 기근으로 인한 사망자를 포함해 2,500만-3,000만 명이 사망했다.

→ 서양 군대의 진로   ‥‥► 청군의 진로

4 의화단의 난 1899-1901년

경제적 고통, 자연재해, 반외세 감정 고조로 인해 의화단의 난이 발생했다. 의화단원은 외국인을 살해하고 외국인의 재산을 파괴했다. 청은 반외세 투사를 지원했지만 일부 지역 군벌들은 외국 열강과 협력해 봉기 세력을 진압했다. 8개국 연합군이 베이징을 점령하면서 의화단의 난이 끝났다.

▬ 1900-1901년 의화단의 난 발생지역

5 신해혁명 1911-1912년

1908년 서태후가 어린 푸이 황제를 남겨두고 사망했다. 개혁주의자들과 혁명운동 세력은 국내 불만 세력을 이용하려고 했다. 1911년에 우창에서 준비하던 반제국주의 음모가 발각되자 즉각 반란을 실행해 혁명지도자 쑨원을 지도자로 내세운 공화 정부가 난징에 세워지고 청 제국의 통치가 막을 내렸다.

✊ 1911-1912년 혁명

고비사막

내몽골

동해

1901년 10월 외국 열강의 연합군이 베이징에서 의화단을 진압한다. 중국은 엄청난 배상금 지불에 합의하지만 자국의 무역 이익을 보호하려는 미국 때문에 다른 열강들이 중국을 분할하지 못한다.

11월 10일

11월 13일

황허강

조선

황해

1853년 5월 태평천국의 지도자들이 중국 북부로 원정군을 파견한다. 그들은 톈진 인근까지 도달했지만 1855년 초에 진압된다.

베이징
즈리
톈진

10월 29일   11월 7일

산시성

11월 3일

산둥성

카이펑

1912년 3월 11일
란저우

10월 22일

간쑤성

허난성

장쑤성

산시성(섬서성)

12월 22일

1864년 7월 태평천국의 군대는 증국번 장군이 이끄는 청군에 패배한다. 태평천국의 지도자 홍수전이 6월에 자살한다.
1911년 12월 난징에 지방 공화 정부가 수립되고 쑨원이 지도자가 된다.

쓰촨성

11월 22일

후베이성

11월 5일

난징   11월 3일
11월 8일   상하이

1860년 태평천국이 상하이 점령을 통해 세력 회복을 시도하지만 서구식 훈련을 받고 미국인 모험가 프레더릭 타운센드 워드가 지휘하는 청의 '상승군'에 의해 격퇴당한다.

안후이성

한커우
우창   10월 23일   항저우   11월 4일
위저우   10월 10일   안칭

양쯔강

장시성   저장성

동중국해

1911년 10월 우창의 군 간부들이 계획한 반제국주의 음모가 발각되자 곧바로 반란이 발생해 확산하면서 신해혁명이 시작된다.

주장

후난성

난창   10월 23일
10월 31일

1861년 10월 안후이성의 성도 안칭이 후난군에 점령되어 태평천국의 혁명 대의가 심각한 타격을 받는다.

10월 22일

11월 4일

푸젠성

11월 9일

구이저우성

구이린

10월 30일
쿤밍

11월 6일   영안

윈난성

진티안   11월 9일

광둥성
캔턴

홍콩
마카오

1851년 9월 태평천국의 반란군이 영안에 근거지를 세우고 청군의 포위공격을 받았지만 승리한다.

광시자치구

남중국해

하이난

태평양

일본의 혁신

1868년에 메이지 천황의 복원으로 일본을 고립된 봉건 국가에서
외부지향적 산업 국가로 탈바꿈하는 근대화 과정이 시작되었다.
일본은 사람들을 교육하고 세계 속에서 자신의 입지를 옹호하고 강화하기 위해
육군과 해군을 육성했다.

1850년까지 일본은 도쿠가와 막부(186-187쪽 참조) 치하에서 200년 동안 고립되어 있었다. 일본은 외국 열강보다 힘이 약해 자주권을 약화하는 불리한 조약을 맺었다.

일본의 서부 지역의 무사 계급 동맹이 교토 황실을 중심으로 연합해 1868년에 천황의 권력을 회복시켜 일본을 근대화하려고 했다. 쇼군인 도쿠가와 요시노부는 평화 유지를 위해 사임했지만 1868-1869년의 보신 전쟁에서 황군과 막부군의 충돌을 막지 못했다. 이 전쟁에서 천황파가 승리하면서 비록 개인적인 권력은 아니지만 천황의 지위를 확보했다. 야심 찬 젊은 무사집단은 국가 통치권을 장악하고 곧장 근본적인 개혁을 시행하기 시작했다. 그들은

봉건 영주에게 영토를 중앙 정부에 넘기라고 요구하고, 국방을 새로운 천황의 육군과 해군에 맡겼다. 그들은 급속한 산업화를 촉진하여 일본의 경제 기반을 혁신했다.

가장 유력한 가문 출신의 노장 무사계급 중 다수가 이런 변화를 거부하고 1877년에 반란을 일으킨 것은 이상한 일이 아니었다. 사쓰마번에서 처음 시작된 이 반란은 실패했지만 개혁운동을 재평가하게 되었고, 그로 인해 일본의 가치가 근대화 과정에서 사라지지 않았다.

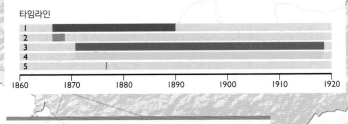

일본의 근대화

일본의 근대화는 1868-1918년 동안 빠르게 진행되었다. 새로운 정부는 보신 전쟁과 사쓰마 반란을 거치면서 봉건 구조를 혁파하고 권력 기반을 확립해 산업지역과 도시를 신속하게 발전시키는 길을 열었다.

타임라인

1860 1870 1880 1890 1900 1910 1920

2 보신 전쟁 1868-1869년

천황의 군대와 쇼군 도쿠가와 요시노부에 충성하는 군대 사이에 내전이 벌어져 요시노부는 모든 직위와 토지를 빼앗겼다. 천황 군대는 1868년 1월 27일에 후시미에서 벌어진 이 전쟁의 첫 전투에서 승리했다. 그들은 동쪽으로 이동해 에도에서 항복을 받아 내고, 북쪽 홋카이도로 진격해 1869년 6월에 하코다테 전투에서 남아 있는 막부 지지자를 소탕했다.

→ 황군의 진로 ✕ 전투와 발생일

■ 천황의 동맹

1 육군과 해군의 근대화 1868-1890년

메이지 정부의 군대 근대화는 일본의 무사계급인 사무라이의 특권에 영향을 미쳤다. 1869년에 그들의 해군 함대가 새로운 천황의 일본 해군으로 편입되었고 1873년에는 무사계급의 무기 소지 권리도 징병제 도입으로 사라졌다. 수많은 사무라이가 새로운 군대의 장교가 되었고 그들의 규율은 1890년대 아시아에서 가장 강력한 군대를 만드는 데 도움이 되었다.

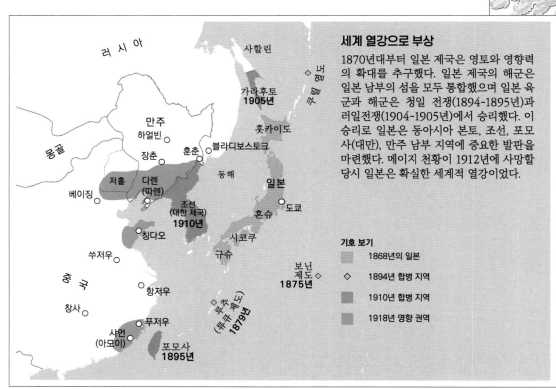

세계 열강으로 부상

1870년대부터 일본 제국은 영토와 영향력의 확대를 추구했다. 일본 제국의 해군은 일본 남부의 섬을 모두 통합했으며 일본 육군과 해군은 청일 전쟁(1894-1895년)과 러일전쟁(1904-1905년)에서 승리했다. 이 승리로 일본은 동아시아 본토, 조선, 포모사(대만), 만주 남부 지역에 중요한 발판을 마련했다. 메이지 천황이 1912년에 사망할 당시 일본은 확실한 세계적 열강이었다.

러시아 / 사할린 / 가라후토 1905년 / 만주 / 하얼빈 / 홋카이도 / 블라디보스토크 / 장춘 / 훈춘 / 동해 / 저훌 / 다롄(따렌) / 베이징 / 일본 / 조선(대한 제국) 1910년 / 도쿄 / 혼슈 / 칭다오 / 몽골 / 쑤저우 / 시코쿠 / 규슈 / 보닌 제도 1875년 / 항저우 / 중국 / 창사 / 무저우 / 루추 제도 1879년 / 샤먼(아모이) / 포모사 1895년

기호 보기
■ 1868년의 일본
◇ 1894년 합병 지역
■ 1910년 합병 지역
■ 1918년 영향 권역

시마네 / 시모노세키 / 히로시마 / 야마구치 / 아마타 / 모지 / 후쿠오카 / 사세보 / 사가 / 후쿠오카 / 나가사키 / 오이타 / 나가사키 / 구마모토 / 고치 / 구마모토 / 규슈 / 미야자키 / 가고시마 / 가고시마

1877년 2월 사쓰마 군대가 쿠마모토에서 저지당하고 가고시마로 퇴각한다.

1877년 9월 가고시마에서 사쓰마 반군의 마지막 저항이 사이고의 자살로 끝난다.

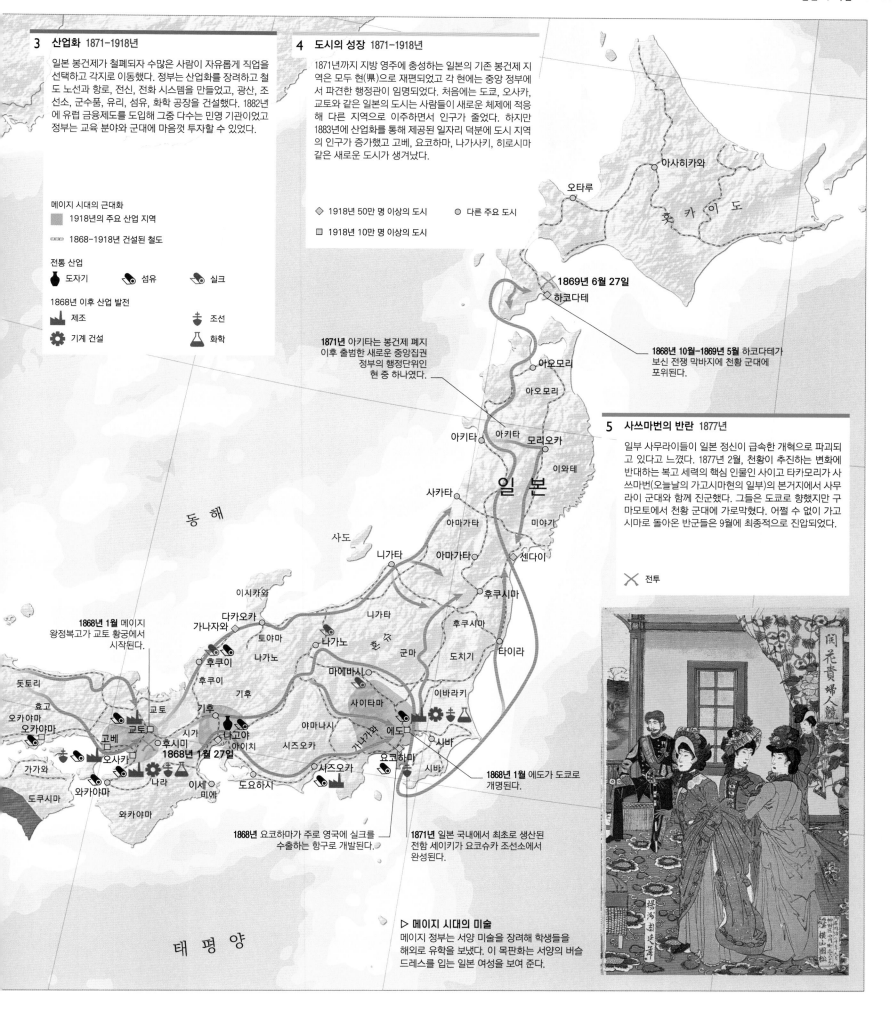

3 산업화 1871-1918년

일본 봉건제가 철폐되자 수많은 사람이 자유롭게 직업을 선택하고 각지로 이동했다. 정부는 산업화를 장려하고 철도 노선과 항로, 전신, 전화 시스템을 만들었고, 광산, 조선소, 군수품, 유리, 섬유, 화학 공장을 건설했다. 1882년에 유럽 금융제도를 도입해 그중 다수는 민영 기관이었고 정부는 교육 분야와 군대에 마음껏 투자할 수 있었다.

메이지 시대의 근대화
- ▨ 1918년의 주요 산업 지역
- ▭▭ 1868-1918년 건설된 철도

전통 산업
- 🏺 도자기
- 섬유
- 실크

1868년 이후 산업 발전
- 🏭 제조
- ⚙ 기계 건설
- ⚒ 조선
- ⚗ 화학

4 도시의 성장 1871-1918년

1871년까지 지방 영주에 충성하는 일본의 기존 봉건제 지역은 모두 현(県)으로 재편되었고 각 현에는 중앙 정부에서 파견한 행정관이 임명되었다. 처음에는 도쿄, 오사카, 교토와 같은 일본의 도시는 사람들이 새로운 체제에 적응해 다른 지역으로 이주하면서 인구가 줄었다. 하지만 1883년에 산업화를 통해 제공된 일자리 덕분에 도시 지역의 인구가 증가했고 고베, 요코하마, 나가사키, 히로시마 같은 새로운 도시가 생겨났다.

- ◇ 1918년 50만 명 이상의 도시
- ○ 다른 주요 도시
- ☐ 1918년 10만 명 이상의 도시

1871년 아키타는 봉건제 폐지 이후 출범한 새로운 중앙집권 정부의 행정단위인 현 중 하나였다.

1869년 6월 27일
하코다테

1868년 10월-1869년 5월 하코다테가 보신 전쟁 막바지에 천황 군대에 포위된다.

5 사쓰마번의 반란 1877년

일부 사무라이들이 일본 정신이 급속한 개혁으로 파괴되고 있다고 느꼈다. 1877년 2월, 천황이 추진하는 변화에 반대하는 복고 세력의 핵심 인물인 사이고 타카모리가 사쓰마번(오늘날의 가고시마현의 일부)의 본거지에서 사무라이 군대와 함께 진군했다. 그들은 도쿄로 향했지만 구마모토에서 천황 군대에 가로막혔다. 어쩔 수 없이 가고시마로 돌아온 반군들은 9월에 최종적으로 진압되었다.

- ✕ 전투

1868년 1월 메이지 왕정복고가 교토 황궁에서 시작된다.

1868년 1월 27일

1868년 요코하마가 주로 영국에 실크를 수출하는 항구로 개발된다.

1868년 1월 에도가 도쿄로 개명된다.

1871년 일본 국내에서 최초로 생산된 전함 세이키가 요코슈카 조선소에서 완성된다.

▷ 메이지 시대의 미술
메이지 정부는 서양 미술을 장려해 학생들을 해외로 유학을 보냈다. 이 목판화는 서양의 버슬 드레스를 입는 일본 여성을 보여 준다.

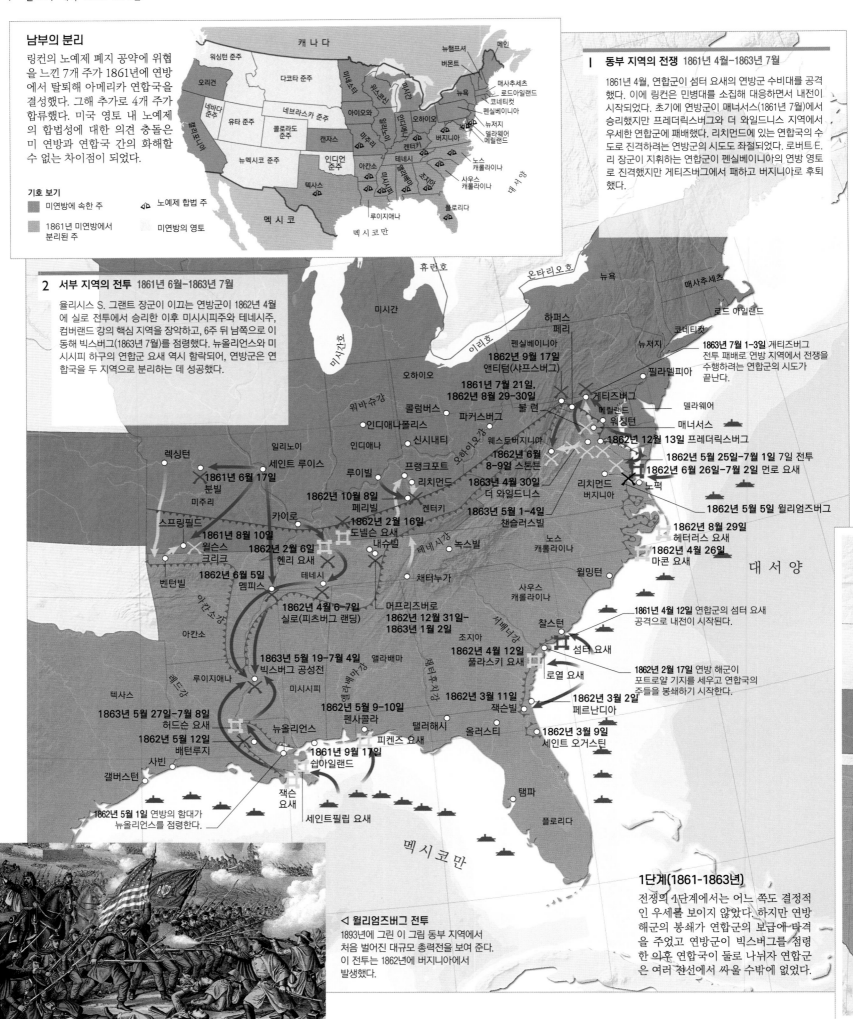

남부의 분리

링컨의 노예제 폐지 공약에 위협을 느낀 7개 주가 1861년에 연방에서 탈퇴해 아메리카 연합국을 결성했다. 그해 추가로 4개 주가 합류했다. 미국 영토 내 노예제의 합법성에 대한 의견 충돌은 미 연방과 연합국 간의 화해할 수 없는 차이점이 되었다.

기호 보기

- 미연방에 속한 주
- 1861년 미연방에서 분리된 주
- 노예제 합법 주
- 미연방의 영토

I 동부 지역의 전쟁 1861년 4월-1863년 7월

1861년 4월, 연합군이 섬터 요새의 연방군 수비대를 공격했다. 이에 링컨은 민병대를 소집해 대응하면서 내전이 시작되었다. 초기에 연방군이 매너서스(1861년 7월)에서 승리했지만 프레더릭스버그와 더 와일드니스 지역에서 우세한 연합군에 패배했다. 리치먼드에 있는 연합국의 수도로 진격하려는 연방군의 시도도 좌절되었다. 로버트 E. 리 장군이 지휘하는 연합군이 펜실베이니아의 연방 영토로 진격했지만 게티즈버그에서 패하고 버지니아로 후퇴했다.

2 서부 지역의 전투 1861년 6월-1863년 7월

율리시스 S. 그랜트 장군이 이끄는 연방군이 1862년 4월에 실로 전투에서 승리한 이후 미시시피주와 테네시주, 컴버랜드 강의 핵심 지역을 장악하고, 6주 뒤 남쪽으로 이동해 빅스버그(1863년 7월)를 점령했다. 뉴올리언스와 미시시피 하구의 연합군 요새 역시 함락되어, 연방군은 연합국을 두 지역으로 분리하는 데 성공했다.

1863년 7월 1-3일 게티즈버그 전투 패배로 연방 지역에서 전쟁을 수행하려는 연합군의 시도가 끝난다.

1862년 9월 17일 앤티텀(샤프스버그)

1861년 7월 21일, 1862년 8월 29-30일 불 런

1862년 12월 13일 프레더릭스버그

1862년 6월 8-9일 스톤턴

1863년 4월 30일 더 와일드니스

1863년 5월 1-4일 챈슬러즈빌

1862년 5월 25일-7월 1일 7일 전투

1862년 6월 26일-7월 2일 먼로 요새

1862년 5월 5일 윌리엄즈버그

1862년 8월 29일 헤터러스 요새

1862년 4월 26일 마콘 요새

1861년 6월 17일 분빌

1862년 10월 8일 페리빌

1862년 2월 16일 도넬슨 요새

1861년 8월 10일 윌슨스 크리크

1862년 2월 6일 헨리 요새

1862년 6월 5일 멤피스

1862년 4월 6-7일 실로(피츠버그 랜딩)

1862년 12월 31일-1863년 1월 2일 머프리즈버러

1863년 5월 19-7월 4일 빅스버그 공성전

1861년 4월 12일 연합군의 섬터 요새 공격으로 내전이 시작된다.

1862년 4월 12일 풀라스키 요새

1862년 2월 17일 연방 해군이 포트로열 기지를 세우고 연합국의 주들을 봉쇄하기 시작한다.

1862년 3월 11일 잭슨빌

1862년 3월 2일 페르난디아

1862년 5월 9-10일 펜사콜라

1862년 3월 9일 세인트 오거스틴

1863년 5월 27일-7월 8일 허드슨 요새

1862년 5월 12일 배턴루지

1861년 9월 17일 쉽아일랜드

1862년 5월 1일 연방의 함대가 뉴올리언스를 점령한다.

◁ 윌리엄즈버그 전투

1893년에 그린 이 그림 동부 지역에서 처음 벌어진 대규모 총력전을 보여 준다. 이 전투는 1862년에 버지니아에서 발생했다.

1단계(1861-1863년)

전쟁의 1단계에서는 어느 쪽도 결정적인 우세를 보이지 않았다. 하지만 연방 해군의 봉쇄가 연합군의 보급에 타격을 주었고 연방군이 빅스버그를 점령한 이후 연합국이 둘로 나뉘자 연합군은 여러 전선에서 싸울 수밖에 없었다.

북부 대 남부

1861-1863년과 1864-1865년으로 나눠진 전투에서 북부의 연방군은 몇몇
전선에서 연합국 소속 주 지역으로 전진했다. 연방군의 해군 봉쇄로 고립되고
수적 열세도 불구하고 연합군은 몇 차례 전투에서 승리했지만 결국 연방군의
우월한 힘에 패배했다.

기호 보기

연방군

■ 1861년 연방의 주 ⌖ 연방군의 요새 → 연방군의 이동

⛴ 연방 해군의 봉쇄 ✕ 연방군의 승리

연방군의 전선

▴▴▴ 1861년 ▴▴▴ 1862년 ✕ 승패가 나지 않은 전투

▴▴▴ 1863년 12월 ▴▴▴ 1864년 12월 ✕ **1865년 4월 26일** 전투 또는 공격 날짜

연합군

■ 1861년 연합국의 주 ⌖ 연합군의 요새

✕ 연합군의 승리 → 연합군의 이동

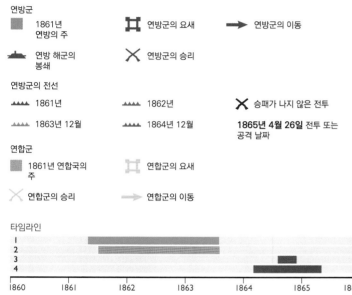

타임라인

미국의 내전

미국 혁명으로 미합중국이 탄생했다.
하지만 미국의 미래를 결정짓고 하나의 정부 아래 자유와 평등을 목표로 하는
하나의 국가를 만든 것은 비록 끔찍한 희생을 치르긴 했지만
1861년부터 1865년까지 벌어진 내전이었다.

1783년에 독립한 이후 미국은 두 지역으로 나뉘어 발전했다. 부유하고 자유주의적인 북부는 산업과 금융이 우세했지만, 남부는 노예 노동으로 운영되는 농업에 의존한 탓에 북부의 노예제 금지 요구를 우려했다. 1860년, 18개 '자유'주와 15개 '노예'주로 구성된 미국은 민주당에 의해 가까스로 통합을 유지하는 상태였다. 하지만 1859년에 민주당이 분열된 뒤 에이브러햄 링컨이 1860년에 노예제 반대 공약으로 대통령에 선출되자 연방은 붕괴했다. 몇몇 남부의 주들이 연방을 탈퇴해 아메리카 연합국을 결성한 뒤 내전이 발생했다. 연합군이 맹렬하게 저항했지만 4년 뒤 결국 연방군이 승리했다. 1865년에 내전이 끝났을 때 약 65만 명이 사망했다. 하지만 미국의 노예는 해방되었고 주들이 연방정부 아래 다시 통합되었다.

2단계(1864-1865년)

빅스버그와 게티즈버그에서 패배한 이후 연합국은 셔먼 장군과
그랜트 장군이 이끄는 연방군에 점점 더 수적으로 밀려 전투에서
패했다. 1865년 4월, 연합국의 저항이 무너지고 전쟁이 끝났다.

3　셔먼 장군의 전진 1864년 7-12월

1864년, 연방은 연합국의 중요한 철도와 상업 중심지인 애틀랜타를 목표로 삼았다. 윌리엄 셔먼 장군은 1864년 7월부터 이 지역을 포위하고 9월에 함락하자 연방의 사기가 올라갔고 링컨이 두 번째 대통령 선출에 도움이 되었다. 셔먼은 남쪽 서배너강과 바다로 전진해 보급로 없이 깊숙한 적지에서 작전을 펼쳐 연합국의 인프라, 산업, 자산을 파괴했다.

🔥 셔먼 군대의 파괴

4　전쟁 종식 1864년 2월-1865년 4월

1864년, 그랜트 장군이 연방군 총사령관이 되었다. 피비린내 나는 연이은 전투 이후 리 장군의 연합군을 리치먼드와 피츠버그의 방어진지로 몰아냈다. 1865년 4월 9일에 리 장군은 아포맷톡스로 도피한 뒤 항복했다. 곧이어 연합군 병사 8만 9천 명이 노스캐롤라이나주 베넷 하우스에서 항복해 사실상 전쟁이 끝났다.

▲ 베넷 하우스

마리 퀴리의 집 실험실에서
프랑스계 폴란드 물리학자 마리 퀴리는 방사능에 관한 연구로 노벨상을 두 차례 받았다. 제1차 세계대전 당시 전선에서 펼친 활동과 암 치료 연구로 명성을 떨치며 의학 발전에 크게 기여했다.

과학과 혁신

19세기에는 새로운 기술과 실험 장비의 발전으로
과학자들이 중요한 발전을 이루어
세계에 대한 지식을 바꾸고 공공보건을 혁신했다.

△ **미생물학의 창시자**
1860년대 프랑스 생물학자 루이 파스퇴르는 부패와 질병이 미생물 또는 세균 때문에 발생한다는 사실을 입증했다. 이 지식은 의학의 진로를 바꾸었다.

플라스틱, 광섬유, 레이더 등 근대 생활을 규정하는 많은 물건의 뿌리는 19세기로 거슬러 올라간다. 하지만 이 시기의 가장 중요한 발견은 의학 분야였다. 1869년, 러시아 화학자 드미트리 멘델레예프가 화학 원소 간의 반응을 이해할 수 있는 체계인 주기율표를 개발했다. 화학 지식이 빠르게 발전해 새로운 제약 산업을 일으켰고, 곧 아스피린, 신경안정제와 같은 합성 약물이 흔하게 이용되었다.

의학의 혁신

엑스선(1895년), 방사능(1896년), 방사성 원소인 폴로늄과 라듐(1898년)의 발견은 의학적 치료를 혁신했다. 방사선 촬영으로 진단이 더 정확해졌고 방사선 암 치료법이 개발되었다. 이런 발견은 전자(1897년)와 방사능(1901년)의 발견과 결합하면서 핵발전의 길을 열어 주었다. 미생물이 질병을 전파한다는 루이 파스퇴르의 이론은 질병 관리 방법을 근본적으로 바꾸었다. 콜레라, 탄저병, 광견병, 디프테리아, 장티푸스에 대한 백신이 곧 개발되었다. 석탄산의 도입으로 수술실을 소독하고 외과 의사 역시 소독에 주의하여 감염으로 인한 사망이 많이 줄었다. 아울러 이런 발전은 20세기 초 급격한 인구 증가에 기여했다.

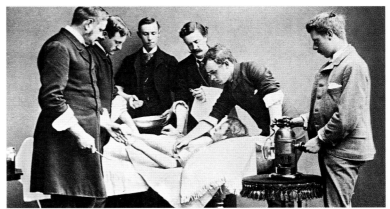

더 안전한 수술
파스퇴르의 연구에 기초해 영국 의사 조셉 리스터가 석탄산(페놀)을 이용해 상처를 씻고 외과 수술 장비를 소독했다. 그의 방부 외과 수술이 알려지면서 수술 후 감염이 대폭 줄었다.

미국의 확장

19세기에 미국 영토는 전쟁과 정치적 협정, 병합의 방식으로
확장되었다. 이주자들의 정착은 새로운 지역의 개간에
도움을 주었지만 1870년대에 이루어진 급속한 산업화는
도시화와 인구 증가를 가속화했다.

1800년에 미국의 국경은 미시시피강까지였지만 이후 100년 동안 서부 지역으로
빠르게 확장되었다. 영국이 '오리건 컨트리'에 대한 소유권을 포기했고 미국은 텍
사스를 병합했으며 1846-1848년의 전쟁에서 멕시코에 승리했다. 1900년에 미
국은 대서양에서 태평양까지 확장되었고 면적이 약 780만 km²에 달했다.

값싼 땅에 대한 약속은 해외 이민자를 끌어들였고 그들은 미국의 남녀 개척
자들과 함께 정착했다. 1890년의 미국 인구조사는 서부지역에 계속 정착할 지역
이 더 이상 없어 서부 개척이 끝났다고 밝혔다. 당시 미국의 소 목장주들은 소를
철도 노선 종점까지 몰고 와 산업화가 왕성하게 일어나는 동부 지역의 팽창하는
도시에 공급했다. 미국은 1900년에 영국과 독일의 생산량을 합친 것보다 더 많
은 철강을 생산했다. 1837년에 소도시에 지나지 않던 시카고와 같은 도시들은
100만 명이 넘게 거주하는 거대도시로 성장했다. 뉴욕의 엘리스섬은 많은 이주
자들이 미국의 거대한 도시로 들어오는 주요 관문이 되었다. 19세기 말에 산업
의 호황으로 소수의 사람들이 막대한 돈을 벌었지만 미국의 급속한 인구 증가에
나쁜 징조인 경기 침체로 호황이 계속 이어지지 않았다.

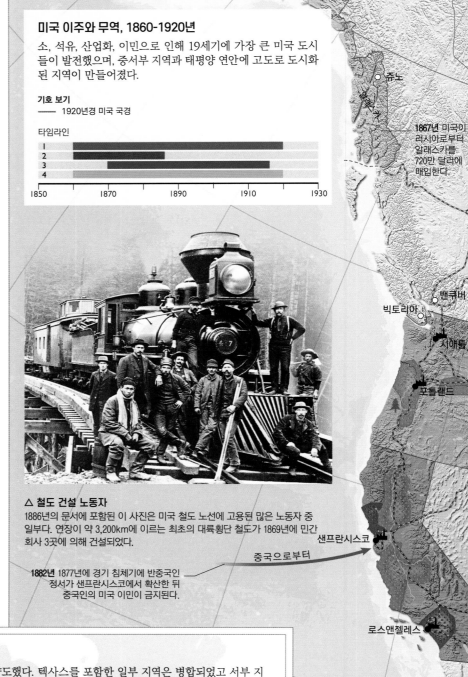

미국 이주와 무역, 1860-1920년

소, 석유, 산업화, 이민으로 인해 19세기에 가장 큰 미국 도시
들이 발전했으며, 중서부 지역과 태평양 연안에 고도로 도시화
된 지역이 만들어졌다.

기호 보기
— 1920년경 미국 국경

타임라인

1850 | 1870 | 1890 | 1910 | 1930

1867년 미국이
러시아로부터
알래스카를
720만 달러에
매입한다.

쥬노

밴쿠버
빅토리아
시애틀
포틀랜드

△ **철도 건설 노동자**
1886년의 문서에 포함된 이 사진은 미국 철도 노선에 고용된 많은 노동자 중
일부다. 연장이 약 3,200km에 이르는 최초의 대륙횡단 철도가 1869년에 민간
회사 3곳에 의해 건설되었다.

샌프란시스코
중국으로부터

1882년 1877년에 경기 침체기에 반중국인
정서가 샌프란시스코에서 확산한 뒤
중국인의 미국 이민이 금지된다.

로스앤젤레스

태평양

영토 확장

미국은 1776년 13개 주에서 1912년 48개 주로 커졌다. 여러 차례
의 매입과 협정을 통해 영토가 확장되었다. 프랑스는 루이지애나 구
매계약으로 넓은 땅을 미국에 팔았고 영국은 오리건 협정을 통해 북
서 지역을 양도했다. 텍사스를 포함한 일부 지역은 병합되었고 서부 지
역의 많은 부분은 멕시코와의 전쟁(1846-1948년)에서 승리하거나 현
금이 부족한 멕시코 정부로부터 매입하는 방식으로 획득했다.

기호 보기

- 1776년 13개 식민지
- 1783년 추가 지역
- 1803년 루이지애나 매입
- 1818년 레드강 이양
- 1819년 플로리다 매입
- 1845년 텍사스 병합
- 1846년 오리건 컨트리 이양
- 1818년 멕시코 이양
- 1853년 개즈던 매입
- **1788** 1788년 주로 승인된 연도
- ------ 근대의 주 경계선

1 이민과 농업 발전 1860-1920년

수많은 이민자가 미국의 산업 소도시와 대도시에서 일했지만 이들이 가져온 농업 기술은 미국의 토지 관리방식을 크게 바꾸었다. 예컨대 러시아 메노나이트(독일계 네덜란드인 후손의 재세례파 기독교인)는 오클라호마, 캔자스, 네브래스카의 대초원 지역에서 밀을 경작했다. 반면 독일인 정착민은 최초로 캘리포니아에서 오렌지를 재배했다. 또한 다른 이민자는 미국과 캐나다를 오가기도 했다.

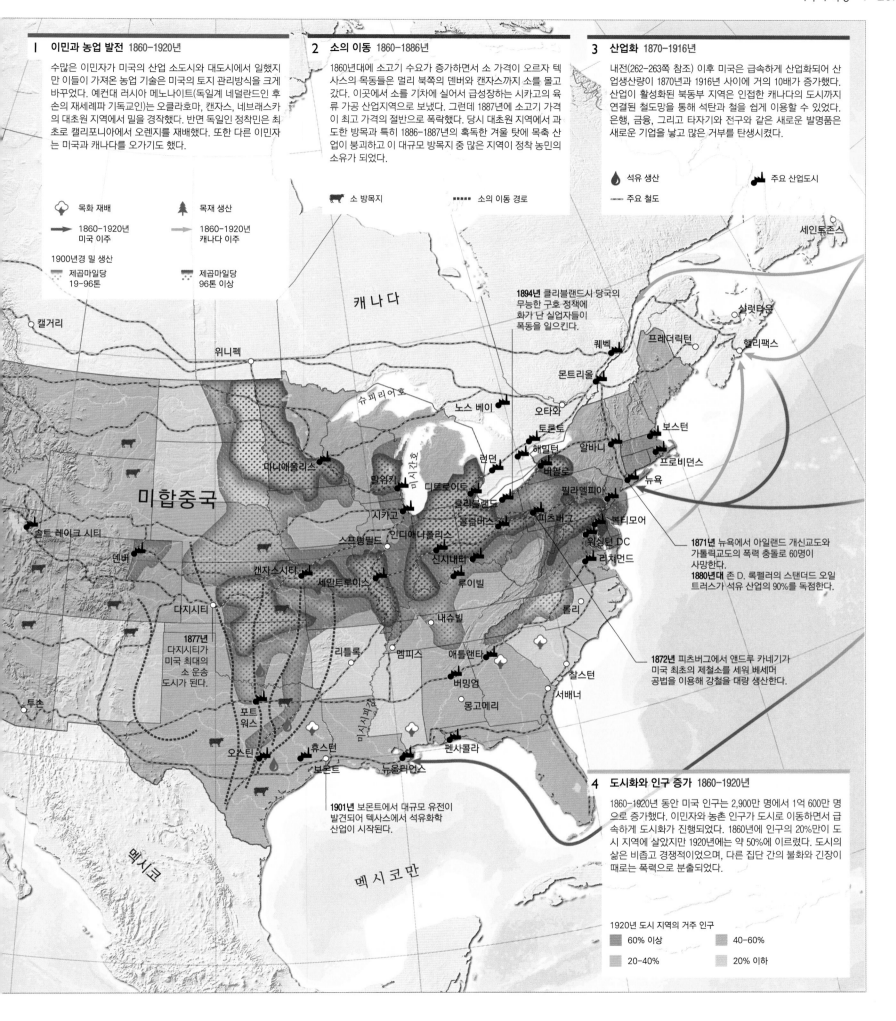

목화 재배
목재 생산
1860-1920년 미국 이주
1860-1920년 캐나다 이주
1900년경 밀 생산
제곱마일당 19-96톤
제곱마일당 96톤 이상

2 소의 이동 1860-1886년

1860년대에 소고기 수요가 증가하면서 소 가격이 오르자 텍사스의 목동들은 멀리 북쪽의 덴버와 캔자스까지 소를 몰고 갔다. 이곳에서 소를 기차에 실어서 급성장하는 시카고의 육류 가공 산업지역으로 보냈다. 그런데 1887년에 소고기 가격이 최고 가격의 절반으로 폭락했다. 당시 대초원 지역에서 과도한 방목과 특히 1886-1887년의 혹독한 겨울 탓에 목축 산업이 붕괴하고 이 대규모 방목지 중 많은 지역이 정착 농민의 소유가 되었다.

소 방목지
소의 이동 경로

3 산업화 1870-1916년

내전(262-263쪽 참조) 이후 미국은 급속하게 산업화되어 산업생산량이 1870년과 1916년 사이에 거의 10배가 증가했다. 산업이 활성화된 북동부 지역은 인접한 캐나다의 도시까지 연결된 철도망을 통해 석탄과 철을 쉽게 이용할 수 있었다. 은행, 금융, 그리고 타자기와 전구와 같은 새로운 발명품은 새로운 기업을 낳고 많은 거부를 탄생시켰다.

석유 생산
주요 철도
주요 산업도시

1894년 클리블랜드시 당국의 무능한 구호 정책에 화가 난 실업자들이 폭동을 일으킨다.

1871년 뉴욕에서 아일랜드 개신교도와 가톨릭교도의 폭력 충돌로 60명이 사망한다.

1880년대 존 D. 록펠러의 스탠더드 오일 트러스가 석유 산업의 90%를 독점한다.

1872년 피츠버그에서 앤드루 카네기가 미국 최초의 제철소를 세워 베세머 공법을 이용해 강철을 대량 생산한다.

1877년 다지시티가 미국 최대의 소 운송 도시가 된다.

1901년 보몬트에서 대규모 유전이 발견되어 텍사스에서 석유화학 산업이 시작된다.

4 도시화와 인구 증가 1860-1920년

1860-1920년 동안 미국 인구는 2,900만 명에서 1억 600만 명으로 증가했다. 이민자와 농촌 인구가 도시로 이동하면서 급속하게 도시화가 진행되었다. 1860년에 인구의 20%만이 도시 지역에 살았지만 1920년에는 약 50%에 이르렀다. 도시의 삶은 비좁고 경쟁적이었으며, 다른 집단 간의 불화와 긴장이 때로는 폭력으로 분출되었다.

1920년 도시 지역의 거주 인구
60% 이상
40-60%
20-40%
20% 이하

후안 마누엘 데 로사스
1793-1877년

가리스마적이지만 잔혹한 후안 마누엘 데 로사스는 전형적인 군사 독재자였다. 부에노스아이레스주의 주지사였던 로사스는 17년 동안 아르헨티나 전체를 통치했으며, 원주민에 대한 폭력적인 군사행동을 통해 영토를 파타고니아 지역까지 확장했다. 1852년, 경쟁자인 장군에 의해 권좌에서 쫓겨나 영국으로 도피했고, 1877년에 그곳에서 사망했다.

라틴아메리카의 독립

남아메리카 지역은 제국주의에서 해방된 이후 수십 년 동안 군사 독재자의 등장, 내전, 국가 간의 지역내 영토 쟁탈전이 계속 이어졌다. 제국주의의 그림자가 이 지역에 머물렀고, 미국과 영국은 금융 투자와 군사적 개입을 통해 영향력을 계속 유지했다.

해방 이후 남미의 많은 국가에서 베네수엘라의 호세 안토니오 파에스, 아르헨티나의 후안 마누엘 데 로사스와 같은 군사 독재자가 권력을 잡았다. 1910년의 멕시코가 그랬듯이 새로운 독재자가 통치권을 놓고 싸우면서 내전이 잦았다. 또한 신생 국가들이 영토 확장이나 권연자원에 대한 지배권 확보에 노력한 탓에 국경 분쟁도 흔했다. 볼리비아와 페루는 비료와 화약 제조에 쓰이던 탓에 아타카마

신생 국가들이 영토 확장이나 권연자원에 대한 지배권 확보에 노력한 탓에

"무릎을 꿇고 사느니 내 발로 서서 죽는 것이 낫다."

에밀리아노 사파타, 1913년

사막의 질산염을 놓고 칠레와 태평양 전쟁을 벌인 뒤 영토를 잃었다. 브라질, 볼리비아, 아르헨티나는 남미에서 가장 파비리낸 나는 전쟁에서 승리한 뒤 파타고니아, 아르헨티나는 남미의 경제는 유럽의 급상장하는 산업과 이 영토의 거의 절반을 차지했다. 남미 지역의 경제는 유럽의 급상장하는 산업과 소비시장에 대한 원재료와 식량 수출에 의존했다. 브라질은 커피와 고무, 칠레와 페루는 구리와 주석, 아르헨티나는 엄청나게 넓었다. 아르헨티나는 대서양 무역로의 수혜를 받아 빠르게 발전했다. 하지만 이 지역에 대한 외국의 영향력은 계속 유지되었다. 중앙아메리카와 카리브해 지역에 대한 미국의 개입은 명백했다. 미국은 푸에르토리코를 병합하고 다수의 다른 국가를 점령하거나 보호국 상태로 만들었다. 이 지역의 철도와 광산에 투자한 영국과 미국의 기업들은 막대한 이익을 얻었다.

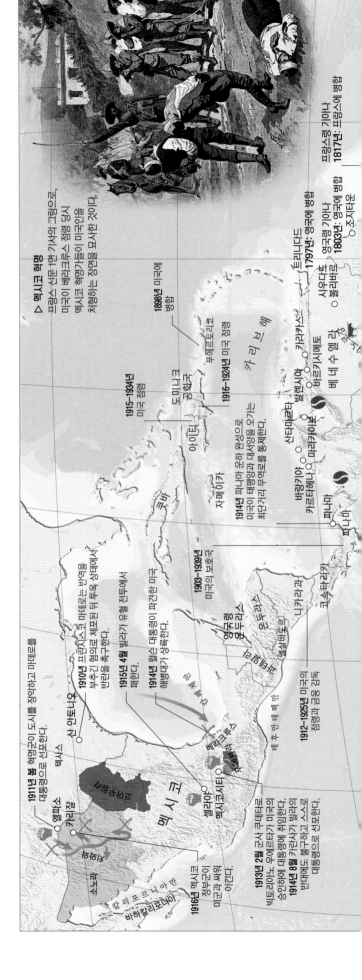

△ 멕시코 혁명
프랑스 신문 1면 기사의 그림으로, 미국이 베라크루스 점령 당시 멕시코 혁명가들이 미국인을 저항하는 장면을 묘사한 것이다.

1911년 봄 혁명군이 도시를 장악하고 마데로를 대통령으로 선포한다.

1910년 프란시스코 마데로는 반역을 부추긴 혐의로 체포된 뒤 투옥 상태에서 반란을 촉구한다.

1915년 4월 빌라가 유혈 전투에서 패한다.

1914년 윌슨 대통령이 파견한 미국 해병대가 상륙한다.

1913년 2월 군사 쿠데타로 빅토리아노 우에르타가 미국의 승인하에 대통령에 취임한다.

1914년 8월 카란사가 빌라의 대패에도 불구하고 스스로 대통령을 선포한다.

1916년 미국 정부군이 미국에 대한 공격 이후 빌라를 쫓아 미국이 멕시코에 군대를 파견한다.

1912-1925년 미국이 점령과 금융 감독

1903-1939년 미국의 보호국

1916-1924년 미국 점령

1915-1934년 미국 점령

1888년 미국에 병합

1914년 파나마 운하 완성으로 미국이 태평양과 대서양을 오가는 최단거리 무역로를 통제한다.

프랑스령 기아나
1817년: 프랑스에 병합

트리니다드
영국령 기아나
1797년: 영국에 병합
1803년: 영국에 병합

사우다드
볼리비아
시우다란
마라카이보
가라카스

푸에르토리코

도미니카공화국
아이티
쿠바
바하마

멕시코만
멕시코
엘파소
카라칼
텍사스
산안토니오
베라크루스
멕시코시티
푸에블라
모렐로스
살티요
몬테레이

캘리포니아만
소노라
바하칼리포르니아

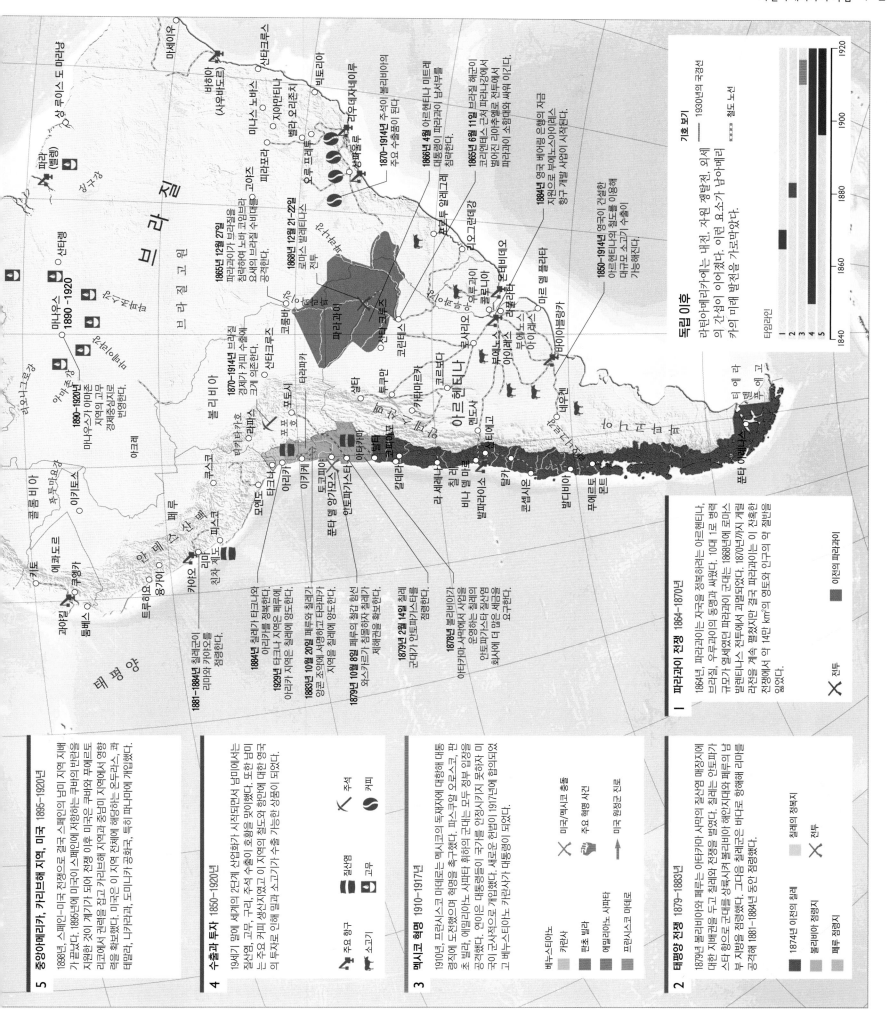

독립 이후

라틴아메리카에는 내전, 지역 쟁탈전, 외세의 간섭이 이어졌다. 이런 요소가 남아메리카의 미래 발전을 가로막았다.

기호 보기

— 1930년의 국경선
▬ 철도 노선

타임라인
1
2
3
4
5

1840 1860 1880 1900 1920

---

1 | 파라과이 전쟁 1864-1870년

1864년, 파라과이는 자국을 정복하려는 아르헨티나, 브라질, 우루과이의 동맹과 싸웠다. 10배 1도 병력 규모가 열세였던 파라과이 근대는 1868년에 로마스발렌티나스 전투에서 괴멸되었다. 1870년까지 계속 라전을 벌였지만 결국 파라과이는 이 전쟁이 전쟁에서 약 14만 km²의 영토와 인구의 약 절반을 잃었다.

■ 1874년 이전의 파라과이
✕ 전투

---

2 | 태평양 전쟁 1879-1883년

1879년 볼리비아와 페루는 이타라파 사막의 질산염 매장지에 대한 지배권을 두고 칠레와 전쟁을 벌였다. 칠레는 안토파가스타 항으로 근대를 상륙시켜 볼리비아 해안지대와 페루의 남부 지방을 점령했다. 그다음 칠레군으는 바다로 항해해 리마를 공격해 근대를 상륙시켜 그다음 칠레군은 바다로 항해를 점령했다.

■ 1874년 이전의 칠레
■ 볼리비아 점령지
■ 페루 점령지
■ 칠레의 정복지
✕ 전투

---

3 | 멕시코 혁명 1910-1917년

1910년, 프란시스코 마데로는 멕시코의 독재자에 대항해 대통령에 도전했으며 혁명을 촉구했다. 미스스의 오루스코, 판초 빌라, 에밀리아노 사파타 휘하의 근대는 모두 정부 입장을 공격했다. 어이던 대통령은이 국가를 안정시키지 못하자 미국 군사적으로 개입했다. 새로운 혁명군 한반이 1917년에 합의되었고 베누스티아노 카란사가 대통령이 되었다.

베누스티아노
■ 카란사
■ 판초 빌라
■ 에밀리아노 사파타
■ 프란시스코 마데로
✕ 주요 전투
👊 미국/멕시코 충돌
→ 미국 원정군 진로

---

4 | 수출과 투자 1850-1920년

19세기 말에 세계의 2단계 산업화가 시작되면서 남미에서는 질산염, 고무, 구리, 주석 수출이 호황을 맞이했다. 또한 남미는 주요 커피 생산지였고 이 지역의 철도와 항만에 대한 영국의 투자로 인해 얼마 소고기가 수출 가능한 상품이 되었다.

✕ 주석
🏭 질산염
■ 고무
S 커피
🐄 소고기

---

5 | 중앙아메리카, 카리브해 지역, 미국 1895-1920년

1898년, 스페인-미국 전쟁으로 결국 스페인의 남미 지역 지배가 끝났다. 1895년에 미국이 저항하는 쿠바의 반란을 지원한 것이 계기가 되어 전쟁 이후 미국은 쿠바와 푸에르토리코에서 권력을 잡고 카리브해 지역과 중남미에 영향력을 확보했다. 미국은 이 지역 전체에 해당하는 온두라스, 과테말라, 니카라과 공화라, 특히 파나마에 개입했다.

✕ 주석
🏭 질산염
■ 고무
S 커피
🐄 소고기

▷ 싸우는 경기병
크리스티안 셀의
그림으로, 프랑스-
프로이센 전쟁에서
프랑스와 독일의
경기병들이 싸우는
모습을 묘사한 것이다.

이탈리아와 독일의 통일

1835년 이후 독일과 이탈리아에서 강력한 지도자들이 등장해 오스트리
아와 경쟁했다. 1850년부터 1870년까지 신속하고 연속적인 정치적, 군사
적 행동을 거쳐 이탈리아와 독일이 각각 하나의 국가로 통일되었다.

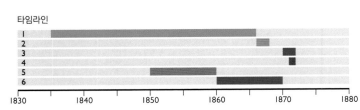

타임라인

I 도전받는 오스트리아 1835-1866년

1863년 비스마르크는 덴마크로부터 슐레스비히 지
방과 홀슈타인 지방을 빼앗기 위해 오스트리아와
동맹을 맺었다. 1864년 10월, 슐레스비히는 프로이
센, 홀스타인은 오스트리아에 병합되었다. 이러한
영토 배분은 홀슈타인 지방이 프로이센에 의해 포
위되어 고립된 지역이기 때문에 문제가 있었다. 오
스트리아가 이 문제의 해결책을 찾으려고 하자 프
로이센은 그것을 갈등의 빌미로 삼아 7주 전쟁
(1866년)을 시작했다.

▬ 1815년 독일 연합의 국경선
→ 1864년 오스트리아-프로이센 군대
▨ 1815년 프로이센

독일 통일

독일 통일은 몇 단계에 걸쳐서 이루어
졌다. 프로이센은 독일 북부 주를 오스
트리아에서 해방한 뒤 오스트리아와
프랑스를 차례로 굴복시키고 1871년
에 새로운 제국을 만들었다.

2 북부 독일연합 1866-1867년

7주 전쟁에서 프로이센이 오스트리아에 승리했다. 프로
이센은 이 전쟁에서 차지한 영토를 유지하고 북부 독일연
합을 만들었다. 이곳의 각 주는 자체의 법률을 제정하고
대표자를 선출해 연방 의회에 보냈다.

→ 1866년 7주 전쟁에서 프로이센 군대
✕ 전투
▨ 1866년 프로이센 점령 지역
▨ 1867년 북부 독일연합에 속한 다른 주
▨ 1866-1867년 독일의 다른 주
▨ 1867년 오스트리아-헝가리 제국

3 프랑스-프로이센 전쟁 1870-1871년

또 다른 강대국인 프랑스는 프로이센의 높아지는 위상을
우려스럽게 바라보았다. 비스마르크는 정치적 책략을 통
해 프랑스 황제 나폴레옹 3세를 자극해 전쟁을 선포하게
만들었다. 그로 인해 남부 독일 주들이 북부 독일연합과
동맹을 맺었다. 독일 동맹군은 프랑스 군대를 격파해 나
폴레옹 3세를 사로잡고 1871년에 파리를 점령했다.

→ 1870-1871년 프로이센의 프랑스 침공
✕ 전투

1870년 9월 1일
프로이센은
스당 전투에서
나폴레옹 3세를
사로잡는다.

1871년 프로이센이 프랑스로
진군해 파리를 포위하고
함락한다.

1871년 5월 프랑스가
프랑크푸르트 조약을
통해 알자스로렌 지역을
독일에 양도한다.

4 통일과 제국 1871년

전쟁 결과로 프랑스는 알자스로렌 지역을 독일에
내주고 배상금도 지불해야 했다. 통일된 독일 주들
은 새로운 제국 헌법을 채택하고 빌헬름 1세를 황
제(카이저)로 옹립했다. 프로이센이 확실하게 통제
하는 독일 제국은 26개 주로 이루어졌다.

▬ 1871년 독일 제국의 국경선

1866년 7월 3일 7주
전쟁에서 오스트리아와
싸우는 프로이센은
사도바 전투에서
결정적인 승리를 얻는다.

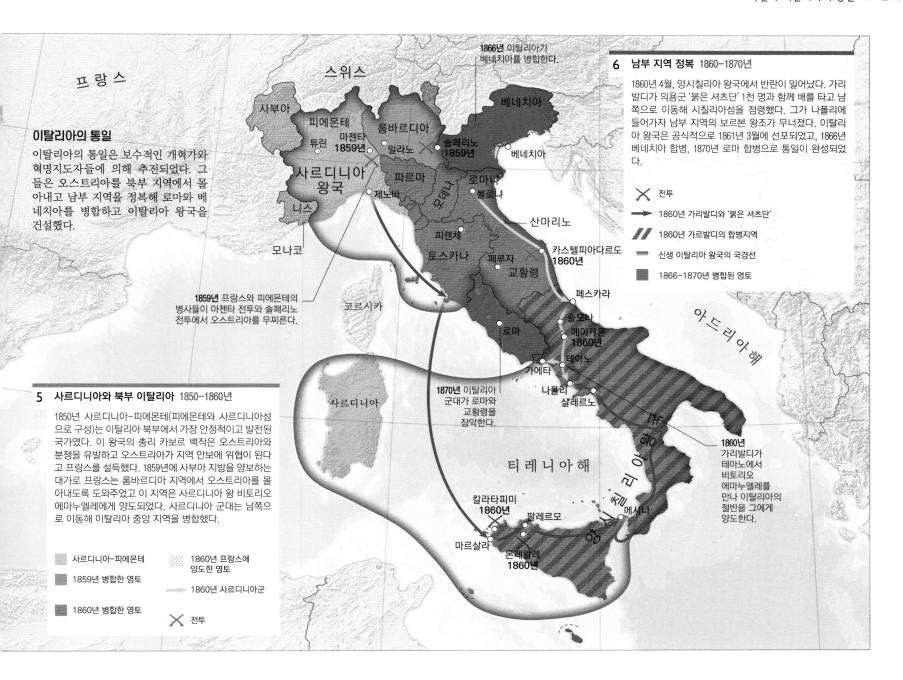

이탈리아의 통일

이탈리아의 통일은 보수적인 개혁가와 혁명지도자들에 의해 추진되었다. 그들은 오스트리아를 북부 지역에서 몰아내고 남부 지역을 정복해 로마와 베네치아를 병합하고 이탈리아 왕국을 건설했다.

1859년 프랑스와 피에몬테의 병사들이 마젠타 전투와 솔페리노 전투에서 오스트리아를 무찌른다.

5 사르디니아와 북부 이탈리아 1850-1860년

1850년 사르디니아-피에몬테(피에몬테와 사르디니아섬으로 구성)는 이탈리아 북부에서 가장 안정적이고 발전된 국가였다. 이 왕국의 총리 카보르 백작은 오스트리아와 분쟁을 유발하고 오스트리아가 지역 안보에 위협이 된다고 프랑스를 설득했다. 1859년에 사부아 지방을 양보하는 대가로 프랑스는 롬바르디아 지역에서 오스트리아를 몰아내도록 도와주었고 이 지역은 사르디니아 왕 비토리오 에마누엘레에게 양도되었다. 사르디니아 군대는 남쪽으로 이동해 이탈리아 중앙 지역을 병합했다.

사르디니아-피에몬테

1859년 병합한 영토

1860년 병합한 영토

1860년 프랑스에 양도한 영토

1860년 사르디니아군

전투

6 남부 지역 정복 1860-1870년

1860년 4월, 양시칠리아 왕국에서 반란이 일어났다. 가리발디가 의용군 '붉은 셔츠단' 1천 명과 함께 배를 타고 남쪽으로 이동해 시칠리아섬을 점령했다. 그가 나폴리에 들어가자 남부 지역의 보르본 왕조가 무너졌다. 이탈리아 왕국은 공식적으로 1861년 3월에 선포되었고, 1866년 베네치아 합병, 1870년 로마 합병으로 통일이 완성되었다.

전투

1860년 가리발디와 '붉은 셔츠단'

1860년 가르발디의 합병지역

신생 이탈리아 왕국의 국경선

1866-1870년 병합된 영토

1866년 이탈리아가 베네치아를 병합한다.

1870년 이탈리아 군대가 로마와 교황령을 장악한다.

1860년 가리발디가 테아노에서 비토리오 에마누엘레를 만나 이탈리아의 절반을 그에게 양도한다.

독일과 이탈리아의 통일

1850년, 독일과 이탈리아는 여러 지역으로 나누어져 있었다. 독일은 오스트리아가 지배하는 느슨한 연합 형태의 주들로 이루어졌고 이탈리아는 뚜렷한 지배 세력 없이 공작령들과 왕국이 뒤섞여 있었다. 1870년에 전쟁, 외교, 약간의 정치적 책략을 통해 두 지역은 새로운 국가로 통일되었다.

나폴레옹 전쟁(214-217쪽 참조) 이후 민족주의가 득세했다. 1848년부터 1849년까지 이런 풍조는 연이은 공화주의 혁명(224-225쪽 참조)으로 분출되었는데, 시칠리아에서 시작해 유럽의 여러 지역으로 확산했다. 이 반란은 각 정부에 충성하는 군대에 의해 진압되었고 대중의 열기는 1850년대에 대부분 사라졌고 독일과 이탈리아는 여러 나라로 분열되어 있었다. 그러나 1860년

대에 이탈리아와 독일의 통일 과제는 보수적인 개혁자들에 의해 이루어졌다. 아래부터의 혁명을 두려워한 그들은 위로부터의 개혁의 주도권을 잡았다. 그들은 통일을 오스트리아-헝가리 제국을 견제하고 강력한 새로운 왕국을 건설할 기회로 보았다.

나폴레옹 전쟁 이후 프로이센은 오스트리아가 지배하는 39개 주 연합 중 하나였다. 프로이센은 대단히 독립적인 독일 공국에 대한 지배권을 놓고 오스트리아-헝가리와 경쟁할 만큼 강력하고 유일한 세력이었기 때문에 독일 통일을 이끌었다. 1864년 탁월한 총리 오토 폰 비스마르크가 이끄는 프로이센은 오스트리아에 대항했다. 비스마르크는 전쟁, 정치적 책략, 행운을 통해 7년 만에 독일 통일을 방해하는 오스트리아와 프랑스를 물리치고 통일된 독일 제국을 건설했다. 그리고 1871년에 제국의 초대 총리가 되었다.

이탈리아는 1848년에 주세페 마치니의 민족주의 혁명이 실패한 뒤 사르디니아-피에몬테의 총리인 카보르 백작이 통일 과정을 이끌었다. 카보르는 이탈리아 북부 지역에서 오스트리아와 맞서기 위해 프랑스와 동맹을 맺고, 위대한 민족주의 혁명가 주세페 가리발디의 재능을 이용해 남부 지역을 확보하면서 1860년에 통일된 이탈리아 왕국을 세울 수 있었다.

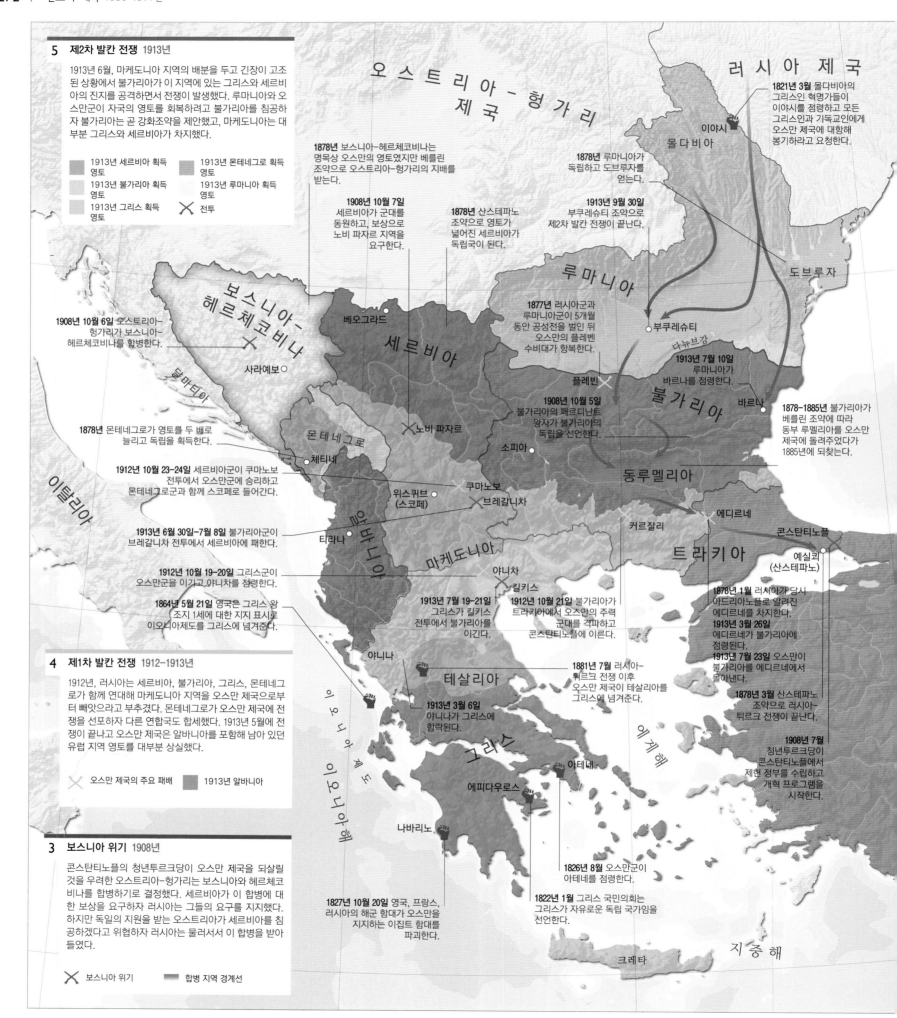

5 제2차 발칸 전쟁 1913년

1913년 6월, 마케도니아 지역의 배분을 두고 긴장이 고조된 상황에서 불가리아가 이 지역에 있는 그리스와 세르비아의 진지를 공격하면서 전쟁이 발생했다. 루마니아와 오스만군이 자국의 영토를 회복하려고 불가리아를 침공하자 불가리아는 곧 강화조약을 제안했고, 마케도니아는 대부분 그리스와 세르비아가 차지했다.

■ 1913년 세르비아 획득 영토	■ 1913년 몬테네그로 획득 영토
■ 1913년 불가리아 획득 영토	■ 1913년 루마니아 획득 영토
■ 1913년 그리스 획득 영토	✕ 전투

오스트리아-헝가리 제국

러시아 제국

1821년 3월 몰다비아의 그리스인 혁명가들이 이야시를 점령하고 모든 그리스인과 기독교인에게 오스만 제국에 대항해 봉기하라고 요청한다.

이야시

몰다비아

1878년 보스니아-헤르체고비나는 명목상 오스만의 영토였지만 베를린 조약으로 오스트리아-헝가리의 지배를 받는다.

1878년 루마니아가 독립하고 도브루자를 얻는다.

도브루자

1908년 10월 7일 세르비아가 군대를 동원하고, 보상으로 노비 파자르 지역을 요구한다.

1878년 산스테파노 조약으로 영토가 넓어진 세르비아가 독립국이 된다.

1913년 9월 30일 부쿠레슈티 조약으로 제2차 발칸 전쟁이 끝난다.

루마니아

부쿠레슈티

다뉴브강

1908년 10월 6일 오스트리아-헝가리가 보스니아-헤르체고비나를 합병한다.

보스니아-헤르체고비나

1877년 러시아군과 루마니아군이 5개월 동안 공성전을 벌인 뒤 오스만의 플레벤 수비대가 항복한다.

1913년 7월 10일 루마니아가 바르나를 점령한다.

베오그라드

사라예보

달마티아

세르비아

플레빈

불가리아

바르나

1908년 10월 5일 불가리아의 페르디난트 왕자가 불가리아의 독립을 선언한다.

1878-1885년 불가리아가 베를린 조약에 따라 동부 루멜리아를 오스만 제국에 돌려주었다가 1885년에 되찾는다.

1878년 몬테네그로가 영토를 두 배로 늘리고 독립을 획득한다.

몬테네그로

체티네

소피아

동루멜리아

이탈리아

1912년 10월 23-24일 세르비아군이 쿠마노보 전투에서 오스만군에 승리하고 몬테네그로군과 함께 스코페로 들어간다.

위스퀴브 (스코페)

쿠마노보

브레갈니차

에디르네

콘스탄티노플

1913년 6월 30일-7월 8일 불가리아군이 브레갈니차 전투에서 세르비아에 패한다.

티라나

커르잘리

예실쾨 (산스테파노)

1912년 10월 19-20일 그리스군이 오스만군을 이기고 야니차를 점령한다.

알바니아

마케도니아

야니차

킬키스

트라키아

1878년 1월 러시아가 당시 아드리아노플로 알려진 에디르네를 차지한다.

1913년 3월 26일 에디르네가 불가리아에 점령된다.

1864년 5월 21일 영국은 그리스 왕 조지 1세에 대한 지지 표시로 이오니아제도를 그리스에 넘겨준다.

1913년 7월 19-21일 그리스가 킬키스 전투에서 불가리아를 이긴다.

1912년 10월 21일 불가리아가 트라키아에서 오스만의 주력 군대를 격파하고 콘스탄티노플에 이른다.

1913년 7월 23일 오스만이 불가리아를 에디르네에서 몰아낸다.

1878년 3월 산스테파노 조약으로 러시아-튀르크 전쟁이 끝난다.

4 제1차 발칸 전쟁 1912-1913년

1912년, 러시아는 세르비아, 불가리아, 그리스, 몬테네그로가 함께 연대해 마케도니아 지역을 오스만 제국으로부터 빼앗으라고 부추겼다. 몬테네그로가 오스만 제국에 전쟁을 선포하자 다른 연합국도 합세했다. 1913년 5월에 전쟁이 끝나고 오스만 제국은 알바니아를 포함해 남아 있던 유럽 지역 영토를 대부분 상실했다.

✕ 오스만 제국의 주요 패배   ■ 1913년 알바니아

야니나

1881년 7월 러시아-튀르크 전쟁 이후 오스만 제국이 테살리아를 그리스에 넘겨준다.

1908년 7월 청년투르크당이 콘스탄티노플에서 제헌 정부를 수립하고 개혁 프로그램을 시작한다.

테살리아

1913년 3월 6일 야니나가 그리스에 함락된다.

이오니아제도

그리스

아테네

에게 해

에피다우로스

나바리노

3 보스니아 위기 1908년

콘스탄티노플의 청년투르크당이 오스만 제국을 되살릴 것을 우려한 오스트리아-헝가리는 보스니아와 헤르체고비나를 합병하기로 결정했다. 세르비아가 이 합병에 대한 보상을 요구하자 러시아는 그들의 요구를 지지했다. 하지만 독일의 지원을 받는 오스트리아가 세르비아를 침공하겠다고 위협하자 러시아는 물러서서 이 합병을 받아들였다.

1826년 8월 오스만군이 아테네를 점령한다.

1827년 10월 20일 영국, 프랑스, 러시아의 해군 함대가 오스만을 지지하는 이집트 함대를 파괴한다.

1822년 1월 그리스 국민의회는 그리스가 자유로운 독립 국가임을 선언한다.

✕ 보스니아 위기   ■ 합병 지역 경계선

크레타

지중해

발칸반도의 갈등

1830년 이후 수차례 분쟁으로 발칸반도가 재편되었다. 1913년에 민족적, 종교적 긴장이 지속되어 이 지역 독립 국가의 정세가 불안했다.

기호 보기
— 1913년 국경선   ▮ 오스만 제국

타임라인
1
2
3
4
5

1800   1850   1900   1950

○세바스토폴

I 그리스의 독립 전쟁, 초기 발전 1830-1881년

그리스는 오스만 제국에서 최초로 독립한 국가였다. 1821년부터 시작한 독립 전쟁은 거의 10년 동안 계속된 뒤 결국 1830년에 오스만 제국이 그리스의 독립을 받아들였다. 그리스의 영토는 1864년에 이오니아섬, 1881년에 테살리아가 추가되어 확장되었다.

▮ 1864년 그리스
▮ 1881년 그리스의 추가 영토
✊ 그리스 독립투쟁 과정의 주요 사건

흑 해

2 러시아-튀르크 전쟁 1877-1878년

1877년 6월, 15만 명에 이르는 러시아 군대가 다뉴브강을 건너 오스만 제국 통치에 반발하는 불가리아와 보스니아 헤르체고비나를 지원했다. 산스테파노 평화조약으로 발칸 지역이 재편되어 불가리아가 건국되고, 루마니아, 세르비아, 몬테네그로가 독립했다.

→ 러시아-튀르크 전쟁 당시 러시아 군대
▮ 1878년 몬테네그로
▮ 1878년 세르비아
▮ 1878년 루마니아
▮ 1885년 불가리아

오 스 만 제 국

아 나 톨 리 아

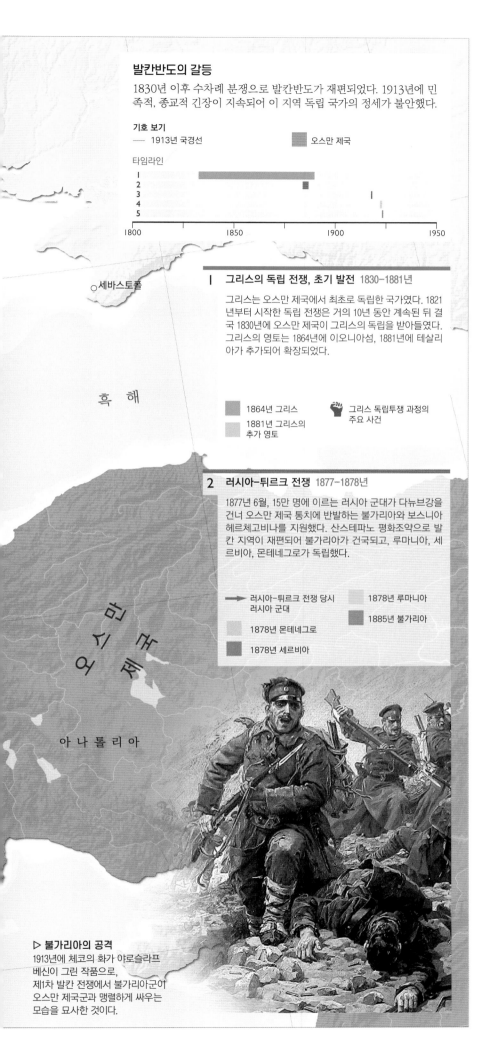

▷ **불가리아의 공격**
1913년에 체코의 화가 야로슬라프 베신이 그린 작품으로, 제1차 발칸 전쟁에서 불가리아군이 오스만 제국군과 맹렬하게 싸우는 모습을 묘사한 것이다.

발칸 전쟁

19세기에는 민족주의 물결이 발칸 지역을 휩쓸었다. 발칸 지역 국가들이 연합해 독립을 쟁취한 이후 종종 강대국의 영향력 아래 있는 상태에서 민족적, 종교적 다양성이 갈등이 유발되어 이 지역을 불안하게 만들었다.

19세기와 20세기 초에 발칸 지역은 오스만 제국의 힘이 쇠퇴하고 이 지역의 여러 민족이 독립투쟁을 벌이면서 여러 차례 분쟁을 겪었다. 1830년, 그리스가 오스만 제국에서 벗어났다. 그 이후 80년 동안 더 많은 분쟁이 일어나고 오스만제국의 영토가 대폭 축소되었다. 러시아, 영국, 오스트리-헝가리와 같은 강대국은 모두 이 분쟁에 참여해 이 지역을 야망과 불안이 엇갈리는 지역으로 만들었다. 러시아는 슬라브 민족주의를 지지하면서 불가리아, 몬테네그로, 보스니아, 세르비아가 동맹 관계를 맺기를 바랐다. 오스트리아-헝가리는 세르비아의 등장을 우려하면서 자국에 속한 세르비아인이 독립을 요구할 것임을 알았다. 이 지역에 대한 러시아의 영향력을 경계했던 영국은 그리스를 강화하려고 했다. 하지만 강대국은 평화조약과 영토 배분에 참여했음에도 불구하고 발칸 지역의 핵심 문제를 해결할 수 없었다. 이 지역의 민족 집단이 국가별로 명확하게 분할되어 있지 않기 때문이었다. 1914년에 오스만 제국은 유럽 지역의 주요 영토를 거의 상실했지만 70년 분쟁의 결과에 만족한 국가는 거의 없었다. 두 차례 발칸 전쟁으로 50만 명이 넘는 사상자가 발생했고 이 갈등으로 강대국은 제1차 세계대전에 더 가까이 다가갔다.

> *"발칸반도에는 전쟁을 시작하는 놀라운 재능을 가진 활기찬 사람들로 가득하다."*
>
> C. L. 슐츠버거,《긴 양초 행렬》에서, 1969년

에디르네
아드리아노플의 중요성

도시 에디르네(이전의 아드리아노플)는 오스만 제국에서 규모가 큰 도시 중 하나였다. 오스만 제국의 수도 콘스탄티노플로 가는 길목을 방어하는 요새여서 오스만에 전략적으로 매우 중요했다. 참호, 장애물, 대규모 콘크리트 요새 20개로 중무장한 에디르네 요새는 난공불락으로 여겨졌다. 1913년에 불가리아가 이곳을 점령하자 오스만 제국의 자신감이 엄청난 타격을 입었다.

1913년 에디르네 전투
수많은 외국인이 불가리아의 에디르네 공격을 피해 떠났다.

1 독일, 오스트리아-헝가리, 러시아 1871-1918년

독일은 전쟁을 축소하거나 막기 위해 오스트리아-헝가리, 러시아와 삼제 동맹을 맺었다. 방어적 성격의 오스트리아-독일 동맹은 독일이 공격당할 경우 오스트리아가 러시아 편에 서는 것을 막아 주었고, 나중에 이탈리아가 합류해 삼국동맹이 되었다. 루마니아는 1883년에 비밀리에 이 동맹에 합류했다. 삼제 동맹은 발칸 지역에 대한 러시아와 오스트리아 간의 긴장을 완화하고 프랑스를 고립시켰다.

- ● 1879-1918년 오스트리아-독일 동맹
- ◆ 1881-1887년 삼제 동맹
- ⬠ 1882-1915년 삼국동맹

2 삼국협상의 발전 1894-1907년

삼제 동맹이 붕괴한 뒤 비스마르크는 독일과 러시아 간의 재보장 조약을 주선했다. 1890년에 독일 황제 빌헬름 2세가 이 조약 갱신을 거부하자 러시아는 프랑스와 자유롭게 동맹을 맺었다. 프랑스-러시아 동맹은 상호방위 지원을 보장했다. 영국은 자국에 대한 위협을 줄이기 위해 1904년에 프랑스, 1907년에 러시아와 동맹을 맺어 이른바 삼국협상을 만들었다.

- ■ 1894-1917년 프랑스-러시아 동맹
- ▲ 1907년 영국-러시아 협상
- ★ 1904년 영국-프랑스 협상

1907년 영국이 로지스 해군 조선소를 건설하기 시작한다.

1906년 최초로 '거포'를 탑재한 전함인 HMS 드레드노트가 진수되면서 해군력 경쟁이 촉발된다.

1907년 영국이 육군을 재편성하여 원정군 16만 명과 비상근 의용 국민방위군 30만 명을 만든다.

1903년 키엘의 크룹 조선소가 완벽한 기능을 갖춘 U-보트를 최초로 완성한다.

1908년 3월 독일이 '거포'를 장착한 드레드노트급 전함 SMS 나사우함을 진수한다.

1887-1890년 독일이 러시아와 재보장 조약을 체결해 프랑스와 오스트리아를 제외한 제3국과 전쟁할 경우 중립 유지를 보장한다.

1909-1910년 러시아 황제 니콜라스 2세가 약 100만 루블을 공군 건설에 투자한다.

1910년 최초의 비행학교가 가치나에서 개교한다.

1898-1912년 독일은 해군법을 통해 영국 해군에 맞서는 해군을 건설하려는 야심을 드러낸다.

1883-1916년 루마니아가 비밀리에 독일, 오스트리아-헝가리, 이탈리아가 포함된 삼국동맹에 합류한다.

1908년 오스트리아-헝가리가 보스니아를 병합해 세르비아가 러시아와 더 긴밀해진다.

1839년 런던 조약은 벨기에의 중립을 보장하고, 중립을 위반할 경우 오스트리아, 벨기에, 프랑스, 독일 연합, 네덜란드, 러시아, 영국이 군사적 개입을 약속한다.

1882년 이탈리아가 오스트리아-독일 동맹에 가입해 삼국동맹이 탄생한다.

1906년 영국은 알헤시라스 회의에서 프랑스의 모로코 지배를 지지하고, 양국이 군사동맹 회담을 시작한다.

1905-1906년 독일이 모로코의 독립을 인정하면서 영국-프랑스 협상의 힘을 시험한다.

1881-1895년 세르비아가 오스트리아-세르비아 동맹을 통해 삼국동맹과 관계를 맺는다.

노르웨이 · 스웨덴 · 덴마크 · 네덜란드 · 벨기에 · 영국 · 런던 · 채텀 · 포츠머스 · 플리머스 · 브레스트 · 로지스 · 파리 · 프랑스 · 스위스 · 스페인 · 대서양 · 북해 · 발트 해 · 상트페테르부르크 · 러시아 제국 · 바르샤바 · 베를린 · 빌헬름스하펜 · 키엘 · 뮌헨 · 독일 · 오스트리아-헝가리 · 트리에스테 · 제노바 · 이탈리아 · 툴롱 · 타란토 · 루마니아 · 베오그라드 · 사라예보 · 세르비아 · 불가리아 · 몬테네그로 · 알바니아 · 그리스 · 콘스탄티노플 · 오스만 제국 · 알헤시라스 · 탕헤르 · 모로코 · 프랑스령 알제리 · 프랑스령 모로코 · 프랑스령 튀니지 · 이탈리아령 리비아 · 이집트 · 지중해

유럽의 세력 균형

1871년부터 유럽 국제관계의 특징은 처음에는 평화 유지를 위한 동맹 변화였다. 그러나 1890년부터는 동맹국을 위협하는 러시아와 프랑스의 동맹과 유럽 각국의 군사력 증강으로 힘의 균형이 무너졌다.

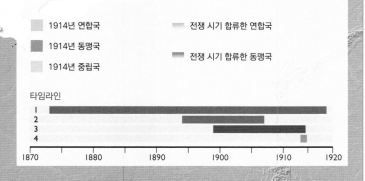

- 1914년 연합국
- 1914년 동맹국
- 1914년 중립국
- 전쟁 시기 합류한 연합국
- 전쟁 시기 합류한 동맹국

타임라인
1
2
3
4
1870 1880 1890 1900 1910 1920

3 군사력 증강 1898-1914년

동맹의 변화와 함께 유럽 각국은 군사력을 증강하고 있었다. 영국은 이미 세계 최대 규모의 해군을 보유했고 엄청나게 많은 사람이 유럽 각국의 군대에 징집되었다. 군사 기술의 발달로 더 많은 돈이 육군과 해군에 지출되었고, 군국주의와 서로 간의 의심이 뒤섞여 불안이 조성되었다.

군사 모양 1개 = 병력 10만 명
👤 연합국의 육군   ⚓ 연합국 해군기지
👤 동맹국의 육군   ⚓ 동맹국 해군기지

4 전쟁 직전의 동맹 1914년

1914년에 전쟁 발발 직전, 유럽은 잘 무장된 양 진영으로 나뉘었다. 연합국 진영은 영국, 프랑스, 러시아가 포함된 삼국협상국과 몬테네그로로 구성되었고, 동맹국 진영은 독일, 오스트리아-헝가리, 이탈리아가 포함되었다. 전쟁이 진행되는 동안 더 많은 국가가 양 진영에 합류했다.

▽ HMS 드레드노트

이 영국 군함은 이전 함선보다 더 강력하고 빠르며 더 많은 화력으로 무장해 새로운 차원의 전함 시대를 열었다.

1907년 영국과 러시아가 페르시아에 대한 영향력 범위에 관한 분쟁을 해소하고 프랑스와 삼국협상을 맺는다.

페르시아

임박한 세계 전쟁

19세기 말에는 연이는 군사동맹을 통해 오스트리아-헝가리, 영국, 프랑스, 독일, 이탈리아, 러시아 등 강대국 간의 전쟁이 억제되었다. 하지만 이런 동맹들은 20세기 초에 발칸 지역의 위기와 군국주의의 부상으로 취약해졌다.

1815년에 나폴레옹 전쟁이 끝난 뒤 유럽은 미묘한 힘의 균형을 유지했다. 1871년, 독일 건국(270-271쪽 참조)으로 강력한 새로운 힘이 무대에 등장했다. 하지만 독일은 힘의 균형을 깨는 대신 오랫동안 균형자 역할을 했다. 오토 폰 비스마르크의 지도하에 독일은 유럽에서 보수적인 강대국인 오스트리아-헝가리, 러시아와 동맹을 맺었다. 이 동맹은 어느 한쪽이 다른 비동맹국에 적대적 군사행동을 해도 다른 두 국가가 중립 유지를 보장하고, 아울러 만일 러시아가 오스트리아를 공격할 경우 독일도 상대해야 했다. 발칸반도의 긴장이 고조되자(272-273쪽 참조) 강대국 간의 긴장도 높아졌다. 러시아는 프랑스와 동맹을 맺었고, 1908년의 오스트리아의 보스니아 병합 사건은 러시아에 굴욕을 안겨 주어 오스트리아의 적인 세르비아에 더 다가가게 만들었다. 그 무렵 군비경쟁이 시작되어 막대한 마르크화, 파운드화, 루블화, 프랑화가 군사 재조직과 신기술에 투입되었다. 독일은 1913년에만 1억 1,800만 마르크, 영국은 7,710만 파운드를 각각 군사비로 지출했다. 1914년에는 대규모 전쟁을 막았던 유대감은 깨지고 유럽은 중무장한 양대 진영으로 분리되어 전쟁이 임박해졌다.

> "영국, 프랑스, 러시아는 우리를 전멸시키기 위한 전쟁을 공모하고 있다."
>
> 카이저 빌헬름 2세, 1914년 7월 30일에 쓴 비망록

오토 폰 비스마르크
1815-1898년

오토 폰 비스마르크는 독일 통일을 설계하고 독일을 주요 강대국으로 만들었다. 그는 프로이센의 초대 총리(1862-1890년), 독일 제국의 총리(1871-1890년)로서 독일을 이끌었다. 그의 노련한 외교력 덕분에 19세기 말에 유럽은 큰 분쟁에 휘말리지 않았다. 그는 오스트리아-헝가리와 동맹을 맺고 러시아와도 우호관계를 맺었다. 하지만 카이저 빌헬름 2세가 1888년에 권좌에 오르면서 독일 제국을 세계적 강국으로 만들려는 공격적인 야심을 나타냈고 1890년에 비스마르크를 강제로 사임시켰다. 국제관계의 균형을 유지하던 비스마르크의 역할이 사라지자 유럽은 곧장 전쟁으로 치달았다.

근대 세계

세계대전, 사상 유례가 없는 기술과 경제의 발전,
폭발적인 인구 증가로 인해 20세기와 21세기는
역사상 가장 파란만장한 시기였다.

근대 세계

20세기 초에는 기술과 경제의 놀라운 발전이 지배하고 새로운 이데올로기가
사회를 근본적으로 바꾸었다. 하지만 민족 독립과 더 나은 생활방식에 대한 요구가 분출하면서
구체제가 파괴되고 유례없는 폭력과 소요가 발생해 새로운 세계 질서가 형성되었다.

△ **최초의 총격**
1914년 6월 28일, 보스니아의 민족주의자 가브릴로 프린치프가 오스트리아의 프란츠 페르디난트 대공을 저격했다. 이 사건으로 강대국들이 제1차 세계대전에 돌입했다. 이 세기적인 전쟁으로 제국들이 몰락했다.

20세기 초, 이전 세계는 새로운 세계에 길을 양보하기 시작했다. 새로운 제국들이 남아프리카, 한국, 그 외 지역에서 여전히 탄생하고 있었지만 사람들이 억압과 정치적 배제로부터 해방을 요구하면서 일부 기존 제국들은 혼란에 빠졌다. 러시아에서는 수천 명이 차르 니콜라스 2세에 대항해 시위를 벌이며 개혁을 요구했고, 반면 차르의 군대는 러일전쟁에서 일본에 대패했다. 같은 시기에 중국의 청나라는 유럽 제국주의와 내부 반란의 압력으로 무너지고 있었다. 1912년에 중국은 청 왕조가 몰락하고 공화국이 되었다.

1908년, 청년투르크당(튀르키예 민족주의정당)이 반란을 일으켜 헌법과 다당제 정치를 도입하자 거대한 오스만 제국이 흔들렸다. 세르비아, 불가리아, 그리스, 몬테네그로가 포함된 발칸 국가연맹은 이런 불안한 사건을 이용해 오스만 제국과 전쟁을 벌인 뒤 전리품을 두고 다투다가 또 다른 전쟁으로 이어졌다.

지속적인 혼란

급진 민족주의자 가브릴로 프린치프가 보스니아 사라예보에서 오스트리아의 프란츠 페르디난트 대공을 암살하자 제1차 세계대전이 시작되었다(280-281쪽 참조). 4년간 지속된 이 전쟁은 교착 상태가 지속되면서 엄청난 피해가 발생했다. 또한 살상 무기 기술 발전으로 항공기, 독가스, 탱크, 잠수함이 대량 사용되어 청년 세대들이 살육당했다. 제1차 세계대전 발생 이후 3년 만에 러시아는 완전히 무너

◁ **전쟁의 대가**
1917년에 벌어진 파스샹달 전투(제3차 이프르 전투)에서 연합국은 병사 30만 명을 잃고 고작 8km의 땅을 확보했다. 이 전투는 백해무익한 전쟁의 대명사가 되었다.

어지러운 시대

20세기 초는 갈등이 지배하던 시기였다. 이 타임라인은 또 다른 세계 전쟁을 유발할 불길한 여건들이 강화되면서 끝난다. 유럽과 동아시아와 달리 북아메리카는 제1차 세계대전에 참여하기 전까지 큰 혼란을 피했다. 하지만 1929년의 미국 주식시장 붕괴는 미국과 세계에 큰 피해를 준 사건 중 하나였다. 이런 격변에도 불구하고 이 시기에 기술 혁신과 생산성이 크게 발전했다.

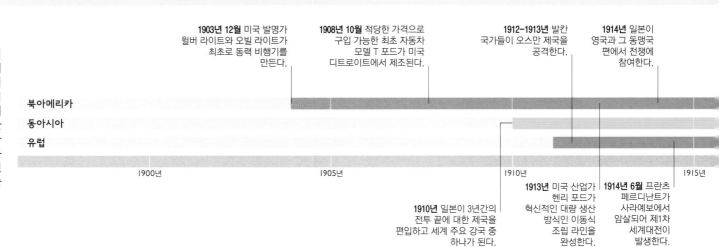

1903년 12월 미국 발명가 윌버 라이트와 오빌 라이트가 최초로 동력 비행기를 만든다.

1908년 10월 적당한 가격으로 구입 가능한 최초 자동차 모델 T 포드가 미국 디트로이트에서 제조된다.

1912-1913년 발칸 국가들이 오스만 제국을 공격한다.

1914년 일본이 영국과 그 동맹국 편에서 전쟁에 참여한다.

북아메리카
동아시아
유럽

1900년   1905년   1910년   1915년

1910년 일본이 3년간의 전투 끝에 대한 제국을 편입하고 세계 주요 강국 중 하나가 된다.

1913년 미국 산업가 헨리 포드가 혁신적인 대량 생산 방식인 이동식 조립 라인을 완성한다.

1914년 6월 프란츠 페르디난트가 사라예보에서 암살되어 제1차 세계대전이 발생한다.

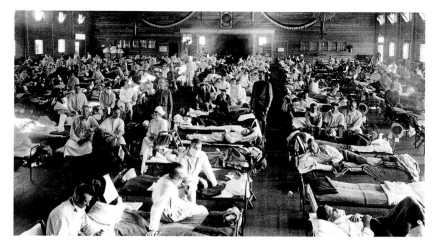

◁ **세계적 유행병**
1918-1919년에 발생한 스페인 독감으로 약 5억 명이 감염되었고 최대 5천만 명이 사망했다. 이 유행병은 미국에서 시작해 세계적 재난이 되었다.

졌다. 이런 혼란 속에서 혁명가 블라디미르 레닌이 등장해 볼셰비키당이 권력을 잡았다. 1919년에 러시아 제국, 오스트리아 제국, 독일 제국이 모두 붕괴했다. 이 전쟁의 마지막 큰 피해국인 오스만 제국은 1920년에 세브르 조약이 조인되면서 제국이 해체되었다.

한편 1916년 부활절 때 더블린에서 무장봉기가 일어나 아일랜드 남부가 영국 지배로부터 독립의 길을 걸었고, 1922년에 아일랜드 자유국이 탄생했다.

세계의 회복

미국은 전쟁 초기에 고립주의 정책을 따랐지만 독일 잠수함이 미국 상선을 공격하자 분쟁에 참여했다. 전쟁 시기와 그 이후에도 미국은 기술을 이용하고 집중적인 투자를 통해 조립라인 생산방식을 선구적으로 도입했다. 영국, 오스트리아, 독일, 캐나다는 전쟁 수행에 크게 기여한 여성들에게 투표권을 부여했다. 대부분의 미국 여성은 1920년에 투표권을 받았다. 하지만 이렇게 좋은 시기는 1929년에 월스트리트 대폭락으로 중단되었다.

이어진 대공황(292-293쪽 참조)으로 대량 실업과 파업이 발생했다. 이것은 세계적 위기가 되어 사상 유례가 없는 규모의 빈곤이 발생했다. 1930년대는 폭력적인 정치적 극단주의가 지속되었다. 내전으로 혼란한 중국은 일본의 공격을 받았다. 독일은 산업 노동자의 40% 이상이 실업 상태였다. 이미 세계 무역 붕괴로 심각한 타격을 입은 독일은 기아로 고통을 당했고, 이 시기는 야심 찬 히틀러가 국가사회주의(나치)당을 만들 좋은 기회였다. 그는 독일을 강대국으로 회복시키겠다는 약속과 함께 국가를 완전히 통제하려고 했다.

전체주의와 전쟁의 씨앗

다른 유럽 국가들도 우익 정치와 선동에 유혹당했다. 독일은 총통제(아돌프 히틀러), 이탈리아는 수령제(베니토 무솔리니), 파시스트 성향의 스페인은 통령제(프란시스코 프랑코)를 각각 선택했다. 1936년 7월, 프랑크의 군대가 스페인 좌파 군대와 잔혹한 내전을 벌였다. 히틀러와 무솔리니의 지원을 받은 프랑코가 이 전쟁에서 승리했지만 이것은 후속 세계 전쟁의 전조였다. 제1차 세계대전(대전쟁이라고도 한다)으로 모든 갈등이 종식되어야 했지만 1919년의 베르사유 평화조약은 유럽 지도를 다시 그렸고 불만과 분노를 유발했다. 이 조약은 대공황과 함께 역사상 가장 끔찍한 전쟁인 제2차 세계대전(300-301쪽 참조)의 길을 열었다.

◁ **탁월한 대중 지도자**
중국 공산당 설립자 마오쩌둥은 중국 인민공화국의 지도자가 되어 20세기 영향력이 큰 인물 중 한 사람이 되었다.

△ **불타는 독일**
1933년 2월 27일, 독일 의회 건물에 일어난 의문의 화재는 나치 역사에서 핵심적인 순간이었다. 이 사건은 아돌프 히틀러의 완전한 독재국가로 가는 디딤돌이 되었다.

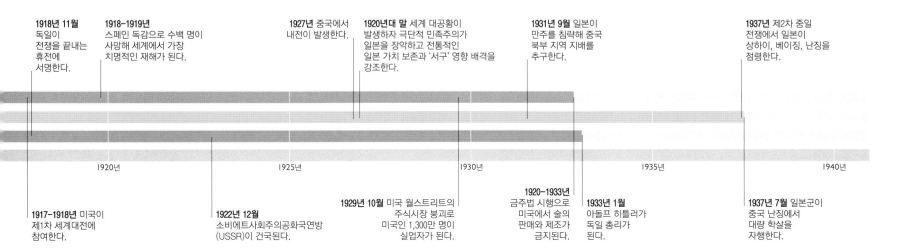

1918년 11월
독일이 전쟁을 끝내는 휴전에 서명한다.

1918-1919년
스페인 독감으로 수백 명이 사망해 세계에서 가장 치명적인 재해가 된다.

1927년 중국에서 내전이 발생한다.

1920년대 말 세계 대공황이 발생하자 극단적 민족주의가 일본을 장악하고 전통적인 일본 가치 보존과 '서구' 영향 배격을 강조한다.

1931년 9월 일본이 만주를 침략해 중국 북부 지역 지배를 추구한다.

1937년 제2차 중일 전쟁에서 일본이 상하이, 베이징, 난징을 점령한다.

1920년 · 1925년 · 1930년 · 1935년 · 1940년

1917-1918년 미국이 제1차 세계대전에 참여한다.

1922년 12월 소비에트사회주의공화국연방(USSR)이 건국된다.

1929년 10월 미국 월스트리트의 주식시장 붕괴로 미국인 1,300만 명이 실업자가 된다.

1920-1933년 금주법 시행으로 미국에서 술의 판매와 제조가 금지된다.

1933년 1월 아돌프 히틀러가 독일 총리가 된다.

1937년 7월 일본군이 중국 난징에서 대량 학살을 자행한다.

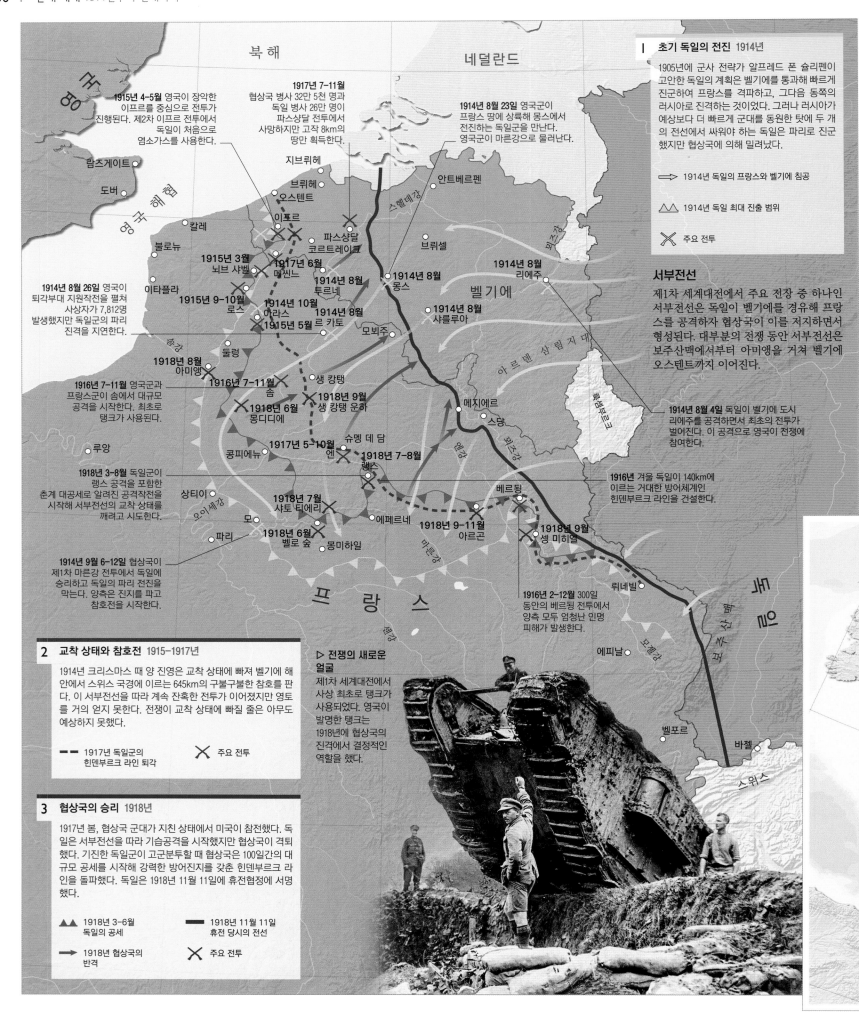

북 해

네덜란드

1 초기 독일의 전진 1914년

1905년에 군사 전략가 알프레드 폰 슐리펜이 고안한 독일의 계획은 벨기에를 통과해 빠르게 진군하여 프랑스를 격파하고, 그다음 동쪽의 러시아로 진격하는 것이었다. 그러나 러시아가 예상보다 더 빠르게 군대를 동원한 탓에 두 개의 전선에서 싸워야 하는 독일은 파리로 진군했지만 협상국에 의해 밀려났다.

⟹ 1914년 독일의 프랑스와 벨기에 침공

▲▲ 1914년 독일 최대 진출 범위

✕ 주요 전투

서부전선

제1차 세계대전에서 주요 전장 중 하나인 서부전선은 독일이 벨기에를 경유해 프랑스를 공격하자 협상국이 이를 저지하면서 형성된다. 대부분의 전쟁 동안 서부전선은 보주산맥에서부터 아미앵을 거쳐 벨기에 오스텐트까지 이어진다.

1915년 4–5월 영국이 장악한 이프르를 중심으로 전투가 진행된다. 제2차 이프르 전투에서 독일이 처음으로 염소가스를 사용한다.

1917년 7–11월 협상국 병사 32만 5천 명과 독일 병사 26만 명이 파스상달 전투에서 사망하지만 고작 8km의 땅만 획득한다.

1914년 8월 23일 영국군이 프랑스 땅에 상륙해 몽스에서 전진하는 독일군을 만난다. 영국군이 마른강으로 물러난다.

람즈게이트
도버
칼레
불로뉴
이타플라
루앙
상티이
모
파리

지브뤼헤
브뤼헤
오스텐트
이프르
파스상달
코르트레이크
1915년 3월 뇌브 샤펠
1917년 6월 메씬느
1914년 8월 투르네
1915년 9–10월 로스
1914년 10월 아라스
1915년 5월 르 카토
둘렁
1918년 8월 아미앵
1916년 7–11월 솜
생 캉탱
1918년 9월 생 캉탱 운하
1918년 6월 몽디디에
콩피에뉴
1917년 5–10월 엔
슈멩 데 담
1918년 7–8월
랭스
1918년 7월 샤토 티에리
에페르네
1918년 6월 벨로 숲
몽미하일

지브뤼헤
스헬데강
뫼즈강
안트베르펜
브뤼셀
1914년 8월 몽스
1914년 8월 샤를루아
모뵈주
1914년 8월 리에주
벨기에
메지에르
스당
뫼즈강
랭스
아르덴 삼림지대
룩셈부르크

1914년 8월 26일 영국이 퇴각부대 지원작전을 펼쳐 사상자가 7,812명 발생했지만 독일군의 파리 진격을 지연한다.

1916년 7–11월 영국군과 프랑스군이 솜에서 대규모 공격을 시작한다. 최초로 탱크가 사용된다.

1918년 3–8월 독일군이 랭스 공격을 포함한 춘계 대공세로 알려진 공격작전을 시작해 서부전선의 교착 상태를 깨려고 시도한다.

1914년 9월 6–12일 협상국이 제1차 마른강 전투에서 독일에 승리하고 독일의 파리 전진을 막는다. 양측은 진지를 파고 참호전을 시작한다.

1914년 8월 4일 독일이 벨기에 도시 리에주를 공격하면서 최초의 전투가 벌어진다. 이 공격으로 영국이 전쟁에 참여한다.

1916년 겨울 독일이 140km에 이르는 거대한 방어체계인 힌덴부르크 라인을 건설한다.

오이세강

1918년 9–11월 아르곤

1918년 9월 셍 미히엘

베르됭

뤼네빌

1916년 2–12월 300일 동안의 베르됭 전투에서 양측 모두 엄청난 인명 피해가 발생한다.

세강
마른강
모젤강
에피날

2 교착 상태와 참호전 1915–1917년

1914년 크리스마스 때 양 진영은 교착 상태에 빠져 벨기에 해안에서 스위스 국경에 이르는 645km의 구불구불한 참호를 판다. 이 서부전선을 따라 계속 잔혹한 전투가 이어졌지만 영토를 거의 얻지 못한다. 전쟁이 교착 상태에 빠질 줄은 아무도 예상하지 못했다.

– – 1917년 독일군의 힌덴부르크 라인 퇴각

✕ 주요 전투

▷ **전쟁의 새로운 얼굴**
제1차 세계대전에서 사상 최초로 탱크가 사용되었다. 영국이 발명한 탱크는 1918년에 협상국의 진격에서 결정적인 역할을 했다.

벨포르
바젤
스위스

3 협상국의 승리 1918년

1917년 봄, 협상국 군대가 지친 상태에서 미국이 참전했다. 독일은 서부전선을 따라 기습공격을 시작했지만 협상국이 격퇴했다. 기진한 독일군이 고군분투할 때 협상국은 100일간의 대규모 공세를 시작해 강력한 방어진지를 갖춘 힌덴부르크 라인을 돌파했다. 독일은 1918년 11월 11일에 휴전협정에 서명했다.

▲▲ 1918년 3–6월 독일의 공세

━ 1918년 11월 11일 휴전 당시의 전선

⟶ 1918년 협상국의 반격

✕ 주요 전투

프 랑 스

제1차 세계대전

제1차 세계대전은 20세기를 특징짓는 대표적인 사건 중 하나였다.
복잡한 동맹 관계로 얽히고 전함과 무기의 대규모 증강에 자극받은 각국은
새로운 전쟁이 일어나자 군대를 파견했다.

1914년 6월 28일, 오스트리아의 후계자 프란츠 페르디난트 대공이 보스니아 사라예보에서 암살되었다. 오스트리아-헝가리는 숙적을 비난하면서 세르비아에 선전포고를 했다. 상황이 급격하게 격화되어 더 넓은 범위의 동맹체제(274-275쪽 참조)가 전쟁에 휘말리게 되었다. 러시아는 서둘러 세르비아를 지원했고 독일은 오스트리아-헝가리를 지지하며 러시아와 프랑스에 선전포고를 했다. 독일이 1914년 8월 4일에 프랑스로 가는 길목에 있는 중립국 벨기에를 침공하자 영국이 전쟁을 선포했다. 곧이어 교착 상태가 이어졌다. 독일, 영국, 프랑스는 스위스 국경에서 북해에 이르는 긴 참호를 구축했다. 근대 무기를 사용하면서 서부전선은 죽음의 무대가 되었다. 훨씬 더 유동적이었던 동부전선은 더 우수한 무기를 갖춘 독일군이 러시아를 격파하자 1917년 12월에 러시아가 휴전협정에 서명했다. 1917년 4월에 미국의 참전하자 전쟁 양상이 협상국에 유리하게 바뀌었고, 잔혹한 전투가 계속 이어진 뒤 1918년 11월 11일에 휴전협정이 조인되었다. 전쟁 초기 동맹국과 협상국은 모두 이 전쟁이 짧게 끝날 것으로 확신했기 때문에 양 진영은 장기적인 소모전을 치를 준비가 되어 있지 않았다.

양 전선에서 벌어진 전쟁

제1차 세계대전은 전 세계 국가들이 점진적으로 전쟁에 참여했지만 대부분의 전투는 서부전선(서유럽)과 동부전선(동유럽)에서 이루어졌다. 전쟁은 동맹국(독일, 오스트리아-헝가리)과 협상국(러시아, 프랑스, 영국) 간에 벌어졌다. 독일이 초기에 승리를 거두었지만 협상국이 1918년 11월에 최종 승리했다.

기호 보기
- 동맹국
- 협상국
- 러시아 제국과 협상국

타임라인

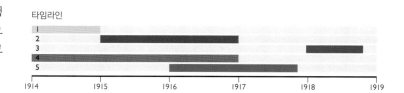

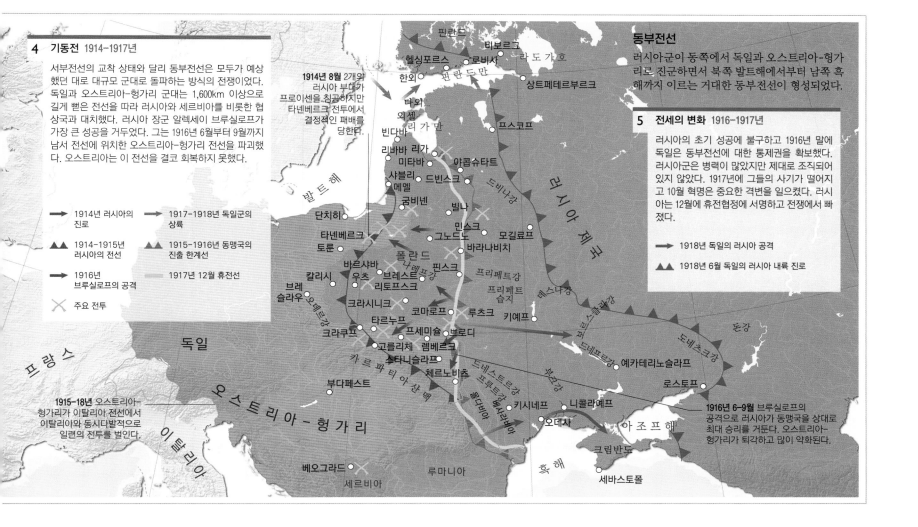

4 기동전 1914-1917년

서부전선의 교착 상태와 달리 동부전선은 모두가 예상했던 대로 대규모 군대로 돌파하는 방식의 전쟁이었다. 독일과 오스트리아-헝가리 군대는 1,600km 이상으로 길게 뻗은 전선을 따라 러시아와 세르비아를 비롯한 협상국과 대치했다. 러시아 장군 알렉세이 브루실로프가 가장 큰 성공을 거두었다. 그는 1916년 6월부터 9월까지 남서 전선에 위치한 오스트리아-헝가리 전선을 파괴했다. 오스트리아는 이 전선을 결코 회복하지 못했다.

- → 1914년 러시아의 진로
- → 1917-1918년 독일군의 상륙
- ▲▲ 1914-1915년 러시아의 전선
- ▲▲ 1915-1916년 동맹국의 진출 한계선
- → 1916년 브루실로프의 공격
- ━ 1917년 12월 휴전선
- ✕ 주요 전투

1914년 8월 2개와 러시아 부대가 프로이센을 침공하지만 타넨베르크 전투에서 결정적인 패배를 당한다.

1915-18년 오스트리아-헝가리가 이탈리아 전선에서 이탈리아와 동시다발적으로 일련의 전투를 벌인다.

동부전선

러시아군이 동쪽에서 독일과 오스트리아-헝가리로 진군하면서 북쪽 발트해에서부터 남쪽 흑해까지 이르는 거대한 동부전선이 형성되었다.

5 전세의 변화 1916-1917년

러시아의 초기 성공에 불구하고 1916년 말에 독일은 동부전선에 대한 통제권을 확보했다. 러시아군은 병력이 많았지만 제대로 조직되어 있지 않았다. 1917년에 그들의 사기가 떨어지고 10월 혁명은 중요한 격변을 일으켰다. 러시아는 12월에 휴전협정에 서명하고 전쟁에서 빠졌다.

- → 1918년 독일의 러시아 공격
- ▲▲ 1918년 6월 독일의 러시아 내륙 진로

1916년 6-9월 브루실로프의 공격으로 러시아가 동맹국을 상대로 최대 승리를 거둔다. 오스트리아-헝가리가 퇴각하고 많이 약화된다.

참호전

제1차 세계대전의 특징은 대부분 진흙과 피가 뒤섞인
참호전이었다. 참호에 발이 묶인 양 진영이 장기간 교착 상태에서
불과 몇 미터의 땅을 차지하기 위해 싸우는 과정에서
대량의 사상자가 발생했다.

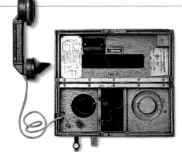

△ 통신선
일선 부대에 직접 명령을 전달하기
위해 전화가 널리 사용되었다.
전장에는 전화망과 전신망이
복잡하게 설치되었다.

독일의 프랑스 진격은 1914년 초가을에 저지당했
다. 양 진영은 살상력이 높은 기관총, 박격포, 곡
사포에 대응하기 위해 삽을 들고 초보적인 참호를
파서 그곳에서 방어와 공격을 수행하면서 근대
참호전이 시작되었다.

1914년 10월 중순, 참호 라인 2개가 서로를
바라보며 남쪽 스위스 국경에서부터 북해까지 구
불구불 이어졌다. 이것을 서부전선이라고 불렀다.
초기 협상국의 참호는 조악하고 얕았다. 한편 독
일군의 참호는 더 탄탄하고 더 높은 지대에 있었
다. 일부에는 전기와 화장실도 설치되었고, 참호
벽을 강화하기 위해 모래주머니, 철망, 나무틀이
사용되었다.

인명 손실

참호 생활은 끔찍했다. 참호 안에는 쥐, 파리, 이가 득실거렸고 쉽게 침수되었다.
겁에 질린 젊은 병사들은 무릎까지 빠지는 진흙 속에 서서 '참호 넘어 돌격 앞으
로' 명령을 기다렸다. 파스샹달(1917년 7-11월)과 같은 대규모 전투는 물론이고
저격수의 총격, 마구잡이 폭격, 독가스 등 상존하는 위협 때문에 사상자 비율이
높았다. 장티푸스, 참호족 등의 질병 때문에 많은 병사가 전투력을 상실했다. 끝없
는 폭격과 화기 소음 탓에 '전쟁 신경증'이라는 새로운 질환이 발생해 다양한 심리
적 장애를 촉발했다.

병사들은 참호 속에 갇혀 있어서 출구가 없었다. 도망자는 사살되었고 꾀병을
부리는 병사는 처벌을 받았다. 제1차 세계대전의 참호전은 4년간의 교착 상태로
이어졌고, 병사들은 새로운 무기뿐만 아니라 끔찍한 생활 환경 때문에 사망했다.

△ 참호를 넘어서
독일군이 참호를 기어올라 사람이 없는 구역인 아군과 적군의 참호 사이를 가로질러 영국군 참호를
향해 돌격했다. 병사들은 적의 총구 앞으로 진격하다가 떼죽음을 당했다.

솜 전투
체셔 제11연대 소속의 한 병사가 솜 전투(1916년 7-11월)에서 경계를 서는 동안 동료들이 참호 속 돌무더기 위에서 아무렇게나 잠을 자고 있다.

전쟁의 확대

제1차 세계대전(1914-1918년)의 주요 전장은 유럽이었지만
분쟁은 전 세계로 확대되었다.
유럽의 주요 강대국은 그들 제국과 식민지뿐 아니라
여러 동맹국을 통해 전쟁을 확산했다.

제1차 세계대전은 중앙 유럽에서 시작되었다. 하지만 유럽의 교전국 중 다수는
식민지를 보유한 강대국이었기 때문에 세계 곳곳에 막대한 자산과 군대를 보유
하고 있었다. 수많은 병사가 식민지에서 징집되어 여러 전선으로 투입되었다. 전
쟁이 확대되면서 발칸, 메소포타미아, 아나톨리아(지금의 튀르키예), 동아프리카,
살로니카에 새로운 전선이 생겨났다. 이탈리아가 1915년에 협상국 편에 참전해
오스트리아-헝가리와 맞닿은 국경을 따라 잔혹한 전투를 벌였다.

불안정했던 발칸 지역에서는 지지파가 둘로 나뉘었다. 1918년 9월, 협상국 군
대가 그리스 북부에서 공격을 시작해 결국 세르비아를 해방했다. 투르크 오스만
제국이 1914년 가을에 독일의 동맹국이 되면서 중동이 분쟁 지역이 되었다. 투
르크인은 초기에 영국과 싸워 승리했지만 코카서스 지역에서 러시아와 싸우며
고전했다. 1916년에 아랍인들이 오스만 제국 통치에 반발하며 대대적으로 봉기
한 탓에 오스만군의 발이 묶여 영국에 유리해졌다. 오스만 제국이 1918년 10월
에 휴전을 요청할 무렵 수 세기를 이어 온 제국은 붕괴했다.

> "우리는 수천 명씩 총구 앞으로 내몰아
> 최악의 죽음을 맞이하게 했다."
>
> T. E. 로런스, 영국군 장교

T. E. 로런스
1888-1935년

제1차 세계대전의 상징적인 인물 중 한 사
람은 아라비아의 로런스라는 별명으로 널
리 알려진 토머스 에드워드 로런스였다.
그는 아랍어를 구사하는 영국 고고학자로
서 중동 지역을 답사하며 연구했다. 제1차
세계대전 당시 영국군에 입대해 이집트 카
이로에서 정보 장교로 근무했다. 아랍 민
족주의를 지지했으며, 오스만 군대와의
게릴라전을 조직하는 데 핵심적인 역할을
했다. 그로 인해 영국이 중동 지역에서 영
향력을 확보하는 데 도움이 되었다. 토머
스 에드워드 로런스는 1935년에 오토바이
교통사고로 잉글랜드에서 사망했다.

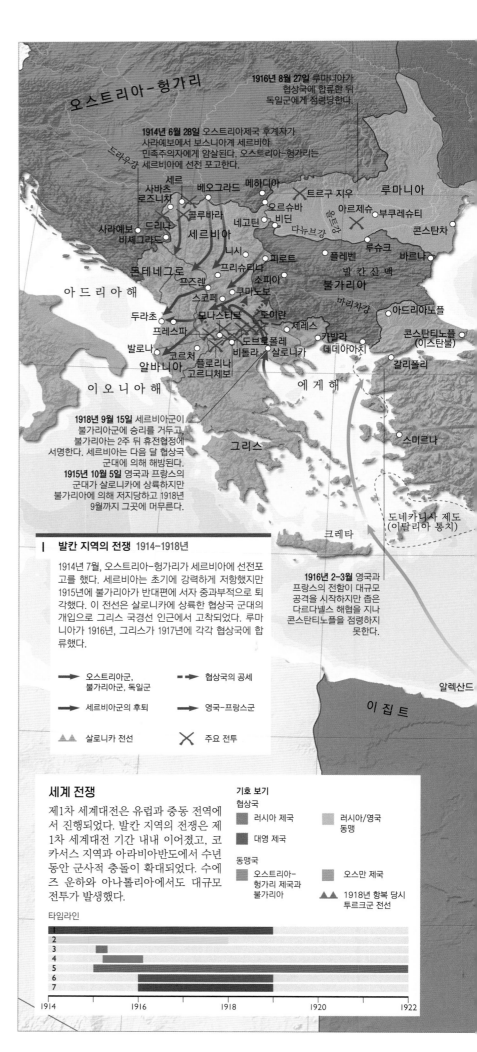

오스트리아-헝가리

1916년 8월 27일 루마니아가
협상국에 합류한 뒤
독일군에게 점령당한다.

1914년 6월 28일 오스트리아제국 후계자가
사라예보에서 보스니아계 세르비아
민족주의자에게 암살된다. 오스트리아-헝가리는
세르비아에 선전 포고한다.

드라우강

루마니아

세르
사바츠
로즈니차
베오그라드
메하디아
트르구 지우
오르슈바
콜루바라
아르제슈
부쿠레슈티
사라예보
드리나
네고틴
비딘
콘스탄차
비셰그라드
세르비아
다뉴브강
니시
피로트
루슈크
플레벤
바르나
몬테네그로
프리슈티나
발칸 산맥
프리즈렌
소피아
불가리아
스코페
쿠마노보
아드리아 해
마리차강
두라초
모나스티르
도이란
아드리아노플
프레스파
제레스
콘스탄티노플
(이스탄불)
발로나
도브로폴레
비톨라
카발라
데데아가치
고르체
살로니카
갈리폴리
알바니아
플로리나
고르니체보

이 오니아 해

에 게 해

1918년 9월 15일 세르비아군이
불가리아군에 승리를 거두고,
불가리아는 2주 뒤 휴전협정에
서명한다. 세르비아는 다음 달 협상국
군대에 의해 해방된다.

그리스

스미르나

1915년 10월 5일 영국과 프랑스의
군대가 살로니카에 상륙하지만
불가리아에 의해 저지당하고 1918년
9월까지 그곳에 머무른다.

도네카니사 제도
(이탈리아 통치)

크레타

1916년 2-3월 영국과
프랑스의 전함이 대규모
공격을 시작하지만 좁은
다르다넬스 해협을 지나
콘스탄티노플을 점령하지
못한다.

▌발칸 지역의 전쟁 1914-1918년

1914년 7월, 오스트리아-헝가리가 세르비아에 선전포
고를 했다. 세르비아는 초기에 강력하게 저항했지만
1915년에 불가리아가 반대편에 서자 중과부적으로 퇴
각했다. 이 전선은 살로니카에 상륙한 협상국 군대의
개입으로 그리스 국경선 인근에서 고착되었다. 루마
니아가 1916년, 그리스가 1917년에 각각 협상국에 합
류했다.

→ 오스트리아군, 불가리아군, 독일군	⇢ 협상국의 공세
→ 세르비아군의 후퇴	→ 영국-프랑스군
▲▲ 살로니카 전선	✕ 주요 전투

알렉산드

이 집 트

세계 전쟁

제1차 세계대전은 유럽과 중동 전역에
서 진행되었다. 발칸 지역의 전쟁은 제
1차 세계대전 기간 내내 이어졌고, 코
카서스 지역과 아라비아반도에서 수년
동안 군사적 충돌이 확대되었다. 수에
즈 운하와 아나톨리아에서도 대규모
전투가 발생했다.

기호 보기

협상국
- 러시아 제국
- 러시아/영국 동맹
- 대영 제국

동맹국
- 오스트리아-헝가리 제국과 불가리아
- 오스만 제국
- ▲▲ 1918년 항복 당시 투르크군 전선

타임라인

| 2 | 3 | 4 | 5 | 6 | 7 |

1914   1916   1918   1920   1922

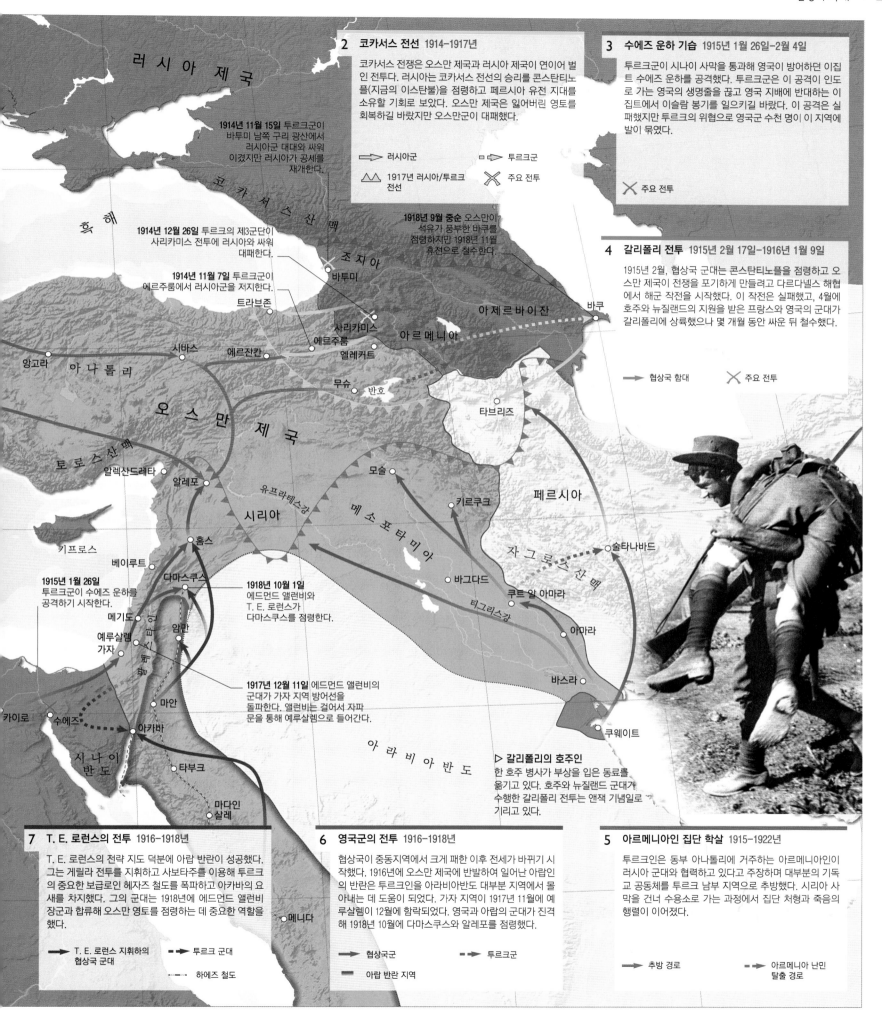

2 코카서스 전선 1914–1917년

코카서스 전쟁은 오스만 제국과 러시아 제국이 연이어 벌인 전투다. 러시아는 코카서스 전선의 승리를 콘스탄티노플(지금의 이스탄불)을 점령하고 페르시아 유전 지대를 소유할 기회로 보았다. 오스만 제국은 잃어버린 영토를 회복하길 바랐지만 오스만군이 대패했다.

→ 러시아군   ⇨ 투르크군
⋀⋀ 1917년 러시아/투르크 전선   ✕ 주요 전투

3 수에즈 운하 기습 1915년 1월 26일–2월 4일

투르크군이 시나이 사막을 통과해 영국이 방어하던 이집트 수에즈 운하를 공격했다. 투르크군은 이 공격이 인도로 가는 영국의 생명줄을 끊고 영국 지배에 반대하는 이집트에서 이슬람 봉기를 일으키길 바랐다. 이 공격은 실패했지만 투르크의 위협으로 영국군 수천 명이 이 지역에 발이 묶였다.

✕ 주요 전투

4 갈리폴리 전투 1915년 2월 17일–1916년 1월 9일

1915년 2월, 협상국 군대는 콘스탄티노플을 점령하고 오스만 제국이 전쟁을 포기하게 만들려고 다르다넬스 해협에서 해군 작전을 시작했다. 이 작전은 실패했고, 4월에 호주와 뉴질랜드의 지원을 받은 프랑스와 영국의 군대가 갈리폴리에 상륙했으나 몇 개월 동안 싸운 뒤 철수했다.

→ 협상국 함대   ✕ 주요 전투

1914년 11월 15일 투르크군이 바투미 남쪽 구리 광산에서 러시아군 대대와 싸워 이겼지만 러시아가 공세를 재개한다.

1914년 12월 26일 투르크의 제3군단이 사리카미스 전투에서 러시아와 싸워 대패한다.

1914년 11월 7일 투르크군이 에르주룸에서 러시아군을 저지한다.

1918년 9월 중순 오스만이 석유가 풍부한 바쿠를 점령하지만 1918년 11월 휴전으로 철수한다.

1915년 1월 26일 투르크군이 수에즈 운하를 공격하기 시작한다.

1918년 10월 1일 에드먼드 앨런비와 T. E. 로런스가 다마스쿠스를 점령한다.

1917년 12월 11일 에드먼드 앨런비의 군대가 가자 지역 방어선을 돌파한다. 앨런비는 걸어서 자파 문을 통해 예루살렘으로 들어간다.

러시아 제국
코카서스 산맥
흑해
조지아
바투미
트라브존
아제르바이잔
바쿠
사리카미스
에르주룸
엘레커트
아르메니아
시바스
에르잔칸
앙고라
아나톨리
무슈
반호
타브리즈
오스만 제국
토로스산맥
알렉산드레타
알레포
유프라테스강
시리아
모술
키르쿠크
메소포타미아
페르시아
자그로스산맥
술타나바드
키프로스
홈스
베이루트
다마스쿠스
바그다드
쿠트 알 아마라
티그리스강
메기도
암만
아마라
예루살렘
가자
바스라
카이로
수에즈
마안
아카바
쿠웨이트
시나이 반도
타부크
아라비아반도
마다인 살레
메니다

▷ 갈리폴리의 호주인

한 호주 병사가 부상을 입은 동료를 옮기고 있다. 호주와 뉴질랜드 군대가 수행한 갈리폴리 전투는 앤잭 기념일로 기리고 있다.

7 T. E. 로런스의 전투 1916–1918년

T. E. 로런스의 전략 지도 덕분에 아랍 반란이 성공했다. 그는 게릴라 전투를 지휘하고 사보타주를 이용해 투르크의 중요한 보급로인 헤자즈 철도를 폭파하고 아카바의 요새를 차지했다. 그의 군대는 1918년에 에드먼드 앨런비 장군과 합류해 오스만 영토를 점령하는 데 중요한 역할을 했다.

→ T. E. 로런스 지휘하의 협상국 군대   ⇢ 투르크 군대
⎯ 하에즈 철도

6 영국군의 전투 1916–1918년

협상국이 중동지역에서 크게 패한 이후 전세가 바뀌기 시작했다. 1916년에 오스만 제국에 반발하여 일어난 아랍인의 반란은 투르크인을 아라비아반도 대부분 지역에서 몰아내는 데 도움이 되었다. 가자 지역에서 1917년 11월에 예루살렘이 12월에 함락되었다. 영국과 아랍의 군대가 진격해 1918년 10월에 다마스쿠스와 알레포를 점령했다.

→ 협상국군   ⇢ 투르크군
⎯ 아랍 반란 지역

5 아르메니아인 집단 학살 1915–1922년

투르크인은 동부 아나톨리에 거주하는 아르메니아인이 러시아 군대와 협력하고 있다고 주장하며 대부분의 기독교 공동체를 투르크 남부 지역으로 추방했다. 시리아 사막을 건너 수용소로 가는 과정에서 집단 처형과 죽음의 행렬이 이어졌다.

→ 추방 경로   ⇢ 아르메니아 난민 탈출 경로

4 내전 발발 1917-1922년

볼셰비키가 권력을 장악했지만 러시아 내에서 소수파였다. 레닌은 새로운 볼셰비키 비밀경찰인 체카를 동원해 체제에 위협이 되는 모든 사람에 대한 협박 작전인 '적색 테러'를 시작했다. 그러던 중 볼셰비키파(적군)와, 차르 지지자와 군 장교로 구성된 백군을 포함한 반볼셰비키파 군대 사이에 폭력적인 내전이 발생했다. 러시아의 이전 동맹국인 영국, 프랑스, 미국은 공산주의 확산을 우려해 백군을 지원했다.

3 제1차 세계대전에서 철수한 러시아 1917-1918년

레닌이 이끄는 신생 볼셰비키 정부는 1917년 12월에 동맹국과 휴전협정에 서명했다(281쪽 참조). 러시아에 가혹했던 협정의 조건은 1918년 3월에 브레스트리토프스크 조약으로 공식화되었다. 러시아는 발트해 국가들과 우크라이나에 대한 지배권을 포기하고 전쟁 배상금으로 60억 독일 마르크를 지불해야 했다. 이러한 손실에 대한 분노로 볼셰비키에 대한 반대 여론이 고조되었다.

2 독립 공화국들 1917-1921년

러시아 제국은 민족적으로 다양했으며 비러시아계 민족들이 민족자결권을 점점 더 많이 요구했다. 혁명 이후 핀란드, 폴란드, 라트비아, 리투아니아, 우크라이나가 독립을 선언했고, 반면 아르메니아, 아제르바이잔, 조지아는 공화국을 세웠지만 단명했다. 우크라이나와 코카서스 지역 국가들은 재정 위기와 군사적 취약성에 직면하자 나중에 다시 소련에 흡수되었다.

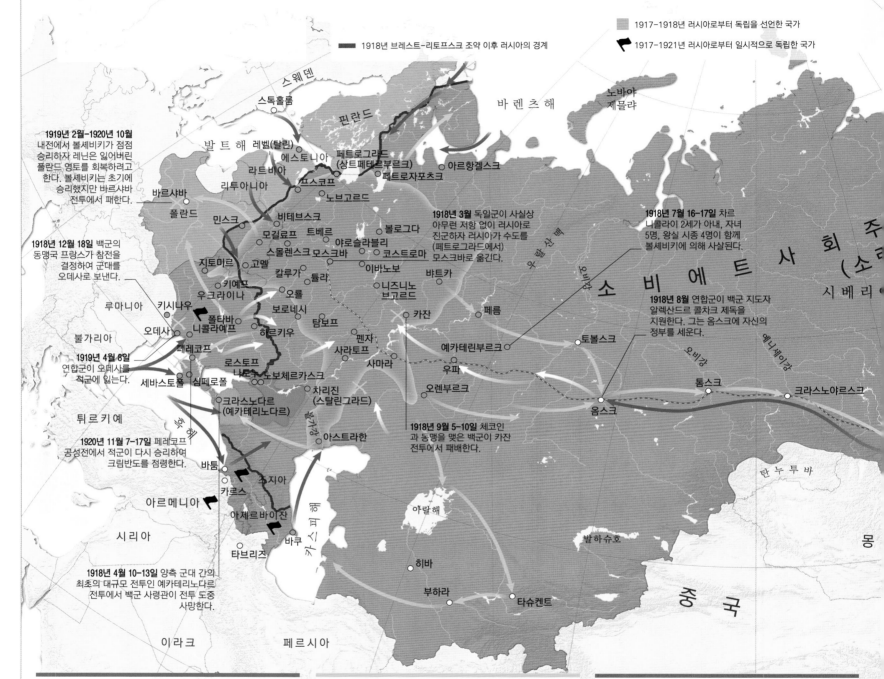

5 코사크족의 공격 1917-1920년

지역 자치를 유지하던 집단인 코사크족이 볼셰비키에 대항해 봉기하자 다수의 반볼셰비키파들이 러시아 남부에서 그들과 합류했다. 백군과 합세한 코사크족은 남부전선에서 볼셰비키파를 수세로 몰고 통신선을 파괴하고, 1918-1920년에 항구 도시 차리진을 포위했다. 1919년 9월에는 보로네시를 잠시 점령하기도 했다.

6 볼셰비키의 전진 1917-1922년

백군이 다른 국가들의 지지를 많이 받았지만, 볼셰비키파는 레온 트로츠키라는 탁월한 전략 지도자가 있었고 조직력도 우세했다. 결정적으로 그들은 모스크바와 페트로그라드라는 산업도시와 대부분의 철도망을 장악했다. 1922년 10월에 내전이 끝나자 볼셰비키들이 러시아를 통치했다.

7 소련 건국 1922년 12월

내전 이후 러시아는 만신창이가 되었다. 1921-1922년 사이에 600만 명에 이르는 농민이 굶어 죽었고 많은 도시에서 폭동이 일어났다. 레닌은 1922년 5월에 뇌졸중이 발생했다. 1922년 12월, 일당독재 체제에 기반한 소비에트 사회주의 공화국연방(소련)이 세워졌다. 레닌은 1924년에 사망할 때 당내 내분을 우려했다. 그는 세계 최초의 사회주의국가를 남겼다.

러시아 혁명

수 세기 동안 러시아 제국은 절대군주 차르가 통치했다.
하지만 격동의 1년 만에 러시아인이 봉기하여
차르 체제를 전복했다. 블라디미르 레닌의 공산당 볼셰비키는
권력을 장악한 이후 소련 건국의 발판을 닦았다.

10월 혁명 1917년 10월

1917년 가을에 레닌이 러시아로 돌아와 핀란드에 숨어 지내면서 즉각적인 행동을 촉구했다. 적군이 페트로그라드를 장악했고 1917년 10월 26일에 임시정부가 있던 겨울궁전의 수비군은 저항 없이 항복했다. 권력이 볼셰비키에 넘어가고 레닌은 1918년 1월에 러시아 제헌의회를 해산하고 마르크스주의 일당독재 국가를 건설했다.

● 볼셰비키가 장악한 도시

베링해

오 호 츠 크 해

레나강

1918년 5월 연합군이 전쟁 물자를 볼셰비키의 공격으로부터 보호하고 철도 운행을 유지하기 위해 시베리아횡단철도를 지킨다.

하바로프스크

이칼호

블라고베시첸스크

치타

1919년 1월 연합국이 백군과 합세해 싸우기 위해 군대를 블라디보스토크를 통해 주로 시베리아로 보낸다.

블라디보스토크

바토르

한국

△ 레닌의 귀환
상트페테르부르크의 핀란드 역에 있는 레닌 동상은 그가 추방에서 돌아와 혁명을 시작한 것을 기념한 것이다.

1914년에 제1차 세계대전이 발생하자 불만으로 가득하던 러시아가 잠시 단합했지만 전쟁은 순조롭게 진행되지 않았다. 대규모 군사적 손실과 식량 부족으로 차르 니콜라스 2세에 대한 분노가 증가했다. 1917년 2월 23일, 페트로그라드에서 빵을 사려고 몇 시간씩 기다리던 여성들이 폭동을 일으켰다. 폭동은 총파업으로 확산되었다. 그 결과 차르가 1917년 3월에 왕위에서 물러나고 임시정부가 권력을 계승했지만 취약했다. 한편 변화를 요구하는 페트로그라드 노동자와 군인 대표위원회는 점점 대중적 인기가 상승했다. 러시아 사회민주당 볼셰비키파의 지도자 레닌은 마르크스주의 활동으로 추방당했다가 러시아로 돌아왔다. 그는 지금이 자신의 사상을 실현할 때라고 확신했다. 하지만 임시정부 지도자 알렉산드르 케렌스키가 볼셰비키의 활동을 금지하고 레닌을 체포하라고 명령하자 레닌은 핀란드로 도피했다. 1917년 8월, 볼셰비키가 페트로그라드 소비에트를 장악했다. 승리를 감지한 레닌은 그해 가을에 볼셰비키가 권력을 잡을 수 있다고 확신하며 고국으로 돌아왔다.

> "지금 우리가 권력을 차지하지 않는다면
> 역사는 우리를 용서하지 않을 것이다."
>
> 블라디미르 레닌, 혁명가, 1917년 가을

레온 트로츠키
1897-1940년

원래 레온 트로츠키는 러시아 사회주의운동 내에서 볼셰비키와 대립하던 멘셰비키의 일원이었다. 그는 1917년에 차르 체제가 전복되었을 당시 반전 활동으로 미국으로 추방되었다가 이후 러시아로 돌아와 볼셰비키 정당에 가입했다. 트로츠키는 10월 혁명을 조직하고 적군을 건설하는 일에 기여했다. 그 뒤 러시아 내전(1917-1922년)을 지휘했다. 1924년 레닌 사망 이후 그는 이오시프 스탈린과 충돌했다. 트로츠키는 1929년에 다시 추방되어 멕시코로 망명했다. 그리고 1940년에 스탈린주의를 신봉하는 암살자의 칼에 피살됐다.

혼란한 국가

러시아는 1917년 2월부터 1922년 소련 건국 때까지 극심한 혼란을 겪었다. 제1차 세계대전, 군주제 종식, 혁명, 내전, 기근으로 타격을 받은 러시아에서 레닌은 사실상 독재자로 등장했다.

기호 보기

→ 볼셰비키 군대	➤ 협상국 군대
⇒ 백군	▪▪▪ 철도

타임라인

```
    1    2    3    4    5    6    7
1917  1918  1919  1920  1921  1922  1923
```

정치적 극단주의

제1차 세계대전은 해로운 유산을 남겼다.
독일, 이탈리아, 스페인을 포함한 몇몇 국가는
자국 문제의 해결책을 정치적 극단주의에서 찾았다.

제1차 세계대전 이후 유럽에서 공산주의가 확산하자 극단적인 우익 집단이 등장했다. 사람들은 정치권력을 행사하려는 지도자들에게 의존했다. 자신의 우익 운동을 의미하는 '파시즘'이라는 용어를 만든 베니토 무솔리니는 1922년에 이탈리아의 군사 독재자가 되었다.

무솔리니가 이용한 대중 집회와 선전 선동은 독일 우익의 떠오르는 스타이자 국가사회주의 독일 노동자당(나치)의 지도자 아돌프 히틀러에 영향을 주었다. 그는 공공연한 인종주의자, 반유대주의자, 반공주의자였다. 1930년대는 극단적인 혼란의 시기였다. 대공황(292-293쪽 참조)은 세계 경제의 위기로 이어졌다. 공산주의와 파시즘은 모두 배고프고 실직한 사람들에게 해결책을 제공했다. 중앙 유럽과 동부 유럽에서는 권위적인 정부가 권력을 잡았고 민주주의가 쇠퇴했다.

△ 파시즘의 탄생
카리스마적인 이탈리아 독재자 베니토 무솔리니는 대중 집회에서 수많은 사람을 고무했다. 그의 거수경례 방식은 파시즘의 상징이 되었다.

위기와 갈등

독일의 경제 위기 상황에서 나치 집단이 공산주의자들과 싸우는 과정에서 히틀러가 1933년에 권력을 잡았다. 스페인 내전(298-299쪽 참조)은 파시스트와 좌파 세력 사이의 반감을 전형적으로 보여 주었다. 이탈리아와 독일은 파시스트 프란시스코 프랑코 장군을 지원하면서 스페인 내전을 소련의 보급품과 자문을 지원받는 공화 정부와 싸우는 전략과 신무기를 시험하는 장으로 활용했다. 유럽 각국은 또다시 양쪽 중 하나를 선택하고 동맹을 맺었다.

▷ 게르니카 폭격
스페인 내전 중이던 1937년 4월 26일, 스페인 게르니카의 바스크 마을이 폭격당했다. 나치가 프란시스코 프랑코 장군을 지원하기 위해 폭격한 것이다.

> "실상을 말하자면, 인간은 자유에 지쳤다."

베니토 무솔리니, 이탈리아 독재자, 1934년

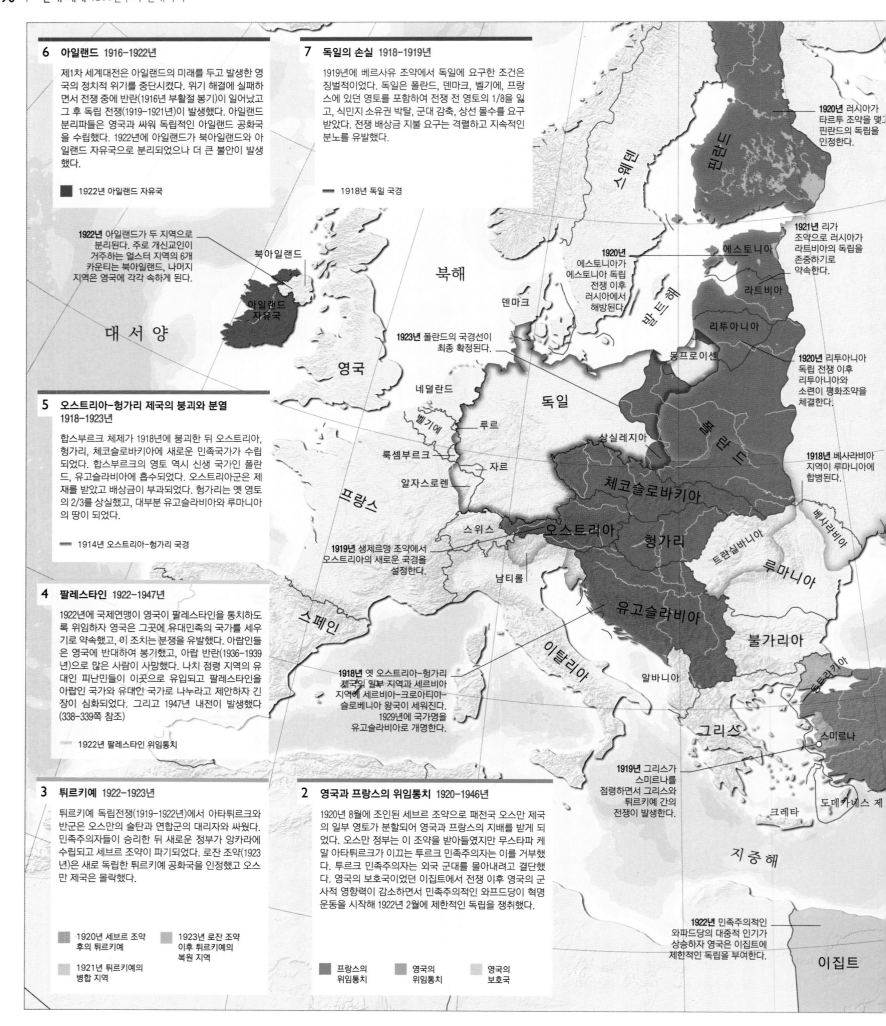

6 아일랜드 1916-1922년

제1차 세계대전은 아일랜드의 미래를 두고 발생한 영국의 정치적 위기를 중단시켰다. 위기 해결에 실패하면서 전쟁 중에 반란(1916년 부활절 봉기)이 일어났고 그 후 독립 전쟁(1919-1921년)이 발생했다. 아일랜드 분리파들은 영국과 싸워 독립적인 아일랜드 공화국을 수립했다. 1922년에 아일랜드가 북아일랜드와 아일랜드 자유국으로 분리되었으나 더 큰 불안이 발생했다.

■ 1922년 아일랜드 자유국

1922년 아일랜드가 두 지역으로 분리된다. 주로 개신교인이 거주하는 얼스터 지역의 6개 카운티는 북아일랜드, 나머지 지역은 영국에 각각 속하게 된다.

7 독일의 손실 1918-1919년

1919년에 베르사유 조약에서 독일에 요구한 조건은 징벌적이었다. 독일은 폴란드, 덴마크, 벨기에, 프랑스에 있던 영토를 포함하여 전쟁 전 영토의 1/8을 잃고, 식민지 소유권 박탈, 군대 감축, 상선 몰수를 요구받았다. 전쟁 배상금 지불 요구는 격렬하고 지속적인 분노를 유발했다.

— 1918년 독일 국경

1920년 러시아가 타르투 조약을 맺고 핀란드의 독립을 인정한다.

1921년 리가 조약으로 러시아가 라트비아의 독립을 존중하기로 약속한다.

1920년 에스토니아가 에스토니아 독립 전쟁 이후 러시아에서 해방된다.

1920년 리투아니아 독립 전쟁 이후 리투아니아와 소련이 평화조약을 체결한다.

1923년 폴란드의 국경선이 최종 확정된다.

1918년 베사라비아 지역이 루마니아에 합병된다.

5 오스트리아-헝가리 제국의 붕괴와 분열 1918-1923년

합스부르크 체제가 1918년에 붕괴한 뒤 오스트리아, 헝가리, 체코슬로바키아에 새로운 민족국가가 수립되었다. 합스부르크의 영토 역시 신생 국가인 폴란드, 유고슬라비아에 흡수되었다. 오스트리아군은 제재를 받았고 배상금이 부과되었다. 헝가리는 옛 영토의 2/3를 상실했고, 대부분 유고슬라비아와 루마니아의 땅이 되었다.

— 1914년 오스트리아-헝가리 국경

1919년 생제르맹 조약에서 오스트리아의 새로운 국경을 설정한다.

4 팔레스타인 1922-1947년

1922년에 국제연맹이 영국이 팔레스타인을 통치하도록 위임하자 영국은 그곳에 유대민족의 국가를 세우기로 약속했고, 이 조치는 분쟁을 유발했다. 아랍인들은 영국에 반대하여 봉기했고, 아랍 반란(1936-1939년)으로 많은 사람이 사망했다. 나치 점령 지역의 유대인 피난민들이 이곳으로 유입되고 팔레스타인을 아랍인 국가와 유대인 국가로 나누라고 제안하자 긴장이 심화되었다. 그리고 1947년 내전이 발생했다 (338-339쪽 참조)

— 1922년 팔레스타인 위임통치

1918년 옛 오스트리아-헝가리 제국의 일부 지역과 세르비아 지역에 세르비아-크로아티아-슬로베니아 왕국이 세워진다. 1929년에 국가명을 유고슬라비아로 개명한다.

1919년 그리스가 스미르나를 점령하면서 그리스와 튀르키예 간의 전쟁이 발생한다.

3 튀르키예 1922-1923년

튀르키예 독립전쟁(1919-1922년)에서 아타튀르크와 반군은 오스만의 술탄과 연합군의 대리자와 싸웠다. 민족주의자들이 승리한 뒤 새로운 정부가 앙카라에 수립되고 세브르 조약이 파기되었다. 로잔 조약(1923년)은 새로 독립한 튀르키예 공화국을 인정했고 오스만 제국은 몰락했다.

■ 1920년 세브르 조약 후의 튀르키예
■ 1923년 로잔 조약 이후 튀르키예의 복원 지역
■ 1921년 튀르키예의 병합 지역

2 영국과 프랑스의 위임통치 1920-1946년

1920년 8월에 조인된 세브르 조약으로 패전국 오스만 제국의 일부 영토가 분할되어 영국과 프랑스의 지배를 받게 되었다. 오스만 정부는 이 조약을 받아들였지만 무스타파 케말 아타튀르크가 이끄는 투르크 민족주의자는 이를 거부했다. 투르크 민족주의자는 외국 군대를 몰아내려고 결단했다. 영국의 보호국이었던 이집트에서 전쟁 이후 영국의 군사적 영향력이 감소하면서 민족주의적인 와프드당이 혁명운동을 시작해 1922년 2월에 제한적인 독립을 쟁취했다.

■ 프랑스의 위임통치
■ 영국의 위임통치
■ 영국의 보호국

1922년 민족주의적인 와프드당의 대중적 인기가 상승하자 영국은 이집트에 제한적인 독립을 부여한다.

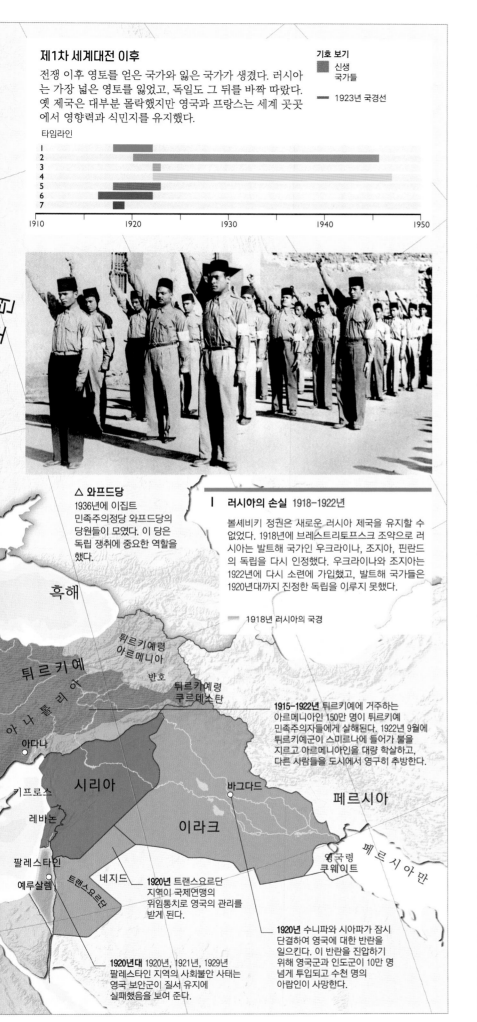

제1차 세계대전 이후

전쟁 이후 영토를 얻은 국가와 잃은 국가가 생겼다. 러시아는 가장 넓은 영토를 잃었고, 독일도 그 뒤를 바짝 따랐다. 옛 제국은 대부분 몰락했지만 영국과 프랑스는 세계 곳곳에서 영향력과 식민지를 유지했다.

기호 보기
■ 신생 국가들
■ 1923년 국경선

타임라인

1910 1920 1930 1940 1950

△ **와프드당**

1936년에 이집트 민족주의정당 와프드당의 당원들이 모였다. 이 당은 독립 쟁취에 중요한 역할을 했다.

▌ **러시아의 손실** 1918-1922년

볼셰비키 정권은 새로운 러시아 제국을 유지할 수 없었다. 1918년에 브레스트리토프스크 조약으로 러시아는 발트해 국가인 우크라이나, 조지아, 핀란드의 독립을 다시 인정했다. 우크라이나와 조지아는 1922년에 다시 소련에 가입했고, 발트해 국가들은 1920년대까지 진정한 독립을 이루지 못했다.

▬ 1918년 러시아의 국경

흑해

튀르키예령 아르메니아

반호

튀르키예령 쿠르데스탄

1915-1922년 튀르키예에 거주하는 아르메니아인 150만 명이 튀르키예 민족주의자들에게 살해된다. 1922년 9월에 튀르키예군이 스미르나에 들어가 불을 지르고 아르메니아인을 대량 학살하고, 다른 사람들을 도시에서 영구히 추방한다.

튀르키예

아나톨리아

아다나

시리아

키프로스

레바논

바그다드

페르시아

이라크

팔레스타인

예루살렘

트랜스요르단

네지드

영국령 쿠웨이트

페르시아 만

1920년 트랜스요르단 지역이 국제연맹의 위임통치로 영국의 관리를 받게 된다.

1920년 수니파와 시아파가 잠시 단결하여 영국에 대한 반란을 일으킨다. 이 반란을 진압하기 위해 영국군과 인도군이 10만 명 넘게 투입되고 수천 명의 아랍인이 사망한다.

1920년대 1920년, 1921년, 1929년 팔레스타인 지역의 사회불안 사태는 영국 보안군이 질서 유지에 실패했음을 보여 준다.

제1차 세계대전의 결과

제1차 세계대전이 끝난 뒤 유럽과 중동의 정치 지형이 영구적으로 바뀌었다. 수 세기를 이어 온 제국과 왕조는 몰락하고, 국경선이 다시 그어지고 신생 민족 국가들이 수립되었으나 그 과정에서 미래 갈등의 씨앗이 뿌려졌다.

제1차 세계대전은 세계 정치에 깊은 영향을 미쳐 강력한 군주국인 독일, 러시아, 오스트리아-헝가리를 해체했다. 승전국은 1919년에 파리 평화회의에 모여 타협책을 마련했다. 주요 결과인 베르사유 조약은 독일을 가혹하게 처벌했다. 오스트리아-헝가리, 튀르키예, 불가리아 역시 손실을 입었다. 반면 1915년에 참전한 이탈리아는 이전에 합스부르크의 영토였던 북부 이탈리아를 얻었다. 또한 유럽에 신생 민족 국가 9개가 탄생했다. 중동 역시 전쟁의 영향을 크게 받았다. 1916년의 사이크스-피코 협정은 오스만 제국의 중동 지역 영토를 영국과 프랑스 통치 지역으로 분할하는 계획을 제시했다. 1920년에 많은 지역을 영국이나 프랑스 지배하에 두는 이 조치는 민족주의 감정을 자극했다.

제1차 세계대전의 승리자들은 영구적인 평화를 구축하길 바랐지만 세계 곳곳에서 논란이 이어졌고, 대량 실업, 극심한 이념 분열, 열광적인 민족주의, 공산주의의 위협으로 인해 국제적 긴장이 점점 높아졌다.

> *"베르사유 조약은 평화가 아니다. 20년 동안의 휴전 조약이다."*
>
> 페르디낭 포슈, 프랑스 장군, 1919년 6월 28일

국제연맹
1920-1946년

미국 대통령 우드로 윌슨이 제안한 국제 연맹은 평화 유지를 위해 1920년에 제네바에 설립된 국제기구였다. 이 기구는 협상, 외교, 필요한 경우 제재를 통해 갈등을 해결하려고 했다. 국제 친선에 의지했지만 독일과 러시아는 배제되었고, 미국 상원은 미국의 국제연맹 가입 비준을 거부했다. 이 기구는 1946년에 유엔으로 대체되었다.

윌슨 대통령이 국제연맹 창설을 논의하려고 이탈리아에 도착한 모습이다.

대공황

1929년 10월에 일어난 미국의 주식시장 붕괴는
미래 세대에 심각한 타격을 주는 세계적 경기 침체의 일부였다.
사람들이 민주주의에 대한 신념을 잃자
새로운 극단적인 정책이 인기를 얻었고,
이는 끔찍한 제2차 세계대전의 발판이 되었다.

미국은 제1차 세계대전 이후 빠르게 회복했다. 전쟁 수행에 사용된 공장은 소비제품 제조로 전환되었고 1920년대에 산업생산량은 2배로 증가했다. 많은 미국인이 흔히 돈을 빌려서 주식시장에 투자했으며, 이 호황기를 '광란의 20년대'라고 일컬었다. 하지만 1929년 중반에 문제의 징후가 나타났다. 실업이 증가하고 자동차 판매가 감소했다. 위기는 10월 24일에 터졌다. 주식시장이 11% 하락한 것이다. 패닉이 시작되고 그다음 6일 동안 주식시장이 붕괴했다. 미국 노동인구의 1/4이 실업자가 되었다. 1932년 중반, 프랭클린 루스벨트가 허버트 후버에 이어 대통령에 취임하면서 사회경제 개혁 프로그램인 '뉴딜정책'을 약속했다.

대공황은 전 세계로 확산해 대규모 빈곤이 발생했다. 부정적인 영향을 받지 않은 국가는 소련뿐이었다. 미국이 독일에 막대한 차입금을 상환하라고 요구하자 독일은 더 빈곤해졌고, 이는 아돌프 히틀러의 국가사회주의(나치)당의 인기를 치솟게 했다.

> **"주가가 하락할 수 있지만 붕괴할 조짐은 전혀 없습니다."**
>
> 어빙 피셔, 미국 경제학자, 1929년 9월 5일

건조 지대

1932년에 심각한 가뭄이 텍사스주에서 다코타주에 이르는 넓은 지역을 덮쳤다. 피해를 입은 땅은 먼지로 바뀌었고 방풍림이 없어 세찬 바람에 먼지가 뭉쳐져 거대한 폭풍이 만들어졌다. 정착민과 가축은 먼지 때문에 숨을 쉬지 못했다. 대공황으로 이미 타격을 입은 농부들은 서쪽 캘리포니아로 이주해야 했다. 그곳에는 정기적인 수확이 이루어져 일자리가 더 많았다. 많은 사람이 66번 국도를 따라 이동해 '기회의 도로'라고 알려졌다.

기호 보기

- ⬛ 심각한 피해 지역
- ⬛ 먼지 폭풍으로 인한 다른 피해 지역
- ➡ 이동 경로

1 주식시장 붕괴와 파업 1929-1934년

1929년, 주식시장 붕괴로 약 250억 달러가 사라지자 사람들이 파산하고 공장은 문을 닫았다. 기업이 파산하고 임금이 떨어지고 노숙자가 급증했다. 미국 전역에서 노동자들이 노동조합의 보호와 미국 정부의 더 많은 경제 개입을 촉구하기 위해 파업과 폭동이 발생했다.

1934년 5-7월 부두 노동자들이 샌프란시스코항은 물론 서부 해안의 모든 항구에서 파업을 벌여 약 3,200km의 해안이 정지된다.

1929년 10월 금융 버블이 터져 공포가 뉴욕 월스트리트를 강타한다. 은행이 폐쇄되고 밤사이에 수백만 명이 파산한다.

1931-1932년 켄터키주 할란 카운티에서 광부들이 파업한다. 그 당시 여느 파업처럼 폭력으로 번진다.

1934년 7-8월 섬유 노동자들이 앨라배마주 헌츠빌에서 파업을 벌인다. 이 파업은 미국 남부에서부터 북부까지 확산해 미국 역사상 최대의 경제 파업 중 하나가 된다.

2 라틴아메리카 1929-1933년

시장 붕괴 이후 남미 일부 국가에서는 대미 수출이 70% 이상 감소했다. 콜롬비아는 커피, 바나나, 석유 시장이 타격을 받았다. 브라질의 커피 경제 역시 타격을 받았다. 설탕 수출에 의존하는 쿠바에 미친 영향을 대단히 파괴적이었다. 질산염과 구리를 수출하는 칠레는 최악의 타격을 받은 국가 중 하나였다. 아르헨티나와 베네수엘라는 비교적 빨리 회복했다.

1931-1932년 칠레의 구리 수출이 붕괴하고 대미 질산나트륨 수출액이 2,100만 달러에서 140만 달러로 급감한다.

1929-1930년 아르헨티나의 밀과 소고기 수출이 2/3 이상 감소하고 인플레이션이 증가한다. 그에 따른 정치 불안이 군사독재로 이어진다.

5 나치당의 부상 1929-1933년

미국 차관 부채에 힘들어하던 독일은 대공황으로 엄청나게 파괴되었다. 1930년 7월, 브뤼닝 총리는 실업수당과 임금을 삭감하는 조치를 취했다. 반대파들이 거부하자 힌덴부르크 대통령이 48조 긴급명령권을 이용해 포고령으로 그 조치를 통과시켰다. 새로 치러진 선거에서 아돌프 히틀러는 나치당을 선전할 기회를 잡았다. 그들은 1932년 선거에서 졌지만 히틀러는 1933년에 총리가 되었다.

1936년 10월 잉글랜드 북동 지역 자로 조선소의 노동자 200명이 런던으로 행진하며 실업 상태를 항의한다.

4 소련 1929-1933년

공산국가 소련은 고립주의적 경제정책 덕분에 국제 자본주의 충격에서 보호받았다. 서구 경제가 긴밀하게 연결된 탓에 한 국가의 경제침체는 재난적인 파급 효과를 발생시켰다. 하지만 소련은 폐쇄경제 탓에 다른 국가의 영향을 받지 않았다. 사실, 소련은 스탈린의 5개년 계획(296-297쪽 참조) 아래 산업이 급격하게 성장했으며, 정부의 야심 찬 공장 건설 목표 덕분에 고용률이 높았다.

1931년 해외무역 붕괴로 일본이 천연자원 확보를 위해 만주를 침략한다.

3 호주 1929-1932년

1920년대 말에 호주는 이미 양모와 밀 가격 하락으로 오랫동안 무역이 악화되었다. 호주는 대외 부채가 많았고 실업도 증가했다. 대공황 시기에 호주 경제가 붕괴했다. 1932년 중반에 호주인의 32%가 실업 상태였다.

1929-1934년 나이지리아의 코코아와 땅콩 수출이 50% 이상 감소한다.

1932년 3월 9년간의 공사 끝에 새로운 시드니 하버 브리지가 개통된다. 이 사업은 대공황 시기에 보기 드물게 성공을 거두어 도시의 많은 남자들이 실업에서 벗어난다.

◁ **이주하는 완두콩 수확 노동자**
1930년대에 많은 이주자가 캘리포니아로 가서 일자리와 식량을 얻길 바랐다. 하지만 일자리는 충분하지 않았고 고용된 사람들도 대부분 열악한 대우를 받았다.

호황과 불황

미국의 금융위기는 미국만의 사건이 아니었다. 미국이 지출을 줄이자 수입 상품 수요가 크게 감소했다. 미국에 수출하던 국가의 실업률이 증가했다. 기업들이 비용 절감을 위해 고용자를 줄였기 때문이었다. 노동자의 소득이 감소하면서 이들 국가의 상품 수요도 감소했다. 이런 악순환이 지속되었다.

기호 보기
-70+
-65
-60
-55
-50
-45
-40
-35

수출 감소 비율

타임라인
1
2
3
4
5

1925   1930   1935   1940

2 동맹 붕괴 1927-1936년

1920년대 초에 소련이 국민당을 지원한 것은 그것이 반제국주의 혁명의 일환이라고 보았기 때문이었다. 1923년에 그들은 공산당에 국민당과 협력하라고 지시했지만 양당 간의 격렬한 경쟁이 지속되었다. 일시적인 동맹 이후 1927년에 장제스가 소련 자문관을 해임하고 공산당에 등을 돌려 상하이에서 잔인하게 공격했다. 이것은 양당 간의 오랜 폭력적 분쟁의 출발점이 되었다.

✊ 중국공산당과 국민당의 충돌과 발생일

3 중국 통일 1928년

2차 북벌 당시 일부 군벌이 국민당과 동맹을 맺었다. 이러한 새로운 지원군 덕분에 국민당은 베이징을 점령했다. 국민당은 중국에서 가장 강력한 세력이 되었고 장개석은 1928년에 중화민국 총통이 되었다.

■ 1928년 국민당 통치 지역

➔ 북벌에 합류한 군벌

1 북벌 1926-1928년

국민당의 통치지역을 제외한 지역은 지방 군벌이 지배했다. 장제스가 주도하고 공산주의 국가 소련이 지원하는 국민당과 중국 공산당은 북벌이라고 알려진 군사 작전 당시, 중국을 통일하기 위해 함께 군대를 모아 광저우에서 북쪽으로 진군했다. 그들은 1단계 작전에서 부유하고 인구가 밀집한 남쪽, 중앙, 동쪽 지역을 점령했다.

➔ 1926-1928년 북벌

중국의 민족주의, 1926-1937년

국민당이 1928년부터 광대한 영토를 점령했지만 그들의 통치권은 영토 점령을 원하는 국내와 외국 군대의 치열한 도전을 받았다.

▽ 장제스
국민당 창설자 쑨원의 사망 이후 장제스가 1929년에 당의 지도자가 되었다. 그는 중국 근대화를 시도했지만 국내 분쟁과 일본의 지속적인 위협 탓에 고전했다.

1912-1945년 장제스가 군벌 옌시산이 통치하는 산시성을 점령하지 못한다. 하지만 1927년에 옌시산이 장제스와 일시적으로 동맹을 맺는다.

1929년 4월 20일 국민당과 경쟁하는 좌파 세력의 수도가 된 우한을 장제스 군대가 점령한다.

1928년 6월 8일 베이징이 함락된다. 이 중요한 승리 덕분에 먼 북부 지역까지 국민당의 통치지역이 된다.

1927년 3월 장제스 군대에 점령된 난징이 중화민국의 새로운 수도가 된다.

1927년 4월 12일 상하이

1927년 8월 1일

1927년 9월 13일 창사

1927년 12월 9일 캔턴(광저우)

1927년 12월 9일 국민당이 공산당과 동맹을 단절한 뒤 공산주의자의 폭동이 발생한다.

4 불완전한 통일 1931-1937년

북벌 성공에도 불구하고 중국은 부분적으로만 통일되었다. 장개석은 모든 군벌을 격파할 수 없었고, 특히 북쪽 지역 군벌을 제거하지 못했다. 1931년 9월에 일본이 만주를 침략하자 그는 국내 갈등을 중단하기로 결심했다. 1935년부터 1937년까지 더 많은 지역을 중화민국 안으로 끌어들였다.

■ 1936년 일본 통치 지역

■ 1937년 국민당 통치 지역

중국과 민족주의

1912년에 중국의 마지막 황제가 퇴위한 뒤 중국은 분열되었고 군벌들과 중국 국민당이 빈 공간을 차지하려고 돌진했다.
1919년 중국의 일부 영토가 일본에 양도된 이후 정치 불안이 증가하자 공산당이 등장했다.
양당 간의 분쟁과 일본과의 싸움이 이후로도 오랫동안 계속되었다.

청 왕조의 몰락 이후 오랫동안 혼란이 지속되었다. 지역 군벌들이 영토 쟁탈전을 벌였고, 청 왕조를 무너뜨리는 데 기여한 국민당은 권력을 잡기 위해 군벌들과 싸웠다. 파리강화회의(1919년) 이후 일본이 중국의 영토를 일부 확보한 뒤 급진적인 5·4운동 집단이 변경을 요구했고, 중국 공산당이 등장했다. 1924년에 국민당은 광저우에 정부를 수립하고 군대를 창설했다. 1926년, 새로운 지도자 장개석이 군벌을 없애고 중국을 통일하려고 군사 행동을 시작했

다. 공산당은 처음에는 국민당과 협력했지만 1927년에 권력 투쟁을 우려한 장제스가 등을 돌리고 상하이에서 공산주의자를 대량 학살했다. 이 폭력 사건으로 오랜 내전(316-317쪽 참조)이 발생했다. 국민당과 공산당은 1937년에 일본이 중국을 침략해 영토를 점령하자 불안정한 휴전에 들어갔다.

중국
20세기 전반에 중국은 끝없는 혼란을 겪었다. 지역 군벌들이 광대한 나라를 통일하기 위해 서로 싸웠고, 민족주의 정당과 공산주의 정당 간의 투쟁도 빈번했으며, 일본의 침략 위험도 상존했다.

타임라인

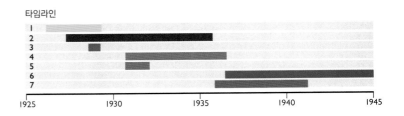

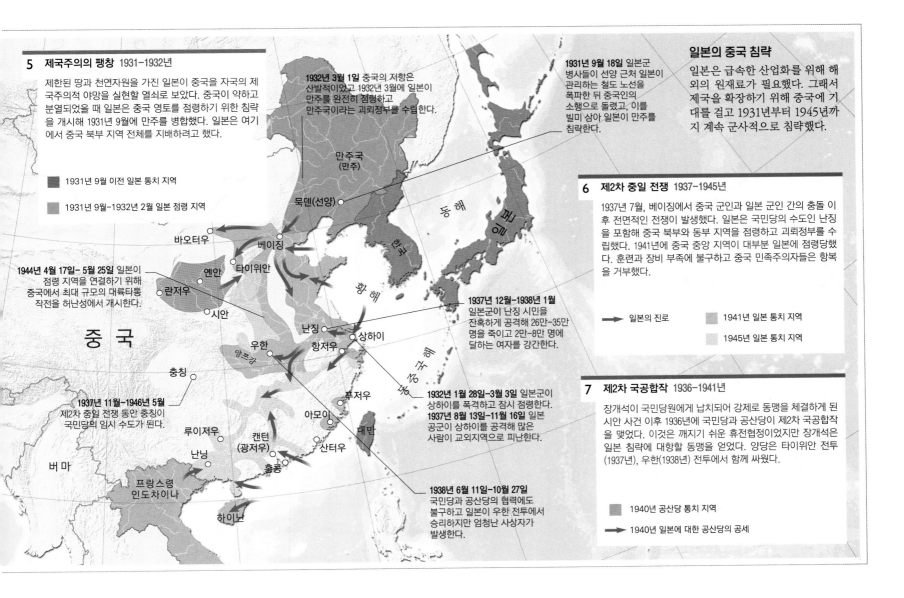

5 제국주의의 팽창 1931-1932년

제한된 땅과 천연자원을 가진 일본이 중국을 자국의 제국주의적 야망을 실현할 열쇠로 보았다. 중국이 약하고 분열되었을 때 일본은 중국 영토를 점령하기 위한 침략을 개시해 1931년 9월에 만주를 병합했다. 일본은 여기에서 중국 북부 지역 전체를 지배하려고 했다.

- 1931년 9월 이전 일본 통치 지역
- 1931년 9월-1932년 2월 일본 점령 지역

1932년 3월 1일 중국의 저항은 산발적이었고 1932년 3월에 일본이 만주를 완전히 점령하고 만주국이라는 괴뢰정부를 수립한다.

1931년 9월 18일 일본군 병사들이 선양 근처 일본이 관리하는 철도 노선을 폭파한 뒤 중국인의 소행으로 돌렸고, 이를 빌미 삼아 일본이 만주를 침략한다.

일본의 중국 침략
일본은 급속한 산업화를 위해 해외의 원재료가 필요했다. 그래서 제국을 확장하기 위해 중국에 기대를 걸고 1931년부터 1945년까지 계속 군사적으로 침략했다.

1944년 4월 17일- 5월 25일 일본이 점령 지역을 연결하기 위해 중국에서 최대 규모의 대륙타통 작전을 허난성에서 개시한다.

6 제2차 중일 전쟁 1937-1945년

1937년 7월, 베이징에서 중국 군인과 일본 군인 간의 충돌 이후 전면적인 전쟁이 발생했다. 일본은 국민당의 수도인 난징을 포함해 중국 북부와 동부 지역을 점령하고 괴뢰정부를 수립했다. 1941년에 중국 중앙 지역이 대부분 일본에 점령당했다. 훈련과 장비 부족에 불구하고 중국 민족주의자들은 항복을 거부했다.

1937년 12월-1938년 1월 일본군이 난징 시민을 잔혹하게 공격해 26만-35만 명을 죽이고 2만-8만 명에 달하는 여자를 강간한다.

- → 일본의 진로
- 1941년 일본 통치 지역
- 1945년 일본 통치 지역

1937년 11월-1946년 5월 제2차 중일 전쟁 동안 충칭이 국민당의 임시 수도가 된다.

1932년 1월 28일-3월 3일 일본군이 상하이를 폭격하고 잠시 점령한다.
1937년 8월 13일-11월 16일 일본 공군이 상하이를 공격해 많은 사람이 교외지역으로 피난한다.

7 제2차 국공합작 1936-1941년

장개석이 국민당원에게 납치되어 강제로 동맹을 체결하게 된 시안 사건 이후 1936년에 국민당과 공산당이 제2차 국공합작을 맺었다. 이것은 깨지기 쉬운 휴전협정이었지만 장개석은 일본 침략에 대항할 동맹을 얻었다. 양당은 타이위안 전투(1937년), 우한(1938년) 전투에서 함께 싸웠다.

- 1940년 공산당 통치 지역
- → 1940년 일본에 대한 공산당의 공세

1938년 6월 11일-10월 27일 국민당과 공산당의 협력에도 불구하고 일본이 우한 전투에서 승리하지만 엄청난 사상자가 발생한다.

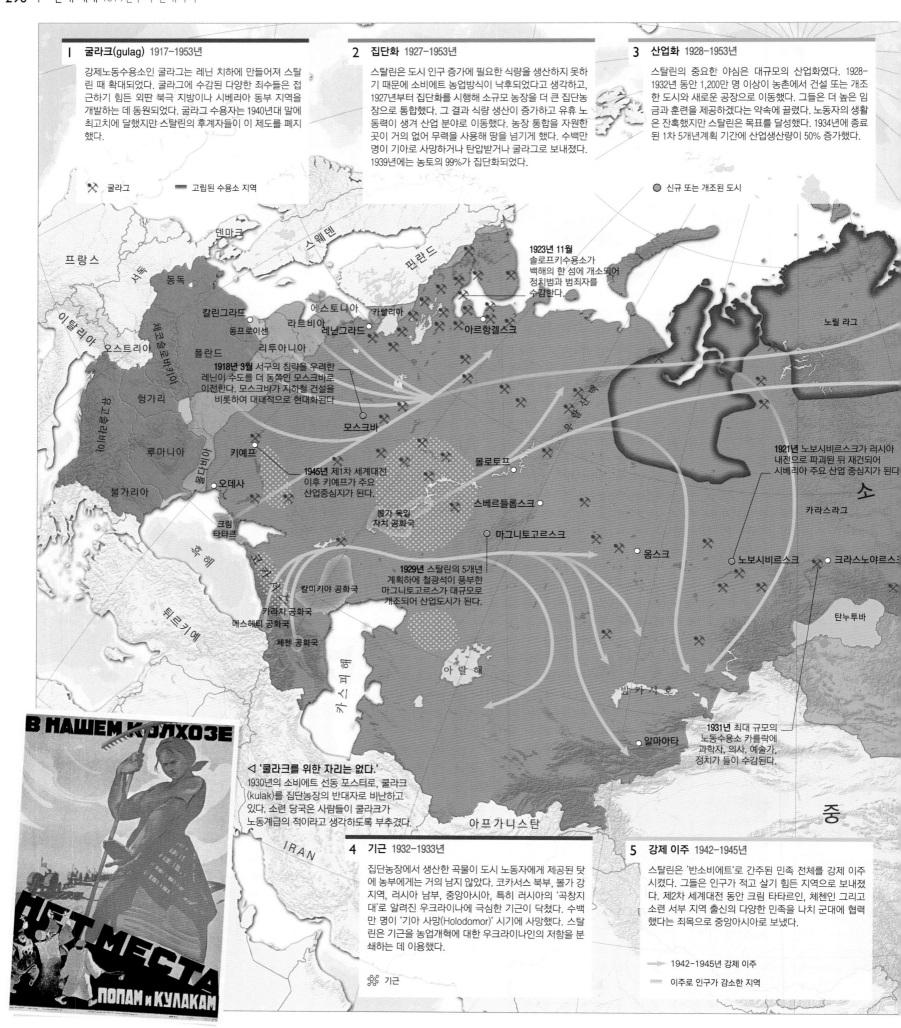

1 굴라크(gulag) 1917-1953년

강제노동수용소인 굴라그는 레닌 치하에 만들어져 스탈린 때 확대되었다. 굴라그에 수감된 다양한 죄수들은 접근하기 힘든 외딴 북극 지방이나 시베리아 동부 지역을 개발하는 데 동원되었다. 굴라그 수용자는 1940년대 말에 최고치에 달했지만 스탈린의 후계자들이 이 제도를 폐지했다.

✕ 굴라그   ▬ 고립된 수용소 지역

2 집단화 1927-1953년

스탈린은 도시 인구 증가에 필요한 식량을 생산하지 못하기 때문에 소비에트 농업방식이 낙후되었다고 생각하고, 1927년부터 집단화를 시행해 소규모 농장을 더 큰 집단농장으로 통합했다. 그 결과 식량 생산이 증가하고 유휴 노동력이 생겨 산업 분야로 이동했다. 농장 통합을 자원한 곳이 거의 없어 무력을 사용해 땅을 넘기게 했다. 수백만 명이 기아로 사망하거나 탄압받거나 굴라그로 보내졌다. 1939년에는 농토의 99%가 집단화되었다.

3 산업화 1928-1953년

스탈린의 중요한 야심은 대규모의 산업화였다. 1928-1932년 동안 1,200만 명 이상이 농촌에서 건설 또는 개조한 도시와 새로운 공장으로 이동했다. 그들은 더 높은 임금과 훈련을 제공하겠다는 약속에 끌렸다. 노동자의 생활은 잔혹했지만 스탈린은 목표를 달성했다. 1934년에 종료된 1차 5개년계획 기간에 산업생산량이 50% 증가했다.

● 신규 또는 개조된 도시

1923년 11월 솔로프키수용소가 백해의 한 섬에 개소되어 정치범과 범죄자를 수감한다.

1918년 3월 서구의 침략을 우려한 레닌이 수도를 더 동쪽인 모스크바로 이전한다. 모스크바가 지하철 건설을 비롯하여 대대적으로 현대화된다

1945년 제1차 세계대전 이후 키예프가 주요 산업중심지가 된다.

1921년 노보시비르스크가 러시아 내전으로 파괴된 뒤 재건되어 시베리아 주요 산업 중심지가 된다

1929년 스탈린의 5개년 계획하에 철광석이 풍부한 마그니토고르스가 대규모로 개조되어 산업도시가 된다.

1931년 최대 규모의 노동수용소 카를락에 과학자, 의사, 예술가, 정치가 들이 수감된다.

지명: 덴마크, 스웨덴, 핀란드, 프랑스, 동독, 벨기에, 칼린그라드, 에스토니아, 카렐리야, 아르항겔스크, 노릴 라그, 동프로이센, 라트비아, 레닌그라드, 이탈리아, 오스트리아, 체코슬로바키아, 폴란드, 리투아니아, 헝가리, 유고슬라비아, 모스크바, 루마니아, 키예프, 몰로토프, 불가리아, 오데사, 스베르들롭스크, 카라스라그, 크림 타타르, 볼가 독일 자치 공화국, 마그니토고르스크, 옴스크, 노보시비르스크, 크라스노야르스크, 흑해, 칼미키야 공화국, 카라치 공화국, 메스헤티 공화국, 체첸 공화국, 카스피 해, 아랄 해, 발카시 호, 탄누투바, 알마아타, 소, 중, 튀르키예, 아프가니스탄, IRAN

◁ '쿨라크를 위한 자리는 없다.'

1930년의 소비에트 선동 포스터로, 쿨라크(kulak)를 집단농장의 반대자로 비난하고 있다. 소련 당국은 사람들이 쿨라크가 노동계급의 적이라고 생각하도록 부추겼다.

4 기근 1932-1933년

집단농장에서 생산한 곡물이 도시 노동자에게 제공된 탓에 농부에게는 거의 남지 않았다. 코카서스 북부, 볼가 강 지역, 러시아 남부, 중앙아시아, 특히 러시아의 '곡창지대'로 알려진 우크라이나에 극심한 기근이 닥쳤다. 수백만 명이 '기아 사망(Holodomor)' 시기에 사망했다. 스탈린은 기근을 농업개혁에 대한 우크라이나인의 저항을 분쇄하는 데 이용했다.

⚛ 기근

5 강제 이주 1942-1945년

스탈린은 '반소비에트'로 간주된 민족 전체를 강제 이주시켰다. 그들은 인구가 적고 살기 힘든 지역으로 보내졌다. 제2차 세계대전 동안 크림 타타르인, 체첸인 그리고 소련 서부 지역 출신의 다양한 민족을 나치 군대에 협력했다는 죄목으로 중앙아시아로 보냈다.

→ 1942-1945년 강제 이주

▬ 이주로 인구가 감소한 지역

1922년 굴라그가 금과 주석이 풍부한 콜리마 지역에 세워진다.

콜리마

야쿠츠크

베 리 아

북 녹 해

벅즈서불라그

바 이 칼 호

브룰라그

사할린

만주

골

블라디보스토크

다롄

북한

남한

스탈린 시대의 소련

스탈린 시대의 소련은 크게 바뀌었다. 민족 전체가 강제로 이주당했고, 동부 유럽의 토지는 집단화되었으며, 러시아 전역에서 산업 지역이 증가했다.

기호 보기

- ▮ 제2차 세계대전 이전 소련 영토
- ▮ 제2차 세계대전 이전 위성국가
- ▮ 1939-1940년 소련의 병합 영토
- ▮ 1944-1945년 소련의 병합 영토
- ▮ 제2차 세계대전 이후 위성국가

타임라인

1	2	3	4	5

1915　　1925　　1935　　1945　　1955

스탈린 시대의 소련

1922년에 내전이 끝나자 이오시프 스탈린은 새로 탄생한 소련을 근대 산업사회로 완전히 바꾸려는 야심을 품었다. 그는 놀라운 경제성장을 달성했지만 20세기 잔혹한 폭군 중 한 사람이 되었다.

1924년에 블라디미르 레닌이 사망한 뒤 스탈린은 소련의 지도자가 되기 위한 술책을 꾸몄다. 스탈린은 소련을 국제적 강대국으로 바꾸길 원했지만 그렇게 하려면 산업을 빨리 성장시킬 필요가 있었다. 이를 위해 그는 1928년에 5개년계획을 시작했다. 먼저 부유한 지주들(쿨라크)로부터 토지를 빼앗아 대규모 농장으로 통합하여 집단 운영하면서 더 많은 식량을 생산하려고 했다. 이 정책이 저항에 부딪히자 그는 농촌 지역에 공포 분위기를 조성했다. 수백만 명에 달하는 쿨라크가 이주당하거나, 노동수용소로 보내지거나, 곡식을 몰수당해 굶어 죽었다.

스탈린은 반대자를 두려워해 1936-1938년까지 그를 반대하는 모든 사람을 제거하려는 탄압 활동을 시작했다. 이 '대공포' 시대에 굴라그 수용소 시스템이 확대되었고 수십만 명이 약식 재판으로 처형되었다. 그 와중에 스탈린은 자신을 '인민의 아버지'로 홍보했다. 그는 제2차 세계대전 당시 독일의 침략에 대항하는 군대를 소집했으며 전쟁 이후 소련 밖으로 공산주의를 확장했다. 1950년대에 근대 러시아가 등장했지만 끔찍한 대가를 치렀다.

> *"한 사람의 죽음은 비극이지만 100만 명의 죽음은 통계수치일 뿐이다."*
>
> 이오시프 스탈린, 러시아 지도자

이오시프 스탈린
1878-1953년

이오시프 스탈린은 1905년에 블라디미르 레닌과 친구가 되면서 권력자로 부상하기 시작했다. 그의 정치 경력은 상당히 파란만장했지만 1917년에 볼셰비키 혁명 당시에는 주요 인물이 아니었다. 1922년에 당 총서기가 되자 자신의 직책을 이용해 권력을 확대했다. 지도자가 된 스탈린은 소련을 위대한 산업 강국으로 만들기 시작했다. 그가 선전술을 이용해 구축한 개인숭배는 소련이 제2차 세계대전에서 독일과 싸워 승리한 뒤 절정에 달했다. 전쟁 이후 스탈린은 이전 동맹들과 소련의 관계를 냉전 시대로 이끌었다.

스페인 내전

스페인 내전(1936-1939년)은 신구 정치질서 간의 투쟁을 전형적으로 보여 주었다. 제2차 세계대전의 전조로서 20세기의 미래 갈등을 규정하게 될 새롭고 끔찍한 전쟁 형태였다.

1930년대에 스페인은 교회와 국가, 부자와 빈자, 도시와 농촌으로 분열되었다. 정치 역시 양극화되었다. 한쪽 진영인 좌파 인민전선(공화주의파)은 사회주의자, 공산주의자, 자유주의자, 무정부주의자로 구성되었고 다른 진영인 우파 민족전선(민족주의파)은 팔랑헤당(스페인 파시즘 정당), 군주제 지지자, 가톨릭으로 이루어졌다.

1936년 2월 16일에 공화주의파는 총선에서 근소한 차로 승리했다. 직업 장교이자 민족주의 지도자 중 한 사람인 프란시스코 프랑코 장군은 공산주의 혁명을 우려하며 스페인령 모로코와 스페인 남서부 지역에서 군사 반란을 일으켰다. 친정부 단체는 민족주의자들의 반란을 성토했지만 프랑코는 유럽에서 공산주의 확산을 열정적으로 막던 나치 독일과 파시스트 이탈리아로부터 상당한 지원을 받았다. 1936년

11월에 프랑코의 군대가 공화주의파를 강력하게 지지하는 마드리드 외곽까지 이르렀다. 민족주의파는 마드리드를 점령하지 못하자 2년 6개월 동안 포위했다.

공화주의파는 계속 스페인 동부와 남동부 지역 대부분을 통제했다. 하지만 프랑코의 군대가 더 잘 조직되어 있어 공화주의파의 통치 지역이 점차 축소되었다. 민족주의파들이 테루엘 전투(1937년 12월-1938년 2월)에 거둔 승리는 전쟁의 전환점이 되었고, 에브로 전투(1938년 7-11월)에서 공화주의파는 거의 전멸했다. 1939년 봄, 잔혹한 전쟁이 끝나고 프랑코 정부는 대부분의 유럽 국가로부터 인정받았다.

> "무릎 꿇고 사느니 내 발로 서서 죽는 것이 낫다."
>
> 돌로레스 이바루리, 공화주의자, 1936년 7월 18일

프랑코 장군
1982-1975년

군인 가문에서 태어난 프란시스코 프랑코 장군은 1926년에 스페인군의 최연소 장군이 되었다. 프랑코는 민족주의파 군대를 이끌어 스페인 내전에서 승리한 뒤 1939년부터 1975년 사망할 때까지 스페인 국가지도자가 되었다. 추축국(Axis powers)을 지지했지만 스페인은 제2차 세계대전에 참여하지 않았고 그의 통치는 전체주의 체제를 이끄는 무자비한 군사독재였다.

1 전쟁의 시작 1936년 7월

내전은 1936년 7월 17일에 스페인령 모로코에서 민족주의 세력이 새로 선출된 공화파 정부에 대항해 쿠데타를 일으키면서 시작되었다. 7월 19일, 프랑코는 모로코에 기반을 둔 직업군인 집단인 아프리카군의 지휘관이 되었다. 7월 27일부터 프랑코 군대가 독일군과 이탈리아군의 항공지원으로 모로코에서 스페인으로 날아가 곧 스페인 남서부 지역으로 전투가 확산되었다.

→ 민족주의파 군대   ✕ 주요 전투

⋯▷ 공화주의파 군대

2 외국의 간섭 1936년 9월

영국, 프랑스, 소련, 독일, 이탈리아를 비롯해 총 27개국이 1936년 9월에 불간섭 조약에 서명했다. 하지만 전쟁의 이념적 특성 때문에 내전은 국제적인 성격을 띠었다. 민족주의파는 파시스트 이탈리아와 나치 독일로부터 병사와 장비를 지원받았고 공화주의파는 러시아와 멕시코와 같은 공산주의 정부는 물론이고 의용군인 국제 여단의 지원을 받았다. 국제 여단은 전 세계에서 온 좌익 투사집단으로서 이 전쟁을 극단적 민족주의와 전제정치에 대항하는 투쟁으로 보았다.

🚢 독일의 지원   🚢 소련의 지원

🚢 이탈리아의 지원

1936년 8월 22일 포르투갈은 독일 선박이 리스본에 정박해 전쟁 보급품을 국민당 영토로 보내는 것을 허용한다.

포르투...

리스본

포르투갈

3 시민에 대한 잔학행위 1936-1939년

전쟁 중 양측은 시민을 상대로 잔학행위를 저질렀다. 공화주의파는 교사, 변호사, 시장, 지주를 포함한 우파라고 여기는 모든 사람을 대상으로 삼았다. 그들은 교회에 대한 증오심으로 많은 교회를 샅샅이 수색하고 파괴했다. 한편 프랑코는 게르니카에서 시민을 잔인하게 폭격했다. 이런 극단적인 폭력은 국제 사회에 엄청난 충격을 주었다.

⛪ 공화주의파의 폭력   🌿 민족주의파의 폭력

▽ 공격 준비

1936년에 공화주의파 병사들이 민족주의파 군대에 박격포탄을 발사하기 위해 준비하고 있다. 민족주의파는 잘 조직되고 무기도 제대로 갖추었다.

1937년 4월 26일 프랑코의 명령으로 이탈리아와 독일의 공군이 게르니카를 폭격한다. 사진기자가 이 전투 모습을 찍어 처참하게 파괴된 현장 사진이 해외로 퍼진다.

프 랑 스

히혼

오비에도

레온

산탄데르

빌바오

게르니카 산 세바스티안

바스크

안도라

카탈루냐

1937년 3월 프랑코가 공화주의파가 강력한 바스크 지역과 같은 스페인 북부 산업 지대로 공격 목표를 바꾼다.

1936년 여름 스페인-포르투갈 국경선이 많은 보급품이 들어오는 입구가 된다.

부르고스

1938년 7월 25일-11월 16일 에브로 전투에서 공화주의파가 전투 부대로서는 거의 전멸한다.

에브로

에브로강

사라고사

벨치테

바르셀로나

바야돌리드

도루강

1936년 11월 1-6일 공화주의파 지도자 호세 발레리아 장군이 11월 1일에 마드리드에 도착한다. 5일 뒤 독일 공군이 마드리드 포위 작전을 시작한다.

1937년 2월 6-27일 자라마

1937년 3월 8일 과달라하라

타라고나

1937년 5월 6일 공화주의파의 내분으로 뛰어난 무정부주의자들이 살해되고 폭동이 발생한다.

살라망카

1937년 7월 6-25일 브루네테

마드리드

1939년 3월 27일 민족주의파가 마드리드에 들어간다. 4월 1일 프랑코가 종전을 발표한다.

타호강

테루엘

1939년 4월 15일 비나로스

1938년 2월 22일 민족주의파가 테루엘을 재점령해 공화주의파에 큰 타격을 준다.

메노르카

1936년 8월 14일 독일 비행기가 프랑코 군대를 스페인 남부로 수송한다. 여기서 그들은 바다호스로 진격해 그곳 투우장에서 시민 수천 명에게 기관총을 발사한다.

카세레스

메리다

바다호스

톨레도

1936년 9월 27일 민족주의파가 공화주의파 근거지 톨레도 (마드리드에서 40km 거리)를 차지해 사기가 크게 오른다.

카스테욘데 라플라나

발렌시아

팔마

마요르카

1939년 1월 5일-2월 4일 발세키요

알바세테

발 렌 시 아

이비사

많은 사람이 참여한 국제 여단이 알바세테의 대규모 훈련 기지로 간다.

알리칸테

코르도바

로페라

4 전쟁 종료 1939년 3-4월

1937년 5월, 바르셀로나에서 공화주의파 집단 내에 분쟁이 발생했다. 테루엘 전투와 에보로 전투에서 패배한 공화주의파 군대가 약화되었고, 1939년 1월 26일에 프랑크 군대가 바르셀로나를 점령했다. 민족주의파가 카탈루냐와 비나로스에서 다시 승리한 이후 공화주의파는 거의 괴멸되었다. 1939년 3월 27일에 민족주의파는 마드리드로 행진했으며 4월 1일에 프랑코가 전쟁 종료를 선언했다.

우엘바

세비야

1936년 8월 6일 프랑코가 세비야에 도착한다.

그라나다

카르타헤나

1936년 10월-1939년 4월 소련이 공화주의파를 지원하기 위해 탱크와 무기를 비롯한 무기를 카르타헤나 항구로 보낸다.

✈ 주요 전투

카디스

알메리아

1937년 2월 3-8일 말라가

1936년 12월 파시스트 이탈리아가 민족주의파 반군에게 보낸 군수품이 카디스를 통해 스페인에 도착한다.

지 중 해

민족주의 대 사회주의

프랑코의 민족주의파 군대는 초기에 스페인령 모로코와 스페인 남서부 지역을 차지했고, 1937년에는 보수파가 압도적인 북부 농업 지역을 점차 점령했다. 그들은 1939년에 공화주의파 근거지인 카탈루냐를 장악해 바르셀로나와 마드리드를 단절시켜 승리를 확보했다.

탕헤르

1936년 10월-1939년 4월 우엘바와 카디스가 독일 군수품을 민족주의파에 전달하는 주요 항구로 이용된다.

1936년 7월 18일 저녁 민족주의파 군대가 스페인령 모로코 전 지역을 장악한 뒤 스페인을 침공한다. 곧 카디스, 세비야, 말라가로 전투가 확산된다.

스 페 인 령 모 로 코

기호 보기

■ 1936년 7월 민족 주의파 통치 지역

1937년 10월 민족주의파 점령 지역

1938년 7월 민족주의파 점령 지역

1939년 2월 민족주의파 점령 지역

■ 1939년 2월 공화주의파 군대

― 일시적 독립 당시 국경

타임라인

1
2
3
4

1935 | 1936 | 1937 | 1938 | 1939 | 1940

제2차 세계대전

유럽과 아시아의 갈등으로 역사상 가장 잔인한 제2차 세계대전(1939-1945년)이 유발되었다.
세계를 집어삼킨 이 전쟁은 이데올로기와 국가 독립을 위한 분쟁이었다.
또한 인간 생명의 측면에서 가장 값비싼 대가를 치른 전쟁이었다.
전투, 집단 포로수용소, 도시 폭격으로 최소 5,500만 명이 사망했다. 이 전쟁은 세계 역사의 분수령이 되었다.

▽ **포위된 파리**
상징적인 파리 에펠탑 앞에 나타난 아돌프 히틀러는 독일 관리들과 함께 1940년 6월에 점령한 파리를 둘러보며 프랑스 침공 작전이 종료되었음을 보여 주고 있다.

제1차 세계대전(280-281쪽 참조) 후 평화 정착을 기대하며 맺은 조약이 오히려 미래에 갈등을 일으키는 씨앗이 되었다. 독일은 막대한 전쟁 배상금을 지불해야 했다. 1923년에 독일 통화가 폭락해 수많은 사람이 굶주렸고, 게다가 1929-1932년에는 대공황(292-293쪽 참조)으로 인해 독일은 심각한 경기 침체에 빠졌다. 다른 유럽 국가의 국민도 정치적 의견이 우파와 좌파로 양극화된 자유주의적 정치와 약한 정부에 환멸을 느꼈다. 우파 정치세력이 이탈리아, 독일, 일본에서 주도권을 잡았다. 이들 국가는 통틀어 추축국으로 알려졌지만 각 국가는 영토 팽창의 야심을 갖고 있었다.

추축국의 침략

일본은 만주를 침략하고 그곳을 기점으로 중국의 나머지 지역을 공격했다. 이탈리아는 아비시니아(오늘날의 에티오피아)를 침략했다. 독일의 아돌프 히틀러는 독일어권 민족을 한 국가로 통일하려는 계획을 추진했다. 1938년 3월에 독일은 오스트리아를 병합했다. 그다음 체코슬로바키아의 독일어권 지역인 주데텐 지역을 점령했다. 1939년 9월, 히틀러는 영국과 프랑스가 개입하지 않을 것으로 확신하며 폴란드를 침공했다. 하지만 히틀러의 예상과 달리 두 나라는 독일에 전쟁을 선포했다.

폴란드 침공은 불과 한 달밖에 지속되지 않았다. 히틀러는 공산주의자에 대한 증오를 잠시 내려놓고 소련과 협력 관계를 맺었고, 소련은 동쪽에서 폴란드를 침략했다. 독일이 덴마크와 노르웨이, 그다음 프랑스, 벨기에, 네덜란드를 차례로 침략하자 세계는 충격에 빠졌다. 6주 뒤 프랑스가 함락되었다. 그다음 히틀러는 영국으로 시선을 돌렸다. 하지만 독일 공군이 영국 본토 항공전(1940년)에서 패배한 뒤 그의 침략 계획은 좌절되었다.

전면전

유럽 전쟁은 세계 전쟁이 되었다. 1940년 6월, 이탈리아가 영국과 프랑스에 선전포고를 했다. 폭격으로 유럽 도시들이 쑥대밭이 되자 시민들은 '전면전'에 직면했다. 남자들이 입대하고 여자들은 소집되어 농장과 공장에서 일했다. 유럽은 식량이 부족해져 식량 배급제를 시행했다. 독일은 이미 소련과 전략적 협정을 맺었음에도 1941년 6월에 러시아를 침공했고 영국은 새로운 동맹을 얻었다.

독일군은 소련으로 밀고 들어가면서 공산주의자 섬멸 작전을 펼쳤다. 일본이 하와이섬 진주만에 있는 미 해군기지를 공격한 뒤 1941년 12월에 미국이 전쟁에 참전했다. 일본은 태평양에서 빠르기 승리를

△ **일본의 야망**
식민지 강대국을 추구한 일본은 태평양 지역에서 가장 큰 해군을 건설했다. 이 포스터는 항공기 조종사 모집 광고이다.

분쟁의 현장

제2차 세계대전은 세계 전쟁이 되었지만 주요 전장은 유럽과 태평양 지역이었다. 유럽에서는 독일이 '전격전'으로 서부 유럽을 휩쓸며 프랑스로 진격하면서 서부전선이 형성되었다. 동부전선은 독일이 소련을 공격하면서 형성되었다. 연합군과 일본이 싸운 태평양 지역은 중국 동부, 그리고 태평양과 섬들을 비롯한 동남아시아가 포함되었다. 이 지역에서 미국이 중심적인 역할을 수행했다.

1939년 9월 1일 독일이 폴란드를 침공한다. 영국과 프랑스가 이틀 뒤 독일에 선전포고를 한다.

1940년 5월 독일이 벨기에, 네덜란드, 그다음으로 프랑스를 침략한다. 프랑스가 6월에 항복한다.

1941년 3월 31일-11월 27일 연합군이 리비아 토브루크를 점령하고 독일의 공격을 막아낸다.

유럽
아프리카와 이탈리아
태평양

1939년   1940년   1941년

1940년 8-9월 영국 공군과 독일 공군이 영국 본토 항공전을 벌인다. 이 전투에서 패배한 뒤 히틀러는 잉글랜드 침략 계획을 포기한다.

1941년 12월 7일 일본이 하와이 진주만을 공격하자 미국이 참전한다.

◁ **죽음 문**
유대인 수백만 명이 열차를 타고 아무런
의심도 없이 악명 높은 죽음의 수용소인
아우슈비츠 비르케나우에 도착했다.
그들은 여기서 독가스로 살해당했다.
이곳은 전쟁 이후 추모 장소가 되었다.

거두면서 이 지역을 점령했다. 북아프리카에서 영국군은 독일군과 이탈리아군과 싸웠다. 1942년 여름, 히틀러의 힘이 절정에 이르렀지만 11월에 독일의 에르빈 롬멜 장군이 이집트 엘알라메인에서 저지당했다. 독일 제6군은 스탈린그라드 전투와 쿠르스크 전투에서 대패하고 항복했다. 독일은 이 패배를 시작으로 후퇴해 결국 베를린에서 항복했다.

시들이 파괴되고, 유럽 제국들은 몰락 직전으로 몰렸다. 1945년에 50개국 대표가 모여 이 심각한 파괴로부터 새로운 국제적 이해의 시대가 시작되기를 바라며 국제연합을 만들었다.

전세의 전환

영국, 프랑스, 미국, 소련으로 구성된 연합국은 1943년에 유럽 해방전략을 수립했다. 소련은 동쪽에서 독일군을 격퇴하고 영국과 미국은 이탈리아를 통해서 진격하는 가운데 대규모 연합군이 1944년 6월에 노르망디에 상륙했다. 약 1년 뒤 연합군은 독일 북부 엘베강에 도달했다. 소련군이 베를린을 점령하자 히틀러는 1945년 4월 30일에 자살했고, 독일은 일주일 뒤 항복했다. 유럽에서는 전쟁이 끝났지만 태평양 지역에서는 미국이 여러 섬에서 일본과 싸웠다. 1945년 8월, 미국의 원자폭탄 투하(312-313쪽 참조)로 히로시마와 나가사키가 완전히 파괴된 뒤 일본이 마침내 항복했다.

제2차 세계대전은 세계를 완전히 바꾸었다. U보트, 제트 비행기, 원자폭탄 같은 새로운 군사 기술은 대규모 파괴력을 보여 주었다. 독일의 나치는 새롭고 효율적이며 끔찍한 방법으로 유대인 약 600만 명을 대량 학살했으며, 다른 집단들도 박해했다. 여러 국가가 파산하고 주요 도

▽ **폭격당한 도시**
제2차 세계대전의 특징은 주요 도시에 대한 맹렬한 폭격이었다. 1945년의 이 사진은 이 전쟁에서 마지막으로 파괴된 독일 드레스덴의 참상을 보여 준다.

1942년 2월
싱가포르가 일본에 함락된다.

1942년 중반 히틀러의 '최종 해결책'의 일환으로 유대인 대량학살이 아우슈비츠에서 시작된다.

1943년 9월 8일 이탈리아가 항복하고 휴전협정에 서명한다. 곧이어 독일군이 이탈리아의 나머지 지역을 점령한다.

1944년 동부 유럽에서 소련의 공세가 빨라진다.

1944년 6월 6일 연합군의 프랑스 반격 개시일이다. 8월에 파리가 해방된다.

1945년 5월 8일 유럽 전승기념일로 독일이 연합국에 무조건 항복한다.

1945년 8월 15일 대일본 전승기념일로 히로시마와 나가사키가 파괴된 뒤 일본이 공식 항복한다.

1943년   1944년   1945년   1946년

1942년 6월 미 해군의 미드웨이 해전 승리가 태평양 전쟁의 전환점이 된다.

1942년 7월-1943년 11월 독일이 스탈린그라드 전투와 엘알라메인 전투에서 큰 패배를 당한다.

1943년 5월 연합군이 북아프리카의 중요한 전투에서 승리하면서 이탈리아 공격을 시작하고 아프리카 전투를 종료한다.

1944년 1월 연합군이 이탈리아 안치오에 상륙한다. 3월에 독일 감시초소로 의심되는 몬테 카시노의 한 수도원을 폭격한다.

1945년 1월 27일 소련군이 아우슈비츠를 해방한다.

1945년 4월 소련이 베를린에 진입하고 히틀러가 자살한다. 무솔리니가 이탈리아 빨치산에게 살해된다.

8 스탈린그라드 전투
1942년 8월-1943년 2월

1942년에 추축국은 새로운 공세를 통해 산업도시 스탈린그라드로 진격했다. 제2차 세계대전에서 가장 크고 치열했던 이 전투에서 시민과 병사 약 80만 명이 사망했다. 이 전투는 독일의 굴욕적인 항복으로 끝났으며 제2차 세계대전의 전환점이 되었다.

공성전

7 소련 침공 1941년 6-12월

독일은 추축국과 함께 병력 400만 명으로 약 1,600km에 걸친 전선에서 소련을 공격했다. 3개월 만에 침략자들은 모스크바와 레닌그라드에 근접했으나 최종적인 승리를 거두진 못했다. 그들의 진군은 1941년 12월에 중단되었다.

공성전

6 공격받는 영국 1940년 7월-1941년 5월

1940년에 독일의 영국 공습 작전이 실패하면서 히틀러의 영국 침공계획이 좌절되었다. 히틀러는 영국의 도시를 폭격하는 것으로 작전을 바꾸었지만 소련 침공을 위해 1941년 5월에 이 작전을 포기했다.

독일의 폭격

5 이탈리아의 군사 작전
1940년 6월-1942년 2월

이탈리아는 독일의 프랑스전 승리에 힘입어 1940년 6월에 프랑스 남부를 침략해 이익을 얻고 나중에 평화회담에서 이탈리아에 유리한 입지를 확보하려고 했다. 무솔리니는 지중해 지배권을 얻기 위해 북아프리카의 영국군을 공격하고 그리스 침략을 시도했다. 이탈리아가 이집트와 그리스에서 격퇴당하자 히틀러는 동맹국을 지원하기 위해 독일군을 파견해야 했다.

→ 이탈리아의 진군   ▪▪▶ 연합군의 공세

추축국의 점령, 1939-1943년

독일이 유럽 서부와 동부에서 공격하는 동안 이탈리아는 지중해에서 진격했다. 독일군은 기갑 장비와 항공기를 효과적으로 이용했다.

기호 보기
- 추축국
- 추축국의 위성국가
- 1939년 추축국 점령
- 1940년 추축국 점령
- 1941년 추축국 점령
- 연합국
- → 독일의 진로
- ▽ 공수부대 공격

타임라인
1 2 3 4 5 6 7 8
1939 1940 1941 1942 1943 1944

1940년 4월 독일군이 노르웨이 수역에 들어가 2개월 동안 전투를 개시해 연합군의 패배로 끝난다.

1940년 4월 9일 독일 공수부대가 역사상 최초로 노르웨이에 낙하해 공격한다.

1941년 9월-1944년 1월 독일군의 900일간의 레닌그라드 공성전으로 100만 명이 넘는 시민이 사망한다.

1940년 9월 7일-1941년 5월 16일 히틀러가 집중 공습 작전을 통해 영국의 도시들을 폭격한다.

1940년 7월 10-9월 6일 영국 본토 항공전 기간 독일 공군 루프트바페가 영국 해협을 건너 비행장과 항구를 공격한다.

1940년 5-6월 영국군과 프랑스군 33만 5,000명이 됭케르크를 통해 철수한다.

1940년 6월 14일 독일군이 파리를 점령한다.

1939년 9월 1-27일 폴란드군이 바르샤바를 방어하려고 했으나 화력에서 밀리다.

1939년 9월 17일 소련군이 동쪽에서 폴란드를 공격한다

1940년 헝가리에 병합

1940년 불가리아 병합

1941년 4월 6일 독일이 유고슬라비아를 침략하고, 이를 발판으로 결국 그리스를 공격해 점령한다.

1940년 10월 이탈리아가 1939년에 병합한 알바니아를 경유해 그리스를 공격하지만 실패한다.

1941년 6월 연합군이 이탈리아군에게서 핵심 항구인 토브루크를 빼앗는다.

1940년 9월 13일 영국이 점령한 이집트에 대한 이탈리아의 2차 공격이 실패한다.

아이슬란드, 페차모, 나르비크, 페로스 제도, 셰틀랜드 제도, 스웨덴, 수오미살미, 핀란드, 온달스네스, 노르웨이, 헬싱키, 레닌그라드, 북해, 스타방게르, 오슬로, 에스토니아, 글래스고, 벨파스트, 아일랜드, 영국, 라트비아, 리버풀, 맨체스터, 버밍엄, 헐, 덴마크, 리투아니아, 브리스틀, 코번트리, 코펜하겐, 발트 해, 쾨니히스베르크, 동프로이센, 빌노, 플리머스, 런던, 네덜란드, 함부르크, 단치히, 베를린, 바르샤바, 사우샘프턴, 됭케르크, 벨기에, 에센, 로테르담, 파리, 스당, 룩셈부르크, 독일, 폴란드, 키예프, 오를레앙, 프라하, 보헤미아-모라비아, 크라쿠프, 리보프, 우크라이나, 뮌헨, 린츠 반, 슬로바키아, 프랑스, 비시, 스위스, 오스트리아(오스트마르크), 브라티슬라바, 부다페스트, 헝가리, 리옹, 알프스 산맥, 밀라노, 자그레브, 루마니아, 비시 프랑스, 피레네 산맥, 크로아티아, 베오그라드, 풀로에슈티, 부쿠레슈티, 마드리드, 마르세유, 사라예보, 유고슬라비아, 불가리아, 이스탄불, 스페인, 코르시카, 로마, 이탈리아, 티라나, 알바니아, 그리스, 앙카, 발레아레스 제도, 에게 해, 사르디니아, 아테네, 스페인령 북아프리카, 아틀라스 산맥, 모로코, 알제리, 시칠리아, 튀니스, 몰타, 크레타, 지중해, 튀니지, 리비아, 트리폴리, 벵가지, 토브루크, 시디 바라니, 알렉산드리아, 엘 아게일라, 카이, 이집트

1 폴란드 침공 1939년 9월

독일은 1939년 9월 1일에 서쪽에서 폴란드를 침략하여 바르샤바를 포위하고 공군과 포병을 동원해 집중적으로 폭격했다. 그 뒤 소련이 동쪽에서 폴란드를 공격했다. 9월 27일에 바르샤바 함락 이후 폴란드의 독립은 끝나고 두 개의 침략 국가에 의해 양분되었다. 30일 동안 최소 7만 명이 사망했다.

✹ 바르샤바 폭격

2 소련의 점령 1939년 11월-1940년 6월

폴란드 점령 이후 스탈린이 핀란드를 침략했다. 핀란드는 잠시 버텼지만 1940년 3월에 전략적 요충지를 포기하고 쓰라린 마음으로 복수를 기약했다. 1940년 6월, 스탈린은 히틀러 역시 원했던 에스토니아, 라트비아, 리투아니아를 병합했다.

— 1939-1940년 소련의 점령

소련

1941년 10월 2일-1942년 1월 7일 소련의 반격으로 추축국 군대가 모스크바에서 퇴각한다.

로항겔스크

모스크바

1942년 6월 28일-1943년 2월 2일 소련군이 스탈린그라드 방어에 성공한다. 추축국 군대가 소진된다.

렐

스탈린그라드 ⊙

돈 강

로스토프 ○

코카서스산맥

흑 해

△ **메서슈미트 Bf 109**
1939년의 우수한 항공기 중 하나인 이 전투기는 독일의 초기 승리의 핵심이었다. 이 전투기는 독일의 '전격전', 즉 기습공격을 선봉에 선 기갑 장비를 공중에서 지원했다.

튀르키예

시리아

영국령 프랑스 레바논

이라크

팔레스타인 트랜스요르단

1941년 6월 추축국 군대가 비시 프랑스가 통치하는 레바논과 시리아를 기지로 삼아 이집트를 공격하지 못하도록 영국군이 두 국가를 공격한다.

3 스칸디나비아와 저지대 국가들에 대한 침략 1940년 4-6월

1940년 봄, 대담해진 독일은 덴마크를 침략해 승리하자 해군과 선구적인 낙하산 부대를 이용해 노르웨이를 공격했다. 5월에 독일은 200만 명이 넘는 병력을 동원해 육지와 공중에서 벨기에, 룩셈부르크, 네덜란드를 공격했다.

4 프랑스의 함락 1940년 5-6월

프랑스는 독일의 공격을 막으려고 국경 지역의 마지노선을 따라 요새를 구축하고 최정예 부대를 벨기에와 네덜란드 지역 방어선으로 보냈다. 하지만 독일의 기갑부대는 아르덴 산림지대를 통과해 진격하여 두 전선을 분리하고 스당에서 연합군을 격파했다. 이것은 재난이었다. 새로운 프랑스 지도자 필리프 페탱이 6월 17일에 휴전협정을 요청했다.

— 마지노선

추축국의 진격

1939-1942년 나치 독일과 추축국(Axis powers) 동맹의 군대는 신속한 군사 작전으로 유럽 본토 대부분을 점령했다. 독일은 영국과 소련의 끈질긴 저항으로 완전한 승리를 인정받지 못했다.

독재자 독일의 아돌프 히틀러와 소련의 통치자 이오시프 스탈린이 두 국가 사이에 있는 폴란드를 양분했다. 이것은 유럽에서 일어난 제2차 세계대전의 서막이었다. 독일이 폴란드를 침공하자 영국과 프랑스가 독일에 전쟁을 선포했지만, 폴란드를 지원할 실제적인 노력은 하지 않았다. 여전히 주도권을 쥐고 있던 히틀러는 1940년 봄에 다시 공격을 감행했다. 독일군의 공격성과 전문성에 압도당한 연합군은 서부전선에서 패했다. 프랑스가 항복했지만 영국은 새로운 수상 윈스턴 처칠의 지도하에 독일 공군의 공습과 잠수함의 봉쇄에도 계속 버티며 싸웠다.

이탈리아의 독재자 베니토 무솔리니는 독일의 승리가 분명해 보이자 뒤늦게 1940년 6월에 참전했으나 이탈리아군의 수준은 한심할 정도로 낮았다. 히틀러는 영국에 굴욕적인 패배를 당한 동맹국을 구하려고 지중해 지역의 분쟁에 개입했다.

하지만 히틀러의 장기 목표는 독일 민족을 동쪽 슬라브 민족의 땅을 지배하는 민족으로 세우는 것이었다. 그래서 1941년 6월에 그는 소련 침공을 명령했다. 두 번째 추축국인 이탈리아, 그리고 최근 1939-1940년 분쟁에서 소련에 영토를 잃은 핀란드가 그의 동맹국으로 참여했다. 아울러 우파 정부가 추축국과 동맹을 맺은 뒤 소련 침공에 합세하라는 압력을 받은 헝가리, 루마니아, 슬로바키아도 합세했다. 히틀러의 군대가 여러 차례 승리를 거두고 광대한 소련 영토를 점령했지만 1942년 말에 그는 과도한 욕심을 부린 것처럼 보였다. 독일의 승리는 1943년에 스탈린그라드 전투에서 끝났다.

아돌프 히틀러
1889-1945년

히틀러는 오스트리아에서 하급 공무원의 아들로 태어났다. 제1차 세계대전에서 독일군에 입대해 싸웠고, 전쟁 이후 소규모 국가사회주의(나치) 정당의 지도자가 되었다. 이 정당은 히틀러가 1923년에 쿠데타를 시도한 뒤 두각을 나타냈다. 쿠데타는 실패했지만 나치당은 대공황 시기에 계속 대중의 지지를 얻었다. 1933년에 독일 총리에 임명된 히틀러는 곧 독재 권력을 확보했다. 베르사유 조약을 거부하며 독일을 재무장하고 유럽을 지배할 준비에 착수했다. 하지만 그의 공격적인 정책은 전쟁으로 이어져 결국 독일을 재앙을 빠뜨렸다. 히틀러는 1945년 4월에 베를린의 벙커에서 자살했다.

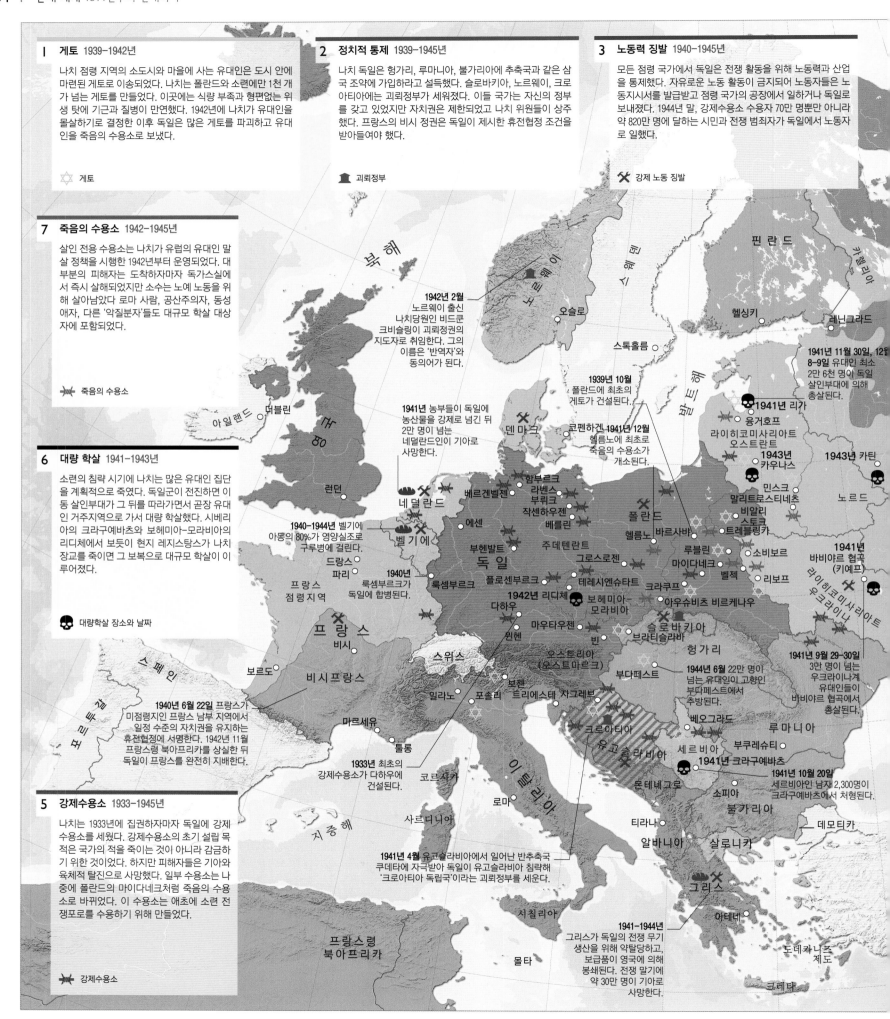

1 게토 1939-1942년

나치 점령 지역의 소도시와 마을에 사는 유대인은 도시 안에 마련된 게토로 이송되었다. 나치는 폴란드와 소련에만 1천 개가 넘는 게토를 만들었다. 이곳에는 식량 부족과 형편없는 위생 탓에 기근과 질병이 만연했다. 1942년에 나치가 유대인을 몰살하기로 결정한 이후 독일은 많은 게토를 파괴하고 유대인을 죽음의 수용소로 보냈다.

✡ 게토

2 정치적 통제 1939-1945년

나치 독일은 헝가리, 루마니아, 불가리아에 추축국과 같은 삼국 조약에 가입하라고 설득했다. 슬로바키아, 노르웨이, 크로아티아에는 괴뢰정부가 세워졌다. 이들 국가는 자신의 정부를 갖고 있었지만 자치권은 제한되었고 나치 위원들이 상주했다. 프랑스의 비시 정권은 독일이 제시한 휴전협정 조건을 받아들여야 했다.

♟ 괴뢰정부

3 노동력 징발 1940-1945년

모든 점령 국가에서 독일은 전쟁 활동을 위해 노동력과 산업을 통제했다. 자유로운 노동 활동이 금지되어 노동자들은 노동지시서를 발급받고 점령 국가의 공장에서 일하거나 독일로 보내졌다. 1944년 말, 강제수용소 수용자 70만 명뿐만 아니라 약 820만 명에 달하는 시민과 전쟁 범죄자가 독일에서 노동자로 일했다.

⚒ 강제 노동 징발

7 죽음의 수용소 1942-1945년

살인 전용 수용소는 나치가 유럽의 유대인 말살 정책을 시행한 1942년부터 운영되었다. 대부분의 피해자는 도착하자마자 독가스실에서 즉시 살해되었지만 소수는 노예 노동을 위해 살아남았다 로마 사람, 공산주의자, 동성애자, 다른 '악질분자'들도 대규모 학살 대상자에 포함되었다.

✈ 죽음의 수용소

6 대량 학살 1941-1943년

소련의 침략 시기에 나치는 많은 유대인 집단을 계획적으로 죽였다. 독일군이 전진하면 이동 살인부대가 그 뒤를 따라가면서 곧장 유대인 거주지역으로 가서 대량 학살했다. 시베리아의 크라구예바츠와 보헤미아-모라비아의 리디체에서 보듯이 현지 레지스탕스가 나치 장교를 죽이면 그 보복으로 대규모 학살이 이루어졌다.

☠ 대량학살 장소와 날짜

5 강제수용소 1933-1945년

나치는 1933년에 집권하자마자 독일에 강제수용소를 세웠다. 강제수용소의 초기 설립 목적은 국가의 적을 죽이는 것이 아니라 감금하기 위한 것이었다. 하지만 피해자들은 기아와 육체적 탈진으로 사망했다. 일부 수용소는 나중에 폴란드의 마이다네크처럼 죽음의 수용소로 바뀌었다. 이 수용소는 애초에 소련 전쟁포로를 수용하기 위해 만들었다.

✈ 강제수용소

대게르만국

1942년, 추축국과 그들의 위성 국가가 유럽을 지배했다. 독일과 이탈리아는 일부는 군사적으로 점령하고 다른 일부는 합병해 '대게르만국'을 건설했다.

기호 보기

■ 1942년 대게르만국
■ 독일과 핀란드의 점령 지역
■ 이탈리아와 이탈리아의 점령 지역
■ 추축국의 위성국가
╱╱ 일시적 추축국 위성국가
■ 연합국 영토

타임라인

1 2 3 4 5 6 7

1932 1934 1936 1938 1940 1942 1944 1946

○모스크바

미 테

△ 홀로코스트 생존자
소련군이 1944-1945년에 동부 유럽을 통해 진격할 때 나치의 죽음의 수용소를 발견했다. 아우슈비츠 비르케나우 수용소에서 이 사진에 찍힌 아이들이 발견되었다.

941년 하르카우

소 련

스탈린그라드

1941-1944년 독일군에 사로잡힌 소련 포로 약 260만 명이 기아와 질병으로 사망한다. 점령지 소련의 대중들은 개와 쥐를 먹고 등유를 이용해 음식을 요리해야 했다.

쥐 드

코 카 서 스 산 맥

흑 해

4 식량 전투 1940-1945년

제2차 세계대전 동안 최소 2천만 명이 기아로 사망했다. 히틀러는 세계 무역에서 독립된 자급자족하는 국가를 만들려고 했다. 그는 동부 유럽 전체를 산업기지와 식량 공급원으로 간주하고 독일어를 말하는 사람들의 생활권을 만들기 위해 현지 사람들을 굶주리게 했다. 유럽의 다른 지역에서는 유대인과 비독일인이 독일의 계획적인 정책 또는 연합국의 봉쇄로 인해 굶주렸다.

튀 르 키 예

시 리 아

키프로스

🍞 주요 식량 부족 지역

점령당한 유럽

제2차 세계대전 당시 추축국이 대부분의 유럽을 점령하면서 유럽인 수백만 명이 고통과 죽임을 당했다. 잔인한 나치 통치와 그에 대한 저항 경험은 유럽 정치와 사회에 심대한 영향을 미쳤다.

전쟁 초기에 독일이 승리하자 점령지 국가에서 엇갈린 반응이 나타났다. 모든 국가에서 반나치 저항군과 부역자들이 등장했다. 부역자들은 패배를 수용하고 새로운 독일이 지배하는 유럽에서 자신의 역할을 찾았다. 크로아티아, 리투아니아, 우크라이나와 같은 지역에서는 나치가 초기에 해방자로 환영받았다. 비시에 기반을 둔 프랑스 정부는 자발적으로 독일의 협력자가 되었다.

일부 독일 관리는 전 유럽이 독일의 지도하에 번영할 것이라는 새로운 질서를 꿈꾸었지만 나치 지도자 아돌프 히틀러는 오로지 지배와 착취에만 관심이 있었다. 실제로 나치는 점령 국가의 식량과 노동력을 약탈하고 부역자를 경멸하고 반대자들 테러를 통해 억압했다. 가장 큰 고통을 당한 곳은 동유럽이었다. 히틀러는 슬라브 민족을 노예 상태로 전락시키고 그 지역을 식민지로 만들어 독일 정착민을 이주시켜 궁극적인 목적인 독일어 사용자들의 더 넓은 생활권을 확보하려고 했다. 독일의 국경선은 확장되어 더 위대한 독일 국가를 만들기 위해 다시 그려졌다. 폴란드 내 유대인의 대부분을 포함해 폴란드 국민의 1/5이 전쟁 중에 사망했다. 나치가 유럽의 유대인을 모두 말살하지 않고 살려둔 이유는 단지 그들의 노예 노동이 필요했기 때문이었다.

무장 저항
1940년부터

나치 통치하의 고통스러운 삶은 무장 저항 운동을 유발했고 연합군은 이를 지원했다. 1943년에 독일의 점령 이후 가장 큰 규모의 무장 저항세력이 폴란드, 유고슬라비아, 소련 서부 지역, 이탈리아 북부에서 활동했다. 공산주의자들이 선도적인 역할을 했으며, 일부 지역 특히 유고슬라비아에서는 공산주의자와 비공산주의자 사이의 갈등이 심했다. 프랑스의 레지스탕스는 규모가 제한적이었지만 프랑스인의 자부심에 매우 중요한 역할을 했다.

러시아인의 저항
점령된 소련 서부 지역의 성인 여자와 소녀들이 자신을 지키기 위해 참호에서 사격훈련을 하고 있다.

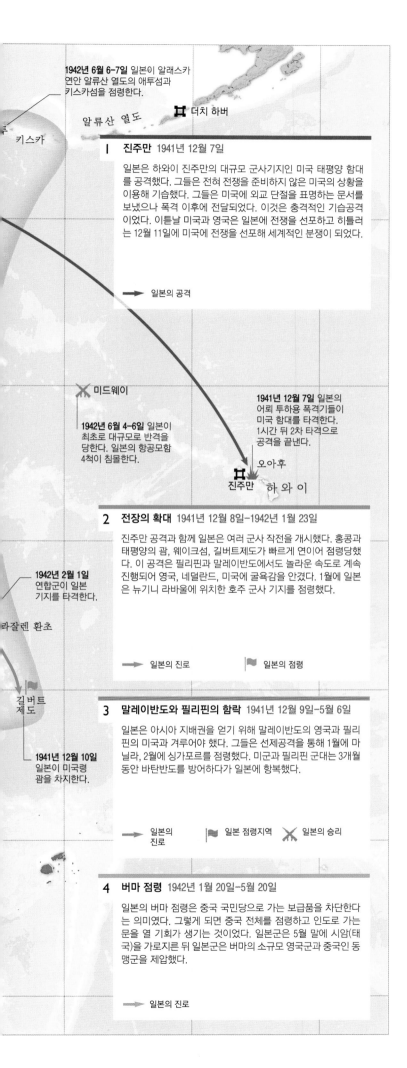

1942년 6월 6-7일 일본이 알래스카 연안 알류산 열도의 애투섬과 키스카섬을 점령한다.

알류산 열도

더치 하버

키스카

1 진주만 1941년 12월 7일

일본은 하와이 진주만의 대규모 군사기지인 미국 태평양 함대를 공격했다. 그들은 전혀 전쟁을 준비하지 않은 미국의 상황을 이용해 기습했다. 그들은 미국에 외교 단절을 표명하는 문서를 보냈으나 폭격 이후에 전달되었다. 이것은 충격적인 기습공격이었다. 이튿날 미국과 영국은 일본에 전쟁을 선포하고 히틀러는 12월 11일에 미국에 전쟁을 선포해 세계적인 분쟁이 되었다.

→ 일본의 공격

미드웨이

1942년 6월 4-6일 일본이 최초로 대규모로 반격을 당한다. 일본의 항공모함 4척이 침몰한다.

1941년 12월 7일 일본의 어뢰 투하용 폭격기들이 미국 함대를 타격한다. 1시간 뒤 2차 타격으로 공격을 끝낸다.

오아후

진주만 하와이

1942년 2월 1일 연합군이 일본 기지를 타격한다.

과잘렌 환초

2 전장의 확대 1941년 12월 8일-1942년 1월 23일

진주만 공격과 함께 일본은 여러 군사 작전을 개시했다. 홍콩과 태평양의 괌, 웨이크섬, 길버트제도가 빠르게 연이어 점령당했다. 이 공격은 필리핀과 말레이반도에서도 놀라운 속도로 계속 진행되어 영국, 네덜란드, 미국에 굴욕감을 안겼다. 1월에 일본은 뉴기니 라바울에 위치한 호주 군사 기지를 점령했다.

→ 일본의 진로   🚩 일본의 점령

길버트 제도

1941년 12월 10일 일본이 미국령 괌을 차지한다.

3 말레이반도와 필리핀의 함락 1941년 12월 9일-5월 6일

일본은 아시아 지배권을 얻기 위해 말레이반도의 영국과 필리핀의 미국과 겨루어야 했다. 그들은 선제공격을 통해 1월에 마닐라, 2월에 싱가포르를 점령했다. 미군과 필리핀 군대는 3개월 동안 바탄반도를 방어하다가 일본에 항복했다.

→ 일본의 진로   🚩 일본 점령지역   ✕ 일본의 승리

4 버마 점령 1942년 1월 20일-5월 20일

일본의 버마 점령은 중국 국민당으로 가는 보급품을 차단한다는 의미였다. 그렇게 되면 중국 전체를 점령하고 인도로 가는 문을 열 기회가 생기는 것이었다. 일본군은 5월 말에 시암(태국)을 가로지른 뒤 일본군은 버마의 소규모 영국군과 중국인 동맹군을 제압했다.

→ 일본의 진로

태평양 전쟁

일본은 1931년에 중국 북동부 지역을 점령한 뒤 1937년에는 중국을 전면적으로 침략하면서 아시아에 광대한 제국을 세우는 계획을 시작했다. 이를 통해 일본은 이 지역의 미국과 유럽 식민지 열강들과 분쟁을 빚게 되었다. 그리고 이 전쟁은 1941년에 동남아시아와 태평양으로 확대되었다.

1941년, 미국은 경제 봉쇄정책을 이용해 일본의 중국 침략을 포기시키려고 시도했다(294-295쪽 참조). 일본은 전쟁 확대라는 위험한 계획으로 대응했다. 일본이 하와이 진주만 미국 해군기지를 공격한 목적은 미국의 태평양 함대를 무력화해 일본 해군이 제해권을 장악한 상황에서 일본 육군이 고무, 석유와 같은 원재료 공급원인 동남아시아를 점령하기 위한 것이었다. 이 계획은 초기에 매우 효과적이었지만 진주만 '기습공격'은 미국을 극도로 격분시켜 일본의 아시아 지배를 인정하는 미래의 타협 또는 평화를 도저히 생각할 수 없었다. 그 결과 미국이 제2차 세계대전에 참전하게 되었다.

나치 독일은 일본을 지지하며 미국에 선전포고를 했지만 태평양과 유럽의 분쟁은 기본적으로 별개로 진행되었다. 동남아시아 지역의 유럽 식민지 열강의 패배, 특히 일본의 영국령 싱가포르 함락은 아시아에서 백인 우월의식에 치명적인 타격을 주었다. 하지만 일본이 착취와 폭압으로 통치해 '대동아 공영권'의 다른 아시아 민족으로부터 거의 지지를 받지 못했다. 1942년 6월, 미국의 미드웨이 해전 승리는 급속한 일본 팽창 시대의 끝을 알리는 전조였다.

"우리가 일본을 끝장내기 전에 일본어는 지옥에서만 사용될 것이다."

미국 해군 중장 홀시, 1941년 진주만 공격 당시

더글러스 맥아더 장군
1880-1964년

1941년에 극동 사령관에 임명되었을 당시 더글러스 맥아더는 제1차 세계대전 참전, 미국 육군참모총장 역임 등 이미 뛰어난 군 경력의 소유자였다. 1942년에 필리핀을 어쩔 수 없이 떠나야 했을 때 그는 '돌아오겠다'는 유명한 약속을 했고 1944년에 그 말을 지켰다. 연합군 최고사령관으로서 1945년에 일본의 항복을 받아 내고(308-309쪽 참조), 전후 일본 정치 재건에 지도적인 역할을 했다. 한국전쟁(322-323쪽 참조) 때 1950년부터 유엔군 사령관이 된 맥아더는 미국 정부 정책과 마찰을 빚었고, 1951년에 트루먼 대통령이 그를 해임했다.

독일의 패배

독일은 제2차 세계대전 후반기에
미국, 소련, 영국의 연합된 힘에 압도당했다.
전쟁이 진행되면서 유럽은 갈수록 더 심하게 파괴되어
폐허와 피난민의 땅이 되었다.

1943년을 지나면서 전쟁의 흐름이 나치 독일과 추축국에 결정적으로 불리하게 바뀌었다. 동부전선 스탈린그라드(302-303쪽 참조)에서 승리한 소련군은 중단 없이 서쪽으로 계속 전진해 결국 베를린까지 이르렀다. 대서양에서는 수년 동안 큰 선박 피해를 당한 뒤 독일의 U보트의 위협을 극복했다. 미국은 독일에 선전포고를 하며 북아프리카에 상륙했다. 튀니지에서 영국군과 합세한 이후 그들은 지중해를 건너 시칠리아와 이탈리아를 공격하여 독일의 동맹인 베니토 무솔리니를 몰락시켰다. 하지만 나치 지도자 아돌프 히틀러는 1944년 여름에 연합군이 프랑스 노르망디를 침공한 뒤에도 여전히 자신만만했다. 암살 시도에서 살아남은 히틀러는 끝까지 전쟁을 이끌었다. 서구 열강과 소련의 동맹은 견고했고 독일의 무조건적 항복을 요구했다. 제공권 확보를 위한 치열한 전투 끝에 미국과 영국의 공군이 독일의 도시를 초토화했다. 1945년 봄, 연합군이 동쪽과 서쪽에서 독일을 공격하고 파괴된 독일을 점령하자 히틀러는 베를린 벙커에서 자살했다.

> "우리는 새로운 경험을 하고 있습니다. 우리는 승리했습니다. 놀랍고 확실한 승리입니다."
>
> 처칠, 엘알라메인 전투에서 승리했을 때, 1942년

윈스턴 처칠
1874-1965년

1940년 5월, 개성이 강한 보수정치인 윈스턴 처칠이 권력을 잡아 영국 연립 정부의 수장이 되었다. 제2차 세계대전에서 그는 열정적인 연설과 투지로 영국인의 사기를 올리고, 연합국인 미국, 소련과 좋은 관계를 유지하기 위해 끊임없이 노력했다. 1945년에 유럽 지역 전쟁에서 승리한 지 2개월 만에 치러진 선거에서 져서 총리에서 물러났다.

1942-1945년 연합국의 유럽 공격

1942년에 연합군은 북아프리카에서 승리를 거두고 그곳을 발판 삼아 1943년에는 이탈리아를 공격했다. 이듬해 서구 진영의 연합군이 서부 유럽을 공격하고 동시에 소련군이 동부 유럽에서 진격해 독일을 궁지로 몰아넣기 시작했다.

기호 보기

추축국
- 1942년 추축국 지배지역
- 1942년 11월 독일 점령지역
- 추축국 위성국가

연합국
- 1942년 연합국 영토
- 1942-1943년 연합국의 공격
- 1944년 연합국의 공격
- 1945년 연합국의 공격
- 연합국의 승리

타임라인

	1941	1942	1943	1944	1945	1946
1						
2						
3						
4						
5						
6						

6 패배 직전의 독일 1945년 3-5월

전쟁 마지막 몇 달 동안 거센 저항에도 불구하고 독일은 계속 패배했다. 미군은 1945년 3월에 라인강을 건너 독일로 진입해 하노버와 뉘른베르크를 점령했다. 한편 소련군은 폴란드를 통해 대규모 공세를 벌여 결국 4월 30일에 베를린을 점령했다.

5 노르망디 공세 1944년 6-7월

1944년 6월 6일, 연합군은 사상 최대의 수륙양면 작전을 통해 프랑스 북부를 공격했다. 5개 연합군 사단이 프랑스 해변 5곳에 상륙했으나 빽빽한 생울타리와 독일의 격렬한 방어 탓에 느리게 전진했다. 연합군의 이 상륙작전으로 히틀러는 서부전선과 동부전선에서 싸워야 했다.

→ 공격 개시일의 상륙 지점

1943년 5월 24일 되니츠 해군 제독이 대규모 손실 이후 북대서양에서 독일 U보트를 철수한다.

4 도시 폭격 1944-1945년

1944년 내내 독일 도시에 대한 폭격은 연합군의 중요한 전략이었다. 석유 공급과 유전 지대를 공격해 독일의 전쟁 물자에 큰 타격을 주었다. 40만 명에 이르는 독일 시민이 죽고 많은 도시가 초토화되었다. 히틀러는 이에 대항하여 V-1 크루즈 미사일과 V-2 로켓을 런던으로 발사했다.

- 연합군의 집중 폭격 도시
- 독일군의 집중 폭격 도시

1942년 11월 연합군이 북아프리카를 장악하려는 횃불 작전의 일환으로 모로코와 알제리에 상륙한다.

대서양

리스본

포르투갈

영국령 지브롤터

카사블랑카

모로코

◁ **공격 개시일의 상륙**
미군의 상륙용 주정이 1944년 6월 6일에 프랑스 노르망디 오마하 해변으로 접근하고 있다. 연합군의 상륙 작전은 성공했지만 이 과정에서 미군 약 3천 명이 사망하거나 부상당했다.

1 대서양 전투 1942-1943년

1942-1943년 동안 수백만 톤의 연합국 선박이 독일 잠수함 U보트에 의해 침몰했다. 독일은 연합군의 공군이 미치지 못하는 대서양 중간 수역에서 선박을 집중적으로 공격했다. 하지만 1943년부터 연합군 공군이 장거리 비행이 가능해지고 레이더로 U보트를 찾아내자 독일은 물러났다.

2 나치-소련 전쟁 1943-1944년

1943년에 스탈린그라드 전투(302-303쪽 참조)에서 패배한 뒤 히틀러는 대규모 탱크전을 통해 쿠르스크 지역의 러시아인을 대량으로 죽이려는 모험적인 계획을 세웠다. 이 시도는 실패했다. 소련군은 여러 추축국 군대보다 더 나은 지휘 체계를 갖고 있다. 소련이 반격해 루마니아와 헝가리로 진격하자 히틀러의 동맹국이 항복했다.

3 지중해 1942-1945년

1942년에 이집트 엘알라메인 전투에서 에르빈 롬멜이 이끄는 추축국 군대가 패배한 것은 서구 진영 연합국에는 전환점이 되었다. 그들은 이탈리아령 리비아와 시칠리아를 공격하고 그다음으로 1943년에 이탈리아 본토로 진격했다. 이탈리아가 항복하자 독일은 이탈리아를 점령하고 1945년 5월까지 주요 동맹국 없이 계속 싸웠다.

- 1940년 연합군 공군 작전 권역
- 1943년 연합군 공군 작전 권역
- 1942년 U보트 공격 성공 지역
- 1943년 U보트 공격 성공 지역
- 1944년 추축국 항복

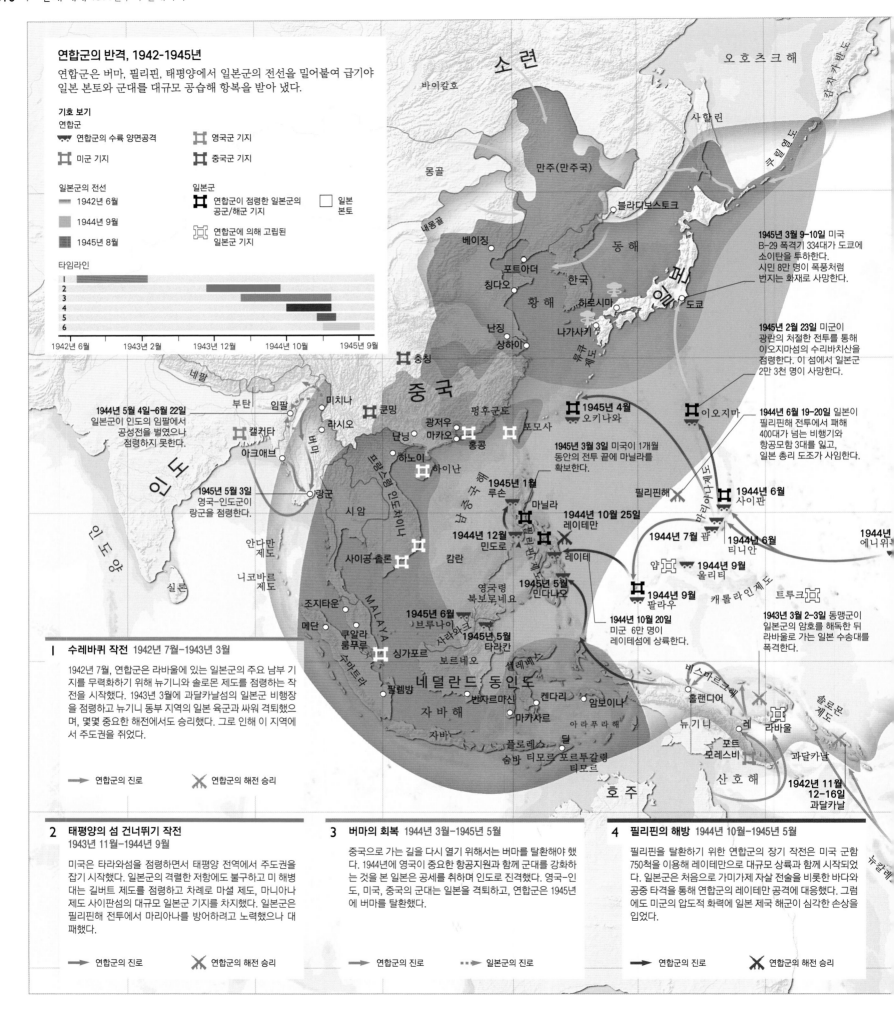

연합군의 반격, 1942-1945년

연합군은 버마, 필리핀, 태평양에서 일본군의 전선을 밀어붙여 급기야 일본 본토와 군대를 대규모 공습해 항복을 받아 냈다.

기호 보기

연합군
- 연합군의 수륙 양면공격
- 미군 기지
- 영국군 기지
- 중국군 기지

일본군의 전선
- 1942년 6월
- 1944년 9월
- 1945년 8월

일본군
- 연합군이 점령한 일본군의 공군/해군 기지
- 연합군에 의해 고립된 일본군 기지
- 일본 본토

타임라인

1942년 6월 1943년 2월 1943년 12월 1944년 10월 1945년 9월

1945년 3월 9-10일 미국 B-29 폭격기 334대가 도쿄에 소이탄을 투하한다. 시민 8만 명이 폭풍처럼 번지는 화재로 사망한다.

1945년 2월 23일 미군이 광란의 처절한 전투를 통해 이오지마섬의 수리바치산을 점령한다. 이 섬에서 일본군 2만 3천 명이 사망한다.

1944년 5월 4일-6월 22일 일본군이 인도의 임팔에서 공성전을 벌였으나 점령하지 못한다.

1945년 4월 오키나와

1944년 6월 19-20일 일본이 필리핀해 전투에서 패해 400대가 넘는 비행기와 항공모함 3대를 잃고, 일본 총리 도조가 사임한다.

1945년 3월 3일 미국이 1개월 동안의 전투 끝에 마닐라를 확보한다.

1945년 5월 3일 영국-인도군이 랑군을 점령한다.

1945년 1월 루손

1945년 12월 민도로

1944년 10월 25일 레이테만

1944년 6월 사이판

1944년 7월 괌

1944년 6월 티니안

1944년 에니위

1944년 9월 울리티

1945년 5월 민다나오

1944년 9월 팔라우

1943년 3월 2-3일 동맹군이 일본군의 암호를 해독한 뒤 라바울로 가는 일본 수송대를 폭격한다.

1945년 6월 브루나이

1945년 5월 사라와크

1945년 5월 타라칸

1944년 10월 20일 미군 6만 명이 레이테섬에 상륙한다.

1 수레바퀴 작전 1942년 7월-1943년 3월

1942년 7월, 연합군은 라바울에 있는 일본군의 주요 남부 기지를 무력화하기 위해 뉴기니와 솔로몬 제도를 점령하는 작전을 시작했다. 1943년 3월에 과달카날섬의 일본군 비행장을 점령하고 뉴기니 동부 지역의 일본 육군과 싸워 격퇴했으며, 몇몇 중요한 해전에서도 승리했다. 그로 인해 이 지역에서 주도권을 쥐었다.

→ 연합군의 진로   ✕ 연합군의 해전 승리

1942년 11월 12-16일 과달카날

2 태평양의 섬 건너뛰기 작전
1943년 11월-1944년 9월

미국은 타라와섬을 점령하면서 태평양 전역에서 주도권을 잡기 시작했다. 일본군의 격렬한 저항에도 불구하고 미 해병대는 길버트 제도를 점령하고 차례로 마셜 제도, 마리아나 제도 사이판섬의 대규모 일본군 기지를 차지했다. 일본군은 필리핀해 전투에서 마리아나를 방어하려고 노력했으나 대패했다.

→ 연합군의 진로   ✕ 연합군의 해전 승리

3 버마의 회복 1944년 3월-1945년 5월

중국으로 가는 길을 다시 열기 위해서는 버마를 탈환해야 했다. 1944년에 영국이 중요한 항공지원과 함께 군대를 강화하는 것을 본 일본은 공세를 취하며 인도로 진격했다. 영국-인도, 미국, 중국의 군대는 일본을 격퇴하고, 연합군은 1945년에 버마를 탈환했다.

→ 연합군의 진로   ┄► 일본군의 진로

4 필리핀의 해방 1944년 10월-1945년 5월

필리핀을 탈환하기 위한 연합군의 장기 작전은 미국 군함 750척을 이용해 레이테만으로 대규모 상륙과 함께 시작되었다. 일본군은 처음으로 가미가제 자살 전술을 비롯한 바다와 공중 타격을 통해 연합군의 레이테만 공격에 대응했다. 그럼에도 미군의 압도적 화력에 일본 제국 해군이 심각한 손상을 입었다.

→ 연합군의 진로   ✕ 연합군의 해전 승리

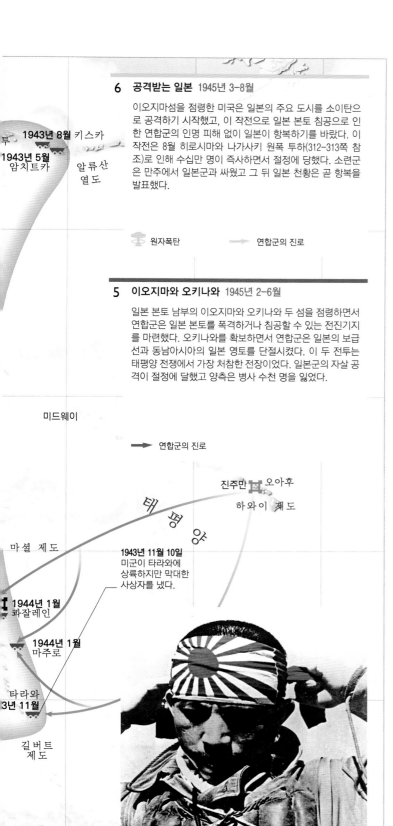

6 공격받는 일본 1945년 3-8월

이오지마섬을 점령한 미국은 일본의 주요 도시를 소이탄으로 공격하기 시작했고, 이 작전으로 일본 본토 침공으로 인한 연합군의 인명 피해 없이 일본이 항복하기를 바랐다. 이 작전은 8월 히로시마와 나가사키 원폭 투하(312-313쪽 참조)로 인해 수십만 명이 즉사하면서 절정에 당했다. 소련군은 만주에서 일본군과 싸웠고 그 뒤 일본 천황은 곧 항복을 발표했다.

☁ 원자폭탄　　　→ 연합군의 진로

5 이오지마와 오키나와 1945년 2-6월

일본 본토 남부의 이오지마와 오키나와 두 섬을 점령하면서 연합군은 일본 본토를 폭격하거나 침공할 수 있는 전진기지를 마련했다. 오키나와를 확보하면서 연합군은 일본의 보급선과 동남아시아의 일본 영토를 단절시켰다. 이 두 전투는 태평양 전쟁에서 가장 처참한 전장이었다. 일본군의 자살 공격이 절정에 달했고 양측은 병사 수천 명을 잃었다.

→ 연합군의 진로

미드웨이

1943년 8월 키스카

1943년 5월 암치트카

알류산 열도

마셜 제도

1943년 11월 10일
미군이 타라와에 상륙하지만 막대한 사상자를 냈다.

태평양

진주만　오아후

하와이 제도

1944년 1월 콰잘레인

1944년 1월 마주로

타라와 3년 11월

길버트 제도

△ 가미가제 조종사
일본군 조종사가 일본 해군 깃발 문양의 머리띠를 매며 자살 임무를 준비하고 있다. '승리 아니면 죽음'이라는 사상에 투철한 일본 남자들은 폭탄을 실은 비행기를 적 목표물과 의도적으로 충돌하는 작전에 자원했다.

일본의 패배

미국은 우월한 산업 자원과 인력을 동원해
1942년부터 1945년까지 태평양 지역의 격렬한 전투에서
일본의 필사적인 저항을 격파했다. 일본 도시들은 미국의 폭격으로
폐허가 되었고 일본 정부는 굴욕적인 항복 문서에 서명했다.

1942년 중반에 일본은 아시아의 점령지를 지키려고 엄청나게 긴 방어선을 구축했다. 중국과 버마에서 힘든 전투를 지속했지만 전쟁의 결과는 태평양 지역에서 일본 본토로 진격하기 위한 미국의 '섬 건너뛰기' 작전으로 결판이 났다. 미국은 대규모 군함 제조 프로그램을 통해 강력한 항공모함 함대를 만들었고 미 해병대는 전례가 없는 해상수송 상륙 기술을 개발했다. 타와라섬에서 오키나와섬까지 일본군은 최후의 한 사람이 남을 때까지 각 섬을 방어했지만 일본 해군은 여러 대규모 해전에서 대패했다. 압도된 일본군 조종사들은 미국 함대를 공격하기 위해 '가미가제' 자살 전술을 사용했으나 효과는 미미했다.

1945년 여름에 일본의 패전이 분명해졌다. 일본 정부는 죽을 때까지 싸우려는 사람들과 어느 정도 독립을 유지할 수 있는 평화협상을 원하는 사람들로 나뉘었다. 하지만 미국은 무조건적 항복을 요구했다. 8월에 미국은 히로시마와 나가사키에 원자폭탄을 투하했고, 이전에 중립을 지켰던 소련도 만주의 일본군을 공격했다. 일본 정부는 마침내 어쩔 수 없다는 것을 인정하고 항복했다.

> **"전쟁 상황은 일본에 유리한 방향으로만 전개되지 않았습니다."**
>
> 일본 천황 히로히토의 항복 방송, 1945년 8월 15일

세계 전쟁

제2차 세계대전은 유럽, 아프리카, 아시아에서 진행된 진정한 세계 분쟁이었다. 미국은 모든 추축국과 동시에 싸우기 위해 전 세계에 군대를 파병했다. 일본과 다른 추축국은 동맹임에도 서로 전략을 조정하지 못하고 따로 전쟁을 수행했다.

기호 보기

■ 아시아/태평양에서 일본의 최대 확장 범위

■ 유럽/소련/아프리카에서 추축국의 최대 확장 범위

추축국 군대의 이동
➡ 독일　　➡ 일본

연합군의 이동
➡ 영국　　➡ 미국
➡ 영연방　➡ 소련

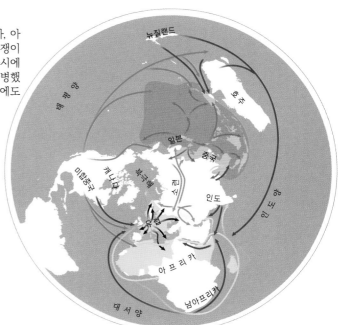

뉴질랜드

호주

태평양

일본

중국

미합중국

캐나다

북극해

인도

인도양

유럽

아프리카

대서양

남아프리카

초토화된 히로시마
최초의 원자폭탄이 폭발한 뒤 몇 초만에 히로시마가
폐허가 되었다. 약 7만 명이 즉사한 것으로 추정된다.
산산이 부서진 나가레카와 감리교회의 모습이 보인다.

히로시마와 나가사키

1945년 8월, 미국이 제2차 세계대전을 끝내기 위해 세계 최초로 원자폭탄을 히로시마와 나가사키에 투하했다.
그 결과 세계는 논란을 불러일으킨 새로운 핵무기 시대로 접어들었다.
핵폭탄 투하는 일본에 대재앙이 되었다.

독일이 연합군에게 항복하고 유럽에서 전쟁이 끝난 지 3일째인 1945년 5월 10일, 미국 과학자들과 군 인사들이 뉴멕시코 로스앨러모스에 모였다. 원자폭탄을 제조하는 미국의 맨해튼 프로젝트 최고 수뇌부가 태평양에서 일본의 저항을 끝낼 방법을 집중적으로 논의했다. 미 해군은 '섬 건너뛰기' 전략을 통해 B-29 폭격기를 일본 본토까지 보낼 수 있게 되자 대규모 공중폭격을 퍼부었다. 하지만 일본은 항복하지 않았다. 미국 대통령 해리 트루먼은 일본에 2발의

핵무기 사용을 허가했다. 그는 이 방법이 일본 본토 침략보다 피를 덜 흘리고 항복을 받아 낼 수 있을 것으로 생각했다.

최후의 공격

5월에 로스앨러모스 회의에서 전문가들은 일본의 어느 도시를 공격할 것인지 숙고했다. 목표물은 군사적으로 중요한 곳이어야 했다. 히로시마, 나가사키를 비롯해 도시 4개가 선정되었다. 1945년 여름,

△ **인간의 그림자**
히로시마 원자폭탄 폭발로 강력한 열이 발생해
1945년 8월 6일 오전 8시 15분 당시 사람들과
물체의 잔해가 '그림자'처럼 그대로 남았다.

연합국은 항복 조건을 협상하려는 일본의 노력을 묵살했다. 1945년 7월 28일에 일본 최고사령부는 일본이 무조건 항복하지 않으면 대대적인 파괴에 직면할 것이라는 연합군의 요구를 거부했다.

1945년 8월 6일, B-29 폭격기 에놀라 게이의 승무원이 첫 번째 원자폭탄을 히로시마에 투하하려고 이륙했다. 오전 8시 15분에 '리틀보이'가 투하되었다. 3일 뒤 미국은 '팻맨'을 나가사키에 투하했다. 이 두 차례 폭격으로 인한 사망자는 최고 24만 6천 명으로 추정된다. 1945년 8월 15일에 일본이 항복했다. 원자폭탄 투하가 추가로 계획되어 있었다. 하지만 일본 천황의 항복 결정은 소련의 만주 침공과 이미 확산된 기근에도 영향을 받았다. 항복 문서는 1945년 9월 2일에 미국 미주리호 선상에서 공식 조인되었다. 원자폭탄은 제2차 세계대전 종식을 앞당기는 데 도움을 주었지만, 미국과 소련 간에 핵무기 경쟁이 시작되어 1990년대까지 지속되었다.

▽ **'팻맨'**
팻맨이라는 별명이 붙은 원자폭탄이 1945년 8월 9일에 나가사키에 투하되어 시속 1천 km의 폭풍과 7050℃의 열이 발생했다.

> "나는 원자폭탄의 비극적인 의미를 깨달았습니다. … 원자폭탄이 우리의 적이 아니라 우리에게 있다는 것이 정말 다행입니다."
>
> 해리 S. 트루먼, 미국 대통령, 1945년 8월 9일

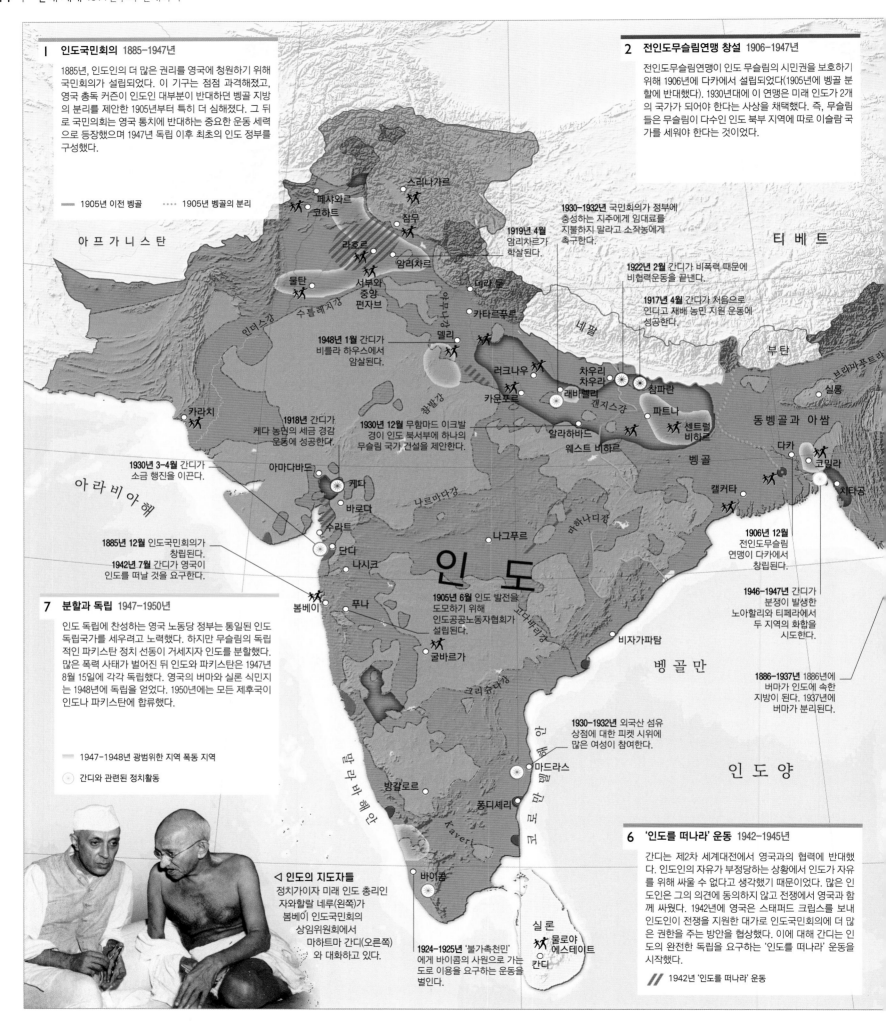

1 인도국민회의 1885-1947년

1885년, 인도인의 더 많은 권리를 영국에 청원하기 위해 국민회의가 설립되었다. 이 기구는 점점 과격해졌고, 영국 총독 커즌이 인도인 대부분이 반대하던 벵골 지방의 분리를 제안한 1905년부터 특히 더 심해졌다. 그 뒤로 국민의회는 영국 통치에 반대하는 중요한 운동 세력으로 등장했으며 1947년 독립 이후 최초의 인도 정부를 구성했다.

— 1905년 이전 벵골   ⋯⋯ 1905년 벵골의 분리

2 전인도무슬림연맹 창설 1906-1947년

전인도무슬림연맹이 인도 무슬림의 시민권을 보호하기 위해 1906년에 다카에서 설립되었다(1905년에 벵골 분할에 반대했다). 1930년대에 이 연맹은 미래 인도가 2개의 국가가 되어야 한다는 사상을 채택했다. 즉, 무슬림들은 무슬림이 다수인 인도 북부 지역에 따로 이슬람 국가를 세워야 한다는 것이었다.

1930-1932년 국민회의가 정부에 충성하는 지주에게 임대료를 지불하지 말라고 소작농에게 촉구한다.

1919년 4월 암리차르가 학살된다.

1922년 2월 간디가 비폭력 때문에 비협력운동을 끝낸다.

1917년 4월 간디가 처음으로 인디고 재배 농민 지원 운동에 성공한다.

1948년 1월 간디가 비를라 하우스에서 암살된다.

1930년 12월 무함마드 이크발 경이 인도 북서부에 하나의 무슬림 국가 건설을 제안한다.

1918년 간디가 케다 농민의 세금 경감 운동에 성공한다.

1930년 3-4월 간디가 소금 행진을 이끈다.

1885년 12월 인도국민회의가 창립된다.
1942년 7월 간디가 영국이 인도를 떠날 것을 요구한다.

1905년 6월 인도 발전을 도모하기 위해 인도공공노동자협회가 설립된다.

1906년 12월 전인도무슬림연맹이 다카에서 창립된다.

1946-1947년 간디가 분쟁이 발생한 노아할리와 티페라에서 두 지역의 화합을 시도한다.

1886-1937년 1886년에 버마가 인도에 속한 지방이 된다. 1937년에 버마가 분리된다.

7 분할과 독립 1947-1950년

인도 독립에 찬성하는 영국 노동당 정부는 통일된 인도 독립국가를 세우려고 노력했다. 하지만 무슬림의 독립적인 파키스탄 정치 선동이 거세지자 인도를 분할했다. 많은 폭력 사태가 벌어진 뒤 인도와 파키스탄은 1947년 8월 15일에 각각 독립했다. 영국의 버마와 실론 식민지는 1948년에 독립을 얻었다. 1950년에는 모든 제후국이 인도나 파키스탄에 합류했다.

— 1947-1948년 광범위한 지역 폭동 지역

◉ 간디와 관련된 정치활동

1930-1932년 외국산 섬유 상점에 대한 피켓 시위에 많은 여성이 참여한다.

◁ **인도의 지도자들**
정치가이자 미래 인도 총리인 자와할랄 네루(왼쪽)가 봄베이 인도국민회의 상임위원회에서 마하트마 간디(오른쪽)와 대화하고 있다.

1924-1925년 '불가촉천민'에게 바이콤의 사원으로 가는 도로 이용을 요구하는 운동을 벌인다.

6 '인도를 떠나라' 운동 1942-1945년

간디는 제2차 세계대전에서 영국과의 협력에 반대했다. 인도인의 자유가 부정당하는 상황에서 인도가 자유를 위해 싸울 수 없다고 생각했기 때문이었다. 많은 인도인은 그의 의견에 동의하지 않고 전쟁에서 영국과 함께 싸웠다. 1942년에 영국은 스태퍼드 크립스를 보내 인도인이 전쟁을 지원한 대가로 인도국민회의에 더 많은 권한을 주는 방안을 협상했다. 이에 대해 간디는 인도의 완전한 독립을 요구하는 '인도를 떠나라' 운동을 시작했다.

⫻ 1942년 '인도를 떠나라' 운동

지도 내 지명:
스리나가르, 페샤와르, 코하트, 잠무, 라호르, 암리차르, 물탄, 서부와 중앙 펀자브, 수틀레지강, 데라 둔, 인더스강, 카타르푸르, 델리, 네팔, 부탄, 카라치, 러크나우, 차우리 차우라, 참파란, 파트나, 브라마푸트라강, 실롱, 동 벵골과 아쌈, 챰발강, 카운포르, 래바헬리, 갠지스강, 센트럴 비하르, 알라하바드, 웨스트 비하르, 벵골, 다카, 코밀라, 치타공, 캘커타, 아마다바드, 케다, 나르마다강, 바로다, 수라트, 단다, 마하나디강, 나시크, 나그푸르, 봄베이, 푸나, 고다바리강, 굴바르가, 비자가파탐, 벵골 만, 크리슈나강, 마드라스, 방갈로르, 퐁디셰리, Kaveri, 인도 양, 바이콤, 실론, 물로야 에스테이트, 칸디

아프가니스탄, 티베트, 아라비아해, 인 도

독립투쟁, 1885-1948년

1885년에 비종교적인 인도국민회의, 1906년에 인도무슬림전국연맹이 각각 설립된 뒤 인도에서 영국을 강제로 몰아내려는 운동이 시작되면서 인도 독립투쟁이 점차 긴장이 고조되었다.

기호 보기

■ 영국령 인도(직접 통치)

■ 제후국(인도 제후가 통치하는 준자치 지역)

■ 프랑스령 인도

■ 포르투갈령 인도

🏃 주요 폭동

타임라인

	1880	1890	1900	1910	1920	1930	1940	1950
1								
2								
3								
4								
5								
6								
7								

3 최초의 운동과 암리차르 학살사건 1925-1919년

1915년, 마하트마 간디가 인도국민회의를 지지하는 운동을 하기 시작했다. 1919년에 영국은 정치선동가를 무기한 구금할 수 있는 「롤레트법」을 도입했다. 이에 대한 대응으로 간디는 하르탈(총파업)을 지시해 불복종의 표시로 상점과 기업을 닫았다. 영국은 펀자브 암리차르에서 인도인 수천 명을 학살하자 간디는 항의 시위를 중단했다.

▨ 하르탈과 펀자브 소요 사태

⊛ 간디와 관련된 정치활동

4 비협력 운동 1919-1922년

간디는 암리차르 학살사건에 대응해 인도인의 스와라지(자치)운동을 주장하기 시작했다. 이 운동은 간디가 비폭력 저항의 일환으로 발전시킨 사상인 사티아그라하(진리 운동)에 기초한 것이었다. 이 운동의 평화적 의도에도 불구하고 폭력으로 변질되자 간디는 1922년에 이를 중단했다.

■ 비협력운동

⊛ 간디와 관련된 정치활동

5 간디의 운동 1924-1932년

선동죄로 2년간 투옥된 이후 간디는 1924년에 스와라지 운동에 복귀했다. 그의 가장 성공적인 행동은 영국 정부의 소금 무역 독점에 항의하며 1930년에 벌인 소금 행진이었다. 그는 서부 해안의 단디까지 사회활동가들을 이끌고 행진했고 그곳에서 불법적으로 소금을 생산했다. 이 운동으로 인도 전역에서 대규모 시민 불복종운동이 일어났다. 간디는 1930년에 다시 투옥되었지만 사티아그라하는 약 1년 동안 계속되었다.

⊛ 간디와 관련된 정치활동

인도의 분할

영국의 인도 지배 종식 운동은
식민지 역사에서 성공한 운동 중 하나였다.
하지만 인도국민회의와 전인도무슬림연맹이 하나의 인도에 합의하지 못해
인도는 분리되었고 광범위한 폭력이 발생했다.

인도 지배를 유지하려는 영국의 노력은 1919년에 펀자브 암리차르의 비무장 인도 시위대를 대규모 학살하면서 약화되었다. 이에 대해 정치가이자 사회운동가인 마하트마 간디는 비종교적인 인도국민회의가 주로 이끄는 비폭력 독립운동을 시작했다. 하지만 인도 내 힌두교인과 이슬람교인 사이에 종교 분리가 문제를 복잡하게 만들었다. 전인도무슬림연맹은 독립적인 이슬람 국가 건설 운동을 시작했고, 나중에 분할을 통해 파키스탄을 건국했다. 영국이 인도인 지도자와 상의 없이 1939년에 인도를 대신해 독일에 전쟁을 선포하자 인도국민회의는 '인도를 떠나라' 운동을 시작하며 영국의 전쟁 수행 활동을 방해하기 위해 시민 불복종을 요구했다. 1945년에 영국은 전쟁으로 경제적 자원이 고갈되자 인도 철수를 계획하기 시작했다. 영국은 힌두교도, 시크교도, 무슬림 피난민 수백만 명이 새로운 국경을 건너가는 위기를 지켜보면서 어쩔 수 없이 인도의 분리를 찬성했다. 분리된 두 국가는 1947년 8월 15일에 마침내 독립했다.

> "세계가 잠든 밤 열두 시 정각에 인도는 깨어 일어나 자유를 얻을 것이다."

자와할랄 네루, 인도의 초대 총리, 1947년 8월 14일

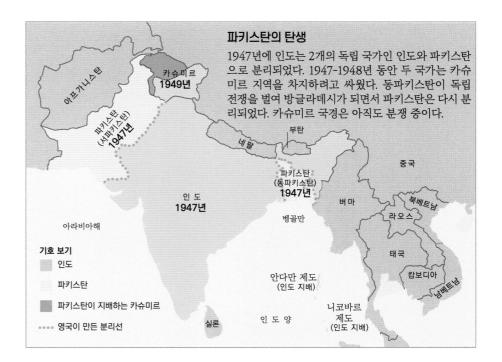

파키스탄의 탄생

1947년에 인도는 2개의 독립 국가인 인도와 파키스탄으로 분리되었다. 1947-1948년 동안 두 국가는 카슈미르 지역을 차지하려고 싸웠다. 동파키스탄이 독립 전쟁을 벌여 방글라데시가 되면서 파키스탄은 다시 분리되었다. 카슈미르 국경은 아직도 분쟁 중이다.

기호 보기

■ 인도

■ 파키스탄

■ 파키스탄이 지배하는 카슈미르

┈ 영국이 만든 분리선

마오쩌둥
1893~1976년

공산주의 중국의 건국

1927년부터 1949년 사이 이념적 분열이 중국을 갈라놓았다.
마오쩌둥의 공산당은 중국의 미래를 위해 중국 국민당과 싸웠다.
결국 오랜 기간의 내전, 일본의 점령, 제2차 세계대전 이후 마오쩌둥은 새로운 공산주의 중국의 통치자가 되었다.

중국 공산당은 1921년 7월 23일 상하이에서 창당했다. 공산당은 처음에는 중국 국민당과 협력했으나 국민당의 반공주의자인 장제스가 세로운 당 지도자로 등장해 1927년에 경쟁자인 공산당에게 등을 돌리면서 내전이 일어났다. 국민당이 주요 도시의 지지를 모두 맡상하자 공산당은 중국 남부의 장시 지역으로 후각했다. 그곳에서 그들은 1931년에 중국 소비에트 공화국을 선국했고 1934년에 국민당 군대의 근거지를 포기할 수밖에 없었다. 중국 소비에트 공화국의 미래 지도자 마오쩌둥의 지도하에 공산당의 일부가 중국 북부의 산서성(섬서성)으로 가는 1년간의 여정인 '장정'을 감행했다. 이곳은 국민당에서 멀리 떨어져 있으면서도 소련에서 오는 보급로에 가까운 전략적 근

거지였다.
국민당과 공산당은 일본의 침략으로 공산당과 국민당이 다시 협력하게 되었다. 제2차 세계대전 시기에 일본의 침략으로 양당의 화해를 시도했지만 내전이 일어났다. 전쟁 이후 미국 협상가들은 공산당이 농민들의 지지를 받으면서 그들이 군대가 늘어났다. 그들은 신속하게 국민당 군대를 고립 지역으로 몰면서 영토를 확보했고 1949년에 국민당은 붕괴했다. 1949년 10월 1일, 마오쩌둥은 중화인민공화국의 건국을 선포했다.

1949년부터 사망 연도인 1976년까지 공산주의 중국을 통치한 마오쩌둥은 하남성에서 교사로서 교육받은 베이징어로도서관사서로 일하는 동안 공산주의자가 되었다. 그는 1921년 공산당 창립을 도왔다. 1934년, 마오쩌둥은 공산주의자 8만 6천 명을 이끌고 장정을 떠났다. 1943년 공산당 주석이 되어 중국을 근대화했지만 그의 급진적인 정책은 무차별하고 야심 차서 엄청난 인명이 희생되었다.

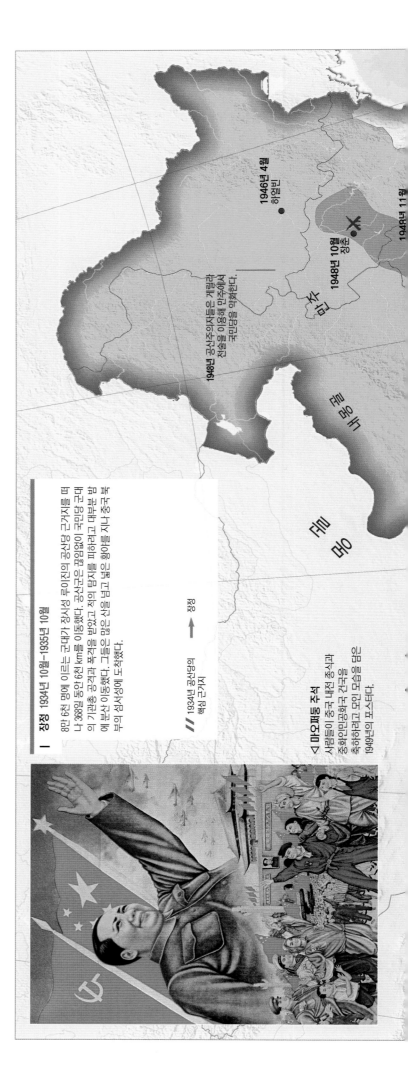

장정 1934년 10월~1935년 10월

8만 6천 명에 이르는 군대가 장시성 루이진의 공산당 근거지를 떠나 368일 동안 6천 km를 이동했다. 공산군은 끊임없이 국민당 군대의 기관총 공격과 폭격을 받았고 적의 영지를 피하려고 대부분 밤에 분산 이동했다. 그들은 많은 산을 넘고 넓은 강을 지나 중국 북부의 섬서성에 도착했다.

◁ 마오쩌둥 주석
사람들이 중국 내전 종식과 중화인민공화국 건국을 축하하려고 모인 모습을 담은 1949년의 포스터다.

■■ 1934년 공산당의 핵심 근거지
→ 장정

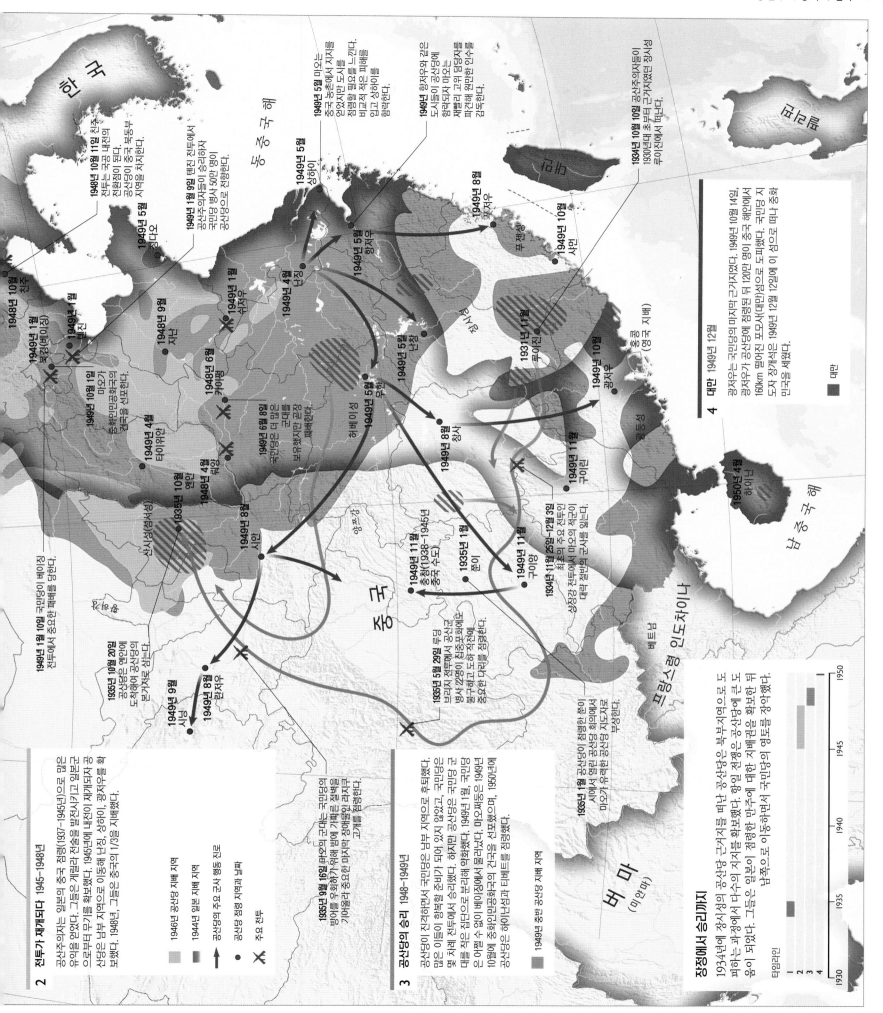

2 전투가 재개되다 1945~1948년

공산주의자는 일본의 중국 점령(1937~1945년)으로 많은 유익을 얻었다. 그들은 게릴라 전술을 발전시키고 일본군으로부터 무기를 확보했다. 1945년에 내전이 재개되자 공산당은 남부 지역으로 이동해 난징, 상하이, 광저우를 확보했다. 1948년, 그들은 중국의 1/3을 지배했다.

- 1946년 공산당 지배 지역
- 1944년 일본 지배 지역
- ▲ 공산당의 주요 군사 행동 진로
- ● 공산당 점령 주요 지역과 남짜
- ✕ 주요 전투

3 공산당의 승리 1948~1949년

공산당이 진격하면서 국민당은 남부 지역으로 후퇴했다. 많은 이들이 항복할 준비가 되어 있지 않았고, 국민당은 몇 차례 전투에서 승리했다. 하지만 공산당은 국민당 군대를 작은 집단으로 분리해 약화했다. 1949년 1월, 국민당은 아직 수 있은 베이징에서 항복했고, 마오쩌둥은 1949년 10월에 중화인민공화국의 건국을 선포했으며, 1950년에 공산당은 하이난섬과 티베트를 점령했다.

- 1949년 중반 공산당 지배 지역

4 대만 1949년 12월

광저우는 국민당의 마지막 근거지였다. 1949년 10월 14일, 광저우가 공산당에 점령된 뒤 120만 명이 중국 해안에서 160km 떨어진 포모사(대만)섬으로 도피했다. 국민당 지도자 장제스는 1949년 12월 12일에 이 섬으로 떠나 중화민국을 세웠다.

- 대만

장정에서 승리까지

1934년에 장시성의 공산당 근거지를 떠난 공산당은 북부지역으로 도피하는 과정에서 다수의 지지를 확보했다. 항일 전쟁은 공산당에게 큰 도움이 되었다. 그들은 일본이 점령한 만주에 대한 지배권을 확보한 뒤 남쪽으로 이동하면서 국민당의 영토를 장악했다.

초강대국

제2차 세계대전이 끝나고 동맹국이었던 미국과 소련은 세계의 지배국가로 등장했다.
군사력과 정치적 영향력 덕분에 양국은 '초강대국'으로 알려지게 되었다.
양국을 가르는 이념적 간극은 냉전 시대에 자주 갈등을 유발했다.

△ 강력한 무기
1952년 11월 1일, 미국은 코드명 아이비
마이크라는 최초의 수소폭탄 실험을
수행했다. 이것은 히로시마와
나가사키에 투하된 원자폭탄보다 1천 배
더 강력한 무기였다.

소련은 제2차 세계대전에서 예상치 못하게 동맹국이 되었고, 영국과 미국은 히틀러의 '새로운 유럽 질서'를 무너뜨리는 과제에 공동의 노력을 기울였다. 소련의 적군이 유럽 동부로 진격하면서 스탈린이 이 지역을 정치적으로 지배하길 원한다는 것이 명확해졌다. 그의 야심은 전시 동맹국 사이를 틀어지게 만들어 결국 냉전의 길을 열어 놓았다. 최초의 주요 분쟁은 베를린의 미래와 관련한 것이었다. 베를린은 소련이 점령한 지역에 포함되었지만 주요 강대국인 영국, 미국, 프랑스, 소련이 공동 지배했다. 1948년, 스탈린이 베를린을 서구와 분리해 공산권에 완전히 통합시키려고 했다. 하지만 서구권은 베를린 공수작전으로 알려진 구호 활동을 통해 식량과 보급품을 서베를린으로 수송했다. 318일 뒤 스탈린은 봉쇄를 중단했다. 이후 두 초강대국 간의 전선이 명확해졌다.

긴장 고조

베를린 위기 때 소련과 미국은 이제 평화 협력의 가능성이 없다는 점을 깨달았다. 소련의 영향력이 빠르게 확산하고 중국, 북한, 북베트남에서 공산주의가 승리를 거두자 소련의 힘이 서구권에 엄청난 위험이 될 가능성이 있었다. 1950년대 초에 미국에서는 초강대국 소련이 미국의 이익에 위협적

△ 반공 선전물
한국 전쟁 발발로 냉전이 동아시아로
확산되었다. 이 시기에 제작된 선전물은
남한 사람들에게 공산주의에 대한
적대감을 고취하는 데 이용되었다.

이라는 사실이 일반 대중에게 알려지면서 반공주의 물결이 거세게 일었다. 공산국가 북한이 남한을 침략하자 위협을 막기 위해 미국은 유엔에 대한 자국의 영향력을 활용해 동맹군을 조직했다. 한국 전쟁은 미국과 소련이 새로운 초강대국으로서 자신의 세계적 영향력을 높이기 위한 대립의 성격이 있다.

미국과 소련의 초강대국 지위의 핵심은 다량의 핵무기 보유였다. 1953년, 양국은 수소폭탄을 실험했다. 수소폭탄의 파괴력은 1945년에 일본에 투하된 원자폭탄을 압도했다. 폭탄 비축량이 늘어나면서 두 초강대국의 군사력에 필적한 국가는 없었다. 양국의 경쟁은 양측이 상대방보다 앞서려는 치열한 우주 경쟁으로 나타났다. 소련은 1957년에 스푸트니크 위성 발사에 성공했으며, 최초의 우주인, 최초의 여성 우주인, 최초의 우주 유영을 자랑했다. 미국이 1969년에 유인 달 탐사에 성공한 뒤에야 양국의 우주 경쟁은 동등한 수준에 이르렀다. 1950년대, 핵 대결이 두 초강대국 간의 전쟁을 유발하지 않은 것은 어느 쪽도 보복 공격의 위험을 감수할 수 없었기 때문이었다. 하지만 1962년에 미국의 튀르키예 미사일기지 설치에 대응하기 위해 소련 지도자 니키타 흐루쇼프는 카스트로의 친사회주의 혁명 국가인 쿠바에 소련 미사일기지 설치를 승인했다. 결국 쿠바기지 설치를 중단하라는 케네디 대통령의 최후 통첩으로 소련이 물러서면서 더 이상

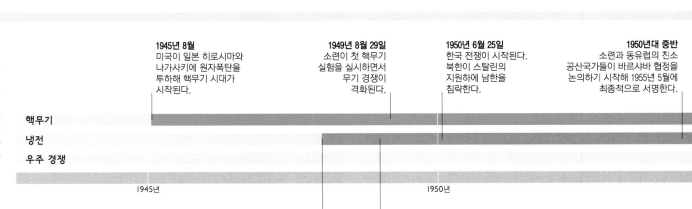

치명적인 경쟁

1945년에 미국과 소련이 초강대국으로 등장한 것은 핵무기를 대량으로 제조, 실험, 보유하는 역량에 기초한 것이었다. 직접적인 군사 행동은 없는 이른바 냉전 시기에 양국과 그들의 동맹국은 깊은 분열과 적대감을 갖게 되었다. 핵에 의한 전멸의 위협은 상존했지만 1962년의 쿠바 미사일 위기 이후 양국의 경쟁은 우주 경쟁으로 나타났다.

1945년 8월
미국이 일본 히로시마와
나가사키에 원자폭탄을
투하해 핵무기 시대가
시작된다.

1949년 8월 29일
소련이 첫 핵무기
실험을 실시하면서
무기 경쟁이
격화된다.

1950년 6월 25일
한국 전쟁이 시작된다.
북한이 스탈린의
지원하에 남한을
침략한다.

1950년대 중반
소련과 동유럽의 친소
공산국가들이 바르샤바 협정을
논의하기 시작해 1955년 5월에
최종적으로 서명한다.

핵무기

냉전

우주 경쟁

1945년

1950년

1948년 6월 24일-1949년 5월 12일 스탈린이
베를린을 봉쇄해 냉전의 첫 번째 주요 위기가
발생한다. 여러 국가의 노력으로 베를린
시민들이 기아에서 벗어난다.

1949년 4월 4일 미국과
다른 서구 국가들이
북대서양조약기구를 결성한다.

◁ 콘크리트 장벽에 의한 분할
동독 노동자가 급조된 베를린 장벽을 보수하고
있다. 45km에 달하는 이 장벽은 독일 수도를
동에서 서까지 관통해 분할한다.

> "인류는 전쟁을 끝내야 한다. 그렇지
> 않으면 전쟁이 인류를 끝장낼 것이다."
>
> 존 F. 케네디, 미국 대통령, 1961년

의 심각한 위기는 일어나지 않았다.

데탕트 시대의 도래

쿠바 위기 이후 두 초강대국은 핵전쟁 위험을 줄이는 방법을 모색했다. 위기 발생 시 모스크바와 워싱턴의 두 지도자가 직접 소통하기 위해 이른바 '핫라인'이 설치되었다. 1963년 8월에 최초의 핵실험 금지조약이 체결되었고, 1972년에는 두 초강대국 간 회담에서 최초의 진지한 핵무기 감축 노력인 제1차 전략무기 제한협정이 체결되었다. 두 초강대국은 계속 국방에 돈을 많이 투자하고 세계의 다른 지역에서 정치적 분쟁을 유발했지만, 대화를 통해 1940년대와 1950년대의 노골적인 적대감을 피하려고 더 많이 노력했다.

공산권이 1989-1991년에 붕괴하자 초강대국으로서의 소련의 위상이 사라졌고 1990년대에 미국은 처음으로 유일한 초강대국이 되었다.

▽ '아메리칸 드림'
일부 사람은 캐딜락과 같은
제품을 미국 번영의 상징이자
자본주의의 성공의 증거라고
보았다.

1958년 2월 17일
핵군축캠페인(CND)이
결성된다. 이 단체의 상징이
세계에서 가장 널리
인정받게 된다.

1961년 5월 5일 앨런
셰퍼드가 프리덤 7호를
타고 우주로 날아가
최초의 미국 우주인이
된다.

1961년 8월 13일
베를린을 동서로 가르는
1단계 장벽 건설공사 때
가시철조망이
설치된다.

1965년 3월 18일 소련 우주비행사
알렉세이 레오노프가 사상 처음으로
우주 유영을 한 지 약 3개월 뒤
미국의 경쟁자 에드 화이트가 우주
유영에 성공한다.

1968년 7월 1일
핵확산금지조약 체결로
핵무기 보유국들이
신중하게 핵 군축을
약속한다.

1960년

1965년

1970년

1957년 10월 4일 소련이
세계 최초의 인공위성
스푸트니크 1호를 발사해
98초 만에 지구 궤도에
도달한다.

1961년 4월 12일 소련
우주비행사 유리 가가린이
보스토크 1호 우주선을
타고 인류 최초로 우주를
비행한다.

1961년 5월 25일
미국 대통령 존 F. 케네디는
최초로 인간을 달에
보내겠다고 미국인에게
약속한다.

1962년 10월 16일
쿠바 미사일 위기로 촉발된
미국과 소련의 긴장된 교착 상태는
세계를 핵전쟁 직전까지
몰고 간다.

1969년 7월 20일
미국 우주비행사 닐 암스트롱이
최초로 달에 착륙한다. 이 역사적인
사건이 전 세계의 텔레비전으로
생중계된다.

냉전

1945년에 제2차 세계대전이 끝난 뒤 미국과 소련의 격렬한 경쟁이
국제관계를 지배했고 많은 글로벌 위기를 초래했다.
냉전이라고 일컫는 이 극단적인 정치적 긴장 시기는 거의 반세기 동안
지속되었으며 군사행동 못지않게 이념과 영향력 싸움이 치열했다.

미국과 소련은 제2차 세계대전을 통해 가장 강력한 승전국으로 등장했다. 두 국가는 이전에 동맹이었음에도 세계의 미래에 대해 정치적, 경제적 입장이 크게 달랐다. 미국은 민주주의와 자본주의를 촉진하고, 소련은 공산주의를 지지했다. 1949년에 공산주의 지역이 동부 유럽 전역에서 등장하고, 중국이 공산국가가 되면서 국제적 분열이 심화되었다. 서구 국가들은 군사동맹인 북대서양조약기구(NATO)를 만들었고 이에 대해 공산권은 바르샤바조약기구로 대응했다. 처음에는 미국, 그다음에는 소련이 핵무기를 만들어 실험하자 경쟁이 격화되었고, 처음에는 핵무기를 항공기로, 나중에는 미사일과 잠수함으로 발사할 수 있게 되었다(330-331쪽 참조). 냉전이 직접적인 전쟁으로 발전하지 않은 것은 핵 보복 위협이 너무나 컸기 때문이었다. 하지만 전 세계 국가들 사이의 무력 갈등은 빈번해졌다. 소련은 작고 핵이 없는 공산주의 정부를 후원했고, 미국은 같은 분쟁에서 반공 진영을 지원했다. 일부 국가는 비동맹 상태로 남아 있긴 했지만 양 진영 중 어느 편에 서지 않는 국가는 거의 없었다.

이런 새로운 형태의 전쟁은 군사 분쟁에만 국한되지 않았다. 두 강대국은 과학, 기술, 문화, 선전 분야에서도 치열한 싸움을 벌였다. 두 강대국의 적대감에도 불구하고 약 반세기 동안 냉전은 일종의 평화를 유지했다. 하지만 갈등이 '격화'된 국가들은 막대한 비용을 치렀다.

> "당신들이 좋아하든 그렇지 않든 역사는 우리 편이다.
> 우리는 당신들을 묻어 버릴 것이다."
>
> 니키타 흐루쇼프, 소련 공산당 서기장, 1956년 11월 18일

독일 분할

제2차 세계대전 이후 승전한 4개의 동맹국이 독일과 수도인 베를린을 분할했다. 1949년에 미국, 프랑스, 영국이 각자의 구역을 합쳐서 서독을 만들고 본을 새로운 수도로 정했다. 동독과 동베를린은 소련의 지배를 받게 되었다. 1961년에 동독은 장벽을 건설해 공산주의 동독과 자본주의 서독을 분리했다.

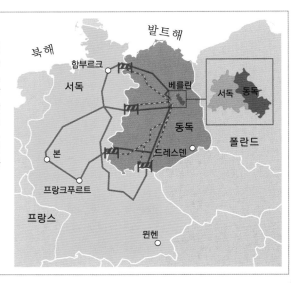

기호 보기

▨ 통제소

-·- 철도 노선

— 주요 도로

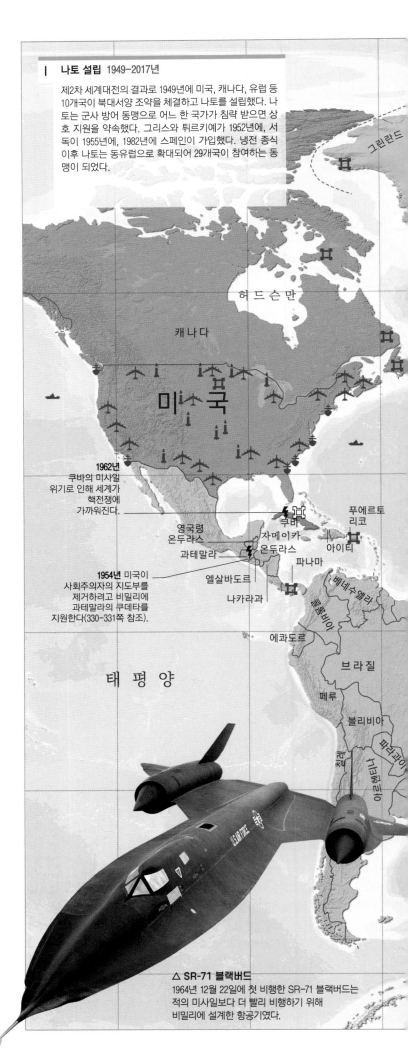

나토 설립 1949-2017년

제2차 세계대전의 결과로 1949년에 미국, 캐나다, 유럽 등 10개국이 북대서양 조약을 체결하고 나토를 설립했다. 나토는 군사 방어 동맹으로 어느 한 국가가 침략 받으면 상호 지원을 약속했다. 그리스와 튀르키예가 1952년에, 서독이 1955년에, 1982년에 스페인이 가입했다. 냉전 종식 이후 나토는 동유럽으로 확대되어 29개국이 참여하는 동맹이 되었다.

1962년
쿠바의 미사일 위기로 인해 세계가 핵전쟁에 가까워진다.

1954년 미국이 사회주의자의 지도부를 제거하려고 비밀리에 과테말라의 쿠데타를 지원한다(330-331쪽 참조).

△ **SR-71 블랙버드**
1964년 12월 22일에 첫 비행한 SR-71 블랙버드는 적의 미사일보다 더 빨리 비행하기 위해 비밀리에 설계한 항공기였다.

2 바르샤바 조약 체결 1955-1991년

재무장한 서독이 나토에 가입하자 소련과 동유럽의 7개국이 이에 대한 대응으로 1955년 5월에 바르샤바 조약을 맺었다. 이 조약에 따라 군대가 단 한 번 협력했는데, 1968년에 체코슬로바키아에서 발생한 프라하의 봄 봉기를 진압하기 위해 개입했을 때였다. 바르샤바 조약은 1991년 7월에 냉전이 끝나면서 붕괴했다.

3 센토 1955-1979년

1955년에 이란, 이라크, 파키스탄, 튀르키예, 영국은 원래는 바그다드조약기구로 알려진 중앙조약기구(CENTO)를 설립했다. 나토를 모델로 삼은 이 기구의 목표는 소련 남쪽 국경에 인접한 국가를 연합해 소련을 억제하는 것이었다. 이 기구는 대체로 효력이 없었으며 1979년의 이란 혁명 이후 무너졌다.

★ 1959년 센토 협정

4 강대국이 개입한 전쟁 1950-1991년

미국과 소련은 냉전 시기에 직접 전쟁을 한 적은 한 번도 없었다. 상대방이 비축한 핵무기로 인해 두 초강대국은 영구적인 억지 상태로 평화를 유지했다. 하지만 양국은 자신의 영향을 늘리기 위해 세계 곳곳의 갈등, 분쟁, 내전에 개입했는데, 두드러진 예로 베를린(1948-1949년), 한국(1950-1953년), 앙골라(1961년부터), 쿠바(1962년), 베트남(1946-1975년) 등이 있다.

냉전 동맹

냉전 시기 2개의 경쟁적 군사 동맹인 서구권의 북대서양조약기구와 공산권의 바르샤바조약기구가 출범했다. 나토의 중앙아시아 버전 역시 단명하긴 했지만 1955년부터 1979년까지 존재했다. 양측은 핵무기 보유량을 늘렸다. 많은 국가가 이 갈등에서 비동맹 국가로 남기를 선택했고, 주로 아프리카와 아시아 지역의 29개국이 1955년에 비동맹운동을 조직해 이것을 공식화했다.

승자 없는 전쟁

한국 전쟁이 한반도 전체를 삼켰다. 북한, 유엔, 중공군이 연이어 한반도를 위아래로 휩쓸었다. 1953년에 전쟁이 끝났을 때 남한과 북한의 원래 국경선이 거의 비슷하게 유지되었다.

타임라인

1950 1951 1952 1953 1954

기호 보기

1950년의 북한 점령 지역
- 8월 5일
- 7월 4일
- 9월 15일
- 7월 5일

북한
- 부산 주변 지역

1 북한의 공격 1950년 6∼9월

1950년 6월 25일 새벽, 북한군이 38도선을 넘어 남침을 감행해 빠르게 남하해 수도 서울을 점령하고 남해안까지 거의 도달했다. 1950년 9월 중순에 남한은 한반도 동남부인 부산 주변 지역으로 축소되었다.

- ★ 수도
- → 북한 공격의 주요 축
- ✕ 주요 전투
- ⋯⋯ 1950년 9월 15일 북한의 진출 범위

2 유엔의 반격 1950년 9∼10월

소련이 거부했지만 유엔 안전보장이사회는 북한의 침략에 대응해 회원국에 남한을 지원하도록 권고했다. 1950년 9월에 맥아더 장군이 이끄는 유엔군이 인천, 그 다음에 부산에 상륙했다. 포위망에 두려움을 느낀 북한군이 되각했고 유엔군은 북으로 전진해 북한 수도 평양을 점령하고 중국과 국경을 맞댄 조선 근처까지 갔다.

- ★ 수도
- ✕ 주요 전투
- 🛬 유엔군 상륙
- 〰️ 미국 함대
- → 유엔의 반격
- ⋯⋯ 1950년 11월 25일 유엔군의 진출 범위

1950년 9월 15일 유엔군 7천 명이 인천상륙 작전을 개시하고 인천을 포격한 뒤 서울을 재탈환하고 북쪽으로 전진한다.

1950년 10월 19일 유엔군이 평양을 점령한다.

1950년 11월 25일 유엔군이 중국 국경선을 향해 좌부근으로 진출한다.

3 중국의 침략 1950년 10월∼1951년 1월

중국은 미군이 38도선을 넘어 온다면 북한을 지원하기 위해 개입할 것이라고 미국에 경고했다. 유엔군이 이 분단선을 넘은 뒤 중국 의용군이 1950년 10월에 국경선을 넘기 시작했고, 중국의 주력부대가 11월에 국경을 넘어 유엔군을 남쪽으로 밀어내 서울을 재점령하고 한반도 남북을 가로지르는 새로운 전선을 만들었다.

- ★ 수도
- ✕ 주요 전투
- → 중공군의 공격
- ⋯⋯ 1951년 1월 26일 중공군의 진출 범위

1950년 11월 26일∼12월 13일 유엔군이 장진호 전투에서 중공군에 포위된다.

4 교착 상태 1951년 1월∼1953년 7월

1951년 1월 말, 유엔군이 중공군의 침략에 맞서 두 차례 주요 공세를 성공적으로 막아 낸 뒤 1951년 5월에 중공군을 북쪽으로 밀어내기 시작했다. 이전까지의 기동전이 이제 정체 상태가 되었다. 1951년 11월, 38도선에서 약간 북쪽으로 올라간 방어선을 따라 전쟁이 교착 상태에 빠졌다. 2년 동안 지루한 지루한 정적인 전투가 지속되다가 1953년 7월 휴전협정이 체결되었다.

- ⇨ 유엔군의 반격
- ▬▬ 1953년 7월 27일 휴전선

1953년 7월 27일 휴전선이 기존의 38선과 비슷하게 확정된다.

한국 전쟁

1950년 6월, 북한군이 한반도를 통일하여 공산국가로 만들기 위해 남한을 침공하면서 냉전이 '열전'이 되었다. 이 전쟁은 3년 동안 지속되었고 중국군은 북한을, 미국은 남한을 지원했다. 예상대로 소련과 미국의 대결은 일어나지 않았다.

1945년에 제2차 세계대전이 끝날 무렵 미국과 소련은 일본의 한국 식민지를 점령했다. 그들은 한국을 38선을 따라 분할하여 소련군이 북쪽 지역, 미국이 남쪽 지역을 지배했다. 한국이 독립국을 세울 때까지 5년 동안 공동 통치한다는 명분이었지만 한국의 미래에 대한 양국의 의견 차이로 분단이 고착화되었다.

북한과 남한은 1948년에 별도로 선거를 실시하고 소련과 미국은 이듬해 군대를 이듬해 철수했다. 하지만 북한은 소련의 은밀한 지원을 바탕으로 한반도를 통일하여 공산국가를 만들려고 했다. 그러나 북한은 군대 약속을 받지 못한 채 여 공산국가를 만들려고 했다. 이 기습공격으로 북한군은 단숨에 한반도의

대부분을 점령했다. 유엔이 승인한 미국, 남호, 연합군이 7월부터 반격했다. 이후 유엔군이 북쪽으로 진격하면서 전선이 바뀌자 양측은 1953년에 휴전협정에 가입했다. 이어고 38도선에서 군대를 철수하기로 합의했다. 이 휴전협정은 지금도 유효하며, 종전을 위한 영구적인 평화협정은 체결되지 않고 있다.

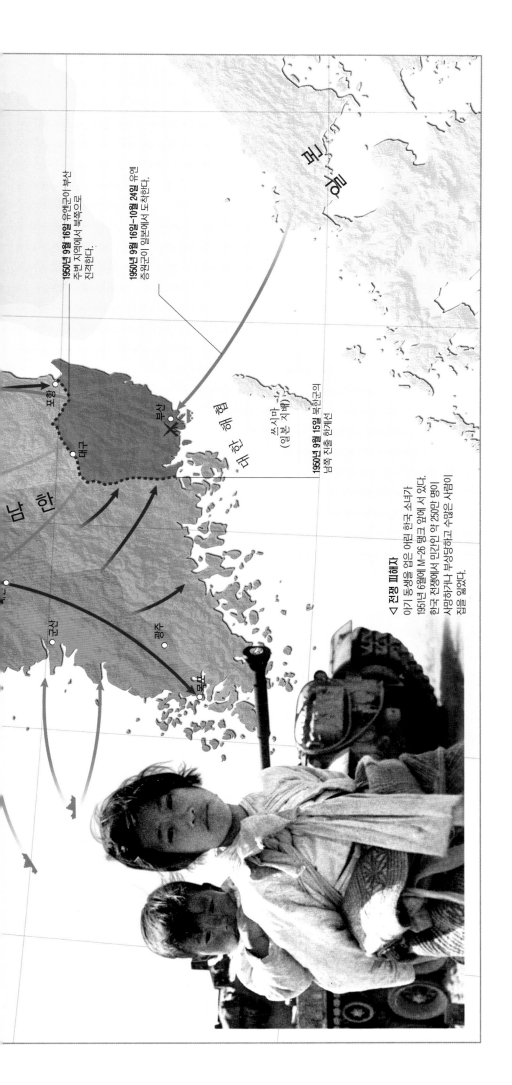

◁ 전쟁 피해자
아기 동생을 업은 어린 한국 소녀가 1951년 6월에 M-26 탱크 앞에 서 있다. 한국 전쟁에서 민간인 약 250만 명이 사망하거나 부상당하고 수많은 사람이 집을 잃었다.

지도 표시:
- 1950년 9월 16일 유엔군이 부산 주변 지역에서 북쪽으로 진격한다.
- 1950년 9월 16일-10월 24일 유엔 증원군이 일본에서 도착한다.
- 1950년 9월 15일 북한군의 남쪽 진출 한계선
- 쓰시마 (일본 지배)
- 대 한 해 협
- 남 한
- 중 국
- 포항 / 대구 / 부산 / 군산 / 광주 / 목포

김일성
1912-1994년

평양 근처에서 태어난 김일성은 1948년부터 사망 연도인 1994년까지 북한의 지도자였다. 학생 시절 공산주의에 참여했고 1930년대에 항일 게릴라부대에 합류했다. 1940년에 소련으로 가서 나중에 소련군 소령이 되었다. 제2차 세계대전이 끝난 뒤 김일성은 통일된 공산주의 국가를 만들기 위해 한국으로 돌아왔다.

I 필리핀 1935-1946년

미국은 1898년에 스페인-미국 전쟁에서 승리한 뒤 필리핀의 권력을 장악했다. 필리핀은 1935년에 연방주 또는 자치적 지위가 인정되었지만 1941-1945년 동안 일본에 점령당했다. 일본에서 해방된 뒤 필리핀은 1946년 7월 4일에 독립 공화국이 되었다.

2 인도네시아 1945-1949년

인도네시아국민당은 1945년 8월 17일에 네덜란드로부터 독립을 선포했다. 양국 간의 치열한 전투와 공산주의자들의 반란 이후 인도네시아는 1949년 12월 27일에 독립을 이루었지만 헌법적으로는 1956년까지 네덜란드 왕과 연결되어 있었다.

3 프랑스령 인도차이나 1945-1954년

1945년에 일본 점령이 끝난 뒤 호치민이 이끄는 베트민 민족독립연합이 하노이를 점령하고 임시정부를 선포했다. 프랑스가 식민 통치를 회복하려고 시도하면서 1946년에 전쟁으로 이어졌다. 프랑스가 패하고, 1954년 7월 20일에 캄보디아, 라오스, 베트남이 독립했다.

중 국

대 만

버 마
1948년

디엔비엔푸

라 오 스
1954년

하노이

마카오
1999년

홍콩
1997년

하 이 난

통 킹 만

벵 골 만

양곤
(이전의
랑군)

태 국

1954년 프랑스가 디엔비엔푸에서 잡 장군과 베트민에 대패한다.

남 중 국 해

필 리 핀 해

태 평 양

인도령
안다만 제도

안 다 만 해

인도령
니코바르 제도

캄 보 디 아
1954년

베 트 남
1954년

프놈펜

시아공
(호치민시)

마닐라

필 리 핀

시 암 만

1954년 제네바협정에 따라 베트남이 둘로 분리된 채 독립한다.

1946년

술 루 해

1984년 브루나이가 영국으로부터 술탄국으로 독립한다.

영국령
북보루네오(사바)
1963년

말 레 이 시 아

브루나이
1984년

사라와크
1963년

셀 레 베 스 해

말레이
1957년

싱가포르
1963년

1965년 1963년 말레이시아에 합류했던 싱가포르가 1965년 독립 공화국이 된다.

수 마 트 라

보 르 네 오

셀레베스

인 도 네 시 아
1949년

자 바 해

반 다 해

자 바

플 로 레 스

티모르

동티모르
2002년

숨바

6 홍콩과 마카오 1997-1999년

1997년, 영국의 새로운 영토에 대한 99년 임대가 끝난 뒤 홍콩은 중국에 반환되었다. 그다음 1999년에 포르투갈이 마카오를 중국에 반환하면서 아시아 지역의 마지막 유럽 식민지가 사라졌다. 아시아에서 유럽 식민주의 시대가 끝났다.

● 홍콩   △ 마카오

5 뉴기니 1949-1975년

제1차 세계대전 때 호주가 점령한 뒤 뉴기니의 북동쪽 절반이 호주의 위임통치 지역이 되었다. 호주의 통치는 1975년까지 지속되다가 파푸아 뉴기니로 독립했다. 서쪽 뉴기니는 네덜란드의 식민지였지만 1963년에 이리안 자야라는 이름으로 인도네시아의 일부가 되었다.

1975년 인도네시아가 포르투갈 식민지 동티모르를 점령한다. 동티모르가 2002년 독립한다.

티 모 르 해

호 주

식민통치의 종식

동남아시아에서 식민지를 만들었던 제국주의 열강은 서서히 식민지 권력을 양도하거나 제2차 세계대전 종전 이후 타도되었다. 이 과정은 1946년 필리핀을 통치하던 미국부터 시작해서 1999년 포르투갈이 마카오를 중국에 반환하면서 끝났다. 이 과도기는 종종 폭력적이었고, 특히 인도네시아와 프랑스령 인도차이나에서 치열한 전투가 벌어졌다.

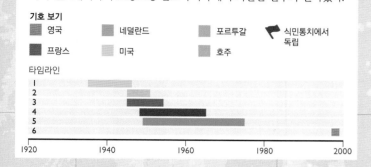

기호 보기

■ 영국	■ 네덜란드	■ 포르투갈	⚑ 식민통치에서 독립
■ 프랑스	■ 미국	■ 호주	

타임라인

△ 독립투쟁
1975년, 시위대가 동티모르 독립당을 지지하려고 모였다. 동티모르는 1975년 11월에 포르투갈로부터 독립한 지 9일 뒤에 인도네시아에 점령되었다.

3년 네덜란드가 이리안 자야를 인도네시아에 넘겨준다.

4 말레이 1948-1963년

일본이 말레이반도를 지배하자(1942-1945년) 민족 감정이 분출되었고, 영국은 1948년에 말레이 연방을 만들었다. 이 연방은 영토를 통일하고 말레이인의 권리를 보장했다. 말레이는 1957년에 완전히 독립했다. 1963년에 말레이 연방 그리고 영국 식민지인 사라와크, 사바, 싱가포르를 포함해 새로운 말레이시아 국가가 탄생했다.

동남아시아의 탈식민지화

1945년에 태국을 제외한 모든 동남아시아 지역이 명목상으로 식민지 지배를 받았지만 엄청난 변화의 시대가 찾아왔다. 30년 동안 이전의 제국들이 사라지고 식민지였던 곳이 독립 국가로 대체되었다. 그리고 마지막 식민지가 20세기 말에 반환되었다.

제2차 세계대전 당시 일본이 동남아시아를 침략해 식민지 열강을 몰아냈다. 1945년에 전쟁이 끝난 뒤 식민지 열강이 복귀했다. 하지만 그들은 일본 침략에 약한 모습을 보였기 때문에 그들의 통치권이 심각한 도전을 받았고 일본의 지배로 촉발된 민족 감정이 끓어올랐다. 인도네시아 민족주의자들은 네덜란드가 인도네시아에 권력을 돌려주기도 전에 독립을 선언했고, 베트남 독립 단체인 베트민은 독립선언으로 프랑스를 놀라게 했다. 제국주의 열강은 차례로 이 지역을 떠나기 시작했다. 미국이 첫 번째로 1946년에 평화롭게 필리핀을 떠났고, 이어서

1949년에는 네덜란드가 많은 투쟁 끝에 인도네시아를 떠났다. 프랑스는 베트남에서 대규모 전투 이후 1954년에 인도차이나를 떠났다. 그 다음 영국이 1957-1963년 사이 말레이를 떠났는데 공산주의자들의 봉기 때문에 이 과정이 복잡해졌다. 연합국가인 파푸아 뉴기니는 1975년에 호주로부터 독립했고, 브루나이는 1984년에 영국으로부터 독립했다. 영국은 1997년에 홍콩에서 떠난 뒤, 유럽의 마지막 아시아 식민지인 마카오가 1999년에 포르투갈에 의해 중국에 반환되었다. 이로써 식민지 시대가 끝났다.

> *"내가 당신들 병사를 1명 죽일 때마다 당신들은 우리 병사를 10명 죽일 것이다. 하지만 이상하게도 당신들은 패하고 나는 승리할 것이다."*
>
> 베트남 지도자 호치민이 프랑스 식민지 통치자들에게 한 말, 1946년

수카르노
1901-1970년

수카르노는 1927년에 결성된 인도네시아국민당 창립 발기인이었다. 그는 1929년에 정치활동 때문에 투옥되었고, 이후 13년을 투옥 또는 추방 상태로 지냈다. 일본이 지배한 1942-1945년 동안 정치적으로 기민해진 그는 1945년 11월에 사실상의 인도네시아 대통령으로 부상했다. 수카르노는 1949년에 인도를 이끌어 독립시키고 1955년에는 비동맹 반둥회의의 지도자로서 큰 명성을 얻었다. 그의 점증하는 권위적 성향과 말레이와의 대결로 인해 1967년에 군부 지도자 무함마드 수하르토 장군에 권력을 내주었다.

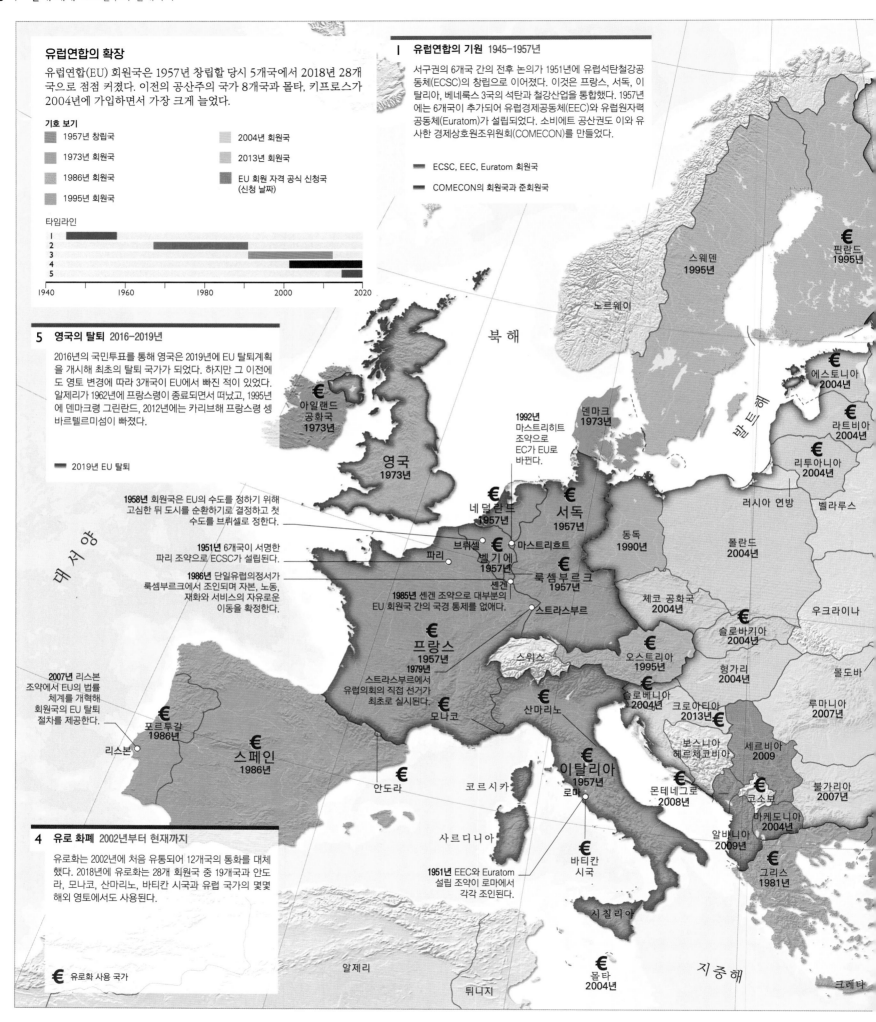

유럽연합의 확장

유럽연합(EU) 회원국은 1957년 창립할 당시 5개국에서 2018년 28개국으로 점점 커졌다. 이전의 공산주의 국가 8개국과 몰타, 키프로스가 2004년에 가입하면서 가장 크게 늘었다.

기호 보기

1957년 창립국	2004년 회원국
1973년 회원국	2013년 회원국
1986년 회원국	EU 회원 자격 공식 신청국 (신청 날짜)
1995년 회원국	

타임라인

1 2 3 4 5

1940 1960 1980 2000 2020

I 유럽연합의 기원 1945–1957년

서구권의 6개국 간의 전후 논의가 1951년에 유럽석탄철강공동체(ECSC)의 창립으로 이어졌다. 이것은 프랑스, 서독, 이탈리아, 베네룩스 3국의 석탄과 철강산업을 통합했다. 1957년에는 6개국이 추가되어 유럽경제공동체(EEC)와 유럽원자력공동체(Euratom)가 설립되었다. 소비에트 공산권도 이와 유사한 경제상호원조위원회(COMECON)를 만들었다.

ECSC, EEC, Euratom 회원국

COMECON의 회원국과 준회원국

5 영국의 탈퇴 2016–2019년

2016년의 국민투표를 통해 영국은 2019년에 EU 탈퇴계획을 개시해 최초의 탈퇴 국가가 되었다. 하지만 그 이전에도 영토 변경에 따라 3개국이 EU에서 빠진 적이 있었다. 알제리가 1962년에 프랑스령이 종료되면서 떠났고, 1995년에 덴마크령 그린란드, 2012년에는 카리브해 프랑스령 생바르텔르미섬이 빠졌다.

2019년 EU 탈퇴

1958년 회원국은 EU의 수도를 정하기 위해 고심한 뒤 도시를 순환하기로 결정하고 첫 수도를 브뤼셀로 정한다.

1951년 6개국이 서명한 파리 조약으로 ECSC가 설립된다.

1986년 단일유럽의정서가 룩셈부르크에서 조인되며 자본, 노동, 재화와 서비스의 자유로운 이동을 확정한다.

1992년 마스트리히트 조약으로 EC가 EU로 바뀐다.

1985년 솅겐 조약으로 대부분의 EU 회원국 간의 국경 통제를 없애다.

2007년 리스본 조약에서 EU의 법률 체계를 개혁해 회원국의 EU 탈퇴 절차를 제공한다.

1979년 스트라스부르에서 유럽의회의 직접 선거가 최초로 실시된다.

4 유로 화폐 2002년부터 현재까지

유로화는 2002년에 처음 유통되어 12개국의 통화를 대체했다. 2018년에 유로화는 28개 회원국 중 19개국과 안도라, 모나코, 산마리노, 바티칸 시국과 유럽 국가의 몇몇 해외 영토에서도 사용된다.

€ 유로화 사용 국가

1951년 EEC와 Euratom 설립 조약이 로마에서 각각 조인된다.

북 해

발트 해

대 서 양

지 중 해

스웨덴 1995년
핀란드 1995년
노르웨이
에스토니아 2004년
라트비아 2004년
리투아니아 2004년
러시아 연방
벨라루스
덴마크 1973년
동독 1990년
폴란드 2004년
우크라이나
아일랜드 공화국 1973년
영국 1973년
네덜란드 1957년
마스트리흐트
서독 1957년
브뤼셀
벨기에 1957년
솅겐
룩셈부르크 1957년
파리
체코 공화국 2004년
슬로바키아 2004년
몰도바
스트라스부르
프랑스 1957년
스위스
오스트리아 1995년
헝가리 2004년
슬로베니아 2004년
크로아티아 2013년
루마니아 2007년
포르투갈 1986년
리스본
안도라
모나코
산마리노
이탈리아 1957년
로마
보스니아 헤르체고비나
세르비아 2009
몬테네그로 2008년
불가리아 2007년
코소보
스페인 1986년
코르시카
사르디니아
마케도니아 2004년
알바니아 2009년
바티칸 시국
그리스 1981년
시칠리아
몰타 2004년
알제리
튀니지
크레타

유럽 통합

476년에 로마 제국이 멸망한 이래로 유럽 통일의 꿈은 여러 형태로 존재했다.
1951년, 제2차 세계대전에서 대규모 파괴를 겪은 뒤
6개 서구 국가가 통합 과정을 시작했고
최종적으로 29개 회원국의 정치적, 경제적 통합으로 이어졌다.

△ **'통일된 유럽'**
냉전 시대의 이 포스터는 유럽 국가들이 소련으로부터의 보호를 위해 통일할 것을 권유한다. EU 창립의 핵심적인 이유는 세계 전쟁의 재발을 막는 것이었다.

2 유럽연합의 확장 1967-1992년

1967년에 ECSE, EEC, Euratom이 유럽공동체(EC)로 통합되었다. 영국, 아일랜드, 덴마크(그린란드 포함)가 1973년, 그리스가 1981년, 스페인과 포르투갈이 1986년에 가입했다 (뒤에 언급된 3개국은 이전에 독재국가였다). 1990년에는 동독이 서독과 통일되면서 가입했다. 그리고 1986년에 단일유럽의정서가 하나의 재화와 서비스 시장을 탄생시켰다.

라시아 요성

1987년 튀르키예가 EC 회원 자격을 신청한다. 튀르키예가 1996년에 EU와 관세동맹을 맺는다.

흑 해

튀르키예
1987년

3 유럽연합(EU)의 성장 1992-2013년

1992년에 조인된 마스트리히 조약은 유럽 통합을 더욱 심화했다. 이 조약으로 경제 및 통화의 통일 계획이 시작되어 단일 통화인 유로화가 만들어졌다. 이것은 EC의 종료와 EU의 시작을 의미했다. 오스트리아, 핀란드, 스웨덴이 1993년에 가입하고, 2004년 동부 유럽의 10개국과 지중해 국가들이 가입했다. 그 후 불가리아와 루마니아가 2007년, 크로아티아가 2013년에 가입하여 EU 회원국은 28개국이 되었다.

€
사이프러스
2004년

제2차 세계대전은 70년 동안 프랑스와 독일이 벌인 전쟁 중 세 번째 전쟁이었다. 이 해묵은 갈등을 끝내고 최근 유럽을 황폐화한 극단적 민족주의에 대처하기 위해 프랑스와 서독의 정치가들이 함께 새로운 미래를 계획하기 시작했다. 1951년에 파리 조약에서 그들은 자국의 석탄산업과 철강산업을 이탈리아, 베네룩스 3국(네덜란드, 룩셈부르크, 벨기에)의 동종 산업과 통합해 유럽석탄철강공동체(ECSC)를 만들었다. 이 통합은 1957년에 동일한 6개국이 체결한 로마 조약으로 탄생한 유럽경제공동체(EEC)와 유럽원자력공동체(Eratom)의 마중물이 되었다. 그 이후로 EEC의 역량과 회원국이 늘어났다. 1967년에 이 조직은 유럽공동체(EC)로 개칭했고, 1992년에는 유럽연합(EU)이 되었다. 1973년 이후 새로운 회원국이 가입했으며 2002년에는 12개국이 단일 통화인 유로화를 도입했다. 모든 EU 회원국이 가입한 뒤로 서로 평화를 유지하면서 이전 공산국가였던 발칸 지역 국가들의 부러움을 사고 있다. 유럽 국가 중 EU에 가입하지 않은 국가는 소수에 지나지 않는다. 하지만 2016년에 영국이 EU 탈퇴 계획을 발표하면서 40년 동안의 확장에 차질을 빚었다.

> *"유럽 국가들을 통합하려면 프랑스와 독일의 오랜 반목을 없애야 한다."*
>
> 로베르 쉬망, 프랑스 외교장관, 1950년 5월 9일

로베르 쉬망
1886-1963년

EU 창설자 중 한 사람인 로베르 쉬망은 룩셈부르크에서 독일 국민으로 태어났다. 그의 어머니는 룩셈부르크 출신이었고 아버지는 알자스에서 프랑스인으로 태어났지만 이 지역이 1871년에 독일에 병합되면서 독일인이 되었다. 1919년에 알자스가 제1차 세계대전 후 다시 프랑스로 반환되면서 로베르 쉬망은 프랑스 국민이 되었다. 프랑스 외교장관으로서 1949년에 유럽회의 설립에 기여하고 인권을 신장했으며, 프랑스 경제학자장 모네와 함께 1951년에 EU의 전신인 ECSC를 설립할 때 안내자 역할을 했다.

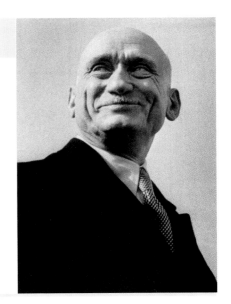

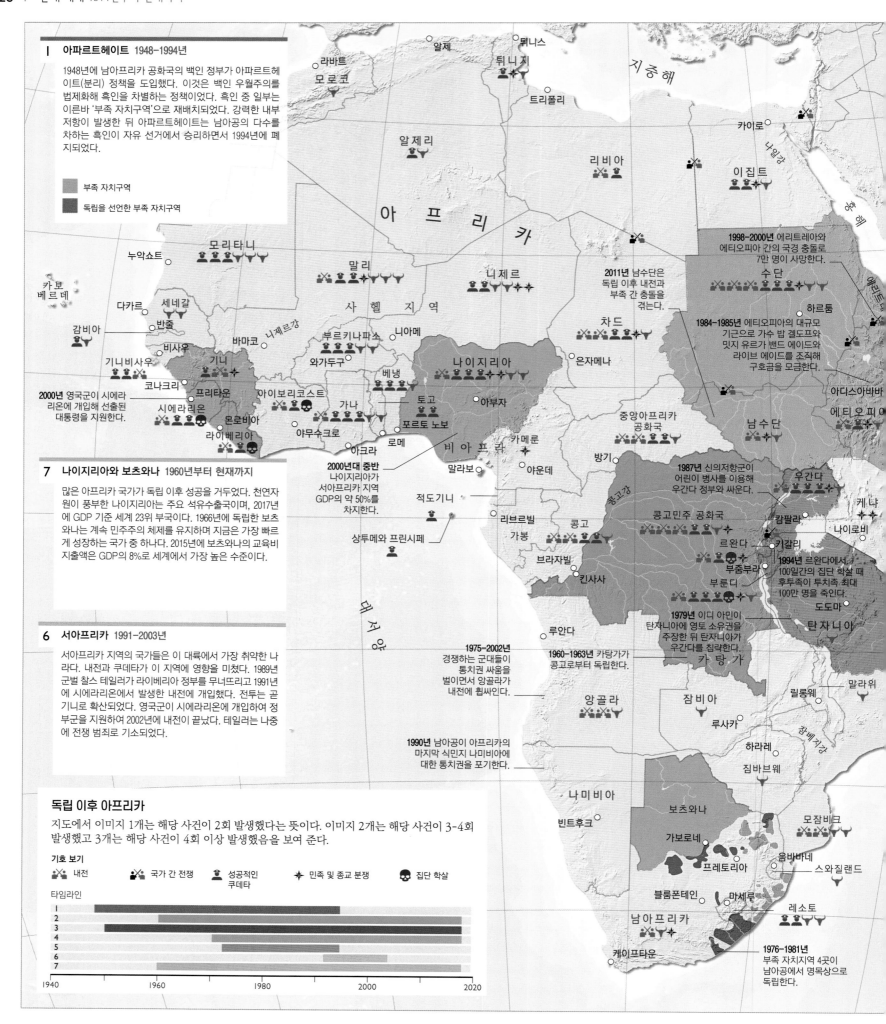

I 아파르트헤이트 1948-1994년

1948년에 남아프리카 공화국의 백인 정부가 아파르트헤이트(분리) 정책을 도입했다. 이것은 백인 우월주의를 법제화해 흑인을 차별하는 정책이었다. 흑인 중 일부는 이른바 '부족 자치구역'으로 재배치되었다. 강력한 내부 저항이 발생한 뒤 아파르트헤이트는 남아공의 다수를 차지하는 흑인이 자유 선거에서 승리하면서 1994년에 폐지되었다.

▨ 부족 자치구역

▨ 독립을 선언한 부족 자치구역

7 나이지리아와 보츠와나 1960년부터 현재까지

많은 아프리카 국가가 독립 이후 성공을 거두었다. 천연자원이 풍부한 나이지리아는 주요 석유수출국이며, 2017년에 GDP 기준 세계 23위 부국이다. 1966년에 독립한 보츠와나는 계속 민주주의 체제를 유지하며 지금은 가장 빠르게 성장하는 국가 중 하나이다. 2015년에 보츠와나의 교육비 지출액은 GDP의 8%로 세계에서 가장 높은 수준이다.

6 서아프리카 1991-2003년

서아프리카 지역의 국가들은 이 대륙에서 가장 취약한 나라다. 내전과 쿠데타가 이 지역에 영향을 미쳤다. 1989년 군벌 찰스 테일러가 라이베리아 정부를 무너뜨리고 1991년에 시에라리온에서 발생한 내전에 개입했다. 전투는 곧 기니로 확산되었다. 영국군이 시에라리온에 개입하여 정부군을 지원하여 2002년에 내전이 끝났다. 테일러는 나중에 전쟁 범죄로 기소되었다.

독립 이후 아프리카

지도에서 이미지 1개는 해당 사건이 2회 발생했다는 뜻이다. 이미지 2개는 해당 사건이 3-4회 발생했고 3개는 해당 사건이 4회 이상 발생했음을 보여 준다.

기호 보기

🐃💥 내전   💥🐃 국가 간 전쟁   👤 성공적인 쿠데타   ✦ 민족 및 종교 분쟁   💀 집단 학살

타임라인

	1940	1960	1980	2000	2020
1					
2					
3					
4					
5					
6					
7					

지명 및 주석 (지도 내):

알제 · 튀니스 · 라바트 · 모로코 · 튀니지 · 지중해 · 트리폴리 · 알제리 · 리비아 · 카이로 · 나일강 · 이집트 · 홍해

모리타니 · 누악쇼트 · 말리 · 니제르 · 카보베르데 · 사헬 지역 · 차드 · 수단 · 하르툼 · 에리트레아

1998-2000년 에리트레아와 에티오피아 간의 국경 충돌로 7만 명이 사망한다.

2011년 남수단은 독립 이후 내전과 부족 간 충돌을 겪는다.

1984-1985년 에티오피아의 대규모 기근으로 가수 밥 겔도프와 밋지 유르가 밴드 에이드와 라이브 에이드를 조직해 구호금을 모금한다.

다카르 · 세네갈 · 반줄 · 감비아 · 니제르강 · 비사우 · 바마코 · 부르키나파소 · 니아메 · 은자메나 · 나이지리아 · 아부자 · 아디스아바바 · 에티오피아

기니비사우 · 기니 · 와가두구 · 베냉 · 토고 · 중앙아프리카 공화국 · 남수단

2000년 영국군이 시에라리온에 개입해 선출된 대통령을 지원한다.

코나크리 · 프리타운 · 아이보리코스트 · 가나 · 포르토 노보 · 카메룬 · 방기

시에라리온 · 몬로비아 · 라이베리아 · 야무수크로 · 아크라 · 로메 · 비아프라 · 말라보 · 야운데

2000년대 중반 나이지리아가 서아프리카 지역 GDP의 약 50%를 차지한다.

적도기니 · 리브르빌 · 콩고 · 콩고강 · 콩고민주 공화국 · 우간다 · 케냐 · 캄팔라 · 나이로비

1987년 신의저항군이 어린이 병사를 이용해 우간다 정부와 싸운다.

상투메와 프린시페 · 가봉 · 브라자빌 · 킨샤사 · 르완다 · 키갈리 · 부줌부라 · 부룬디 · 도도마

1994년 르완다에서 100일간의 집단 학살 때 후투족이 투치족 최대 100만 명을 죽인다.

1979년 이디 아민이 탄자니아에 영토 소유권을 주장한 뒤 탄자니아가 우간다를 침략한다.

루안다 · 탄자니아 · 카탕가 · 말라위 · 릴롱웨

1975-2002년 경쟁하는 군대들이 통치권 싸움을 벌이면서 앙골라가 내전에 휩싸인다.

1960-1963년 카탕가가 콩고로부터 독립한다.

앙골라 · 잠비아 · 루사카 · 짐바브웨 · 하라레 · 잠베지강

1990년 남아공이 아프리카의 마지막 식민지 나미비아에 대한 통치권을 포기한다.

나미비아 · 보츠와나 · 빈트후크 · 가보로네 · 프레토리아 · 모잠비크 · 음바바네 · 스와질란드

블룸폰테인 · 마세루 · 레소토 · 남아프리카 · 케이프타운

1976-1981년 부족 자치지역 4곳이 남아공에서 명목상으로 독립한다.

2 콩고 민주 공화국 1960년부터 현재까지

콩고 민주 공화국이 1960년 독립하면서 연이어 위기가 발생했다. 광물 자원이 풍부한 카탕가 지방은 분리를 원하며 폭력 사태를 일으켰다. 최근 선출된 파트리스 루뭄바 총리는 소련에 지원을 요청했다. 아프리카에 대한 공산주의의 영향력을 우려한 미국은 콩고 대통령 조제프 카사부부에게 루뭄바를 해직하라고 부추겼다. 육군참모총장 조제프 데지레 모부투가 두 지도자에 반대해 쿠데타를 일으켜 새로운 정부를 출범시켰다. 그는 1965년에 권좌에 올라 독재자로서 국가(1971년에 국가명을 자이르로 바꾸었다)를 통치했다.

3 기근 1950년부터 현재까지

기근이 수 세기 동안 아프리카의 일부 지역에 타격을 주었지만 1950년대부터 사막화가 점점 더 심각해졌다. 가뭄과 같은 기후 변화의 영향과 내전 등 여러 요인으로 많은 아프리카 지역에서 기근이 더 빈번해졌다.

☗ 기근

4 동아프리카 1970년부터 현재까지

1970년부터 1993년까지 에리트레아는 에티오피아에서 독립하기 위해 긴 전쟁을 벌였다. 에티오피아는 제2차 세계대전 이후 에리트레아를 통치했다. 에리트레아는 결국 독립을 성취하고 일당독재의 억압적인 국가가 되었다. 남수단은 2011년에 평화롭게 독립을 획득하면서 세계에서 가장 최근에 건국된 국가가 되었다. 경쟁적인 군벌과 이슬람 집단이 통치권을 놓고 전쟁을 벌인 1991년부터 소말리아의 중앙 정부는 붕괴되었다.

1990년대
소말릴란드와 푼틀란드가 소말리아로부터 독립을 선포한다.

5 아프리카 대호수 지역 1972-1994년

아프리카 대호수 지역의 많은 곳이 분쟁에 시달렸다. 폭군적인 지도자 이디 아민이 탄자니아의 카게라주를 병합하려고 시도한 뒤 1979년에 탄자니아가 우간다를 침략해 그를 축출했다. 르완다와 부룬디에서는 후투족과 투치족 간의 경쟁이 지속적인 분쟁을 유발했다. 1994년에 르완다에서 후투족이 투치족을 집단 학살하여 최대 100만 명이 사망했다. 많은 피난민이 분쟁이 계속되고 있는 콩고 공화국으로 도피했다.

▽ 새로운 여명
1994년에 넬슨 만델라가 남아공 최초의 흑인 대통령으로 선출된 것은 1948년 이후 시행되어 온 아파르트헤이트 정책의 폐지를 의미했다.

아프리카의 탈식민지화

아프리카가 유럽 통치자들로부터 해방된 이후 54개의 독립 국가가 탄생했다.
하지만 경우에 따라 유럽과 미국의 간섭이 계속되었다.
어떤 국가는 전쟁, 기근과 계속 싸웠고,
다른 국가는 정치적, 사회적, 경제적으로 성공을 거두었다.

탈식민지화와 유럽으로부터의 독립 움직임은 식민지들이 자치권을 요구한 1950년대부터 시작되었다. 당시 이집트, 에티오피아, 라이베리아, 남아프리카만이 독립 국가였다. 리비아는 1951년에 최초로 독립을 얻었고, 이어서 1956년에 튀니지, 모로코(프랑스로부터), 수단(영국으로부터)이 독립했다. 그 이후로 아프리카 국가들은 거의 매년 식민지에서 벗어났다. 대부분 평화적으로 독립을 이루었지만, 알제리 독립에 대한 프랑스의 저항은 1954-1962년 동안 잔혹한 내전으로 이어졌다. 포르투갈이 아프리카 식민지 5곳을 포기하지 않으면서 1974년까지 반란 전쟁이 이어졌다. 로디지아(나중에 짐바브웨가 되었다)에서 소수파 백인의 반란이 일어나 1980년까지 영국으로부터의 독립이 지연되었다.

1990년, 아프리카의 모든 국가가 독립했으나 많은 국가가 대규모 빈곤과 기근뿐만 아니라 내전, 쿠데타, 군사독재 등을 통한 잦은 정부 교체를 포함한 심각한 문제에 직면했다. 하지만 많은 국가가 경제 성장, 점진적인 정치 안정, 사회개혁을 비롯한 여러 분야에서 성공을 거두고 있다.

> "자주독립 국가가 되는 법을 배우는 최선책은
> 자주독립 국가가 되는 것이다."
>
> 가나 초대 대통령 콰메 은크루마의 입법부 연설에서, 1956년 5월 18일

기호 보기
- 벨기에
- 프랑스
- 이탈리아
- 포르투갈
- 스페인
- 영국
- 남아프리카

아프리카

독립 쟁취

이 지도는 현재 아프리카의 국경선을 보여 준다. 색깔은 각 국가가 독립하기 전 그 국가를 식민지로 만든 국가를 나타낸다. 에티오피아와 라이베리아는 식민지가 된 적이 없었고 나미비아는 제1차 세계대전 이후 남아프리카 공화국의 위임통치를 받았다.

(지도 라벨: 사우디 아라비아, 소말릴란드, 아덴, 소말리아, 모가디슈, 코모로스, 마요테 프랑스령, 마다가스카르, 안타나나리보)

로켓과 우주 경쟁

제2차 세계대전 시기의 핵폭탄과 로켓 기술 개발이
미국과 소련의 전후 무기 경쟁을 유발했다.
냉전이 격화되면서 이 경쟁은 우주로 향하게 되었고,
양측은 로켓 기술을 이용해 달과 그 너머로 비행했다.

1944년 9월 8일, 독일은 세계 최초의 장거리 탄도미사일 V-2 로켓을 배치했다. 이 파괴적인 무기는 최대 320km를 비행하고 최고속도는 5,760km/h였다. 몇 개월 전, 이 로켓은 시험 발사가 잘못되어 최초로 우주공간에 도달한 인공물체가 되었고 발사장소에서 수직으로 날아갔다. 이러한 초기의 군사 기술에서 대륙간 탄도미사일을 이용해 핵탄두를 먼 목표물까지 운반하고 우주선과 위성을 우주로 보내는 기술이 등장했다.

제2차 세계대전 후 냉전이 격화하면서(320-321쪽 참조), 미국과 소련은 이러한 새로운 독일 기술을 최대한 많이 확보하려고 경쟁했다. 미국은 V-2 로켓을 개발한 독일 과학자 중 일부를 다시 채용하여 군사와 우주 프로그램에서 일하게 했다. 소련은 1945년 동독을 점령했을 때 확보한 독일 로켓 기술에 기반해 미사일 프로그램을 실행했다. 초강대국들이 이제 전선을 둘로 나누어 싸우기 시작했다. 핵무기 경쟁이 시작되어 미국과 소련이 비축한 무기량은 지구를 수십 차례 파괴할 수 있는 정도로 많았다. 오직 상호 파괴의 확실성만이 전면전을 막아 주었다. 전쟁에서는 무기 못지않게 선전도 중요했기 때문에 우주에 도달하는 경쟁 역시 시작되었다. 양국은 자국민이 먼저 달에 도착하는 영예를 차지하려고 싸웠다.

선전
소련 포스터

미국과 소련은 선전을 통해 자국의 정치적 이념인 자본주의 또는 공산주의를 홍보하고 적의 이념을 비판했다. 두 초강대국은 최초로 인간을 달을 보내기 위해 경쟁했다. 이 경쟁의 승리자는 그것을 선전 목적에 활용하고 기술의 우월성을 입증할 수 있었기 때문이다. 이 포스터는 1961년에 유리 가가린을 우주로 보낸 소련의 승리를 축하한다.

맨해튼 프로젝트 1939-1946년

1938년에 원자핵 분열이 발견된 뒤 미국은 맨해튼 프로젝트라는 비밀 핵무기 프로그램을 시작했다. 1945년에 연구팀이 핵폭탄 3개를 만들었다. 1945년 7월 16일에 뉴멕시코 앨러머고도에서 첫 핵폭탄 시험에 성공한 뒤, 미국은 그해 8월에 두 번째와 세 번째 핵폭탄을 일본 히로시마와 나가사키에 투하했다. 일본은 핵폭탄으로 인한 사상 초유의 엄청난 파괴를 겪고 제2차 세계대전에서 항복했다.

🍄 최초의 핵폭탄 시험   🍄 일본에 대한 공격

코디악
발사기지

1942년 로스앨러모스가 맨해튼 프로젝트의 실험장소로 선택된다.

1950년-현재 네바다 실험장이 900회 넘게 핵실험에 사용된다.

반덴버그
공군기지

윌롭스 비행 시설과 대서양 중부 지역 우주공항

케이프커내버럴 공군기지와 케네디 우주센터

1945년 미국이 뉴멕시코에서 최초의 핵폭탄 실험을 시행한다. 핵폭발이 160km 이상 떨어진 곳에서 감지되고, 버섯구름이 12km 상공까지 도달한다.

프랑스령 기아나

기아나 우주센터 (유럽우주국 운영)

태 평 양

브 라 질

1970년 유럽우주국 (ESA)이 프랑스령 기아나 쿠루의 기아나 우주센터에서 프랑스 최초의 위성을 발사한다.

6 달로 가는 경쟁 1958-1969년

1957년에 소련의 성공에 충격을 받은 미국은 1958년 2월, 인공위성 익스플로러호를 발사해 우주에 흔적을 남겼다. 그해 말 미국은 우주탐사 전문 기구인 미국항공우주국(NASA)을 만들었다. 1960년대에 미국과 소련은 먼저 유인 우주선을 달에 보내기 위해 경쟁했다. 미국은 1969년 7월에 닐 암스트롱이 최초로 달에 도착하자 이 경쟁에서 승리했다고 자랑했다.

🚀 미국의 우주 발사기지

우주 발사와 핵 실험 장소

미국과 소련, 몇몇 다른 국가만이 핵무기와 우주 프로그램을 개발했다. 두 초강대국은 1945년부터 수천 차례의 핵 실험과 우주 발사를 수행했다.

기호 보기
🚀 다른 우주 발사 기지

타임라인

	1920	1940	1960	1980	2000	2020
1						
2						
3						
4						
5						
6						

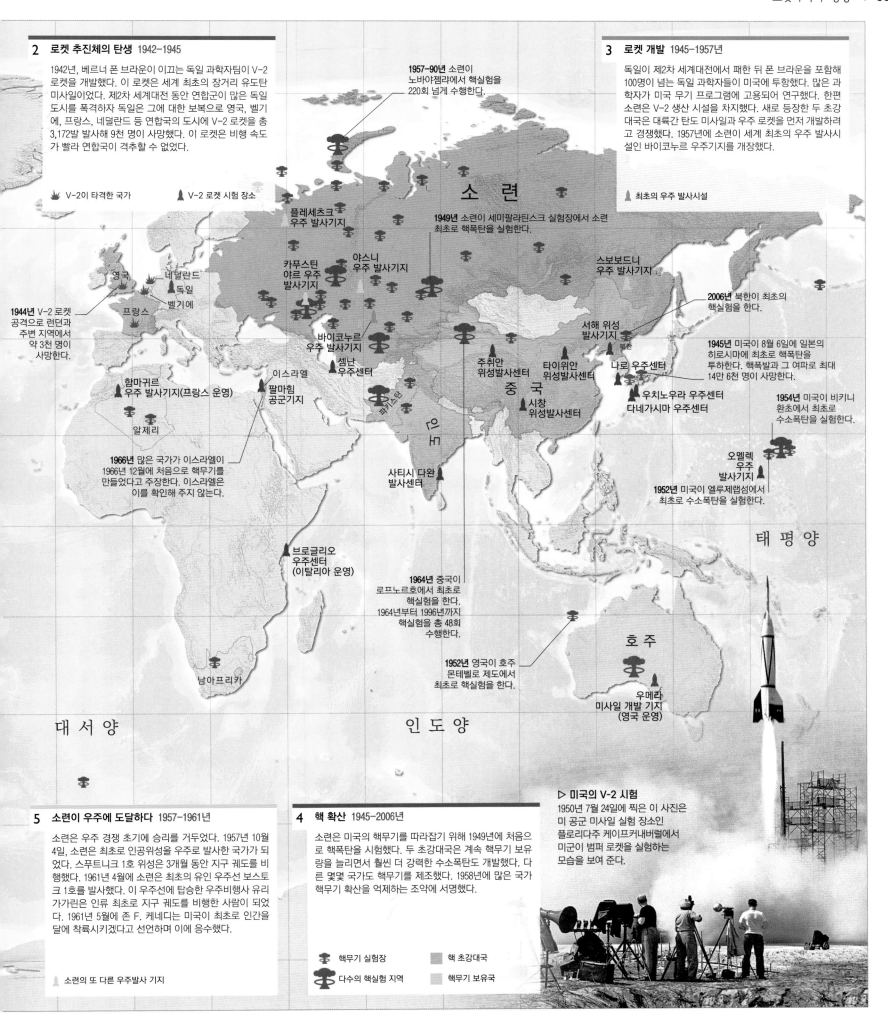

2 로켓 추진체의 탄생 1942-1945

1942년, 베르너 폰 브라운이 이끄는 독일 과학자팀이 V-2 로켓을 개발했다. 이 로켓은 세계 최초의 장거리 유도탄 미사일이었다. 제2차 세계대전 동안 연합군이 많은 독일 도시를 폭격하자 독일은 그에 대한 보복으로 영국, 벨기에, 프랑스, 네덜란드 등 연합국의 도시에 V-2 로켓을 총 3,172발 발사해 9천 명이 사망했다. 이 로켓은 비행 속도가 빨라 연합국이 격추할 수 없었다.

🌿 V-2이 타격한 국가   🔺 V-2 로켓 시험 장소

3 로켓 개발 1945-1957년

독일이 제2차 세계대전에서 패한 뒤 폰 브라운을 포함해 100명이 넘는 독일 과학자들이 미국에 투항했다. 많은 과학자가 미국 무기 프로그램에 고용되어 연구했다. 한편 소련은 V-2 생산 시설을 차지했다. 새로 등장한 두 초강대국은 대륙간 탄도 미사일과 우주 로켓을 먼저 개발하려고 경쟁했다. 1957년에 소련이 세계 최초의 우주 발사시설인 바이코누르 우주기지를 개장했다.

🔺 최초의 우주 발사시설

1957-90년 소련이 노바야젬랴에서 핵실험을 220회 넘게 수행한다.

1944년 V-2 로켓 공격으로 런던과 주변 지역에서 약 3천 명이 사망한다.

소련

1949년 소련이 세미팔라틴스크 실험장에서 소련 최초로 핵폭탄을 실험한다.

플레세츠크 우주 발사기지

카푸스틴 야르 우주 발사기지

야스니 우주 발사기지

스보보드니 우주 발사기지

2006년 북한이 최초의 핵실험을 한다.

영국   네덜란드   독일   벨기에   프랑스

바이코누르 우주 발사기지

셈난 우주센터

서해 위성 발사기지   북한

1945년 미국이 8월 6일에 일본의 히로시마에 최초로 핵폭탄을 투하한다. 핵폭발과 그 여파로 최대 14만 6천 명이 사망한다.

함마귀르 우주 발사기지(프랑스 운영)

이스라엘

팔마힘 공군기지

파키스탄

주취안 위성발사센터

중국

타이위안 위성발사센터

나로 우주센터

우치노우라 우주센터   다네가시마 우주센터

1954년 미국이 비키니 환초에서 최초로 수소폭탄을 실험한다.

알제리

인도

시창 위성발사센터

오멜렉 우주 발사기지

1966년 많은 국가가 이스라엘이 1966년 12월에 처음으로 핵무기를 만들었다고 주장한다. 이스라엘은 이를 확인해 주지 않는다.

사티시 다완 발사센터

1952년 미국이 엘루제랩섬에서 최초로 수소폭탄을 실험한다.

남아프리카

브로글리오 우주센터 (이탈리아 운영)

1964년 중국이 로프노르호에서 최초로 핵실험을 한다. 1964년부터 1996년까지 핵실험을 총 48회 수행한다.

태평양

호주

1952년 영국이 호주 몬테벨로 제도에서 최초로 핵실험을 한다.

우메라 미사일 개발 기지 (영국 운영)

대서양

인도양

▷ 미국의 V-2 시험
1950년 7월 24일에 찍은 이 사진은 미 공군 미사일 실험 장소인 플로리다주 케이프커내버럴에서 미군이 범퍼 로켓을 실험하는 모습을 보여 준다.

5 소련이 우주에 도달하다 1957-1961년

소련은 우주 경쟁 초기에 승리를 거두었다. 1957년 10월 4일, 소련은 최초로 인공위성을 우주로 발사한 국가가 되었다. 스푸트니크 1호 위성은 3개월 동안 지구 궤도를 비행했다. 1961년 4월에 소련은 최초의 유인 우주선 보스토크 1호를 발사했다. 이 우주선에 탑승한 우주비행사 유리 가가린은 인류 최초로 지구 궤도를 비행한 사람이 되었다. 1961년 5월에 존 F. 케네디는 미국이 최초로 인간을 달에 착륙시키겠다고 선언하며 이에 응수했다.

🔺 소련의 또 다른 우주발사 기지

4 핵 확산 1945-2006년

소련은 미국의 핵무기를 따라잡기 위해 1949년에 처음으로 핵폭탄을 시험했다. 두 초강대국은 계속 핵무기 보유량을 늘리면서 훨씬 더 강력한 수소폭탄도 개발했다. 다른 몇몇 국가도 핵무기를 제조했다. 1958년에 많은 국가가 핵무기 확산을 억제하는 조약에 서명했다.

☢ 핵무기 실험장   ⬛ 핵 초강대국
☢ 다수의 핵실험 지역   ⬛ 핵무기 보유국

나도 인간이다
1968년 3월 29일, 테네시주에서 민권운동 시위대가 총검을 꽂은 미국 주 방위군 옆을 지나가고 있다. 그 후 일주일도 지나지 않아 마틴 루서 킹 주니어 목사가 암살되었다.

민권운동과 학생운동

20세기 초부터 운동가들이 인권운동을 펼쳤다.
1960년대 특히 미국과 프랑스에서
대중의 개혁 압력이 거세게 일어났다.

1950년대에 미국은 온 나라가 심각한 인종차별을 겪고 있었다. 1955년 12월, 흑인 민권운동가인 로자 파크스가 미국 앨라배마주에서 버스 좌석을 백인 승객에게 양보하길 거부했다. 경찰이 로자 파크스를 체포하자 다양한 전략과 목표를 지향하는 흑인 운동가들이 주도하는 근대 민권운동을 촉발했다. 1963년 8월, 미국의 선도적인 민권 주창자 마틴 루서 킹 주니어 목사가 시위대 약 25만 명 앞에서 영감 넘치는 연설을 통해 편견 없는 국가에 대한 비전을 제시했다. 1964년에 인종차별 정책이 폐지되었고, 이듬해 모든 흑인이 투표권을 갖게 되었다.

　1968년은 혁명의 해였다. 미국에서는 베트남전에 반대하는 대규모 시위가 있었고, 대학 캠퍼스의 열악한 시설에 항의하며 파리에서 일어난 학생 폭동이 프랑스 전역으로 확산되었다. 800만 명에 달하는 노동자가 학생들과 연대해 변화를 요구하며 파업을 일으켰다. 이것은 서구 세계의 청년들이 구시대적인 관료제, 억압적인 체제, 인종 및 성차별, 성소수자와 장애인에 대한 편견에 항의했던 1968년의 결정적인 사건이었다. 프랑스의 시위는 차츰 수그러들었지만 1968년에 일어난 여러 사건은 한 세대를 고무했다.

△ **프랑스인의 5월**
1968년 5월, 프랑스 학생들이 앞장선 시민 소요 사태 당시 한 포스터는 '긴 투쟁의 시작'을 선언한다.

미국 남부의 인종차별 폐지

1950년대 미국 남부 주들에서는 삶의 많은 영역에 인종차별이 남아 있었다. 이 지도에 표시된 주들은 1957년까지 인종차별을 시행했으며, 1964년 다양한 수준으로 인종차별을 폐지하기 시작했다.

기호 보기
1964년 백인 학생과 같은 학교에 다니는 아프리카계 미국인 학생 비율

- 0-1%
- 1.5-6%
- 28-60%

잡 장군
1911-2013년

베트남 전쟁

제2차 세계대전 이후 베트남에서 일어난 두 차례의 주요 전쟁은 20세기 동남아시아에서 벌어진 가장 폭력적인 분쟁이었다.

두 전쟁은 약 30년 동안 지속되었고 몇몇 주요 세계 열강이 참여했다.

베트남은 1945년에 독립을 선언했지만, 외국 군대가 모두 철수하고 국가가 통일된 1975년에야 비로소 완전한 독립을 이루었다.

제2차 세계대전 당시 일본이 점령하던 베트남 식민지를 점령하면서 비 트남에서 전쟁이 시작되었다. 민족주의 단체인 베트민은 1941년부터 저항을 이 끔으로써 독립을 갈망했던 베트남 식민지 전쟁과 개릴라전 기술을 일본 군에 대항하는 데 썼다. 일본이 1945년에 패망한 뒤 프랑스가 베트남으로 돌아왔고, 베트민은 다시 외국 군대에 대항하여 무기를 들었다. 베트남과 프랑스 간의 제1차 인도차 이나 전쟁은 1946년에 시작되어 1954년 디엔비엔푸에서 프랑스의 결정적인 패 배로 끝났다. 이제 독립 국가가 된 베트남은 다시 북쪽의 공산주의 체제와 남쪽 의 공화주의 체제로 분리되었다. 일시적인 소강상태가 지난 뒤 1956년에 북베트

남이 공산주의 국가를 통일하기 위해 전쟁을 시작하면서 분쟁이 세계 다시 발생했 다. 2차 인도차이나 전쟁 또는 베트남 전쟁은 많은 측면에서 세계적 냉전 상황에 서 강대국이 개입한 전쟁이었다. 미국은 남베트남, 소련과 중국은 북베트남을 각 가 지원했다. 이 전쟁은 또한 라오스와 캄보디아까지 확산했다. 패세이 접어지자 미국은 1973년 전쟁에서 철수했으며, 얼마 북베트남이 파란만장한 승리를 거두고 1975년에 베트남이 통일되었다.

보응우옌잡은 20세기 위대한 군사 전략가 중 한 사 람으로 평가받는다. 그는 전통적인 전술과 게릴라전 술을 능숙하게 구사했고, 제2차 세계대전에서 일본 의 베트남 점령에 대항하는 베트민 투쟁을 이끌었다. 또한 프랑스, 미국과 싸운 북베트남군을 지휘했다. 그가 1954년 3-5월에 디엔비엔푸 전투에서 거둔 승 리는 근대사에서 가장 큰 군사적 승리로 간주된다.

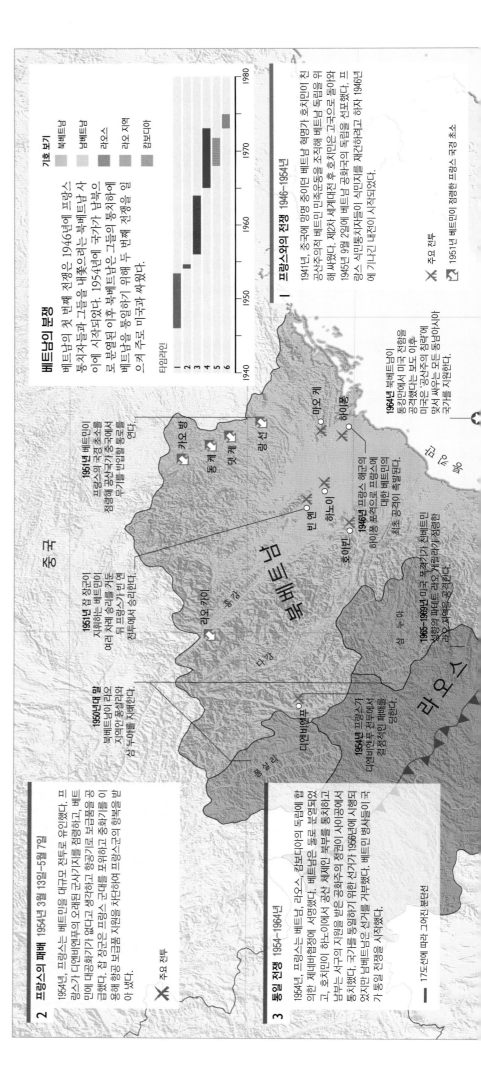

베트남의 분쟁

베트남의 첫 번째 분쟁은 1946년에 프랑스 통치자들과 그들을 내쫓으려는 북베트남 사 이에 시작되었다. 1954년에 국가가 남북으 로 분열된 이후 북베트남은 그들이 통치하에 베트남을 통일하기 위해 두 번째 전쟁을 일 으켜 주로 미국과 싸웠다.

타임라인

1940 1950 1960 1970 1980

프랑스와의 전쟁 1946-1954년

1941년, 중국에 망명 중이던 베트남 혁명가 호찌민이 친 공산주의자 베트민 민족연합을 조직해 베트남 독립을 위 해 싸웠다. 제2차 세계대전 후 호찌민은 군대으로 돌아와 1945년 9월 2일에 베트남 공화국의 독립을 선포했다. 프 랑스 식민통치자들이 식민지를 재건하려고 하자 1946년 에 기나긴 내전이 시작되었다.

✕ 주요 전투
⚔ 1951년 베트민이 점령한 프랑스 국경 초소

프랑스의 패배 1954년 3월 13일-5월 7일

1954년, 프랑스는 베트민을 대규모 전투로 유인했다. 프 랑스가 디엔비엔푸의 오래된 군사기지를 점령하고, 베트 민에 대응하기가 없다고 생각하고 항공기로 보급품을 공 급했다. 잡 장군은 프랑스 군대를 포위하고 중화기들 이 용해 항공 보급을 차단하여 프랑스군의 항복을 받 아 냈다.

✕ 주요 전투

통일 전쟁 1954-1964년

1954년, 프랑스는 베트남, 라오스, 캄보디아의 독립에 합 의한 제네바협정에 서명했다. 베트남은 둘로 분할되었 고, 호찌민이 하노이에서 공산 체제의 북부를 통치하고 남부는 서구의 지원을 받은 공화주의 정권이 사이공에서 통치했다. 국가를 통일하기 위한 선거가 1956년에 시행될 것이었다. 하지만 남베트남은 선거를 거부했고, 베트민 병사들이 국 가를 통일할 전쟁을 시작했다.

— 17도선에 따라 그어진 분단선

지도 라벨

중 국
북베트남
남베트남
라오스

하이퐁
마오 케
가오 방
동케
맛케
랑선
빈 옌
하노이
호아빈
라오 카이
디엔비엔푸
홍 강
다 강
마 강
주 강

1951년 베트민이
점령한 공산국가 중국에서
무기를 받아 남북으로 통행로를
연다.

프랑스의 국경 초소가
점령돼 공산국가 중국과의
무기를 받아 남북으로 통행로를
연다.

1951년 잡 장군이
지원하는 베트민이
여러 차례 승리를 거두
뒤 프랑스가 반격에
나선다.

1950년대 말
베트남이 라오
지역에 홍강라라
삼 누에를 지배한다.

1946년 프랑스가 해군의
함포로 프랑스에
대한 베트민의
공격이 촉발된다.

1946년 프랑스의
하이퐁 포격으로 프랑스와
최초 공격이 촉발된다.

1954년 프랑스가 전투에서
디엔비엔푸 전투에서
결정적인 패배를 당한다.

1964년 북베트남이
통킹만에서 미국 전함을
공격했다는 보도 이후
미국이 '공산주의 침략'에
맞서 싸우는 모든 동남아시아
국가를 지원한다.

1965-1969년 미국 폭격기가 친베트민
성향의 파테트 라오 게릴라가 점령한
미국의지역을 폭격한다.

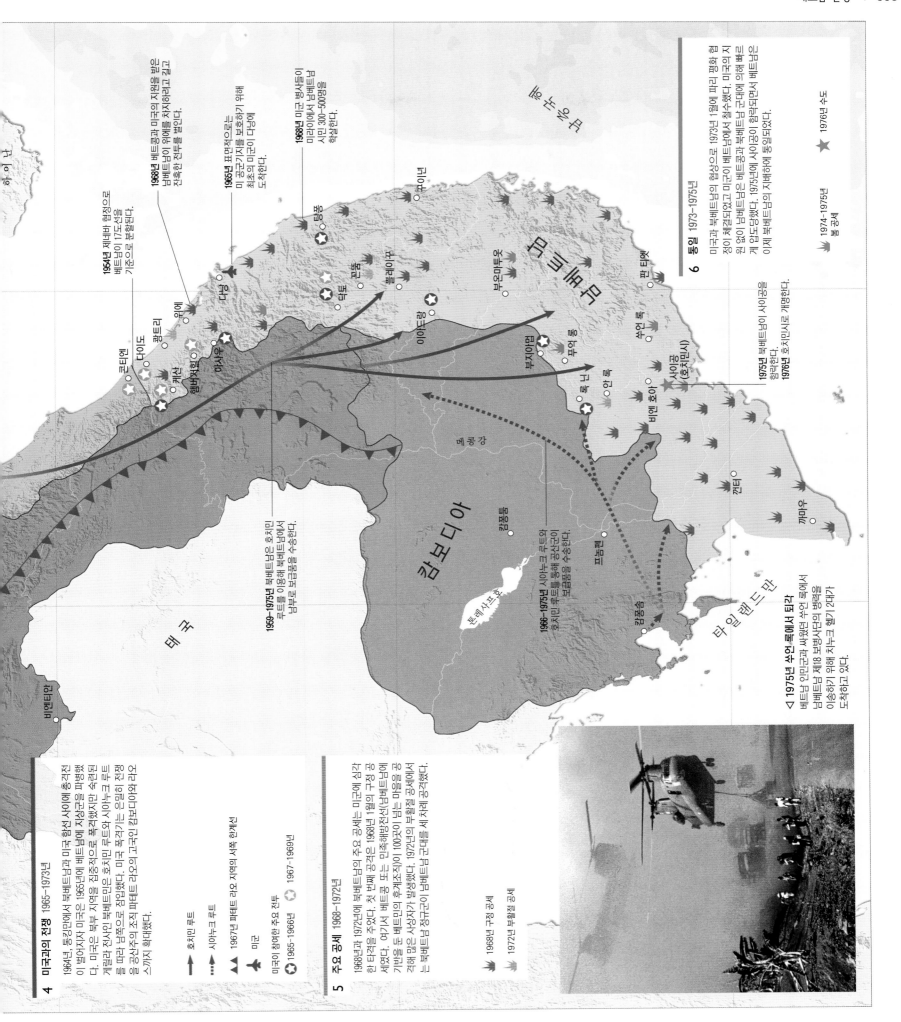

4 미국과의 전쟁 1965~1973년

1964년, 통킹만에서 북베트남과 미국 함선 사이에 충돌전이 벌어지자 미국은 1965년에 베트남에 지상군을 파병했다. 미국은 북부 지역을 집중적으로 폭격했지만 숙련된 게릴라 전사인 북베트남은 호치민 루트와 시아누크 루트를 따라 남쪽으로 잠입했다. 미국 북격기는 은밀히 전쟁을 공산주의 조직 파테트 라오의 고국인 캄보디아와 라오스까지 확대했다.

→ 호치민 루트
‥‥▶ 시아누크 루트
▲▲ 1967년 파테트 라오 지역의 서축 한계선
✈ 미군
✪ 미국이 참여한 주요 전투
1965~1966년　　✪ 1967~1969년

1954년 제네바 협정으로 베트남이 17도선을 기준으로 분할된다.

1968년 베트콩과 미국의 지원을 받은 남베트남이 위에를 차지하려고 길고 치열한 전투를 벌인다.

1965년 표면적으로는 미 공군기지를 보호하기 위해 최초의 미군이 다낭에 도착한다.

1968년 미군 병사들이 미라이에서 남베트남 시민 300~500명을 학살한다.

해남섬 (중국)

6 통일 1973~1975년

미국과 북베트남의 협상으로 1973년 1월에 파리 평화 협정이 체결되었고 미군이 베트남에서 철수했다. 미국의 지원 없이 남베트남은 북베트콩과 북베트남 군대에 의해 빠르게 압도당했다. 1975년에 사이공이 함락되면서 베트남은 이제 북베트남의 지배하에 통일되었다.

★ 1976년 수도
↗ 1974~1975년 봄 공세

1975년 북베트남이 사이공을 함락한다.
1976년 호치민시로 개명한다.

사이공 (호치민시)

5 주요 공세 1968~1972년

1968년과 1972년에 북베트남의 주요 공세는 미군에 심각한 타격을 주었다. 첫 번째 공세인 1968년 1월의 구정 공세였다. 이것이 베트콩 또는 민족해방전선(남베트남에 기반을 둔 베트남의 후방조직)이 100곳이 넘는 마을을 공격해 많은 사상자가 발생했다. 1972년의 부활절 공세에서 는 북베트남 정규군이 남베트남 군대를 세 차례 공격했다.

↗ 1968년 구정 공세
↗ 1972년 부활절 공세

◁ **1975년 쑤언록에서 퇴각**

베트남 인민군과 싸웠던 쑤언록에서 남베트남 제18 보병사단의 병력을 이송하기 위해 치누크 헬기 2대가 도착하고 있다.

1959~1975년 북베트남은 호치민 루트를 이용해 북베트남에서 남부로 보급품을 수송한다.

1966~1975년 시아누크 루트와 호치민 루트를 통해 공산군이 보급품을 수송한다.

메콩강
톤레사프호
캄보디아
태국

타일랜드 만

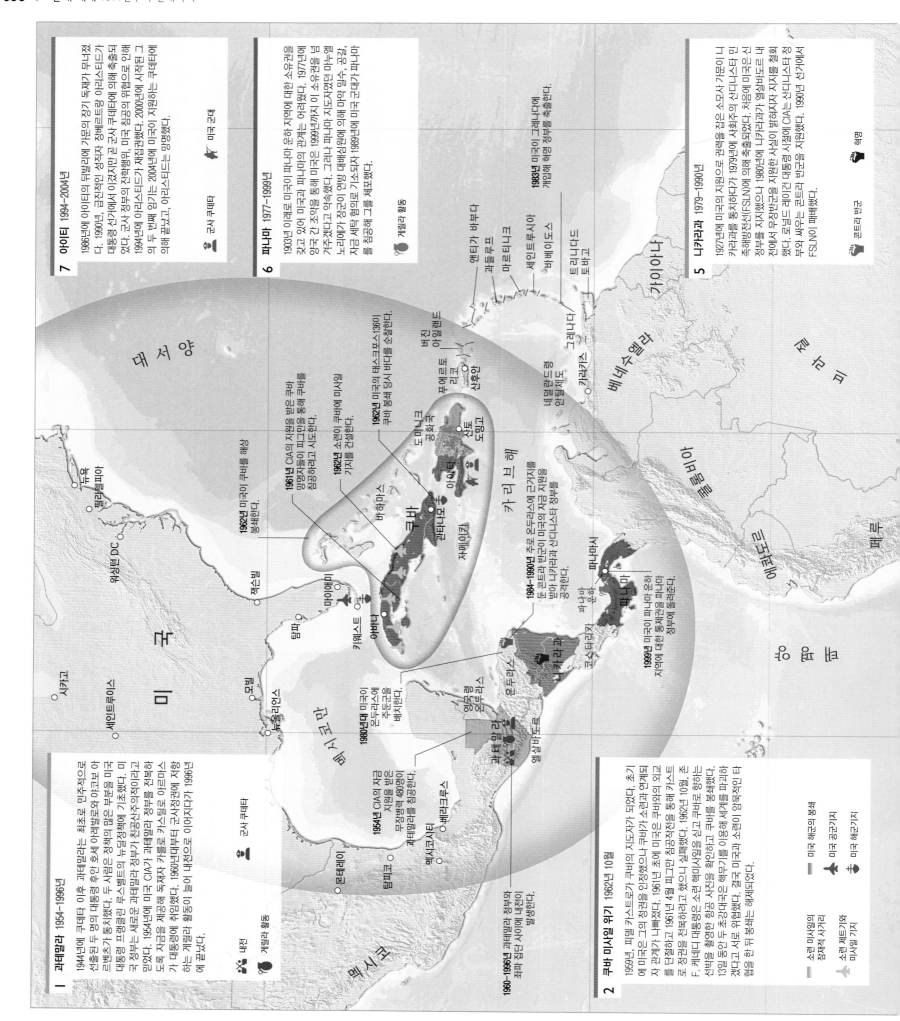

7 아이티 1994-2004년

1986년에 아이티의 뒤발리에 가문의 장기 독재가 무너졌다. 1990년, 금진적인 성작자 장베르트랑 아리스티드가 군벤스가 통치했던 호세 아레발로와 아르보 아 대통령 선거에서 이겼지만 곧 군사 쿠데타에 의해 축출되었다. 군사 정부의 전횡행위, 미국 점령의 위협으로 인해 1994년에 아리스티드가 재집권했다. 2000년에 시작된 그의 두 번째 임기는 2004년에 미국이 지원하는 쿠데타에 의해 끝났고, 아리스티드는 망명했다.

🐾 미국 군대

6 파나마 1977-1999년

1903년 이래로 미국이 파나마 운하 지역에 대한 소유권을 갖고 있어 미국과 파나마의 관계는 어려웠다. 1977년에 양국 간 조약을 통해 미국은 1999년까지 이 소유권을 넘겨줬다고 약속했다. 그러나 파나마 지도자였던 마누엘 노리에가가 장군이 연방 대배심원에 의해 마약 밀수, 공갈, 지금 세탁 혐의로 기소되자 1989년에 미국 군대가 파나마를 침공하여 그를 체포했다.

1983년 미국이 그레나다에 개입해 혁명 정부를 축출한다.

✊ 게릴라 활동

5 니카라과 1979-1990년

1927년에 미국의 지원으로 권력을 잡은 소모사 가문이니 카라과를 통치하다가 1979년에 산디니스타 민 족해방전선(FSLN)에 의해 축출되었다. 처음에 미국은 신정부를 지지했으나 1980년에 나카라과가 엘살바도르 내전에서 무장반군을 지원한 사실이 밝혀지자 산디니스타 정부에 반대했다. 로널드 레이건 대통령 시절에 CIA는 산디니스타 정부와 싸우는 콘트라 반군을 지원했다. 1990년 선거에서 FSLN이 패배했다.

👊 콘트라 반군

지도 라벨 (북에서 남으로)
뉴욕 · 필라델피아 · 워싱턴DC · 시카고 · 세인트루이스 · 잭슨빌 · 마이애미 · 탬파 · 키웨스트 · 아바나 · 모빌 · 뉴올리언스 · 멕시코 · 멕시코시티 · 베라크루스 · 몬테레이 · 탐피코 · 과테말라 · 엘살바도르 · 온두라스 · 니카라과 · 코스타리카 · 파나마

대 서 양

쿠바 · 바하마스 · 관타나모 · 자메이카 · 아이티 · 도미니카 공화국 · 산토도밍고 · 푸에르토 리코 · 버진 아일랜드 · 산후안 · 앤티가 바부다 · 과들루프 · 마르티니크 · 세인트루시아 · 바베이도스 · 트리니다드 토바고 · 그레나다 · 네덜란드령 안틸제도 · 아루바 · 가라카스

카 리 브 해

베네수엘라 · 가이아나

1962년 미국이 쿠바를 해상 봉쇄한다.

1961년 CIA의 지원을 받은 쿠바 망명자들이 피그만을 통해 쿠바를 침공하려고 시도한다.

1962년 소련이 쿠바에 미사일 기지를 건설한다.

1962년 미국의 테스크포스1360 쿠바 봉쇄 당시 바다를 순찰한다.

1984-1990년 주로 온두라스에 근거지를 둔 콘트라 반군이 미국의 지금 지원을 받아 나카라과 산디니스타 정부를 공격한다.

파나마 운하

1999년 미국이 파나마 운하 지역에 대한 통제권을 파나마 정부에 돌려준다.

1980년대 미국이 온두라스에 주둔군을 배치한다.

영국령 온두라스

태 평 양

멕시코 · 과테말라 · 온두라스 · 엘살바도르 · 코스타리카 · 콜롬비아 · 에콰도르 · 페루

남 아 메 리 카

1 과테말라 1954-1996년

1944년에 쿠데타 이후 과테말라는 최초로 민주적으로 선출된 두 명의 대통령 후인 호세 아레발로와 아르보 아 레벤스가 통치했다. 두 사람은 전형적인 많은 부분을 미국 대통령 모렐릴린 루스벨트의 누딜정책에 기초했다. 미국 정부는 새로운 과테말라 정부가 친공산주의적이라고 믿었다. 1954년에 미국 CIA가 과테말라 정부를 전복하도록 지금을 제공해 독재자 카를로 카스틸로 아르마스가 대통령에 취임했다. 1960년대부터 군사정권에 저항하는 게릴라 활동이 늘어 내전으로 이어지다가 1996년에 끝났다.

⚔️ 내전

☕ 게릴라 활동

2 쿠바 미사일 위기 1962년 10월

1959년, 피델 카스트로가 쿠바의 지도자가 되었다. 초기에 미국은 그의 정권을 인정했으나 쿠바가 소련과 연계되자 관계가 나빠졌다. 1961년 초에 미국은 쿠바와의 외교를 단절하고 1961년 4월 피그만 침공작전을 통해 카스트로를 전복하려고 했으나 실패했다. 1962년 10월 존 F. 케네디 대통령은 소련 해미사일을 싣고 쿠바로 향하는 선박들을 촬영한 항공 사진을 확인하고 쿠바를 봉쇄했다. 13일 동안 두 초강대국은 해무기를 이용해 세계를 파괴할 것처럼 서로 위협했다. 결국 미국과 소련이 양국의 타협을 한 뒤 봉쇄는 해제되었다.

1954년 CIA의 지금 지원을 받은 무장병력 480명이 과테말라를 침공한다.

1960-1996년 과테말라 정부와 좌파 집단 사이에 내전이 발생한다.

🔴 소련 미사일 · 잠재적 사거리

✈️ 소련 제트기와 미사일 기지

🟥 미국 해군의 봉쇄

✈️ 미국 공군기지

⚓ 미국 해군기지

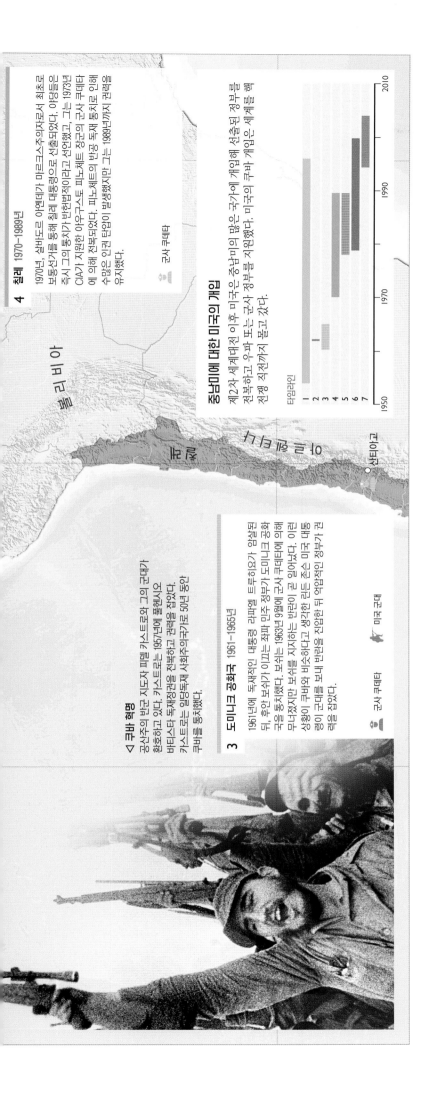

4 칠레 1970-1989년

1970년, 살바도르 아옌데가 마르크스주의자로서 최초로 보통선거를 통해 칠레 대통령으로 선출되었다. 아옌데는 즉시 그의 통치가 반헌법적이라고 선언했고, 그는 1973년 CIA가 지원한 아우구스토 피노체트 장군의 군사 쿠데타에 의해 전복되었다. 피노체트의 반공 독재 통치로 인해 수많은 인권 침해가 발생했지만 그는 1989년까지 권력을 유지했다.

🎖 군사 쿠데타

중남미에 대한 미국의 개입

제2차 세계대전 이후 미국은 우파 또는 중남미의 많은 국가에 개입해 선출된 정부를 전복하고 우파 또는 군사 정부를 지원했다. 미국의 쿠바 개입은 세계적 전쟁 직전까지 몰고 갔다.

타임라인
1
2
3
4
5
6
7

1950 1970 1990 2010

◁ 쿠바 혁명

공산주의 반군 지도자 피델 카스트로와 그의 군대가 혼흥하고 있다. 카스트로는 1957년에 룰헨시오 바티스타 독재정권을 전복하려 권력을 잡았다. 카스트로는 일당독재 사회주의국가로 50년 동안 쿠바를 통치했다.

3 도미니카 공화국 1961-1965년

1961년에 독재적인 대통령 라파엘 트루히요가 암살된 뒤, 후안 보쉬가 이끄는 좌파 민주 정부가 도미니크 공화국을 통치했다. 보쉬는 1963년 9월에 군사 쿠데타에 의해 무너졌지만 보쉬를 지지하는 반란이 곧 일어났다. 이런 상황이 쿠바와 비슷하다고 생각한 린든 존슨 미국 대통령이 군대를 보내 반란을 진압한 뒤 임시적인 정부가 권력을 잡았다.

🎖 군사 쿠데타
✈ 미국 군대

체 게바라
1928-1967년

1928년에 아르헨티나에서 좌파 성향의 중산층 가정에서 태어난 에르네스토 게바라(나중에 '친구'를 뜻하는 체라는 별명으로 불렸다)는 쿠바 혁명에서의 마르크스주의 혁명가이자 게릴라부대 지도자가 되었다. 의학 학생 시절 그는 오토바이를 타고 남미 전역을 두차례 여행했다. 남미의 끔찍한 상황을 보면서 그것이 자본주의국가 미국이 남미를 착취하기 때문이라고 생각했고 그로 인해 혁명 사상이 강화되었다.

라틴아메리카에 대한 미국의 개입

19세기 이후 미국의 중남미 외교정책은 이 지역에서 미국 기업의 이익을 보호하는 것이었다. 공산주의의 영향을 우려한 미국은 자주 라틴아메리카 정치에 은밀히 또는 공격적으로 개입했다.

1823년에 미국 대통령 제임스 먼로는 아메리카 대륙에서 독립 국가를 지배하려는 국가의 모든 활동을 '미국에 대한 비우호적인 태도'의 표현으로 간주할 것이라는 원칙을 발표했다. 1세기 뒤 미국은 이 원칙에 따라 냉전 시대 라틴아메리카에 대한 통제권을 행사해 공산주의 확산을 막았다. 그 결과 이 지역에서 미국의 개입에 영향을 받지 않은 국가가 거의 없었다. 과테말라, 칠레, 아이티에서 선출된 정부가 전복되었고, 니카라과 좌파 정부는 약화되었다. 엘살바도르와 도미니카 공화국의 민주 봉기는 진압되었고 온두라스와 그의 국가에서는 권위주의 정부가 군사 지원을 받았다. 미국은 군사개입을 통해 기소된 마약 밀매자이자 파나마의 지도자인 마누엘 노리에가 장군을 축출

하고, 아이티에서는 최근에 축출된 정부를 다시 복원했다. 이것은 남미 정치에 직·간접적으로 개입하는 미국의 모습을 분명히 보여 준다. 많은 국가가 미친 부작용은 상당하다. 이 지역의 군사적 또는 권위적 행사가 해당 국가에 미친 고통을 낳았다. 1991년에 냉전이 종식되고, 관계 단절 후 54년 이 지난 2015년에 미국과 쿠바의 관계 재개로 인해 다당제 민주주의가 되살아났다. 콜롬비아의 오랜 내전, 사회주의국가 베네수엘라의 사회적, 경제적 위기에 구하고 이런 변화는 이 지역의 정치적, 경제적 안정을 강화했다.

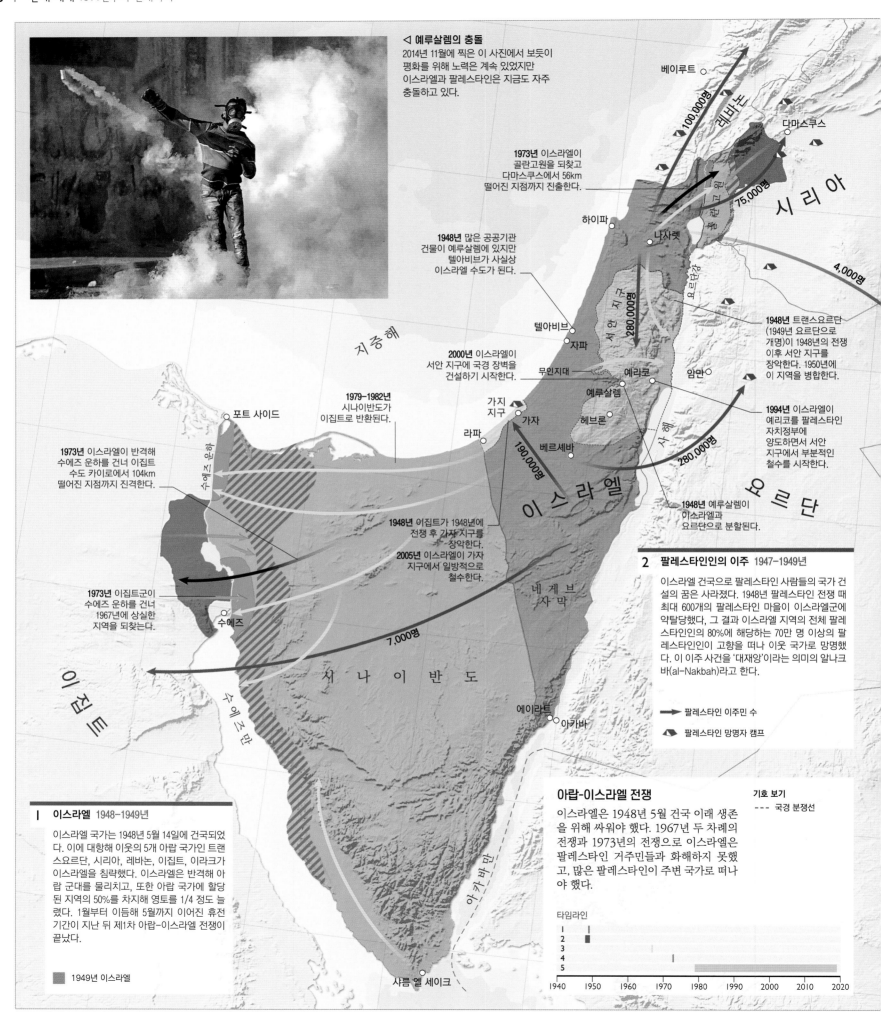

◁ **예루살렘의 충돌**
2014년 11월에 찍은 이 사진에서 보듯이 평화를 위해 노력은 계속 있었지만 이스라엘과 팔레스타인은 지금도 자주 충돌하고 있다.

1973년 이스라엘이 골란고원을 되찾고 다마스쿠스에서 56km 떨어진 지점까지 진출한다.

1948년 많은 공공기관 건물이 예루살렘에 있지만 텔아비브가 사실상 이스라엘 수도가 된다.

2000년 이스라엘이 서안 지구에 국경 장벽을 건설하기 시작한다.

1979–1982년 시나이반도가 이집트로 반환된다.

1973년 이스라엘이 반격해 수에즈 운하를 건너 이집트 수도 카이로에서 104km 떨어진 지점까지 진격한다.

1948년 이집트가 1948년에 전쟁 후 가자 지구를 장악한다.
2005년 이스라엘이 가자 지구에서 일방적으로 철수한다.

1973년 이집트군이 수에즈 운하를 건너 1967년에 상실한 지역을 되찾는다.

1948년 트랜스요르단 (1949년 요르단으로 개명)이 1948년의 전쟁 이후 서안 지구를 장악한다. 1950년에 이 지역을 병합한다.

1994년 이스라엘이 예리코를 팔레스타인 자치정부에 양도하면서 서안 지구에서 부분적인 철수를 시작한다.

1948년 예루살렘이 이스라엘과 요르단으로 분할된다.

2 팔레스타인인의 이주 1947–1949년

이스라엘 건국으로 팔레스타인 사람들의 국가 건설의 꿈은 사라졌다. 1948년 팔레스타인 전쟁 때 최대 600개의 팔레스타인 마을이 이스라엘군에 약탈당했고, 그 결과 이스라엘 지역의 전체 팔레스타인인의 80%에 해당하는 70만 명 이상의 팔레스타인인이 고향을 떠나 이웃 국가로 망명했다. 이 이주 사건을 '대재앙'이라는 의미의 알나크바(al-Nakbah)라고 한다.

→ 팔레스타인 이주민 수
◣ 팔레스타인 망명자 캠프

I 이스라엘 1948–1949년

이스라엘 국가는 1948년 5월 14일에 건국되었다. 이에 대항해 이웃의 5개 아랍 국가인 트랜스요르단, 시리아, 레바논, 이집트, 이라크가 이스라엘을 침략했다. 이스라엘은 반격해 아랍 군대를 물리치고, 또한 아랍 국가에 할당된 지역의 50%를 차지해 영토를 1/4 정도 늘렸다. 1월부터 이듬해 5월까지 이어진 휴전 기간이 지난 뒤 제1차 아랍–이스라엘 전쟁이 끝났다.

■ 1949년 이스라엘

아랍-이스라엘 전쟁

이스라엘은 1948년 5월 건국 이래 생존을 위해 싸워야 했다. 1967년 두 차례의 전쟁과 1973년의 전쟁으로 이스라엘은 팔레스타인 거주민들과 화해하지 못했고, 많은 팔레스타인이 주변 국가로 떠나야 했다.

기호 보기
--- 국경 분쟁선

타임라인

	1940	1950	1960	1970	1980	1990	2000	2010	2020
1									
2									
3									
4									
5									

베이루트
다마스쿠스
시리아
하이파
나사렛
텔아비브
자파
무인지대
예리코
암만
가지 지구
가자
예루살렘
라파
헤브론
베르셰바
포트 사이드
수에즈
에이라트
아카바
이집트
시나이반도
네게브 사막
요르단
레바논
지중해
서안 지구
요르단강
사해
아카바만
수에즈만
수에즈 운하
샤름 엘 셰이크

100,000명
75,000명
4,000명
280,000명
190,000명
280,000명
7,000명

유엔의 분할 계획

유엔은 1947년 당시 영국이 위임통치를 하던 팔레스타인에 대한 분할 계획을 세웠다. 독립적인 유대인 국가와 아랍 국가들이 나란히 옆에 존재하고, 예루살렘은 국제 구역으로 삼는다는 것이었다.

레바논
시리아
하이파
나사렛
지중해
예루살렘
가자
베르셰바 ─ 사해
이집트
이스라엘
트랜스요르단
에이라트

기호 보기
━ 1923년 영국 위임통치 지역의 경계
■ 1947년 제안된 아랍 국가
■ 1947년 제안된 유대 국가
■ 1947년 제안된 국제 구역

아라비아

---

3 6일 전쟁 1967년 6월 5-10일

이집트의 남부 지역 해양 봉쇄를 포함해 주변 아랍 국가들의 압박에 점점 위협을 느낀 이스라엘은 1967년 6월에 기습공격으로 대응했다. 이스라엘은 지상에 있는 아랍 공군과 시나이반도에 있는 이집트의 탱크를 파괴했고, 서안 지구와 골란고원뿐만 아니라 시나이반도도 점령했다.

→ 이스라엘군
■ 1967년 전쟁 후 이스라엘 점령지
■ 1967년 전쟁 후 이스라엘 점령지 (1973년 전쟁 후 이집트 재점령지)

---

4 욤키푸르 전쟁 1973년 10월 6-24일

6일 전쟁의 패배에 대한 보복으로 이집트와 시리아 군대가 유대인의 절기인 욤 키푸르에 이스라엘을 기습 공격했다. 이집트는 초기에 성과를 올려 수에즈 운하를 통과하고, 시리아군은 골란고원을 향해 진격했다. 이스라엘은 반격해 수에즈 운하를 가로질러 카이로에서 104km 이내까지 접근했다. 유엔이 휴전을 중재해 이듬해 군사를 철수했다.

➡ 이스라엘 군대
➡ 이집트와 시리아 군대
■ 1973년 전쟁 후 이스라엘 점령지
⫻ 1975-1979년 유엔이 만든 휴전선

---

5 평화를 향한 노력 1979년부터 현재까지

1979년, 이스라엘은 이집트와 평화조약을 맺고 시나이반도를 돌려주었다. 1993년에 오슬로 협정에 의해 팔레스타인 정부인 팔레스타인 자치정부가 세워졌다. 이를 통해 팔레스타인인은 가자 지구와 서안 지구에 대한 자치권을 얻었다. 이스라엘은 가자 지구에서 물러났지만 예루살렘과 서안은 포기하지 않았다. 2023년에 전쟁이 발발해 평화에 대한 희망이 무너졌다.

■ 서안 지구 (점령된 팔레스타인 영토)
■ 가자 지구 (점령된 팔레스타인 영토)

이스라엘과 중동

유대인은 수 세기 동안 팔레스타인에 거주해 왔다.
하지만 1897년에 시온주의 단체가 창립되면서
이 지역에 유대인 국가를 건설하려는 새로운 활동이 나타났다.
이스라엘 국가가 영토를 확보하자 연이은 전쟁이 촉발되었다.

1947년 11월, 영국의 팔레스타인 위임통치(290-291쪽 참조)를 감독하는 유엔은 이 지역을 독립적인 팔레스타인 국가와 이스라엘 국가로 분할했다. 이 분할의 부분적인 이유는 홀로코스트 이후 유대인의 이주 문제를 해결하는 것이었다. 그 결과 양측 사이에 폭력이 발생했고, 영국의 통제력은 무너졌다. 이스라엘군은 즉시 팔레스타인 지역을 점령하고 많은 거주자를 주변 국가로 추방했다. 유엔의 계획은 중단되고 영국은 1948년 5월 14일에 팔레스타인에 대한 위임통치를 종료했다. 유대인 당국의 수장이자 미래 이스라엘 총리가 될 다비드 벤구리온은 즉시 독립된 이스라엘 건국을 선포했다. 신생국의 주변 아랍국가들은 보복으로 이스라엘을 침공했으나 이스라엘은 성공적으로 격퇴했다.

수십 년간의 혼란 이후 양측은 평화의 발걸음을 내딛기 시작했다. 1979년에 이집트와 이스라엘은 평화조약에 서명하면서 이집트는 이스라엘을 국가로 인정하고 이스라엘군은 점령했던 시나이반도에서 철수했다. 1993년에 이스라엘은 팔레스타인 해방기구와 협정을 맺어 이스라엘의 존재를 인정받고 가자 지구와 서안 지구에서 철수하기 시작했다. 하지만 예루살렘과 서안 지구를 포함한 땅은 여전히 이스라엘이 장악하고 있으며 적대관계는 계속 이어졌다. 그리고 2023년에 이스라엘과 팔레스타인 단체 하마스 사이에 전쟁이 다시 일어났다.

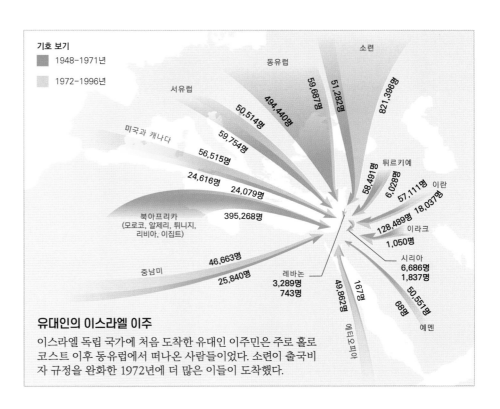

기호 보기
■ 1948-1971년
■ 1972-1996년

소련
동유럽
서유럽
미국과 캐나다
튀르키예
이란
이라크
시리아
레바논
에티오피아
예멘
북아프리카 (모로코, 알제리, 튀니지, 리비아, 이집트)
중남미

59,687명
51,282명
821,396명
494,440명
50,514명
59,754명
56,515명
58,491명
6,029명
57,111명
18,037명
24,616명
24,079명
128,489명
1,050명
395,268명
6,686명
1,837명
46,663명
25,840명
3,289명
743명
49,862명
167명
688명
50,551명

유대인의 이스라엘 이주

이스라엘 독립 국가에 처음 도착한 유대인 이주민은 주로 홀로코스트 이후 동유럽에서 떠나온 사람들이었다. 소련이 출국비자 규정을 완화한 1972년에 더 많은 이들이 도착했다.

△ 석유 위기
석유를 생산하는 아랍 국가들의 수출 통제로 1973년에 석유 위기가 발생했을 때 주유소 표지판에 석유 부족이라고 쓰여 있다.

경제 성장과 환경비용

20세기와 21세기의 세계 경제는 놀라운 성장을 보이며 사상 유례없는 부를 창출했다.
하지만 그로 인해 지구 환경이 큰 피해를 입자
많은 전문가들은 돌이킬 수 없는 지구 위기를 막기 위한 긴급 조치를 촉구했다.

1944년, 제2차 세계대전이 끝나기도 전에 44개국 대표들이 세계 국제 금융시스템을 재편하려고 모였다. 핵심 과제는 안정적인 환율 시스템을 도입하고 유럽의 전쟁 피해국가의 경제를 재건하는 것이었다.

국가 간 통화교환을 원활하게 하기 위해 국제통화기금(IMF)을 설립하고, 심각한 타격을 입은 국가에 장기 대출해 주기 위해 세계은행을 세웠다. 1947년에 미국은 마셜 플랜을 도입해 유럽에 수십 억 달러를 투자했다. 이것은 세계 경제의 신뢰 회복에 기여해 놀라운 성장으로 이어졌다.

특히 일본은 이런 계획을 잘 이용해 철강과 석탄, 조선, 자동차 생산에 투자했으며, 1960년대에는 첨단 제품에 집중했다. 대만, 싱가포르, 말레이시아, 한국 같은 다른 아시아 국가들은 일본 모델을 모방했다. 이러한 집단적 성공은 '아시아의 타이거 경제'로 알려졌다.

위기와 회복

1973년에 이집트와 시리아가 이스라엘을 침략하자 아랍석유수출국기구(OAPEC)가 이스라엘을 지지하는 모든 국가에 석유 수출을 금지했다. 석유 가격이 3배로 치솟자 많은 국가의 산업생산량이 감소했다. 수출 금지 조치는 1964년까지 지속되었다. 석유 위기는 세계 경제를 침체시켰고 그에 대한 대응으로 많은 국가가 경제 정책을 바꾸었다.

◁ 번창하는 도시
수많은 초고층 빌딩이 홍콩의 밤을 밝히고 있다.
홍콩은 극동 지역에서 놀라운 경제적 성공을 이룩한 사례 중 하나다.

성공의 대가

제2차 세계대전 이후 세계 경제의 변화는 급격한 경제성장으로 이어졌다. 환경비용에 대한 인식은 호황 경제에 가려져 있었다. 피해를 일으키는 석유 유출, 살충제, 환경 오염에 대중적 인식은 1979년 제1차 세계기후회의로 이어졌다. 그 당시 경제성장은 대기질 저하, 산업 폐기물, 자연 자원 고갈을 유발했다. 지속적인 인구 증가는 특별한 우려를 유발해 지구 온난화를 막고 식량과 수자원을 확보하기 위한 노력을 강화했다.

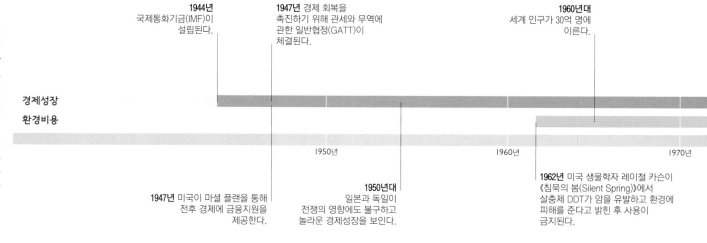

1944년 국제통화기금(IMF)이 설립된다.	**1947년** 경제 회복을 촉진하기 위해 관세와 무역에 관한 일반협정(GATT)이 체결된다.

1960년대 세계 인구가 30억 명에 이른다.

경제성장
환경비용

1950년 · 1960년 · 1970년

1947년 미국이 마셜 플랜을 통해 전후 경제에 금융지원을 제공한다.

1950년대 일본과 독일이 전쟁의 영향에도 불구하고 놀라운 경제성장을 보인다.

1962년 미국 생물학자 레이철 카슨이 《침묵의 봄(Silent Spring)》에서 살충제 DDT가 암을 유발하고 환경에 피해를 준다고 밝힌 후 사용이 금지된다.

◁ **유해한 공기**
영국의 석탄화력발전소에서 오염물질과 온실가스를 배출하고 있다. 유럽의 더 엄격한 대기오염 관련법에서는 석탄을 이용한 에너지 생산의 종료를 예고했다.

통제권이 국가에서부터 민간 부문으로 넘어가고 규제 완화가 새로운 추진력이 되어 자유무역이 더 확대되었다. 중국은 민간 기업을 허용하기 시작하자 자본주의가 빠르게 발전했다. 이후 수십 년 동안 중국은 세계 최대 규모의, 가장 영향력이 큰 경제국가 중 하나가 되었다. 인도는 아시아 타이거 경제국의 성공에 영향을 받았고, 브라질과 멕시코역시 경제 개혁을 실시해 생활 수준이 놀랍게 개선되었다. 1990년에 이루어진 서독과 동독의 통일은 세계 경제의 새로운 큰 활력소가 되었다. 2008년의 엄청난 금융위기에도 불구하고 세계는 어느 시기보다 더 부유해진 것처럼 보였다.

환경 비용

이러한 경제적 성공에는 대가가 따랐다. 2011년 10월 31일, 유엔은 지구 인구가 70억 명이라고 발표하면서 지구가 이렇게 많은 인구를 유지할 능력이 있는지 우려했다. 증가하는 인구를 먹여 살리고 더 풍요로운 생활방식을 유지하려면 더 많은 식량과 자원이 필요했다. 도시화와 인구 증가는 환경에 큰 부담을 주었고 과학자들은 인간 활동이 최근의 기후변화인 지구 온난화를 유발하는 증거를 발견했다.

개발도상국을 대상으로 기후 변화에 영향을 주는 탄소배출을 줄이라고 촉구했지만 2015년에 인도는 13억 국민을 빈곤에서 벗어나게 하려고 석탄 광산을 한 달에 한 개씩 개발했다. 개발도상국은 성장 목표를 억제하라는 선진국들의 요구에 반대했다. 2000년대에 세계 곳곳에서 기록적인 강우와 심각한 가뭄, 빙하 감소. 자연재해가 발생하고 있다. 과학자들은 인간이 기후 변화를 되돌릴 수 있는 임계점을 넘

> **"인구 증가는 세계 자원이 고갈될 정도로 부담을 주고 있다."**
>
> 앨 고어, 전 미국 부통령

어갈 수 있다고 경고했다. 지구의 70억 인구로 인해 자연 자원의 고갈은 불가피했다. 2015년에 세계 지도자들은 파리기후협약을 체결했으며, 196개국이 지구 온난화를 2℃로 제한하겠다는 최초의 지구 기후 협약을 채택했다.

2019년 12월에는 다른 유형의 위협이 등장했다. 코로나19 바이러스에 의한 전염성이 높은 질병이 급속히 확산하기 시작해 전 세계 국가에서 수백만 명이 사망했다.

▽ **태양광 발전**
미국 네바다 사막에 태양광 패널 약 7만 개가 넬리스 공군기지 전기 사용량의 25%를 공급한다. 이것은 서반구에 가장 큰 태양광 발전소이며, 이런 프로젝트가 재생에너지 모델로 제시되고 있다.

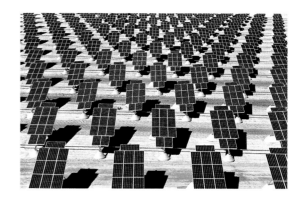

1973-1974년 석유 위기로 세계 경기가 침체되어 새로운 경제정책이 도입된다.

1979년 제1차 세계기후회의가 제네바에서 열리다.

1980년대 중국 경제가 폭발적으로 성장한다.

1990년 10월 3일 동독과 서독이 통일된다. 독일이 '유럽의 병자'에서 경제 발전소로 부상하기 시작한다.

2007-2011년 세계 금융위기가 미국에서 시작되어 세계의 많은 경제 시스템을 붕괴 직전까지 몰고 간다.

2008년 중국의 경제 성장이 매년 중국 자연환경에 1조 위안 이상의 피해를 미쳐 정책입안자들이 중국의 맹렬한 발전 속도를 늦추도록 압박한다.

2017년 세계의 부가 총 280조 달러에 이른다.

1980년   1990년   2000년   2010년   2020년

1975년 프랑스, 이탈리아, 독일, 일본, 영국, 미국이 국제 무역을 발전시키기 위해 G6를 만든다.

1992년 리우데자네이루 지구정상회의에서 각국 정부는 기후 변화에 관한 국제연합기본협약에 합의한다.

1997년 교토의정서에 따라 선진국들이 2008-2012년까지 탄소배출량을 평균 5%를 감축하기로 약속한다.

2007년 기후 변화에 관한 정부간 협의체(IPCC)와 전 미국 부통령 앨 고어가 기후 변화에 관한 업적을 인정받아 노벨평화상을 받는다.

2009년 중국이 미국을 추월해 세계 최대 온실가스 배출국이 된다. 하지만 1인당 배출 기준으로는 미국이 앞선다.

2017년 미국이 파리기후협약에서 탈퇴한 이후 국가들이 지구 온난화 방지를 위해 공동 노력하기로 약속한다.

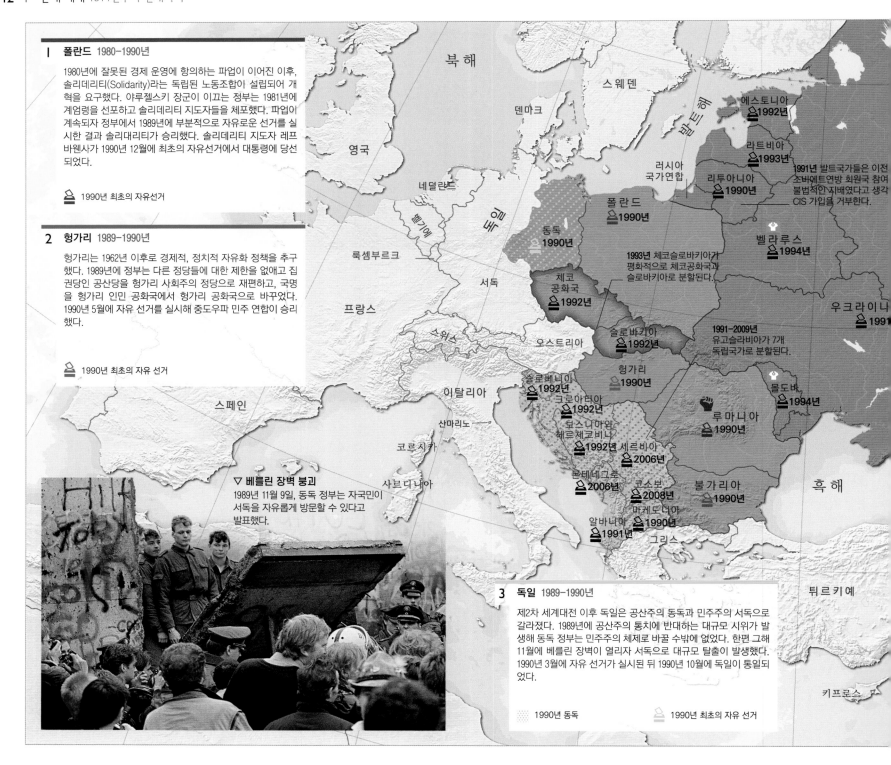

1 폴란드 1980-1990년

1980년에 잘못된 경제 운영에 항의하는 파업이 이어진 이후, 솔리데리티(Solidarity)라는 독립된 노동조합이 설립되어 개혁을 요구했다. 야루젤스키 장군이 이끄는 정부는 1981년에 계엄령을 선포하고 솔리데리티 지도자들을 체포했다. 파업이 계속되자 정부에서 1989년에 부분적으로 자유로운 선거를 실시한 결과 솔리데리티가 승리했다. 솔리데리티 지도자 레프 바웬사가 1990년 12월에 최초의 자유선거에서 대통령에 당선되었다.

⚱ 1990년 최초의 자유선거

2 헝가리 1989-1990년

헝가리는 1962년 이후로 경제적, 정치적 자유화 정책을 추구했다. 1989년에 정부는 다른 정당들에 대한 제한을 없애고 집권당인 공산당을 헝가리 사회주의 정당으로 재편하고, 국명을 헝가리 인민 공화국에서 헝가리 공화국으로 바꾸었다. 1990년 5월에 자유 선거를 실시해 중도우파 민주 연합이 승리했다.

⚱ 1990년 최초의 자유 선거

북 해 · 스웨덴 · 덴마크 · 발트해 · 에스토니아 ⚱1992년 · 라트비아 ⚱1993년

1991년 발트국가들은 이전 소비에트연방 회원국 참여 불법적인 지배였다고 생각 CIS 가입을 거부한다.

리투아니아 ⚱1990년 · 러시아 국가연합 · 폴란드 ⚱1990년 · 벨라루스 ⚱1994년

영국 · 네덜란드 · 벨기에 · 룩셈부르크 · 동독 1990년

1993년 체코슬로바키아가 평화적으로 체코공화국과 슬로바키아로 분할된다.

서독 · 체코 공화국 ⚱1992년 · 우크라이나 ⚱1991

프랑스 · 스위스 · 오스트리아 · 슬로바키아 ⚱1992년

1991-2009년 유고슬라비아가 7개 독립국가로 분할된다.

헝가리 ⚱1990년 · 몰도바 ⚱1994년

스페인 · 이탈리아 · 산마리노 · 슬로베니아 ⚱1992년 · 크로아티아 ⚱1992년 · 루마니아 ✊1990년

코르시카 · 보스니아와 헤르체고비나 ⚱1992년 · 세르비아 ⚱2006년

▽ **베를린 장벽 붕괴**
1989년 11월 9일, 동독 정부는 자국민이 서독을 자유롭게 방문할 수 있다고 발표했다.

사르데냐 · 몬테네그로 ⚱2006년 · 코소보 ⚱2008년 · 불가리아 ⚱1990년 · 흑 해

알바니아 ⚱1991년 · 마케도니아 ⚱1990년 · 그리스 · 튀르키예 · 키프로스

3 독일 1989-1990년

제2차 세계대전 이후 독일은 공산주의 동독과 민주주의 서독으로 갈라졌다. 1989년에 공산주의 통치에 반대하는 대규모 시위가 발생해 동독 정부는 민주주의 체제로 바꿀 수밖에 없었다. 한편 그해 11월에 베를린 장벽이 열리자 서독으로 대규모 탈출이 발생했다. 1990년 3월에 자유 선거가 실시된 뒤 1990년 10월에 독일이 통일되었다.

⬚ 1990년 동독   ⚱ 1990년 최초의 자유 선거

공산주의의 몰락

유럽 공산주의의 몰락과 소련의 해체는
현대사에서 가장 중요한 사건 중 하나였다.
하지만 이 사건을 거의 예상하지 못한 것은
그 원인이 외부의 압력이 아니라 내부의 취약성에 있었기 때문이다.
변화는 급격하게 진행되었고 그 효과는 오래 지속되었다.

1985년 3월, 미하일 고르바초프가 소련 공산당 총서기로 선출되어 소련의 절실한 개혁을 약속했다. 그는 국가의 재편을 추진하면서 경제적, 정치적 변화를 약속했다. 반체제인사들을 교도소에서 석방하고, 민간 기업을 장려했다. 1988년에 결정적으로 그는 브레즈네프 독트린의 포기를 선언했다. 1968년에 레오니트 브레즈네프가 공식화한 이 독트린을 통해 소련은 엄격한 공산주의 통치를 유지하기 위해 다른 공산주의 국가의 내정에 군사적으로 개입할 권리를 주장했다. 이 독트린의 포기는 동유럽 공산주의 국가에 정치개혁을 시작할 청신호를 주었다. 이제 그들은 반대파가 봉기할 경우 그들의 억압적 통치를 위해 소련의 도움을 기대할 수 없다는 것을 알았다. 폴란드와 헝가리를 선두로 동유럽 국가들이 정치구조를 자유화하기 시작하자 소련은 점점 더 크게 반발하는 공화국으로부터 압박을 받았다. 발트 국가들과 다른 지역의 국가들이 완전한 독립을 요구하자 고르바초프는 소련의 구조를 바꾸려고 시도했다. 하지만 그는 우크라이나의 시위대

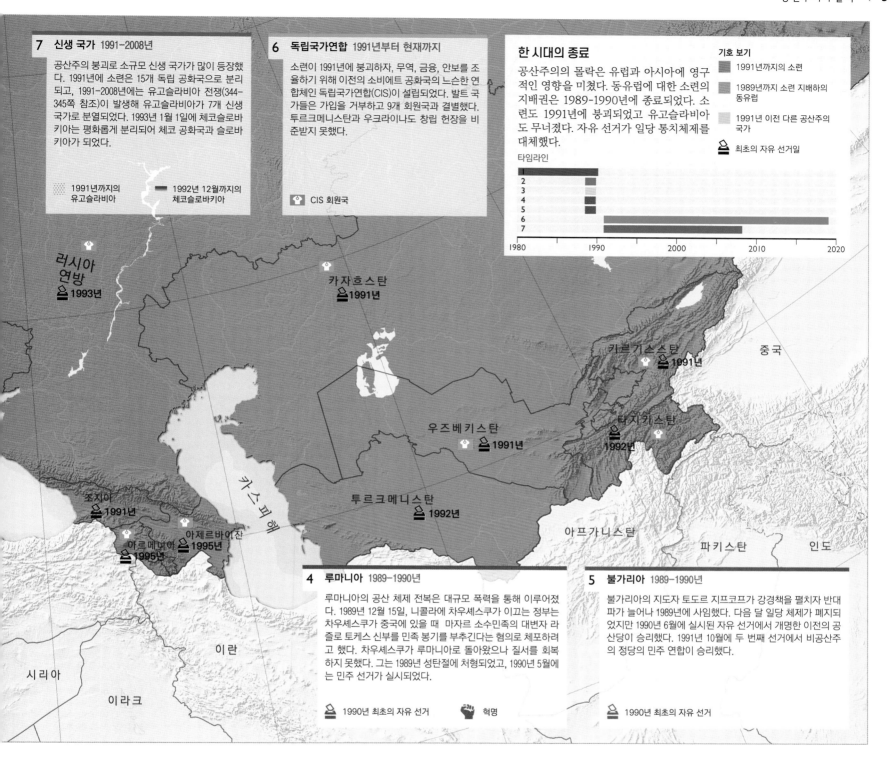

7 신생 국가 1991-2008년

공산주의 붕괴로 소규모 신생 국가가 많이 등장했다. 1991년에 소련은 15개 독립 공화국으로 분리되고, 1991-2008년에는 유고슬라비아 전쟁(344-345쪽 참조)이 발생해 유고슬라비아가 7개 신생 국가로 분열되었다. 1993년 1월 1일에 체코슬로바키아는 평화롭게 분리되어 체코 공화국과 슬로바키아가 되었다.

▨ 1991년까지의 유고슬라비아
▬ 1992년 12월까지의 체코슬로바키아

6 독립국가연합 1991년부터 현재까지

소련이 1991년에 붕괴하자, 무역, 금융, 안보를 조율하기 위해 이전의 소비에트 공화국의 느슨한 연합체인 독립국가연합(CIS)이 설립되었다. 발트 국가들은 가입을 거부하고 9개 회원국과 결별했다. 투르크메니스탄과 우크라이나도 창립 헌장을 비준받지 못했다.

♆ CIS 회원국

한 시대의 종료

공산주의의 몰락은 유럽과 아시아에 영구적인 영향을 미쳤다. 동유럽에 대한 소련의 지배권은 1989-1990년에 종료되었다. 소련도 1991년에 붕괴되었고 유고슬라비아도 무너졌다. 자유 선거가 일당 통치체제를 대체했다.

기호 보기
▬ 1991년까지의 소련
▬ 1989년까지 소련 지배하의 동유럽
▨ 1991년 이전 다른 공산주의 국가
♆ 최초의 자유 선거일

타임라인

	1980	1990	2000	2010	2020
2					
3					
4					
5					
6					
7					

러시아 연방 ♆1993년

카자흐스탄 ♆1991년

카르기스스탄 ♆1991년

중국

우즈베키스탄 ♆1991년

타지키스탄 1992년

카스피해

조지아 ♆1991년

아르메니아 ♆1995년
아제르바이잔 ♆1995년

투르크메니스탄 ♆1992년

아프가니스탄

파키스탄

인도

이란

시리아

이라크

4 루마니아 1989-1990년

루마니아의 공산 체제 전복은 대규모 폭력을 통해 이루어졌다. 1989년 12월 15일, 니콜라에 차우셰스쿠가 이끄는 정부는 차우셰스쿠가 중국에 있을 때 마자르 소수민족의 대변자 라즐로 토케스 신부를 민족 봉기를 부추긴다는 혐의로 체포하려고 했다. 차우셰스쿠가 루마니아로 돌아왔으나 질서를 회복하지 못했다. 그는 1989년 성탄절에 처형되었고, 1990년 5월에는 민주 선거가 실시되었다.

♆ 1990년 최초의 자유 선거   ✊ 혁명

5 불가리아 1989-1990년

불가리아의 지도자 토도르 지프코프가 강경책을 펼치자 반대파가 늘어나 1989년에 사임했다. 다음 달 일당 체제가 폐지되었지만 1990년 6월에 실시된 자유 선거에서 개명한 이전의 공산당이 승리했다. 1991년 10월에 두 번째 선거에서 비공산주의 정당의 민주 연합이 승리했다.

♆ 1990년 최초의 자유 선거

와 러시아 연방 지도자 보리스 옐친의 반대에 부딪혔다. 1991년 8월에 시도했다가 실패한 공산주의자들의 쿠데타로 치명적인 타격을 받은 고르바초프는 1991년 성탄절에 대통령직을 사임했다. 다음 날 소련이 해체되고 1917년에 건국된 소련 공산주의는 끝났다.

> **"더 이상 세계대전의 위협은 존재하지 않는다."**
>
> 소련 대통령 미하일 고르바초프, 1991년 12월 소련의 종료를 알리는 고별 연설에서

페레스트로이카와 글라스노스트
러시아의 정책

미하일 고르바초프는 1985년에 소련 공산당 총서기, 1990년에는 소련 대통령이 되었다. 그는 서방과의 더 우호적인 관계를 위해 새로운 정책인 페레스트로이카(자유 경제구조로 전환)와 글라스노스트(정치적 개방)를 개시했다.

서구와 동구가 만나다
미하일 고르바초프(오른쪽)는 동서 관계를 개선하려고 미국 대통령 로널드 레이건(왼쪽)을 몇 차례 만났다.

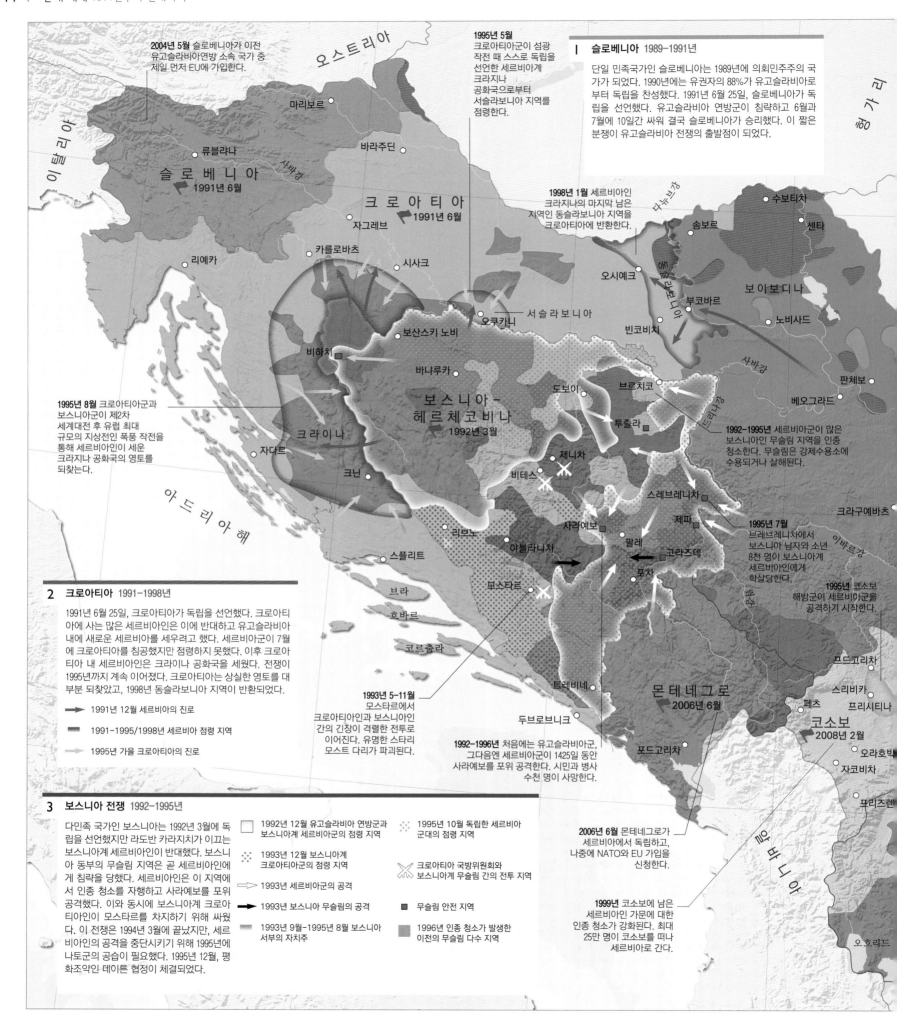

2004년 5월 슬로베니아가 이전 유고슬라비아연방 소속 국가 중 제일 먼저 EU에 가입한다.

1995년 5월 크로아티아군이 섬광 작전 때 스스로 독립을 선언한 세르비아계 크라지나 공화국으로부터 서슬라보니아 지역을 점령한다.

I 슬로베니아 1989-1991년

단일 민족국가인 슬로베니아는 1989년에 의회민주주의 국가가 되었다. 1990년에는 유권자의 88%가 유고슬라비아로부터 독립을 찬성했다. 1991년 6월 25일, 슬로베니아가 독립을 선언했다. 유고슬라비아 연방군이 침략하고 6월과 7월에 10일간 싸워 결국 슬로베니아가 승리했다. 이 짧은 분쟁이 유고슬라비아 전쟁의 출발점이 되었다.

1998년 1월 세르비아인 크라지나의 마지막 남은 지역인 동슬라보니아에 반환한다.

1992-1995년 세르비아군이 많은 보스니아인 무슬림 지역을 인종 청소한다. 무슬림은 강제수용소에 수용되거나 살해된다.

1995년 8월 크로아티아군과 보스니아군이 제2차 세계대전 후 유럽 최대 규모의 지상전인 폭풍 작전을 통해 세르비아인이 세운 크라지나 공화국의 영토를 되찾는다.

1995년 7월 브레브레니차에서 보스니아 남자와 소년 8천 명이 보스니아계 세르비아인에게 학살당한다.

1995년 코소보 해방군이 세르비아군을 공격하기 시작한다.

2 크로아티아 1991-1998년

1991년 6월 25일, 크로아티아가 독립을 선언했다. 크로아티아에 사는 많은 세르비아인은 이에 반대하고 유고슬라비아 내에 새로운 세르비아를 세우려고 했다. 세르비아군이 7월에 크로아티아를 침공했지만 점령하지 못했다. 이후 크로아티아 내 세르비아인은 크라이나 공화국을 세웠다. 전쟁이 1995년까지 계속 이어졌다. 크로아티아는 상실한 영토를 대부분 되찾았고, 1998년 동슬라보니아 지역이 반환되었다.

→ 1991년 12월 세르비아의 진로

▬ 1991-1995/1998년 세르비아 점령 지역

⇒ 1995년 가을 크로아티아의 진로

1993년 5-11월 모스타르에서 크로아티아인과 보스니아인 간의 긴장이 격렬한 전투로 이어진다. 유명한 스타리 모스트 다리가 파괴된다.

1992-1996년 처음에는 유고슬라비아군이, 그다음엔 세르비아군이 1425일 동안 사라예보를 포위 공격한다. 시민과 병사 수천 명이 사망한다.

2006년 6월 몬테네그로가 세르비아에서 독립하고, 나중에 NATO와 EU 가입을 신청한다.

3 보스니아 전쟁 1992-1995년

다민족 국가인 보스니아는 1992년 3월에 독립을 선언했지만 라도반 카라지치가 이끄는 보스니아계 세르비아인이 반대했다. 보스니아 동부의 무슬림 지역은 곧 세르비아인에게 침략을 당했다. 세르비아인은 이 지역에서 인종 청소를 자행하고 사라예보를 포위 공격했다. 이와 동시에 보스니아계 크로아티아인이 모스타르를 차지하기 위해 싸웠다. 이 전쟁은 1994년 3월에 끝났지만, 세르비아인의 공격을 중단시키기 위해 1995년에 나토군의 공습이 필요했다. 1995년 12월, 평화조약인 데이튼 협정이 체결되었다.

☐ 1992년 12월 유고슬라비아 연방군과 보스니아계 세르비아군의 점령 지역

1993년 12월 보스니아계 크로아티아군의 점령 지역

⇨ 1993년 세르비아군의 공격

➡ 1993년 보스니아 무슬림의 공격

▬ 1993년 9월-1995년 8월 보스니아 서부의 자치주

1995년 10월 독립한 세르비아 군대의 점령 지역

✕ 크로아티아 국방위원회와 보스니아계 무슬림 간의 전투 지역

■ 무슬림 안전 지역

■ 1996년 인종 청소가 발생한 이전의 무슬림 다수 지역

2006년 6월 몬테네그로가 세르비아에서 독립하고, 나중에 NATO와 EU 가입을 신청한다.

1999년 코소보에 남은 세르비아인 가문에 대한 인종 청소가 강화된다. 최대 25만 명이 코소보를 떠나 세르비아로 간다.

유고슬라비아의 민족 혼합

유고슬라비아는 다민족 국가로서 5개 주요 민족인 보스니아인, 크로아티아인, 마케도니아인, 세르비아인, 슬로베니아인과 그 외 소수민족인 알바니아인, 불가리아인, 헝가리인, 루마니아인으로 구성되었다. 대부분의 민족은 주로 로마 가톨릭이나 정교회 신자였지만 보스니아인의 다수는 무슬림이었다.

기호 보기

- 세르비아인과 몬테네그로인
- 크로아티아인
- 보스니아인 (1996년 '인종 청소' 이후)
- 슬로베니아인
- 알바니아인
- 마케도니아인
- 헝가리인
- 불가리아인
- 루마니아인

타임라인

1
2
3
4
5

1980   1990   2000   2010

△ **보스니아인 피난민**
보스니아 전쟁(1992-1995년) 당시 세르비아군이 인종 청소를 저지를 때 보스니아 무슬림 수백만 명이 피난을 떠났다. 이 사진에서 한 남자와 두 손주가 클라단의 유엔 난민캠프에서 쉬고 있다.

루마니아

세르비아

루세바츠

니시

쿠마노보

쿠페

1991년 9월 마케도니아
(이 명칭에 관한 그리스와의 논란을 인정해 공식적으로는 이전의 마케도니아 유고슬라비아 공화국이라고 한다)가 독립을 선언한다.

마케도니아
1991년 9월

그리스

5 최종적인 분열 1991-2008년

다른 이전 공화국과 달리, 마케도니아는 1991년 9월에 평화적으로 독립을 이루고, 9개월 뒤 유고슬라비아 연방군이 철수했다. 세르비아와 몬테네그로는 1992년에 유고슬라비아 연방 공화국을 만들고, 2003년에는 세르비아-몬테네그로라고 개명했다. 2006년 6월, 몬테네그로가 세르비아로부터 독립했다. 마지막으로 코소보가 2008년에 세르비아로부터 독립을 선언했다.

🏴 독립

4 코소보 1990-1999년

다수파인 알바니아계 코소보인이 1990년에 독립을 선언했으나 국제적 인정을 받지 못했다. 코소보 해방군이 1995년에 세르비아인과 싸우기 시작해 1998년 2월에 전면전이 되었다. 100만 명이 넘는 알바니아계 코소보인이 피난을 떠나고 수천 명 이상이 사망한 뒤, 1999년 나토 폭격 작전으로 세르비아군이 떠났다.

코소보 해방군 근거지
1999년 세르비아군

유고슬라비아 전쟁

1990년대에 다민족으로 구성되었지만 단일한 국가였던 유고슬라비아 사회주의 연방 공화국은 제2차 세계대전 이후 가장 처절한 전쟁을 거치면서 분리되었다.

요시프 브로즈 티토(1892-1980년)가 통치하던 유고슬라비아는 6개 사회주의 공화국과 세르비아 내의 2개 자치주의 연합체였다. 티토 사후 슬로보단 밀로셰비치가 주도하던 세르비아 민족주의 부흥 운동이 득세했고, 1991년 6월에 슬로베니아와 크로아티아의 독립을 반대하면서 분열이 시작되었다. 유고슬라비아(세르비아인)군은 진주해 그다음 10년 동안 민족에 따라 영토를 재구성하는 민족주의적 힘이 대량 시민 학살과 다른 잔학 행위를 유발하고 세계에 '인종 청소'라는 새로운 용어를 제공했다.

분쟁은 1992년에 보스니아로 확대되었다. 이곳의 세르비아인은 넓은 보스니아계 무슬림 지역에서 인종 청소를 자행했다. 1995년에 데이튼 협정 조인으로 불안한 평화가 결국 찾아왔다. 마지막 비극은 세르비아인이 코소보 해방군의 봉기를 진압하는 과정에서 일어났다. 1999년, 나토가 개입해 세르비아인을 코소보에서 몰아냈다. 2008년에 7개 신생 국가가 한때 하나였던 국가에서 생겨났다. 이 분쟁으로 14만 명이 목숨을 잃고, 약 400만 명이 고향에서 쫓겨났다.

> *"인민 민주주의 국가 중 어떤 나라도 이 나라만큼 다민족인 국가는 없다."*
>
> 요시프 브로즈 티토, 유고슬라비아 지도자, 1948년

유고슬라비아의 분열

1946년에 유고슬라비아는 6개 사회주의국가와 세르비아인 자치주인 코소보와 보이보디나로 이루어진 연방이었다. 2008년, 6개 공화국과 코소보가 독립 국가가 되었고 보이보니나는 세르비아의 자치주로 남아 있다.

기호 보기
- 유고슬라비아 사회주의공화국연방
- 자치주

1946년
슬로베니아 / 크로아티아 / 보이보디나 / 보스니아-헤르체코비나 / 세르비아 / 몬테네그로 / 코소보 / 아드리아 해 / 이탈리아 / 마케도니아

2008년
슬로베니아 / 크로아티아 / 보이보디나 / 보스니아-헤르체코비나 / 세르비아 / 몬테네그로 / 코소보 / 아드리아 해 / 이탈리아 / 마케도니아

세계화

세계적 차원에서 재화, 사람, 돈, 지식, 문화의 자유로운 이동을
의미하는 세계화는 한때 세계 빈곤의 해답으로 간주되었지만
불평등과 정치 불안으로 인해 대중적인 반발을 불러일으켰다.

세계화는 최근의 현상이 아니다. 각
나라는 수천 년 동안 서로 교역을
해 왔다. 하지만 제2차 세계대전 이
후 기술 발전, 무역 장벽 완화, 통신
발전이 결합되면서 국가들의 상호교
류 방식이 획기적으로 바뀌었다.

△ 거리 시위
1999년의 시애틀 시위 이후 세계 여러
도시에서 WTO가 개최될 때마다 비슷한
시위의 대상이 되었고, 때로 보안군과
시위대가 대치했다.

세계화는 개발도상국의 경제성
장을 촉진했지만 실제로는 보통 산
업들이 노동력이 비싼 부유한 국가
에서 더 값싼 가난한 국가로 이동하
는 것을 의미했다. 다국적 기업들은
점차 세계화되어 낮은 비용과 세금
을 활용하려고 해외에 생산공장을 배치했다. 인터넷의 증가로 사람들은 사무실을
떠나지 않고도 전 세계에서 사업을 수행할 수 있었다. 재화, 서비스, 금융 자본의
국제 거래는 그 어느 시기보다 더 확대되었고, 중국이 1980년대 말에 경제개방을
결정하고 1990년대 초 소비에트 블록이 붕괴하면서 더 가속화되었다.

반발과 시위

세계에 대한 반발은 1990년대 초에 시작되었다. 1999년 11월, 미국 시애틀에서
시위대가 세계무역기구(WTO) 회의 때 거리 시위를 벌이면서 강화되었다. 한때 경
제학자들이 박수를 쳤던 세계화는 빈부 격차를 확대한다는 격렬한 반대에 부딪
혔다. 대기업이 새로운 이익을 추구하려고 가난한 사람들을 착취하여 보통 사람
들이 무자비한 기업 지배의 피해자가 된 것으로 이해되었다. 오늘날에도 이 논쟁
은 계속되고 있다. 지역 경제 회복과 보호주의적 반이민 정책을 내세우는 정당이
서구 세계의 많은 지역에서 넓은 지지를 받고 있다.

◁ 아시아 지역의 광고
글로벌 기업의 로고는 어디에나
있다. 심지어 비교적 최근까지
해외무역을 봉쇄했던
중국에도 있다.

생산성이 높은 산업
첨단 생산 라인을 보유한 일본 자동차 제조기업 닛산이
영국에 투자하면서 영국 자동차 산업을 크게 바꾸어 놓
았다. 사진의 장소인 영국 선덜랜드의 닛산 공장은 세계
화의 성공 사례로 평가된다.

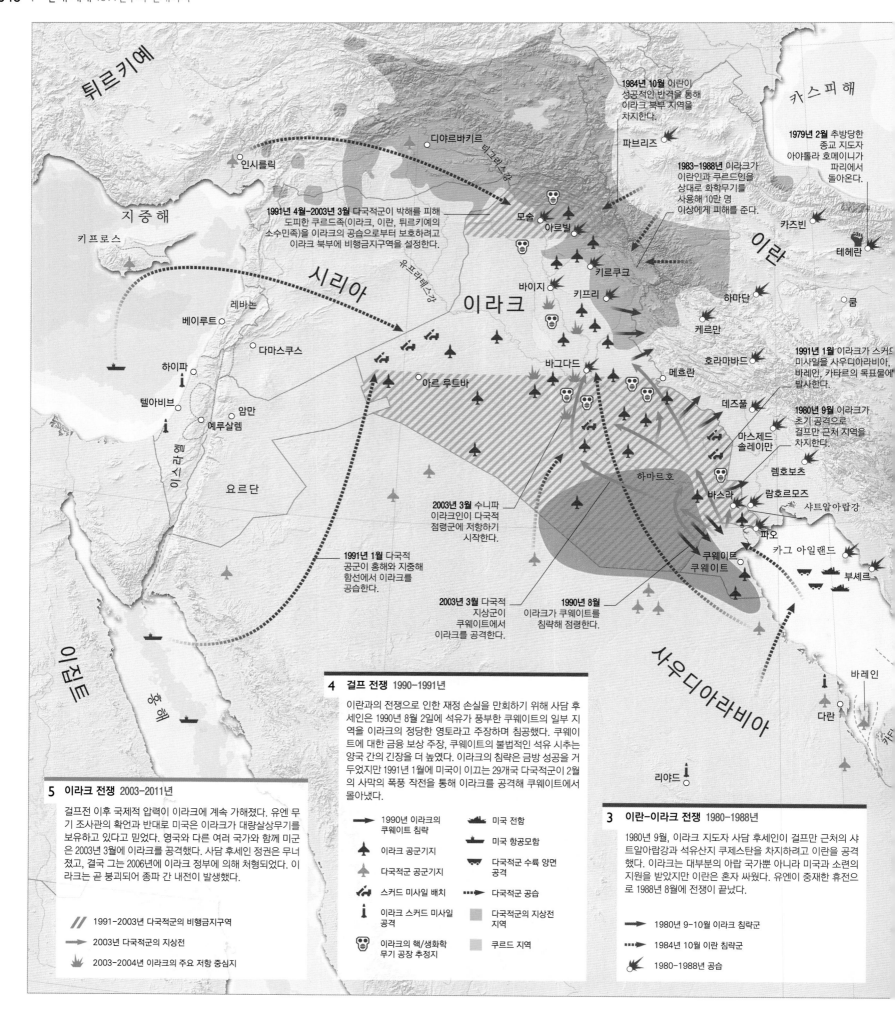

튀르키예

카스피 해

1984년 10월 이란이 성공적인 반격을 통해 이라크 북부 지역을 차지한다.

1979년 2월 추방당한 종교 지도자 아야톨라 호메이니가 파리에서 돌아온다.

디야르바키르

파브리즈

인시를릭

지중해

1983-1988년 이라크가 이란인과 쿠르드인을 상대로 화학무기를 사용해 10만 명 이상에게 피해를 준다.

1991년 4월-2003년 3월 다국적군이 박해를 피해 도피한 쿠르드족(이라크, 이란, 튀르키예의 소수민족)을 이라크의 공습으로부터 보호하려고 이라크 북부에 비행금지구역을 설정한다.

키프로스

모술

야르빌

카즈빈

테헤란

이란

레바논

시리아

키르쿠크

바이지

키프리

하마단

쿰

베이루트

다마스쿠스

바그다드

케르만

호라마바드

아르 루트바

메흐란

1991년 1월 이라크가 스커드 미사일을 사우디아라비아, 바레인, 카타르의 목표물에 발사한다.

하이파

텔아비브

암만

예루살렘

데즈풀

마스제드 솔레이만

1980년 9월 이라크가 초기 공격으로 걸프만 근처 지역을 차지한다.

요르단

하마르 호

렘호보츠

람호르모즈

바스라

샤트알아랍강

2003년 3월 수니파 이라크인이 다국적 점령군에 저항하기 시작한다.

파오

카그 아일랜드

1991년 1월 다국적 공군이 홍해와 지중해 함선에서 이라크를 공습한다.

쿠웨이트 쿠웨이트

2003년 3월 다국적 지상군이 쿠웨이트에서 이라크를 공격한다.

1990년 8월 이라크가 쿠웨이트를 침략해 점령한다.

부셰르

이집트

사우디아라비아

홍해

바레인

다란

4 걸프 전쟁 1990-1991년

이란과의 전쟁으로 인한 재정 손실을 만회하기 위해 사담 후세인은 1990년 8월 2일에 석유가 풍부한 쿠웨이트의 일부 지역을 이라크의 정당한 영토라고 주장하며 침공했다. 쿠웨이트에 대한 금융 보상 주장, 쿠웨이트의 불법적인 석유 시추는 양국 간의 긴장을 더 높였다. 이라크의 침략은 금방 성공을 거두었지만 1991년 1월에 미국이 이끄는 29개국 다국적군이 2월의 사막의 폭풍 작전을 통해 이라크를 공격해 쿠웨이트에서 몰아냈다.

리야드

5 이라크 전쟁 2003-2011년

걸프전 이후 국제적 압력이 이라크에 계속 가해졌다. 유엔 무기 조사관의 확인과 반대로 미국은 이라크가 대량살상무기를 보유하고 있다고 믿었다. 영국과 다른 여러 국가와 함께 미군은 2003년 3월에 이라크를 공격했다. 사담 후세인 정권은 무너졌고, 결국 그는 2006년에 이라크 정부에 의해 처형되었다. 이라크는 곧 붕괴되어 종파 간 내전이 발생했다.

➡ 1990년 이라크의 쿠웨이트 침략	⬛ 미국 전함
✈ 이라크 공군기지	⬛ 미국 항공모함
✈ 다국적군 공군기지	⬛ 다국적군 수륙 양면 공격
🚗 스커드 미사일 배치	┈➤ 다국적군 공습
↑ 이라크 스커드 미사일 공격	⬛ 다국적군의 지상전 지역
☠ 이라크의 핵/생화학 무기 공장 추정지	⬛ 쿠르드 지역

⫽ 1991-2003년 다국적군의 비행금지구역

➡ 2003년 다국적군의 지상전

🔥 2003-2004년 이라크의 주요 저항 중심지

3 이란-이라크 전쟁 1980-1988년

1980년 9월, 이라크 지도자 사담 후세인이 걸프만 근처의 샤트알아랍강과 석유산지 쿠제스탄을 차지하려고 이란을 공격했다. 이라크는 대부분의 아랍 국가뿐 아니라 미국과 소련의 지원을 받았지만 이란은 혼자 싸웠다. 유엔이 중재한 휴전으로 1988년 8월에 전쟁이 끝났다.

➡ 1980년 9-10월 이라크 침략군

┈➤ 1984년 10월 이란 침략군

🔥 1980-1988년 공습

걸프 지역 분쟁

1979년 이란 혁명 이후 걸프 지역에서 주요 전쟁이 3건 발발했다. 1980-1988년까지 가장 긴 전쟁은 이라크가 이란을 침공한 것이었다. 다른 두 전쟁은 1990-1991년, 2003년에 이라크를 중심으로 벌어졌다.

기호 보기

—— 국경선

----- 분쟁 중인 국경선

타임라인

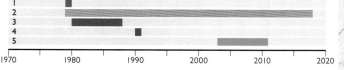

1980년 4월 테헤란에 있는 미국 대사관의 공성전 때 인질 구출 작전을 시도하던 중 미국 헬리콥터가 타바스에 추락한다.

○ 타바스

— 쉬라즈

△ **순찰 중**
1991년에 사막의 폭풍 작전 중 미국과 사우디아라비아 전투기들이 이라크군이 마음대로 불을 지른 유전 지대와 쿠웨이트 상공을 순찰했다.

Ⅰ 이란 혁명 1979년

1977년과 1978년 이란 국왕의 전제적 통치에 저항하는 세력이 신성한 도시 쿰에서 시위를 벌였다. 폭동은 곧장 수도인 테헤란으로 확산되었고 시위대는 추방된 시아파 종교 지도자 아야톨라 호메이니의 복귀를 요구했다. 이란 국왕 샤는 결국 1979년에 이란을 떠났다. 호메이니는 신정 통치체제를 세우고, 바티칸 시국과 함께 세계에서 유일한 2개 신정 정치체제 중 하나가 되었다.

✊ 테헤란 혁명

아부다비 ○

2 혁명 후 이란 1979년부터 현재까지

아야톨라 호메이니가 이끄는 새로운 이란 정부는 세계 최초의 시아파 정부가 되었다. 이 정부는 강력한 반미, 반이스라엘 정책을 채택하고 레바논의 헤즈볼라와 같은 시아파 민병부대와 최근에는 시리아 내전에서 싸우는 친정부군를 지원했다.

에미리트 연합

이란과 걸프 전쟁

1979년에 이란 혁명으로 이란에서 시아파 이슬람이 부활하고 종교적인 시아파 정권이 수립되었다.
이 혁명 이후 1980년에는 이라크의 이란 침공을 시작으로 걸프만에서 세 차례 주요 분쟁이 발생했다.

1980년, 시아파가 다수이지만 수니파가 지배하는 이라크의 지도자 사담 후세인이 영토와 이란 석유 산지를 차지하려고 혁명 후 혼란스러운 이웃 국가 이란을 침략했다. 그 이후 길고 처절하지만 승패가 불분명한 전쟁이 시작되었고 다른 많은 국가도 여기에 참여했다. 1988년에 유엔이 휴전을 중재해 20세기의 가장 긴 재래식 전쟁이 끝났다.

2년 뒤 사담 후세인은 걸프 전쟁을 일으켰다. 그는 군사력 재건을 위해 쿠웨이트의 유전 지대를 차지하려고 침략했다. 이라크 주변의 아랍 국가를 포함해 미국이 주도하는 29개국 다국적군이 1991년에 쿠웨이트에서 이라크를 몰아냈다. 하지만 사담 후세인은 계속 권력을 유지했다. 이 전쟁 이후 이라크는 경제적, 군사적 제재를 받았고, 대량살상무기를 보유하고 있다는 혐의를 받았다. 유엔의 무기 조사자들이 그런 무기를 발견하지 못

했음에도 미국과 영국은 무기 존재 가능성을 빌미로 2003년에 이라크를 침략했다. 여기에는 호주, 폴란드, 스페인, 이탈리아, 덴마크가 함께 참여했다. 걸프전과 달리 이 침공은 유엔의 지지를 받지 못했다.

미군은 도피처로 은신한 사담 후세인을 수색해 2003년 12월에 체포했다. 2004년 6월, 다국적군은 그를 이라크 당국에 인계했고 2006년에 이라크 특별재판소에서 재판을 받고 처형되었다. 그 뒤로 이라크는 붕괴해 혼란에 빠지면서 종파 간 내전이 발생했다. 2011년, 시리아에서도 장기적인 내전이 발생해 수니파군과 시아파군이 치열하게 싸워 인도주의적 위기가 유발되었다.

기호 보기

◼ 시아파가 다수파인 지역

◼ 수니파가 다수파인 지역

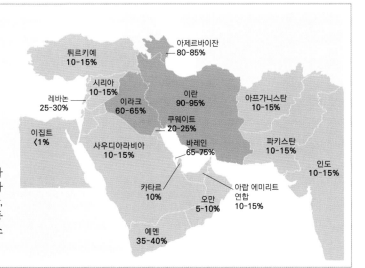

튀르키예 10-15%

아제르바이잔 80-85%

시리아 10-15%

레바논 25-30%

이라크 60-65%

이란 90-95%

아프가니스탄 10-15%

이집트 <1%

쿠웨이트 20-25%

사우디아라비아 10-15%

바레인 65-75%

파키스탄 10-15%

인도 10-15%

카타르 10%

오만 5-10%

아랍 에미리트 연합 10-15%

예멘 35-40%

시아파 인구

세계 무슬림은 대부분 수니파다. 약 12%를 차지하는 시아파는 이란, 이라크, 아제르바이잔, 바레인에서 다수파이며, 중동의 다른 지역에서는 제법 큰 소수파다.

통신 혁명

기술의 발달로 사회적, 경제적, 정치적 지형에
엄청난 변화가 일어났다. 하지만 통신 분야보다
더 큰 영향을 받은 곳은 없을 것이다.
통신의 변화는 우리의 일상생활 전반을 완전히 바꾸어 놓았다.

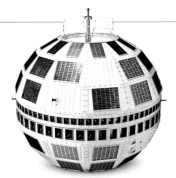

△ **우주 시대의 커뮤니케이션**
세계 최초의 능동형 통신위성
텔스타 1호는 미국, 프랑스,
영국의 방송국이 함께 제작에
참여했다.

제2차 세계대전까지 통신은 우편, 전신, 전화로 전달되는 메시지로 한정되었다. 제2차 세계대전 동안 새로운 아이디어가 급속히 등장하면서 디지털 컴퓨터의 전신인 전자식 적분 및 계산기인 애니악(ENIAC)이 등장했다.

1947년에 트랜지스터, 1958년에 마이크로칩이 각각 발명되면서 전자부품이 더 소형화되었고, 로켓 기술의 발달로 위성을 지구 궤도로 보낼 수 있게 되었다. 1962년에는 텔스타 1호 위성이 발사되어 전화, 팩스 메시지, TV 신호를 우주를 통해 보냈다.

냉전 시기에 미 국방부는 핵 공격 시의 통신 방법에 대해 우려했다. 그 결과 1969년에 표준규약을 이용한 4대 컴퓨터 간 통신 시스템인 첨단연구사업기관네트워크 아르파넷(ARPANET)이 만들어졌다. 1980년대에는 점점 더 많은 컴퓨터가 통합되고 아르파넷 규약을 채택하고, 통신 기술이 발전하면서 전 세계 컴퓨터 네트워크에서 이용되었다. 스마트폰은 인터넷을 모바일 자원으로 만들었다. 소셜 네트워킹은 교육, 보건, 문화에 영향을 미쳤다. 또한 2011년에 아랍의 봄 당시 시위도 소셜 네트워크를 이용했으며, 그 이후로 정치의 필수요소가 되었다.

◁ **연결된 세계**
스마트폰은 인간 생활의 필수적인
부분이 되었다. 사람들은
스마트폰을 이용해 길을 찾거나
메시지를 보내거나
소셜 네트워크에서 일상의 순간을
기록하고 공유했다.

> *"구텐베르크의 인쇄술이 중세 시대에 그랬듯이
> 정보 고속도로는 우리의 문화를 혁신할 것이다."*
>
> 빌 게이츠, 《미래로 가는 길》에서, 1995년

컴퓨터 부팅

1946년 2월 14일에 소개된 에니악(ENIAC)은 완전히 프로그램이 가능한 최초의 컴퓨터로서 원래 탄도 궤적을 계산할 목적으로 개발되었다. 에니악은 무게가 27톤이며 진공관 2만 개, 2극 진공관 7,200개, 수 킬로미터의 전선으로 가득했다.

인구와 에너지

1950년 이후 세계가 직면한 중요한 두 가지 문제는
인구 증가와 에너지 소비 증가였다.
전 대륙의 인구 증가율은 다양했지만
세계 전체 인구는 1960년에 30억 명, 2011년에 70억 명을 넘었다.

중국은 세계 최대 인구를 갖고 있으며 1970-2000년 동안 중국의 인구는 50%
증가해 2000년도 미국의 전체 인구 2억 8,200만 명보다 많은 4억 4,400만 명
넘게 늘어났다.

1950년에 빈곤하고 산업화가 안 된 국가들은 출생률과 사망률이 높았다. 그
러나 이들 국가가 발전하면서 보건과 영양 개선으로 처음에는 (특히 유아) 사망
률이 감소했고, 그다음은 낮은 유아 사망률 덕분에 출생률이 감소했다. 이런 과
정이 산업화 시기에 이미 발생했던 선진국에서는 이민이나 이주 노동자의 영향
을 제외하면 20세기 말에 인구가 거의 증가
하지 않았다. 아프리카의 빠른 인구 증가는
물, 목초지, 에너지를 포함한 제한된 국가
자원을 계속 압박했다.

아메리카 대륙 1950-2010년

이 시기에 아메리카 대륙 전체 인구 중 2/3가 미국, 멕시
코, 브라질 단 3개 국가에 살았다. 미국과 캐나다가 이민
유입을 장려하면서 인구가 증가한 반면, 카리브해 섬들은
이민자 유출로 인해 인구가 대체로 정체되었다.

1951-2001년
친이민정책으로
캐나다 인구가
2배 넘게 증가한다.

1990-2010년 미국의 외국
태생 인구가 이민으로
2천만 명에서 4천만 명으로
2배 증가한다.

1960년 경제 발전으로
출생률과 사망률이
줄면서 브라질의
인구증가율이 감소하기
시작한다.

1950년 아르헨티나가
낮은 출생률 탓에
남미에서 인구증가율이
가장 낮은 국가가 된다.

▷ **아부다비의 사치스러운 생활방식**
아랍 에미리트는 번영하는 석유 산유국이다. 또한
이곳 사람들은 사치스러운 생활방식과 고온
기후에서 냉방기 사용으로 에너지 사용 수준이
가장 높다.

세계의 에너지 사용

에너지 사용량은 국가마다 다양
하다. 2014년에 부유하고 발전
한 석유 산유국들은 가난한 국
가보다 1인당 에너지 사용량이
50배 이상이었다. 위도 역시 중
요한 요인이다. 캐나다와 같은 고
위도 국가들은 난방용 에너지를
더 많이 사용한다.

아프리카에는
대부분 아직도
전력 공급망이
없다.

미국은 세계 인구의
4.5%를 차지하지만
세계 에너지 사용량의
25%를 소비한다.

호주는 냉방용 전기를
많이 소비한다.

2014년 1인당 에너지 사용량
석유 환산 KG

| 0 | 500 | 1000 | 2,500 | 5,000 + |

| 0 | 4 | 7 | 18 | 36 + |
석유 환산 배럴

자료 없음

2 유럽 1920-2018년

유럽 인구는 20세기 말까지 상당히 정체되었다. 1920년에 유럽은 세계 인구의 약 1/4을 차지했고, 1세기 후에는 1/9이 되었다. 인구가 안정되거나 감소하기 시작하고, 노동연령 인구가 크게 줄면서 인구 노령화에 대한 우려가 생겨났다. 이런 국가에서는 대규모 이민이 인구 감소를 부분적으로 상쇄했다.

세계 인구의 증가

세계 인구는 1970년부터 2000년까지 불균등하게 증가했다. 부유한 국가들은 인구가 정체되거나 일부 국가는 감소했다. 반면 아프리카의 가난한 국가들은 계속 가장 많이 증가했다.

기호 보기
자료 없음

1970-2000년 인구증가율, %

-50   0   50   100   150   200 +

타임라인

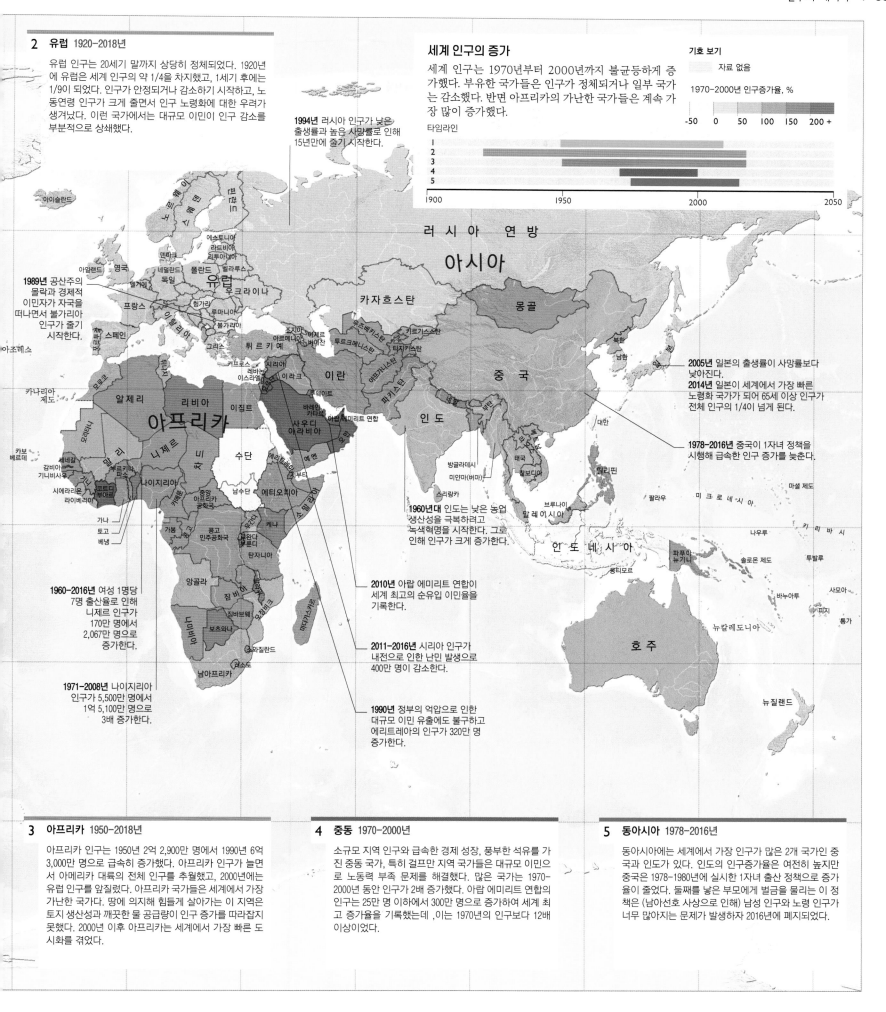

1994년 러시아 인구가 낮은 출생률과 높은 사망률로 인해 15년만에 줄기 시작한다.

1989년 공산주의 몰락과 경제적 이민자가 자국을 떠나면서 불가리아 인구가 줄기 시작한다.

2005년 일본의 출생률이 사망률보다 낮아진다.
2014년 일본이 세계에서 가장 빠른 노령화 국가가 되어 65세 이상 인구가 전체 인구의 1/4이 넘게 된다.

1978-2016년 중국이 1자녀 정책을 시행해 급속한 인구 증가를 늦춘다.

1960년대 인도는 낮은 농업 생산성을 극복하려고 녹색혁명을 시작한다. 그로 인해 인구가 크게 증가한다.

1960-2016년 여성 1명당 7명 출산율로 인해 니제르 인구가 170만 명에서 2,067만 명으로 증가한다.

2010년 아랍 에미리트 연합이 세계 최고의 순유입 이민율을 기록한다.

2011-2016년 시리아 인구가 내전으로 인한 난민 발생으로 400만 명이 감소한다.

1971-2008년 나이지리아 인구가 5,500만 명에서 1억 5,100만 명으로 3배 증가한다.

1990년 정부의 억압으로 인한 대규모 이민 유출에도 불구하고 에리트레아의 인구가 320만 명 증가한다.

3 아프리카 1950-2018년

아프리카 인구는 1950년 2억 2,900만 명에서 1990년 6억 3,000만 명으로 급속히 증가했다. 아프리카 인구가 늘면서 아메리카 대륙의 전체 인구를 추월했고, 2000년에는 유럽 인구를 앞질렀다. 아프리카 국가들은 세계에서 가장 가난한 국가다. 땅에 의지해 힘들게 살아가는 이 지역은 토지 생산성과 깨끗한 물 공급량이 인구 증가를 따라잡지 못했다. 2000년 이후 아프리카는 세계에서 가장 빠른 도시화를 겪었다.

4 중동 1970-2000년

소규모 지역 인구와 급속한 경제 성장, 풍부한 석유를 가진 중동 국가, 특히 걸프만 지역 국가들은 대규모 이민으로 노동력 부족 문제를 해결했다. 많은 국가는 1970-2000년 동안 인구가 2배 증가했다. 아랍 에미리트 연합의 인구는 25만 명 이하에서 300만 명으로 증가하여 세계 최고 증가율을 기록했는데 ,이는 1970년의 인구보다 12배 이상이었다.

5 동아시아 1978-2016년

동아시아에는 세계에서 가장 인구가 많은 2개 국가인 중국과 인도가 있다. 인도의 인구증가율은 여전히 높지만 중국은 1978-1980년에 실시한 1자녀 출산 정책으로 증가율이 줄었다. 둘째를 낳은 부모에게 벌금을 물리는 이 정책은 (남아선호 사상으로 인해) 남성 인구와 노령 인구가 너무 많아지는 문제가 발생하자 2016년에 폐지되었다.

코로나19 팬데믹

2019년 말부터 치명적인 신종 바이러스가
전 세계에 확산하기 시작했다. 코로나19는 수억 명을 감염시켜
2023년 초 기준 600만 명 이상이 사망했다.
과학자들은 2020년 말에 효과적인 백신을 만들기 시작했다.

2019년 12월 31일, 중국 당국은 세계보건기구(WHO)에 허베이성 우한에 다수의 폐렴 환자가 발생했다고 보고했다. 그 원인은 동물에서 인간으로 전파되는 바이러스 계열 중 하나인 코로나바이러스(SARS-Cov-2)로 밝혀졌다. 몇 달 뒤, 코로나19로 명명된 이 호흡기 감염병은 세계로 확산해 수백만 명에 이르는 환자가 병원에 입원했다. 각국 정부는 확산을 억제하려고 다양한 조치를 시도했고 많은 국가가 건강 보호와 경제활동 유지 간에 우선순위를 놓고 균형을 맞추려고 노력했다.

일부 국가에서는 환자를 병원에 모두 수용하지 못했고, 산소와 개인보호장비와 같은 중요한 자원이 부족했다. 보건 전문가들도 이 질병에 걸려 위기를 가중했다. 감염이 파도처럼 밀려오자 각국 정부는 대면 접촉량과 유형에 대한 제한 조치를 강화 또는 완화하는 방식으로 대응했다. 새로 나타난 바이러스 변종은 전파력이 높지만 경우에 따라서 치사율은 더 낮았다.

이 질병에 대한 지식이 늘면서 더 효과적인 치료가 가능해졌고, 2020년 12월에 백신이 출시되면서 팬데믹 종식의 희망이 생겼다. 이 바이러스가 보건, 경제, 사회에 미친 장기적 영향을 완전히 파악하려면 수십 년이 걸릴 것이다.

백신

최초의 코로나19 백신인 화이자 바이오엔테크는 2020년 12월 2일에 영국에서 사용 승인을 받았다. 그 이후 더 많은 백신이 개발되어 전 세계에서 대규모 접종과 추가 접종이 실시되었다. 2022년 12월 중순, 국가 간 차이는 매우 크지만 세계 인구의 71.3%가 최소 1회 백신접종을 받았다.

2022년 12월 19일 현재
100명당 총 백신접종 횟수

>=100	20–39
70–99	<20
60–69	적절한 자료 없음
40–59	

발생 2019년 12월 1일–2020년 3월 16일

최초 코로나19 환자('최초 감염자'라고 한다)의 증상은 2019년 12월 1일에 나타났다. 1주일 뒤 41명이 감염되었고, 그중 다수는 허난성 수산물 도매시장과 관련이 있었다. 여기서 바이러스가 동물에게서 인간으로 전파되었을 것으로 추정되었다. 2020년 1월 30일에 환자가 18개국에서 확인되었다. 3월에는 100개국 이상에서 확진되었다.

2020년 3월 16일 기준 확진자 수

100–999	10,000–25,000
1,000–9,999	>80,0000

캐나다

북아메리카

미합중국

2022년 12월 20일 미국이 가장 많은 코로나19 관련 사망자 수(1,088,236명)를 기록한다.

남북아메리카
2,882,097명
184,488,529명

태평양

하와이

자메이카
온두라스
니카라과

2 코로나19 통제 조치 2020년 3월 3일–2022년 12월

각국 정부는 코로나19 확산 방지를 위해 다양한 방법을 이용했다. 학교와 사업장 폐쇄, 마스크 사용, 모임과 국내 이송 제한, 국제 이동금지가 포함되었다. 중국의 무관용 정책은 가장 엄격한 조치였으며, 오미크론과 같은 높은 전파력을 지닌 변동이 나올 때까지 중국 사망률을 크게 낮추었다.

격리 제한 조치

🧍 2020년 2월 1일–2020년 3월 17일까지 재택 명령을 내린 최초의 국가

🚶 2020년 2월 1일–2020년 12월까지 재택 명령을 내리지 않은 국가

에콰도르

남아메리카

볼리비아
브라

2022년 12월 20일 페루가 세계에서 가장 높은 코로나19 관련 사망률을 기록한다.

3 코로나19 변종 2020년 12월 1일–2021년 11월 30일

2020년 12월에 우한의 코로나19 유형이 두 가지 우려 변종인 알파와 베타로 바뀌었고, 본래 바이러스보다 전파력이 더 컸다. 이후에 나타난 델타 변종은 전파력이 더 높아 앞선 유형을 압도했다. 이 변종을 대체한 오미크론 변종은 일반 감기와 비슷한 증상을 보였다.

2021년 11월
브라질에서 코로나19의 새로운 변종인 감마 변종 환자가 발견된다.

최초로 우려 변종이 발견된 장소와 지정 날짜

☀ 알파 2020년 12월 18일   ❄ 델타 2021년 4월 4일
☀ 베타 2020년 12월 18일   ☀ 오미크론 2021년 11월 26일
☀ 감마 2021년 1월 11일

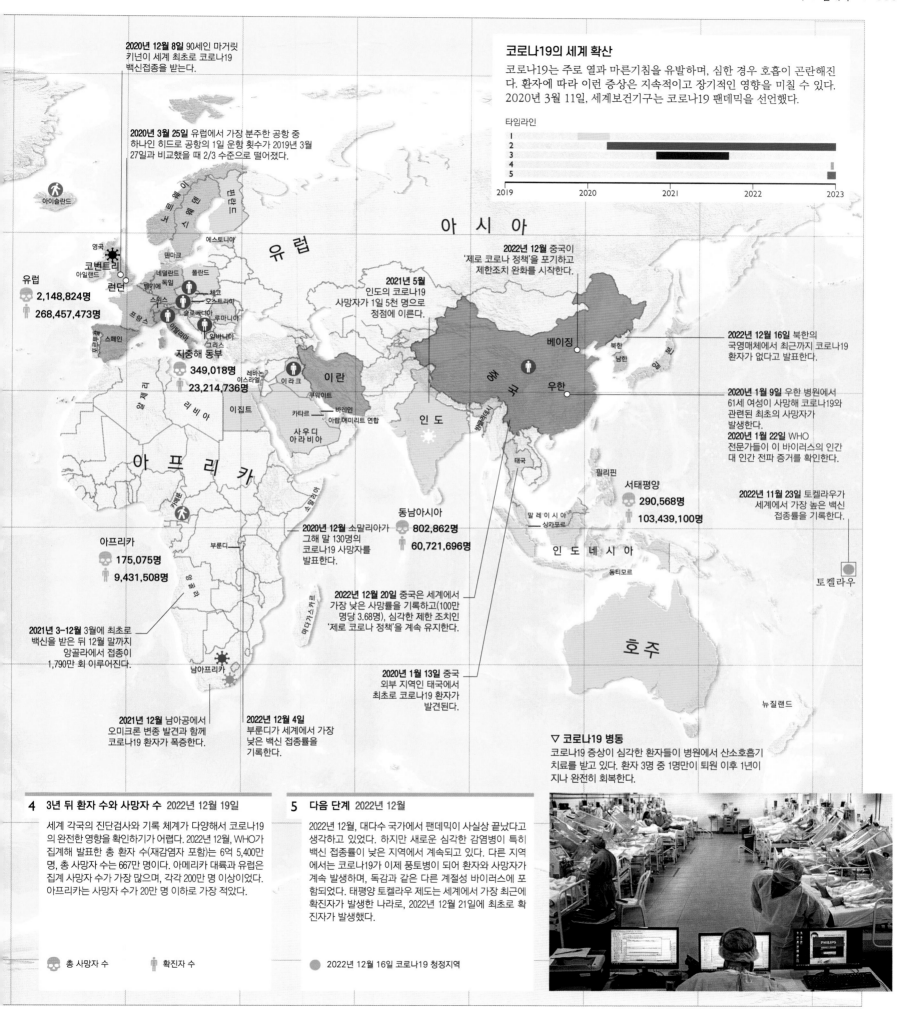

코로나19의 세계 확산

코로나19는 주로 열과 마른기침을 유발하며, 심한 경우 호흡이 곤란해진다. 환자에 따라 이런 증상은 지속적이고 장기적인 영향을 미칠 수 있다. 2020년 3월 11일, 세계보건기구는 코로나19 팬데믹을 선언했다.

타임라인
1 · 2 · 3 · 4 · 5
2019 · 2020 · 2021 · 2022 · 2023

2020년 12월 8일 90세인 마거릿 키넌이 세계 최초로 코로나19 백신접종을 받는다.

2020년 3월 25일 유럽에서 가장 분주한 공항 중 하나인 히드로 공항의 1일 운항 횟수가 2019년 3월 27일과 비교했을 때 2/3 수준으로 떨어졌다.

2022년 12월 중국이 '제로 코로나 정책'을 포기하고 제한조치 완화를 시작한다.

2021년 5월 인도의 코로나19 사망자가 1일 5천 명으로 정점에 이른다.

2022년 12월 16일 북한의 국영매체에서 최근까지 코로나19 환자가 없다고 발표한다.

2020년 1월 9일 우한 병원에서 61세 여성이 사망해 코로나19와 관련된 최초의 사망자가 발생한다.

2020년 1월 22일 WHO 전문가들이 이 바이러스의 인간 대 인간 전파 증거를 확인한다.

2022년 11월 23일 토켈라우가 세계에서 가장 높은 백신 접종률을 기록한다.

2020년 12월 소말리아가 그해 말 130명의 코로나19 사망자를 발표한다.

2022년 12월 20일 중국은 세계에서 가장 낮은 사망률을 기록하고(100만 명당 3.68명), 심각한 제한 조치인 '제로 코로나 정책'을 계속 유지한다.

2020년 1월 13일 중국 외부 지역인 태국에서 최초로 코로나19 환자가 발견된다.

2021년 3–12월 3월에 최초로 백신을 받은 뒤 12월 말까지 앙골라에서 접종이 1,790만 회 이루어진다.

2021년 12월 남아공에서 오미크론 변종 발견과 함께 코로나19 환자가 폭증한다.

2022년 12월 4일 부룬디가 세계에서 가장 낮은 백신 접종률을 기록한다.

유럽
💀 2,148,824명
👤 268,457,473명

지중해 동부
💀 349,018명
👤 23,214,736명

아프리카
💀 175,075명
👤 9,431,508명

동남아시아
💀 802,862명
👤 60,721,696명

서태평양
💀 290,568명
👤 103,439,100명

▽ 코로나19 병동

코로나19 증상이 심각한 환자들이 병원에서 산소호흡기 치료를 받고 있다. 환자 3명 중 1명만이 퇴원 이후 1년이 지나 완전히 회복한다.

4 3년 뒤 환자 수와 사망자 수 2022년 12월 19일

세계 각국의 진단검사와 기록 체계가 다양해서 코로나19의 완전한 영향을 확인하기가 어렵다. 2022년 12월, WHO가 집계해 발표한 총 환자 수(재감염자 포함)는 6억 5,400만 명, 총 사망자 수는 667만 명이다. 아메리카 대륙과 유럽은 집계 사망자 수가 가장 많으며, 각각 200만 명 이상이었다. 아프리카는 사망자 수가 20만 명 이하로 가장 적었다.

💀 총 사망자 수   👤 확진자 수

5 다음 단계 2022년 12월

2022년 12월, 대다수 국가에서 팬데믹이 사실상 끝났다고 생각하고 있었다. 하지만 새로운 심각한 감염병이 특히 백신 접종률이 낮은 지역에서 계속되고 있다. 다른 지역에서는 코로나19가 이제 풍토병이 되어 환자와 사망자가 계속 발생하며, 독감과 같은 다른 계절성 바이러스에 포함되었다. 태평양 토켈라우 제도는 세계에서 가장 최근에 확진자가 발생한 나라로, 2022년 12월 21일에 최초로 확진자가 발생했다.

● 2022년 12월 16일 코로나19 청정지역

찾아보기

굵은 글씨체로 표시한 쪽수에는
표제어가 핵심 주제를 나타낸다.

기타

감사의 말

DK 출판사는 이 책이 나오기까지 도움을 주신 다음 분들에게 감사의 말씀을 전합니다. 편집에 도움을 주신 앤 바갈리, 캐런 브라운, 토머스 부스, 크리스 호크스, 세실 란다우, 저스틴 윌리스, 디자인에 도움을 주신 크리시 바너드, 에이미 차일드, 필 갬블, 레나타 라티포바, 그림과 사진을 수정해 주신 스티브 크로지어, 교정 작업을 해 주신 케이티 존, 색인을 만들어 주신 헬렌 피터스, 추가로 자문을 해 주신 안드레아스 레너츠, 또한 편집에 도움을 주신 베키 지와 에밀리 고에게 모두 감사드립니다.

DK India는 편집에 도움을 주신 아르피타 다스굽타, 티나 진달, 루파 라오, 이샤 샤르마, 디자인에 도움을 주신 시마르 다미자, 미날 고엘, 지도 제작에 도움을 주신 아슈토쉬 란잔 바르티, 데쉬팔 다바스, 모하마드 하산, 자파룰 이슬람 칸, 로카마타 사후, 전자 출판에 도움을 주신 샹커 프라사드, 모드 리즈완, 니티아난드 쿠마르, 그림 및 사진 연구에 도움을 주신 수메다 초프라, 디팍 네기에게 감사의 말씀을 전합니다.

DK 출판사는 사진을 복제할 수 있도록 기꺼이 허락해 주신 분들 모두에게 감사드립니다.
(참고 사항: a-위쪽, b-아래쪽 또는 맨 아래, c-중간, f-맨 끝, l-왼쪽, r-오른쪽, t-맨 위)

2 Alamy Stock Photo: Science History Images. **4 Getty Images:** De Agostini Picture Library (tr). **Robert Gunn:** Courtesy of Jawoyn Association (tl). **5 Alamy Stock Photo:** The Granger Collection (tr). **Getty Images:** Photo Josse / Leemage (tl). **6 Alamy Stock Photo:** Paul Fearn (tr). The **Metropolitan Museum of Art:** Gift of John Stewart Kennedy, 1897 (tl). **7 Getty Images:** Galerie Bilderwelt (tl). **8–9 Bridgeman Images:** Pictures from History. **10-11 Robert Gunn:** Courtesy of Jawoyn Association. **12 Alamy Stock Photo:** The Natural History Museum (tl). **Getty Images:** DEA / G. Dagli Orti / De Agostini (c). **13 Bridgeman Images:** Caves of Lascaux, Dordogne, France (cr). **Science Photo Library:** ER Degginger (tl). **14 Alamy Stock Photo:** Puwadol Jaturawutthichai (crb). **Dorling Kindersley:** Oxford Museum of Natural History (ca). **15 akg-images:** CDA / Guillemot (cr). **Science Photo Library:** John Reader (tr). **17 Alamy Stock Photo:** agefotostock / Christian Goupi (br); Paul Fearn (c). **18 Getty Images:** Kerry Lorimer (cl). **18–19 Robert Gunn:** Courtesy of Jawoyn Association. **21 Alamy Stock Photo:** Phil Degginger (cl). **22 © CNRS Photothèque:** © C. Jarrige (cb). **Dorling Kindersley:** The Museum of London (cla). **23 akg-images:** Bible Land Pictures / Jerusalem Photo by: Z. Radovan (t). **Alamy Stock Photo:** blickwinkel (cr). **24 Getty Images:** DEA / G. Dagli Orti / De

Agostini (c). **26 Getty Images:** DEA / A. De Gregorio / De Agostini (bl). **27 Alamy Stock Photo:** www.BibleLandPictures.com (bl). **28–29 Getty Images:** De Agostini Picture Library. **30 Dorling Kindersley:** University of Pennsylvania Museum of Archaeology and Anthropology (cla). **Getty Images:** Kitti Boonnitrod (cra). **31 Alamy Stock Photo:** World History Archive (tc). **Getty Images:** Leemage (crb). **32 Bridgeman Images:** Iraq Museum, Baghdad (br). **33 Dreamstime.com:** Kmiragaya (br). **35 Alamy Stock Photo:** Jon G. Fuller, Jr. (cr). **37 Getty Images:** Art Media / Print Collector (bl). **38 Alamy Stock Photo:** Heritage Image Partnership Ltd (br). **Dorling Kindersley:** The University of Aberdeen (bl). **39 Alamy Stock Photo:** Kylie Ellway (br). **41 Getty Images:** DEA / G. Nimatallah / De Agostini (tc, br). **42 Alamy Stock Photo:** World History Archive (c). **44 Getty Images:** DEA / G. Dagli Orti / De Agostini (cl). **44–45 Getty Images:** De Agostini Picture Library. **46 Getty Images:** Nathan Benn (bl). **47 Getty Images:** Dea / A. Dagli Orti / DeAgostini (cla). **48 Alamy Stock Photo:** imageBROKER (cl). **Bridgeman Images:** Musee des Antiquites Nationales, St. Germain-en-Laye, France (cr). **49 Alamy Stock Photo:** robertharding (crb); The Print Collector (tl). **50 Getty Images:** Dea / G. Dagli Orti / DeAgostini (bl). **51 Alamy Stock Photo:** MuseoPics - Paul Williams (bl). **52 Alamy Stock Photo:** The History Collection (cla). **53 Shutterstock.com:** evenfh (br). **54 akg-images:** Erich Lessing (bc). **55 Bridgeman Images:** (br). **56 Getty Images:** Ernesto Benavides / AFP (tr). **57 Getty Images:** Werner Forman / Universal Images Group (br). **58–59 Alamy Stock Photo:** Lanmas. **58 Alamy Stock Photo:** Peter Horree (bc); North Wind Picture Archives (cla). **61 Bridgeman Images:** Pictures from History (c). **62 Getty Images:** CM Dixon / Print Collector (clb). **63 Bridgeman Images:** Werner Forman Archive (br). **64 Getty Images:** Leemage (bl). **66 Alamy Stock Photo:** Konstantinos Tsakalidis (cla). **Dorling Kindersley:** The University of Aberdeen (c). **67 Getty Images:** Michael Dunning (tl). **Photo Scala, Florence:** courtesy of the Ministero Beni e Att. Culturali e del Turismo (cr). **68 Alamy Stock Photo:** ART Collection (bc). **69 Getty Images:** DEA / G. Nimatallah / De Agostini (cr). **70 Getty Images:** DEA / G. Dagli Orti / De Agostini (crb). **72 Getty Images:** Dea / A. Dagli Orti / De Agostini (bc). **73 Getty Images:** Chris Hellier / Corbis (br). **74 Alamy Stock Photo:** Angelo Hornak (cl). **74–75 Alamy Stock Photo:** MCLA Collection. **77 Alamy Stock Photo:** Dinodia Photos (bl); Robert Preston Photography (tr). **78 Getty Images:** UniversalImagesGroup (bl).

80 Alamy Stock Photo: David Davis Photoproductions (cl); Yong nian Gui (bl). **80–81 Alamy Stock Photo:** Oleksiy Maksymenko Photography. **82 Alamy Stock Photo:** Granger Historical Picture Archive (cl). **85 Getty Images:** DEA Picture Library (ca, br). **86 Bridgeman Images:** Pictures from History (crb). **88 Bridgeman Images:** Pictures from History / David Henley (bl). **90 akg-images:** André Held (bc). **91 123RF.com:** Lefteris Papaulakis (bc).**92–93 Getty Images:** Photo Josse / Leemage. **94 Alamy Stock Photo:** Ian Dagnall (c). **Dreamstime.com:** Sean Pavone / Sepavo (cla). **95 Alamy Stock Photo:** ART Collection (tl). **Bridgeman Images:** Ancient Art and Architecture Collection Ltd. (cr). **97 Getty Images:** Werner Forman / Universal Images Group (bl); Universal History Archive (br). **98 123RF.com:** Mikhail Markovskiy (br). **Bridgeman Images:** Private Collection / Archives Charmet (bl). **100 akg-images:** Pictures From History (bc). **101 The Metropolitan Museum of Art:** Theodore M. Davis Collection, Bequest of Theodore M. Davis, 1915 (tr). **102 Getty Images:** Kristin Piljay (bc). **Michael Czytko, www.finemodelships.com:** (crb). **104 Alamy Stock Photo:** Pere Sanz (cl). **104–105 Getty Images:** DEA Picture Library. **107 Alamy Stock Photo:** Granger Historical Picture Archive (br). **Getty Images:** Photo Josse / Leemage (tl). **109 Alamy Stock Photo:** Kumar Sriskandan (br). **Getty Images:** Leemage (tl). **111 Getty Images:** Photo Josse / Leemage (br). **112 Bridgeman Images:** Basilica di San Giovanni Battista, Monza, Italy / Alinari (cla). **Getty Images:** CM Dixon / Print Collector (cb). **113 Alamy Stock Photo:** Granger Historical Picture Archive (r); Chris Pancewicz (tl). **115 Getty Images:** Henry Guttmann Collection / Hulton Archive (br). **116 Bridgeman Images:** (cla). **117 Getty Images:** Ann Ronan Pictures / Print Collector (br). **119 Alamy Stock Photo:** Pictorial Press Ltd (tl). **121 © The Trustees of the British Museum. All rights reserved.:** (bc). **121 RMN:** RMN-Grand Palais (Cluny Museum - National Museum of the Middle Ages) / Jean-Gilles Berizzi (cr). **120-121 Bridgeman Images:** © British Library Board. All Rights Reserved. **123 Alamy Stock Photo:** Everett Collection Inc (tl). **124 akg-images:** (c). **126 Alamy Stock Photo:** MCLA Collection (bc). **127 Alamy Stock Photo:** Jon Bower Spain (crb). **128 Bridgeman Images:** De Agostini Picture Library / G. Dagli Orti (cl, cra). **129 Alamy Stock Photo:** Ariadne Van Zandbergen (tl); ephotocorp (crb). **131 Alamy Stock Photo:** Images & Stories (br). **132 akg-images:** Pansegrau (tl). **133 Getty Images:** DEA Picture Library (br). **134 Getty Images:** Heritage Images (bl). **136 Alamy Stock Photo:** Pictorial Press Ltd (br). **138 Getty Images:** photographer (br); photo by Pam Susemiehl (bl). **140 Getty Images:** Werner Forman / Universal Images Group (bc). **142–143 Getty Images:** Print Collector. **143 Bridgeman Images:** Bibliotheque Nationale, Paris, France (br). **Getty Images:** Werner Forman / Universal Images Group (cra). **145 Alamy Stock Photo:** Regula Heeb-Zweifel (br). **Museum of New Zealand Te Papa Tongarewa:** (c). **146 Alamy Stock Photo:** Science History Images (tr). **Getty Images:** Mladen Antonov (bc). **149 Alamy Stock Photo:** Peter Horree (bl).**150–151 Alamy Stock Photo:** The Granger Collection. **152 Alamy Stock Photo:** Peter Horree (tl). **153 Dorling Kindersley:** Maidstone Museum and Bentliff Art Gallery (tl); Whipple Museum of History of Science, Cambridge (cr). **155 Alamy Stock Photo:** The Granger Collection (br). **157 Alamy Stock Photo:** INTERFOTO (tr). **158 Getty Images:** Fine Art Images / Heritage Images (cl). **158–159 Bridgeman Images:** © NPL - DeA Picture Library. **161 Getty Images:** adoc-photos (br). **162 Bridgeman Images:** Granger (bc). **163 Alamy Stock Photo:** The Granger Collection (bl). **164 Alamy Stock Photo:** World Photo Collection (c). **Bridgeman Images:** British Library, London, UK / © British Library Board. All Rights Reserved (cla). **165 Bridgeman Images:** (cr). **Wellcome Images http://creativecommons.org/licenses/by/4.0/:** (tl). **166 Bridgeman Images:** Pictures from History (bc). **167 Getty Images:** PHAS / UIG (crb). **168–169 Alamy Stock Photo:** Science History Images. **168 Alamy Stock Photo:** Falkensteinfoto (bl). **Bridgeman Images:** British Library, London, UK (cl). **170 Getty Images:** DEA / G. Dagli Orti / De Agostini (bc). **171 Alamy Stock Photo:** FineArt (br). **172–173 Bridgeman Images:** Deutsches Historisches Museum, Berlin, Germany / © DHM. **173 Getty Images:** DEA Picture Library (br). **175 Alamy Stock Photo:** Pictorial Press Ltd (crb). **176 Getty Images:** DEA / G. Nimatallah / De Agostini (cla). **177 Getty Images:** The Print Collector (br). **178 Getty Images:** De Agostini Picture Library (bl).**179 Bridgeman Images:** Private Collection / Archives Charmet (br). **180 Alamy Stock Photo:** Peter Horree (tl). **Bridgeman Images:** Private Collection (c). **181 Alamy Stock Photo:** Heritage Image Partnership Ltd (cr). **Getty Images:** DEA / G. Dagli Orti / Deagostini (tl). **183 akg-images:** (bl). **Alamy Stock Photo:** Dinodia Photos (tr). **184 Bridgeman Images:** (tl). **Getty Images:** DEA / A. C. Cooper (br). **186 Getty Images:** De Agostini Picture Library (tl). **187 Bridgeman Images:** Pictures from History (bl). **188–189 Getty Images:** Fine Art Images / Heritage Images. **189 Alamy Stock Photo:** Pictorial Press Ltd (ca). **Library of Congress, Washington, D.C.:** map55000728 (br). **190 Rijksmuseum, Amsterdam:** Purchased with the support of the Rembrandt Association (bc). **191 Alamy Stock Photo:** Peter Horree (bl).**192–193 The Metropolitan Museum of Art:** Gift of John Stewart Kennedy, 1897. **194 Alamy Stock Photo:** Science History Images (cl). **Boston Tea Pary Ships & Museum, Historic Tours of America, Inc:** (cra). **195 Alamy Stock Photo:** Art Collection 2 (cr); Science History Images (tl). **196 Getty Images:** Edward Gooch (tr). **199 akg-images:** (br). **200 Dorling Kindersley:** Museum of English Rural Life, The University of Reading (clb). **Rijksmuseum, Amsterdam:** (tl). **201 Alamy Stock Photo:** The Protected Art Archive (cr). **Getty Images:** Photo12 / UIG (tl). **202 Getty Images:** Universal History Archive (bl). **203 Alamy Stock Photo:** North Wind Picture Archives (br). **204 Yale University Art Gallery:** (bc). **205 The Metropolitan Museum of Art:** Gift of John Stewart Kennedy, 1897 (br). **207 Getty Images:** De Agostini Picture Library (tc); UniversalImagesGroup (tr). **208 Bridgeman Images:** Museum of Art, Serpukhov, Russia (cl). **208–209 Bridgeman Images:** Musee National du Chateau de Malmaison, Rueil-Malmaison, France. **210 Library of Congress, Washington, D.C.:** LC-DIG-ppmsca-09855 (bc). **211 Getty Images:** Photo Josse / Leemage (tr). **212 Bridgeman Images:** Private Collection (bc). **213 Bridgeman Images:** Galerie Dijol, Paris, France (tr). **215 Getty Images:** John Parrot / Stocktrek Images (br); Peter Willi (clb). **217 Getty Images:** Ann Ronan Pictures / Print Collector (crb); Fine Art Images / Heritage Images (br). **218 Alamy Stock Photo:** North Wind Picture Archives (tl). **Getty Images:** Science & Society Picture Library (clb). **219 Getty Images:** Science & Society Picture Library (tl); ullstein bild Dtl. (cr). **220 Getty Images:** Science & Society Picture Library (tl). **221 Alamy Stock Photo:** Heritage Image Partnership Ltd (tr). **Dorling Kindersley:** National Railway Museum, York / Science Museum Group (crb). **222 Alamy Stock Photo:** AF archive (bl); Granger Historical Picture Archive (cl). **222–223 Getty Images:** Photo Josse / Leemage. **224 Bridgeman Images:** Bibliotheque Nationale, Paris, France / Archives Charmet (tr). **Getty Images:** Fine Art Images / Heritage Images (bc). **226 Getty Images:** Universal History Archive (clb). **228–229 Provenance , Galerie Nader Pétion Ville Haiti:** Collection Of Mr. Jean Walnard Dorneval , Arcahaie Haiti. **228 Rex by Shutterstock:** The Art Archive (cl). **230 Alamy Stock Photo:** Peter Horree (bc). **231 akg-images:** Pictures From History (br). **232 Alamy Stock Photo:** Science History Images (tc). **233 Getty Images:** PHAS / UIG (tr). **234–235 Alamy Stock Photo:** Paul Fearn. **236 Alamy Stock Photo:** Everett Collection Historical (c). **Rex by Shutterstock:** Roger-Viollet (cla). **237 Alamy Stock Photo:** Pictorial Press Ltd (cr). **Getty Images:** W. Brown / Otto Herschan (tl). **239 akg-images:** (c). **240 Alamy Stock Photo:** Granger Historical Picture Archive (bl). **Getty Images:** Schöning / ullstein bild (cl). **240–241 Bridgeman Images:** Musee de la Ville de Paris, Musee Carnavalet, Paris, France. **242 Getty Images:** Stefano Bianchetti (clb). **243 Getty Images:** Stock Montage / Hulton Archive (br). **244 Getty Images:** DEA Picture Library / DeAgostini (cb). **246 Alamy Stock Photo:** Pictorial Press Ltd (cb); The Granger Collection (cla). **247 Alamy Stock Photo:** INTERFOTO (c). **Getty Images:** Sean Sexton (tr). **248 Bridgeman Images:** © Look and Learn (bc). **249 Getty Images:** Hulton Archive (br). **250 Dorling Kindersley:** © The Board of Trustees of the Armouries (cl). **250–251 Getty Images:** Popperfoto. **252 Getty Images:** UniversalImagesGroup (tl). **253 Getty Images:** Sovfoto / UIG (br). **254 akg-images:** Pictures From History (tl). **256 Alamy Stock Photo:** Photo 12 (bl). **Rex by Shutterstock:** Universal History Archive (c). **256–257 Rex by Shutterstock:** Granger. **258 Alamy Stock Photo:** Everett Collection Historical (bc); Paul Fearn (tr). **261 Alamy Stock Photo:** Artokoloro Quint Lox Limited (br). **262 Getty Images:** Buyenlarge (bl). **264–265 Getty Images:** Bettmann. **265 Alamy Stock Photo:** The Granger Collection (c). **Getty Images:** Bettmann (br). **266 Getty Images:** Bettmann (cr). **268 Alamy Stock Photo:** Paul Fearn (tl). **Getty Images:** Leemage (tr). **270 akg-images:** (tl). **273 Alamy Stock Photo:** Chronicle (br); Paul Fearn (bc). **275 Getty Images:** Culture Club (br); ullstein bild Dtl. (bl). **276–277 Getty Images:** Galerie Bilderwelt. **278 Alamy Stock Photo:** Paul Fearn (cla); Pictorial Press Ltd (cl). **279 Alamy Stock Photo:** Science History Images (tl). **Getty Images:** Sovfoto / UIG (cb); Universal History Archive (cr). **280 Alamy Stock Photo:** Universal Art Archive (br). **282 Dorling Kindersley:** Imperial War Museum, London (cla). **Getty Images:** Buyenlarge (bl). **282–283 Getty Images:** UniversalImagesGroup. **284 Alamy Stock Photo:** Granger Historical Picture Archive (bc). **285 Getty Images:** Time Life Pictures (crb). **287 Alamy Stock Photo:** Paul Fearn (br). **288 Getty Images:** Keystone (cl); Universal History Archive (bl). **288–289 Mary Evans Picture Library.** **291 Alamy Stock Photo:** Photo 12 (br). **Getty Images:** Keystone-France (cla). **293 Alamy Stock Photo:** Science History Images (bl). **294 Alamy Stock Photo:** Granger Historical Picture Archive (bl). **296 Bridgeman Images:** Pictures from History / Woodbury & Page (bl). **297 Getty Images:** Print Collector (br). **298 Alamy Stock Photo:** Pictorial Press Ltd (bc). **Getty Images:** Keystone-France (br). **300 Bridgeman Images:** Pictures from History (cr). **Getty Images:** Bettmann (cl). **301 Alamy Stock Photo:** dpa picture alliance (crb). **Getty Images:** Bettmann (tl). **303 Alamy Stock Photo:** 502 collection (cl). **Getty Images:** Hulton Archive (br). **305 akg-images:** (br). **Getty Images:** Galerie Bilderwelt (cla). **306 Getty Images:** Universal History Archive / UIG (bl). **307 Getty Images:** Bettmann (br). **308 Alamy Stock Photo:** Prisma by Dukas Presseagentur GmbH (br). **Getty Images:** Central Press (bl). **311 Getty Images:** Apic / Retired (bl). **312–313 Hiroshima Peace Memorial Museum:** Shigeo Hayashi. **312 Getty Images:** Universal History Archive / UIG (br). **313 Getty Images:** Prisma by Dukas (br). **314 Getty Images:** Central Press (bl). **316 Alamy Stock Photo:** age fotostock (br). **Getty Images:** Print Collector (tl). **318 Alamy Stock Photo:** Science History Images (cla). **Bridgeman Images:** Peter Newark Military Pictures (c). **319 akg-images:** (tl). **Dorling Kindersley:** Stewart Howman / Dream Cars (crb). **320 Getty Images:** jondpatton (br)f. **323 Alamy Stock Photo:** robertharding (tr). **Getty Images:** RV Spencer / Interim Archives (bl). **325 Alamy Stock Photo:** World History Archive (br); Penny Tweedie (cl). **327 Alamy Stock Photo:** Shawshots (tl). **Getty Images:** Jon Feingersh (br). **329 Getty Images:** Louise Gubb (bl). **330 Getty Images:** Science & Society Picture Library (bc). **331 Getty Images:** Science & Society Picture Library (br). **332–333 Getty Images:** Bettmann. **333 Getty Images:** Fototeca Storica Nazionale (cr). **334 Alamy Stock Photo:** World History Archive (tl). **335 Getty Images:** Dirck Halstead (br). **337 Getty Images:** Bettmann (tr, bl). **338 Getty Images:** Muammar Awad / Anadolu Agency (tl). **340 123RF.com:** danielvfung (cl). **Alamy Stock Photo:** ClassicStock (cla). **341 Alamy Stock Photo:** eye35.pix (tc); PJF Military Collection (crb). **342 Getty Images:** Gerard Malie (clb). **343 Getty Images:** Wally McNamee (br). **345 Getty Images:** David Turnley / Corbis / VCG (cl). **346–347 Getty Images:** James Sebright. **346 Getty Images:** Ulrich Baumgarten (bl). **Rex by Shutterstock:** Dennis M. Sabangan / EPA (ca). **349 U.S. Air Force:** (cl). **350 Getty Images:** Science & Society Picture Library (cl); Stefan Wermuth / AFP (bl). **350–351 Getty Images:** Jerry Cooke. **352 Getty Images:** Allan Baxter (cb). **355 Shutterstock.com:** Raphael Alves / EPA-EFE (br).

그 외 이미지 © Dorling Kindersley

WHAT WILL YOU DISCOVER NEXT?

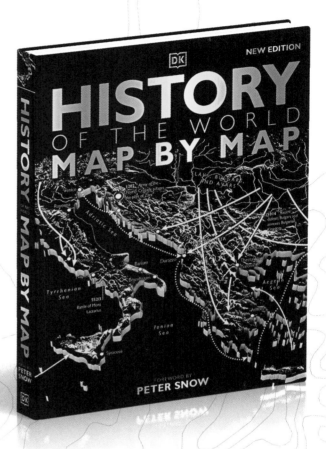

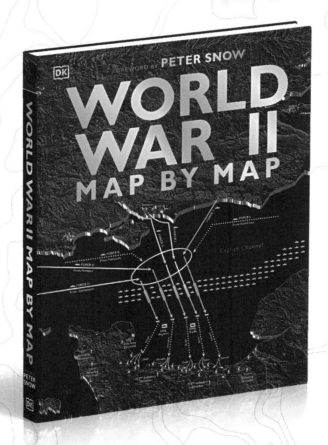

For the curious